Eingangsklasse

Volks- und Betriebswirtschaftslehre mit Rechnungswesen

Wirtschaftsgymnasium Baden-Württemberg

Jens Bodamer · Kerstin Gräser · Stephanie Hall · Hans-Peter Hrdina · Christian Manger · Karen Raff · Nicole Thoma

in Zusammenarbeit mit der Verlagsredaktion

Dieses Buch gibt es auch auf **www.scook.de** Es kann dort nach Bestätigung der Allgemeinen Geschäftsbedingungen genutzt werden.

Buchcode: hafoc-jvjtp

Volks- und Betriebswirtschaftslehre mit Rechnungswesen

Wirtschaftsgymnasium
Baden-Württemberg

Dieses Buch wurde erstellt unter Verwendung von Materialien von:
Anja Brunnett, Ronald Budde, Roman Capaul, Harald Danne, Peter Engelhardt, Christian Fritz, Christine Hinterthür, Franca Johannsen, Tilo Keil, Hans-Peter Klein, Ulrike Kuch, Sven Labowsky, Ute Morgenstern, Michael Piek, Josef Schnettler, Melanie Seeliger, Daniel Steingruber, Hans-Peter von den Bergen, Gisbert Weleda, Petra Zedler

Verlagsredaktion: Eva Zimmermann
Außenredaktion: Marion Grunert, Erftstadt; Dold & Straub GbR, Züssow
Bildredaktion: Gertha Maly, Christina Scheuerer
Gesamtgestaltung und technische Umsetzung: SOFAROBOTNIK GbR, Augsburg & München

www.cornelsen.de/cbb

Soweit in diesem Lehrwerk Personen fotografisch abgebildet sind und ihnen von der Redaktion fiktive Namen, Berufe, Dialoge und Ähnliches zugeordnet oder diese Personen in bestimmte Kontexte gesetzt werden, dienen diese Zuordnungen und Darstellungen ausschließlich der Veranschaulichung und dem besseren Verständnis des Inhalts.

Die Webseiten Dritter, deren Internetadressen in diesem Lehrwerk angegeben sind, wurden vor Drucklegung sorgfältig geprüft. Der Verlag übernimmt keine Gewähr für die Aktualität und den Inhalt dieser Seiten oder solcher, die mit ihnen verlinkt sind.

Dieses Werk berücksichtigt die Regeln der reformierten Rechtschreibung und Zeichensetzung. Ausnahmen bilden Originaltexte, bei denen lizenzrechtliche Gründe einer Änderung entgegenstehen.

1. Auflage, 1. Druck 2016

Alle Drucke dieser Auflage sind inhaltlich unverändert und können im Unterricht nebeneinander verwendet werden.

© 2016 Cornelsen Schulverlag GmbH, Berlin

Das Werk und seine Teile sind urheberrechtlich geschützt. Jede Nutzung in anderen als den gesetzlich zugelassenen Fällen bedarf der vorherigen schriftlichen Einwilligung des Verlages. Hinweis zu den §§ 46, 52a UrhG: Weder das Werk noch seine Teile dürfen ohne eine solche Einwilligung eingescannt und in ein Netzwerk eingestellt oder sonst öffentlich zugänglich gemacht werden.
Dies gilt auch für Intranets von Schulen und sonstigen Bildungseinrichtungen.

Druck: Mohn Media Mohndruck, Gütersloh

ISBN 978-3-06-452002-8

Vorwort

Das vorliegende Schülerbuch deckt die Inhalte des Bildungsplans im Fach Volks- und Betriebswirtschaftslehre mit Rechnungswesen für die Eingangsklasse des Wirtschaftsgymnasiums in Baden-Württemberg ab. Dabei wird der Fokus auf einen sachlogischen und verständlichen Aufbau gelegt. Innerhalb der komplexen Lehrplaneinheiten wird der Sachinhalt kleinschrittig und in verständlicher Sprache dargestellt.

Der Aufbau der einzelnen Kapitel dieses Lehrbuchs folgt einer einheitlichen Struktur: **Einstiegssituationen** am Beginn jedes Kapitels führen auf die kommenden Lerninhalte hin und werfen erste Fragen auf. Zusammen mit kurzen **Fallstudien** innerhalb der Kapitel, die mithilfe von gezielten Arbeitsaufträgen eine selbstständige Erarbeitung komplexer Sachverhalte fördern, unterstützen sie den Ansatz des problemorientierten Unterrichts. Jedes Kapitel schließt mit einem **Aufgabenkomplex** und einer **Zusammenfassung** ab, die die Zusammenhänge noch einmal abschließend veranschaulicht. Am Ende jeder Lehrplaneinheit finden sich **Fragen zur Selbsteinschätzung**, die den Schülerinnen und Schülern die Möglichkeit zur Selbstreflexion geben.

Eine **Übersicht über die didaktischen Elemente** des Schülerbuchs ist auf der vorderen Umschlaginnenseite zusammengestellt.

Im Internet stehen **Zusatzmaterialien** wie vertiefende Ausführungen zu ausgewählten Themen, zusätzliche Aufgaben und Vorlagen zur Bearbeitung von Aufgaben zum Download zur Verfügung. Gehen Sie hierzu auf **www.cornelsen.de**, wählen im Feld rechts oben die Option **„Webcode"** und geben den jeweils auf der Buchseite abgebildeten Webcode ein. Alle Zusatzmaterialien auf einen Blick finden Sie außerdem über den folgenden Webcode oder das Einscannen des **QR-Codes** mittels App auf Ihrem Smartphone oder Tablet.

Webcode zu allen Materialien: **WGW_Eingangsklasse**

Für die Lehrperson finden sich weitere **Onlinematerialien mit ausführlichen Lösungen** in der Handreichung.

Trotz intensiver Prüfung können sich Fehler einschleichen. Für diesen Fall wird unter dem Webcode **WGW_Errata** ein regelmäßig aktualisiertes Korrekturenverzeichnis zur Verfügung gestellt.

Die Verfasser und der Verlag sind für Korrekturen und Verbesserungsvorschläge dankbar und wünschen Ihnen mit diesem Lehrwerk viel Freude und Erfolg!

Inhaltsverzeichnis

Erkenntnisobjekt Wirtschaftswissenschaften BWL – VWL 8

I Grundlagen ökonomischen Denkens und Handelns

1 Motive für wirtschaftliches Handeln 12
- 1.1 Bedürfnis, Bedarf, Nachfrage 12
  - 1.1.1 Begriffsabgrenzung 12
  - 1.1.2 Arten von Bedürfnissen 13
  - 1.1.3 Beeinflussung von Bedürfnissen 15
- 1.2 Knappheit von Gütern und Rohstoffen 16
  - 1.2.1 Wachsende Bedürfnisse, begrenztes Angebot 16
  - 1.2.2 Verteilung knapper Ressourcen 17
  - 1.2.3 Endliche Ressourcen und langfristiges Wirtschaftswachstum 19
- 1.3 Ökonomisches Prinzip 20
  - 1.3.1 Handeln nach dem ökonomischen Prinzip 20
  - 1.3.2 Minimal- und Maximalprinzip 21
  - 1.3.3 Verwendung von Modellen in der VWL 22
  - 1.3.4 Individuelle versus kollektive Rationalität 24
- Aufgaben/Zusammenfassung 25

2 Güterarten 28
- 2.1 Rivalität im Konsum und Ausschließbarkeit 28
- 2.2 Effiziente Bereitstellung unterschiedlicher Güterarten 30
- Aufgaben/Zusammenfassung 33

3 Volkswirtschaftliche Produktionsfaktoren 34
- 3.1 Klassifizierung der Produktionsfaktoren 34
- 3.2 Allokation der Produktionsfaktoren 35
- 3.3 Natur als Produktionsfaktor 36
  - 3.3.1 Leistungen des Produktionsfaktors Natur 36
  - 3.3.2 Ausbeutung natürlicher Ressourcen 37
  - 3.3.3 Ökologische Folgen wirtschaftlichen Handelns 39
  - 3.3.4 Nachhaltige Entwicklung 41
- Aufgaben/Zusammenfassung 42
- 3.4 Arbeit als Produktionsfaktor 45
  - 3.4.1 Robinson-Crusoe-Volkswirtschaft 45
  - 3.4.2 Arbeitsteilung in der Robinson-Crusoe-Volkswirtschaft 47
  - 3.4.3 Arten der Arbeitsteilung 50
  - 3.4.4 Arbeitsproduktivität 52
- Aufgaben/Zusammenfassung 55
- 3.5 Geld, Investitionen und Kapitalbildung 57
  - 3.5.1 Geld 57
  - 3.5.2 Kapital und Investition 58
  - 3.5.3 Bestimmungsgrößen für Investitionen 59
  - 3.5.4 Investitionsfördernde wirtschaftspolitische Maßnahmen 61
- 3.6 Bildung und Humankapital 62
  - 3.6.1 Was ist Humankapital? 62
  - 3.6.2 Humankapital und physisches Kapital 63
- Aufgaben/Zusammenfassung 64

4 Kombination der Produktionsfaktoren 66
- 4.1 Produktionspotenzial 67
- 4.2 Optimale Faktorkombination 69
- 4.3 Verdrängung von Arbeit durch Kapital 72
- 4.4 Ökonomische und soziale Effekte der Faktorsubstitution 73
  - 4.4.1 Spezialisierung auf kapital- oder arbeitsintensive Produktion 73
  - 4.4.2 Individuelle und gesellschaftliche Folgen von Arbeitslosigkeit 74
- Aufgaben/Zusammenfassung 75

5 Märkte als zentrale ökonomische Institution 77
- 5.1 Preisbildung in Märkten mit Wettbewerb 77
- 5.2 Modell des vollkommenen Marktes mit Wettbewerb 79
- 5.3 Preisveränderungen im vollkommenen Markt 81
- 5.4 Funktionen des Preises 84
- 5.5 Marktformen 84
- 5.6 Planwirtschaft 85
- 5.7 Marktergebnisse – Verteilung von Einkommen und Vermögen 87
- 5.8 Theorien zu Ungleichheit und Umverteilung 88
- 5.9 Die globale Perspektive von Ungleichheit 89
  - 5.9.1 Ungleichheit innerhalb verschiedener Länder 89
  - 5.9.2 Ungleichheit zwischen unterschiedlichen Ländern 91
- Aufgaben/Zusammenfassung 91
- Fragenkatalog zur Selbsteinschätzung 95

II Wirtschaftsordnung und Wirtschaftskreislauf in der Bundesrepublik Deutschland

1 Wirtschaftsordnung der Bundesrepublik 98
- 1.1 Grundlagen einer marktwirtschaftlichen Ordnung 98
  - 1.1.1 Prinzip der Planungsautonomie in der Marktwirtschaft 98

1.1.2	Grundgesetz und Wirtschaftsordnung	100
1.1.3	Wirtschaftliche Freiheitsrechte in der Marktwirtschaft	101
1.2	**Freie Marktwirtschaft – Fehlentwicklungen und Marktversagen**	**102**
1.2.1	Ungerechte Einkommens- und Vermögensverteilung	102
1.2.2	Marktversagen	102
Aufgaben/Zusammenfassung		*103*
1.3	**Grundidee der sozialen Marktwirtschaft**	**104**
1.3.1	Wirtschaftsordnung und Dualismus	104
1.3.2	Sozialstaatsgebot des Grundgesetzes	104
1.3.3	Ordnungspolitische Notwendigkeiten	105
1.4	**Wettbewerbsordnung**	**106**
1.4.1	Wettbewerb und Marktmacht	106
1.4.2	Gesetz gegen Wettbewerbsbeschränkungen (GWB)	106
1.5	**Arbeitsordnung und Tarifautonomie**	**107**
1.5.1	Arbeitsmärkte	107
1.5.2	Notwendigkeit einer Arbeitsordnung	108
1.5.3	Kollektives Arbeitsrecht: Tarifvertragsrecht und Arbeitskampf	108
1.5.4	Kollektives Arbeitsrecht: Mitbestimmung	111
1.5.5	Individuelles Arbeitsrecht	113
1.6	**Sozialordnung**	**114**
1.6.1	Grundprinzipien der Sozialordnung	114
1.6.2	Die gesetzliche Sozialversicherung	115
1.6.3	Umverteilung durch Transferleistungen	116
1.6.4	Umverteilung des Einkommens	117
Aufgaben/Zusammenfassung		*119*

2 Wirtschaftssubjekte im Wirtschaftskreislauf ... 121

2.1	**Wirtschaftssubjekte und ihre Abgrenzung**	**121**
2.1.1	Private Haushalte	122
2.1.2	Unternehmen	122
2.1.3	Staat/öffentliche Haushalte	123
2.1.4	Ausland	124
2.2	**Reale und monetäre Transaktionen**	**125**
2.3	**Einfacher Wirtschaftskreislauf**	**126**
2.4	**Sparen und Investieren im einfachen Wirtschaftskreislauf**	**128**
2.5	**Wertschöpfungsketten – Arbeitsteilung im Unternehmenssektor**	**129**
2.6	**Erweiterter Wirtschaftskreislauf**	**132**
Aufgaben/Zusammenfassung		*135*

3 Volkswirtschaftliche Gesamtrechnung und Bruttoinlandsprodukt ... 136

3.1	**Grundlagen der Volkswirtschaftlichen Gesamtrechnung**	**137**
3.2	**Entstehungsrechnung und Bruttoinlandsprodukt als Produktionsindikator**	**138**
3.3	**Verteilungsrechnung und Volkseinkommen als Einkommensindikator**	**140**
3.4	**Verwendungsrechnung und gesamtwirtschaftliche Nachfrageelemente**	**141**
3.5	**Bruttoinlandsprodukt als Wohlstandsindikator**	**142**
3.6	**Bruttoinlandsprodukt in der Kritik**	**145**
3.7	**Alternativkonzepte in der Diskussion**	**146**
3.7.1	Umweltökonomische Gesamtrechnung (UGR)	146
3.7.2	Human Development Index (HDI)	148
3.7.3	Happy Planet Index (HPI)	148
Aufgaben/Zusammenfassung		*149*
Fragenkatalog zur Selbsteinschätzung		*151*

III Rechtliche Grundlagen des Handelns privater Haushalte

1 Grundlagen und Begriffe ... 154

1.1	**Regeln für das Zusammenleben in einer Gesellschaft**	**154**
1.2	**Rechtsgebiete in der Bundesrepublik Deutschland**	**156**
1.3	**Aufbau von Gesetzen am Beispiel des BGB**	**157**
1.4	**Willenserklärung als Grundlage des rechtlichen Handelns im Privatrecht**	**159**
1.4.1	Willenserklärung	159
1.4.2	Wirksamwerden der Willenserklärung	161
1.5	**Herrschaft über Sachen**	**162**
1.5.1	Besitz	162
1.5.2	Eigentum und Eigentumsübertragung	163
1.5.3	Eigentumsvorbehalt	164
Aufgaben/Zusammenfassung		*164*

2 Abschluss von Rechtsgeschäften ... 168

2.1	**Rechtssubjekte**	**168**
2.1.1	Rechtsfähigkeit	168
2.1.2	Geschäftsfähigkeit	169
2.2	**Rechtsgeschäft**	**170**
2.2.1	Privatautonomie	170
2.2.2	Arten von Rechtsgeschäften	171
2.2.3	Verpflichtungs- und Verfügungsgeschäft	172
2.2.4	Formvorschriften	173
2.2.5	Fehlerhafte Rechtsgeschäfte	173
Aufgaben/Zusammenfassung		*177*

3 Verbrauchsgüterkauf ... 180

3.1	**Zustandekommen eines Verbrauchsgüterkaufs**	**180**
3.2	**Annahmefristen**	**183**
3.3	**Pflichten beim Verbrauchsgüterkauf**	**183**
3.4	**Fernabsatzvertrag als Spezialfall eines Verbrauchsgüterkaufs**	**185**
3.4.1	Informationspflicht des Unternehmers	185
3.4.2	Widerrufsrecht des Verbrauchers	186
3.4.3	Rechtsfolgen des Widerrufs	186

3.5 Allgemeine Geschäftsbedingungen (AGB) .. 187
Aufgaben/Zusammenfassung 188

4 Störungen bei der Erfüllung von Verbrauchsgüterkaufverträgen 191
4.1 Schlechtleistung – Mangelhafte Lieferung 191
4.1.1 Sach- und Rechtsmangel 191
4.1.2 Beweislast beim Verbrauchsgüterkauf 192
4.1.3 Verjährung und Ausschluss von Ansprüchen 193
4.1.4 Rechte des Käufers bei Mängeln 194
4.2 Verzug des Schuldners 196
4.2.1 Allgemeine gesetzliche Regelungen 196
4.2.2 Nicht-rechtzeitig-Lieferung 197
4.2.3 Nicht-rechtzeitig-Zahlung 197
4.3 Gerichtliches Mahnverfahren und Zwangsvollstreckung 198
4.3.1 Gerichtliches Mahnverfahren 198
4.3.2 Zwangsvollstreckung und Pfändung 199
Aufgaben/Zusammenfassung 199

5 Überschuldung privater Haushalte 204
5.1 Ursachen von Überschuldung 204
5.2 Verbraucherkredit 205
5.3 Lösungsansätze zur Überschuldung 207
5.3.1 Überblick über die Finanzverhältnisse 207
5.3.2 Schuldnerberatung 208
5.3.3 Verbraucherinsolvenz 208
Aufgaben/Zusammenfassung 210
Fragenkatalog zur Selbsteinschätzung 212

IV Betriebswirtschaftliche Grundlagen des Handelns privater Unternehmen

1 Unternehmen, Funktionsbereiche, Wirtschaftssektoren 214
1.1 Unternehmen 214
1.1.1 Begriffsabgrenzung 214
1.1.2 Wertschöpfung 215
1.1.3 Unternehmensziele 215
1.2 Funktionsbereiche der Unternehmung 216
1.3 Einteilung nach Wirtschaftssektoren 217
Aufgaben/Zusammenfassung 218

2 Formen der Leistungserstellung 219
2.1 Industrieunternehmen 219
2.2 Handelsbetriebe 221
2.3 Dienstleistungsunternehmen 222
Aufgaben/Zusammenfassung 223

3 Funktionsbereich Beschaffung 224
3.1 Aufgabe und Ziele der Beschaffung 224
3.2 Angebotsvergleich – Lieferantenauswahl ... 225
3.2.1 Quantitativer Angebotsvergleich – Bezugskalkulation 225
3.2.2 Qualitativer Angebotsvergleich 227
3.3 Optimale Bestellmenge 229
3.3.1 Kosten der Beschaffung 229
3.3.2 Berechnung der optimalen Bestellmenge 230
3.3.3 Grenzen des Modells der optimalen Bestellmenge 232
Aufgaben/Zusammenfassung 233

4 Bestandscontrolling mittels Lagerkennzahlen 236
4.1 Wirtschaftlichkeit der Lagerhaltung – Lagerkosten 236
4.2 Lagerkennzahlen und ihre Berechnung 237
4.2.1 Durchschnittlicher Lagerbestand 237
4.2.2 Umschlagshäufigkeit 238
4.2.3 Durchschnittliche Lagerdauer 238
4.2.4 Lagerzinssatz 239
4.2.5 Lagerzinsen 240
4.3 Auswertung der Lagerkennzahlen 240
Aufgaben/Zusammenfassung 241

5 Funktionsbereich Absatz – Marketing 243
5.1 Grundlagen des Marketing 243
5.1.1 Was ist Marketing? 243
5.1.2 Marktforschung 245
5.2 Marketing-Mix – Produktpolitik 247
5.2.1 Grundlagen der Produktpolitik 247
5.2.2 Produktlebenszyklus 248
5.3 Marketing-Mix – Preispolitik 250
5.3.1 Preisbildung 250
5.3.2 Preisstrategien 251
5.4 Marketing-Mix – Distributionspolitik 252
5.4.1 Aufgaben der Distributionspolitik 252
5.4.2 Absatzwege – direkter und indirekter Vertrieb 253
5.5 Marketing-Mix – Kommunikationspolitik .. 255
5.5.1 Aufgaben der Kommunikationspolitik 255
5.5.2 Above-the-line Kommunikation 255
5.5.3 Below-the-line Kommunikation 256
5.6 Marketing-Mix – Fallstudie 258
Aufgaben/Zusammenfassung 260

6 Personalwirtschaft 265
6.1 Aufgaben der Personalwirtschaft 265
6.2 Personalauswahl 266
6.2.1 Ablauf der Personalauswahl 266
6.2.2 Arbeitsrechtliche Bestimmungen der Personalauswahl 269
6.3 Arbeitsvertrag 269
Aufgaben/Zusammenfassung 272
Fragenkatalog zur Selbsteinschätzung 275

Inhaltsverzeichnis

V Einführung in das externe Rechnungswesen

1 Rechnungswesen als Teil der BWL 278
- 1.1 Das Rechnungswesen als Informationssystem in der BWL 278
- 1.2 Buchführung 279
  - 1.2.1 Gesetzliche Rahmenbedingungen der Buchführung 279
  - 1.2.2 Grundregeln der Buchführung am Beispiel von Kassenbuch und Kassenkonto 279
- Aufgaben/Zusammenfassung 281

2 Inventur, Inventar und Bilanz 282
- 2.1 Inventur 282
  - 2.1.1 Gesetzliche Grundlagen 282
  - 2.1.2 Durchführung der Inventur 283
- 2.2 Von der Inventur zum Inventar 284
- 2.3 Vom Inventar zur Bilanz 286
- Aufgaben/Zusammenfassung 288

3 Aufzeichnung von Geschäftsfällen auf Bestandskonten 290
- 3.1 Werteveränderungen von Bilanzpositionen 290
- 3.2 Von der Bilanz zu den Bestandskonten 296
- 3.3 Buchungssatz 299
- 3.4 Vom Eröffnungsbilanzkonto zum Schlussbilanzkonto 300
- Aufgaben/Zusammenfassung 302

4 Organisatorische Rahmenbedingungen der doppelten Buchführung 306
- 4.1 System der doppelten Buchführung 306
- 4.2 Bücher der Buchführung 307
  - 4.2.1 Grundbuch 307
  - 4.2.2 Hauptbuch 307
  - 4.2.3 Nebenbücher 308
- 4.3 Kontenrahmenplan 308
- Aufgaben/Zusammenfassung 310

5 Veränderungen des Eigenkapitals 311
- 5.1 Aufwendungen und Erträge 311
- 5.2 Buchen auf Erfolgskonten 311
- 5.3 Gewinn- und Verlustkonto als Abschlusskonto der Erfolgskonten 313
- 5.4 Privatentnahmen und -einlagen 315
- Aufgaben/Zusammenfassung 316

6 Buchungen von Umsatzprozessen 318
- 6.1 Differenzierung von Werkstoffen und Handelswaren 318
- 6.2 Bestandsorientierte Buchung bei Ein- und Verkauf von Handelswaren 319
- 6.3 Buchung des Fertigungs- und Absatzprozesses von Erzeugnissen 321
- 6.4 Bestandsveränderungen 324
- 6.5 Umsatzsteuer 327
  - 6.5.1 Gesetzliche Grundlagen der Erhebung 327
  - 6.5.2 Berechnung der Zahllast auf verschiedenen Wertschöpfungsstufen 328
  - 6.5.3 Buchen der Umsatzsteuer 329
- Aufgaben/Zusammenfassung 331

7 Personaleinsatz buchhalterisch erfassen 337
- 7.1 Grundlagen der Lohn- und Gehaltsabrechnung 337
- 7.2 Ermittlung der Abzüge vom Bruttolohn 338
  - 7.2.1 Lohnsteuer 338
  - 7.2.2 Solidaritätszuschlag 339
  - 7.2.3 Kirchensteuer 340
  - 7.2.4 Sozialversicherungsbeiträge 340
- 7.3 Buchungen des Personalaufwands 341
- Aufgaben/Zusammenfassung 344

8 Erfassung des Anlagevermögens 346
- 8.1 Anschaffungskosten von Anlagegütern 346
- 8.2 Abschreibungen auf Anlagegüter 348
  - 8.2.1 Grundlagen 348
  - 8.2.2 Lineare Abschreibung 350
  - 8.2.3 Degressive Abschreibung 351
  - 8.2.4 Wechsel der Abschreibungsmethode 352
  - 8.2.5 Beginn der Abschreibung bei Anschaffung während des Geschäftsjahres 353
  - 8.2.6 Buchhalterische Erfassung der Abschreibung 354
- Aufgaben/Zusammenfassung 355

9 Jahresabschluss 358
- 9.1 Jahresabschlussarbeiten im Überblick 358
- 9.2 Inventurdifferenzen und ihre Korrekturen 359
- 9.3 Zeitlich abgrenzende Abschlussarbeiten 360
  - 9.3.1 Notwendigkeit der zeitlichen Abgrenzung 360
  - 9.3.2 Antizipative Rechnungsabgrenzung 361
  - 9.3.3 Transitorische Rechnungsabgrenzung 363
- 9.4 Rückstellungen 366
  - 9.4.1 Gesetzliche Grundlagen 366
  - 9.4.2 Buchung bei der Bildung der Rückstellung 367
  - 9.4.3 Buchung bei der Auflösung der Rückstellung 368
- Aufgaben/Zusammenfassung 371

10 Beleggeschäftsgang 374
- Fragenkatalog zur Selbsteinschätzung 382

Stichwortverzeichnis 385
Bildquellenverzeichnis 392

Erkenntnisobjekt Wirtschaftswissenschaften

Auf unserer Erde leben Milliarden von Menschen und im Grunde will jeder das Gleiche: Glück, Gesundheit und viel Geld. Und das ist es, was alle vereint, Menschen, Unternehmen und Staaten. Es gibt viele Wege, sein Ziel zu erreichen, und jeder muss seinen eigenen finden. Um Fehlentscheidungen zu vermeiden, müssen die bekannten Alternativen untersucht und bewertet werden.

Und das ist die Aufgabe der Wirtschaftswissenschaften: Sie liefern Entscheidungshilfen, indem sie die wirtschaftlichen Zusammenhänge erklären. Einzelne wirtschaftliche Begriffe wie Unternehmen, Betrieb, Volkswirtschaft, Betriebswirtschaft, Personalwirtschaft und Finanzwirtschaft sind sicher vielen bekannt und aufmerksame Nachrichtenzuschauer haben auch Begriffe wie Bruttoinlandsprodukt, Eurorettungsschirm und arbeitsteilige Wirtschaft schon gehört. Verstanden hat man sie aber deswegen noch lange nicht. Deswegen wollen wir die Wirtschaftswissenschaften kurz vorstellen.

Betriebswirtschaftslehre

Ganz einfach betrachtet, untergliedern sich die Wirtschaftswissenschaften in die Betriebswirtschaftslehre, kurz BWL, und die Volkswirtschaftslehre, kurz VWL.

Die BWL betrachtet das wirtschaftliche Handeln in einzelnen Betrieben. Jegliches Handeln innerhalb eines Betriebes ist am Betriebszweck ausgerichtet und soll möglichst optimal die zur Verfügung stehenden begrenzten Mittel nutzen.

Innerhalb der BWL unterscheidet man zwischen der Allgemeinen und der Speziellen Betriebswirtschaftslehre:
- **Allgemeine Betriebswirtschaftslehre**
  Um die Übersicht über die verschiedenen betrieblichen Aufgaben nicht zu verlieren, fasst man inhaltlich zusammenhängende Aufgaben in verschiedenen Funktionsbereichen (Beschaffung, Materialwirtschaft, Produktion, Absatz, Finanzierung, Rechnungswesen, Personalwirtschaft, Führung usw.) zusammen. Diese Funktionsbereiche gehören zur Allgemeinen Betriebswirtschaftslehre.
- **Spezielle Betriebswirtschaftslehre**
  Ausgewählte Fragestellungen, die nur für einzelne Unternehmensbereiche oder Betriebe von Interesse sind, gehören zu den Speziellen Betriebswirtschaftslehren (z. B. Bankbetriebslehre oder Immobilienbetriebslehre).

Volkswirtschaftslehre

Die einzelnen Unternehmen nehmen alle zusammen an unserer arbeitsteiligen Wirtschaft teil, ebenso wie die Haushalte, der Staat und das Ausland (Wirtschaftseinheiten). Alle Teilnehmer beeinflussen mit ihrem Verhalten den gesamten Wirtschaftsprozess.

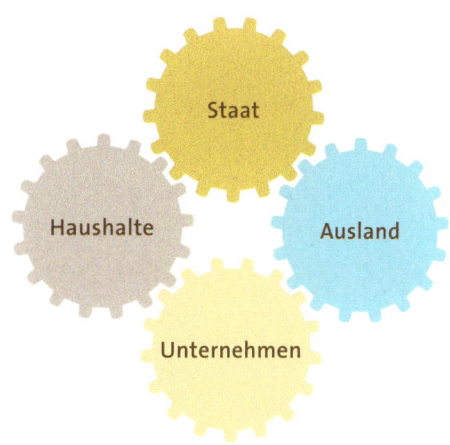

Die VWL untersucht nun diese gesamtwirtschaftlichen Vorgänge und entwickelt Theorien und Modelle, um Zusammenhänge und Wechselwirkungen aufzuzeigen. Sie versucht zu klären, wie Wirtschaftseinheiten Entscheidungen treffen und wie sich diese Entscheidungen auf die Gesamtwirtschaft auswirken:
- Wie funktionieren Märkte?
- Welchen Einfluss kann der Staat nehmen?
- Welche internationalen Verflechtungen gibt es?
- Wie wirken sich die Entscheidungen der Wirtschaftsteilnehmer auf das Einkommen und den Wohlstand eines Landes aus?

In der VWL wird unterschieden zwischen folgenden zwei Gebieten:
- **Mikroökonomie**
  Untersucht die VWL das einzelwirtschaftliche Verhalten kleinerer Einheiten wie die Entscheidungen von Haushalten und Unternehmen unter der Voraussetzung der Knappheit von Gütern, gehört dies zum Gebiet der Mikroökonomie.
- **Makroökonomie**
  Die Makroökonomie hingegen untersucht gesamtwirtschaftliche Sachverhalte wie die Arbeitslosigkeit oder das Wirtschaftswachstum bis hin zu globalen Prozessen.

Erkenntnisobjekt Wirtschaftswissenschaften

Wirtschaft

BWL – Betriebswirtschaftslehre
untersucht die unternehmensinternen Prozesse

VWL – Volkswirtschaftslehre
untersucht die gesamtwirtschaftlichen Zusammenhänge aller Wirtschaftseinheiten

Allgemeine Betriebswirtschaftslehre

z. B.
- Beschaffung
- Materialwirtschaft
- Produktion
- Absatz
- Personalwesen
- Finanzierung
- Rechnungswesen

Spezielle Betriebswirtschaftslehre

z. B.
- Bankbetriebslehre
- Immobilienbetriebslehre

Mikroökonomie

z. B.
- Haushaltstheorie
- Produktionstheorie
- Preistheorie

Makroökonomie

z. B.
- Arbeitslosigkeit
- Wirtschaftswachstum
- Inflation
- Zahlungsbilanz
- Volkswirtschaftliche Gesamtrechnung

I

Grundlagen ökonomischen Denkens und Handelns

Grundlagen ökonomischen Denkens und Handelns

Motive für wirtschaftliches Handeln

Schauen Sie sich diesen Jungen an. Sollte er besser den gesunden Apfel essen oder die leckeren Schokoladenkekse? Oder beides? Oder sollte er besser warten und etwas anderes essen? Sollte er die Kekse mit seinen Freunden teilen? Vielleicht reichen die dann aber nicht für alle. Wenn er alles aufisst, bleiben seine Freunde dann hungrig? Was, wenn es einen Preis für diese Güter gäbe – wäre die Entscheidung anders? Was wäre die rationale Entscheidung in diesem Fall?

1.1 Bedürfnis, Bedarf, Nachfrage

1.1.1 Begriffsabgrenzung

Ob trendige Turnschuhe, ein Smartphone, Tablet, Spielekonsole oder ein Snowboardurlaub – die Bedürfnisse der Menschen sind vielfältig, unterschiedlich und unbegrenzt und stehen am Anfang jeden Wirtschaftens. Sie werden als Mangel empfunden, aus dem der Wunsch folgt, diesen zu beseitigen, und gelten daher im Rahmen der Volkswirtschaftslehre als zentrale Antriebskraft des wirtschaftlichen Handelns.

Ein **Bedürfnis** ist der Wunsch, einen empfundenen Mangel zu beseitigen.

Wenn ein Bedürfnis mit einem bestimmten Produkt am Markt befriedigt werden kann und der Kunde die Kaufabsicht sowie die notwendige **Kaufkraft**[1] dazu hat, wird ein Bedürfnis zum **Bedarf**. Wenn das Produkt letztlich auch gekauft wird, d. h., der Bedarf am Markt wirksam wird, spricht man von **Nachfrage**.

[1] Kaufkraft: *Zahlungsfähigkeit*

Mit der Herstellung und dem Angebot von wirtschaftlichen Gütern versuchen Unternehmen die Nachfrage zu befriedigen. Daher ist es für Unternehmen von erheblichem Interesse, die menschlichen Bedürfnisse zu identifizieren und zu analysieren, um bedarfsgerechte Produkte herzustellen.

1.1.2 Arten von Bedürfnissen

Die menschlichen Bedürfnisse unterscheiden sich maßgeblich nach dem Alter, Geschlecht, Einkommen und sozialem Umfeld eines einzelnen Menschen. Sie können nach verschiedenen Kriterien unterschieden werden:
- nach Dringlichkeit
- nach Art der Befriedigung
- nach Bewusstheit der Bedürfnisse

Einteilung nach der Dringlichkeit von Bedürfnissen

Während die menschlichen **Existenzbedürfnisse**, z. B. Essen, Trinken und Schlafen, lebensnotwendig sind und in der Regel unmittelbar erfüllt werden, ist die Erfüllung weiterer Bedürfnisse weniger dringlich. Smartphones, Tablets, Fernsehen, Kino- und Diskothekenbesuche, Autos und Flugreisen sind z. B. solche mittelbar erfüllbaren Bedürfnisse, die in Deutschland heute als selbstverständlich angesehen werden. Sie gehören zur heutigen Kultur und werden dementsprechend als **Grund- oder Kulturbedürfnisse** bezeichnet. **Luxusbedürfnisse** gehen über die Grund- und Kulturbedürfnisse hinaus und sind „entbehrliche Annehmlichkeiten", z. B. Designerkleidung, Schmuck, Sportwagen, das Gemälde eines berühmten Malers oder Delikatessen (z. B. Kaviar).

Eine eindeutige Abgrenzung dieser Bedürfnisarten ist oftmals nicht möglich, da die generelle Zuordnung, ob z. B. ein Smartphone ein Kultur- oder Luxusbedürfnis ist, von persönlichen Wertvorstellungen, dem sozio-kulturellen Hintergrund oder auch dem technischen Stand der Volkswirtschaft abhängt. Vieles, was früher Luxus war (z. B. Radio, Fernsehen, Auto), gilt heute in den Industrieländern als unverzichtbar.

Grundlagen ökonomischen Denkens und Handelns

Nicht alle Bedürfnisse werden gleich erzeugt. 1943 stellte der amerikanische Psychologe Abraham Maslow (1908–1970) eine Hierarchie der menschlichen Bedürfnisse vor, die er in fünf Stufen zusammenfasste und in der Rangfolge ihrer Dringlichkeit anordnete. Der inneren Natur folgend versuchen Menschen zunächst ihre grundlegenden Bedürfnisse auf der untersten Stufe zu erfüllen. Erst wenn diese erfüllt sind, strebt der Mensch nach Befriedigung der Bedürfnisse der nächsthöheren Stufe.

In der US-amerikanischen Reality Fernsehshow Survivor, werden die Teilnehmer auf einer einsamen Insel ausgesetzt, wo sie um den Titel „Sole Survivor" und 1.000.000 Dollar Preisgeld wettstreiten. Bevor die Wettkämpfe beginnen, müssen die Kandidaten zunächst ums Überleben kämpfen. Hungrig, durstig und etwas verloren fangen sie an, Nahrung und Wasser zu suchen, Feuer zu machen und sich einen Unterschlupf zu bauen.
Mit der Zeit, wenn die Teilnehmer sich sicher fühlen und die Gefahren der Insel einschätzbar sind, fühlen sie sich einsam, ausgegrenzt oder entwickeln eine starke Zugehörigkeit zu ihrem Stamm. Manche verlieben sich sogar in ihre Wettstreiter, andere suchen Freunde und Verbündete. Doch alle möchten anerkannt und bewundert werden und wetteifern nach Ruhm, Prestige und Status.

● **Einteilung nach Art der Befriedigung**

Im Laufe der wirtschaftlichen Entwicklung wurden immer mehr **Individualbedürfnisse** (die Bedürfnisse Einzelner), die nur individuell von einer Person alleine befriedigt werden können, zu **Kollektivbedürfnissen**. Da der Einzelne sie nicht zu befriedigen vermag, müssen diese kooperativ bedient werden. Hierzu zählen unter anderem die Bedürfnisse aus den Bereichen innere und äußere Sicherheit, Rechtsprechung, Gesundheit, Verkehr, Umweltschutz und Bildung.

● **Einteilung nach Bewusstheit der Bedürfnisse**

Die meisten Bedürfnisse sind den Menschen bewusst und wollen auch befriedigt werden. Sie werden daher als **offene Bedürfnisse** bezeichnet. Demgegenüber stehen **latente**[1] oder **verdeckte Bedürfnisse,** die zwar bereits existieren, aber noch nicht als solche vom Menschen wahrgenommen werden. Die noch schlummernden Bedürfnisse können zu offenen Bedürfnissen werden, wenn sie geweckt werden.

[1] latent: *verborgen, schlummernd*

1.1.3 Beeinflussung von Bedürfnissen

Zahlreiche Unternehmen erheben die Bedürfnisse potenzieller Käufer im Rahmen der **Marktforschung**, um anhand der Auswertung der Erhebung ihre Produkte an die menschlichen Bedürfnisstrukturen anzupassen bzw. diese Bedürfnisse zugunsten der angebotenen Produkte zu manipulieren. Andere Unternehmen setzen wiederum verstärkt darauf, Bedürfnisse überhaupt erst zu wecken.

Marktforschung
▶ IV Kapitel 5.1.2

Wer wollte ein iPad bevor es auf den Markt kam?

Steve Jobs, Mitgründer von Apple, war überzeugt davon, dass die Menschen ihre Bedürfnisse gar nicht kennen, solange es ein Produkt noch nicht gibt. Er vertraute daher seiner Intuition, dass menschliche Bedürfnisse durch das Erleben von Innovationen geweckt und beeinflusst werden können.

Zum Thema Marktforschung sagte er: „Meistens wissen die Leute nicht, was sie wollen, bis man es ihnen zeigt." „Geht nahe an die Kunden heran. So nahe, dass ihr ihnen sagen könnt, was sie brauchen, bevor sie es selbst realisieren."
(übersetzt von Autorin)

Steve Jobs, Gründer und langjähriger CEO von Apple und Chef des Trickfilmstudios Pixar, bei der Weltpremiere von Disney/Pixars „Die Monster AG" im El Capitan Theatre in Hollywood am 28. Oktober 2001

Die Manipulation von Bedürfnissen erfolgt zumeist durch **Werbung**. Einprägsame Werbeslogans, schöne Models oder berühmte Persönlichkeiten sollen latente Bedürfnisse wecken oder bestehende Bedürfnisse auf die angepriesenen Produkte lenken. Insbesondere Marken zielen mit ihrer Marktmacht auf die unterschiedlichen Bedürfnisebenen ab. Mit der Wahl einer bestimmten Marke lässt sich nicht nur ein Grundbedürfnis (z. B. Kleidung) befriedigen, sondern auch die Zugehörigkeit zu einer bestimmten Gruppe zeigen und letztlich auch Ansehen, Status und Akzeptanz steigern.

Kommunikationspolitik
▶ IV Kapitel 5.5

Sportstars in der Werbung

Mit der Verpflichtung von Sportstars wie Michael Jordon oder Cristiano Ronaldo als Werbeträger wurde Nike zum Marktführer und zur beliebtesten Marke der Sportartikelhersteller. Wenn Jugendliche in den USA heute Sportschuhe brauchen, wollen sie zumeist Nike-Turnschuhe und keine anderen. Mit Nike-Schuhen werden sie nicht schneller laufen oder besser spielen, aber sie fühlen sich wie bessere Athleten und letztlich wie bessere Menschen. Sie identifizieren sich mit den Stars und wollen mit den Nike-Produkten an deren Erfolg und Lebensstil teilhaben. Die Nike-Schuhe geben Teenagern oftmals das Gefühl, wichtig zu sein und zu einer smarten Gruppe dazuzugehören, was ihnen Selbstvertrauen gibt und ihr Ansehen hebt.

Die Verpflichtung von erfolgreichen Sportstars oder berühmten Persönlichkeiten können die Bekanntheit und das Image eines Unternehmens erheblich steigern. Dennoch müssen Unternehmen ihre prominenten Werbeträger sorgfältig aussuchen, da sich persönliche Verfehlungen der Stars auch negativ auf den Ruf des beworbenen Produkts auswirken können.

Bedürfnisse können durch Werbung geweckt und auch manipuliert werden.

I Grundlagen ökonomischen Denkens und Handelns

1.2 Knappheit von Gütern und Rohstoffen

1.2.1 Wachsende Bedürfnisse, begrenztes Angebot

> **Apple Watch in weniger als 6 Stunden ausverkauft**
>
> Falls Sie gehofft hatten, eine Apple Watch an Ihrem Handgelenk zum frühestmöglichen Auslieferungstermin zu bekommen, […] dann haben Sie vermutlich Pech.
> […] Alle Ausführungen des neuen Geräts – das in zwei Größen, drei verschiedenen Materialien und vielen verschiedenen Armbändern angeboten wird – war laut 9to5Mac in weniger als 6 Stunden ausverkauft. […] Angela Ahrendts, die stellvertretende Geschäftsführerin der Apple Stores, sagte bereits in einer Pressemitteilung, die noch vor Beginn der Online-Vorbestellungen veröffentlicht wurde, dass die Nachfrage der Kunden bei der Produkteinführung das Angebot übersteigen würde.
>
> Quelle: www.huffingtonpost.com/2015/04/10/apple-watch-sold-out_n_7041914.html, übersetzt von Autor

Annähernd alles, das unsere Bedürfnisse befriedigt oder das nötig ist, um Güter und Dienstleistungen zur Bedürfnisbefriedigung zu produzieren, ist knapp:
- natürliche Ressourcen (saubere Luft, Wasser …)
- Rohstoffe (Öl, Kohle, Stahl, Zucker …)
- Güter ▶ (Autos, Smartphones …)
- Dienstleistungen (Haarschnitt, Fahrt mit der Achterbahn …)
- Zeit (Freizeit …)

unterschiedliche Güterarten
 Kapitel 2

> **Bedürfnisse sind unbegrenzt, aber die Möglichkeiten, diese zu befriedigen, sind begrenzt.**

> Es gibt nur eine endliche Menge an Eisenerz, aus dem der Stahl für unsere Autos gewonnen werden kann. Ebenso sind auch die Ölvorräte begrenzt, aus denen das Benzin für unsere Autos hergestellt wird. Dieses knappe Öl wird zudem benutzt, um unsere Wohnungen zu heizen und um Strom in Kraftwerken zu gewinnen.

Dies führt zu zwei entscheidenden Problemen:
- Wie werden diese knappen Güter und Ressourcen verteilt? Wenn nicht alle Bedürfnisse befriedigt werden können, benötigen wir einen Mechanismus, der festlegt, wer welche Ressourcen verwendet, um Güter und Dienstleistungen zu produzieren. Dieser Mechanismus muss zudem die knappen produzierten Güter und Dienstleistungen auf die Menschen verteilen.
- Ist in einer Welt mit begrenzten Ressourcen überhaupt nachhaltiges Wirtschaftswachstum möglich? Wie können wir erklären, dass die meisten Volkswirtschaften ihre Produktion von Gütern seit der industriellen Revolution im 19. Jahrhundert stetig ausgeweitet haben? Ist es möglich, dass zukünftige Generationen einen noch höheren Lebensstandard genießen, obwohl wir natürliche Ressourcen verbrauchen?

1.2.2 Verteilung knapper Ressourcen

Wie wird in einer Welt mit begrenzten Ressourcen und unbegrenzten Bedürfnissen bestimmt, welche Bedürfnisse befriedigt werden und welche nicht? Volkswirte versuchen, diese Fragen zu beantworten:
- Was und wie viel soll produziert werden?
- Wie soll es hergestellt werden?
- Für wen soll es hergestellt werden?

Nicht alle Güter sind gleichermaßen knapp: In Deutschland können sich fast alle Menschen problemlos mit Grundnahrungsmitteln versorgen, aber die meisten Deutschen hätten gerne ein schnelleres Auto oder eine größere Wohnung.

Bei vielen Gütern und Ressourcen zeigen deren Preise, wie knapp diese Ressourcen sind. Wenn die Nachfrage nach einer Ressource deren Angebot übersteigt, werden die Anbieter versuchen, die Preise zu erhöhen, sofern sie auch zum höheren Preis noch Käufer finden. Deshalb kostet eine Badewanne voller Wasser einige Cents, ein Kilo Äpfel einige Euro und wenige Gramm Diamanten kosten ein Vermögen.

Preise signalisieren die Knappheit von Gütern oder Rohstoffen. Wenn mehr Menschen ein Gut nachfragen oder weniger von diesem Gut angeboten wird, können die Anbieter einen höheren Preis verlangen.

Je knapper ein Gut und je höher somit der Preis ist, desto weniger Menschen können es sich leisten, dieses zu kaufen. Die Menschen, für die der Kauf dieses Gutes besonders wichtig ist und die die größte Zahlungsbereitschaft dafür haben, werden diejenigen sein, die es letztendlich erhalten. Derselbe Mechanismus ermöglicht auch die Verteilung von Ressourcen in der Herstellung von Gütern und Dienstleistungen: Unternehmen, die effizient produzieren und dabei möglichst viele oder hochwertige Güter herstellen, können für die hierfür benötigten Rohstoffe die höchsten Preise bieten. Zudem ist, wenn es sich um teure Rohstoffe handelt, der Anreiz größer, durch verbesserte Produktionsverfahren sparsamer mit diesen Ressourcen umzugehen.

Preise bestimmen die Verteilung von knappen Gütern und Ressourcen.

Für die meisten Güter und Ressourcen signalisieren Preise deren Knappheit sehr genau. Es gibt jedoch einige Ressourcen, bei denen dieser Mechanismus versagt.

Sie können ein Lagerfeuer anzünden und die Luft verschmutzen, ohne dafür zu bezahlen. Sie können mit einem alten Auto fahren und die Luft verpesten, ohne dafür zu bezahlen. Da Sie das „Verschmutzen" nicht bezahlen müssen, haben Sie einen Anreiz, die saubere Luft zu stark zu beanspruchen.

Grundlagen ökonomischen Denkens und Handelns

Falls es keinen Preis für das Nutzen oder Verschmutzen einer Ressource gibt, kann es dazu kommen, dass die Menschen diese Ressource zu stark beanspruchen und dadurch der Umwelt und anderen Menschen ernst zu nehmenden Schaden zufügen. Daher müssen Volkswirte und Politiker die Güter und Ressourcen identifizieren, für die die Verteilung durch (Markt-)Preise fehlschlägt, und Maßnahmen ergreifen, die dieses Problem lösen.

FALLSTUDIE   Der Ölpreis

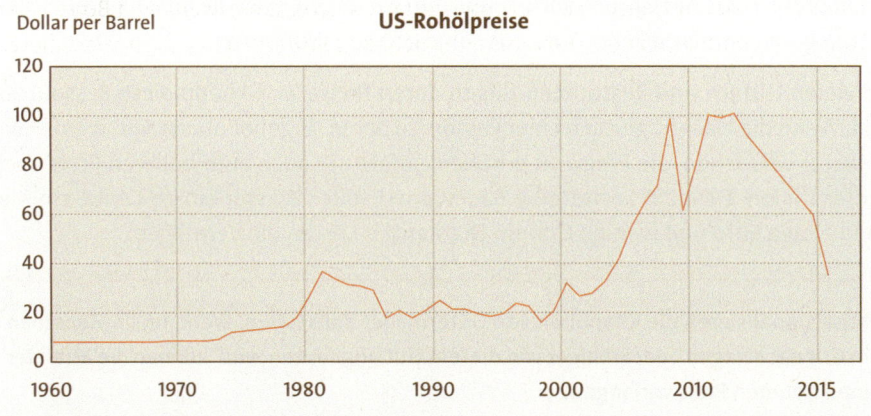

Quelle: U. S. Energy Information Administration (Jan. 2016)

Betrachten Sie die Entwicklung des Ölpreises in den letzten 50 Jahren. Wir wissen, dass das Ölangebot begrenzt ist, aber es ist nicht konstant. Im Jahr 1973 entschieden mehrere der wichtigsten ölproduzierenden Länder (OPEC), weniger Öl zu fördern. Öl wurde knapper und die Ölpreise stiegen deutlich an. Als Reaktion hierauf bat die Regierung die Bevölkerung, Benzin zu sparen, und erließ sogar ein Fahrverbot für Autos für vier Sonntage in Folge. Ende der 1970er-Jahre führte eine weitere Verknappung des Ölangebots zu einem noch stärkeren Anstieg der Preise.

Der Preis einer endlichen Ressource steigt jedoch nicht zwingend immer weiter. In den letzten Jahren erhöhten beispielsweise neue Fördertechniken (z. B. „Fracking") das Ölangebot und übten Druck auf die Preise aus, sodass diese wieder gefallen sind.

ARBEITSAUFTRÄGE

1. Welchen Effekt sollte es auf den Ölpreis haben, wenn die weltweiten Ölreserven endlich sind und wir stetig Öl verbrauchen?
2. Wie werden Unternehmen und Konsumenten auf diese Preisentwicklung reagieren?
3. Wie würde die Entwicklung einer billigen, sicheren und sauberen Energiequelle den Ölpreis beeinflussen?

1.2.3 Endliche Ressourcen und langfristiges Wirtschaftswachstum

Wenn unsere Ressourcen begrenzt sind, wie ist es dann möglich, dass Deutschland stetig mehr Güter und Dienstleistungen produziert? Vor 200 Jahren lebten etwa 30 Millionen Menschen in Deutschland. Die meisten von ihnen hatten gerade genug zum Überleben. Nahrungsmittel waren sehr knapp und ein großer Teil der Bevölkerung arbeitete in der Landwirtschaft. Viele Menschen konnten nur ihre Grundbedürfnisse befriedigen.

Inzwischen leben 81 Millionen Menschen in Deutschland. Nur etwa ein Prozent der Bevölkerung arbeitet heute in der Landwirtschaft. Obwohl die Menge an Boden, der für Landwirtschaft verwendet werden kann, nicht zugenommen hat, produziert dieses eine Prozent mehr als genug Lebensmittel, um die gesamte Bevölkerung zu versorgen. Die Menschen genießen heute einen viel höheren Lebensstandard, auch wenn es selbstverständlich immer noch unerfüllte Bedürfnisse gibt. Es werden mehr Güter und Dienstleistungen von höherer Qualität konsumiert, während die Menschen zugleich mehr Freizeit als jemals zuvor haben.

Was hat sich geändert? Neue Erfindungen wie Traktoren und Kunstdünger machen Landwirte produktiver. Es werden jetzt nur noch wenige Landwirte benötigt, um das ganze Land zu ernähren. Der Rest der Bevölkerung kann moderne Technologien benutzen, um beispielsweise Autos oder Medikamente herzustellen.

Die wichtigste Voraussetzung für langfristiges Wirtschaftswachstum ist also technologischer Fortschritt:
In einer Welt mit endlichen Ressourcen können die wachsenden Bedürfnisse einer wachsenden Bevölkerung nur befriedigt werden, wenn die begrenzten Ressourcen immer produktiver eingesetzt werden.

Technologischer Fortschritt kann uns helfen, auch bei begrenzten natürlichen Ressourcen mehr Güter und Dienstleistungen zu produzieren.

Je knapper Ressourcen wie Öl oder Erdgas werden und je stärker die Preise für diese Rohstoffe steigen, desto größer sind die Anreize, alternative Technologien wie Solarenergie und Elektroautos zu erforschen oder teure Ressourcen nach deren Nutzung zu recyceln.

Dies bedeutet aber auch, dass die Grenzen des Wachstums den Grenzen des technologischen Fortschritts entsprechen: Falls Wissenschaftler, Ingenieure und Unternehmen an einen Punkt gelangen, an dem weder die in der Produktion benötigten Ressourcen verringert werden können noch andere Wege gefunden werden, diese Ressourcen durch andere, weniger knappe zu ersetzen, wird das Wirtschaftswachstum zum Erliegen kommen.

I Grundlagen ökonomischen Denkens und Handelns

[1] Mooresches Gesetz: *formuliert 1969 von Gordon Moore, einem Mitgründer von Intel*

Technologischer Fortschritt ist in der IT-Branche besonders auffällig. So besagt beispielsweise das Mooresche Gesetz[1], dass sich die Anzahl der Transistoren auf einem Computer-Chip (oder dessen Geschwindigkeit) etwa alle 18–24 Monate verdoppelt. Das mag zunächst nicht besonders spektakulär klingen, führt aber nach mehreren Dekaden zu einem gewaltigen Wachstum. So hatte der Computer, der bei der Mondlandung 1969 verwendet wurde, etwa 4 KB (Kilobyte) Arbeitsspeicher. Moderne Smartphones haben dagegen inzwischen 4 GB Arbeitsspeicher, das sind 4 000 000 KB.

1.3 Ökonomisches Prinzip

1.3.1 Handeln nach dem ökonomischen Prinzip

Es ist Freitagnachmittag und Sie haben noch das ganze Wochenende vor sich. Sie haben 100,00 EUR in der Tasche. Ihre Freunde rufen an und fragen, ob Sie Lust haben, zu einem Konzert Ihrer Lieblingsband zu gehen.

Sie könnten ...

1. mit Ihren Freunden zu dem Konzert gehen, was Sie fast die gesamten 100,00 EUR kosten würde,
2. zu Hause bleiben und für den nächsten Wirtschaftstest lernen,
3. zu Hause bleiben und Ihr neues Videospiel spielen.

Welche dieser Optionen werden Sie wählen?

In der Volkswirtschaftslehre geht man normalerweise davon aus, dass Menschen nach dem ökonomischen Prinzip handeln. Aber was genau bedeutet dies?
Der Konflikt zwischen knappen Ressourcen und Gütern auf der einen Seite und unbegrenzten Bedürfnissen auf der anderen Seite zwingt Menschen dazu, Entscheidungen zu treffen. Handeln nach dem ökonomischen Prinzip bedeutet, dass Menschen sich für die Alternative entscheiden, welche ihnen den größten Nutzen bringt. Sie möchten also ihren **Nutzen maximieren**.

Dies bedeutet nicht zwangsläufig, dass sich jeder egoistisch verhalten muss und stets darauf achten soll, seinen eigenen Gewinn zu maximieren. Es bedeutet, dass Entscheidungen so getroffen werden, dass sie den Menschen am besten zufriedenstellen.

[2] Präferenzen: *Vorlieben*

Es wird unterstellt, dass Menschen **Präferenzen**[2] haben. Manche Menschen bevorzugen Geld, andere Freizeit oder fühlen sich gut dabei, wenn sie die Umwelt schützen. Wenn ein Mensch seinen Nutzen maximiert, bedeutet dies, dass er sich für die Option entscheidet, die seine Präferenzen am besten erfüllt.

1 Motive für wirtschaftliches Handeln

Nach dem ökonomischen Prinzip zu handeln bedeutet, den Nutzen zu maximieren. Je nach den individuellen Präferenzen kann dies für verschiedene Menschen unterschiedliche Dinge bedeuten.

Der Gedanke, dass es am besten für die Gesellschaft ist, wenn jeder einzelne Menschen seinen Nutzen maximiert, wurde erstmals von Adam Smith in seinem Buch „Wohlstand der Nationen" veröffentlicht:

> „Es ist nicht die Wohltätigkeit des Metzgers, des Brauers oder des Bäckers, die uns unser Abendessen erwarten lässt, sondern [die Tatsache], dass sie nach ihrem eigenen Vorteil trachten."
>
> (übersetzt von Autorin)

Adam Smith (1723–1790)

Wichtiger Volkswirt

Adam Smith, der Gründer der modernen Volkswirtschaftslehre, wurde 1723 in der schottischen Stadt Kirkcaldy geboren. Er besuchte die Universität von Glasgow, dann studierte er sechs Jahre an der Universität von Oxford, bevor er nach Glasgow an die Universität zurückkehrte, um moralische Philosophie zu lehren. Später reiste er nach Europa und lebte dort eine Weile, wobei er andere führende intellektuelle Köpfe seiner Zeit traf.

Smith ist hauptsächlich bekannt für sein Buch „Wohlstand der Nationen" (An Inquiry into the Nature and Causes of the Wealth of Nations, 1776). Darin diskutiert Smith, wie rationaler Eigennutz und Wettbewerb zum wirtschaftlichen Wohlstand eines Landes führen können. Adam Smith wird als der gedankliche „Vater der Volkswirtschaftslehre" gesehen und seine Theorien finden auch heute noch Anwendung.

1.3.2 Minimal- und Maximalprinzip

Sie werden bald volljährig und wollen sich ein eigenes Auto kaufen. Sie haben 3.000,00 EUR gespart und haben folgende Entscheidungsalternativen:

1. Sie könnten das alte, etwas rostige Auto eines Freundes für 1.500,00 EUR kaufen und den Rest des Geldes für andere Wünsche aufheben.
2. Sie könnten die 3.000,00 EUR für ein jüngeres Auto ausgeben, das keinen Rost und eine bessere Ausstattung hat.

Was wäre die rationale Entscheidung in diesem Fall? Tatsächlich könnte die Entscheidung für jede der beide Alternativen rational sein.

Nach dem ökonomischen Prinzip zu handeln, kann zwei verschiedene Ausprägungen haben:
- Es kann bedeuten, nach dem bestmöglichen Ergebnis zu trachten (also hier das beste Auto).
  Dies wird als das **Maximalprinzip** bezeichnet: Man versucht, mit den vorhandenen Mitteln ein Bedürfnis bestmöglich zu befriedigen.
- Es kann auch bedeuten, so wenig wie möglich der vorhandenen Ressourcen für ein bestimmtes Bedürfnis auszugeben (hier also das ältere Auto).
  Dies wird als das **Minimalprinzip** bezeichnet: Man versucht, ein gegebenes Ziel mit so wenig Mitteln wie möglich zu erreichen.

1.3.3 Verwendung von Modellen in der VWL

Modelle sind ein bedeutendes Instrument in der VWL. Die VWL beschäftigt sich u. a. mit dem menschlichen Handeln und Entscheiden angesichts knapper Ressourcen. Es wird beobachtet, wie Menschen sich verhalten, und man versucht, Erklärungen dafür zu finden. Das wirkliche Leben und die Interaktion zwischen Menschen sind kompliziert und es gibt viele Faktoren, welche das Handeln von Menschen beeinflussen.

Um plausible Vorhersagen über wirtschaftliches Verhalten zu machen, ist es sinnvoll, die Realität zu vereinfachen – sonst wäre das Modell ja so kompliziert wie das wirkliche Leben. Man könnte vielleicht annehmen, dass mehr Realität besser wäre, allerdings verhindert zu viel Komplexität den Blick fürs Ganze.

Stellen Sie sich vor, dass Sie zu einem Bewerbungsgespräch gehen wollen. Sie wissen allerdings nicht genau, wo das Unternehmen ist, nur dass es zwei Kilometer weit entfernt ist. Ein Freund könnte Ihnen eine Karte aufzeichnen. Aber wäre die Karte sehr hilfreich, wenn sie jedes Detail zeigen würde? Dann wäre die Karte ja genauso groß wie die Realität, also zwei Kilometer lang, und somit nicht sehr hilfreich. Es ist sinnvoll, in einem Modell die Einzelheiten wegzulassen, die für das, was untersucht werden soll, nicht von Bedeutung sind. Um ans Ziel zu gelangen, reicht es aus, wenn in der Karte die Straßen eingezeichnet sind. Auf die wunderschönen Häuser, Bäume und Pflanzen entlang des Weges kann man verzichten.

Ein Modell reduziert komplexe Situationen auf die Faktoren, die das Ergebnis beeinflussen. Durch die Vereinfachung erleichtern Modelle:
- Ursache-Wirkungs-Beziehungen leichter zu identifizieren
- wirtschaftliche Zusammenhänge nachzuvollziehen
- plausible Vorhersagen über wirtschaftliches Verhalten abzuleiten

1 Motive für wirtschaftliches Handeln

Beispiel für ein Modell: Fiktion des Homo oeconomicus

Das Modell des Homo oeconomicus beruht auf der Annahme, dass Menschen rationale Entscheidungen treffen. Die zentrale Idee des Modells ist, dass Menschen (homo sapiens) das ökonomische Prinzip befolgen, wenn sie Entscheidungen treffen, und so zu „ökonomischen Menschen" (homo oeconomicus) werden. Das Modell trifft folgende Annahmen[1], um die Realität zu vereinfachen:
- Ein Homo oeconomicus hat vollkommene Marktübersicht, d. h., er hat alle Informationen über Preise, Menge und Qualität der angebotenen Ware.
- Ein Homo oeconomicus maximiert immer seinen Nutzen, indem er dem ökonomischen Prinzip folgt.
- Die Entscheidungen eines Homo oeconomicus werden nicht durch Werbung oder Ähnliches manipuliert.

[1] *Annahmen: hier i. S. v. Bedingungen, die erfüllt sein müssen*

● **Modelle und das wirkliche Leben**

Durch die manchmal sehr eng gefassten Annahmen wird ein Modell nie in der Lage sein, jede einzelne Handlung zu erklären. Auch wenn Modelle häufig gute Vorhersagen ermöglichen, sind im wirklichen Leben in der Regel mehrere Annahmen verletzt, d. h. nicht erfüllt.

[2] *Markttransparenz: Marktübersicht*

Die Käufer in einem Markt haben normalerweise keine völlige Markttransparenz[2], z. B. keine Übersicht über die Preise aller verschiedenen Anbieter eines Produkts. Gleiche Güter sind qualitativ oft nicht gleichwertig.

Die Entscheidungen der Käufer werden durch Werbung oder die Meinung anderer Menschen und von sozialen Beziehungen beeinflusst. Viele Menschen treffen spontane Entscheidungen aufgrund ihrer eigenen Erfahrungen. Auch treffen Menschen Entscheidungen, die rational gesehen nicht unbedingt gut für ihre Gesundheit sind, z. B. das Rauchen von Zigaretten.

Bei der Arbeit mit Modellen – einem unverzichtbaren Werkzeug in der VWL – und der Interpretation der Ergebnisse ist es wichtig, sich der oben genannten Aspekte bewusst zu sein.

Beeinflussungsfaktoren menschlichen Verhaltens

> Mangel an Informationen sowie persönliche Beziehungen und Erfahrungen beeinflussen Entscheidungen und menschliches Handeln.

Grundlagen ökonomischen Denkens und Handelns

1.3.4 Individuelle versus kollektive Rationalität

Das Modell des Homo oeconomicus besagt allerdings nicht, dass die Entscheidungen, die ein Einzelner trifft und die von seinem Standpunkt aus gesehen rational sind, zwangsläufig auch die besten Entscheidungen für eine Gruppe oder die Gesellschaft als Ganzes darstellen oder besonders ethisch oder sozialverträglich sind. Das Modell erklärt lediglich, dass Menschen bei der Bedürfnisbefriedigung für sich immer den größtmöglichen Nutzen herausholen möchten. Entscheidungen, die von einzelnen am Eigennutz orientierten Menschen aus gesehen rational sind, können für andere Menschen, die Gruppe (das Kollektiv) oder die Gesellschaft als Ganzes eben auch nicht rational sein.

[1] Dilemma: Situation, in der sich jemand befindet, wenn er zwischen zwei in gleicher Weise schwierigen oder unangenehmen Dingen wählen muss

Es kann hierbei zu sogenannten **Dilemmasituationen**[1] kommen. Solche Situationen veranschaulichen den Konflikt zwischen individueller und kollektiver Rationalität. Eine Gruppe, deren einzelne Mitglieder ihren Eigennutz verfolgen, könnte am Ende schlechter gestellt sein als eine Gruppe, deren Mitglieder miteinander kooperieren.

● **Gefangenendilemma**

Bonnie und Clyde werden in Los Angeles, USA, verhaftet. Sie werden beschuldigt, eine Bank ausgeraubt zu haben. Dabei wurde ein Bankangestellter erschossen. Jeder der beiden Gefangenen wird in einer Einzelzelle gehalten und kann nicht mit dem anderen kommunizieren. Für den Banküberfall und Mord hat die Polizei nicht genügend Beweise, braucht also ein Geständnis. Jeder der Gefangenen kann entweder aussagen und den anderen belasten oder schweigen.

Die Polizei macht folgendes Angebot:

1. Wenn Bonnie und Clyde beide gegeneinander aussagen, gehen beide für zehn Jahre ins Gefängnis, da sie ihre Tat gestehen.
2. Wenn einer gegen den anderen aussagt und der andere aber schweigt, ist der, der aussagt, der Kronzeuge im Mordprozess und wird daher danach freigelassen. Der andere geht in diesem Fall wegen Mordes für 20 Jahre ins Gefängnis.
3. Wenn beide schweigen, müssen beide nur zwei Jahre im Gefängnis verbringen, da ihnen dann nur illegaler Waffenbesitz zur Last gelegt werden kann.

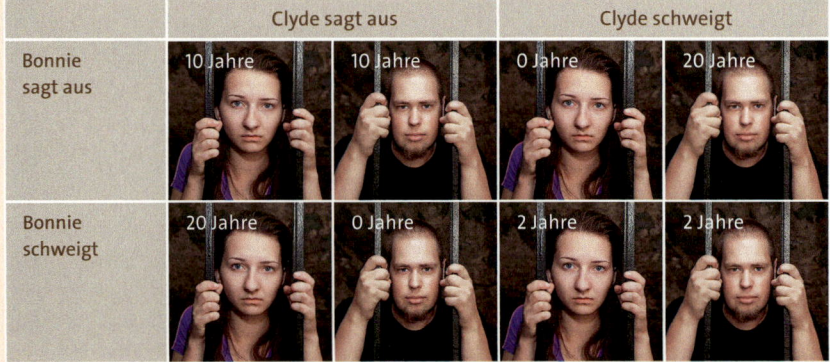

Was wäre die individuell rationale Entscheidung in diesem Fall? Wofür werden sie sich vermutlich entscheiden?

Die Gefangenen befinden sich in einem Dilemma. Wenn sie loyal bleiben und nicht aussagen, gehen beide nur für zwei Jahre ins Gefängnis. Dies wäre die beste Lösung für beide, als Gruppe gesehen. Wenn allerdings einer schweigt und der andere aussagt, besteht für den Schweigenden die Gefahr, für 20 Jahre ins Gefängnis zu gehen. Dieses Risiko wird vermutlich keiner der beiden eingehen.

So gesehen ist es für den Einzelnen rational die günstigste Lösung, gegen den andern auszusagen. Der Aussagende wird bestenfalls gar nicht verurteilt und im schlimmsten Fall für nur zehn Jahre. Wahrscheinlich werden also beide gegeneinander aussagen.

Das „Gefangenendilemma" ist ein gutes Beispiel für Situationen, in denen die individuell rationale Entscheidung zu einem schlechteren Ergebnis für die Gruppe führt. Wenn die beiden kooperieren würden, könnten sie eine bessere Lösung erzielen, aber da es hierfür keine Garantie gibt, wird es vermutlich keine Kooperation geben.

Rationale Entscheidungen des Einzelnen müssen nicht zwangsläufig die besten Entscheidungen für die Gruppe oder die Gesellschaft als Ganzes sein und sind auch nicht zwangsläufig fair.

Aufgaben zu Kapitel 1

1. Unterscheiden Sie die Begriffe Bedürfnis, Bedarf und Nachfrage anhand eines selbst gewählten Beispiels.

2. Ordnen Sie nachfolgende Aufzählung den unterschiedlichen Bedürfnisarten zu. Mehrfachnennungen sind möglich.
   - Kauf eines Tablets
   - Ausbau des landesweiten Stromnetzes
   - Schlagzeugunterricht
   - Unterbringung von Flüchtlingen in Auffanglagern

3. Welche Bedürfnisse gemäß der Maslowschen Bedürfnispyramide werden mit folgenden Konsumhandlungen abgedeckt?
   - Registrierung bei Facebook
   - Bewerbung bei „Deutschland sucht den Superstar"
   - Kauf eines Designerkleides
   - Abschluss einer Lebensversicherung

4. Obwohl die Theorie von Maslow bis heute eine hohe Erklärungskraft hat, ist sie nicht unumstritten. Erläutern Sie drei mögliche Kritikpunkte an der Maslowschen Bedürfnispyramide. Recherchieren Sie hierzu im Internet.

5. Analysieren Sie Ihren letzten Einkauf aus volkswirtschaftlicher Sicht und erläutern Sie, inwieweit Werbung den Kauf beeinflusst hat.

6. Erläutern Sie, inwiefern die Knappheit von Lebensmitteln davon abhängt:
   - in welchem Land man lebt
   - in welchem Jahrhundert man lebt
   - welche Qualität die Lebensmittel haben

7. Nennen Sie drei Ressourcen, die nicht knapp sind.

8. Technologischer Fortschritt und Produktivitätswachstum ermöglichen uns, knappe Ressourcen besser zu nutzen. Vergleichen Sie den technologischen Fortschritt in der Automobilindustrie und im Dienstleistungssektor.

9. Vor einigen Jahren haben wir begonnen, Weizen und andere Getreidesorten für die Produktion von Benzin zu verwenden. Welche Auswirkungen würden Sie auf die Knappheit von Lebensmitteln und Öl erwarten? Wie sollte dies die Preise der zwei Rohstoffe beeinflussen?

10. Denken Sie über Ihre eigenen Präferenzen (= Vorlieben) nach. Welche Aktivitäten geben Ihnen den höchsten Nutzen? Geben Sie fünf Beispiele.

11. Entscheiden Sie in den folgenden Fällen, ob diese Menschen nach dem ökonomischen Prinzip handeln. Erläutern Sie kurz, ob diese Menschen nach dem Minimal- oder Maximalprinzip handeln.
    a Peter möchte seine Freundin mit einem selbst gebackenen Kuchen beeindrucken. Er verwendet den ganzen Nachmittag darauf, den leckersten Kuchen zu backen, der ihm möglich ist, und verziert ihn mit ganz viel Geduld.
    b Jonas muss sein Zimmer aufräumen, bevor er mit seinen Freunden weggehen darf. Er versucht, dies so schnell wie möglich zu erledigen.
    c Katharina hat nur noch einen Nachmittag Zeit, um sich auf eine Präsentation für den Englischunterricht vorzubereiten. Sie versucht, das Beste daraus zu machen.

12. Erläutern Sie die Vorteile und Probleme im Zusammenhang mit der Verwendung von Modellen in der VWL.

13. Erläutern Sie, weshalb das Modell des Homo oeconomicus oft kritisiert wird.

14. Zwei reiche Länder haben einen Konflikt und beide befürchten, dass das andere Land angreifen wird. Beide Länder haben folgende Optionen:
    A: viel Geld in die Rüstungsindustrie und die Armee zu investieren, um das andere Land abzuschrecken und notfalls angreifen zu können
    B: keine Waffen zu kaufen, Friedensverhandlungen zu führen
    Erläutern Sie, welches Ergebnis vermutlich zustande kommen wird. Wäre ein besseres Ergebnis möglich?

1 Motive für wirtschaftliches Handeln

Zusammenfassung: 1 Motive für wirtschaftliches Handeln

Ein Bedürfnis ist der Wunsch, einen empfundenen Mangel zu beseitigen.

Bedarf ist das mit Kaufkraft abgedeckte Verlangen nach Gütern zur Befriedigung der Bedürfnisse.

Nachfrage ist der Teil des Bedarfs, der am Markt durch eine Kaufentscheidung wirksam wird.

```
                        Bedürfnisse
          ┌─────────────────┼─────────────────┐
    Dringlichkeit     Art der Befriedigung   Bewusstheit
```

- **Dringlichkeit**
  - Existenzbedürfnisse
  - Kulturbedürfnisse
  - Luxusbedürfnisse

- **Art der Befriedigung**
  - Individualbedürfnisse
  - Kollektivbedürfnisse

- **Bewusstheit**
  - offene Bedürfnisse
  - latente, unbewusste Bedürfnisse

Bedürfnisse sind vielfältig, verschieden und unbegrenzt und können beeinflusst werden. Das Angebot an Ressourcen und Gütern, die notwendig für die Bedürfnisbefriedigung sind, ist begrenzt.
- Preise zeigen für die meisten knappen Güter und Ressourcen an, wie knapp sie sind.
- Knappe Ressourcen sind daher eher teuer und müssen effizient eingesetzt werden.

Ökonomisches Prinzip

- **Maximalprinzip**: mit den gegebenen Mitteln so viele Bedürfnisse wie möglich zu befriedigen
- **Minimalprinzip**: mit so wenig Mitteln wie möglich versuchen, ein gewisses Ziel zu erreichen

Nach dem ökonomischen Prinzip zu handeln bedeutet, den Nutzen zu maximieren.

Modelle in der VWL
Modelle sind Vereinfachungen des wirklichen Lebens, um komplexe Zusammenhänge besser erklären zu können.

Vorteile
- einfaches Instrument, um komplexe Beziehungen zu beschreiben
- auf die wichtigsten Faktoren beschränkt

Probleme
- Modelle beruhen auf strengen Annahmen.
- Das wirkliche Leben ist komplexer als jedes Modell.

Individuelle rationale Entscheidungen führen nicht immer automatisch zum besten Ergebnis für das **Kollektiv** (Gruppe, Gesellschaft).

I Grundlagen ökonomischen Denkens und Handelns

2 Güterarten

Menschen konsumieren eine große Bandbreite an Gütern und Dienstleistungen. Sie wachen auf, essen Frühstück und trinken Kaffee und fahren mit dem Bus zur Schule oder zur Arbeit. Manchmal sind die Straßen morgens überfüllt, sodass der Bus in einem Stau warten muss. Am Nachmittag oder Abend gehen sie vielleicht zum Schwimmen an einen See oder in ein Konzert.

1. Worin bestehen die grundsätzlichen Unterschiede zwischen den verschiedenen Güterarten?
2. Wie beeinflussen diese Unterschiede die Bereitstellung dieser Güter?
3. Welche Güter werden von der Regierung bereitgestellt oder staatlich reguliert, und weshalb?

2.1 Rivalität im Konsum und Ausschließbarkeit

Produkte können sein:
- **physische Güter** wie Smartphones, Schuhe oder Autos
- **Dienstleistungen** wie Bildung, medizinische Versorgung, Bankenwesen oder Versicherungen

Es gibt zwei grundlegende Eigenschaften, anhand derer man Güter/Dienstleistungen unterscheiden kann.

Manche Güter können von vielen Menschen gleichzeitig genutzt werden, ohne deren Nutzen für ein anderes Individuum einzuschränken. Die Menschen müssen nicht um das Vorrecht des Konsums in Rivalität treten.

2 Güterarten

> Wenn ein Mensch in einem See schwimmt, hat es keinen negativen Effekt auf diese Person, wenn einige weitere dazukommen. Im Kino kann eine Person einen Film genießen, auch wenn gleichzeitig einige andere Menschen denselben Film ansehen.

Andere Güter können nicht von mehreren Personen genutzt werden, ohne deren Nutzen für die einzelnen Individuen zu reduzieren. In diesem Fall liegt Rivalität im Konsum vor.

> Wenn jemand sein eigenes Frühstück gegessen hat, kann niemand anderes dasselbe Stück Brot noch einmal essen. Ebenso steht ein Bus im Stau, weil viele andere Autos und Busse versuchen, dieselbe Straße zu verwenden, und sich dabei gegenseitig stören und blockieren.

Die erste zentrale Eigenschaft von Gütern und Dienstleistungen ist daher Rivalität im Konsum.

Rivalität im Konsum liegt vor, wenn der Konsum eines Gutes durch eine Person den Konsum desselben Gutes durch andere Personen einschränkt oder verhindert.

Bei manchen Gütern ist es möglich, andere Menschen von der Nutzung dieser Güter auszuschließen. Die zweite wichtige Eigenschaft von Gütern und Dienstleistungen ist daher Ausschließbarkeit.

> Ich muss mein Frühstück mit niemandem teilen und nur Menschen, die ein Kinoticket kaufen, dürfen einen Kinosaal betreten.

Bei einem Gut liegt **Ausschließbarkeit** vor, wenn es möglich ist, andere Individuen am Konsum dieses Gutes zu hindern.

Anhand dieser beiden Eigenschaften können Güter in vier Güterarten unterteilt werden:

- **private Güter**
  Bei privaten Gütern liegt sowohl Rivalität im Konsum als auch Ausschließbarkeit vor, z. B. Frühstück, Smartphone.
- **öffentliche Güter**
  Öffentliche Güter sind weder rivalisierend im Konsum, noch können andere Menschen von deren Nutzung ausgeschlossen werden, z. B. öffentlicher See, Feuerwerk.
- **Klubgüter**
  Klubgüter sind nicht rivalisierend im Konsum (zumindest bis zu einer gewissen Grenze), aber Ausschließbarkeit liegt vor, z. B. Kino, Schwimmbad, Bücherei.

Exkurs: Kritische Auseinandersetzung zur Einteilung der Güter
▶ Webcode WGW_I_2

I Grundlagen ökonomischen Denkens und Handelns

Tragik der Allmende
▶ Kapitel 3.3.2

- **Allmendegüter** ▶
  Bei einem Allmendegut können andere nicht von der Nutzung ausgeschlossen werden, aber je mehr Menschen es nutzen, desto stärker sinkt der individuelle Nutzen, der aus seinem Konsum gezogen werden kann, z. B. öffentliche Straße, die Umwelt.

		Rivalität im Konsum	
		ja	nein
Ausschließbarkeit	ja	private Güter	Klubgüter
	nein	Allmendegüter	öffentliche Güter

2.2 Effiziente Bereitstellung unterschiedlicher Güterarten

Warum sollten wir uns für die unterschiedlichen Güterarten und deren Eigenschaften interessieren? Betrachten wir, was dahintersteckt:

Ein Bäcker verdient seinen Lebensunterhalt, indem er aus Wasser, Mehl und anderen Zutaten z. B. Brot, ein privates Gut, zubereitet und dieses an seine Kunden verkauft. Er wird jedoch nur an Menschen verkaufen, die bereit sind, einen angemessenen Preis zu zahlen. Er kann also Geld verdienen, weil bei seinem Gut Ausschließbarkeit vorliegt.

Da bei Brot auch Rivalität im Konsum vorliegt, muss jeder einzelne Kunde sein eigenes Brot kaufen. Seine Kaufentscheidung hängt davon ab, ob ihm das Brot den verlangten Preis wert ist. So kann der Bäcker direkt beobachten, wie groß die Nachfrage für sein Brot bei einem bestimmten Preis ist.

Da der Bäcker genug Geld verdienen muss, um seine eigenen Rechnungen zu bezahlen und zudem vom Verkauf zu leben, wird er versuchen, die verwendeten Zutaten so effizient wie möglich einzusetzen. Backt er z. B. zu viele Brote, muss er einige davon wegwerfen. In der Zukunft wird er dann entweder seinen Preis senken oder weniger Brote backen.

Die Preise von privaten Gütern spiegeln sowohl die Produktionskosten als auch die Zahlungsbereitschaft der Konsumenten wider. Daher können private Güter üblicherweise effizient von Unternehmen bereitgestellt werden.

- Ausschließbarkeit garantiert, dass Konsumenten für die Nutzung von Gütern und Dienstleistungen auch bezahlen müssen.
- Rivalität im Konsum stellt sicher, dass jeder individuelle Konsument ein Gut kaufen wird, wenn dessen individueller Nutzen aus dem Konsum den Güterpreis übersteigt.

Daher haben Unternehmen einen Anreiz, private Güter bereitzustellen, solange Konsumenten mit einer ausreichend hohen Zahlungsbereitschaft vorhanden sind. Die

Unternehmen können Umsätze und Preise nutzen, um zu entscheiden, wie viel sie produzieren.

Rivalität und Ausschließbarkeit sind entscheidend für die optimale Bereitstellung von Gütern. Wenn mindestens eine der beiden Eigenschaften nicht zutrifft, können Unternehmen falsche Anreize für die Produktion haben:

- Wenn es nicht möglich ist, andere Menschen vom Konsum eines Gutes auszuschließen, sind potenzielle Käufer möglicherweise nicht bereit, dafür zu bezahlen. Stattdessen hoffen sie, das Gut kostenlos nutzen zu können. Dieses Phänomen ist bekannt als das **Trittbrettfahrerproblem**.

> Die Bürger Hamburgs waren immer in Sorge vor einer großen Flutwelle. Ein Deich schützt alle Bürger gleichzeitig, unabhängig davon, wer von ihnen dafür bezahlt hat oder nicht. Es kann also niemand vom Schutz durch einen Deich ausgeschlossen werden. Ohne Koordination durch den Staat oder eine vergleichbare Institution könnte es passieren, dass jeder einzelne Bürger hofft, dass andere den Deich bauen lassen und dafür bezahlen, während er selbst den Schutz durch den Deich kostenlos erhält.

Da jeder ein Gut ohne Ausschließbarkeit umsonst nutzen kann, sobald es produziert wurde, wird niemand freiwillig bereit sein, für die Produktionskosten aufzukommen. Somit können die Produzenten ihre Herstellungskosten nicht decken und werden dieses Gut nicht (oder zumindest in zu geringer Menge) anbieten. Aus diesem Grund werden öffentliche Güter und Allmendegüter häufig staatlich reguliert oder bereitgestellt und durch Steuern finanziert.

- Wenn bei einem Gut keine Rivalität im Konsum vorliegt, dann ist die individuelle Zahlungsbereitschaft des Einzelnen niedriger als der Nutzen dieses Gutes für die gesamte Gesellschaft. Falls dabei ein Ausschluss vom Konsum möglich ist, ist dieser nicht effizient, da ein zusätzlicher Konsument keinen anderen beeinträchtigt. Der Staat kann versuchen, den gesellschaftlichen Gesamtnutzen abzuschätzen und, wenn der Gesamtnutzen die Bereitstellungskosten übersteigt, das Gut bereitstellen. Der Staat kann also helfen, Einzelinteressen für Güter ohne Rivalität zu koordinieren.

> Ein großer Fluss fließt mitten durch eine Stadt. Eine große Fußgängerbrücke über diesen Fluss könnte von vielen Menschen gleichzeitig genutzt werden, da keine Rivalität im Konsum vorliegt. Der Bau der Brücke kostet insgesamt 100.000,00 EUR. In der Stadt leben 10 000 Menschen, von denen die eine Hälfte bereit wäre, für die Brücke 18,00 EUR zu zahlen, die andere Hälfte wäre bereit, 5,00 EUR zu zahlen. Falls der Konsum der Brücke nicht nur nicht rivalisierend, sondern auch nicht ausschließbar ist, wird niemand bereit sein, die 100.000,00 EUR zu tragen (siehe vorheriges Beispiel).
> Falls es möglich ist, den Zugang zur Brücke zu kontrollieren (also Ausschließbarkeit gegeben wäre), wäre es denkbar, dass ein Unternehmen die Brücke baut und für die Nutzung Geld verlangt. Die höchste Nutzungsgebühr, die infrage kommt, ist 18,00 EUR, sodass die Hälfte der Bevölkerung gerade noch bereit ist, zu zahlen und die Brücke zu nutzen. In diesem Fall kann der Betreiber der Brücke 5 000 · 18,00 EUR = 90.000,00 EUR einnehmen. Dies reicht nicht, um die Kosten der Brücke von 100.000,00 EUR zu bezahlen,

sodass der Brückenbau in diesem Fall nicht profitabel wäre. Alternativ könnte das Unternehmen eine Nutzungsgebühr von 5,00 EUR verlangen. Dann würden alle 10 000 Einwohner zahlen. Es kommen in diesem Fall aber nur 50.000,00 EUR zusammen und der Brückenbau ist ebenfalls nicht profitabel. Somit besteht keine Möglichkeit, dass ein Unternehmen freiwillig die Brücke baut und betreibt.

Gesamtgesellschaftlich gesehen ist der Brückenbau jedoch eine vorteilhafte Investition. Die gesamte Zahlungsbereitschaft der Bevölkerung beträgt:

$5000 \cdot 18,00\ EUR + 5000 \cdot 5,00\ EUR = 90.000,00\ EUR + 25.000,00\ EUR = 115.000,00\ EUR$

Die gesamte Zahlungsbereitschaft übersteigt also die Herstellungskosten der Brücke. Daher wäre es sinnvoll, wenn die Brücke staatlich bereitgestellt und mit Steuergeldern in Höhe von 100.000,00 EUR bezahlt wird. Im Gegenzug können alle Bewohner die Brücke kostenlos nutzen, sodass ihnen ein Gesamtnutzen im Wert von 115.000,00 EUR entsteht.

Die Bereitstellung durch private Unternehmen versagt, da diese nur dann den hohen Eintritt in Höhe von EUR 18,00 verlangen können, wenn sie gleichzeitig alle mit einer niedrigeren Zahlungsbereitschaft ausschließen. Bei einem Gut ohne Rivalität im Konsum kann es jedoch nicht gesellschaftlich effizient sein, jemanden vom Nutzen auszuschließen (hier die Konsumenten mit einer Zahlungsbereitschaft von 5,00 EUR), obwohl dieser die anderen Konsumenten nicht einschränkt.

Der Staat kann helfen, öffentliche Güter wie die Polizei, Leuchttürme und die Landesverteidigung sowie Klubgüter wie Schwimmbäder und öffentliche Verkehrsmittel effizient bereitzustellen.

Die Bereitstellung öffentlicher Güter und Dienstleistungen durch den Staat führt jedoch zu einem neuen Problem:

Welche und insbesondere wie viele öffentliche Güter sollte der Staat bereitstellen? Politiker müssen die Kosten und den Nutzen dieser Güter abschätzen. Manchmal überschätzen sie dabei die Nachfrage nach einem Gut oder unterschätzen dessen Produktionskosten.

Mané Garrincha Stadion in Brasilia wird weniger als ein Jahr nach der WM 2014 als Bus-Depot genutzt

Eines von Brasiliens WM-Stadien wird weniger als ein Jahr nach der WM 2014 de facto als Bus-Depot genutzt.

Das **Estádio Mané Garrincha** in Brasilia kostete nach offiziellen Schätzungen fast 350 Millionen US-$. Damit ist es das zweitteuerste Stadion, das jemals gebaut wurde – nur das Wembley-Stadion war teurer. Aber da es in Brasiliens Hauptstadt kein Spitzenteam gibt – selbst die wichtigsten Fußballspiele locken selten mehr als 10 000 Menschen an –, wurde die Kapazität des Stadions von 72 000 Zuschauern seit der Fußball-WM niemals mehr ausgeschöpft. Tatsächlich sind für 2015 bisher nur zwei Freundschaftsspiele geplant.

Quelle: Artikel von Jack Lang, www.mirror.co.uk, 7. März 2015, übersetzt von Autor

Aufgaben zu Kapitel 2

1. Nennen Sie zwei öffentliche Güter, zwei private Güter, zwei Allmendegüter und zwei Klubgüter.

2. Warum werden viele öffentliche Güter und viele Allmendegüter staatlich bereitgestellt oder reguliert? Warum werden manche Klubgüter durch den Staat und andere öffentlich bereitgestellt?

3. Betrachten Sie ein kleines Dorf mit 200 Einwohnern. Die Einwohner möchten das 500-jährige Bestehen ihres Dorfes feiern und überlegen, ob sie ein Feuerwerk veranstalten sollen. Hierfür haben sie zwei Optionen: ein kleines Feuerwerk für 500,00 EUR oder ein großes Feuerwerk für 2.000,00 EUR. Nehmen Sie an, dass jeder einzelne Bewohner bereit ist, maximal 3,00 EUR für das Ansehen eines kleinen Feuerwerks und 5,00 EUR für ein großes Feuerwerk zu bezahlen.
   a Was für eine Art von Gut ist ein Feuerwerk?
   b Würde das Dorf ein Feuerwerk veranstalten, wenn es keinen Staat und keine vergleichbare Institution gibt, und weshalb?
   c Nehmen Sie nun an, dass es einen Bürgermeister in dem Dorf gibt, der Steuern erheben kann. Sollte er ein Feuerwerk abhalten, und wenn ja, ein großes oder ein kleines Feuerwerk? Wie viel würde jeder Bewohner für dieses Feuerwerk bezahlen?

| Grundlagen ökonomischen Denkens und Handelns

3 Volkswirtschaftliche Produktionsfaktoren

Bekleidungsindustrie will nachhaltiger werden

Deutsche Unternehmer klagen über Fachkräftemangel

China investiert in Afrikas Infrastruktur

3D-Drucker stellen bisherige Produktionsprozesse infrage

CO_2-**Emissionen** von reichen Ländern „ausgelagert"

Premiummarken tolerieren asiatische Ausbeuterbetriebe

Dieselaffäre: Chance für bessere Technologien!

Hat sich eine Gesellschaft dafür entschieden, welche Produkte und Dienstleistungen produziert werden, muss im Folgenden bestimmt werden, wie die Produktion erfolgen soll. Die Beantwortung der Frage hängt inbesondere davon ab, welche Ressourcen benötigt werden und welche Ressourcen sowie Produktionstechnologien zur Verfügung stehen. Die zu treffenden Entscheidungen können abgesehen von ihrer wirtschaftlichen Bedeutung auch weitreichende Folgen für jeden Einzelnen, die Gesellschaft sowie unbeteiligte Dritte haben.

3.1 Klassifizierung der Produktionsfaktoren

Die zur Produktion von Waren und Dienstleistungen (Output) eingesetzten Mittel und Ressourcen werden in der Volkswirtschaftslehre als Produktionsfaktoren (Input) klassifiziert und wie folgt eingeteilt:

- **Natur**
  natürliche Ressourcen wie Land und Wasser, natürliche Energiequellen (z. B. Sonne, Wasser, Wind), Vegetation und Bodenschätze

- **Arbeit**
 die körperliche und geistige Arbeitskraft einer Volkswirtschaft, die gegen Arbeitsentgelt ausgeübt wird
- **Kapital**
 alle produzierten Produktionsmittel, die nicht dem Konsum dienen, sondern zur Herstellung von Gütern und Dienstleistungen verwendet werden (Sachkapital, kein Geldkapital!), z. B. Maschinen, Werkzeuge, Gebäude, Fahrzeuge

Produktionsfaktoren sind die zur Herstellung von Gütern und Dienstleistungen notwendigen und verfügbaren Mittel und Ressourcen.

Natur und Arbeit gelten als **originäre**[1] Produktionsfaktoren, da sie zur Produktion benötigt werden, aber selbst nicht hergestellt werden können. Kapital entsteht erst durch die Verwendung der originären Produktionsfaktoren und wird daher als **derivativer**[2] Produktionsfaktor klassifiziert.

[1] originär: *ursprünglich*

[2] derivativ: *abgeleitet*

Neben diesen drei traditionellen Produktionsfaktoren werden heute auch **Bildung (Humankapital)** und **technischer Fortschritt** zu den Produktionsfaktoren gezählt. Da der schnelle Zugriff auf Informationen, deren Verarbeitung, Auswertung und Bereitstellung für Unternehmen von zunehmender Bedeutung für die internationale Wettbewerbsfähigkeit ist, gilt nun auch **Information** als Einsatzfaktor zur Produktion. In der angloäsischen Literatur ist das **Unternehmertum**, also die **Führung eines Unternehmens** verbunden mit der Bereitschaft, Risiken einzugehen und Innovationen voranzutreiben, als ein eigenständiger Produktionsfaktor klassifiziert.

3.2 Allokation der Produktionsfaktoren

Unternehmen und Gesellschaften müssen entscheiden, wie sie die knappen, verfügbaren Produktionsfaktoren effizient einsetzen, um das bestmögliche Ergebnis zu erreichen, d. h., die optimale **Allokation**[3] der Produktionsfaktoren zu finden.

Bei diesen Entscheidungen muss u. a. der Nutzen verschiedener Faktoren gegeneinander abgewogen werden. Dies erfolgt auf der Basis von Opportunitätskosten, auch Alternativ- oder Verzichtskosten genannt.

[3] Allokation: *hier Zuweisung, Verteilung von knappen Ressourcen zur Produktion von Gütern*

Opportunitätskosten bezeichnen den entgangenen Nutzen der nächstbesten Alternative, auf die verzichtet wird.

Da Produktionsfaktoren limitiert und knapp sind, bringt jede Entscheidung Opportunitätskosten mit sich. Falls eine Ressource an einer Stelle eingesetzt wird, kann sie nicht gleichzeitig an anderer Stelle eingesetzt werden, sodass stets Kosten-Nutzen-Abwägungen getroffen werden müssen.

Grundlagen ökonomischen Denkens und Handelns

Panamakanal – kürzester Seeweg von der Ostküste zur Westküste der USA

Bau des Panamakanals

Der Panamakanal ist eine künstliche Wasserstraße, die den Atlantik mit dem Pazifik für die Schifffahrt verbindet. Zahlreiche Güter können nun hier auf dem wesentlich kürzeren Wasserweg schneller transportiert werden. Der Bau des Kanals nahm nicht nur viele Arbeiter, sondern auch zahlreiche Maschinen für eine lange Zeit in Anspruch. Weder konnten die Arbeiter während der Bauzeit anderswo arbeiten, noch konnten die Maschinen für die Produktion von anderen Gütern genutzt werden. Darüber hinaus steht nun auch keine Freilandfläche mehr zur Verfügung, die für eine landwirtschaftliche Produktion, Tierzucht, Hausbau für Familien oder Bau von Fabriken genutzt werden könnte.

Ein Containerschiff durchfährt den Panamakanal.

Produktionsfaktoren können für die Produktion ein und desselben Gutes auf verschiedene Art und Weise eingesetzt und kombiniert werden. Ausgangspunkt für die zu treffenden Entscheidungen bildet neben den zur Verfügung stehenden Produktionsfaktoren auch die Auswahl der Produktionstechnologie, d. h. der einer Volkswirtschaft zur Verfügung stehenden Produktionsverfahren. Konkret muss geklärt werden, ob die Produktion arbeitsintensiv unter hohem oder geringem Kapitaleinsatz oder möglichst umweltschonend unter Verwendung neuester Produktionsverfahren erfolgen soll. Folgende Fragestellungen veranschaulichen die zu treffenden Überlegungen:

- Sollte ein Unternehmen einige wenige Facharbeiter und Maschinen oder viele Hilfsarbeiter beschäftigen (arbeitsintensive Produktion)?
- Wäre eine automatisierte Fertigungslinie die bessere Alternative (kapitalintensive Produktion)?
- Sollten Ernteerträge durch erhöhten Düngemitteleinsatz oder genetisch veränderte Pflanzen gesteigert werden?
- Sollte die Produktion von T-Shirts in Billiglohnländer ausgelagert werden?

Die Auswahl der Produktionsverfahren betrifft nicht nur das Unternehmen als Entscheidungsträger, sondern kann hinsichtlich der Verwendung des Produktionsfaktors Natur auch weitreichende Folgen für die Gesellschaft, Volkswirtschaft und unbeteiligte Dritte mit sich bringen.

3.3 Natur als Produktionsfaktor

3.3.1 Leistungen des Produktionsfaktors Natur

Natürliche Ressourcen können vom Menschen weder hergestellt noch vervielfältigt werden. Traditionell als Produktionsfaktor **Boden** angeführt, schreiben Volkswirte diesem Produktionsfaktor folgende Nutzungsmöglichkeiten zu:

- **Anbaufläche**
  land- und forstwirtschaftliche Nutzfläche, z. B. Acker, Weide, Wiese, Wald, Garten
- **Abbaufläche**
  von Bodenschätzen und Energieträgern, z. B. Erdöl, Kohle
- **Standort**
  für Betriebe und Infrastruktur, z. B. Verkehrswege

Mit der Ausbeutung der Bodenschätze sowie der Nutzung von Wasser, Wind und Sonne zur Energiegewinnung wurde der Produktionsfaktor auf die **natürlichen Ressourcen der Umwelt** erweitert. Eine weitere Unterteilung erfolgt nunmehr in:

- **erneuerbare Ressourcen**
  Diese Ressourcen können sich durch Wachstumsprozesse in der Natur regenerieren, z. B. Wälder, Fischbestände.
- **nicht-erneuerbare Ressourcen**
  Diese erschöpfbaren Ressourcen können sich nicht bzw. nicht in dem Zeitraum und der Geschwindigkeit, in der sie der Erde entnommen werden, regenerieren, z. B. fossile Brennstoffe (Öl, Kohle, Erdgas), mineralische Rohstoffe (Eisen, Nickel), Boden.

Nicht alles, was in der Natur vorgefunden wird, kann als Produktionsfaktor klassifiziert werden. Es erfordert zunächst das Wissen, wie ein Nutzen für die Menschheit generiert werden kann. So war z. B. Erdöl bei seiner Entdeckung wertlos und unbrauchbar, bis neue Technologien es zum wichtigsten Treibstoff der Industriegesellschaft machte. Gerade in Zukunft müssen verstärkt Anstrengungen unternommen werden, neue Nutzungsmöglichkeiten für natürliche Ressourcen zu finden.

3.3.2 Ausbeutung natürlicher Ressourcen

Aufgrund der stetig wachsenden Weltbevölkerung und der schnellen Industrialisierung von nationalen Volkswirtschaften, werden die natürlichen Ressourcen schneller verbraucht, als die Erde sie jährlich ersetzen kann. Nach Berechnungen von Experten[1] nutzte die Menschheit im Jahr 2015 die Ressourcen von 1,6 Planeten. Das bedeutet, dass die Erde über ein Jahr und sechs Monate braucht, um den Verbrauch der Menschheit eines Jahres zu decken. Selbst bei moderatem Wachstum der Weltbevölkerung und deren Konsum werde die Menschheit Schätzungen zufolge im Jahr 2030 zwei Planeten benötigen, um mit dem Verbrauch natürlicher Rohstoffe Schritt zu halten. Gleichzeitig werden die begrenzten Vorkommen von nicht-erneuerbaren Rohstoffen wie Aluminium, Kupfer und Blei, Rohöl oder Gas in den nächsten 50–100 Jahren erschöpft sein.

[1] basierend auf einer Schätzung der Experten des Global Footprint Network (GFN)

Ressourcenerschöpfung ist die Verknappung von natürlichen Rohstoffen durch Konsum und Produktion.

Nicht nur die Verknappung der erschöpflichen Ressourcen, sondern auch die konstante Überbeanspruchung der regenerierbaren Ressourcen hat weitreichende Folgen für die Menschheit. Wenn höhere Anreize für die kurzfristige Ausbeutung von natürlichen Ressourcen bestehen, kann die rationale Verfolgung individueller Interessen zu Dilem-

I Grundlagen ökonomischen Denkens und Handelns

[1] auch Tragik des Allgemeingutes, Allmendeklemme oder Allmendeproblematik genannt

masituationen führen, aus denen alle schlechter gestellt hervorgehen, wie die **„Tragik der Allmende**[1]**"**, eine klassische Parabel, zeigt:

Die Allmende bezeichnete im Mittelalter eine Dorfwiese, die im Gemeineigentum des Dorfes stand und auf der jeder Dorfbewohner seine Schafe frei weiden lassen konnte. Mit zunehmender Bevölkerung wurden immer mehr Schafe auf der Dorfwiese gehalten. Dies führte unweigerlich zu deren Überweidung und letztlich zur Zerstörung der Allmende. Ohne nachwachsendes Gras war Schafzucht nicht mehr möglich.

Nach dem Modell der Allmendeproblematik führt der freie Zugang zu natürlichen Ressourcen zwangsläufig zu deren Übernutzung mit verheerenden Folgen für die Allgemeinheit ▶:

Dilemmasituation
▶ Kapitel 1.3.4 Individuelle versus kollektive Rationalität

Moderne Tragödien der Allmende

Tragödien der Allmende	Konsequenzen	Maßnahmen
Überfischung der Meere und Seen 	Erschöpfung von Fischbeständen, Aussterben von Arten, Reduktion der Artenvielfalt	begrenzte Fanggebiete, Schonzeiten, Übertragung von Eigentumsrechten, Genehmigungen
Abholzung von Wäldern 	Bodenerosion, Artenverlust, Veränderungen beim Klimawandel	Schutzgebiete (u. a. Nationalparks), nationale Regulierungen, Artenschutzübereinkommen, Umweltzeichen, Aufforstungsprogramme
übermäßiger Wasserverbrauch  	Wasserknappheit, rare Süßwasservorkommen, Unterbrechung der Nahrungskette, Hungersnöte, menschliche Erkrankungen, Zerstörung des Ökosystems	gesetzliche Vorgaben zum geringeren Wasserverbrauch von neuen Haushaltsgeräten (z. B. Spülmaschinen, Waschmaschinen), Nutzung von Wasserkreisläufen, Optimierung von Bewässerungstechniken (z. B. Tröpfchenbewässerung), verbesserte Wasseraufbereitung
überlastete Straßen 	Luftverschmutzung, Lärmbelästigung, Zeitverlust	mautpflichtige Straßen, Stadtmaut (z. B. in London), Besteuerung von Fahrzeugen und Kraftstoff, Verbesserungen im öffentlichen Personennahverkehr

„Wasser-Fußabdruck"
▶ Webcode WGW_I_3.3

3 Volkswirtschaftliche Produktionsfaktoren

Luft – ein öffentliches Gut?

Luft steht für jeden kostenlos zur freien Verfügung. Es kann niemand davon ausgeschlossen werden, Luft einzuatmen, zudem kann jeder so viel einatmen, wie er benötigt, ohne dass andere in ihrer Nutzung beeinträchtigt werden. Dies macht Luft zu einem **öffentlichen Gut,** zunächst ökonomisch trivial, da Luft kostenlos ist. Wenn Luft jedoch verschmutzt wird, haben andere nicht mehr die Möglichkeit, saubere Luft einzuatmen. Dann sind die Nutzungsansprüche jedes Einzelnen rivalisierend und Luft muss als **Allmendegut** klassifiziert werden. Demzufolge kann Luftverschmutzung mit der Überweidung von Weideflächen verglichen und als moderne Tragödie der Allmende angesehen werden.

3.3.3 Ökologische Folgen wirtschaftlichen Handelns

Welche Farben sind gerade in?

Kinder in Bangladesch müssen nur einen Blick auf die Wasserkanäle hinter ihren Häusern und Schulen werfen, um die modischen Farbtrends der Industrieländer zu kennen. Diese Kanäle sind entweder blau, rot, lila oder grau – je nach aktuellem Modetrend, da Textilfabriken oder Färbereien, die für beliebte Marken in Europa oder den Vereinigten Staaten produzieren, ihr Abwasser ungefiltert in die lokalen Kanäle leiten. Als Billiglohnland, das ein Minimum in sichere und gute Arbeitsbedingungen investiert und kostspielige Umweltvorgaben ignoriert, avancierte Bangladesch in den letzten Jahren zum zweitgrößten Exporteur der Bekleidungsindustrie weltweit. Heute sind nicht nur die zahlreichen Wasserkanäle und Flüsse verschmutzt, die Wasserverschmutzung bedroht auch die landwirtschaftliche Produktion und die Gesundheit. Reisfelder sind vergiftet, Fischbestände sind vom Aussterben bedroht, Chemikalien in der Luft verursachen Krankheiten. Der Anstieg des Meeresspiegels sowie die bevorstehenden Wetteränderungen könnten Millionen von Menschen in Bangladesch die wirtschaftliche Grundlage aufgrund stark sinkender Ernteerträge entziehen und letztlich die Menschen aus ihrer Heimat vertreiben.

Nach: Yardley, Jim: Bangladesh pollution, told in colors and smells, www.nytimes.com, 14. Juli 2013

Die Produktion wie auch der Konsum von Gütern und Dienstleistungen kann die Umwelt erheblich verschmutzen und massive Auswirkungen auf die natürliche Umwelt mit sich bringen. Wirtschaftliches Wachstum, durch das Verbrennen fossiler Energieträger angetrieben, trägt maßgeblich zur **Luftverschmutzung** bei. Emissionen von Treibhausgasen wie Kohlendioxid (CO_2) beschleunigen die globale Erwärmung; der daraus resultierende **Klimawandel** führt immer häufiger zu Hitzewellen, Dürreperioden, Überschwemmungen, zum Anstieg des Meeresspiegels und Verlust von Arten und Ökosystemen. Neben der Luftverschmutzung zählen **Wasserverschmutzung**, z. B. durch verunreinigte Abwässer, und **Bodenverunreinigung**, bedingt durch die Entsorgung von Chemikalien, zu den wesentlichen industriellen Umweltbelastungen. Das Auslagern von umweltbelastenden Produktionsprozessen in Entwicklungs- und Schwellenländern hat die Umweltverschmutzung massiv verstärkt, da der verschärfte Konkurrenzkampf in diesen Ländern Umweltauflagen in den Hintergrund drängt.

Die Folgen sind nicht nur ökologisch, sondern auch ökonomisch relevant: Industrielle Abwässer, die von Textilfabriken und Färbereien zum Teil ungereinigt in Kanäle und Flüsse eingeleitet werden, können nicht nur die Wasserqualität in Bangladesch, sondern z. B. auch das Grundwasser in Indien verschmutzen. Indische Wasserversorgungsunternehmen müssen das Wasser aufbereiten, um giftige Chemikalien herauszufiltern. Infolgedessen zahlen indische Kunden einen höheren Preis für sauberes Trinkwasser, ohne für die Verschmutzung verantwortlich zu sein. Die Käufer der in Bangladesch produzierten Kleider zahlen jedoch niedrige Preise und profitieren von den geringen Produktionskosten, die durch das Missachten von Umweltauflagen deutlich reduziert wurden. Diese Marktpreise beinhalten nicht die tatsächlichen Kosten für die Gesellschaft. Dem Markt gelingt es hier nicht, die Allokation der Produktionsfaktoren optimal zu koordinieren (**Marktversagen**). Die Kosten, für die nicht der Verursacher aufkommt, sondern die von unbeteiligten Dritten (hier den Indern) oder der Allgemeinheit getragen werden, bezeichnet man als **externe** oder **soziale Kosten**.

Externe Kosten sind solche Kosten, die nicht vom Verursacher getragen, sondern unbeteiligten Dritten oder der Gesellschaft aufgebürdet werden.

Wer sollte für diese Kosten und den Schaden aufkommen? Was selbstverständlich und gerecht erscheint, nämlich die Verursacher zu belangen, gestaltet sich in der Realität schwierig, weil diese oftmals nicht zu identifizieren sind. Da die Umweltverschmutzung nicht vor Landesgrenzen haltmacht, handelt es sich um ein globales Problem, das Maßnahmen sowohl auf nationaler als auch internationaler Ebene erfordert.

Die **Maßnahmen** zur Regelung der Nutzung von natürlichen Ressourcen umfassen hauptsächlich:

- **staatliche Regulierungen**
  Beispiele: Festlegung von Obergrenzen für die Produktion bestimmter Schadstoffe bzw. für die Nutzung bestimmter Ressourcen, handelbare Emissionsrechte, Auflagen zur Abfallbehandlung und Entsorgung, Siegel und Prüfzeichen für Produkte, Verbot von bestimmten Produkten, Bezifferung von Bußgeldern und Strafen bei Verstoß gegen Rechtsvorschriften
- **Erweiterung von Eigentumsrechten**
  als Anreiz für Ressourcenschonung
- **steuerpolitische Maßnahmen**
  Beispiele: Benzinsteuer, Kraftfahrzeugsteuer
- **staatliche Subventionen und Fördermittel**
  Beispiel: Solarenergie in Deutschland

3.3.4 Nachhaltige Entwicklung

Aufgrund der Folgen wirtschaftlichen Handelns für Mensch und Umwelt wird die Forderung nach einer nachhaltigen Entwicklung, die versucht, ökonomische, gesellschaftliche und ökologische Ziele in Einklang zu bringen, immer lauter.

Nachhaltige Entwicklung hat die Zielsetzung, langfristig **ökologisch** verträglich, **sozial** gerecht und zugleich **wirtschaftlich** leistungsfähig zu sein, ohne die natürlichen Lebensgrundlagen künftiger Generationen zu gefährden.

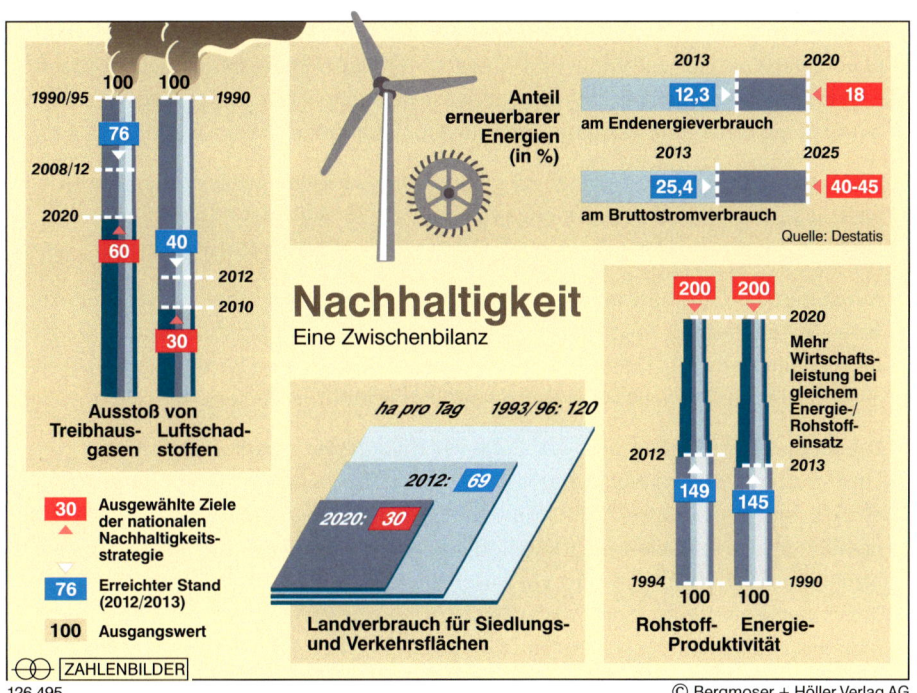

Das Thema nachhaltige Entwicklung bekommt auch innerhalb von Unternehmen einen immer größeren Stellenwert. Während früher Unternehmen überzeugt davon waren, dass eine **nachhaltige Produktion** zu teuer sei, um wettbewerbsfähig zu bleiben, findet heute ein Umdenken statt. Sowohl große internationale Konzerne als auch innovative kleine und mittlere Unternehmen haben erkannt, dass ein **effizienter Ressourceneinsatz** nicht nur Ressourcen schont und damit die Umweltverschmutzung reduziert. Auf lange Sicht können Kosten gesenkt, Alleinstellungsmerkmale geschaffen und die internationale Wettbewerbsfähigkeit verbessert werden. Der Einsatz von haltbaren, wiederverwendbaren und recyclebaren Ressourcen unter Verwendung von energiesparenden Produktionsmethoden vermag nicht nur Beschäftigungsimpulse zu setzen, sondern auch neue Wachstumsmärkte zu erschließen. Infolgedessen haben sich ganze Branchen für Umwelt- und Effizienztechnologien entwickelt. Nachhaltigkeit gilt heute als Katalysator für **Innovationen**. Neue Technologien haben die Produktivität erheblich gesteigert, nicht-erneuerbare Ressourcen können nunmehr durch erneuerbare Materialien ersetzt werden und Recycling hat die Wiederverwertung von Abfallprodukten für neue Produkte ermöglicht.

I Grundlagen ökonomischen Denkens und Handelns

Nachhaltige Entwicklung wird auch in Zukunft eine wichtige Rolle spielen, um einen vernünftigen Umgang mit natürlichen Ressourcen zu gewährleisten, den Umweltschutz voranzutreiben, die wirtschaftliche Entwicklung von Unternehmen zu sichern und somit auch den menschlichen Fortschritt zu gewährleisten.

Erfolgsfaktor Nachhaltigkeit – Beispiele nachhaltiger Entwicklung

Apple betreibt bereits 87 % aller Firmenstandorte und Anlagen weltweit mit erneuerbarer Energie (Stand 2015) und nutzt hierzu erneuerbare Energiequellen wie Solar- und Windkraft, mit Biogas betriebene Brennstoffzellen, Mikrowasserkraft und Erdwärme.

BMW entwickelt Elektroautomobile, wie z. B. den BMW i3, die emissionsarm mit erneuerbaren Energien wie Wind- und Wasserkraft produziert, ressourcenschonend mit nachwachsenden und recycelten Materialien gebaut und fast restlos wiederverwertbar sind und keine Treibstoffgase oder Feinstaub ausstoßen.

H&M sammelte im Jahr 2014 mehr als 7 600 Tonnen Altkleider für Textilrecycling weltweit, das entspricht einer Stoffmenge von mehr als 38 Millionen T-Shirts. Zur Herstellung von Polyester wurde eine Menge von 40 Millionen PET-Flaschen verwendet.

Fairphone Das Ökosmartphone zeichnet sich u. a. durch die Verarbeitung von konfliktfreien Materialien aus fairer Produktion (verbesserte Bergbaupraktiken, faire Arbeitsbedingungen) aus. Außerdem ist das Fairphone auf Langlebigkeit und Reparierfähigkeit ausgerichtet, um die Elektronik-Wertschöpfungskette zu verbessern.

Zukunftsprojekt: Ocean Spiral – die Stadt der Zukunft, die autark wirtschaftet
Eine Stadt mit Hotels, Wohnungen, Parks, Geschäften und einer kompletten Infrastruktur soll in der Tiefsee 5 000 Menschen Lebensraum bieten. Ocean Spiral heißt das Zukunftsprojekt, weil ein 15 Kilometer langer Spiralweg bis zum Meeresgrund in vier Kilometer Tiefe führen wird, wo dieser in einem Versorgungszentrum am Boden des Ozeans enden wird. Dort soll der Elektrizitäts- und Wärmebedarf der Stadt durch Mikroorganismen im Meeresboden sowie durch das thermale Gefälle in den Wasserschichten gedeckt werden.

Quelle: www.focus.de/magazin/archiv/grafik-der-woche-eine-stadt-unter-wasser_id_4728923.html
Herbert Weber, 6. Juni 2015

Aufgaben zu den Kapiteln 3.1–3.3

1. Nennen Sie die volkswirtschaftlichen Produktionsfaktoren.

2. Wählen Sie ein Produkt, das sie kürzlich gekauft haben. Stellen Sie die hierfür verwendeten Produktionsfaktoren dar.

3. Eine große Supermarktkette hat sich als weiteren Standort die „grüne Wiese" einer kleinen Stadt ausgesucht. Experten empfehlen der Stadtverwaltung, die Opportunitätskosten eines solchen Projekts in Betracht zu ziehen.
   a Erklären Sie den Begriff „Opportunitätskosten".
   b Stellen Sie die Opportunitätskosten dieses Projekts dar.

4. Erläutern Sie, wie natürliche Ressourcen als Produktionsfaktor eingesetzt werden können.

5. Das „Global Footprint Network" berechnet jährlich den Welterschöpfungstag (Earth overshoot day), um die Menschheit wachzurütteln und ihr Konsumverhalten zu überdenken.
   a Was bedeutet der errechnete Welterschöpfungstag?
   b Wann war der Welterschöpfungstag im vergangenen Jahr? Wann war/wird er in diesem Jahr sein?
   c Zeigen Sie die Konsequenzen des derzeitigen Verbrauchs an Ressourcen für die Wirtschaft, Volkswirtschaften und zukünftige Generationen auf.

6. Volkswirtschaftler beziehen sich oft auf den Begriff „Tragik der Allmende".
   a Definieren Sie diesen Begriff mit eigenen Worten.
   b Erläutern Sie, warum die Landschaft von Haiti heute als „Moderne Tragödie des Allgemeingutes" angesehen wird. Recherchieren Sie hierzu im Internet.

7. Beschreiben Sie kurz, welchen Einfluss wirtschaftliches Handeln auf die Umwelt haben kann.

8. Was bedeutet der Begriff „externe Kosten"? Nennen Sie hierzu drei Beispiele.

9. Schätzungen zufolge machen Emissionen aufgrund der Abholzung von Wäldern mehr als 18 % der globalen Treibhausgasemissionen aus; ein Anteil, der größer ist als der vom globalen Verkehrssektor (Straßen-, Schienen-, Schiffs- und Luftverkehr). Sollten Menschen in Entwicklungsländer ihren Energieverbrauch verringern oder Industrieländern diese Menschen dafür bezahlen, dass sie die Abholzung der Regenwälder stoppen, um die globalen Treibhausgasemissionen zu verringern? Diskutieren Sie die beiden Vorschläge.

10. Nennen Sie drei internationale Umweltabkommen, ihren primären Zweck und die Länder, die diese Abkommen ratifiziert haben. Recherchieren Sie hierzu im Internet.

11. Erläutern Sie den Begriff „nachhaltige Entwicklung" und zeigen Sie auf, warum die Verfolgung dieses Leitbildes von großer Bedeutung für die Umwelt, Gesellschaft und Wirtschaft ist.

12. Die Einsparung von Ressourcen wird heute als zentrale Antriebskraft für Innovationen gesehen. Wählen Sie drei Innovationen und beschreiben Sie, wie diese einer nachhaltigen Entwicklung dienen.

13. Testen Sie Ihr Wissen und lösen Sie das Quiz zu den Kapiteln 3.1–3.3.

Quiz
▶ Webcode WGW_I_3

Grundlagen ökonomischen Denkens und Handelns

Zusammenfassung: 3.1–3.3 Volkswirtschaftliche Produktionsfaktoren

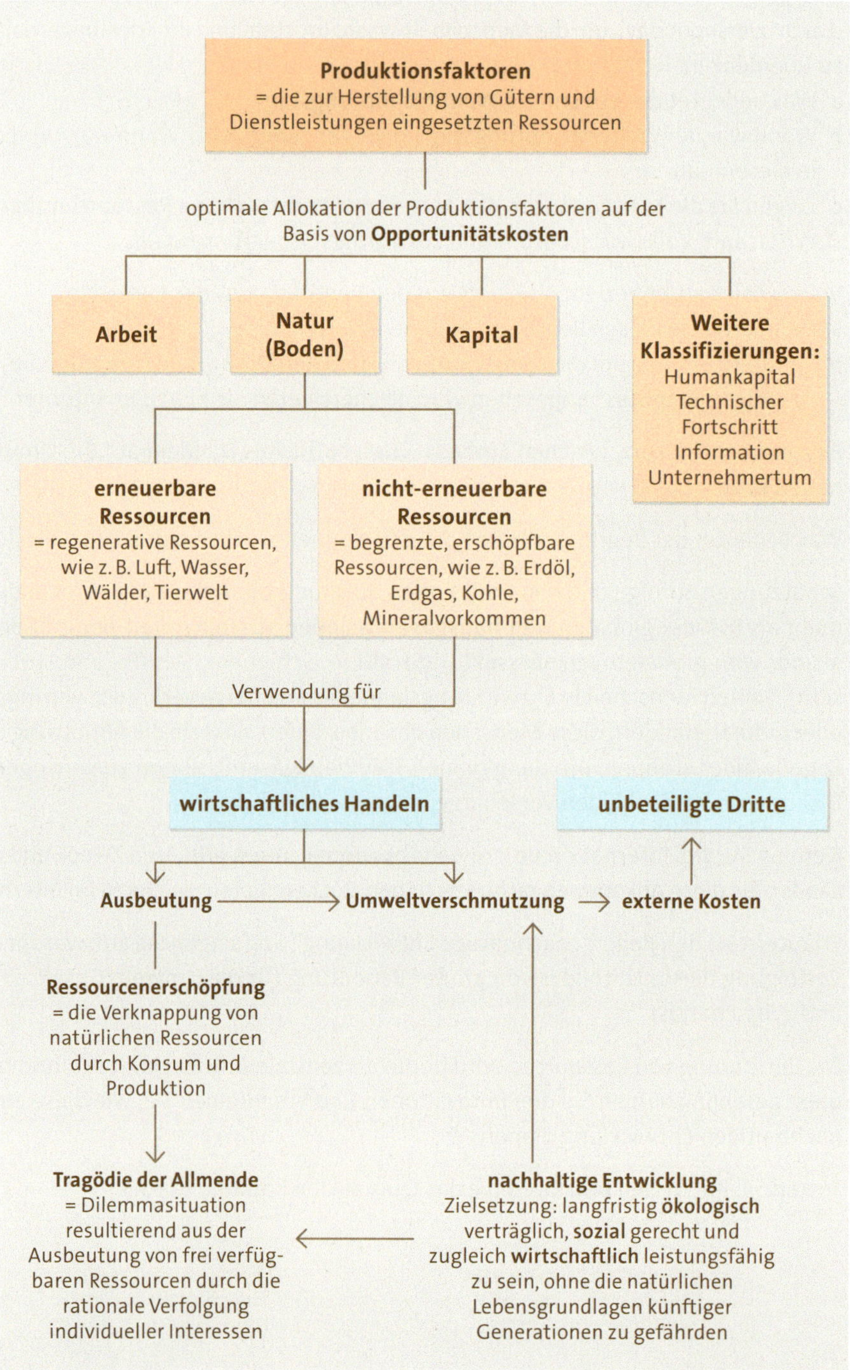

Produktionsfaktoren
= die zur Herstellung von Gütern und Dienstleistungen eingesetzten Ressourcen

↓

optimale Allokation der Produktionsfaktoren auf der Basis von **Opportunitätskosten**

- **Arbeit**
- **Natur (Boden)**
- **Kapital**
- **Weitere Klassifizierungen:** Humankapital, Technischer Fortschritt, Information, Unternehmertum

Natur (Boden):
- **erneuerbare Ressourcen** = regenerative Ressourcen, wie z. B. Luft, Wasser, Wälder, Tierwelt
- **nicht-erneuerbare Ressourcen** = begrenzte, erschöpfbare Ressourcen, wie z. B. Erdöl, Erdgas, Kohle, Mineralvorkommen

Verwendung für ↓

wirtschaftliches Handeln → **unbeteiligte Dritte**

↓ Ausbeutung → Umweltverschmutzung → externe Kosten

Ressourcenerschöpfung
= die Verknappung von natürlichen Ressourcen durch Konsum und Produktion

↓

Tragödie der Allmende
= Dilemmasituation resultierend aus der Ausbeutung von frei verfügbaren Ressourcen durch die rationale Verfolgung individueller Interessen

nachhaltige Entwicklung
Zielsetzung: langfristig **ökologisch** verträglich, **sozial** gerecht und zugleich **wirtschaftlich** leistungsfähig zu sein, ohne die natürlichen Lebensgrundlagen künftiger Generationen zu gefährden

3.4 Arbeit als Produktionsfaktor

3.4.1 Robinson-Crusoe-Volkswirtschaft

Nehmen Sie an, Robinson[1] ist der einzige Überlebende eines Schiffbruchs, der auf einer einsamen Insel gestrandet ist. Er ist hungrig, durstig und müde und er besitzt nur, was er am Leibe trägt. Um überleben zu können, muss er Wasser, Essen und Schutz finden. Es gibt auf der Insel Bäume mit Früchten und im Wasser schwimmen Fische.

Welche Entscheidungen wird Robinson treffen müssen?

[1] „Robinson Crusoe" ist ein bekannter Roman von Daniel Defoe über den Überlebenden eines Schiffbruchs. Robinson lebt mehrere Jahre auf einer einsamen Insel und freundet sich mit Freitag, einem anderen Bewohner der Insel, an.

Die Robinson-Crusoe-Volkswirtschaft ist ein einfaches Modell, um Entscheidungen in einem Umfeld, in dem es kein Geld gibt, zu analysieren. Unter der Annahme, dass die Insel vom Rest der Welt abgeschnitten ist, gibt es zu Beginn nur einen Konsumenten (Robinson) und einen Produzenten (Robinson) und es gibt nur zwei Produkte (Fisch, Früchte). Robinson hat nur zwei Produktionsfaktoren zur Verfügung – sich selbst (Arbeit) und die natürlichen Ressourcen der Insel (Land).

Robinson steht vor dem klassischen Konflikt – Knappheit der Ressourcen und unbegrenzte Bedürfnisse. Er muss Entscheidungen treffen, um diese Bedürfnisse zu befriedigen. Er muss herausfinden, welche **Möglichkeiten** er hat: Er kann Fische fangen und er kann Früchte sammeln. Er muss sich dafür entscheiden, **was er „produzieren" will**, Fische oder Früchte. Weiterhin gilt es, genau zu überlegen, **wie er seine Ressourcen verwenden wird**, wie viel Zeit möchte er darauf verwenden, Fische zu fangen oder Früchte zu sammeln. Robinson muss Entscheidungen treffen, um die Ressourcen der Insel bestmöglich zu nutzen – falsche Entscheidungen könnten ihn sogar das Leben kosten.

Robinsons Möglichkeiten, Essen zu „produzieren"

Fische	Früchte
8	0
6	3
4	6
2	9
0	12

Wenn Robinson den ganzen Tag damit verbringt, Fische zu fangen, kann er maximal 8 Fische fangen, hat dann aber keine Früchte.

Wenn Robinson den ganzen Tag Früchte sammelt, kann er 12 Früchte sammeln, hat dann aber keinen Fisch. Er kann auch jede Kombination dazwischen wählen.

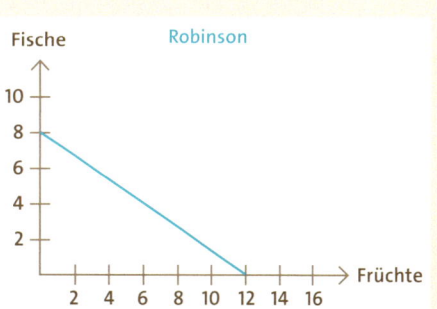

Grundlagen ökonomischen Denkens und Handelns

Die verschiedenen Kombinationen der zwei Produkte, die Robinson „herstellen" kann, können in eine Grafik eingezeichnet werden. Diese Kurve stellt nun Robinsons **Produktionsmöglichkeitenkurve (PMK)** dar.

Die verschiedenen Output-Möglichkeiten eines Marktteilnehmers können mit dieser Kurve veranschaulicht werden. Robinson kann sich nun für eine mögliche Kombination von Fischen und Früchten entscheiden und muss dann dementsprechend seine Arbeitskraft und das ihm zu Verfügung stehende Land nutzen. Jeder dieser Entscheidungen hat **Opportunitätskosten**▶. Während Robinson Fische fängt, kann er keine Früchte sammeln. Folglich entsprechen die Kosten für das Fangen von Fischen der Anzahl Früchte, die er in dieser Zeit nicht sammeln konnte.

Opportunitätskosten
▶ **i** Kapitel 3.2

Opportunitätskosten lassen sich mathematisch berechnen:

$$\text{Opportunitätskosten von A} = \frac{\text{wie viel eine Person von Produkt B aufgeben muss}}{\text{um eine Einheit von Produkt A mehr zu erhalten}}$$

Dieses Konzept misst die theoretischen Kosten einer Entscheidung, die Kosten der entgangenen Möglichkeit.

Robinsons Opportunitätskosten lassen sich mathematisch berechnen.

Betrachten Sie die möglichen Kombinationen:

12 Früchte und kein Fisch
9 Früchte und 2 Fische

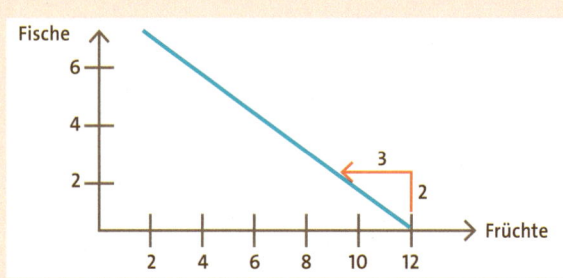

$$\text{Opportunitätskosten (OK) für 1 Fisch} = \frac{\text{wie viele Früchte muss er aufgeben}}{\text{wie viele Fische bekommt er mehr}} = (3/2) = 1{,}5$$

$$\text{Opportunitätskosten (OK) für 1 Frucht} = \frac{\text{wie viele Fische muss er aufgeben}}{\text{wie viele Früchte bekommt er mehr}} = (2/3) = 0{,}67$$

Dies bedeutet, dass er im Verhältnis mehr Früchte aufgeben muss, um einen zusätzlichen Fisch zu erhalten, oder dass er, um eine zusätzliche Frucht zu erhalten, verhältnismäßig wenig Fisch aufgeben muss.

Das Modell der Robinson-Crusoe-Volkswirtschaft ist ein vereinfachtes Modell von Märkten, die in der Realität viel komplexer sind. Robinson entscheidet, was er konsumieren will, und dann nutzt er die ihm zu Verfügung stehenden Ressourcen, um diese Güter zu produzieren. Es gibt keinen Anreiz, mehr herzustellen, als er konsumieren möchte – genau wie in größeren Märkten die Produzenten immer versuchen werden, nur Produkte herzustellen, die auch tatsächlich konsumiert werden.

3 Volkswirtschaftliche Produktionsfaktoren

In einer Volkswirtschaft, in der es nur zwei Produkte gibt, zeigt die **Produktionsmöglichkeitenkurve** die maximalen Produktionskombinationen, die eine Person (oder ein Land) in einer bestimmten Zeit herstellen kann.

3.4.2 Arbeitsteilung in der Robinson-Crusoe-Volkswirtschaft

Robinson hat es eine Zeit lang geschafft, genügend Fische zu fangen und Früchte zu sammeln, um zu überleben. Er hat sich auch eine kleine Hütte gebaut, in der er schlafen kann. Nach einiger Zeit trifft er auf eine andere Person, die auch auf der Insel lebt – Freitag. Die beiden freunden sich an, und da beide essen müssen, überlegen Sie, wie sie das Problem der Nahrungsbeschaffung lösen. Soll jeder weiterhin sein eigenes Essen beschaffen oder gibt es eine bessere Lösung?

Freitags Produktionsmöglichkeiten sehen folgendermaßen aus:

Fische	16	12	8	4	0
Früchte	0	3	6	9	12

Wenn Freitag den ganzen Tag lang Fische fängt, kann er 16 Fische fangen, hat dann aber keine Früchte.

Wenn er den ganzen Tag dazu nutzt, Früchte zu sammeln, kann er 15 Früchte sammeln, hat dann aber keinen Fisch. Er kann auch jede Kombination dazwischen wählen.

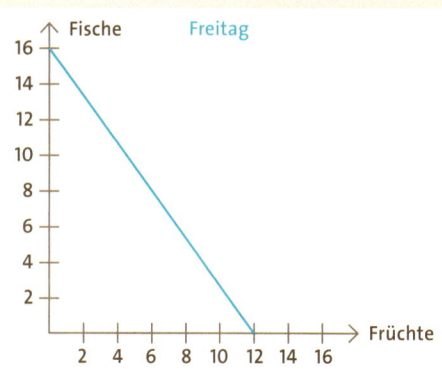

In diesem Modell gibt es nun zwei Produzenten (Robinson, Freitag), zwei Konsumenten (Robinson, Freitag) sowie zwei Produkte (Fisch, Früchte). Beide Menschen müssen entscheiden, wie viel von welchem Produkt hergestellt werden soll. Zu zweit gibt es viel mehr Möglichkeiten, denn nun können sich die Akteure spezialisieren und miteinander handeln.

	maximale Anzahl an Fischen	maximale Anzahl an Früchten
Robinson	8	12
Freitag	16	12
	absoluter Kostenvorteil[1] für Freitag	Keiner von beiden hat einen absoluten Kostenvorteil.

[1] absoluter Kostenvorteil: absolut höhere Produktivität im Vergleich mit einem anderen Akteur

In diesem Beispiel hat Freitag einen **absoluten Kostenvorteil** bei der Produktion von Fisch und beide sind gleich produktiv beim Sammeln von Früchten. Es könnte der Eindruck entstehen, dass Freitag Robinson gar nicht braucht, da er genauso gut Früchte sammeln kann wie er. Es kann jedoch trotzdem sinnvoll sein, miteinander zu handeln.

Grundlagen ökonomischen Denkens und Handelns

Berechnung von Freitags Opportunitätskosten:

Es werden die beiden folgenden Kombinationen betrachtet:

12 Früchte, kein Fisch
9 Früchte, 4 Fische

$$\text{Opportunitätskosten (OK) für 1 Fisch} = \frac{\text{wie viele Früchte muss er aufgeben}}{\text{wie viele zusätzliche Fische bekommt er}} = (3/4) = \mathbf{0{,}75}$$

$$\text{Opportunitätskosten (OK) für 1 Frucht} = \frac{\text{wie viele Fische muss er aufgeben}}{\text{wie viele zusätzliche Früchte erhält er}} = (4/3) = \mathbf{1{,}33}$$

Ein Vergleich zwischen den Opportunitätskosten von Robinson und Freitag zeigt uns folgende Situation:

	Opportunitätskosten (OK) für 1 Fisch	Opportunitätskosten (OK) für 1 Frucht
Robinson	1,5 (3/2)	0,67 (2/3)
Freitag	0,75 (3/4)	1,33 (4/3)
	komparativer Kostenvorteil[1] für Freitag	komparativer Kostenvorteil für Robinson

[1] komparativer Kostenvorteil: vergleichsweise günstigere Opportunitätskosten

Wenn man nun Robinsons Opportunitätskosten für das Fangen von Fisch (1,5) mit denen von Freitag (0,75) vergleicht, stellt man fest, dass es für Freitag vergleichsweise günstiger ist, Fische zu fangen. Wenn man Robinsons Opportunitätskosten für das Sammeln von Früchten (0,67) mit denen von Freitag (1,33) vergleicht, ist es vergleichsweise günstiger für Robinson, Früchte zu sammeln. Dies bedeutet, dass Freitag einen komparativen Kostenvorteil bei der Produktion von Fisch hat und Robinson einen komparativen Kostenvorteil beim Sammeln von Früchten.

Ein **komparativer Kostenvorteil** bedeutet, dass ein Einzelner, ein Unternehmen oder ein Land in der Lage ist, ein Produkt oder eine Dienstleistung zu geringeren Opportunitätskosten herzustellen als die anderen.

3 Volkswirtschaftliche Produktionsfaktoren

In einer Volkswirtschaft ist es sinnvoll, dass sich Menschen auf das spezialisieren, was sie am besten können. Diese Spezialisierung auf die Produktion der Güter mit den geringsten Opportunitätskosten nennt man **Arbeitsteilung**. Die Produktion der benötigten Güter wird von den Menschen übernommen, die dafür den geringsten Verzicht eines anderen Gutes haben. Wenn die Menschen dann miteinander handeln, kann ein besseres Marktergebnis erzielt werden.

Zwei-Personen-Wirtschaft mit Handel:

Folgende Annahme wird getroffen: Jeder produziert seine eigene Nahrung, Robinson produziert und konsumiert 6 Fische und 4 Früchte, Freitag 10 Fische und 4 Früchte. Nun beschließen beide, sich zu spezialisieren. Da Robinson geringere Opportunitätskosten als Freitag für das Sammeln von Früchten hat, sammelt er den ganzen Tag nur Früchte. Freitag fängt nur Fische, da er hierfür auf vergleichsweise weniger Früchte verzichten muss. Dann handeln die beiden miteinander.

	vorher	nachher	nach Handel z. B. 6 · 1 Frucht für 1 Fisch
Robinson	6 Fische 4 Früchte	0 Fische 12 Früchte	6 Fische 6 Früchte (2 Früchte mehr)
Freitag	8 Fische 6 Früchte	16 Fische 0 Früchte	10 Fische 6 Früchte (2 Fische mehr)
Summe	14 Fische 10 Früchte	16 Fische 12 Früchte	16 Fische 12 Früchte

Beide können nun mehr konsumieren als zuvor. Ihr Konsum liegt jetzt außerhalb ihrer Produktionsmöglichkeitenkurve, was bedeutet, dass sie sich so besserstellen als ohne Handel.

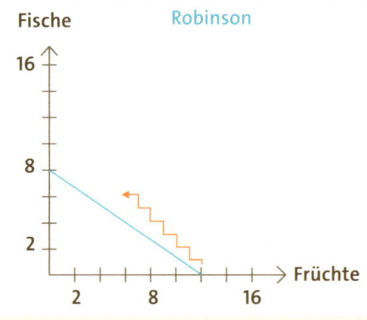
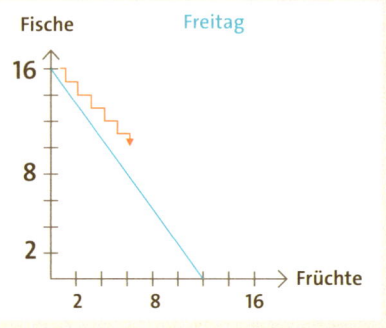

Im Modell mit zwei Partnern und zwei Produkten, bei dem sich beide Partner für Arbeitsteilung entscheiden und sich auf die Produktion des Gutes beschränken, das sie relativ gesehen günstiger herstellen können, kann durch Handel ein besseres Ergebnis erzielt werden. Es wird immer besser sein als die Situation in Autarkie[1], wenn die Bedingungen für den Handel fair sind, d. h., das Tauschverhältnis für die Güter zwischen den Opportunitätskosten der beiden Akteure für dieses Produkt liegt.

[1] Autarkie: Jeder handelt für sich selbst wirtschaftlich unabhängig.

Durch Arbeitsteilung und Handel können sich alle besserstellen.

Grundlagen ökonomischen Denkens und Handelns

David Ricardo (1772–1832)

Wichtiger Volkswirt  (1772–1823)	Ricardo ist bekannt für seine Rolle bei der Befürwortung des internationalen Handels. Er war der Sohn einer jüdischen Familie in London und hatte früh mit Handel und Geldgeschäften zu tun. Als Börsenmakler wurde er reich durch Spekulationen an der Börse. Später wurde er Mitglied des britischen Unterhauses, wo er sich dafür einsetzte, den internationalen Handel zu fördern. Inspiriert von Adam Smiths „Wohlstand der Nationen" begann Ricardo seine eigenen Artikel über Volkswirtschaft zu schreiben. Zu dieser Zeit waren viele Menschen der Überzeugung, dass Handel für ein Land nicht gut sei. Ricardo propagierte die Idee des internationalen Handels und untermauerte seine Position, dass Handel für alle beteiligten Länder vorteilhaft sein kann, mit der Theorie des komparativen Kostenvorteils. Sein bekanntestes Werk „Die Grundsätze der politischen Ökonomie oder der Staatswirtschaft und der Besteuerung" („On the Principles of Political Economy and Taxation") wurde 1817 veröffentlicht und ist immer noch die Grundlage für viele Freihandelsdiskussionen.
Wichtige Ideen	In einem Modell, in dem zwei Länder je zwei Güter produzieren, wird jedes Land einen komparativen Vorteil für ein anderes Gut haben und somit kann Handel beide Länder besserstellen. Sein berühmtes Beispiel vergleicht England und Portugal in der Produktion von Tuch und Wein und belegt, dass Handel für beide Länder profitabel sein kann.

3.4.3 Arten der Arbeitsteilung

Stellen Sie sich eine Situation vor, in der Sie alle Produkte, die Sie konsumieren wollen, auch selbst herstellen müssen. Um Kleidung zu erhalten, müssten Sie Ihre eigenen Schafe halten und Ihre eigene Baumwolle anbauen, die Wolle selbst spinnen und dann weben oder die Wolle stricken. Es würde vermutlich sehr lange dauern, bis Sie Ihre Kleidung tatsächlich tragen könnten.

3 Volkswirtschaftliche Produktionsfaktoren

In einer Robinson-Crusoe-Volkswirtschaft muss eine Person alle Produkte, die sie konsumieren möchte, selbst herstellen. Wenn es einen zweiten Marktteilnehmer gibt, kann arbeitsteilig gearbeitet werden.

Je größer eine Gesellschaft ist, desto wahrscheinlicher ist es, dass Berufe entstehen. Die Menschen spezialisieren sich auf einzelne Aufgaben und werden damit z. B. zum Bauer, Müller, Bäcker oder Schmied. Die Konzentration auf einen Aufgabenbereich ermöglicht es den Menschen, die für die Erfüllung der Aufgaben benötigten speziellen Fähigkeiten zu trainieren und den Beruf weiterzuentwickeln. Sie erfinden neue Werkzeuge und Maschinen, um die anfallenden Aufgaben besser und schneller erledigen zu können.

Je größer eine Volkswirtschaft ist, desto mehr Produkte werden in größeren Mengen nachgefragt. Dies führte historisch meist zur Gründung von Unternehmen, die sich auf die Herstellung von bestimmten Produkten spezialisierten. In diesen Unternehmen wurde der Produktionsprozess meist auf kleinere Arbeitsschritte heruntergebrochen.

Im Zeitalter der Industrialisierung ging dieser Prozess mit schneller Geschwindigkeit voran. Fabriken wurden größer und konzentrierten sich auf kleinere Schritte im Produktionsprozess. So produzierte z. B. ein Unternehmen aus der Wolle das Garn, das nächste Unternehmen webte das Garn zu Tuch und wieder ein anderes Unternehmen färbte das Tuch und letztlich kauften Schneider das Tuch, um daraus Kleidung zu fertigen.

Diese Spezialisierung führte zu verschiedenen Sektoren innerhalb einer Volkswirtschaft: dem Abbau und der Produktion von Rohstoffen im primären Sektor, der Verarbeitung von Rohstoffen und Herstellung von Gütern im sekundären Sektor und schließlich zur Entwicklung des Dienstleistungs- und des Informationssektors.

Der technische Fortschritt hat sowohl die Kommunikations- als auch die Transportmöglichkeiten immens verbessert. Beide Faktoren begünstigen die internationale Arbeitsteilung. Unternehmen kaufen ihre Rohstoffe aus aller Welt und verkaufen ihre Produkte in die ganze Welt. Menschen konsumieren Güter, deren Rohstoffe aus einem Teil der Welt stammen, die in einem anderen Teil der Welt produziert werden und in einem weiteren Teil der Welt verkauft werden.

Arten von Arbeitsteilung		
innerhalb eines Unternehmens	zwischen Unternehmen	international
Zerlegen des Produktionsprozesses in kleinere Herstellungsschritte oder in betriebliche Funktionen ▶ (Beschaffung, Produktion, Absatz)	Produktion von Rohstoffen – Produktion von Gütern aus Rohstoffen – Verkauf von Produkten im Einzelhandel	Import und Export von Rohstoffen und Produkten
In einer Möbelfirma gibt es eine Abteilung, in der gesägt wird, in der nächsten wird geschliffen und in der nächsten Abteilung werden die einzelnen Teile montiert.	Bauer baut Korn an – Müller mahlt Korn zu Mehl – Bäcker bäckt Brot	Herstellung von Kleidung in Asien für den Verkauf z. B. in Europa

Arbeitsteilung innerhalb einer Gemeinschaft
↓
Arbeitsteilung durch verschiedene Berufe
↓
Arbeitsteilung innerhalb Unternehmen
↓
Arbeitsteilung zwischen Unternehmen
↓
Arbeitsteilung in wirtschaftlichen Sektoren ▶

▶ Kapitel 2.5
↓
Internationale Arbeitsteilung

▶  Kapitel 1

Arbeitsteilung und internationaler Handel ermöglichen es insbesondere Menschen in entwickelten Ländern, eine große Auswahl an Produkten zu haben, wie z. B. günstige Elektronikgeräte oder exotische Früchte, die sonst nicht in dieser Vielfalt und zu diesen Preisen verfügbar wären. Gerade für Deutschland ist internationaler Handel sehr wichtig.

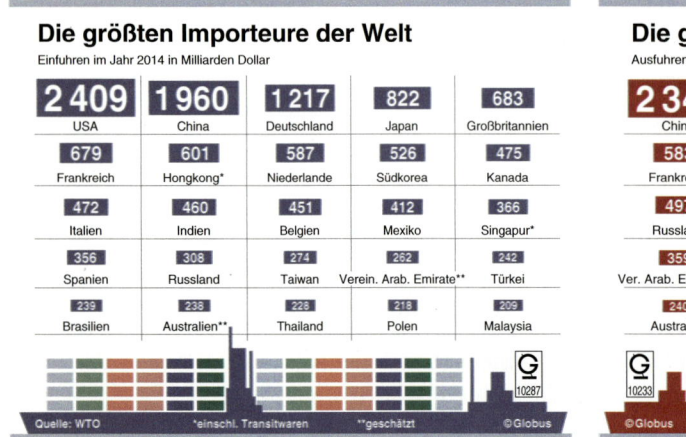

3.4.4 Arbeitsproduktivität

Aufgrund der Arbeitsteilung können die einzelnen Arbeitsschritte schneller erledigt werden und dadurch kann die Produktivität gesteigert werden. Menschen lernen die Arbeitsabläufe besser kennen und finden immer neue Wege, den Produktionsprozess zu optimieren.

Arbeitsproduktivität ist eine Maßzahl, die das Verhältnis zwischen der Ausbringungsmenge an Gütern und der hierfür aufgewendeten Arbeit, z. B. in Form von Stunden, misst und somit vergleichbar macht.

$$\text{Arbeitsproduktivität} = \frac{\text{Ausbringungsmenge an Gütern}}{\text{dafür aufgewendete Arbeit}}$$

In der Regel gibt es einen positiven Zusammenhang zwischen stärkerer Arbeitsteilung und größerer Ausbringungsmenge (Output). Dieser Spezialisierungseffekt begünstigt die immer mehr zunehmende Arbeitsteilung. Jedoch kann es auch zu negativen Begleiterscheinungen kommen, insbesondere dann, wenn der Arbeitsablauf in sehr kleine Produktionsschritte zerlegt wird.

3 Volkswirtschaftliche Produktionsfaktoren

Vorteile von Spezialisierung	Nachteile von Spezialisierung
• gestiegene Produktivität • einfache Aufgaben, kein langes Anlernen notwendig • wenig Zeitverlust beim Übergang zwischen den einzelnen Arbeitsschritten	• Motivationsverlust durch eintönige Arbeit • Verlust von Flexibilität der Arbeitnehmer, da sie nur für eine spezifische Aufgabe ausgebildet sind • für Arbeitnehmer: höheres Risiko der Arbeitslosigkeit

Wichtige Werke der VWL – Die Idee der Spezialisierung in Adam Smiths „Der Wohlstand der Nationen" („The Wealth of Nations")

Adam Smith zeigte den Effekt der Spezialisierung innerhalb eines Unternehmens in seinem Buch „Der Wohlstand der Nationen" mithilfe des folgenden Beispiels:

„Wir wollen daher als Beispiel die Herstellung von Stecknadeln wählen, ein [...] Gewerbe, das [...] schon häufig zur Erklärung der Arbeitsteilung diente. **Ein Arbeiter**, der noch niemals Stecknadeln gemacht hat und auch nicht dazu angelernt ist [...], sodass er auch mit den dazu eingesetzten Maschinen nicht vertraut ist [...], könnte, selbst wenn er sehr fleißig ist, **täglich höchstens eine [Nadel]**, sicherlich aber keine zwanzig Nadeln herstellen. Aber so, wie die Herstellung von Stecknadeln heute betrieben wird, ist sie nicht nur als Ganzes ein selbstständiges Gewerbe. Sie zerfällt vielmehr in eine Reihe getrennter Arbeitsgänge [...]. Der eine Arbeiter zieht den Draht, der andere streckt ihn, ein dritter schneidet ihn, ein vierter spitzt ihn zu, ein fünfter schleift das obere Ende, damit der Kopf aufgesetzt werden kann. Auch die Herstellung des Kopfes erfordert zwei oder drei getrennte Arbeitsgänge. Das Ansetzen des Kopfes ist eine eigene Tätigkeit, ebenso das Weißglühen der Nadel, ja, selbst das Verpacken der Nadeln ist eine Arbeit für sich. Um eine Stecknadel anzufertigen, sind somit etwa 18 verschiedene Arbeitsgänge notwendig, die in einigen Fabriken jeweils verschiedene Arbeiter besorgen, während in anderen ein Einzelner zwei oder drei davon ausführt. Ich selbst habe eine kleine Fabrik dieser Art gesehen, in der nur **10 Leute** beschäftigt waren, so dass einige von ihnen zwei oder drei solcher Arbeiten übernehmen mussten. [...] Sie [konnten] zusammen am Tage doch etwa 12 Pfund Stecknadeln anfertigen, wenn sie sich einigermaßen anstrengten. Rechnet man für ein Pfund über 4 000 Stecknadeln mittlerer Größe, so waren die 10 Arbeiter imstande, täglich etwa **48 000 Nadeln** herzustellen. [...]. Hätten sie indes alle einzeln und unabhängig voneinander gearbeitet, noch dazu ohne besondere Ausbildung, so hätte der Einzelne nicht einmal 20, vielleicht sogar keine einzige Nadel am Tag zustande gebracht. [...]"

Quelle: Smith, Adam: The wealth of nations, book 1, chapter 1 [03]; http://geolib.com/smith.adam/won1-01.html, übersetzt und gekürzt von Autorin

Beispiel: Produktion von Nadeln

Arbeitsproduktivität = Ausbringungsmenge/Einsatz an Arbeit	
vor Arbeitsteilung	nach Arbeitsteilung
1 Nadel/1 Arbeiter pro Tag = 1 (erfahrener Arbeiter: 20/1 = 20)	48 000 Nadeln/10 Arbeiter = 4 800

Grundlagen ökonomischen Denkens und Handelns

FALLSTUDIE Soll Dirk Nowitzki seinen Rasen selbst mähen?

Dirk Nowitzki ist ein großer Basketballspieler. Er gehört im Basketball zu den Besten und ist vielleicht auch für Anderes begabt. Gewiss könnte er auch seinen Rasen am Haus selbst mähen. Vielleicht könnte er den Rasen sogar schneller mähen als manch einer seiner dafür zuständigen Bediensteten oder eine willige Nachbarin. Doch heißt das auch, dass er ihn wirklich selbst mähen sollte?

Um diese Frage zu beantworten, bedienen wir uns der Konzeptionen der Opportunitätskosten und des komparativen Vorteils. Nehmen wir an, Dirk könnte den Rasen in zwei Stunden mähen. In diesen zwei Stunden könnte er aber auch einen Auftritt absolvieren, bei dem er netto 10.000 Euro an Werbeeinnahmen erzielt. Anders verhält es sich mit Tosca S., die um die Ecke wohnt und bei McDonalds oder aus dem Werkvertrag eines Instituts 16 Euro pro Stunde verdient. Sie braucht zwar drei Stunden für die Rasenpflege, erwartet dafür aber nur 48 Euro oder ein wenig mehr an Bezahlung.

In diesem Beispiel betragen Dirk Nowitzkis Opportunitätskosten für das Rasenmähen 10.000 Euro, die Opportunitätskosten von Tosca S. jedoch nur 48 Euro. Dirk hat zwar einen absoluten Vorteil, weil er nur zwei anstatt drei Stunden Arbeitszeit aufwenden müsste. Doch Tosca verfügt über einen komparativen Vorteil beim Rasenmähen, weil sie niedrigere Opportunitätskosten hat. Der „Handelsvorteil" ist in diesem Beispiel gewaltig. Dirk Nowitzki sollte sich für den Werbeauftritt entscheiden und Tosca zum Rasenmähen anstellen. Solange Dirk ihr mehr als 48 Euro und weniger als 10.000 Euro bezahlt, sind beide bessergestellt.

Quelle: Mankiw, N. G.: Grundzüge der Volkswirtschaftslehre, Stuttgart 2004, S. 58 f.

ARBEITSAUFTRÄGE

1. Erklären Sie anhand des obigen Beispiels die Begriffe Opportunitätskosten, absolute Kosten und komparative Kosten.
2. Unter welchen Umständen sollte Dirk Nowitzki seinen Rasen selbst mähen?
3. Finden Sie andere Beispiele, bei denen Arbeitsteilung sinnvoll sein könnte.
4. Betrachten Sie Deutschland und die Produkte, die hier hergestellt werden. In welchen wirtschaftlichen Bereichen hat Deutschland vermutlich einen komparativen Kostenvorteil?

Aufgaben zu Kapitel 3.4

1. Peter hat vier Stunden Zeit zur Verfügung. Er muss für VWL lernen und einen Roman für den Deutschunterricht lesen. In einer Stunde kann er entweder 20 Seiten in VWL lesen oder 40 Seiten in seinem Roman.
   a Zeichnen Sie Peters Produktionsmöglichkeitenkurve.
   b Berechnen Sie die Opportunitätskosten für das Lesen im VWL-Buch. Erläutern Sie die Bedeutung Ihres Ergebnisses.

2. Adriana aus Neapel und Rosie aus Tübingen wohnen zusammen in einer WG im Studentenwohnheim. Nach dem Lernen sind sie immer sehr hungrig und beide kochen gerne, ganz besonders Pizza und schwäbischen Kartoffelsalat. Für eine Pizza benötigt Rosie 120 Minuten, für den Kartoffelsalat 90 Minuten. Adriana braucht 90 Minuten für die Pizza und 120 Minuten für den Kartoffelsalat.
   a Berechnen Sie die Opportunitätskosten der beiden Studentinnen für die Zubereitung von Kartoffelsalat und Pizza. Erläutern Sie, wer einen komparativen Kostenvorteil für die Produktion von Pizza und Kartoffelsalat hat.
   b Nehmen Sie an, beide spezialisieren sich auf die Herstellung des Produkts, das für sie die geringeren Opportunitätskosten hat. Schlagen Sie ein Tauschverhältnis vor, mit dem beide bessergestellt werden.

3. Carlandia hat 10 Millionen Arbeiter und kann entweder Autos oder Getreide herstellen. Jeder seiner Arbeiter kann pro Jahr entweder 4 Autos oder 50 kg Getreide herstellen. Wheatland hat 20 Millionen Arbeiter und jeder kann entweder 2 Autos oder 40 kg Weizen herstellen.
   a Zeichnen Sie die Produktionsmöglichkeitenkurven der beiden Länder in zwei verschiedene Koordinatensysteme. Erläutern Sie, welches Land einen absoluten Kostenvorteil für welches Produkt hat.
   b Berechnen Sie die Opportunitätskosten der beiden Länder für Autos und Getreide. Begründen Sie Ihre Antwort.
   c Carlandia schlägt vor, sich zu spezialisieren und dann 1 Auto für 20 kg Weizen zu handeln. Prüfen Sie, ob Wheatland dieses Angebot annehmen sollte. Belegen Sie Ihre Antwort rechnerisch.
   d Nach weiteren Verhandlungen bietet Carlandia ein Tauschverhältnis von 15 kg Weizen pro Auto an. Erläutern Sie, ob Wheatland dieses Angebot annehmen sollte.
   e Nehmen Sie an, dass 10 Millionen Autos für 150 000 Tonnen Getreide gehandelt werden sollen. Zeichnen Sie in die Produktionsmöglichkeitenkurven aus Teilaufgabe a den neuen Konsum ein und erläutern Sie den Unterschied im Konsum zwischen der Situation „Autarkie" und der Situation „Handel".
   f Beurteilen Sie: Richtig oder falsch?
      ○ Viele der entwickelten Länder haben einen komparativen Vorteil bei der Produktion von allen Gütern, da ihre Produktivität hoch ist.
      ○ Wenn Handel gut für ein Land ist, ist er automatisch auch gut für das Land, mit dem gehandelt wird.

I Grundlagen ökonomischen Denkens und Handelns

Abbildung „Entstehungsweg einer Jeans" auch
▶ Webcode WGW_I_3.4

4. Betrachten Sie den Entstehungsweg einer typischen Jeans (siehe Bild).
   a Beschreiben Sie die Grafik und erläutern Sie, weshalb so viele Länder am Produktionsprozess beteiligt sind.
   b Beurteilen Sie das Verhältnis der anfallenden Kosten für den Transport der Jeans zu den verschiedenen Produktionsstufen und der vom Konsumenten zu bezahlenden Preise.

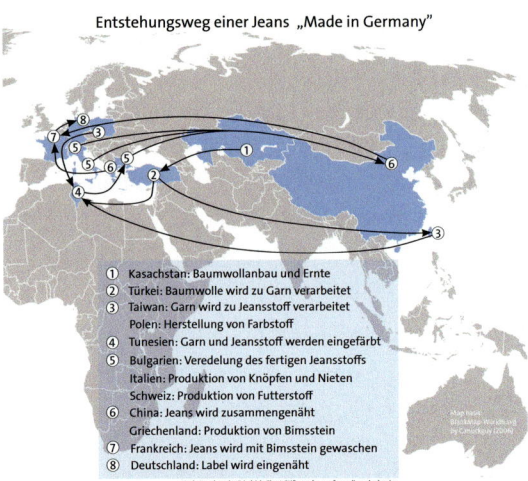

Entstehungsweg einer Jeans „Made in Germany"

① Kasachstan: Baumwollanbau und Ernte
② Türkei: Baumwolle wird zu Garn verarbeitet
③ Taiwan: Garn wird zu Jeansstoff verarbeitet
   Polen: Herstellung von Farbstoff
④ Tunesien: Garn und Jeansstoff werden eingefärbt
⑤ Bulgarien: Veredelung des fertigen Jeansstoffs
   Italien: Produktion von Knöpfen und Nieten
   Schweiz: Produktion von Futterstoff
⑥ China: Jeans wird zusammengenäht
   Griechenland: Produktion von Bimsstein
⑦ Frankreich: Jeans wird mit Bimsstein gewaschen
⑧ Deutschland: Label wird eingenäht

Nach Angaben der Friedrich-Ebert-Stiftung / www.fes-online-akademie

Zusammenfassung 3.4 Arbeit als Produktionsfaktor

In einem Modell mit zwei Produkten können die möglichen Kombinationen an Ausbringungsmengen der Produkte grafisch in Form einer Produktionsmöglichkeitenkurve dargestellt werden.

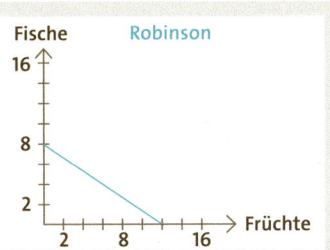

Arbeitsteilung = Spezialisierung von Arbeit

Arten der Arbeitsteilung
- innerhalb von Unternehmen
- zwischen Unternehmen
- international

führt zu erhöhter

$$\text{Arbeitsproduktivität} = \frac{\text{Ausbringungsmenge an Gütern}}{\text{dafür aufgewendete Arbeit}}$$

$$\text{Opportunitätskosten von A} = \frac{\text{was von Gut B aufgegeben werden muss}}{\text{um 1 Einheit mehr von A zu erhalten}}$$

↓

komparativer Kostenvorteil = relativ geringere Opportunitätskosten

↓

Spezialisierung + Handel
= Menschen/Unternehmen/ Länder können sich besserstellen

3.5 Geld, Investitionen und Kapitalbildung

3.5.1 Geld

🔸 **Was ist eigentlich „Geld"?**

Geld muss drei Kriterien erfüllen:

- **Tausch- und Zahlungsmittel**
  Geld kann überall zum Kauf von Gütern und Dienstleistungen verwendet werden. Bei der Bezahlung erhält der Verkäufer Geld vom Käufer und vertraut darauf, dass er selbst dieses Geld auch wieder seinerseits zum Kauf verwenden kann. Der Vorteil von Geld bei der Bezahlung liegt daher in der allgemeinen Akzeptanz als Zahlungsmittel: Der Käufer muss sich nicht mit der Frage beschäftigen, welche Güter der Verkäufer gerne hätte. Stattdessen gibt er dem Verkäufer einfach Geld, das dieser gegen jede Art von Gut und Dienstleistung eintauschen kann.

- **Wertaufbewahrungsmittel**
  Mithilfe von Geld können Vermögen bzw. Kaufkraft von der Gegenwart in die Zukunft verschoben werden. Mit Geld, das nicht heute ausgegeben wird, können auch morgen oder in einem Jahr Güter gekauft werden. Hierfür ist es entscheidend, dass Geld im Zeitverlauf seinen Wert behält.

- **Recheneinheit und Wertmaßstab**
  Geld hilft den Menschen, die Preise unterschiedlicher Güter und Dienstleistungen, die in Geldeinheiten ausgedrückt werden, zu vergleichen. Wenn ein Brot 1,00 EUR kostet, ein Fahrrad 400,00 EUR und ein Auto 18.000,00 EUR, können die Menschen die Preise dieser Güter leicht vergleichen. Wenn die Verkäufer dagegen für ein Brot als Bezahlung 5 Äpfel verlangen, für ein Fahrrad einen Tisch und für ein Auto drei Ochsen, dann ist es sehr schwierig, die Preise und den Wert dieser Güter untereinander einzuschätzen.

Anhand dieser drei Kriterien wird klar, dass Geld letztendlich auf einer gesellschaftlichen Vereinbarung beruht, was als Geld akzeptiert wird und was nicht. Während man heutzutage bei „Geld" zunächst an Münzen und Scheine denkt, verwendeten Menschen vor langer Zeit beispielsweise Muscheln als Geld, die vom ganzen Stamm als Zahlungs- und Wertaufbewahrungsmittel angesehen wurden. In Papua-Neuguinea sind diese sogar heute noch als alternatives Zahlungsmittel zugelassen.

Euro – mittlerweile Währung in 19 Staaten der EU

Halskette mit Muscheln – offizielle Komplementärwährung in Papua-Neuguinea

Eine exakte Abgrenzung von „Geld" ist nicht möglich. Während Bargeld in Form von Münzen und Scheinen unter normalen Umständen alle drei oben genannten Kriterien klar erfüllt, wird beispielsweise auch Guthaben auf Girokonten üblicherweise als Geld angesehen. Dieses Sichtguthaben kann sehr kurzfristig abgehoben und in Bargeld umgewandelt werden. Ebenso kann man in vielen Geschäften mit EC-Karte bezahlen, wobei den Unternehmen gestattet wird, den geschuldeten Betrag kurzfristig vom Girokonto abzubuchen. Es gibt sogar Definitionen von Geld, gemäß derer auch Spargguthaben und Finanzprodukte mit längerer Laufzeit noch als Geld interpretiert werden.

- **Der „Wert von Geld"**

Wie bei Gütern und Dienstleistungen hängt auch der Wert von Geld von dessen Knappheit ab. Wenn die Geldmenge schneller steigt als die Menge an Gütern, die damit gekauft werden kann, dann wird eine Geldeinheit (z. B. ein Euro) an Wert verlieren, sodass mehr Euro für ein Gut bezahlt werden müssen. Somit steigen die Preise, gemessen in Geldeinheiten. Daher kann Geld seine Funktion als Wertaufbewahrungsmittel nur erfüllen, wenn es nicht zu schnell an Wert verliert. Das bedeutet, dass die Geldmenge nicht zu schnell steigen sollte.

Geldscheine aus der Zeit der extremen Geldentwertung (1920–1923) in Deutschland

- **Woher kommt Geld?**

Da die Geldmenge einen direkten Einfluss auf die Wertaufbewahrungsfunktion des Geldes und somit auf die Preisstabilität hat, wachen Zentralbanken über die Geldmenge und die Schaffung von neuem Geld. Für Länder mit dem Euro als Zahlungsmittel ist dies die Europäische Zentralbank (EZB) mit Sitz in Frankfurt. Die EZB überwacht die Produktion von Euro-Scheinen und -Münzen. Zudem beeinflusst sie die Geldversorgung von Geschäftsbanken, indem sie diesen Geld gegen Zinsen leiht.

3.5.2 Kapital und Investition

Unternehmen kombinieren Kapital, Arbeit und Land, um die Güter und Dienstleistungen zu produzieren, die die Bedürfnisse der Menschen befriedigen. Daher ist es wichtig, zu verstehen, wie das Kapital eines Landes zustande kommt:

> **Kapitalgüter (Kapital)** sind von Menschen geschaffene Produktionsmittel (≠ Geld) und umfassen alle produzierten langlebigen Güter, die bei der Herstellung von anderen Gütern und Dienstleistungen verwendet werden, wie beispielsweise Maschinen, Werkzeuge, Gebäude, Fahrzeuge.

> Beispiel Autofabrik: Das Fabrikgebäude, die Maschinen darin und die Lieferbänder sind Kapitalgüter. Die Schrauben und das Metall, das genutzt wird, um die Autos herzustellen, sind keine Kapitalgüter, da sie im Produktionsprozess verbraucht werden. Das Land, auf dem das Fabrikgebäude steht, ist ebenfalls kein Kapitalgut, sondern eine natürliche Ressource.

Kapital ist nicht mit Geld gleichzusetzen: Im Gegensatz zu Kapital kann Geld nicht unmittelbar genutzt werden, um Güter oder Dienstleistungen herzustellen. Stattdessen können Menschen Geld verwenden, um Güter und Dienstleistungen zu kaufen.

Es gibt jedoch einen Zusammenhang zwischen Geld und Kapital: Ein Unternehmen kann Geld verwenden, um Kapital zu kaufen. Diesen Vorgang nennt man Investition.

Investition bezeichnet den Kauf von Kapital oder Anlagen in der Hoffnung auf künftige Erträge.

> Wenn der Manager der Autofabrik mehr Autos produzieren möchte, kann er in neues Kapital investieren. Er kann Maschinen kaufen und neue Fließbänder anschaffen und so die Produktion in der Fabrik erhöhen.

3.5.3 Bestimmungsgrößen für Investitionen

Jedes Unternehmen muss entscheiden, wie viel es in neues Kapital investieren soll. Investitionen können nötig sein,
- um Maschinen, Ausrüstung oder Gebäude zu ersetzen, die aufgrund von Verschleiß beschädigt oder nicht mehr einsatzfähig sind, und somit einen Produktionsrückgang zu vermeiden;
- um neue Maschinen, Ausrüstung oder Gebäude zu kaufen, um die Produktion zu erhöhen.

Diese Entscheidung hängt von mehreren Faktoren ab:
- den Kosten der Investition (z. B. Geld, das für neues Kapital ausgegeben wird; Zinsen, die für aufgenommene Kredite gezahlt werden müssen)
- dem erwarteten Ertrag der Investition (z. B. Anstieg von Umsatz bzw. Gewinn)
- den Alternativen zu der Investition (den Opportunitätskosten, z. B. dem Zinseinkommen auf Ersparnisse)

Ein Investor investiert nur in neues Kapital, wenn er dies für profitabel hält. Daher vergleicht er nicht nur, wie viel er für das Kapital bezahlen muss und wie viel Geld er mit der erhöhten Produktionskapazität verdienen kann. Er wird auch die Opportunitätskosten berücksichtigen: Anstatt in neues Kapital zu investieren, könnte er das Geld auch auf einem Bankkonto anlegen und dafür Zinsen erhalten. Oder er könnte das Geld in einem anderen Projekt verwenden, mit dem er möglicherweise mehr Geld verdient.

Grundlagen ökonomischen Denkens und Handelns

> Der Manager einer Fabrik muss entscheiden, ob er in eine neue Maschine investieren soll. Die Maschine kostet 500.000 EUR. Die Maschine kann für ein Jahr genutzt werden, danach muss sie ersetzt werden. Wenn der Manager die Maschine kauft, erhöht diese die Produktion in der Fabrik. In einem Jahr kann das Unternehmen durch die Verwendung der Maschine einen zusätzlichen Umsatz von 520.000 EUR generieren. Der Zinssatz auf Bankguthaben beträgt 5 %. Das Unternehmen hat genug Geld, um die Maschine ohne die Aufnahme eines Kredits zu finanzieren.
>
> Wenn der Manager die Maschine für 500.000 EUR kauft, hat er am Ende des Jahres exakt 520.000 EUR. Das klingt zunächst nach einem guten Geschäft. Wenn er die 500.000 EUR stattdessen jedoch auf seinem Bankkonto einzahlt und darauf 5 % Zinsen erhält, hat er nach einem Jahr ein Bankguthaben in Höhe von 500.000 EUR · 1,05 = 525.000 EUR. Wenn er nicht investiert und das Geld stattdessen spart, hat er zusätzliche 5.000 EUR!

Wenn Geld in Kapital investiert wird, gibt der Investor also zwangsläufig eine andere alternative Verwendung des Geldes auf. Der Investor könnte das Geld auch schlicht nutzen, um Konsumgüter zu kaufen. Dieselbe Abwägung gilt auch aus Sicht einer ganzen Volkswirtschaft: Der Teil des Einkommens, der für Konsum verwendet wird, kann nicht verwendet werden, um in das Kapital der Volkswirtschaft zu investieren (und umgekehrt). Eine Volkswirtschaft, die ihr Kapital erhöhen will, muss daher üblicherweise kurzfristig auf Konsum zugunsten von Investitionen verzichten. Langfristig ermöglicht der Anstieg des Kapitals eine höhere Produktion und somit auch höheren Konsum.

FALLSTUDIE: Kürzung der Subventionen gefährdet deutsche Ziele zur Solarenergiegewinnung

Deutschlands Pläne, bis Mitte des Jahrhunderts große Teile seiner Energie aus Sonne, Wind und anderen erneuerbaren Quellen zu erzeugen, sind durch den Rückgang der Subventionen für Solarenergie und die niedrigen EU-Ziele für saubere Energiegewinnung gefährdet – so die Aussagen von Wirtschaft und Experten.

[...] Fallende Kosten für Solarkollektoren aufgrund von chinesischer Massenproduktion haben im Solarenergiesektor zum Verlust von fast der Hälfte der 100 000 Arbeitsplätze im Jahr 2012 geführt. Zugleich führten die fallenden Preise zu einem Anstieg der Nachfrage der Konsumenten, aber auch zu Einschnitten bei der öffentlichen Subventionierung. [...]

Die Einschnitte bei den Subventionen spürte die ganze Industrie, während die Stromkosten für Solarenergie sich den Kosten für fossile Energieträger angenähert haben. Die Einspeisetarife, die für die Erzeugung von Solarenergie gezahlt wurden, sind von im Höhepunkt 0,90 US-$ pro Kilowattstunde auf etwa 0,20 US-$ pro Kilowattstunde gefallen. Die für 20 Jahre garantierte Einspeisevergütung, die den Haushalten, die als Erste investierten, angeboten wurde, gehört nun der Vergangenheit an. [...]

Quelle: Artikel von Arthur Neslen, www.theguardian.com, 5. November 2014, übersetzt von Autor

ARBEITSAUFTRÄGE

1. Beschreiben Sie mögliche Gründe dafür, dass der deutsche Staat die Produktion von Solarenergie subventioniert.

2. Sie erwägen, in Solarkollektoren auf Ihrem Dach zu investieren. Wovon hängt es ab, ob Sie diese Investition tätigen?

3. Erläutern Sie den Effekt von fallenden Preisen für Solarkollektoren auf die Investitionsanreize. Vergleichen Sie dieses Ergebnis mit dem Effekt fallender Einspeisevergütungen auf die Investitionsanreize.

3.5.4 Investitionsfördernde wirtschaftspolitische Maßnahmen

Das Kapital einer Volkswirtschaft hat einen bedeutenden Einfluss auf deren Kapazität, Güter und Dienstleistungen zu produzieren. Daher wird eine Regierung versuchen, nach Möglichkeit ein Umfeld zu erzeugen, in dem die Unternehmen hohe Anreize haben zu investieren. Diese Investitionen werden von den folgenden Faktoren beeinflusst:

- **stabiles Wirtschaftswachstum**
  Unternehmen investieren bevorzugt in Ländern, in denen viele Konsumenten ein hohes oder ein wachsendes Einkommen haben und bereit sind, für ihre Güter und Dienstleistungen zu bezahlen.

- **Planungssicherheit**
  Die Erträge der meisten Investitionen erstrecken sich über mehrere Jahre. Wenn ein Unternehmen befürchtet, dass der Staat neue Steuern oder Regulatorien einführt, die die Produktion verteuern, wird es nur zögerlich oder weniger investieren.

- **Eigentumsrechte**
  Wenn Unternehmen befürchten, dass der Staat sie enteignen und ihr Kapital verstaatlichen könnte, werden sie in diesem Land nicht in neues Kapital investieren.

- **angemessenes Steuersystem**
  Regierungen brauchen Geld, um staatliche Ausgaben zu finanzieren, und besteuern daher Individuen wie auch Erlöse und Gewinne von Unternehmen. Diese Besteuerung reduziert die Investitionsanreize von Unternehmen. Daher muss eine Regierung die Erhebung von Steuern gegen die negativen Effekte auf die Kapitalakkumulation abwägen.

- **Subventionen**
  Subventionen sind das Gegenteil von Steuern. Dabei bezahlt der Staat Unternehmen dafür, etwas Bestimmtes zu tun, beispielsweise in Kapital zu investieren. Manchmal ist die Regierung der Ansicht, dass Unternehmen nicht genug in bestimmte Kapitalgüter investieren. Die Regierung kann z. B. die Anreize erhöhen, in Solarenergie oder in High-Tech-Industrie zu investieren, indem sie speziell in diesen Branchen Subventionen zahlt. Es ist dabei jedoch sehr wichtig, dass sich die Regierung bewusst macht, weshalb die Unternehmen nicht mehr investieren:

- Gibt es positive externe Effekte, die die Unternehmen jedoch nicht beachten, oder investieren Unternehmen nicht, weil die zu erwartenden Erträge schlicht zu niedrig sind?

- **niedrige Zinsen**
  Unternehmen, die sich Geld leihen müssen, um zu investieren, profitieren von niedrigen Zinsen für ihren Kredit. Für Unternehmen, die bereits viel Geld haben und erwägen, in Kapital zu investieren, entsprechen die Zinsen auf Sparguthaben den Opportunitätskosten ihrer Investitionen. Je niedriger die Zinsen auf Ersparnisse sind, desto mehr Investitionsprojekte haben einen Ertrag, der die Zinseinkünfte entsprechender Bankeinlagen übersteigt.

- **gut entwickelte Kapitalmärkte**
  Unternehmen haben oft nicht genug Geld, um eine große Investition direkt selbst zu zahlen. Falls diese Unternehmen keinen Zugang zu Banken haben oder diese Banken sehr hohe Zinsen verlangen, hindert dies Unternehmen, eigentlich profitable Investitionsprojekte umzusetzen.

- **gut ausgebaute Infrastruktur**
  Infrastruktur wie Brücken und Straßen (die üblicherweise staatlich bereitgestellt werden) erhöht die Produktivität von unternehmerischem Kapital: Es wird dadurch einfacher, an Ressourcen zu gelangen und Güter und Dienstleistungen an Kunden zu verkaufen. Allerdings muss diese Infrastruktur auch durch Steuern finanziert werden.

- **qualifizierte Arbeitskräfte**
  Kapital und andere Produktionsfaktoren wie Arbeit ergänzen einander gegenseitig. Ein Unternehmen, das sehr produktives Kapital wie moderne Roboter nutzt, benötigt gut ausgebildete Arbeitskräfte, um diese Maschinen auch effizient nutzen zu können. Daher bevorzugen es Unternehmen, in Regionen zu investieren, in denen viele qualifizierte Arbeitskräfte zur Verfügung stehen.

3.6 Bildung und Humankapital

3.6.1 Was ist Humankapital?

Warum gehen Menschen zur Schule, studieren an Universitäten oder absolvieren eine Berufsausbildung? Mit anderen Worten, warum lernen sie und erwerben neue Fähigkeiten? Volkswirte erkennen an, dass Bildung eine große Bandbreite an Vorteilen für Individuen und für die ganze Gesellschaft hat, aber es ist ihre Aufgabe, sich auf den ökonomischen Effekt dieser Vorgänge zu konzentrieren. Wirtschaftliche Ressourcen, Kapital, aber auch Arbeit sind notwendig für die Produktion der meisten Güter. Die Fähigkeit eines Menschen, produktive Arbeiten durchzuführen, bezeichnet man als Humankapital.

> **Das Humankapital** entspricht dem Bestand an Fähigkeiten, Wissen, Intelligenz, Erfahrung und persönlichen Eigenschaften eines Menschen, die es diesem Menschen ermöglichen, Güter und Dienstleistungen zu produzieren.

Humankapital umfasst zahlreiche Eigenschaften. Man kann nicht allgemein sagen, ob ein Mensch über „hohes" oder „niedriges" Humankapital verfügt, sondern lediglich, wie befähigt diese Person für bestimmte Aufgaben ist. Diese Art von Fähigkeiten wird oft als **spezifisches Humankapital** bezeichnet.

> Ein Raketenwissenschaftler ist vermutlich sehr intelligent und begabt in Mathematik und Physik, aber wenn sein Auto defekt liegen bleibt, bevorzugt er wahrscheinlich dennoch die Hilfe eines anderen Experten (in diesem Fall eines Automechanikers), um das Auto zu reparieren.

Im Gegensatz dazu gibt es auch Fähigkeiten und Eigenschaften, die wir lernen, z. B. in der Schule, die wir nicht bei einer bestimmten Tätigkeit anwenden, sondern die uns ganz allgemein fähiger und produktiver machen. Wenn Menschen lernen, logisch zu denken und neue Sprachen zu sprechen, ermöglicht dies ihnen, ihre spezifischen Fähigkeiten produktiver einzusetzen. Diese allgemeineren Fähigkeiten bezeichnet man als **allgemeines Humankapital**.

3.6.2 Humankapital und physisches Kapital

Die Kombination der Fähigkeiten und Erfahrung von Arbeitskräften wird „Humankapital" genannt, weil es zahlreiche **Ähnlichkeiten** zwischen physischem Kapital und Humankapital gibt:
- Humankapital wird durch Investitionen erhöht.
- Wenn Menschen ihr Humankapital erhöhen wollen, müssen sie Zeit und Geld investieren.
- Menschen vergleichen die Kosten mit den Vorteilen einer Investition in Humankapital: Wenn Menschen sich entscheiden, ob sie auf einer Unversität studieren oder eine Berufsausbildung absolvieren, wägen sie die zusätzliche Ausbildungszeit und das entgangene Einkommen gegen die höheren Löhne für Hochschulabsolventen ab.
- Mit höherem Humankapital können mehr Güter und Dienstleistungen produziert werden, genau wie bei physischem Kapital.
- Humankapital ist langlebig, nimmt jedoch im Laufe der Zeit ab, wenn Menschen Dinge vergessen oder ihr Wissen veraltet, genau wie physisches Kapital verschleißt.

Es gibt jedoch auch wichtige **Unterschiede** zwischen physischem Kapital und Humankapital, die darin begründet sind, dass physisches Kapital Maschinen beschreibt, während Humankapital Fähigkeiten und Erfahrungen von Menschen umfasst:
- Die Fähigkeiten, die Menschen auf der Schule oder der Universität erwerben, machen sie nicht nur produktiver bei ihrer künftigen Arbeit, sondern dienen auch als Allgemeinbildung und „social skills", die es uns erlauben, die Welt besser zu ver-

stehen und uns besser in ihr zurechtzufinden. Die Vorteile von Bildung sind also größer als die reinen ökonomischen Erträge. Eine Investition in Bildung führt somit zu positiven externen Effekten.
- Wenn ein Unternehmen in physisches Kapital wie Fabriken oder Maschinen investiert und dafür einen Kredit aufnehmen muss, kann es der Bank dieses physische Kapital als Kreditsicherheit anbieten. Falls das Unternehmen den Kredit nicht zurückzahlen kann, kann die Bank das physische Kapital verkaufen, um zumindest einen Teil der Kreditkosten zu decken. Humankapital kann dagegen nicht als unmittelbare Sicherheit dienen, denn niemand kann das Humankapital einem Schuldner „wegnehmen" und dieses auf einem Markt verkaufen. Diese Tatsache kann es erschweren, Geld für eine Investition in Humankapital zu leihen, z. B. um die hohen Studiengebühren an Universitäten in den Vereinigten Staaten zu bezahlen.

Dies erklärt, warum in den meisten Ländern Bildung staatlich subventioniert wird: Wenn die gesamtgesellschaftlichen Vorteile von Bildung die individuellen Erträge übersteigen, sollte die Regierung die Anreize zur Investition in Humankapital erhöhen. Beispielsweise könnte ein Teil oder könnten die gesamten Kosten für Schul- oder Hochschulbildung übernommen werden.

Humankapital – ein „Unwort"?

Im Jahr 2004 verkündete eine Gruppe von deutschen Sprachwissenschaftlern, dass „Humankapital" zum „Unwort" des Jahres gekürt werde. Die Sprachwissenschaftler begründeten dies damit, dass „Humankapital" ein schlechter Ausdruck sei, da er Menschen auf ihren ökonomischen Wert reduziere.
Volkswirte widersprechen dieser Interpretation vehement. Es ist die Aufgabe von Volkswirten, ökonomische Zusammenhänge zu analysieren, wie es Aufgabe eines Raketenwissenschaftlers ist, sich auf die Konstruktion einer Rakete zu konzentrieren, anstatt über das optimale Steuersystem nachzudenken, mit dem der Raketenbau finanziert werden könnte. Wenn Wirtschaftswissenschaftler von „Humankapital" sprechen, möchten sie damit betonen, wie bedeutend individuelle Fähigkeiten und Persönlichkeitsmerkmale sind. Ein Unternehmen besteht nicht nur aus Maschinen, sondern auch aus Menschen, die diese Maschinen bedienen, aus Managern, die die Produktionsprozesse verbessern, und aus kreativen Forschern, die sich überlegen, wie man neue oder bessere Produkte herstellen kann.

Aufgaben zu den Kapiteln 3.5 und 3.6

1. Bestimmen Sie, welche der folgenden Güter Kapitalgüter sind. Begründen Sie Ihre Entscheidung.
    - ein Roboter, der Autoteile zusammensetzt
    - Schrauben, die in der Autoproduktion verwendet werden
    - das Fabrikgebäude eines Automobilproduzenten
    - das Land, auf dem das Fabrikgebäude gebaut wurde
    - der Zug, der die Arbeiter zum Arbeitsplatz bringt

3 Volkswirtschaftliche Produktionsfaktoren

2. Eine Person gibt jedes Jahr 500,00 EUR für "Coffee to go" aus. Sie hat die Möglichkeit, eine Kaffeemaschine zum Preis von 800,00 EUR zu kaufen. Mit der Kaffeemaschine muss sie jedes Jahr nur 100,00 EUR für Kaffeebohnen ausgeben, um dieselbe Menge an Kaffee zu produzieren. Wie viele Jahre muss die Kaffeemaschine funktionieren, damit es sich dabei um eine profitable Investition handelt? Hinweis: Nehmen Sie an, dass es keine alternative Investition gibt, die infrage kommt, und dass der Zinssatz auf Ersparnisse 0 % beträgt.

3. Stellen Sie sich vor, dass Sie Bäcker in einer kleinen Stadt sind. Im Moment backen Sie jeden Tag 20 Brote. Die Herstellung eines Brotes kostet 1,00 EUR und Sie verkaufen jedes Brot für 2,00 EUR. Nehmen Sie nun an, dass Ihnen ein Unternehmen einen neuen Ofen zur Miete anbietet, mit dem Sie jeden Tag 30 Brote backen und gleichzeitig die Produktionskosten auf 0,80 EUR je Brot senken können. Wie viel würden Sie maximal für eine Jahresmiete des Ofens zahlen? Hinweis: Nehmen Sie an, dass der Zinssatz 0 % beträgt.

4. Volkswirte argumentieren häufig, dass afrikanische Länder südlich der Sahara so arm sind, weil sie über zu wenig Kapital verfügen. Erklären Sie, weshalb Unternehmen möglicherweise zu zögerlich in diesen Ländern investieren. Schlagen Sie zudem Maßnahmen vor, die die Anreize für Investitionen erhöhen.

5. Sie sind Manager eines großen Fussballvereins. Die letzte Bundesliga-Saison ist gerade zu Ende. Welche Möglichkeiten haben Sie, um in Humankapital zu investieren? Welche Optionen haben Sie für Investitionen in physisches Kapital? Inwiefern hängt Ihre Antwort davon ab, ob Ihre Mannschaft in der 1. Bundesliga oder in der 2. Bundesliga spielt?

6. Nennen Sie mindestens zwei Aktivitäten aus den letzten 24 Stunden, die Ihr Humankapital gesteigert haben.

7. Diskutieren Sie, ob der Staat allen Studenten ein kostenloses Hochschulstudium ermöglichen sollte. Besprechen Sie dabei mindestens ein Argument für und ein Argument gegen ein kostenloses Studium.

Zusammenfassung: 3.5 und 3.6 Physisches Kapital und Humankapital

Kapitalgüter sind von Menschen geschaffene Produktionsmittel (≠ Geld) und umfassen alle produzierten langlebigen Güter, die bei der Herstellung von anderen Gütern und Dienstleistungen verwendet werden.

Bildung von Kapital

Geld ⟶ Investition ⟶ Kapital

Das **Humankapital** entspricht dem Bestand an Fähigkeiten, Wissen, Intelligenz, Erfahrung und persönlichen Eigenschaften eines Menschen, die es diesem Menschen ermöglichen, Güter und Dienstleistungen zu produzieren.

| Grundlagen ökonomischen Denkens und Handelns

4 Kombination der Produktionsfaktoren

Während Amazongründer Jeff Bezos von Drohnen träumt, die Waren liefern, hat der Online-Gigant enthüllt, dass eine Horde von Robotern bereits in 10 seiner amerikanischen Lager im Einsatz ist. [...] Die Roboter auf Rädern rollen unter Paletten, heben diese an und fahren sie durch das Lager, wobei sie sich an Barcodes auf dem Boden orientieren. Diese Roboter könnten eine neue Ära ankündigen, die die Arbeit von Amazons menschlichen Arbeitern stark vereinfacht. In Lagern ohne Roboter müssen die Arbeiter durch kilometerlange Gänge laufen, um Waren zu lagern oder abzuholen. In Lagern mit Robotern bringen jetzt Maschinen die Waren zu den Arbeitern, die diese nur noch in Kisten oder Kartons zum Versand packen müssen. Dave Clark von Amazon erzählte Reportern, dass die Roboter die Betriebskosten eines Lagers um 20 % senken. [...] Clark bestand darauf, dass die Maschinen keine Jobs bei Amazon bedrohten. [...] Er sagte, dass steigende Effizienz zu Wachstum führe, wodurch mehr Arbeiter eingestellt würden, und sprach von einem „vorteilhaften Kreislauf": „Ich denke, dass dieser Kreislauf für lange Zeit anhalten wird ... wir werden mehr Arbeiter einstellen und kein Arbeitnehmer hat einen Nachteil davon [...]."

Quelle: Yuhas, Alan: Amazon banks on rise of the robots to speed online orders to customers, www.theguardian.com, 1. Dezember 2014, übersetzt von Autor

Wie bestimmt Amazon, wie viele Arbeiter eingestellt und wie viele Maschinen verwendet werden? Wie verändert technologischer Fortschritt diese Entscheidung? Erhöht die Erfindung neuer, produktiver Roboter die Arbeitslosigkeit?

4 Kombination der Produktionsfaktoren

4.1 Produktionspotenzial

Wenn Volkswirte die Kombination der Produktionsfaktoren in einer Volkswirtschaft analysieren wollen, ist es hilfreich, einen Vergleichspunkt zu haben, um die Effizienz der Faktorkombination beurteilen zu können. Beispielsweise vergleichen sie die aktuelle Produktion in der Volkswirtschaft mit der Produktion bei hypothetisch optimaler Kombination aller Produktionsfaktoren einschließlich Kapital, Arbeit, natürlichen Ressourcen und Produktionstechnologie. Dieser Vergleichswert (Benchmark) ist das Produktionspotenzial.

Das **Produktionspotenzial** entspricht der hypothetischen gesamten Produktion von Gütern und Dienstleistungen in einer Volkswirtschaft, die alle Produktionsfaktoren optimal einsetzt und auslastet.

Dieses Konzept klingt zwar theoretisch relativ einfach, bei der konkreten Umsetzung ergeben sich jedoch mehrere Probleme:

- Bei „optimaler Auslastung" wird angenommen, dass alle zur Verfügung stehenden Arbeiter auch angestellt sind und dass alle Maschinen mit der höchsten Auslastung laufen, die langfristig tragbar ist. Die meisten Volkswirte nehmen an, dass es möglich ist, vorübergehend die Produktion sogar über das Produktionspotenzial zu steigern. Dies ist beispielsweise möglich, wenn Arbeiter Überstunden absolvieren oder Maschinen so stark ausgelastet werden, dass dies zu verstärktem Verschleiß oder anderen Kosten führt.
- Das Produktionspotenzial kann nicht direkt beobachtet werden. Es beschreibt einen hypothetischen Optimalfall. Daher nutzen Volkswirte komplexe statistische Methoden, um eine Schätzung für das Produktionspotenzial zu erhalten.
- Das Produktionspotenzial ist nicht konstant, sondern steigt üblicherweise im Laufe der Zeit an. Wenn die Bevölkerung wächst, Unternehmen in Kapital investieren oder technologischer Fortschritt die Produktivität erhöht, nimmt das Produktionspotenzial ebenso zu.

Volkswirte benutzen häufig die sog. Produktionslücke, um zu beschreiben, wie gut eine Volkswirtschaft gegenwärtig die vorhandenen Produktionsfaktoren einsetzt.

Die **Produktionslücke** misst die relative Differenz (in Prozent) zwischen dem theoretischen Produktionspotenzial und der tatsächlich beobachteten Produktion.

Es kann unterschiedliche Gründe für eine Produktionslücke geben:

- Wenn Unternehmen realisieren, dass sie nicht alle ihre Produkte an Konsumenten verkaufen können, reduzieren sie ihre Produktion. Sie halten jeden Tag ihre Maschinen für einige Stunden an, reduzieren die Arbeitszeit ihrer Angestellten oder entlassen sogar einige von ihnen. Daher kann niedrige Nachfrage nach Gütern und Dienstleistungen zu einer niedrigen Auslastung von Kapital und Arbeit führen.

Grundlagen ökonomischen Denkens und Handelns

- Auch fundamentalere Probleme können dazu führen, dass die gegenwärtige Produktion unter dem Produktionspotenzial liegt. Wenn beispielsweise die Qualifikationen der Arbeitnehmer nicht zu den Bedürfnissen der Unternehmen passen, können die Unternehmen ihr Kapital nicht optimal einsetzen. Ebenso können Menschen, die arbeitslos sind, ihre Fähigkeiten nicht produktiv nutzen.

[1] BIP:
Bruttoinlandsprodukt: Maß für die wirtschaftliche Leistung einer Volkswirtschaft in einem festgelegten Zeitraum

reales und nominales BIP
▶ Kapitel 3.5

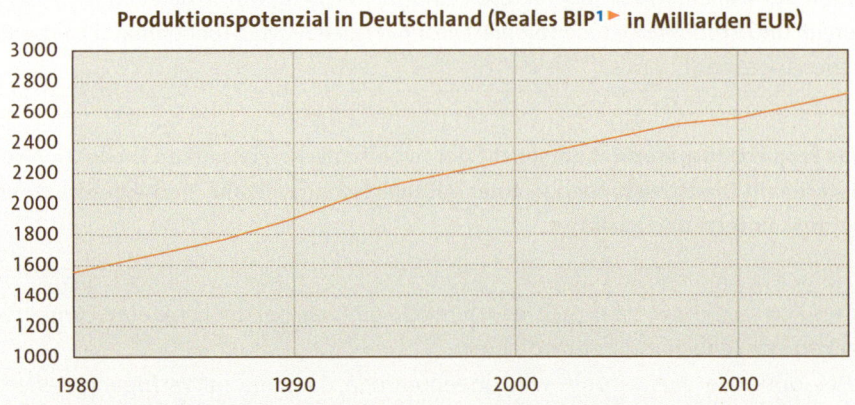

Quelle: Zahlen des Bundesfinanzministeriums (Gesamtwirtschaftliches Produktionspotential und Konjunkturkomponenten, Stand 28. Januar 2015)

Quelle: Zahlen des Bundesfinanzministeriums (Gesamtwirtschaftliches Produktionspotential und Konjunkturkomponenten, Stand 28. Januar 2015)

Ein Vergleich des Produktionspotenzials und der tatsächlichen Produktion in Deutschland zeigt, dass diese Effekte auch in Deutschland auftreten. Während das Produktionspotenzial im Laufe der Zeit stetig zugenommen hat, liegt in vielen Jahren eine Produktionslücke vor. Allerdings überschreitet in einigen Perioden wie den frühen 1990ern und 2007/2008 die tatsächliche Produktion das Produktionspotenzial. Dies sind üblicherweise Zeiträume, in denen die Wirtschaft sehr schnell wächst, sodass Menschen Überstunden leisten müssen und Unternehmen ihren Maschinen eine Leistung abverlangen, die langfristig zu starken Beschädigungen führen kann. Beispielsweise führte die deutsche Wiedervereinigung 1990 zu massiven staatlichen Investitionen in die Infrastruktur der früheren ostdeutschen Bundesländer.

4 Kombination der Produktionsfaktoren

Die Produktionsmöglichkeitenkurve (PMK) kann verwendet werden, um das Konzept des Produktionspotenzials in einer Volkswirtschaft mit zwei Gütern zu veranschaulichen. Die rote PMK im Diagramm rechts zeigt die ursprünglichen Produktionsmöglichkeiten der Volkswirtschaft. Die Steigung der PMK hängt dabei von den Opportunitätskosten der Produktion ab. Wenn die Opportunitätskosten konstant sind (wie in Kapitel 3.4), ist die PMK eine Gerade mit konstanter Steigung. Üblicherweise nehmen die Opportunitätskosten eines Gutes jedoch zu, wenn eine Volkswirtschaft mehr von diesem Gut produzieren möchte.

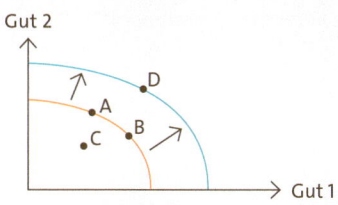

PMK
▶ Kapitel 3.4

> Wenn ein Land Wein produziert, nutzt es zuerst das am besten geeignete Land, um Wein anzubauen. Je mehr Wein es anbaut, desto schwieriger wird es, gute und geeignete Böden dafür zu finden. Dies erhöht die Opportunitätskosten der Weinproduktion.

Daher ist die PMK üblicherweise eine Kurve. Wenn die Volkswirtschaft exakt auf dieser PMK produziert (beispielsweise Punkt A oder Punkt B), dann ist es nicht möglich, von einem Gut mehr zu produzieren, ohne die Produktion des anderen Gutes zu reduzieren. Somit sind die Kombinationen aus beiden Gütern direkt auf der PMK effizient. Kombinationen unterhalb der PMK sind jedoch nicht optimal. Wenn sich die Volkswirtschaft in Punkt C befände, wäre es möglich, die Produktion von einem oder sogar beiden Gütern zu erhöhen, wenn die Produktionsfaktoren besser kombiniert würden. Punkt D ist aus Sicht der roten PMK (siehe Diagramm oben) dagegen nicht erreichbar.

Die PMK ist jedoch nicht fix, sondern verändert sich im Laufe der Zeit genau wie das Produktionspotenzial. Wenn Unternehmen ihre Kapazitäten erhöhen, die Anzahl oder das Humankapital der Arbeitskräfte steigt oder wenn die Unternehmen eine produktivere Technologie nutzen, verschiebt sich die PMK nach außen wie die blaue PMK in der obigen Darstellung. Investitionen und technologischer Fortschritt erlauben einer Volkswirtschaft also, Kombinationen von Gütern zu produzieren, die ursprünglich unerreichbar waren wie Punkt D.

4.2 Optimale Faktorkombination

Während das Produktionspotenzial und die PMK eine theoretische, optimale Produktion in der Volkswirtschaft darstellen, befinden sich Volkswirtschaften in der Realität oft unterhalb des Produktionspotenzials, es gibt also eine Produktionslücke. Die tatsächliche Produktion wird in einer Volkswirtschaft von Haushalten und Unternehmen bestimmt, die das ökonomische Prinzip verwenden. Unternehmen wenden das ökonomische Prinzip an, wenn sie ihre Gewinne maximieren und dabei die Nachfrage der Konsumenten und die Faktorpreise berücksichtigen. Ein Unternehmen, das eine bestimmte Anzahl von Gütern produzieren möchte, wird versuchen, die Produktionskosten zu minimieren ▶.

Minimalprinzip
▶ Kapitel 1.3.2

I Grundlagen ökonomischen Denkens und Handelns

Robinson-Crusoe-Volkswirtschaft

 Kapitel 3.4.1

Kostenbegriffe

Bei der Kombination der Produktionsfaktoren spielen die Kosten eine entscheidende Rolle. Hierbei ist es wichtig, die unterschiedlichen Definitionen des Kostenbegriffs zu kennen: Die individuellen Kosten einer Handlung umfassen nach **volkswirtschaftlicher Definition** die direkten Kosten einer Handlung **einschließlich der Opportunitätskosten.** Wenn Robinson ▶ also die Kosten des Fischfangs betrachtet, berücksichtigt er, dass ihm die benötigte Zeit zugleich zum Pflücken von Früchten fehlt. Einem Unternehmen, das in Kapital investiert, entgehen zugleich potenzielle Zinseinkünfte für den Fall, dass es das Geld stattdessen auf dem Bankkonto angelegt hätte.

Der **betriebswirtschaftliche Kostenbegriff** umfasst dagegen keine Opportunitätskosten und ist an buchhalterischen Vorgaben orientiert.

Diese unterschiedliche Definition von Kosten hat zur Folge, dass auch der Gewinn eines Unternehmens von der Kostendefinition abhängt. Wenn ein Unternehmen nach volkswirtschaftlicher Kostendefinition einen Gewinn von 0 macht, deckt es seine Opportunitätskosten (der Unternehmer könnte ja beispielsweise sein Unternehmen verkaufen und den Erlös am Kapitalmarkt anlegen). Der betriebswirtschaftliche Gewinn wäre in diesem Fall positiv, da dort die Opportunitätskosten nicht berücksichtigt werden.

Losgelöst von der volkswirtschaftlichen oder betriebswirtschaftlichen Definition steht der Begriff der **externen Kosten.** Weder Individuen noch Unternehmen berücksichtigen bei ihrem Wirtschaften externe Kosten, also die Kosten, die sie für andere Mitglieder der Gesellschaft verursachen, ohne dafür zahlen zu müssen (z. B. Umweltverschmutzung). In dieser Lehrplaneinheit wird ausschließlich der volkswirtschaftliche Kostenbegriff verwendet.

Zur Vereinfachung ist hier eine Beschränkung auf die Frage sinnvoll, wie viel Kapital und wie viel Arbeit ein Unternehmen einsetzen soll, das eine bestimmte Menge produzieren möchte. Üblicherweise ist es möglich, einen dieser Produktionsfaktoren durch den anderen zu substituieren, also zu ersetzen.

Stellen Sie sich vor, Sie möchten die Wände in Ihrem Zimmer neu streichen. Sie müssen die Arbeiten an diesem Abend abschließen. Sie haben viele Freunde, die Sie um Hilfe bitten können, aber Sie werden jedem Einzelnen, der mithilft, eine Pizza als kleine Entschädigung zahlen müssen. Sie haben noch einige alte Farbrollen und Pinsel, die Ihre Freunde nutzen könnten. Wenn Sie neue Farbrollen kaufen, werden Ihre Freunde die Arbeit schneller erledigen können. Als dritte Option könnten Sie auch eine teure Spezialausrüstung kaufen, die es Ihren Freunden erlaubt, Farbe direkt auf die Wand zu sprühen und so noch mehr Zeit zu sparen. Die folgende Tabelle zeigt die Anzahl der m², die von einer bestimmten Anzahl von Freunden mit den unterschiedlichen Werkzeugen gestrichen werden kann.

Werkzeug	Anzahl der Freunde				
	1	2	3	4	5
alte Pinsel/Rollen	7	13	18	22	23
neue Pinsel/Rollen	11	19	25	30	32
Spezialausrüstung	14	24	31	37	40

4 Kombination der Produktionsfaktoren

Wenn Sie 20 m² streichen müssen, haben Sie mehrere Optionen. Wenn die alten Pinsel verwendet werden, müssen Sie mindestens 4 Freunde einladen. Mit den neuen Pinseln sind 3 Freunde ausreichend. Und bei einer Investition in die Spezialausrüstung genügen sogar nur 2 Freunde. Wenn Sie Ihre Kosten minimieren wollen, werden Sie nicht mehr Freunde einladen als notwendig. Somit ist die optimale Kombination aus Kapital (Werkzeug) und Arbeit (Freunde) eine der drei in der Tabelle farblich markierten Varianten.

Ein Unternehmen, das seine Möglichkeiten zur Faktorsubstitution kennt, bestimmt die Produktionskosten für diese Kombinationen. Es wird letztendlich diejenige Kombination wählen, mit der die Güter zu minimalen Kosten hergestellt werden können.

Unser vorheriges Beispiel ist bereits auf drei Optionen reduziert. Nehmen Sie nun an, dass Sie jedem Freund Pizza im Wert von 10,00 EUR zahlen müssen. Sie besitzen bereits die alten Pinsel und Farbrollen. Neue Pinsel kosten 15,00 EUR und die Spezialausrüstung kostet 30,00 EUR. Nun können Sie die Gesamtkosten der drei Optionen berechnen:

- alte Pinsel, 4 Freunde: 0,00 EUR + 4 · 10,00 EUR = 40,00 EUR
- neue Pinsel, 3 Freunde: 15,00 EUR + 3 · 10,00 EUR = 45,00 EUR
- Spezialausrüstung, 2 Freunde: 30,00 EUR + 2 · 10,00 EUR = 50,00 EUR

Sie minimieren also Ihre Kosten, wenn Sie die alten Pinsel erneut verwenden und 4 Freunde um Hilfe bitten.

Die optimale Kombination der Produktionsfaktoren hängt zum einen von der technischen Möglichkeit der Substitution dieser Inputs ab, d. h. von der Produktionstechnologie. Zum anderen bestimmen die Preise von Kapital und Arbeit, welche der von der Produktionstechnologie vorgegebenen Faktorkombinationen die Kosten minimiert. Wenn sich diese Preise ändern, müssen Unternehmen überprüfen, ob sie die Faktorkombination verändern sollten. Wenn beispielsweise Arbeit knapper wird und Löhne steigen, könnte es für die Unternehmen optimal sein, Arbeit durch Kapital zu substituieren.

Leider müssen Sie ihr Zimmer ausgerechnet an dem Abend neu streichen, an dem das Finale der Fußball-WM stattfindet. Daher wird es schwieriger, Ihre Freunde zu überzeugen, Ihnen beim Streichen zu helfen. Zusätzlich zur Pizza müssen Sie jedem Freund jetzt auch noch ein Kinoticket schenken, wodurch die Kosten pro helfendem Freund von 10,00 EUR auf 20,00 EUR steigen. Alle anderen Annahmen bleiben unverändert. Die vollständigen Kosten der drei möglichen Alternativen, mit denen mindestens 20 m² gestrichen werden können, lauten nun:

- alte Pinsel, 4 Freunde: 0,00 EUR + 4 · 20,00 EUR = 80,00 EUR
- neue Pinsel, 3 Freunde: 15,00 EUR + 3 · 20,00 EUR = 75,00 EUR
- Spezialausrüstung, 2 Freunde: 30,00 EUR + 2 · 20,00 EUR = 70,00 EUR

Unter den neuen Bedingungen wird es teurer, Arbeit im Produktionsprozess einzusetzen. Sie sollten daher, um Ihre Kosten zu minimieren, Arbeit durch Kapital substituieren: Investieren Sie in die teure Spezialausrüstung und bitten Sie nur 2 Freunde um Hilfe.

Wenn Unternehmen das ökonomische Prinzip anwenden und ihre Kosten minimieren, ist aus ihrer Sicht der Produktionsprozess optimal: Sie können ihre Gewinne nicht erhöhen, indem sie eine andere Faktorkombination wählen. Unternehmen versuchen, Kosten zu reduzieren, indem sie teure Produktionsfaktoren durch preiswertere ersetzen. Oft ist dieses Resultat auch gesamtgesellschaftlich optimal, jedoch nicht immer:

Unternehmen nutzen Preise, um die optimale Faktorkombination zu bestimmen. Wenn die Preise der Produktionsfaktoren deren Knappheit nicht korrekt widerspiegeln, kann die Entscheidung der Unternehmen verzerrt sein. Dieses Problem tritt häufig dann auf, wenn Unternehmen ein Allmendegut bzw. eine natürliche Ressource im Produktionsprozess einsetzen.

> Ein Unternehmen, das bei der Produktion die Luft verschmutzt, erzeugt einen externen Effekt. Selbst wenn dieses Unternehmen aus seiner eigenen Sicht Kapital, Arbeit und saubere Luft effizient und kostenminimierend einsetzt, kann die Faktorkombination ineffizient sein, wenn man alle Effekte auf die gesamte Volkswirtschaft miteinbezieht. Das Unternehmen bezahlt nicht für die Luftverschmutzung und ignoriert daher diese Kosten im Produktionsprozess. Für die gesamte Gesellschaft wäre es jedoch besser, wenn die Luft weniger verschmutzt würde und das Unternehmen durch Investitionen in Kapital diese Kosten reduzieren würde, beispielsweise durch die Nutzung von Luftfiltern.

Die Nachfrage nach den Produktionsfaktoren steigt mit deren Produktivität und sinkt mit deren Preis. Folglich ist die Nachfrage nach hochqualifizierten und sehr produktiven Arbeitern höher als für schlecht ausgebildete Arbeitskräfte. Dementsprechend können gut ausgebildete Arbeitnehmer höhere Löhne verdienen. Ebenso kann ein Unternehmen, das in Kapital investiert, durch das die Arbeitnehmer produktiver werden, höhere Löhne zahlen. Produktivere Produktionstechniken benötigen aber üblicherweise auch höher qualifizierte Arbeitnehmer, die möglicherweise nur schwer zu finden sind.

4.3 Verdrängung von Arbeit durch Kapital

Unternehmen investieren viel in die Forschung und Entwicklung neuer Produktionsmethoden, die es den Unternehmen erlauben, zu niedrigen Kosten zu produzieren. So steigt die Produktivität moderner Roboter und anderer Maschinen jedes Jahr. Wenn Maschinen produktiver werden, kann es optimal für die Unternehmen sein, Arbeit durch Kapital zu ersetzen. Das ist grundsätzlich keine schlechte Sache: Produktionsfaktoren sollten so effizient wie möglich eingesetzt werden. Es kann durchaus eine gute Idee sein, Arbeitskräfte dort einzusetzen, wo sie nicht so leicht durch Maschinen ersetzt werden können, beispielsweise im Dienstleistungssektor.

[1] engl.: "creative destruction"

Volkswirte nennen diesen Vorgang auch „schöpferische Zerstörung"[1]. Technologischer Fortschritt und Globalisierung schaffen neue, moderne, wachsende Industrien und Märkte und zerstören nicht mehr wettbewerbsfähige Unternehmen, die ineffiziente, veraltete Produktionsmethoden verwenden.

> Die Erfindung des Autos führte dazu, dass viele Pferdezüchter arbeitslos wurden, schuf aber zugleich viele Arbeitsplätze in der Automobilindustrie.

FALLSTUDIE — Strukturwandel in Deutschland

Die folgende Grafik zeigt die Beschäftigungsentwicklung in Deutschland in den drei Wirtschaftssektoren:

- *Primärsektor: Landwirtschaft und Rohstoffförderung*
- *Sekundärsektor: Industrie (Autos, pharmazeutische Produkte, ...)*
- *Tertiärsektor: Dienstleistungen (Bankwesen, Bildungswesen, ...)*

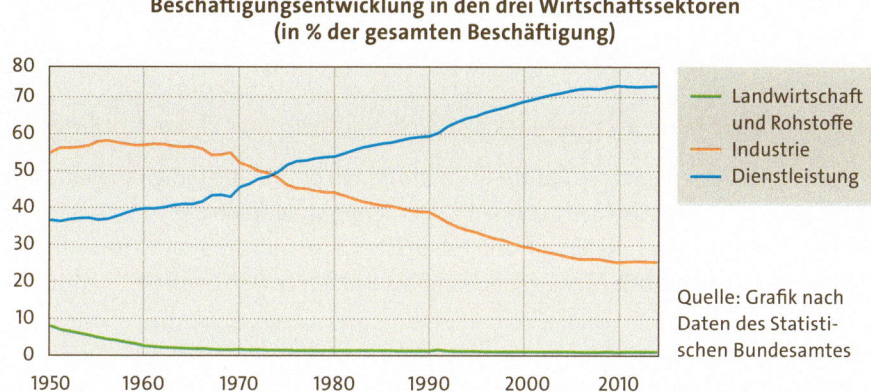

Quelle: Grafik nach Daten des Statistischen Bundesamtes

ARBEITSAUFTRÄGE

1. Welche(r) Sektor(en) sind (ist) im Laufe der Zeit wichtiger geworden, und welche(r) beschäftigen (beschäftigt) 2015 einen geringeren Anteil aller Beschäftigten im Vergleich zu 1950?

2. Geben Sie eine ökonomische Erklärung für die unterschiedlichen Entwicklungen in den drei Sektoren.

3. Wie hängen Ihre Erklärungen mit dem Prozess der „schöpferischen Zerstörung" zusammen?

4.4 Ökonomische und soziale Effekte der Faktorsubstitution

4.4.1 Spezialisierung auf kapital- oder arbeitsintensive Produktion

Der technologische Fortschritt hat einen großen Einfluss auf den Arbeitsmarkt, da dadurch üblicherweise neue Arbeitsplätze für hochqualifizierte Arbeiter geschaffen werden und Arbeitsplätze in „alten", weniger anspruchsvollen Tätigkeiten verloren gehen. Deutschland hat sich beispielsweise auf die Produktion von hochwertigen

Autos und Maschinen spezialisiert und überlässt die Produktion von arbeitsintensiven Gütern wie Textilwaren Ländern mit niedrigeren Löhnen. Dadurch sind in Deutschland die Löhne für Fachkräfte gestiegen, während Menschen in arbeitsintensiven Branchen ihren Arbeitsplatz verloren haben. Viele dieser Menschen finden in anderen Branchen neue Jobs. Allerdings ist dieser Übergang für die meisten Menschen mit viel Zeit und Aufwand verbunden, da an den neuen Arbeitsstellen meist völlig andere Fähigkeiten benötigt werden.

Menschen, die keine Arbeit haben, aber eigentlich arbeiten möchten, werden als **arbeitslos** bezeichnet. Die **Arbeitslosenquote** misst, welcher Anteil aller Menschen auf dem Arbeitsmarkt, zu dem sowohl die Beschäftigten als auch die Arbeitslosen gehören, arbeitslos ist.

Arbeitslosenquote BRD 1995–2015
▸ Webcode WGW_I_4

$$\text{Arbeitslosenquote} = \frac{\text{Arbeitslose}}{\text{Beschäftigte} + \text{Arbeitslose}}$$

4.4.2 Individuelle und gesellschaftliche Folgen von Arbeitslosigkeit

Der Verlust des Arbeitsplatzes hat für die Betroffenen eine Reihe **individueller Folgen**. Es bedeutet nicht nur, das eigene Gehalt zu verlieren, sondern in der Folge auch einen Rückgang des Konsums und des ganzen Lebensstandards, da die staatliche Unterstützung Arbeitsloser deutlich niedriger ausfällt als das letzte Nettogehalt.

Arbeitslosenunterstützung in Deutschland

In Deutschland erhalten Arbeitslose im Normalfall zunächst „Arbeitslosengeld I", das bei Alleinstehenden ohne Kinder etwa 60 % des letzten Nettolohns beträgt. Nach 12 Monaten (in den meisten Fällen) erhalten Arbeitslose „Arbeitslosengeld II" (oft auch „Hartz 4" genannt), das einen festen Betrag in Höhe von 404,00 EUR (Stand 2016) zuzüglich der Übernahme der Kosten für die Wohnung umfasst.

Je länger ein Mensch arbeitslos ist, desto mehr nimmt zudem auch sein Humankapital ab. Dieses veraltete Wissen macht es immer schwieriger, eine neue Arbeit zu finden.

Viele Menschen bewerten ihren sozialen Status, indem sie ihren eigenen ökonomischen Erfolg mit dem ihrer Freunde oder Nachbarn vergleichen. Wenn sie mit diesen nicht mehr mithalten können, empfinden sie dies als Demütigung.

Die **gesellschaftlichen Folgen** von Arbeitslosigkeit sind noch komplexer:

- Wenn die Fähigkeiten und die Produktivität arbeitsloser Menschen nicht für die Produktion von Gütern und Dienstleistungen genutzt werden, fällt die Produktion unter das Produktionspotenzial. Die Menschen in der Volkswirtschaft könnten also mehr Bedürfnisse befriedigen, wenn die Arbeitslosen eine Arbeitsstelle finden würden.

- Da die Regierung Arbeitslosenunterstützung bezahlen muss, steht dieses Geld nicht mehr für andere Projekte wie Infrastruktur oder Ausbildung zur Verfügung. Zudem zahlen Arbeitslose weniger Steuern und tragen nicht direkt zur Sozialversicherung bei.
- Wenn die Arbeitslosigkeit steigt, können sich die Menschen weniger Güter und Dienstleistungen leisten. Folglich reduzieren die Unternehmen ihre Produktion und entlassen möglicherweise noch mehr Arbeitnehmer. Dies kann zu einem Kreislauf aus steigender Arbeitslosigkeit, fallendem Einkommen, fallender Nachfrage, fallender Produktion und noch weiter steigender Arbeitslosigkeit führen.

Aufgaben zu Kapitel 4

1. Beurteilen Sie, welche der folgenden Ereignisse einen Effekt auf das Produktionspotenzial haben:
   a Eine Naturkatastrophe zerstört Fabriken und Infrastruktur.
   b Einwanderung einer großen Zahl von Flüchtlingen
   c Ein Automobilhersteller stellt 20 000 Arbeitslose ein.
   d Ein Automobilhersteller baut eine neue Fabrik in Zuffenhausen.
   e Arbeitnehmer müssen wegen hoher Nachfrage Überstunden leisten.
   f Der Staat verbessert die Finanzierung von Schulen und Hochschulen, sodass das Humankapital in der Bevölkerung steigt.
2. a Zeichnen Sie (qualitativ) eine typische Produktionsmöglichkeitenkurve einer Volkswirtschaft, die Pizza und Autos produziert.
   b Kennzeichnen Sie alle Produktionskombinationen aus Pizza und Autos, die effizient sind.
   c Kennzeichnen Sie alle Kombinationen, die zwar produziert werden können, aber nicht effizient sind.
   d Zeigen Sie anhand Ihrer Zeichnung, welche Kombinationen aus Pizza und Autos nicht produziert werden können.
   e Nennen Sie drei Ereignisse, die die Antworten zu den vorherigen drei Teilaufgaben ändern.
3. Sie leiten eine kleine Manufaktur, die Kuckucksuhren produziert. Sie müssen in den nächsten zwei Tagen einen Auftrag für 60 Uhren abarbeiten. Für die Produktion benötigen Sie Arbeitskräfte. Zudem können Sie Akkuschrauber kaufen, um die Produktion zu beschleunigen. Die folgende Tabelle zeigt die Anzahl der Kuckucksuhren, die mit einer bestimmten Anzahl von Arbeitskräften und Akkuschraubern innerhalb von zwei Tagen produziert werden kann.

Werkzeug	Anzahl der Arbeitskräfte				
	1	2	3	4	5
1 Akkuschrauber	14	26	36	44	46
2 Akkuschrauber	22	38	50	60	64
3 Akkuschrauber	28	48	62	74	80
4 Akkuschrauber	32	56	72	86	90
5 Akkuschrauber	35	64	77	90	93

Grundlagen ökonomischen Denkens und Handelns

    a Wie können Sie das ökonomische Prinzip auf dieses Problem anwenden?
    b Nehmen Sie zunächst an, dass Sie bereits 5 Akkuschrauber besitzen. Wie viele Arbeitskräfte würden Sie anstellen?
    c Nehmen Sie jetzt an, dass Sie noch keine Akkuschrauber besitzen, aber diese zum Preis von jeweils 100,00 EUR kaufen können. Sie müssen 50,00 EUR für jeden Arbeiter bezahlen. Welche Kombination aus Kapital und Arbeit wählen Sie?
    d Starker Wettbewerb und technologischer Fortschritt haben dazu geführt, dass die Preise von Akkuschraubern auf 20,00 EUR gefallen sind. Finden Sie die neue optimale Faktorkombination.

4. Nennen Sie vier Beispiele für schöpferische Zerstörung.

5. Im Jahr 2015 lebten etwa 80 Millionen Menschen in Deutschland. Etwa 43 Millionen von ihnen hatten einen Job und etwa 3 Millionen Menschen waren arbeitslos gemeldet. Berechnen Sie die Arbeitslosenquote.

6. Erklären Sie die individuellen und die gesellschaftlichen Folgen von Arbeitslosigkeit.

Zusammenfassung: 4 Kombination der Produktionsfaktoren

Optimale Faktorkombination

Kapital — Arbeit → Unternehmen

- maximieren Gewinne/ minimieren Kosten
- verwenden die Preise der Produktionsfaktoren, um Kapital und Arbeit optimal zu kombinieren

→ Produktion

Differenz (in %) = **Produktionslücke**

Produktionspotenzial

Technologischer Fortschritt
- ändert Produktionstechnologie
- ändert Faktorpreise

Schöpferische Zerstörung

Wenn Kapital produktiver/ billiger wird, substituieren Unternehmen Arbeiter durch Maschinen. → schafft

→ Arbeitslosigkeit

→ neue Industriezweige/neue Arbeitsplätze

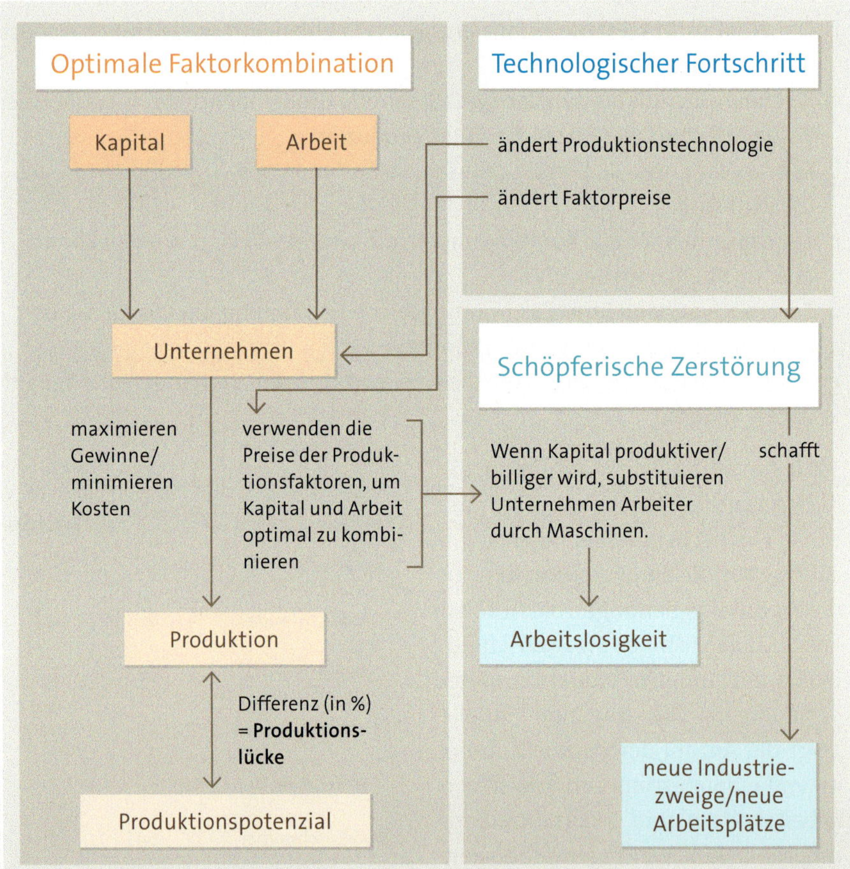

Märkte als zentrale wirtschaftliche Institutionen

Amsterdam ist berühmt für seinen Tulpenmarkt – ein Ort, an dem viele Hersteller ihre Blumen verkaufen wollen und an den viele Käufer kommen, um Blumen zu kaufen. Sowohl die Hersteller als auch die potenziellen Käufer haben ihre jeweils eigenen Preisvorstellungen. Zu welchem Preis werden die Blumen verkauft werden?

5.1 Preisbildung in Märkten mit Wettbewerb

Es ist Tulpenzeit auf dem Blumenmarkt in Amsterdam. Viele Tulpenverkäufer treffen auf viele Tulpenkäufer. Nehmen wir an, es gibt einen Makler, der den Preis so setzen will, dass die größtmögliche Anzahl an Blumenkisten verkauft wird. Die Verkäufer werden nach dem Preis gefragt, den sie gerade noch bereit sind zu akzeptieren, und nach der Menge an Kisten, die sie verkaufen wollen. Die Käufer werden ebenfalls nach dem Preis gefragt, den sie gerade noch bereit sind zu bezahlen, und nach der Menge an Tulpenkisten, die sie kaufen möchten. Die untenstehenden Tabellen zeigen die gesammelten Ergebnisse der individuellen Angebots- und Nachfragevorstellungen:

Namen der Verkäufer	Mindestpreis pro Kiste in EUR	Anzahl an Kisten	Namen der Verkäufer	Höchstpreis pro Kiste in EUR	Anzahl an Kisten
A: Anton Arndt	20	250	G: Gerhard Ginster	20	250
B: Berta Blum	25	200	H: Heide Heim	25	100
C: Cesar Callas	30	150	I: Iris Immel	30	200
D: Dahlia Doll	35	200	J: Jasmin Jung	35	150
E: Ernst Eichel	40	100	K: Karen Kussmaul	40	150
F: Flora Fischer	45	50	L: Lars Lilienthal	45	100

Grundlagen ökonomischen Denkens und Handelns

[1] aggregierte Nachfrage: Summe der individuellen Nachfragen (Gesamtnachfrage)
[2] aggregiertes Angebot: Summe der individuellen Angebote (Gesamtangebot)

Ein **Markt** ist ein Ort, an dem sich Käufer und Verkäufer treffen. Früher geschah dies in der Regel auf öffentlichen Plätzen im Herzen der Stadt. Heute können Märkte auch Internetplattformen oder Börsen sein, bei denen gar keine wirklichen Waren zugegen sind. Ein Markt bringt Käufer und Verkäufer zusammen. Verkäufer können ihre Produkte nur verkaufen, wenn es Menschen gibt, die bereit sind, das Gut zu kaufen. Käufer können nur etwas kaufen, wenn es auch Menschen gibt, die bereit sind, das gewünschte Produkt zu verkaufen. Auf einem Markt müssen sich Verkäufer und Käufer über den Preis einig werden. Der Preis bestimmt sich durch die Gesamtnachfrage (aggregierte Nachfrage[1]) und das Gesamtangebot (aggregiertes Angebot[2]).

Der Makler berechnet nun, wie viele Tulpenkisten zu den verschiedenen Preisen insgesamt angeboten und nachgefragt werden, und ermittelt so das Gesamtangebot und die Gesamtnachfrage an Tulpen.

Gesamtangebot						
Preis in EUR	A	B	C	D	E	F	Summe
20	250						250
25	250	200					450
30	250	200	150				600
35	250	200	150	200			800
40	250	200	150	200	100		900
45	250	200	150	200	100	50	950

Gesamtnachfrage						
Preis in EUR	G	H	I	J	K	L	Summe
20	250	100	200	150	150	100	950
25		100	200	150	150	100	700
30			200	150	150	100	600
35				150	150	100	400
40					150	100	250
45						100	100

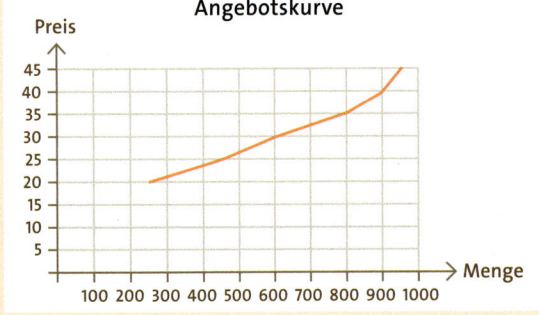

Angebotskurve

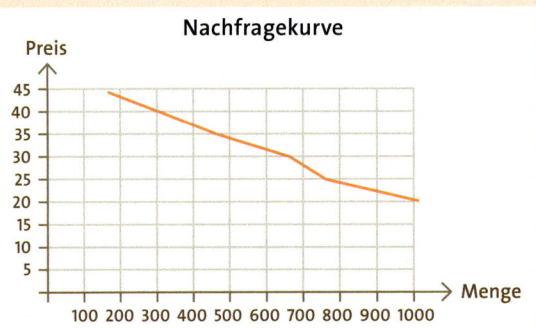

Nachfragekurve

Das aggregierte Angebot eines Marktes lässt sich grafisch als Angebotskurve darstellen. Die Angebotskurve verläuft in der Regel mit positiver Steigung, da die angebotene Menge mit zunehmendem Marktpreis steigt. Ist der Marktpreis niedrig, werden nur wenige Anbieter in der Lage sein, ihre Herstellungskosten zu decken und somit ihre Güter anzubieten. Kommt ein höherer Preis zustande, können auch Hersteller mit höheren Produktionskosten ihre Waren verkaufen.

Die aggregierte Nachfrage eines Marktes lässt sich grafisch als Nachfragekurve darstellen. Sie verläuft in der Regel mit negativer Steigung, da die nachgefragte Menge mit zunehmendem Marktpreis sinkt. Steigt der Preis, fallen immer mehr Kaufinteressenten als potenzielle Käufer weg, da sie nicht unbeschränkt Geld ausgeben können. Sie werden sich dazu entscheiden, das Gut nicht mehr zu kaufen, weil andere Bedürfnisse dringender sind, oder es durch ein anderes, günstigeres Gut zu ersetzen.

5 Märkte als zentrale wirtschaftliche Institutionen

Das „Gesetz" des Angebots:
Je **höher** der Preis, desto **höher** die angebotene Menge;
je **niedriger** der Preis, desto **niedriger** die angebotene Menge.

Das „Gesetz" der Nachfrage:
Je **höher** der Preis, desto **niedriger** die nachgefragte Menge;
je **niedriger** der Preis, desto **höher** die nachgefragte Menge.

Auf Grundlage des Marktangebots und der Marktnachfrage kann der Makler den Preis ermitteln, zu dem die größtmögliche Menge an Gütern umgesetzt wird:

Preis in EUR	Angebot	Nachfrage	gehandelte Menge	Marktsituation
20	250	950	250	Nachfrageüberhang: 700
25	450	700	450	Nachfrageüberhang: 250
30	**600**	**600**	**600**	**Markt ist „geräumt"**
35	800	400	400	Angebotsüberhang: 400
40	900	250	250	Angebotsüberhang: 650
45	950	100	100	Angebotsüberhang: 850

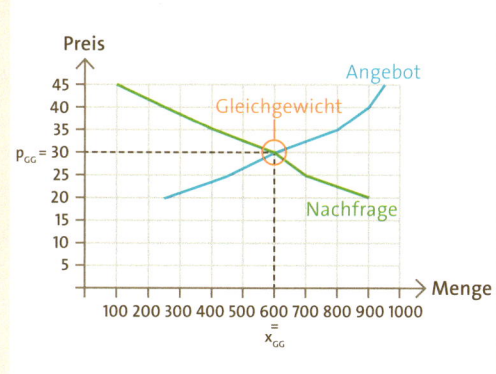

Für alle Preise, die unter 30,00 EUR liegen, herrscht ein Nachfrageüberhang, d. h., die nachgefragte Menge übersteigt die angebotene Menge. Bei einem Preis von 30,00 EUR pro Kiste entspricht die nachgefragte der angebotenen Menge, daher befindet sich der Markt im Gleichgewicht. Für alle Preise, die über 30,00 EUR pro Kiste liegen, gibt es einen Angebotsüberhang, d. h., die angebotene Menge übersteigt die nachgefragte Menge.

Die Preisbildung in Märkten mit Wettbewerb ist das Ergebnis der Interaktion zwischen Angebot und Nachfrage. Bei dem so zustande kommenden Gleichgewichtspreis wird die größtmögliche Menge an Waren umgesetzt.

5.2 Modell des vollkommenen Marktes mit Wettbewerb

Von einem „**vollkommenen Markt mit Wettbewerb**" spricht man, wenn niemand, also auch keine Regierung, in den Markt eingreift und zudem folgende Bedingungen erfüllt sind:
- **große Anzahl an Käufern und Verkäufern**: Keine Seite hat Marktmacht, d. h., keine Seite kann den Preis beeinflussen, alle müssen den Preis akzeptieren, der durch den Wettbewerb zustande kommt.

Grundlagen ökonomischen Denkens und Handelns

[1] homogen: *gleichartig*

[2] Präferenzen: *Vorlieben*

- **homogene Güter**[1]: Es gibt nur eine Art von Produkt und es gibt keine Unterschiede in der Qualität, dem Design, Geschmack, der Verpackung o. Ä. (z. B. Gold, Rohöl).
- **keine persönlichen Präferenzen**[2]: Kaufentscheidungen werden nicht von den Menschen, die an der Transaktion beteiligt sind, beeinflusst, z. B. wird ein Verkäufer einem anderen nicht vorgezogen.
- **keine räumlichen Präferenzen**: Kaufentscheidungen werden nicht vom Standort der Verkäufer beeinflusst, alle Verkäufer sind gleich gut zu erreichen (z. B. Onlineshops).
- **perfekte Information**: Die Hersteller kennen ihre Produktionskosten, die Käufer kennen ihre eigene Zahlungsbereitschaft und beide Gruppen kennen den Marktpreis.

Sind die oben genannten Annahmen erfüllt, handelt es sich um einen vollkommenen Markt mit Wettbewerb. Unter diesen Rahmenbedingungen wird sich der Preis so lange anpassen, bis die angebotene Menge der nachgefragten Menge entspricht. Dieser Gleichgewichtspreis maximiert die gehandelte Menge. Im vollkommenen Wettbewerb sind sowohl Verkäufer als auch Käufer Preisnehmer, d. h., sie akzeptieren den durch den Markt zustande gekommenen Preis: Die Verkäufer passen entsprechend die angebotene Menge an und die Käufer die nachgefragte Menge.

Im vollkommenen Wettbewerb wird sich immer der Gleichgewichtspreis einstellen, also der Preis, zu dem die größtmögliche Menge an Gütern gehandelt wird und bei dem die nachgefragte Menge der angebotenen Menge entspricht.

Dieses Modell des vollkommenen Marktes mit Wettbewerb basiert auf sehr strengen Annahmen. In der Realität gibt es nur wenige Märkte, in denen all diese Bedingungen erfüllt sind.

Wenn eine der zuvor beschriebenen Annahmen des vollkommenen Marktes verletzt wird, handelt es sich um einen **unvollkommenen Markt**.

Der Markt für frische Brötchen und Brezeln ist nicht vollkommen. Menschen neigen dazu, immer wieder bei bestimmten Bäckereien einzukaufen, was verschiedene Gründe haben kann:

- Es gibt nur wenige Bäckereien in der Stadt und die meisten davon gehören zu größeren Ketten.
- Käufer sind der subjektiven Ansicht, dass die Brötchen in der Bäckerei A besser schmecken als die in der Bäckerei B (somit würde es sich nicht um homogene Güter handeln).
- Käufer mögen die Verkäuferin der Bäckerei A lieber (persönliche Präferenz).
- Käufer möchten nicht zu viel Zeit brauchen, um zum Bäcker zu gehen, daher wählen die meisten die Bäckerei, die am nächsten liegt (räumliche Präferenz).
- Die Käufer sind sich nicht bewusst, dass irgendwo in der Stadt eine weitere Bäckerei ist, die gleich gute Brötchen für weniger Geld verkauft (keine vollständige Information).

Dennoch kommt die Preisbildung in vielen Märkten sehr nahe an das Ergebnis eines vollkommenen Marktes. Das vermutlich beste Beispiel ist eine Börse: Das hier gehandelte Gut ist homogen, es gibt nur eine Art von Aktien eines Unternehmens, oder das gehandelte Gut ist Massenware wie z. B. Rohöl. Fällt der Preis auf der Börse, ist dies ein Zeichen dafür, dass mehr Ware angeboten wird, als Käufer nachfragen. Steigt der Preis, bedeutet dies in der Regel, dass die Nachfrage das Angebot übertrifft.

Das Modell des perfekten Marktes wird dazu verwendet, Preisänderungen in Märkten vorherzusagen.

Tulpenhandel – eine der ersten Spekulationsblasen

In den 30er-Jahren des 17. Jahrhunderts kam ein Seemann in den Niederlanden ins Gefängnis, weil er, ohne es zu wissen, eine Tulpenzwiebel statt einer normalen Zwiebel gegessen hatte. Die Kosten seiner Gefräßigkeit beliefen sich auf eine Summe, die ausgereicht hätte, um eine gesamte Schiffsmannschaft zwölf Monate lang zu ernähren. [...]

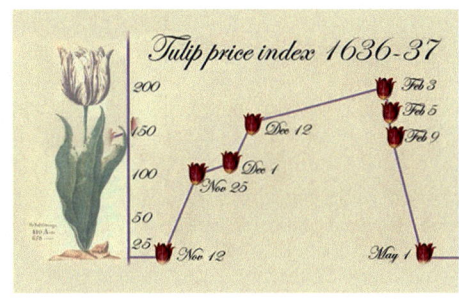

Die „Tulpenwoede" (Tulpenmanie) führte zu einem starken Anstieg der Tulpenpreise. Zu Beginn des Jahres 1637 wurden Tulpen zum 20-Fachen des Preises von 3 Monaten zuvor gehandelt. Eine besonders seltene Tulpe, Semper Augustus, wurde in den 20er-Jahren des 17. Jahrhunderts zu einem Preis von 1.000 Gulden gehandelt – kurz vor dem Platzen der Spekulationsblase betrug der Preis 5.500 Gulden pro Zwiebel –, was damals ungefähr dem Preis eines luxuriösen Hauses in Amsterdam entsprach. Im Februar 1637 brachen die Preise ein [...] und einige Investoren waren danach bankrott.

Die Preisschwankungen waren weder durch Veränderungen in den Produktionskosten bedingt, noch hatten die Tulpen mit einem Mal einen besonderen zusätzlichen Nutzen. [...] Man geht davon aus, dass allein irrationales Verhalten auf dem Finanzmarkt die Tulpenmanie auslöste. [...] Ein Ausbruch der Beulenpest machte die Menschen risikofreudiger. Die [Menschen] lebten in dem Bewusstsein, dass jeder Tag ihr letzter sein könnte – und so waren sie offen für ein wenig Spekulation. Und da Glücksspiel verboten war, konnte die Einhaltung derartiger Verträge nicht eingefordert werden. Wenn sie den Markt falsch eingeschätzt hatten, konnten sie sich einfach ohne zu zahlen aus dem Staub machen.

Quelle: www.economist.com/blogs/freeexchange/2013/10/economic-history, übersetzt und leicht verändert von Autorin

5.3 Preisveränderungen im vollkommenen Markt

Mithilfe des aggregierten Angebots und der aggregierten Nachfrage ist es möglich, Preisänderungen zu erklären und zu einem gewissen Grad vorherzusagen. Es gibt verschiedene Möglichkeiten:

Bewegung auf der Kurve

Die Angebots- und die Nachfragekurve zeigen den Zusammenhang zwischen dem Preis eines Gutes und der nachgefragten Menge. Wenn einer dieser beiden Faktoren sich verändert, spricht man von einer „Bewegung auf der Kurve".

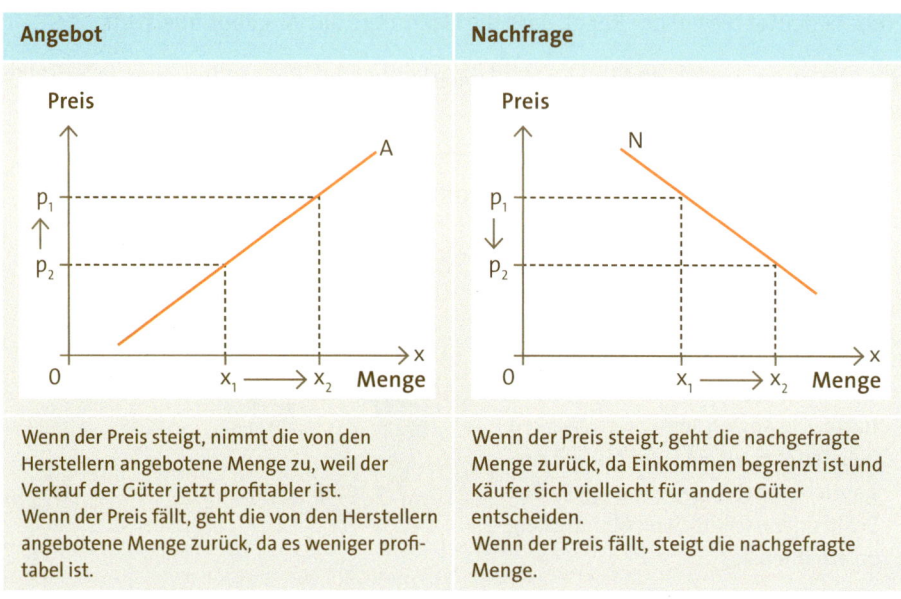

Angebot	Nachfrage
Wenn der Preis steigt, nimmt die von den Herstellern angebotene Menge zu, weil der Verkauf der Güter jetzt profitabler ist. Wenn der Preis fällt, geht die von den Herstellern angebotene Menge zurück, da es weniger profitabel ist.	Wenn der Preis steigt, geht die nachgefragte Menge zurück, da Einkommen begrenzt ist und Käufer sich vielleicht für andere Güter entscheiden. Wenn der Preis fällt, steigt die nachgefragte Menge.

Verschiebung der Angebotskurve

Auch einige andere Faktoren haben einen Einfluss auf das Angebot, z. B. die Herstellungskosten, die Versorgung mit Rohstoffen, Steuern oder Zuschüsse der Regierung. Falls sich einer dieser Faktoren ändert, verschiebt sich die Angebotskurve.

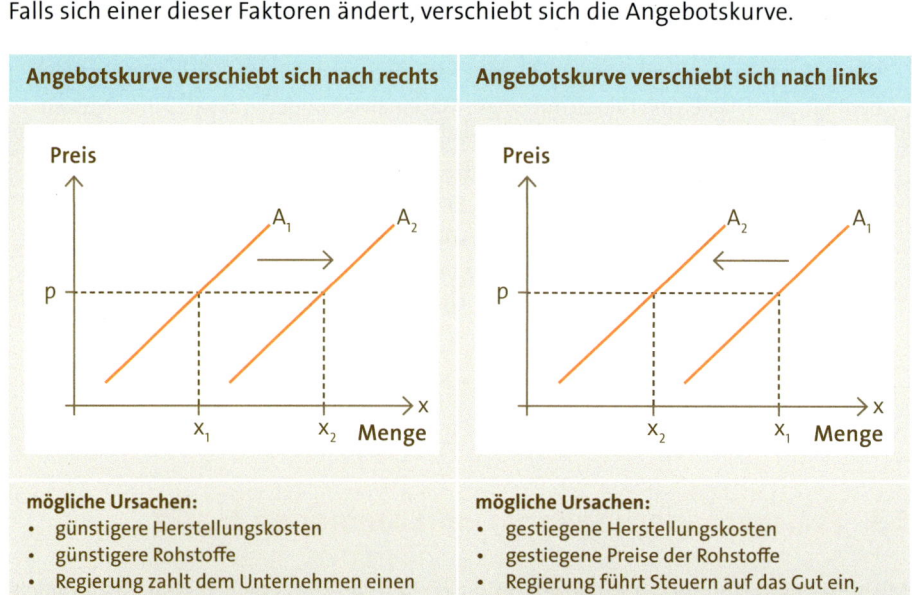

Angebotskurve verschiebt sich nach rechts	Angebotskurve verschiebt sich nach links
mögliche Ursachen: • günstigere Herstellungskosten • günstigere Rohstoffe • Regierung zahlt dem Unternehmen einen Zuschuss für das Produkt	mögliche Ursachen: • gestiegene Herstellungskosten • gestiegene Preise der Rohstoffe • Regierung führt Steuern auf das Gut ein, welche vom Unternehmen abgeführt werden müssen

5 Märkte als zentrale wirtschaftliche Institutionen

Auswirkung auf den Markt:

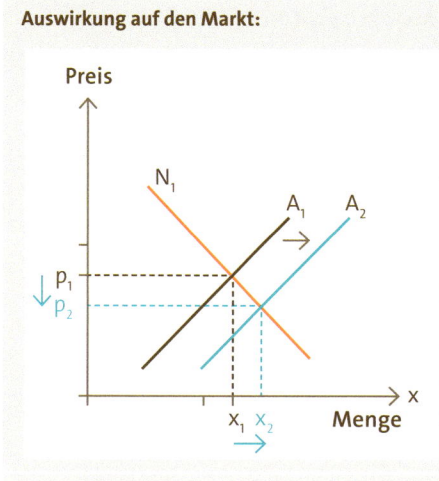

- Preis fällt ↓
- nachgefragte Menge steigt ↑

Auswirkung auf den Markt:

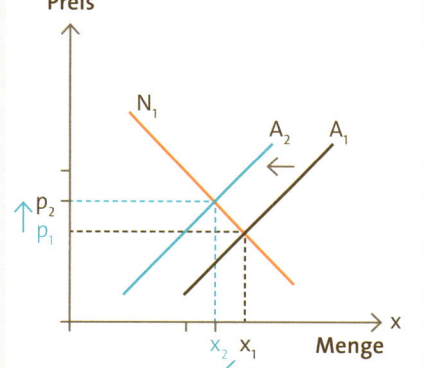

- Preis steigt ↑
- nachgefragte Menge fällt ↓

● **Verschiebung der Nachfragekurve**

Neben dem Preis gibt es auch andere Einflussgrößen auf die Nachfrage, z. B. die Preise anderer Güter, das Einkommen oder sich verändernde Präferenzen. Wenn sich einer dieser Faktoren ändert, verschiebt sich die Nachfragekurve.

Nachfragekurve verschiebt sich nach rechts	Nachfragekurve verschiebt sich nach links

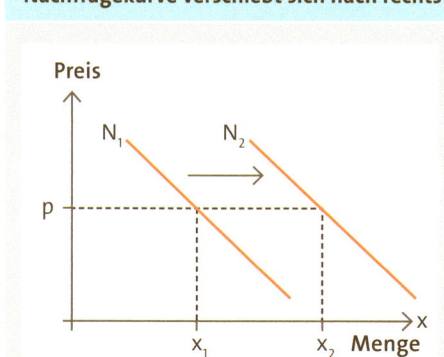 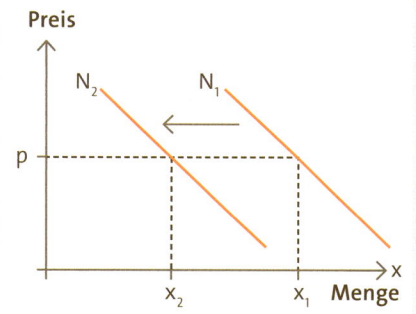

mögliche Ursachen:
- höheres Einkommen
- Bevölkerung wächst
- Substitutionsgüter werden teurer
- veränderte Präferenzen

mögliche Ursachen:
- niedrigeres Einkommen
- Bevölkerung geht zurück
- Substitutionsgüter werden günstiger
- veränderte Präferenzen

I Grundlagen ökonomischen Denkens und Handelns

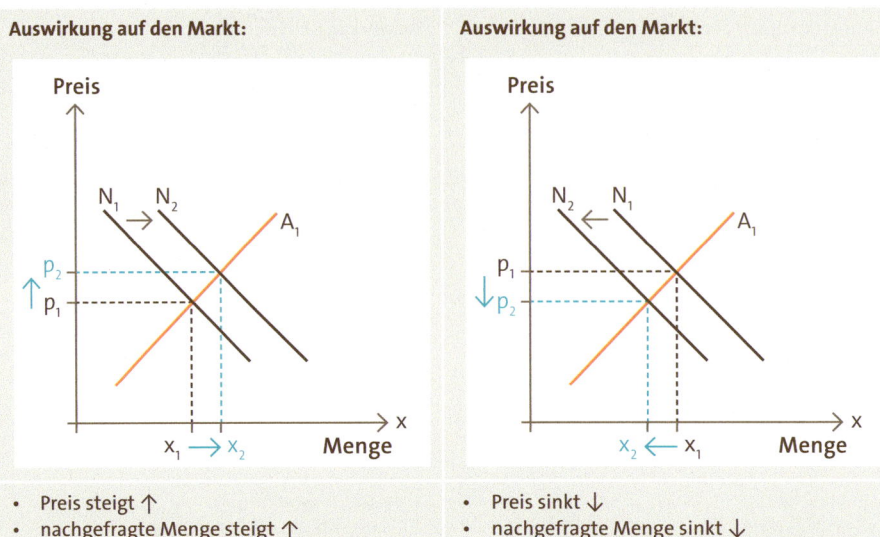

- Preis steigt ↑
- nachgefragte Menge steigt ↑

- Preis sinkt ↓
- nachgefragte Menge sinkt ↓

5.4 Funktionen des Preises

Preise sind das Ergebnis von Angebot und Nachfrage und lösen den klassischen volkswirtschaftlichen Konflikt aufgrund Knappheit der Güter einerseits und unbegrenzter Bedürfnisse andererseits. Der Marktmechanismus erfüllt dadurch mehrere Funktionen.

[1] Indikator: *Messgröße*

Funktionen des Preises	
Zuteilungsfunktion	Preise sind ein Indikator[1] für Knappheit. Wenn Ressourcen knapp werden, übersteigt die Nachfrage das Angebot. Der Preis steigt. Da das Einkommen der Nachfrager begrenzt ist, bleiben als Käufer diejenigen, die den höchsten Nutzen aus dem angebotenen Gut ziehen und in der Lage sind, den höheren Preis zu zahlen.
Signalfunktion	Für Nachfrager sind steigende Preise ein Signal, ihren Konsum zurückzufahren und den Markt zu verlassen. Für Anbieter/Hersteller bedeuten höhere Preise mehr Profit. Daher werden mehr Hersteller in Betracht ziehen, in den Markt einzutreten.
Allokationsfunktion	Preise stellen sicher, dass Ressourcen dort eingesetzt werden, wo sie den größten Nutzen stiften. Hohe Preise bei Ressourcen stellen sicher, dass sie möglichst effizient verwendet werden.

5.5 Marktformen

Aufgrund der Anzahl der Anbieter und Nachfrager in einem Markt lassen sich verschiedene Marktformen unterscheiden. Im Modell des vollkommenen Marktes gibt es viele Anbieter und viele Nachfrager. Daher spricht man hierbei auch von einem **Polypol**[2]. In dieser Marktform herrscht vollkommener Wettbewerb, d. h., weder Anbieter noch Käufer können den Preis beeinflussen.

[2] poly (griechisch): *viele*

In der Realität gibt es allerdings häufig Märkte, in denen wenige Anbieter vielen Nachfragern gegenüberstehen. Diese Märkte bezeichnet man als **Oligopol**[3]. In diesen Märkten haben die Anbieter mehr Einfluss auf die Preisbildung und können so, sofern sie kooperieren, einen höheren Preis durchsetzen als im vollkommenen Wettbewerb.

[3] oligo (griechisch): *wenige*

Außerdem gibt es Märkte, in denen es zwar viele Nachfrager gibt, aber nur einen Anbieter. In diesem Fall handelt es sich um ein **Monopol**[1]. Im Monopol kann der Anbieter den Preis so hochsetzen, dass er dabei seinen eigenen Gewinn maximiert. In dieser Marktform hat der Anbieter die Marktmacht, den Preis zu seinen Gunsten zu beeinflussen.

[1] mono (griechisch): *eins*

	Polypol	**Oligopol**	**Monopol**
viele Nachfrager	viele Anbieter	wenige Anbieter	ein Anbieter
Beispiel	Blumenmarkt: viele Blumenverkäufer, viele Nachfrager nach Blumen	Tankstellenmarkt: wenige Anbieter von Treibstoff, viele Nachfrager nach Benzin	Deutsche Bahn: einziger Anbieter auf vielen Strecken, viele Nachfrager nach Bahnreisen

5.6 Planwirtschaft

Die Kapitel 5.1 bis 5.4 beschreiben, wie in der freien Marktwirtschaft Preise und gehandelte Mengen auf Märkten bestimmt werden. Im Gegensatz dazu werden in einer Planwirtschaft (oder Zentralverwaltungswirtschaft) die Entscheidungen von staatlichen Stellen getroffen: Unternehmen sind im Besitz des Staates. Komitees, die von der Regierung besetzt werden, legen fest, welche Güter in welchen Mengen produziert werden sollen. Anstatt also den dezentralen Preismechanismus zu nutzen, um Angebot und Nachfrage zusammenzubringen und die Produktion zu bestimmen, entscheidet die Regierung, welche Güter die Menschen in welchen Mengen benötigen oder erhalten sollten. Dies gilt auch für die Allokation der Produktionsfaktoren: Die Zuteilung von Kapital und Arbeit wird von der Regierung bestimmt und nicht von Löhnen und den Kapitalkosten.

Eine Planwirtschaft wird häufig von sozialistischen Regierungen eingeführt. Diese argumentieren, dass sie ihren Einfluss in den Planungskomitees nutzen, um Ungleichheit zu minimieren.

Wenn die Regierung Güter und Produktionsfaktoren ohne Preise als Signal für Angebot, Nachfrage und Knappheit zuteilen will, benötigt sie hierfür viele Informationen. Sie muss die Bedürfnisse der Menschen kennen, die Fähigkeiten und Interessen der Arbeiter, und sie muss die Produktionstechnologie für alle Güter und Dienstleistungen verstehen. Dazu kommt, dass viele Regierungen nicht ausschließlich nur das Wohlergehen ihres Volkes im Sinne haben, sondern auch eigene Ziele verfolgen.

In einer Planwirtschaft könnte die Regierung – zumindest theoretisch – leicht Ungleichheit eliminieren. Sie könnte Gesetze und Produktionspläne festlegen, die bestimmen, dass jeder Arbeiter unabhängig von Fähigkeit oder Fleiß denselben Lohn erhält. Ebenso könnte sie Kapitaleinkünfte gleichmäßig über die Bevölkerung verteilen. Tatsächlich gibt es in der Realität aber kaum noch Länder, die ihre Volkswirtschaft planwirtschaftlich organisieren. Die meisten dieser Länder (wie Russland) haben den Einfluss zentraler Planung deutlich reduziert und sich Marktwirtschaften angenähert. Es gibt dabei mehrere Gründe, weshalb Planwirtschaften in der Praxis nicht effizient funktionieren:

- **ökonomische Anreize**
Selbst wenn die Regierung Menschen befehlen kann, ihren Plänen und Befehlen zu folgen, kann sie nie perfekt kontrollieren, wie Menschen sich verhalten. Wenn die Löhne nicht von der Produktivität der Menschen abhängen, sondern von der Regierung festgelegt sind, sind Arbeiter möglicherweise weniger motiviert oder sehen keinen Grund, besonderen Einsatz zu zeigen. In einer Marktwirtschaft können Erfinder sehr reich werden, wenn sie eine gute Idee für ein Produkt oder eine Dienstleistung haben, die viele Menschen gerne kaufen möchten. Wenn in einer Planwirtschaft ein Erfinder eine gute Idee hat, fallen dagegen alle damit erzielten Gewinne an die Regierung bzw. die Gemeinschaft. Dies reduziert die Anreize, Zeit und Energie in riskante Forschung und Entwicklung neuer Produkte zu investieren.
- **Informationen**
In einem Markt signalisieren Preise die Knappheit von Ressourcen und Gütern. Zudem zeigen sie, wie wichtig Menschen ein Gut oder eine Dienstleistung ist. In einer Planwirtschaft fehlen diese Informationen. Es ist sehr unwahrscheinlich, dass ein Planer alle Informationen sammeln kann, die für eine effiziente Allokation der Produktionsfaktoren und der hergestellten Güter notwendig sind.
- **Korruption**
Theoretisch hat die Regierung in einer Planwirtschaft vollkommene Kontrolle über Produktion und Einkommen. Allerdings ist es denkbar, dass die Menschen, die über die Verteilung von Gütern bestimmen, tatsächlich ihr eigenes individuelles Wohlbefinden maximieren. Daher könnten sie ihre Macht missbrauchen, um Geld oder Gefälligkeiten von anderen zu verlangen oder schlicht für sich selbst zu stehlen.

China legt das Jahr 2017 als Deadline für Verlust bringende staatliche Unternehmen fest

China hat Unternehmen, die im Besitz der Zentralregierung sind und Verluste erwirtschaften, eine Deadline von zwei Jahren gesetzt, um ihre Wirtschaftlichkeit zu verbessern. Staatliche Unternehmen, die für drei Jahre in Folge Verluste erwirtschaften, müssen dann schließen. Dabei wurde auch ein Signal an die Unternehmen im Besitz von Provinzregierungen gesendet, bessere Leistung zu zeigen. [...]

China überarbeitet seine ineffizienten, staatlich geführten Unternehmen, um seine Wirtschaft zu fördern, die so langsam wächst wie seit 25 Jahren nicht mehr. Der Plan sieht vor, in Sektoren mit Überkapazitäten Einschnitte durchzuführen und zugleich in hochwertigen Sektoren wie Luftfahrt und zukunftsfähigem Schienenverkehr auf dem Weltmarkt wettbewerbsfähige Unternehmen zu schaffen. Im Juni hat China den Zusammenschluss von zwei seiner größten Schienenverkehrsausrüster zur CRRC Corp. abgeschlossen, um mithilfe von Kosteneinsparungen weltweit in Wettbewerb um lukrative Verträge treten zu können.

Quelle: www.bloomberg.com/news/articles/2015-12-11/china-sets-2017-deadline-for-state-sector-to-limit-losses, übersetzt vom Autor

● **Schlussfolgerung**

Die freie Marktwirtschaft und die zentralisierte Planwirtschaft sind zwei theoretische, extreme Modelle. Heute gestehen selbst die liberalsten Volkswirte dem Staat eine Rolle bei der Bereitstellung öffentlicher Güter und zumindest grundlegender sozialer Absicherung zu. Ebenso haben viele Planwirtschaften wie Russland und China unterschiedliche Marktmechanismen eingeführt, um die Bedürfnisse ihrer Bevölkerung besser befriedigen zu können.

5.7 Marktergebnisse – Verteilung von Einkommen und Vermögen

In perfekt funktionierenden Märkten spiegeln die Preise von Gütern, Löhne und Gewinne die Knappheit von Gütern, Ressourcen oder Fähigkeiten wider. Menschen, die Fähigkeiten besitzen, nach denen die Nachfrage besonders groß ist, erhalten hohe Löhne, während weniger qualifizierte Arbeiter weniger verdienen. Menschen mit schweren Krankheiten, die nicht arbeiten können, können oft überhaupt kein Einkommen erzielen. Zudem können reiche Menschen ihr Geld in profitable Projekte investieren und so noch reicher werden.

Diese Ungleichheit führt zu zentralen Fragen in jeder Gesellschaft: Für wen soll produziert werden? Wie sollen die Güter und Dienstleistungen verteilt werden? Soll eine Gesellschaft schlicht das Marktergebnis akzeptieren oder soll die Regierung intervenieren und Einkommen und Vermögen von den Reichen zu den Armen umverteilen? Und wenn ja, in welchem Umfang?

Auf diese Fragen gibt es keine einfache Antwort. Umverteilung bedeutet üblicherweise, dass reiche Menschen höhere Steuern als arme Menschen bezahlen müssen. Die Regierung verteilt dann zumindest einen großen Teil dieser Steuereinnahmen an ärmere Menschen ▸. Grundsätzlich gibt es mehrere Gründe für Umverteilung:

Einkommensteuersystem als Ansatzpunkt zur Umverteilung

 Kapitel 1.6.4

- **Chancengleichheit**
  Das Leben ist nicht fair. Manche Menschen haben reiche Eltern, manche sind klüger oder talentierter als andere. Somit hat von Beginn an nicht jeder die gleiche Chance, einen guten Job zu finden oder viel Geld zu verdienen. Umverteilung kann versuchen, den Effekt dieser unterschiedlichen „Startbedingungen" abzuschwächen und im Optimalfall für Chancengleichheit zu sorgen.
- **Bekämpfung von Armut**
  Die meisten Menschen haben eine Abneigung gegen Ungleichheit, auch wenn diese Abneigung unterschiedlich stark ausgeprägt sein kann. Sie finden es nicht „fair", wenn sich die Schere zwischen Arm und Reich zu weit öffnet. Es ist daher ein Ziel der meisten Gesellschaften, Armut zu bekämpfen. Steuern und Umverteilung können helfen, den Lebensstandard der schwächsten Mitglieder einer Gesellschaft zu verbessern.

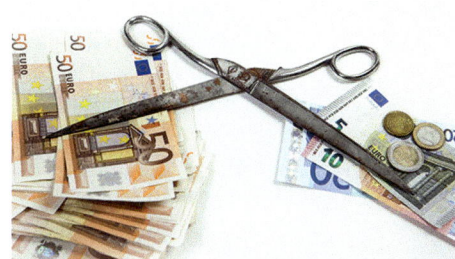

Wie lässt es sich vermeiden, dass sich die Schere zwischen Arm und Reich weiter öffnet?

- **Versicherung**

  Das Leben ist voller Risiken, die Menschen nicht vollständig vermeiden können. Arbeitslosigkeit, Krankheiten und andere Schicksalsschläge können Menschen auch ökonomisch treffen. Viele Ökonomen und Politiker argumentieren, dass in diesem Fall Betroffene die Unterstützung der Gesellschaft verdienen. Umverteilung kann zumindest die ökonomischen Folgen solcher Schicksalsschläge abschwächen.

Warum entscheiden sich die meisten Gesellschaften dafür, Einkommen und Vermögen nicht vollständig umzuverteilen, wenn es doch so viele gute Gründe gibt, Ungleichheit zu bekämpfen? Wenn jeder Mensch dasselbe Einkommen erhält, fehlen die Anreize unterschiedlicher Löhne und Preise, in Berufen zu arbeiten, in denen Arbeiter verzweifelt gesucht werden. Wäre es wirklich „gerecht", dass jemand, der viel härter als eine andere Person arbeitet, dennoch exakt dasselbe Einkommen hat? Und würde dieser Mensch weiterhin so motiviert und fleißig arbeiten, wenn er realisiert, dass er genauso viel verdient wie seine weniger hart arbeitenden Kollegen?

5.8 Theorien zu Gleichheit und Umverteilung

Es gibt kein objektiv „richtiges" oder „falsches" Maß an Ungleichheit und Umverteilung. Dennoch existieren verschiedene ökonomische oder philosophische Ansätze, um diese Frage zu beantworten:

- **Laissez-faire[1]**

[1] laissez-faire (französisch): erlauben, Staat beeinflusst oder kontrolliert das Marktgeschehen nicht

In einer Laissez-faire-Volkswirtschaft greift der Staat nicht in das Marktergebnis ein. Es gibt keine Steuern, keine öffentliche Bereitstellung von Gütern und keine Umverteilung. Die meisten Menschen würden jedoch sagen, dass selbst in einer Laissez-faire-Volkswirtschaft der Staat Eigentumsrechte garantieren und ein Justizsystem unterhalten muss, mit dessen Hilfe private Verträge durchgesetzt werden können. Dieser Ansatz führt zu einer freien Marktwirtschaft.

- **Chancengleichheit**

Eine Gesellschaft kann sich darauf konzentrieren, für alle Bürger Chancengleichheit herzustellen, z. B. durch garantierten Zugang zu Bildung. Dies bedeutet auch, dass die Menschen nicht aufgrund ihrer Herkunft, ihres Geschlechts oder ihrer Religion diskriminiert werden. Wenn die Menschen ihre Entscheidungen jedoch getroffen haben und dann die einen gutbezahlte Arbeitsstellen haben, während die anderen wegen falscher Entscheidungen oder schlicht Pech ärmer sind, greift der Staat nicht mehr ein.

- **Utilitarismus**

Wenn sich eine Regierung entscheidet, Einkommen oder Vermögen aktiv umzuverteilen, muss sie auch bestimmen, wer etwas abgeben muss und wer Geld erhält. Utilitarismus beantwortet diese Frage, indem der Nutzen von Geld (oder Gütern) für unterschiedliche Individuen verglichen wird. Es wird oft gesagt, dass eine bestimmte Menge an Geld für einen armen Menschen mehr bedeutet als für einen reichen.

> Wenn die Regierung einem Milliardär 1.000,00 EUR nimmt, wird sich dieser im Alltag vermutlich nicht wirklich ärmer fühlen. Wenn die Regierung diese 1.000,00 EUR nun einer armen Familie gibt, kann dies einen bedeutenden Einfluss auf das Leben dieser Familie haben.

Utilitarismus versucht also, durch Umverteilung den Gesamtnutzen in einer Volkswirtschaft zu maximieren. Dieser Ansatz führt jedoch zu zwei neuen Problemen: Umverteilung verzerrt die Anreize zu arbeiten und zu investieren. Dies reduziert die Menge an Gütern und Dienstleistungen, die produziert und somit umverteilt werden kann. Zudem ist es in der Praxis sehr schwierig zu messen, wie groß der Nutzen eines Euros für unterschiedliche Menschen ist.

Rawls' „Schleier des Nichtwissens"

Rawls' „Schleier des Nichtwissens"[1] bietet eine eher philosophische Antwort auf die Frage, wie stark Einkommen und Vermögen umverteilt werden sollten. Dabei wird von einem Gedankenexperiment ausgegangen, in dem die Menschen die Regeln einer Gesellschaft (wie Besteuerung oder Umverteilung) „hinter einem Schleier des Nichtwissens" festlegen, d. h., vor dem Festlegen der Regeln kennen sie ihre eigene Position in dieser Gesellschaft nicht. Nach diesem Ansatz ist das optimale Wirtschaftssystem also das System, das die Menschen wählen würden, wenn sie nicht wüssten, ob sie in einer reichen oder einer armen Familie geboren werden, ob sie mit besonderen Fähigkeiten geboren werden oder ob sie gesund oder krank sind.

[1] englisch: *veil of ignorance*

5.9 Die globale Perspektive von Ungleichheit

5.9.1 Ungleichheit innerhalb verschiedener Länder

Verschiedene Gesellschaften haben unterschiedliche Ansätze für Umverteilung gewählt. Dies ist einer der Gründe für internationale Unterschiede bezüglich der Ungleichheit innerhalb der Länder. Die USA betonen beispielsweise stark die individuelle Freiheit und Verantwortung. Die Idee des „American Dream" besteht darin, dass jeder „es schaffen kann", wenn er nur hart genug arbeitet. Folglich gibt es innerhalb der USA nur wenig Umverteilung von reichen hin zu ärmeren Menschen und daher eine relativ starke Ungleichheit.

Im Gegensatz dazu verfolgen skandinavische Länder wie Schweden einen mehr auf Ausgleich bedachten Ansatz mit hohen Steuern, vielen öffentlich bereitgestellten Gütern und einem starken sozialen Netz. Folglich ist die Ungleichheit innerhalb dieser Länder deutlich geringer.

I Grundlagen ökonomischen Denkens und Handelns

FALLSTUDIE — Ein Vergleich von Ungleichheit innerhalb unterschiedlicher Länder

Grundsätzlich ist es schwierig, die Ungleichheit innerhalb unterschiedlicher Länder untereinander zu vergleichen. Ein Mensch, der mit 10 Euro am Tag auskommen muss, ist in Deutschland eher arm und in Mosambik relativ reich. Es müssen also unterschiedliche Interpretationen von Armut unterschieden werden: Ein Mensch in **absoluter Armut** verfügt über weniger als 1,90 US-$ pro Tag und hat meist Schwierigkeiten, die grundlegenden Bedürfnisse wie Nahrung und Wohnung zu befriedigen. Absolute Armut spielt in Europa zum Glück nur noch eine sehr geringe Rolle, während beispielsweise in Afrika südlich der Sahara noch viele Menschen in absoluter Armut leben. Das Konzept der **relativen Armut** untersucht, wie viele Menschen deutlich weniger als das durchschnittliche Einkommen in ihrem Land zur Verfügung haben (beispielsweise weniger als 40 %). Diese Menschen haben es schwer, in ihrem Heimatland am üblichen sozialen und öffentlichen Leben teilzuhaben.

Der **Gini-Koeffizient** ist ein einfaches Maß, das die relative Ungleichheit in einer Zahl zusammenfasst. Vereinfacht gesagt, zeigt der Gini-Koeffizient, wie stark die tatsächliche Einkommensverteilung von einer perfekten Gleichverteilung (d. h., jeder hat dasselbe Einkommen) abweicht. Je höher der Gini-Koeffizient ist, desto ungleicher ist das Einkommen innerhalb eines Landes verteilt. Dabei entspricht ein Gini-Koeffizient von 0 einer perfekten Gleichverteilung, während bei einem Gini-Koeffizienten von 1 ein Bewohner das gesamte Einkommen erhalten würde.

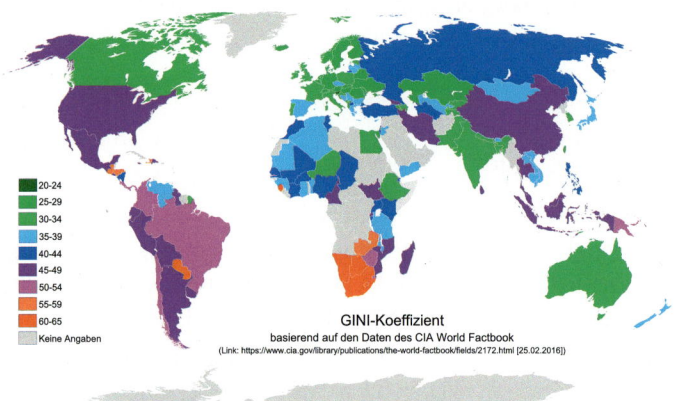

GINI-Koeffizient basierend auf den Daten des CIA World Factbook
(Link: https://www.cia.gov/library/publications/the-world-factbook/fields/2172.html [25.02.2016])

Kartengrundlage: BlankMap-World6.svg by AMK1211 (2008)

ARBEITSAUFTRÄGE

1. Ist der durchschnittliche US-Amerikaner im Vergleich zu Menschen im Rest der Welt eher reich oder arm?

2. Vergleichen Sie die Einkommensungleichheit in den USA mit der in Deutschland, Frankreich und den skandinavischen Ländern.

3. Gibt es einen Zusammenhang zwischen dem durchschnittlichen Einkommen in den USA und der dortigen Einkommensungleichheit? Falls ja, worin besteht dieser?

4. Sind Sie der Meinung, dass die US-amerikanische Regierung die Steuern für reiche Menschen erhöhen sollte?

5.9.2 Ungleichheit zwischen unterschiedlichen Ländern

Die Entscheidung für einen Ansatz zur Umverteilung und für ein Wirtschaftssystem ganz allgemein beeinflusst nicht nur die Ungleichheit innerhalb eines Landes, sondern auch dessen Fähigkeit, Güter und Dienstleistungen zu produzieren. Ein Vergleich verschiedener Länder zeigt, dass es gewaltige internationale Unterschiede bei Einkommen, Vermögen und Armut gibt.

> WASHINGTON, 4. Oktober 2015 – Die Zahl der Menschen auf der Welt, die 2015 in extremer Armut leben, fällt gemäß einer heute veröffentlichten Prognose der Weltbank voraussichtlich unter 10 Prozent. Dies ist ein neuer Beleg dafür, dass die seit einem Vierteljahrhundert anhaltende Reduzierung der Armut die Welt näher an das historische Ziel der Eliminierung von Armut bis 2030 bringt.
>
> Die Weltbank verwendet eine aktualisierte internationale Armutsgrenze von 1,90 US-$ pro Tag, die neue Informationen zu Lebenshaltungskosten beinhaltet. Bei dieser neuen Armutsgrenze (und unter Verwendung neuer Daten der Länder zu Lebensstandards) [...] prognostiziert die Weltbank, dass die weltweite Armut von 902 Millionen Menschen (oder 12,8 Prozent der Weltbevölkerung) im Jahr 2012 auf 702 Millionen Menschen (bzw. 9,6 Prozent der Weltbevölkerung) in diesem Jahr gefallen ist. [...]
>
> In den letzten Jahrzehnten waren drei Regionen – Ost-Asien mit Pazifik, Süd-Asien und Afrika südlich der Sahara – verantwortlich für etwa 95 Prozent der weltweiten Armut. Die Verteilung der Armut zwischen diesen drei Regionen hat sich jedoch dramatisch verschoben. 1990 war Ost-Asien für die Hälfte der globalen Armut verantwortlich, während etwa 15 Prozent der Armen in Afrika südlich der Sahara lebten. Gemäß den Vorhersagen für 2015 hat sich dies beinahe komplett umgekehrt: Fast die Hälfte der Armen lebt in Afrika südlich der Sahara, während etwa 12 Prozent in Ost-Asien leben. Die Armut nimmt in allen Regionen insgesamt ab, aber sie ist tiefer verwurzelt in Ländern, die entweder unter Konflikten leiden oder sehr stark von Rohstoffexporten abhängen.[...]
>
> Quelle: www.worldbank.org/en/news/press-release/2015/10/04/world-bank-forecasts-global-poverty-to-fall-below-10-for-first-time-major-hurdles-remain-in-goal-to-end-poverty-by-2030, übersetzt vom Autor

Die ärmsten Länder sind häufig nicht in der Lage, die Institutionen zur Verfügung zu stellen, die, wie in dieser Lehrplaneinheit diskutiert, für eine effiziente Volkswirtschaft notwendig sind, wie die Sicherung von Eigentumsrechten oder die Bereitstellung von öffentlichen Gütern, z. B. Infrastruktur und Bildung. Dies ist jedoch oft auch das Ergebnis fundamentaler Probleme wie großer Naturkatastrophen oder Kriege.

Aufgaben zu Kapitel 5

1. Im wirklichen Leben gibt es nur wenige vollkommene Märkte.
   a Nennen und erläutern Sie kurz die Annahmen des Modells eines vollkommenen Marktes.
   b Zeigen Sie mithilfe der Annahmen, weshalb es sich bei dem Markt für „Pizza zum Mitnehmen" in Ihrer Stadt nicht um einen vollkommenen Markt handelt.

Grundlagen ökonomischen Denkens und Handelns

2. Sie sind an der Kaffeebörse für Arabica-Kaffee in New York.
   (Hinweis: Die Bedingungen des vollkommenen Marktes sind erfüllt.)
   Es gibt die folgenden Gebote:

Mindest-preis pro Kilo in EUR	Verkäufer	Menge	Käufer	Menge	Höchst-preis in EUR
4,00	Argentina Arabica	100	French press coffee	70	4,00
6,00	Brazil Beans	120	Goldcafé	90	6,00
8,00	Chile Coffee	130	Hot coffee	100	8,00
10,00	Dominican Beans	110	I love Coffee	130	10,00
12,00	Ecuador Coffee	90	Koffi Hus	120	12,00

   a Berechnen Sie die aggregierte Nachfrage und das aggregierte Angebot bei den verschiedenen Preisen.
   b Bestimmen Sie den Gleichgewichtspreis und die Gleichgewichtsmenge.

3. Erläutern Sie die Ursachen für die Preisveränderungen mithilfe eines Preis-Mengen-Diagramms.
   a Wenn eine Kältewelle Italien und Spanien im Winter trifft, dann steigt der Preis von Orangen in deutschen Supermärkten.
   b Wenn es einen heißen Sommer in Mitteleuropa gibt, dann sinken die Preise für Hotelzimmer in Südeuropa.
   c Die USA führt Fracking ein und der Weltmarktpreis für Rohöl sinkt.

4. Auf dem Markt für frisch zubereitete Burger ergeben sich folgende Daten für eine kleine Stadt:

Preis in EUR	3,00	4,00	5,00	6,00	7,00	8,00
nachgefragte Menge	270	208	162	136	106	78
angebotene Menge	52	106	162	196	220	242

   a Zeichnen Sie die Angebots- und Nachfragekurve in ein Preis-Mengen-Diagramm.
   b Beschreiben Sie die Marktsituation, wenn der tatsächliche Marktpreis bei 7,00 EUR liegen würde. Was würde vermutlich passieren?
   c Der Markt befindet sich nun im Gleichgewicht. Angenommen es gäbe eine unglaublich erfolgreiche Werbekampagne, die vegetarisches Essen in Schulen populär macht. Als Folge werden viele vegetarische Essen verkauft. Wie wird sich voraussichtlich der Preis der Burger entwickeln?

5. a Erläutern Sie die Unterschiede zwischen einer freien Marktwirtschaft und einer Planwirtschaft.
   b Erläutern Sie anhand von drei Gründen, weshalb sich die meisten Länder gegen eine Planwirtschaft in ihrem Land entschieden haben.

5 Märkte als zentrale wirtschaftliche Institutionen

6. Sollte Deutschland Ihrer Meinung nach ein bedingungsloses Grundeinkommen einführen? Führen Sie je zwei Argumente für und gegen diese Maßnahme aus.

7. Soll eine Gesellschaft eine Erbschaftssteuer einführen? Diskutieren Sie dies für die verschiedenen Grundsätze der Umverteilung.
   a Laissez-faire
   b Utilitarismus
   c Chancengleichheit
   d Rawls' Schleier des Nichtwissens
   e Was ist Ihre persönliche Meinung?

8. Das durchschnittliche Einkommen ist in den verschiedenen Ländern der Welt sehr unterschiedlich. Welche systematischen Unterschiede zwischen Arm und Reich lassen sich feststellen?

Zusammenfassung: 5 Märkte als zentrale wirtschaftliche Institutionen

Annahmen des Modells des vollkommenen Marktes:
- viele Käufer, viele Verkäufer, kein Marktteilnehmer hat Marktmacht
- homogene Güter
- perfekte Information
- keine Präferenzen (bezüglich Handelspartner oder Standort)

Preisbildung im vollkommenen Markt mit Wettbewerb
(Polypol, viele Anbieter, viele Nachfrager):

Nachfrage
= Summe der individuellen Nachfragen zu verschiedenen Preisen
→ Marktnachfrage (aggregierte Nachfrage)
Die Käufer nehmen den Preis als gegeben und entscheiden dann über die nachgefragte Menge, i. d. R. gilt: je höher der Preis, desto geringer die nachgefragte Menge.

+

Angebot
= Summe der individuellen Angebote zu verschiedenen Preisen
→ Marktangebot (aggregiertes Angebot)
Die Verkäufer nehmen den Preis als gegeben und entscheiden dann über die angebotene Menge, i. d. R. gilt: je höher der Preis, desto höher die angebotene Menge.

=

Marktgleichgewicht
Angebot = Nachfrage
Gleichgewichtspreis maximiert die gehandelte Menge

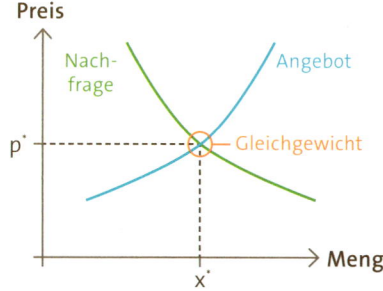

Grundlagen ökonomischen Denkens und Handelns

Wenn sich der Preis oder die nachgefragte Menge ändern → **Bewegung auf der Kurve**
Verschiebung der Angebotskurve durch:
Veränderungen in den Kosten der Herstellung, in der Versorgung mit Rohstoffen
Verschiebung der Nachfragekurve durch:
höheres Einkommen, größere Bevölkerung, Preisveränderungen anderer Güter, Steuern oder Subventionen

Idealtypische Wirtschaftssysteme

Freie Marktwirtschaft
- Preise werden durch Angebot und Nachfrage gebildet.
- Die Regierung mischt sich nicht in den Markt ein.

Planwirtschaft
Die Zuordnung der Produktionsfaktoren und die Verteilung der Güter und Dienstleistungen werden nicht durch die Marktpreise bestimmt, sondern durch die Pläne der Regierung.

Die Verteilung von Gütern und Dienstleistungen wird in Märkten durch Preise und Anreize bestimmt.

↓

Ungleichheit

↓

Prinzipien der Umverteilung

- Laissez-faire
- Chancengleichheit
- Utilitarismus
- Rawls' Schleier des Nichtwissens

Die Wahl des Wirtschaftssystems und des Ansatzes zur Umverteilung beeinflusst den Grad der Ungleichheit innerhalb eines Landes sowie sein Potenzial, Güter und Dienstleistungen herzustellen.

5 Märkte als zentrale wirtschaftliche Institutionen

Selbsteinschätzung – I Grundlagen ökonomischen Denkens und Handelns

Nr.	Ich kann...	Noch Probleme? → Erklärungen und Aufgaben im Buch:
1	die Begriffe „Bedürfnis", „Bedarf" und „Nachfrage" unterscheiden und definieren.	Kapitel 1.1
2	die Arten von Bedürfnissen aufzählen und erläutern.	Kapitel 1.1.2
3	die Maslowsche Bedürfnispyramide beschreiben.	Kapitel 1.1.1, Aufgabe 3
4	erklären, zu welchen Problemen die Knappheit von Ressourcen und Gütern führt.	Kapitel 1.2.1
5	erläutern, wie Preise auf Knappheit von Gütern und Ressourcen reagieren.	Kapitel 1.2.2
6	erklären, wie wir durch technologischen Fortschritt trotz endlicher Ressourcen immer mehr Bedürfnisse befriedigen können.	Kapitel 1.2.3
7	das ökonomische Prinzip erklären und auf Beispiele anwenden.	Kapitel 1.3, Aufgabe 11
8	erläutern, was man unter einem Homo oeconomicus versteht.	Kapitel 1.3.3, Aufgabe 13
9	die Bedeutung von Modellen in der VWL erklären.	Kapitel 1.3.3, Aufgabe 12
10	Beispiele dafür geben, dass individuell rationales Verhalten nicht immer zum besten Ergebnis für die Gemeinschaft führt.	Kapitel 1.3.4
11	die Konzepte „Ausschließbarkeit" und „Rivalität" im Konsum definieren und so verschiedene Güterarten unterscheiden.	Kapitel 2.1, Aufgabe 1
12	die Rolle des Staates bei der Bereitstellung öffentlicher Güter beschreiben.	Kapitel 2.2, Aufgaben 2 und 3
13	die volkswirtschaftlichen Produktionsfaktoren nennen.	Kapitel 3.1, Aufgaben 1 und 2
14	das Konzept der „Allmendetragödie" erläutern und mit aktuellen Beispielen belegen.	Kapitel 3.3.3, Aufgabe 4
15	die ökologischen Folgen wirtschaftlichen Handelns erläutern.	Kapitel 3.3.3, Aufgabe 5
16	den Begriff „externe Kosten" definieren.	Kapitel 3.3.3, Aufgabe 6
17	„nachhaltige Entwicklung" erläutern.	Kapitel 3.3.4, Aufgaben 8 und 9
18	das Konzept der Produktionsmöglichkeitenkurve erläutern und anwenden.	Kapitel 3.4.1, Aufgabe 1
19	das Konzept der Opportunitätskosten erläutern und Opportunitätskosten berechnen.	Kapitel 3.4.1, Aufgabe 2
20	den Unterschied zwischen absolutem und komparativem Kostenvorteil erläutern und begründen.	Kapitel 3.4.2, Aufgabe 3
21	begründen, weshalb und unter welchen Bedingungen Handel vorteilhaft für Länder sein kann.	Kapitel 3.4.2, Infobox Kapitel 3.4.3, Aufgabe 3

Grundlagen ökonomischen Denkens und Handelns

Nr.	Ich kann...	Noch Probleme? → Erklärungen und Aufgaben im Buch:
22	begründen, weshalb es immer mehr internationale Arbeitsteilung gibt.	Kapitel 3.4.3, Aufgabe 4
23	den Begriff „Kapital" definieren und den Zusammenhang zwischen Kapital, Investition und Geld erläutern.	Kapitel 3.5.1, Aufgabe 1
24	die Einflussgrößen auf die Investitionen eines Unternehmens nennen.	Kapitel 3.5.2, Aufgaben 2 und 3
25	die Gemeinsamkeiten und Unterschiede zwischen physischem Kapital und Humankapital erläutern.	Kapitel 3.5 und 3.6
26	das Produktionspotenzial definieren und den Zusammenhang zwischen Produktionslücke und Produktionspotenzial erklären.	Kapitel 4.1, Aufgabe 1
27	den Effekt von Produktivitätswachstum auf die Produktionsmöglichkeitenkurve (PMK) grafisch darstellen und erläutern.	Kapitel 4.1, Aufgabe 2
28	das ökonomische Prinzip anwenden, um die optimale Faktorkombination eines Unternehmens herzuleiten.	Kapitel 4.2, Aufgabe 3
29	verstehen, wie Preisänderungen von Kapital und Arbeit die optimale Faktorkombination verändern.	Kapitel 4.2, Aufgabe 3
30	das Konzept der „schöpferischen Zerstörung" erläutern.	Kapitel 4.3, Aufgabe 4
31	die ökonomischen Folgen von Automatisierung und Spezialisierung diskutieren.	Kapitel 4.4, Aufgabe 6
32	die sozialen Folgen von Arbeitslosigkeit verstehen.	Kapitel 4.4, Aufgabe 5
33	die Annahmen des vollkommenen Marktes mit Wettbewerb nennen und erläutern.	Kapitel 5.2, Aufgabe 1
34	im vollkommenen Markt mit Wettbewerb den Gleichgewichtspreis und die Gleichgewichtsmenge berechnen sowie Preisveränderungen vorhersagen.	Kapitel 5.1, Aufgaben 2 und 4 Kapitel 5.3, Aufgaben 3 und 4
35	Unterschiede zwischen freier Marktwirtschaft und Planwirtschaft darstellen.	Kapitel 5.4, Aufgabe 5
36	erläutern, wie in der freien Marktwirtschaft Ungleichheit entstehen kann.	Kapitel 5.6
37	die Konzepte zur Umverteilung voneinander abgrenzen.	Kapitel 5.7, Aufgaben 6 und 7
38	eine Übersicht über die Ungleichheit innerhalb eines Landes und zwischen verschiedenen Ländern der Welt geben.	Kapitel 5.8 und 5.9, Aufgabe 8

II

Wirtschaftsordnung und Wirtschaftskreislauf in der Bundesrepublik Deutschland

1 Wirtschaftsordnung der Bundesrepublik

Die Familie Söhnle lebt in einer Kleinstadt in der Nähe von Stuttgart. Vater Paul Söhnle betreibt ein Baugeschäft und beschäftigt zwei Maurer. Er baut Eigenheime und übernimmt Reparaturen aller Art. Seine aktuelle Auftragslage ist gut. Mutter Maria Söhnle arbeitet Teilzeit als Erzieherin im kirchlichen Kindergarten der Gemeinde. Die 20-jährige Tochter Sonja befindet sich im 2. Ausbildungsjahr der Ausbildung zur Industriekauffrau bei der Maschinenbau AG in Sindelfingen. Sie fährt mit dem Auto zur Firma. Sohn Max ist 17 Jahre alt und besucht die Eingangsklasse des Wirtschaftsgymnasiums Stuttgart. Er fährt mit der DB-Regionalbahn zur Schule. Die Familie nutzt eine große Wohnung in ihrem geerbten 4-Familien-Haus selbst. Die restlichen Wohnungen sind vermietet. Die Familie Söhnle bildet eine Bedarfsgemeinschaft. Sie prüft in regelmäßigen Zeitabständen ihre Einkommenssituation, stimmt die Bedürfnisse der Familienmitglieder ab und legt ihren Bedarfsplan fest. Regelmäßig sparen sie einen Teil ihres Einkommens.

1.1 Grundlagen einer marktwirtschaftlichen Ordnung

1.1.1 Prinzip der Planungsautonomie in der Marktwirtschaft

Im System der freien Marktwirtschaft stellt der Staat weder Güter her, noch hat er einen Bedarf an Gütern. Auch für die Verteilung der Güter bzw. deren Verwendung ist er nicht zuständig. Er gibt lediglich einen Ordnungsrahmen vor und bestimmt die Spielregeln der wirtschaftlichen Abläufe.

1 Wirtschaftsordnung der Bundesrepublik

Das Ordnungssystem der freien Marktwirtschaft überlässt alle wirtschaftlichen Handlungen wie die Planung, Organisation und Durchführung der Güterproduktion sowie die Verteilung der Güter den Mitgliedern der Gesellschaft.

Planungsautonomie ist das **Kernelement** der marktwirtschaftlichen Ordnung. Die Menschen haben das Recht und die Pflicht, eigenverantwortlich (autonom) ihr soziales und wirtschaftliches Leben zu planen und zu gestalten.

Nutzen die Menschen ihre Planungsautonomie zum wirtschaftlichen Handeln, werden sie als **Wirtschaftssubjekte** auf Güter- und Faktormärkten aktiv. Wirtschaftssubjekte lassen sich entsprechend ihrer Teilnahme am Wirtschaftsgeschehen bestimmten Gruppen zuordnen.

Wirtschaftssubjekte	
sind Personen oder Personengruppen, die im Rahmen ihrer Planungsautonomie wirtschaftliche Entscheidungen treffen.	
Güterproduzenten bzw. Unternehmen	stellen Waren und Dienstleistungen für den Fremdbedarf her. Ihnen ist in der freien Marktwirtschaft die Aufgabe der Güterproduktion und der Güterverteilung zugeordnet.
Private Haushalte	sind Einzelpersonen (Single-Haushalte) oder Personengemeinschaften (Mehrpersonenhaushalte). Auf der Grundlage ihrer Einkommen decken sie ihren Güterbedarf und befriedigen ihre Individualbedürfnisse. Sie sind Konsumenten. Haben Private Haushalte das Bedürfnis, sich finanziell gegen Lebensrisiken abzusichern, so sparen sie einen Teil ihres Einkommens.

Unternehmen und Private Haushalte bilden den **Privatsektor**. Der Privatsektor bestimmt durch seine einzelwirtschaftlichen interessengeleiteten Entscheidungen das gesamtwirtschaftliche Geschehen. Die wirtschaftliche Situation der Wirtschaftssubjekte wird bestimmt durch ihre Leistung. Der hieraus resultierende Leistungswettbewerb zwingt Private Haushalte und Unternehmen in einen ständigen Anpassungsprozess, der schließlich optimale Ergebnisse auch für die Gesamtgesellschaft nach sich ziehen soll.

Staatliche Bevormundung, staatliche Eingriffe und staatliche Lenkung gefährden unter diesen Annahmen den Wohlstand des Einzelnen und den der Gesellschaft. Staatliches Handeln schränkt Leistungsmotivation und Leistungsbereitschaft der Wirtschaftssubjekte ein. Dem Staat wird die Rolle eines „Nachtwächters" zugewiesen, der darauf achtet, dass sich der Privatsektor innerhalb der vorgegebenen Regeln wirtschaftlich frei betätigen kann.

Das System der **freien Marktwirtschaft** ist **individualistisch** geprägt. Private Haushalte und Unternehmen sind aufgefordert, interessengeleitete (**egoistische**) wirtschaftliche Ziele zu verfolgen.

1.1.2 Grundgesetz und Wirtschaftsordnung

Das Grundgesetz ist die Verfassung der Bundesrepublik Deutschland. Die Rechtsnormen des Grundgesetzes enthalten kein ausdrückliches Bekenntnis zum Ordnungssystem Marktwirtschaft. Allerdings erhebt das Grundgesetz die freiheitliche Gesellschaftsordnung zum Verfassungsleitbild, indem es u. a. Bürgern individuelle Freiheitsrechte zuweist.

Konrad Adenauer bei der Unterzeichnung des Grundgesetzes am 23. Mai 1949

Freiheitsrechte und Planungsautonomie sind insofern subjektive (individuelle) Grundrechte, als sie die Individuen vor rechtlichen Eingriffen in deren Lebensplanung und -gestaltung schützen.

Der Staat hat die Grundrechte der Bürger zu beachten. Er darf nur unter ganz eng gefassten Bedingungen in die Lebensplanung und Lebensgestaltung der Bürger eingreifen.

FALLSTUDIE — Grundgesetz und ökonomische Planungsautonomie

Die folgenden ausgewählten Grundrechte des GG sind die rechtliche Basis für das subjektive Grundrecht der Planungsautonomie der Bürger.

Artikel	Inhalt
2	Allgemeine Handlungsfreiheit, Freiheit der Person
9	Vereinigungs- und Koalitionsfreiheit
12	Freie Berufswahl, freie Wahl des Arbeitsplatzes und der Ausbildungsstätte
14	Eigentums- und Erbrecht

ARBEITSAUFTRÄGE

1. Fassen Sie stichwortartig auf der Grundlage einer Internetrecherche die wesentlichen Inhalte der ausgewählten Grundrechte zusammen und nennen Sie jeweils zwei Beispiele für deren wirtschaftliche Bedeutung.

2. Erarbeiten Sie an Beispielen Ihrer persönlichen Lebenssituation ein Szenario, das deutlich macht, welche der angeführten Grundrechte sich in welchen Ihrer wirtschaftlichen Handlungen niederschlagen.

3. Welche gesamtwirtschaftlichen Folgen lassen sich aus Ihrem Szenario ableiten und wo stoßen Sie an Grenzen Ihrer wirtschaftlichen Planungsautonomie?

1.1.3 Wirtschaftliche Freiheitsrechte in der Marktwirtschaft

Das Verfassungsgebot des GG gilt für alle Lebensbereiche. Insofern sind die folgenden wirtschaftlichen Freiheitsrechte aus dem Grundgesetz abgeleitet.

Freiheitsrechte	Beispiel
Produktions- und Handelsfreiheit	Der Maurermeister Paul Söhnle hat sich selbstständig gemacht. Er ist als Gewerbetreibender unternehmerisch aktiv. Er baut Häuser bzw. repariert sie im Auftrag seiner Kunden. Ist seine Auftragslage gut, beschäftigt er Mitarbeiter. Er entlässt Mitarbeiter, wenn Aufträge ausbleiben.
Freie Berufswahl und freie Wahl des Arbeitsplatzes	Maria Söhnle hat eine Ausbildung zur Erzieherin gemacht, weil sie gerne mit Kindern arbeiten wollte. Sie hat ein Eignungsprofil erworben. Die Kirchengemeinde sucht eine Teilzeitkraft. Maria Söhnle hat sich beworben, weil sie nur Teilzeit arbeiten wollte und die Kita zu Fuß zu erreichen ist. Eine besser bezahlte Vollzeitstelle im Nachbarort hat sie nicht angestrebt. Von Zeit zu Zeit besucht sie Weiterbildungsveranstaltungen. Sonja Söhnle hat sich für eine Ausbildung entschieden. Max Söhnle will ein Bachelor-Studium in Betriebswirtschaftslehre beginnen. Dazu benötigt er das Abitur.
Konsumfreiheit	Der Mehrpersonenhaushalt Söhnle bildet eine Bedarfsgemeinschaft. Die Familie trifft auf der Grundlage ihres verfügbaren Einkommens Konsum- und/oder Sparentscheidungen. Mitunter kommt es zu Interessenkonflikten zwischen den Familienmitgliedern.
Privateigentum	Der Unternehmer Paul Söhnle erweitert sein Baugeschäft. Er kauft ein Nachbargrundstück, baut eine Lagerhalle und erweitert seinen Fuhrpark. Sein Betriebsvermögen steigt. Das Nachbargrundstück ist so groß, dass die Familie darauf ein neues Eigenheim erstellen will. Der Bauantrag wird an die Gemeinde gestellt und abgelehnt, weil das Grundstück in einem Gewerbegebiet liegt, das für Wohnbebauung nicht freigegeben ist.
Vertragsfreiheit	Der Unternehmer Paul Söhnle freut sich über einen Kundenauftrag zum Bau eines Eigenheims. Er nimmt einen Kredit bei seiner Hausbank auf, um seine Lieferantenrechnungen bezahlen zu können. Er stellt einen neuen Mitarbeiter ein. Er mietet ein Baugerüst. Maria Söhnle kauft Gemüse und Obst auf dem Wochenmarkt ein. Sonja kellnert aushilfsweise im Dorfkrug. Max kauft von seinem Taschengeld eine App für sein Smartphone.

II Wirtschaftsordnung und Wirtschaftskreislauf in der Bundesrepublik Deutschland

1.2 Freie Marktwirtschaft – Fehlentwicklungen und Marktversagen

1.2.1 Ungerechte Einkommens- und Vermögensverteilung

Der Leistungsgedanke in der freien Marktwirtschaft zwingt die Wirtschaftssubjekte in einen ständigen Wettbewerbs- und Anpassungsprozess. Nur Leistungsstarke erzielen hohe Einkommen und sind in der Lage, ihren Lebensstandard zu erhöhen und Geld zu sparen, um Vermögen zu bilden. Sie werden wohlhabend bzw. reich. Der Lebensstandard der Leistungsschwachen dagegen ist niedrig, sie sind nicht in der Lage, Vermögen zu bilden. Sie sind weniger wohlhabend bzw. arm.

Im System der freien Marktwirtschaft werden Unterschiede zwischen dem Wohlstand der einen und der Armut der anderen als systembedingt hingenommen. Jeder hat die gleichen Startchancen und hat sich anzustrengen und sich auf den Märkten durchzusetzen. Armut gilt als selbstverschuldet.

Führt der Leistungswettbewerb zu als ungerecht empfundenen ungleichen Einkommens- und Vermögensverteilungen in der Gesellschaft, so drohen soziale Konflikte.

1.2.2 Marktversagen

Modell des vollkommenen Marktes
▶ Kapitel 5.2

Preisbildung
▶ Kapitel 5.1

Das System der freien Marktwirtschaft unterstellt die Existenz vollkommener Märkte▶. Auf vollkommenen Märkten bestimmen Angebot und Nachfrage die Marktpreise▶. Hohe Marktpreise für Güter und hohe Gewinne weisen darauf hin, dass die angebotenen Güter bedarfsgerecht und knapp sind. Auf Arbeitsmärkten gilt, dass hohe Löhne und Gehälter lediglich dann gezahlt werden, wenn Arbeitsuchende knapp sind oder über Fähigkeiten bzw. Eignungsprofile verfügen, die sehr stark nachgefragt werden. Ist die Nachfrage nach Gütern gering oder gibt es ein Überangebot an Arbeitsuchenden bzw. erfüllen diese die Anforderungen für gut bezahlte Tätigkeiten nicht, so sind die Güterpreise niedrig bzw. Arbeitnehmer verdienen weniger.

In der realen Welt hat sich gezeigt, dass keine Wirtschaft so funktioniert, wie es das Modell der „unsichtbaren Hand" vorsieht. Jede Marktwirtschaft leidet unter Unzulänglichkeiten und Fehlentwicklungen wie in den folgenden Fällen erkennbar:
- Der Marktmechanismus wird durch Absprachen und/oder Marktmacht großer Marktteilnehmer ausgehebelt.
- Eine vollständige Markttransparenz der Marktakteure ist nicht gewährleistet.
- Märkte bilden nur die kurzfristigen Interessen und Ziele der Marktteilnehmer ab und berücksichtigen nicht die langfristigen Auswirkungen wirtschaftlichen Handelns.
- Marktergebnisse ziehen unerwünschte wirtschaftliche und gesellschaftliche Fehlentwicklungen nach sich.

Regelungen in der Rechtsordnung können dazu beitragen, den Spielraum der Wirtschaftssubjekte immer dann einzuschränken, wenn die freie Entfaltung der Marktkräfte sozial ungerechte oder gesellschaftlich nicht gewünschte Ergebnisse nach sich zieht. Das Grundgesetz setzt den wirtschaftlichen Freiheitsrechten Grenzen.

1 Wirtschaftordnung der Bundesrepublik

Aufgaben zu den Kapiteln 1.1 und 1.2

1. Welcher indirekte Zusammenhang besteht zwischen dem Verfassungsleitbild des Grundgesetzes und dem Ordnungssystem „Marktwirtschaft"?

2. Inwiefern ist die Vertragsfreiheit ein wesentliches Bindeglied zu anderen wirtschaftlichen Freiheitsrechten?

3. Erklären Sie anhand von konkreten Beispielen die Bedeutung der wirtschaftlichen Freiheitsrechte für die Lebens- und Bedarfsgemeinschaft Familie Söhnle.

4. Machen Sie an Beispielen aus Ihrem persönlichen sozialen Umfeld Vor- und Nachteile des Egoismus in der Wirtschaft deutlich.

Zusammenfassung: Kapitel 1.1 und 1.2 Marktwirtschaftliche Grundstrukturen

Kernelemente der freien Marktwirtschaft
- Wirtschaftssubjekte Private Haushalte und Güterproduzenten/Unternehmen bestimmen das wirtschaftliche Geschehen.
- Staat ist „Nachtwächterstaat" und sichert die Wirtschafts- und Rechtsordnung im Rahmen einer institutionellen Infrastruktur ab.

Rechtliche Grundstrukturen
Freiheitsrechte und Planungsautonomie

- Eigentumsrecht an privaten und betrieblichen Vermögenswerten
- Einschränkung: Sozialbindung des Eigentums
- Vertragsfreiheit und damit verbundene Rechte wie Konsum-, Produktions- und Handelsfreiheit, freie Wahl des Berufes und des Arbeitsplatzes zur Verwirklichung einzelwirtschaftlicher Interessen

Wirtschaftliche Grundstrukturen
dezentral organisierte Güter- und Faktormärkte

- Austauschorte für alle ökonomischen Transaktionen
- Marktakteure: Anbieter und Nachfrager
- Annahme: vollkommene Märkte und freier Marktzugang für alle Marktakteure
- Folge: Chancengleichheit und gerechte Marktpreise

Ergebnis:
- Märkte „belohnen" Leistungsstarke und „bestrafen" Leistungsschwache, das gilt als gerecht.
- Einkommens- und Vermögensunterschiede zwischen Arm und Reich werden als leistungsbedingt toleriert.
- Machtkonzentration auf Märkten ist im System möglich.
- Ökologische Ziele werden durch das Marktsystem nur teilweise angestrebt.

1.3 Grundidee der sozialen Marktwirtschaft

1.3.1 Wirtschaftsordnung und Dualismus

Im System der sozialen Marktwirtschaft geht es darum, als negativ empfundene Folgen der marktwirtschaftlichen Prozesse einzudämmen sowie soziale und gesellschaftliche Ziele vorzugeben. Der Staat erhält Eingriffsrechte in die wirtschaftlichen Freiheiten, wenn die soziale Sicherheit gefährdet ist und aus Gründen der sozialen Gerechtigkeit ein sozialer Ausgleich geboten erscheint. Der Dualismus zeigt sich in dem koordinierten Nebeneinander von Marktprozessen und staatlichen Aktivitäten.

Das System der **sozialen Marktwirtschaft** ist **dualistisch** geprägt. Das Leitbild der individuellen wirtschaftlichen Freiheit wird ergänzt, erweitert und eingeschränkt durch das Leitbild der **sozialen Verantwortung des Staates**.

Darüber hinaus kann dem Staat die Befriedigung von Kollektivbedürfnissen übertragen werden. Er übernimmt Aufgaben der Daseinsvorsorge für seine Bürger.

Kollektivbedürfnisse entstehen, wenn viele Menschen deckungsgleiche Individualbedürfnisse bündeln und daraus einen gemeinsamen Bedarfsplan erstellen.

Wird die Befriedigung der Kollektivbedürfnisse dem Staat überlassen, dann entsteht ein Angebot an öffentlichen Gütern. Öffentliche Güter dürfen von allen Wirtschaftssubjekten genutzt werden und fördern das Gemeinwohl. Sie sind Bestandteil der Infrastruktur einer Gesellschaft.

> **Güter der staatlichen Infrastruktur**
>
> staatliche Kindergärten, Schulen und Hochschulen, Einrichtungen des Gesundheitswesens, Verkehrswege, Einrichtungen der öffentlichen Verwaltung und der Rechtspflege, ...

1.3.2 Sozialstaatsgebot des Grundgesetzes

Die Verpflichtung des Staates hinsichtlich der sozialen Ausrichtung der Gesellschafts- und Wirtschaftsordnung sowie der Verantwortung für die Sicherung der Lebensgrundlagen auch für zukünftige Generationen ergibt sich aus dem Grundgesetz.

> **Artikel 20 GG**
>
> (1) Die Bundesrepublik Deutschland ist ein [...] sozialer Bundesstaat.
>
> **Artikel 20 a GG**
>
> Der Staat schützt auch in Verantwortung für die künftigen Generationen die natürlichen Lebensgrundlagen und die Tiere im Rahmen ...

> Der Staat hat den Verfassungsauftrag, eine Gesellschafts- und Wirtschaftsordnung zu schaffen, die unter weitestgehender Wahrung der wirtschaftlichen Freiheitsrechte dem Wohl aller Bürger verpflichtet ist.

Die Artikel 20 f. GG sind als Generalnorm formuliert. Sie enthalten keine Aussagen zur konkreten Ausgestaltung einer dem Allgemeinwohl verpflichteten Gesellschafts- und Wirtschaftsordnung. Das Grundgesetz legt also nicht fest, was sozial gerecht ist und wer auf welche sozialen Sicherheiten in welchem Umfang Anspruch hat. Das gilt auch für Art, Menge und Qualität des Angebots an öffentlichen Gütern. Die jeweilige gesellschaftliche und wirtschaftliche Situation sowie politische Aspekte bestimmen Art und Umfang der staatlichen Maßnahmen und Vorgaben.

Was gehört zu den kollektiven Grundbedürfnissen?

Ausstattung der Schulen mit Tablets? Sport- und Freizeiteinrichtungen? 6-spuriger Ausbau aller Autobahnen? Gebührenfreies Studium? Elternbeiträge für Kindergärten? Mindestlohn? Höhe der Einkommensteuer? Vermögensteuer für Reiche? Personalschlüssel in Krankenhäusern und Pflegeeinrichtungen? Unterstützungszahlungen für Bedürftige in welcher Höhe? Mietpreisbremse?

Umsetzung und Ausformung des Sozialstaates erfolgen auf der Grundlage von rechtlichen Vorschriften. Der Staat schafft ein sozialpolitisches **Regelwerk** mit Rechten und Pflichten für diejenigen, die das Regelwerk angeht. Darüber hinaus schaltet er sich aktiv in die Gestaltung der Wirtschaftsabläufe und Wirtschaftsprozesse ein, wenn dies aus sozialpolitischen und anderen gesellschaftlichen Gründen geboten erscheint.

1.3.3 Ordnungspolitische Notwendigkeiten

Staatliches Handeln wird eingefordert, um Marktversagen zu verhindern oder zu begrenzen. Der Einfluss des Staates auf die wirtschaftliche und soziale Lebenssituation seiner Bürger steigt und deren wirtschaftliche Freiheitsrechte als Konsumenten oder Produzenten werden eingeschränkt.

Aktivitäten des Staates in der sozialen Marktwirtschaft

Staat handelt als **Wirtschaftssubjekt**, indem er
- Güter des Kollektivbedarfs kauft oder selbst herstellt,
- Faktorleistungen Arbeit und natürliche Ressourcen (Boden) in Anspruch nimmt,
- staatlich organisierte Sozialsysteme einrichtet,
- Private Haushalte und Unternehmen direkt mit Geld- und Sachleistungen unterstützt,
- seine Ausgaben durch Zwangsabgaben wie Steuern und Sozialabgaben oder durch Kredite finanziert.

Staat **wird wirtschaftspolitisch aktiv**, indem er steuernd und lenkend eingreift, um
- wettbewerbsverzerrende Marktstrukturen zu verhindern oder zu beseitigen,
- Ungleichgewichte in der gesamtwirtschaftlichen Produktion zu verhindern,
- eine gerechte Einkommens- und Vermögensverteilung zu gewährleisten,
- den Schutz der Umwelt und einen nachhaltigen Umgang mit den natürlichen Ressourcen umzusetzen.

1.4 Wettbewerbsordnung

1.4.1 Wettbewerb und Marktmacht

Grundelement der Marktwirtschaft ist der **Leistungswettbewerb**. Er sichert am ehesten die optimale Nutzung der Produktionsmittel und damit die bestmögliche Güterversorgung. Leistungswettbewerb lebt von der Konkurrenz um knappe Güter und Faktorleistungen auf funktionierenden Märkten.

Märkte mit hoher **Wettbewerbsintensität** gelten als ideale Voraussetzung dafür, dass der Marktpreismechanismus funktioniert. Intensiver Wettbewerb eröffnet Konsumenten und Produzenten Wahlmöglichkeiten.

Die Wettbewerbsintensität nimmt tendenziell ab, wenn Marktteilnehmer über Marktmacht verfügen. Gibt es nur einen oder wenige Anbieter, so beherrschen sie das Marktgeschehen. **Marktmacht** verleitet zu **Machtmissbrauch** und zerstört Wettbewerbsstrukturen. Darüber hinaus schränkt sie den freien Austausch der Güter- und Faktorleistungen ein, schafft Abhängigkeiten und führt dazu, dass der Marktpreismechanismus ausgehebelt wird. Da nur funktionierende Märkte mit hoher Wettbewerbsintensität einen fairen Interessenausgleich zwischen den Anbietern und Nachfragern garantieren, hat der Staat ein Interesse daran, durch wettbewerbspolitische Regelwerke den Wettbewerb zu sichern.

> Wettbewerbspolitische Regelwerke geben dem Staat das Recht, Wettbewerbsregeln aufzustellen und bei Verstoß einzugreifen, wettbewerbswidriges Verhalten zu untersagen sowie gegebenenfalls Sanktionen (Strafen) zu verhängen.

1.4.2 Gesetz gegen Wettbewerbsbeschränkungen (GWB)

Die Wettbewerbsintensität nimmt tendenziell ab, wenn die Zahl der Marktteilnehmer sinkt. Also schließen sich Anbieter und/oder Nachfrager oft zusammen oder kooperieren, um ihre Marktmacht zu stärken. Denkbar sind auch Kartellabsprachen unter Konkurrenten zulasten des jeweiligen Marktgegenübers.

Kartellabsprachen

Kartellabsprachen sind Absprachen unter konkurrierenden Unternehmen in wirtschaftlichen Teilbereichen. Sie können sich u. a. auf Verkaufspreise und Produktionsmengen beziehen, die Aufteilung von Märkten regeln oder den Kartellmitgliedern feste Verkaufsmengen zuweisen. Kartelle können den Leistungswettbewerb gefährden.

Das GWB gilt als „Grundgesetz der Marktwirtschaft". Es wird auch als „Kartellgesetz" bezeichnet, beschränkt sich aber nicht allein auf die Unterbindung wettbewerbswidriger Kartellabsprachen, sondern enthält darüber hinausgehende Bestimmungen.

> **§ 1 GWB (Kartellverbot)**
>
> Vereinbarungen zwischen miteinander im Wettbewerb stehenden Unternehmen, Beschlüsse von Unternehmensvereinigungen und aufeinander abgestimmte Verhaltensweisen, die eine Verhinderung, Einschränkung oder Verfälschung des Wettbewerbs bezwecken oder bewirken, sind verboten.

Für die Überwachung der Einhaltung der Bestimmungen des GWB sind das Bundeskartellamt und gegebenenfalls Landeskartellbehörden sowie das Bundesministerium für Wirtschaft und Arbeit zuständig. Im Falle wettbewerbsschädigender Praktiken unterbinden sie ein solches Verhalten durch Untersagen oder Auflagen.

Gesetz gegen Wettbewerbsbeschränkungen		
Anwendungsbereich	Unternehmen, die sich wettbewerbswidrig verhalten	marktbeherrschende Großunternehmen
wettbewerbspolitische Instrumente	Kartellverbot, Verbot eines abgestimmten Verhaltens, Verbot von Behinderungspraktiken, Fusionskontrolle	Missbrauchsaufsicht

1.5 Arbeitsordnung und Tarifautonomie

1.5.1 Arbeitsmärkte

Arbeitsmärkte unterliegen wie alle Märkte dem Gesetz von Angebot und Nachfrage. Arbeitsuchende bieten ihre Arbeitsleistung an, Arbeitgeber fragen sie nach.

> **Arbeitnehmer** ist, wer aufgrund eines privatrechtlichen Arbeitsvertrags unselbstständige (weisungsgebundene) Arbeit für einen anderen leistet und dafür Lohn oder Gehalt bzw. ein Arbeitsentgelt erhält.

Arbeitsentgelte sind Preise für die Inanspruchnahme von Arbeitsleistungen. Bestimmt sich das Arbeitsentgelt nach den Marktgesetzen, handelt es sich um Marktpreise. Marktpreise bilden sich aus Angebot und Nachfrage. Ihre Höhe ist abhängig von der Marktsituation auf dem jeweiligen Arbeitsmarkt.

> **Hohe Arbeitslosigkeit** und **niedrige Löhne und Gehälter** sind ein Hinweis auf ein **Überangebot** an Arbeitsleistung von Seiten der Arbeitsuchenden. Einer Vielzahl möglicher Arbeitnehmer stehen häufig nur wenige potenzielle Arbeitgeber gegenüber. Der Arbeitnehmer ist gegebenenfalls **gezwungen**, Lohnzugeständnisse zu machen und unzumutbare Arbeitsbedingungen in Kauf zu nehmen. Arbeitgeber minimieren dann ihre Kosten. **Geringe Arbeitslosigkeit** und **hohe** Arbeitsentgelte sind ein Hinweis auf eine Übernachfrage von Seiten der Arbeitgeber. Die Verhandlungsposition der Arbeitnehmer hinsichtlich der Lohn- und Gehaltsforderungen sowie der Arbeitsbedingungen verbessert sich.

Im Arbeitsrecht ist das Prinzip der Vertragsfreiheit zu beachten. Es gelten die Grundsätze der Abschlussfreiheit und der Gestaltungsfreiheit. Arbeitnehmer und Arbeitgeber können jeweils frei darüber entscheiden, ob sie und mit wem sie überhaupt eine vertragliche Bindung und, wenn ja, zu welchen Bedingungen eingehen wollen.

1.5.2 Notwendigkeit einer Arbeitsordnung

Das Regelwerk der Arbeitsordnung setzt einen Rahmen für die Arbeitsmärkte. Es erfüllt in weiten Teilen eine Schutzfunktion für Arbeitnehmer. Es wird unterstellt, dass der Arbeitsmarkt seiner Struktur nach von einem Übergewicht an Macht auf der Arbeitgeberseite geprägt ist und dadurch die wirtschaftliche und soziale Existenz von Arbeitsuchenden gefährdet werden kann. Das Sozialstaatsgebot des Artikels 20 GG soll den sozial Schwächeren schützen. Dazu bedarf es rechtlicher Normen.

Der Schutz der Arbeitnehmer wird auf zwei Ebenen realisiert:
- **kollektives Arbeitsrecht**
  Es betrifft die Arbeitnehmerschaft als Gesamtheit und kann vereinfacht als „kollektive Selbsthilfe" bezeichnet werden. Hier geht es darum, die Arbeitsbedingungen für das Kollektiv der Arbeitnehmer zu verbessern und für die Wahrung ihrer Rechte einzutreten, also die Rahmenbedingungen zu beeinflussen, die sich auf das konkrete Arbeitsverhältnis auswirken.
- **individuelles Arbeitsrecht**
  Es betrifft das Verhältnis zwischen dem einzelnen Arbeitnehmer und seinem Arbeitgeber.

1.5.3 Kollektives Arbeitsrecht: Tarifvertragsrecht und Arbeitskampf

● **Tarifvertragsrecht**

Das Tarifvertragsrecht ist Bestandteil des kollektiven Arbeitsrechts, das seine Grundlagen in der in Art. 9 Abs. 3 GG verankerten Koalitionsfreiheit findet. Im Regelfall sind nur Staatsorgane befugt, Rechtsnormen zu schaffen. Davon wird im kollektiven Arbeitsrecht abgewichen. Auf der Grundlage der Tarifautonomie wird der Interessenausgleich zwischen Arbeitgebern und Arbeitnehmern den Betroffenen in weiten Teilen selbst überlassen. Insbesondere die als strukturell benachteiligt geltenden Arbeitnehmer haben so die Möglichkeit, ihre Interessen im Kollektiv zu vertreten und Forderungen zu stellen, mit deren Durchsetzung der einzelne Arbeitnehmer gegenüber seinem Arbeitgeber überfordert wäre (z. B. Aushandeln der Vergütung).

Arbeitnehmer schließen sich auf freiwilliger Basis entsprechend ihrer Interessenlage zu Gewerkschaften zusammen. Auf der Gegenseite organisieren sich Arbeitgeber in Arbeitgeberverbänden.

Tarifliche Regelungen sind Mindestnormen. Sie gelten nur dann, wenn sie günstiger sind als die gesetzlichen Bestimmungen. In Betriebsvereinbarungen ausgehandelte und in individuellen Arbeitsverträgen vereinbarte übertarifliche Leistungen gelten vorrangig.

Systematik des Tarifvertragsrechts

Prinzip der Tarifautonomie
Die Tarifvertragsparteien haben das Recht, unabhängig vom Staat (autonom) Rechtsvorschriften in Tarifverträgen festzuschreiben und ihre Mitglieder der Tarifbindung zu unterwerfen.

§ 2 TVG Tarifvertragsparteien:	§ 3 TVG Tarifbindung:	§ 5 TVG Allgemeinverbindlichkeit:
Gewerkschaften und Arbeitgeberverbände sowie einzelne Arbeitgeber	Bindungswirkung geregelter Sachverhalte für alle Mitglieder der Tarifvertragsparteien	Geltung für alle Betroffenen, wenn dies im öffentlichen Interesse liegt und ein gemeinsamer Antrag der Tarifvertragsparteien an das Bundesministerium für Arbeit und Soziales gestellt wird

- Tarifverträge sind Gruppenverträge, die für die Mitglieder der Vertragsparteien Rechte und Pflichten für eine festgelegte Laufzeit begründen.
- Tarifverträge sind
    - **Firmentarifverträge**, wenn sie zwischen einer Gewerkschaft und einem einzelnen Arbeitgeber abgeschlossen werden,
    - **Verbandstarifverträge**, wenn sie branchenbezogen sind und für ein bestimmtes regional abgegrenztes Tarifgebiet gelten.

Tarifverträge und ihr Inhalt

Entgelttarifverträge	Manteltarife	Rahmentarifverträge
sind Lohn- und Gehaltstarife.	regeln allgemeine Arbeitsbedingungen.	beziehen sich auf allgemeine Arbeitsbedingungen.
Höhe der Bruttoentgelte; Entgelte der einzelnen Entgeltgruppen; Leistungslohnzuschläge, sonstige Zuschläge für Lärm, Schmutz, schwere Arbeiten; Ausbildungsvergütungen	Urlaub; Arbeitszeit; Arbeitsschutz; Rationalisierungsschutz; vermögenswirksame Leistungen; Kündigungsfristen; Erfolgsbeteiligung; 13./14. Monatsgehalt	Entgeltgruppenmerkmale; Merkmale der Zuordnung zu den Entgeltgruppen; Arbeits- und Leistungsbewertung

● Tarifkonflikt und Arbeitskampf

Dem Abschluss eines Tarifvertrags gehen Tarifverhandlungen zwischen den Tarifvertragsparteien voraus. Führen diese zu keinem Ergebnis, kann es zum Arbeitskampf kommen, wenn die sogenannte Friedenspflicht abgelaufen ist. Die Friedenspflicht untersagt es den Vertragsparteien, während der Laufzeit eines Tarifvertrags bzw. vor dessen Kündigung Arbeitskämpfe zu führen, die eine tarifvertraglich vereinbarte Angelegenheit zum Gegenstand haben. Der Arbeitskampf hat zum Ziel, einen kollektiven Druck auf die jeweilige Gegenseite auszuüben, um eine Einigung zu erzwingen. Legitime Kampfmittel der Tarifvertragsparteien sind laut Arbeitskampfrecht:

- Streik (Arbeitnehmerseite)
- Aussperrung (Arbeitgeberseite)

Ein **Streik** ist die kollektive Arbeitsniederlegung einer Mehrzahl von Arbeitnehmern ohne Einverständnis des Arbeitgebers mit dem Ziel, eine Verbesserung der Lohn- und Arbeitsbedingungen durchzusetzen.

Unterschiedliche Streikarten

Flächenstreik
Rufen die Gewerkschaften zum Flächenstreik auf, so erstreckt sich dieser auf alle tarifgebundenen Arbeitgeber im jeweiligen Tarifgebiet.

Schwerpunktstreik
Ein Schwerpunktstreik ist zielgerichtet auf einen bestimmten Arbeitgeber, der häufig in der jeweiligen Branche eine Schlüsselstellung einnimmt, weil er z. B. ein wichtiger Zulieferer für die bekämpfte Branche ist.

Warnstreik als Vorstufe eines regulären Arbeitskampfes
Mithilfe von Warnstreiks signalisieren Gewerkschaften ihre Kampfbereitschaft während laufender Verhandlungen. Warnstreiks sind während der Friedenspflicht zulässig, wenn sie von den Gewerkschaften organisiert sind, auf das Tarifgebiet begrenzt bleiben und als Schwerpunktstreik gestaltet werden (Flächenstreiks sind unzulässig) sowie dem Prinzip der Verhältnismäßigkeit genügen.

Das Druckmittel der Arbeitgeber ist die Aussperrung.

Aussperrung ist die planmäßig durchgeführte Nichtzulassung einer Arbeitnehmergruppe zur Arbeitsleistung unter gleichzeitiger Verweigerung des Arbeitsentgelts seitens der Arbeitgeber, insbesondere zur Abwehr von Forderungen der Arbeitnehmer während eines Streiks.

Ständige Tarifverhandlungen begleiten den Arbeitskampf bis hin zu einem Tarifergebnis. Verständigen sich die Tarifvertragsparteien gemeinsam auf einen Schlichter, kann dieser für einen Interessenausgleich sorgen und so die Zustimmung zu einem Tarifergebnis erleichtern.

Sowohl für den Beginn als auch für das Ende eines Streiks bzw. einer Aussperrung bedarf es einer Zustimmung der jeweiligen betroffenen Gewerkschaftsmitglieder bzw. der Mitglieder des Arbeitgeberverbandes.

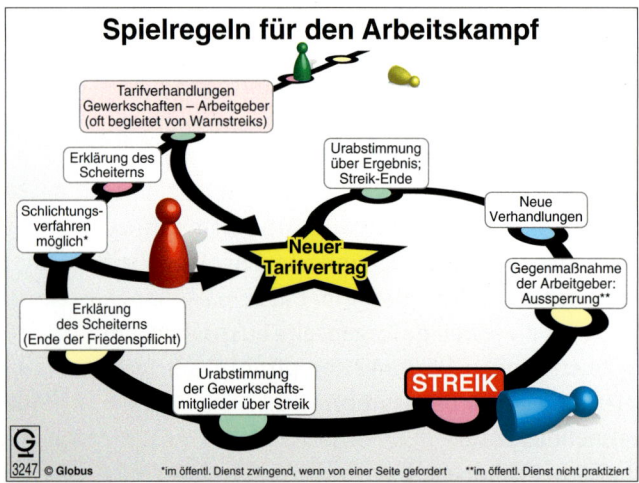

1.5.4 Kollektives Arbeitsrecht: Mitbestimmung

Das Recht der Mitbestimmung bildet einen weiteren wichtigen Bereich des kollektiven Arbeitsrechts. Es räumt den Arbeitnehmern bzw. deren Vertretern Mitsprache-, Mitwirkungs- oder Anhörungsrechte in wirtschaftlichen und sozialen Angelegenheiten ein. Die Ausgestaltung der Mitwirkung ist davon abhängig, ob sie auf Unternehmens- oder Betriebsebene erfolgt.

> **Unternehmen** sind **rechtliche** Organisationseinheiten, mit denen z. B. von einzelnen oder mehreren Personen ein wirtschaftlicher Zweck verfolgt wird.
> - **Einzelunternehmen**; d. h., eine Person ist Inhaber, Eigentümer
> - **Unternehmensgesellschaften**; d. h., mehrere Personen sind Inhaber, Eigentümer, Gesellschafter (Anteilseigner)
>
> **Betriebe** sind **technische** Organisationseinheiten bzw. Stätten, in denen Produktionsprozesse auch mithilfe von Arbeitnehmern stattfinden.
>
> Unternehmen organisieren ihren Produktionsprozess in einem oder in mehreren Betrieben.

● Mitbestimmungsrecht auf Unternehmensebene

Eine eigene Bedeutung hat die Mitbestimmung auf Unternehmensebene nur dann, wenn es sich um große Unternehmen handelt, die mindestens 500 Mitarbeiter beschäftigen und die in bestimmten Rechtsformen mit der Rechtspersönlichkeit einer juristischen Person wie z. B. der Aktiengesellschaft, der Gesellschaft mit beschränkter Haftung, der Genossenschaften usw. organisiert sind. Die genannten juristischen Personen kennzeichnen sich durch eigene Geschäftsführungs-, Gesellschafts- und Kontrollorgane.

> Der **Vorstand** einer Aktiengesellschaft ist deren Geschäftsführungsorgan. Seine Geschäftsführung wird vom **Aufsichtsrat** kontrolliert, der auch in wichtigen unternehmerischen Angelegenheiten zu entscheiden hat. Die **Hauptversammlung** ist das Organ der Aktionäre bzw. der Gesellschafter, die Anteile an der AG erworben haben. Sie wählt die Mitglieder des Aufsichtsrats und wird in regelmäßigen Zeitabständen von Aufsichtsrat und Vorstand über die wirtschaftliche Lage der AG informiert.

Gerade in großen Unternehmen werden häufig unternehmerische Entscheidungen getroffen, die weitreichende Folgen für Beschäftigte bis hin zu deren Arbeitsplatzverlust und Existenzgefährdung haben können. Der Gesetzgeber hat daraus ein kollektives Schutzrecht für Arbeitnehmer in Großunternehmen abgeleitet und eine Mitgliedschaft bzw. Beteiligung von Arbeitnehmervertretern im Aufsichtsrat gesetzlich verankert.

> **Aufsichtsräte** in Großunternehmen und in der Rechtsform einer juristischen Person sind sowohl mit Vertretern der Anteilseigner als auch Vertretern der dort beschäftigten Arbeitnehmer zu besetzen. Sie treffen gemeinsam grundlegende unternehmensrelevante Entscheidungen. Aufsichtsräte bestimmen bzw. entlassen die Vorstandsmitglieder sowie kontrollieren deren Geschäftsführung.

● **Betriebliche Mitbestimmung und Betriebsrat**

In Betrieben ist der Betriebsrat als ein eigenes Arbeitnehmerorgan auf der Grundlage des Betriebsverfassungsgesetzes unter bestimmten Voraussetzungen zu wählen. Die betriebliche Mitbestimmung ist für die Arbeitnehmer wichtig, weil der Betriebsrat seine Interessen bzw. die der Belegschaft unmittelbar am Arbeitsplatz gegenüber dem Arbeitgeber vertritt. Der Betriebsrat übt die ihm eingeräumten Beteiligungsrechte unabhängig von Weisungen der Arbeitnehmer und der Gewerkschaften aus.

Allgemeine Aufgaben des Betriebsrats sind z. B.:
- Überwachung der zugunsten der Arbeitnehmer geltenden Gesetze, Verordnungen, Unfallverhütungsvorschriften, Tarifverträge und Betriebsvereinbarungen
- Beantragung von Maßnahmen zur Durchsetzung der tatsächlichen Gleichstellung von Frauen und Männern, insbesondere bei der Einstellung, Beschäftigung, Aus-, Fort- und Weiterbildung
- Ansprechpartner für jeden Arbeitnehmer im Betrieb in allen Fragen, die dessen Arbeitsverhältnis betreffen

Das Maß der Beteiligung des Betriebsrats an Entscheidungen des Arbeitgebers richtet sich nach dem Gegenstand der jeweiligen Entscheidung. Am weitesten reichen die Mitwirkungsbefugnisse in sozialen Angelegenheiten, am schwächsten ausgeprägt sind sie, wenn es um wirtschaftliche Fragen geht.

Mitwirkungsbefugnisse des Betriebsrats	
Soziale Angelegenheiten betreffen eine Vielzahl von Arbeitnehmern.	Ordnung des Betriebs, Fragen der Arbeitszeit, Aufstellung allgemeiner Urlaubsgrundsätze und des Urlaubsplans, Ausschreibung von Arbeitsplätzen
Personelle Angelegenheiten betreffen nur einzelne Arbeitnehmer.	Kündigung, Versetzung, Eingruppierung, Umgruppierung
Wirtschaftliche Angelegenheiten sind dann von Bedeutung, wenn betriebliche Arbeitsplätze davon betroffen sind.	Planung von Arbeitsabläufen, technischen Anlagen und Arbeitsplätzen, Änderung der Betriebsorganisation, Stilllegung oder Verlagerung von Betrieben oder Betriebsteilen

Betriebsrat und Arbeitgeber können in Betriebsvereinbarungen Einigungen zu Angelegenheiten, die in den Mitbestimmungsbereich des Betriebsrats fallen, festschreiben.

Betriebsvereinbarungen sind Verträge zwischen Arbeitgeber und Betriebsrat, die (ähnlich wie der Tarifvertrag) Normen enthalten, die sich unmittelbar auf einzelne Arbeitsverhältnisse auswirken.

Beginn und Ende der Arbeitszeit, betrieblicher Urlaubsplan, Ausbildungspläne, …

1.5.5 Individuelles Arbeitsrecht

Aus der Vielzahl von Regelungen des individuellen Arbeitsrechts werden in der folgenden Tabelle beispielhaft bestimmte Bereiche dargestellt.

Rechtsfelder	Beispiele für Einschränkungen
Abschlussfreiheit von Arbeitsverträgen	• generelles Beschäftigungsverbot von Kindern und Jugendlichen unter 15 Jahren (Ausnahmen sind möglich) • Zustimmung des Betriebsrats bei Einstellung von Mitarbeitern • allgemeines Diskriminierungsverbot • Pflicht zur Besetzung von Arbeitsplätzen durch Schwerbehinderte • Anspruch Auszubildender auf Übernahme • befristete Arbeitsverträge nur unter bestimmten Voraussetzungen
Gestaltungsfreiheit von Arbeitsverträgen	• Mindestlohn 8,50 EUR brutto für volljährige Arbeitnehmer (Überprüfung in 2017) • maximale Arbeitszeit von 8 Stunden werktäglich, 48 Stunden wöchentlich • generell keine Sonn- und Feiertagsbeschäftigung (Ausnahmen im Gesetz geregelt) • Ruhepausen, Mindesturlaub 24 Werktage • Lohnfortzahlung an gesetzlichen Feiertagen, im Krankheitsfall für maximal 6 Wochen • arbeitnehmerseitige ordentliche Kündigung: 4 Wochen zum 15. oder zum Monatsletzten ohne Angabe von Gründen möglich • arbeitgeberseitige ordentliche Kündigung nur mit Angabe von personen-, verhaltens- oder betriebsbedingten Gründen und in Abhängigkeit von der bisherigen Beschäftigungszeit • Kündigungsverbote u. a. für Frauen während der Schwangerschaft und nach der Entbindung, für Männer und Frauen während der Elternzeit, für Auszubildende nach der Probezeit, für Schwerbehinderte, für Mitglieder des Betriebsrats oder von Mitgliedern der Jugend- und Auszubildendenvertretung
sozialer Arbeitsschutz	• generelle Beschäftigungsverbote und -einschränkungen, wenn Gefahren für die körperliche, geistige und soziale Entwicklung drohen, für werdende und stillende Mütter • Recht auf einen behindertengerechten Arbeitsplatz
technischer Arbeitsschutz	• Vorschriften hinsichtlich des Schutzes der Arbeitnehmer vor Gefahren für Leib, Leben und Gesundheit, die sich aus der Arbeitsumgebung, insbesondere der Gestaltung ihrer Arbeitsplätze und der Arbeitstätigkeit ergeben wie z. B. Vorschriften zur Einstellung von Betriebsärzten und Fachkräften für Arbeitssicherheit • Geräte- und Produktsicherheit • Arbeitsstättengestaltung (z. B. Bildschirmverordnung) • Sicherheit vor Gefahrstoffen

II Wirtschaftsordnung und Wirtschaftskreislauf in der Bundesrepublik Deutschland

1.6 Sozialordnung

1.6.1 Grundprinzipien der Sozialordnung

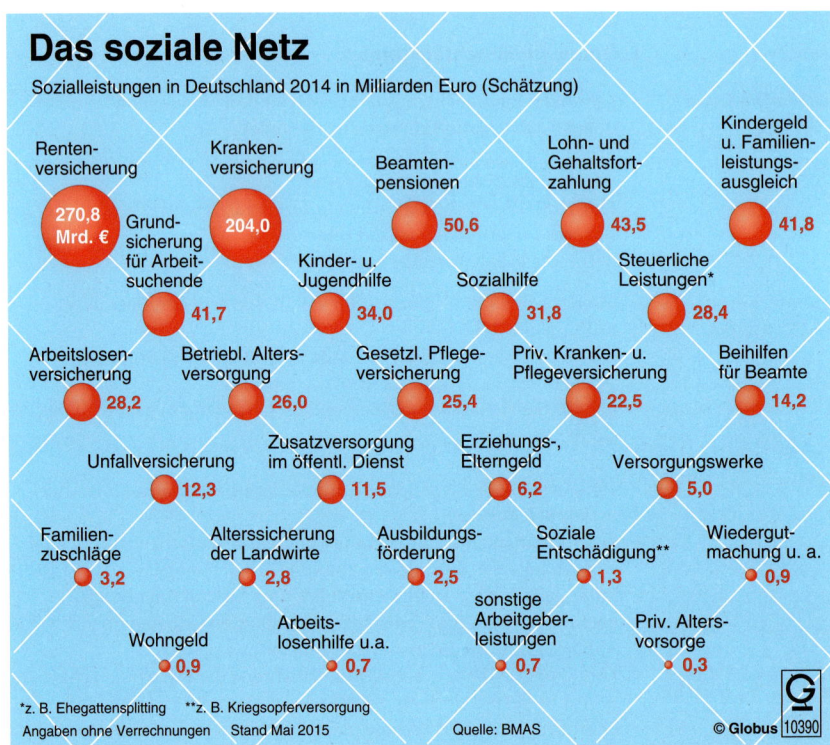

Eine der wesentlichen Aufgaben des Staates in der sozialen Marktwirtschaft besteht darin, einen sozialen Ausgleich zugunsten der wirtschaftlich Schwachen herbeizuführen und Menschen gegen Lebensrisiken abzusichern. Sozialpolitik sollte zumindest eine soziale Grundsicherung ermöglichen und Armut vermeiden helfen.

Auf der Grundlage von Sozialgesetzen werden Bürger unter bestimmten Voraussetzungen in das System der sozialen Sicherung eingebunden oder sogar zur Mitgliedschaft in bestimmten Sozialsystemen verpflichtet. So ist die Mitgliedschaft in den gesetzlichen Sozialversicherungen eine Zwangsmitgliedschaft. Die betroffenen Personenkreise entrichten einerseits Zwangsbeiträge. Andererseits erwerben sie und unter bestimmten Voraussetzungen auch ihre Familien Leistungsansprüche.

Grundprinzipien einer staatlichen Sozialordnung		
Fürsorgeprinzip	**Subsidiaritätsprinzip**	**Solidaritätsprinzip**
Der Staat schafft kollektive soziale Sicherungssysteme zur Absicherung seiner Bürger vor Not und Armut.	Der Staat hilft nur, wenn der einzelne Bürger oder dessen persönliches soziales Umfeld wie z. B. die Familie oder private Organisationen nicht in der Lage sind, existenzgefährdende Notfälle aufzufangen.	Der Staat schafft soziale kollektiv organisierte Sicherungssysteme auf der Grundlage von Versicherungen, die durch Beiträge (Umlagen) finanziert werden: Durch seine Beiträge erwirbt das einzelne Mitglied im Versicherungsfall einen Leistungsanspruch aus den Mitteln der Sozialkasse.

1.6.2 Die gesetzliche Sozialversicherung

Die gesetzlichen Sozialversicherungssysteme sind Pflichtversicherungen. Der Staat greift in die wirtschaftlichen Freiheitsrechte seiner Bürger ein. Er begründet dies mit seiner sozialen Verantwortung gegenüber seinen Bürgern und deren besonderem Schutzbedürfnis vor bestimmten Lebensrisiken und in bestimmten Lebenssituationen. Allerdings gilt aus der Sicht des Staates nicht jeder Bürger als besonders schutzbedürftig. Gut Verdienende oder Vermögende werden nicht zur Mitgliedschaft verpflichtet. Sie sind nach Ansicht des Staates selbst in der Lage, sich privat gegen Lebensrisiken zu versichern und sich vor Armut zu schützen.

Der **Versicherungspflicht** unterliegen in erster Linie Personen, die als Arbeitnehmer einer unselbstständigen sozialversicherungspflichtigen Erwerbstätigkeit nachgehen oder sich in der Berufsausbildung befinden.

Entsprechend den versicherten Risiken ruht die Sozialversicherung auf fünf Säulen. Allgemeine Regelungen für alle Versicherungszweige finden sich im SGB IV. Jeder „Säule" widmet sich darüber hinaus ein eigenes Buch des insgesamt zwölf Bücher umfassenden **Sozialgesetzbuches (SGB)**.

Gemeinsame Vorschriften für die Sozialversicherung SGB IV			
Zweige	Träger	Finanzierung	Leistungsansprüche (exemplarisch)
SGB V Krankenversicherung	Gesetzliche Krankenkassen und Ersatzkassen	Beiträge Arbeitgeber und Arbeitnehmer	Gesundheitsvorsorge, medizinische Hilfe, Krankengeld
SGB XI Pflegeversicherung	Pflegekassen (angesiedelt bei Krankenkassen)		Pflegegeld, Sachleistungen, ambulante und stationäre Pflege
SGB II Arbeitslosenversicherung	Bundesagentur für Arbeit		Lohnersatzleistung: Arbeitslosengeld, Eingliederungsmaßnahmen
SGB VI Rentenversicherung	Deutsche Rentenversicherung		Altersrenten, Renten bei Erwerbsminderung, Hinterbliebenenrente, Rehabilitation
SGB VII Unfallversicherung	Berufsgenossenschaften, Unfallkassen	ausschließlich durch Arbeitgeberbeiträge	Unfallverhütung, Entschädigung/Hilfen bei Arbeitsunfähigkeit und Berufskrankheiten

Hinweise:
- Die Beiträge werden für alle Zweige (außer Unfallversicherung) maximal bis zur sog. **Beitragsbemessungsgrenze** erhoben. Überschreitet das sozialversicherungspflichtige Einkommen die Beitragsbemessungsgrenze, so wird die Differenz nicht herangezogen.
- Die Mitgliedschaft in der gesetzlichen Krankenversicherung ist zwingend vorgeschrieben bis zur Höhe der **Versicherungspflichtgrenze**. Übersteigt das sozialversicherungspflichtige Einkommen diese, so hat der Versicherte das Recht, in eine private Krankenkasse zu wechseln.

II Wirtschaftsordnung und Wirtschaftskreislauf in der Bundesrepublik Deutschland

Das System der gesetzlichen Sozialversicherung erfüllt die in der staatlichen Sozialordnung verankerten grundlegenden Prinzipien. Es entspricht sowohl dem Fürsorgeprinzip als auch dem Solidaritätsprinzip, weil es für seine Mitglieder eine Schutzfunktion im Rahmen einer beitragsfinanzierten Solidargemeinschaft hat. Das Subsidiaritätsprinzip kommt zur Geltung, weil Leistungen erst erbracht werden, wenn der Versicherungsfall eintritt.

> Der Arbeitnehmer Reiner Scholl zahlt aus seinem Arbeitseinkommen Beiträge zur gesetzlichen Sozialversicherung. Dieser Arbeitnehmeranteil wird per Gesetz durch einen Arbeitgeberanteil aufgestockt. Seine nicht erwerbstätige Frau und seine schulpflichtigen Kinder sind im Krankheitsfall mitversichert. Wird er arbeitslos, erhält er Arbeitslosengeld und kann das Leistungsangebot der Bundesagentur für Arbeit annehmen. Im Alter hofft er auf eine angemessene Rentenzahlung.

1.6.3 Umverteilung durch Transferleistungen

Die Sozialkassen der gesetzlichen Sozialversicherung sichern deren Mitglieder im Rahmen der kollektiven Selbsthilfe ab. Leistungsansprüche können nur aus dem Kreis der Beitragszahler geltend gemacht werden. Nichtmitglieder zahlen keine Beiträge und erhalten keine Leistungen. Ihr Lebensrisiko besteht darin, mittellos zu werden, weil sie weder über Erwerbseinkommen noch über Vermögen bzw. Ersparnisse verfügen. Mittellosigkeit, gegebenenfalls verbunden mit Krankheit und Pflegebedürftigkeit sowie Altersarmut, ist existenzbedrohend oder mündet in sozialer Verelendung. Auch für diese Menschen nimmt der Staat seine Fürsorgepflicht wahr. Er unterstützt sie aus Steuermitteln, wenn ihnen niemand anders im Rahmen des Subsidiaritätsprinzips hilft oder helfen kann, mit Transferleistungen. Staatliche Transferleistungen können auch genutzt werden, um allgemeine sozialpolitische oder sonstige Ziele zu erreichen. Der Staat übernimmt aus sozialen Gründen Umverteilungsaufgaben.

> Der **Umverteilungsaspekt** ergibt sich daraus, dass Steuerzahler, die im Regelfall keine Transferleistungen erhalten, über ihre Zwangsabgaben Transferleistungen finanzieren. Die Gesellschaft wird zur Solidargemeinschaft.

> - Die Alleinerziehende Manuela Rund versorgt nach ihrer Scheidung ihre drei kleinen Kinder und ist deshalb nicht erwerbstätig. Sie erhält Sozialhilfe sowie Miete und Mietnebenkosten vom Staat.
> - Der Student Thomas Fritz erhält wegen guter Leistungen ein Stipendium.
> - Die Eltern Paul und Maria Söhnle erhalten Kindergeld.

Staatliche Transferleistungen sind steuerfinanzierte Geld- und/oder Sachleistungen an Menschen, ohne dass von diesen eine direkte Gegenleistung gefordert wird. Sie dienen der Existenzsicherung von Menschen in Not oder dienen allgemeinen politischen Zielen (z. B. Kindergeld für alle Eltern!).

1.6.4 Umverteilung des Einkommens

Auch in der sozialen Marktwirtschaft hat der einzelne Bürger die Verpflichtung, die für seine Existenzsicherung notwendigen Mittel selbst zu beschaffen.

> Das **Einkommen** der Privaten Haushalte ist Markteinkommen, da es eine Gegenleistung für deren Aktivitäten auf Faktormärkten darstellt. Je nach Einkommensquelle handelt es sich um Arbeitseinkommen, Gewinneinkommen oder Vermögenseinkommen.

Private Haushalte
- erzielen ein Arbeitseinkommen aus ihrer unselbstständigen Erwerbstätigkeit oder
- machen sich selbstständig und leben von ihren erwirtschafteten Gewinnen oder
- verleihen ihr Erspartes bzw. ihr Geldvermögen und kassieren Zinsen oder
- vermieten bzw. verpachten Immobilien gegen die Zahlung von Mieten bzw. Pachten.

Wird die Verteilung der Markteinkommen über das Marktgeschehen gesteuert, liegt eine **Primärverteilung** vor. Der Staat greift nicht ein.

Werden dem Staat allerdings Umverteilungsaufgaben oder sonstige Aufgaben zugewiesen, so kommt es zu einer **Sekundärverteilung**. Die sekundäre Verteilung kann sich an dem Ziel einer gerechten Einkommens- und Vermögensverteilung ausrichten.

● Verteilungsnormen

Verteilungsgerechtigkeit kann interpretiert werden als:
- Leistungsgerechtigkeit
- Bedarfsgerechtigkeit
- Gleichheitsgerechtigkeit

Das Prinzip der **Leistungsgerechtigkeit** lässt sich in der Marktwirtschaft dahingehend auslegen, dass marktgerechte Leistung durch hohes Einkommen belohnt wird. Auf funktionierenden Faktormärkten bildet sich ein Gleichgewichtspreis. Der Gleichgewichtspreis gilt als gerecht. Darüber hinausgehende Verteilungsnormen werden nicht benötigt.

Wird der Leistungsbegriff auf Marktergebnisse begrenzt, werden soziale Leistungen wie z. B. Kindererziehung und Betreuung pflegebedürftiger Familienmitglieder, das Engagement in Vereinen und Hausfrauentätigkeiten nicht als Leistungen anerkannt.

Das Prinzip der **Bedarfsgerechtigkeit** geht von dem Gedanken aus, dass jedem ein Einkommen zur Bedarfsdeckung zusteht. Es orientiert sich nicht an der tatsächlich erbrachten Leistung, sondern entspringt dem Gedanken, dass jeder seine Faktorleistung nach besten Kräften im Produktionsprozess einsetzt und dafür zu belohnen ist. Folgt man diesem Gedanken, werden Leistungsanreize durch leistungsgerechte Entgelte minimiert. Soziale Grundsätze stehen im Vordergrund.

II Wirtschaftsordnung und Wirtschaftskreislauf in der Bundesrepublik Deutschland

Entsprechendes gilt für den **Gleichheitsgrundsatz**. Gleiche Einkommen für alle gelten als leistungshemmend.

Da die sekundäre Einkommensverteilung Sache des Staates ist, ist politisch zu entscheiden, welche Verteilungsnorm im Vordergrund steht.

Es kann in einer Marktwirtschaft grundsätzlich nur darum gehen, die im Marktsystem angelegte Leistungsgerechtigkeit durch staatliche Maßnahmen zu unterstützen oder dort zu korrigieren, wo sie mit gesellschaftlich unerwünschten Ergebnissen verbunden ist.

● **Einkommensteuersystem – ein Ansatzpunkt zur Umverteilung**

Die Einkommensteuer ist eine direkte Steuer. Ihre Erhebung erfolgt direkt beim Steuerschuldner. Bemessungsgrundlage ist das Markteinkommen der Steuerpflichtigen. Durch den Steuerabzug bzw. die Steuerzahlung sinkt das verfügbare Einkommen des Steuerpflichtigen. Seine steuerliche Belastung ist zunächst abhängig von der Höhe seines Bruttoeinkommens unter Berücksichtigung seines Familienstandes sowie bestimmter vom Staat anerkannter Abzüge. Das Bruttoeinkommen wird zum zu versteuernden Einkommen und dem jeweils gültigen Steuertarif unterzogen.

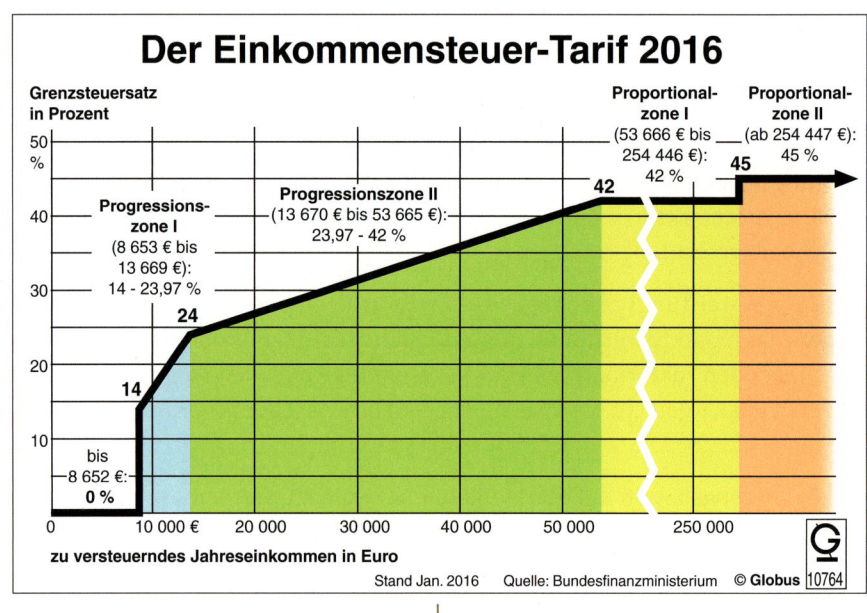

Grundstruktur des Einkommensteuertarifs auf der Basis des zu versteuernden Einkommens			
Grundfreibetrag	**Progressionszone I**	**Progressionszone II**	**Proportionalzone I + II**
steuerfrei	konstanter Steuersatz	steigender Steuersatz	konstanter Steuersatz Spitzensteuersatz

Hinweis: Das zu versteuernde Einkommen wird auf die Zonen verteilt. Nur der jeweils über die vorherige Zone hinausgehende Betrag wird mit Steuersätzen der jeweiligen Zone belastet.

Im Rahmen des Einkommensteuertarifs nutzt der Staat seine **Gestaltungskompetenz** in zweierlei Hinsicht:
- Er sichert seine Einnahmen in der für erforderlich gehaltenen Höhe und finanziert damit seine Staatsausgaben, z. B. ein umfassendes Angebot an öffentlichen Gütern für seine Bürger.
- Er greift in die Primärverteilung der Einkommen der Steuerpflichtigen ein und erfüllt seine Umverteilungsaufgabe unter dem Aspekt einer gerechten Einkommens- und Vermögensverteilung.

- Eine Erhöhung des Grundfreibetrags entlastet Geringverdiener.
- Eine Ausweitung der Zonenbeträge verschiebt die Steuerlasten für Betroffene.
- Eine Erhöhung des Spitzensteuersatzes belastet ausschließlich Steuerpflichtige mit hohen Einkommen.

Aufgaben zu den Kapiteln 1.3–1.6

1. Welche Gründe sprechen für eine dualistisch geprägte Wirtschaftsordnung?
2. Wie beurteilen Sie den Zustand der Infrastruktur in Ihrer Region und welche Verbesserungsvorschläge würden Sie machen?
3. Inwiefern profitieren Sie und Ihre Familie von der Daseinsvorsorge des Staates?
4. Was verstehen Sie unter Wettbewerbsintensität und welche Gründe kann es geben, dass Märkte sich durch eine geringe Wettbewerbsintensität auszeichnen?
5. Über welche Maßnahmen verfügen Kartellbehörden und unter welchen Voraussetzungen werden diese eingesetzt?
6. Warum hat das Tarifvertragsrecht eine Sonderstellung im Bereich der Gesetzgebung?
7. Welche Vor- bzw. welche Nachteile lassen sich aus der Sicht einzelner Arbeitnehmer bzw. einzelner Arbeitgeber aus der Tarifbindung herleiten?
8. Viele Arbeitgeber sind nicht Mitglied in ihrem zuständigen Arbeitgeberverband. Welche Folgen kann diese Tatsache für deren Arbeitnehmer haben und warum wäre für die dort Beschäftigten eine Allgemeinverbindlichkeit der Tarifverträge vorteilhaft?
9. Beschreiben Sie die Voraussetzungen für einen legitimen Arbeitskampf und erörtern Sie dessen Bedeutung für tarifgebundene betroffene Arbeitnehmer und Arbeitgeber sowie für Nichttarifgebundene und die Gesamtwirtschaft.
10. Wodurch unterscheidet sich die Mitbestimmung auf Unternehmensebene von der Mitbestimmung auf Betriebsebene und warum sind beide Ebenen für Arbeitnehmer wichtig?
11. Warum werden Mitwirkungsrechte des Betriebsrats in unterschiedlichen Angelegenheiten unterschiedlich geregelt?

12. Wodurch unterscheiden sich gesetzliche arbeitsrechtliche, tarifvertragliche Regelungen und Betriebsvereinbarungen hinsichtlich ihres Wirkungsbereichs?

13. Machen Sie an einzelnen Beispielen aus dem Katalog der arbeitsrechtlichen Rechtsnormen deren Schutzcharakter für den Arbeitnehmer deutlich.

14. Was verstehen Sie unter einer sozialversicherungspflichtigen Beschäftigung und welche Vor- und Nachteile ergeben sich für die Versicherten?

15. Machen Sie anhand von Beispielen die Grundprinzipien eines Sozialstaates deutlich.

16. Welche Vor- und welche Nachteile ergeben sich aus gesamtgesellschaftlicher Sicht aus dem System der Transferleistungen?

17. Wodurch unterscheiden sich Arbeits-, Vermögens- und Gewinneinkommen und warum handelt es sich um Markteinkommen?

18. Begründen Sie, welche Art der Verteilungsgerechtigkeit Ihrer Ansicht nach durch geeignete staatliche Maßnahmen angestrebt werden sollte?

19. Inwiefern kann das Einkommensteuersystem bzw. der Einkommensteuertarif dazu beitragen, Verteilungsgerechtigkeit zu schaffen?

Zusammenfassung: 1.3–1.6 Ordnungssysteme der sozialen Marktwirtschaft

Verfassungsgebot nach Art. 20 GG verlangt soziale Ausrichtung des Gesellschafts- und des Wirtschaftssystems

↓

Dualistisches System

Säule 1 Soziale Absicherung	Säule 2 Gerechte Einkommens- und Vermögensverteilung	Säule 3 Relevante Schutzrechte
• Gesetzliche Sozialversicherungssysteme • Transferzahlungen zur sozialen Grundsicherung • Bestimmungen im individuellen Arbeitsrecht • Bestimmungen im kollektiven Arbeitsrecht einschließlich des Tarifrechts und der Mitbestimmungsrechte auf Unternehmensebene und im Betrieb	• Umverteilung durch Einkommensteuertarif • Gesetze zur Vermögensbildung • gesetzlicher Mindestlohn • Transferzahlungen wie Kindergeld, Zuschüsse zur Vermögensbildung	• Wettbewerbsordnung (GWB) • Verbraucherschutz • Gesundheitsschutz • Umweltschutz

2 Wirtschaftssubjekte im Wirtschaftskreislauf

Wirtschaftssubjekte im Wirtschaftskreislauf

Das wirtschaftliche Handeln der Privaten Haushalte, der Unternehmen und der staatlichen Organisationen auf Güter- und Faktormärkten ist von individuellen interessengeleiteten Plänen bestimmt. Die Entscheidungen in- und ausländischer Wirtschaftssubjekte beeinflussen in ihrer Summe die gesamtgesellschaftliche wirtschaftliche und soziale Situation eines Landes. Verändern die Wirtschaftssubjekte ihre wirtschaftlichen Aktivitäten, so ist dies immer auch mit positiven oder negativen Auswirkungen für die Gesamtwirtschaft verbunden.

Was wäre, wenn Sie Ihre Konsumausgaben erhöhen, die Auto AG wegen fehlender Aufträge Mitarbeiter entlässt, der Bund die Steuern erhöht, um Defizite abzudecken?

2.1 Wirtschaftssubjekte und ihre Abgrenzung

Die Analyse der einzelwirtschaftlichen Verhaltensweisen der Wirtschaftssubjekte lässt Rückschlüsse auf bestimmte Gesetzmäßigkeiten zu. Es ist deshalb sinnvoll, Personen und Personengruppen entsprechend dem Schwerpunkt ihrer wirtschaftlichen Tätigkeit bestimmten Sektoren zuzuordnen.

> Die Sektorenzuordnung von Personen oder Personengruppen erfolgt auf Basis der ökonomischen Grundfunktionen Konsum und Produktion.

Wirtschaftssubjekte treffen ökonomische Entscheidungen. Ihre wirtschaftlichen Aktivitäten sind einerseits einzelwirtschaftlich ausgerichtet, weil sie als Individuen handeln und ihre eigenen wirtschaftlichen Pläne und Ziele im Mittelpunkt ihres Handelns stehen. Andererseits kann man bei vielen Aktivitäten der einzelnen Wirtschaftssubjekte ein gemeinsames Grundmuster erkennen.

2.1.1 Private Haushalte

Das gemeinsame Grundmuster des ökonomischen Verhaltens aller Privaten Haushalte lässt sich in der Befriedigung von Individualbedürfnissen unter Berücksichtigung ihres verfügbaren Einkommens erkennen. Nutzenmaximierung ist im Regelfall ihr Ziel.

Grundmuster der wirtschaftlichen Aktivitäten der Privaten Haushalte

- Einkommensquellen erschließen
  - Arbeitnehmerhaushalte durch die Vergabe von Nutzungsrechten an der Faktorleistung Arbeit (Arbeitseinkommen)
  - Vermögensbesitzerhaushalte (Sparer und Immobilieneigentümer) durch die Vergabe von Nutzungsrechten an den Faktorleistungen Geld und Sachvermögen wie z. B. Immobilien (Vermögenseinkommen)
  - Unternehmerhaushalte durch die Ausübung einer selbstständigen Erwerbstätigkeit (Gewinneinkommen)
  - anspruchsberechtigte Private Haushalte durch Transfereinkommen (Zahlungen des Staates ohne Gegenleistungen) aus sozialen und/oder sonstigen Gründen
- Konsumentscheidungen treffen zum Zwecke der Befriedigung der Individualbedürfnisse (Individualkonsum)
- Sparentscheidungen treffen zum Zwecke der Vermögensbildung und aus Vorsorgegründen

2.1.2 Unternehmen

Alle Güterproduzenten bzw. Unternehmen stellen Güter für den Fremdbedarf her und vermarkten ihre Produktpalette in der Marktwirtschaft so optimal wie möglich. Dies schließt mit ein, dass privatwirtschaftlich organisierte Unternehmen für ihre Inhaber, Gesellschafter oder Anteilseigner das Ziel verfolgen, Gewinne zu erwirtschaften.

Grundmuster der wirtschaftlichen Aktivitäten der Güterproduzenten/Unternehmen

- Investitionen tätigen und Produktionsmittel (technische Anlagen, Vorprodukte, Faktorleistung wie Arbeit, Immobilien, Geld) beschaffen, um durch deren Einsatz Produktionsstätten zu errichten und Produktionskapazitäten aufzubauen
- Investitionen finanzieren durch die Beschaffung von Geldmitteln
- Produktionsprozesse organisieren und umsetzen
- Einnahmen/Umsätze aus der Vermarktung der Produktpalette erzielen
  Umsatz = Verkaufsmenge · Verkaufspreis/Stück
- Ausgaben für Produktionsmittel/Kosten der Tätigkeit bezahlen
- häufig: Gewinne erzielen/Verluste vermeiden
  - Gewinn = Umsatz > Kosten
  - Verlust = Umsatz < Kosten

2.1.3 Staat/öffentliche Haushalte

Die Bundesrepublik Deutschland ist nach Art. 20 GG ein Bundesstaat. Bund, Länder und Gemeinden sowie die gesetzlichen Kranken- und Pflegekassen, die Bundesagentur für Arbeit, die Rentenversicherungsanstalt und die Berufsgenossenschaften als Träger der gesetzlichen Sozialversicherungssysteme sowie andere staatliche Einrichtungen sind zuständig für das Gemeinwohl und übernehmen Aufgaben der Daseinsvorsorge für die Menschen. Die Befriedigung der Kollektivbedürfnisse ist mit Ausgaben verbunden, die aus den Einnahmen des Staates und gegebenenfalls aus Krediten zu finanzieren sind.

Staatliche Haushaltspläne der staatlichen Organisationen bzw. der öffentlichen Haushalte stellen deren geplante Ausgaben und Einnahmen gegenüber und haben Gesetzescharakter. Haushaltspläne sind jeweils für ein Jahr zu erstellen.

Haushaltsdefizite liegen vor, wenn die Ausgaben größer sind als die Einnahmen. Werden sie durch Kredite ausgeglichen, kommt es zur Staatsverschuldung. Haushaltsüberschüsse können zur Tilgung von aus in Vorjahren angesammelten Schulden oder zur Rücklagenbildung genutzt werden.

Grundmuster der wirtschaftlichen Aktivitäten der öffentlichen Haushalte/staatlichen Organisationen

- Einnahmen erschließen durch:
  - Erhebung von Zwangsabgaben wie Steuern und Sozialversicherungsbeiträgen
  - Gebühren und Beiträge für die Inanspruchnahme staatlicher Leistungen
  - Zinsen, Gewinne aus Beteiligungen an Unternehmen
- Kredite aufnehmen, wenn in den öffentlichen Haushalten Defizite zu finanzieren sind, weil laufende Einnahmen nicht ausreichen, um die Ausgaben zu finanzieren
- Konsumentscheidungen treffen zum Zwecke der Befriedigung von Kollektivbedürfnissen (Kollektivkonsum), z. B. Ausgaben für Verwaltungs- und Sachleistungen für die Allgemeinheit wie allgemeine Verwaltung, innere und äußere Sicherheit, öffentliches Schulwesen
- Investitionen in Infrastruktur tätigen, z. B. Ausgaben für Verkehrs- und Nachrichtenübermittlung, Energie- und Wasserversorgung, kulturelle Einrichtungen, Schulen und Hochschulen, Sport- und Freizeitanlagen, Krankenhäuser
- Transferzahlungen ▶ für Private Haushalte und Subventionen ▶ für Güterproduzenten/Unternehmen finanzieren (Umverteilung)

Transferzahlungen
▶ Kapitel 1.6.3

Subventionen
▶ Kapitel 3.5.4

Steuern sind die Haupteinnahmequelle des Staates. Steuern sind Zwangsabgaben der Wirtschaftssubjekte an den Staat, die zur Finanzierung der Kollektivbedürfnisse dienen. Die Verwendung der Steuereinnahmen ist nicht zweckgebunden. Der einzelne Steuerzahler erwirbt durch die Zahlung der Steuern keinen Anspruch auf eine direkte Gegenleistung.

Unterscheidungsmerkmale der Steuerarten		
Was wird besteuert? Gegenstand der Besteuerung (Bemessungsgrundlage)	**Wer fordert sie? (Erhebungskompetenz) Wer bekommt sie? (Ertragskompetenz)**	**Wie wird der Steuerzahler belastet? (direkte/indirekte Steuern)**
• **Personensteuern** z. B. Einkommen-, Körperschafts-, Gewerbesteuer, Grundsteuer, Erbschaftssteuer, Solidaritätszuschlag • **Verkehrssteuern** (Besteuerung des Güteraustausches) z. B. Umsatzsteuer, Versicherungssteuer, Kfz-Steuer, Grunderwerbssteuer, Feuerschutzsteuer, Luftverkehrssteuer, Rennwett- und Lotteriesteuer • **Verbrauchsteuern/ Gütersteuern/ Produktionsabgaben** (Besteuerung des Güterverbrauchs/ -gebrauchs) z. B. Tabak-, Energiesteuer, Biersteuer, Hundesteuer, Jagdsteuer, Kaffeesteuer, Einfuhrumsatzsteuer • **Zölle auf Einfuhren**	• **Bundessteuern** alle Verbrauchsteuern außer Bier- und Kfz-Steuer • **Landessteuern** z. B. Erbschaftsteuer, Schenkungssteuer, Grunderwerbssteuer, Biersteuer, Kfz-Steuer • **Gemeindesteuern** z. B. Hundesteuer, Gewerbesteuer (Umlage, sodass auch Bund und Länder profitieren) • **Gemeinschaftssteuern** Aufteilung zwischen Bund, Ländern und Gemeinden z. B. Umsatz-, Einkommen-, Körperschaftsteuer • **EU** bekommt Anteil an den Importabgaben und an der Umsatzsteuer	• **direkte Steuern** werden vom Bruttoeinkommen der Steuerpflichtigen abgezogen bzw. belasten deren Vermögenswerte z. B. Einkommensteuer, Grundsteuer, Kfz-Steuer • **indirekte Steuern/ Produktionsabgaben** werden Preisbestandteil der besteuerten Güter und verteuern diese z. B. Umsatzsteuer, Tabaksteuer, Versicherungssteuer

2.1.4 Ausland

In einer global vernetzten Wirtschaft ist neben den inländischen Wirtschaftssektoren der Sektor Ausland zu berücksichtigen – die „übrige Welt". Das Verhalten ausländischer Wirtschaftssubjekte beeinflusst im Rahmen grenzüberschreitender Transaktionen durch Exporte und Importe von Gütern sowie Faktorleistungen das inländische Wirtschaftsgeschehen.

Container-Terminal im Hafen Hamburg

Grundmuster der wirtschaftlichen Aktivitäten zwischen In- und Ausland (Sektor Ausland – übrige Welt)	
Exporte von • Waren und Dienstleistungen • Faktorleistungen wie Arbeit (Grenzgänger) und Kapital (Kreditvergabe an das Ausland)	**Importe** von • Waren und Dienstleistungen • Faktorleistungen wie Arbeit (Grenzgänger) und Kapital (Kreditaufnahme im Ausland)

→ **Außenbeitrag** = Export – Import
Export > Import → Außenbeitrag positiv; Export < Import → Außenbeitrag negativ

2.2 Reale und monetäre Transaktionen

Wirtschaftssubjekte sind in ihrem wirtschaftlichen Handeln miteinander vernetzt und voneinander abhängig. Wirtschaftliches Handeln löst Tauschprozesse bzw. Transaktionen aus. Dies gilt insbesondere für eine arbeitsteilig organisierte Wirtschaft, die durch einen hohen Spezialisierungsgrad gekennzeichnet ist.

Private Haushalte tauschen Faktorleistungen gegen Waren und Dienstleistungen der Unternehmen ein. Unternehmen untereinander tauschen Produktionsgüter. Öffentliche Haushalte tauschen Kollektivgüter gegen Faktorleistungen der Privaten Haushalte und Produktionsgüter der Unternehmen. Auch das Ausland wird durch Export und Import in den Austausch von Gütern und Faktorleistungen eingebunden.

Ökonomische Transaktionen (Tauschprozesse)

Reiner Schwab wird von der Maschinenbau AG mit Sitz in Kehl als Maschineneinrichter eingestellt. Er erhält ein Gehalt im Austausch für seine Arbeitsleistung genau wie seine Kollegen, die teilweise in Frankreich zu Hause sind. Reiner Schwab kauft von seinem Arbeitsentgelt beim ortsansässigen Autohändler regelmäßig das neueste Mittelklasse-Modell der Auto AG. Die Auto AG ist ein Global Player. Sie bezieht die Komponenten für ihre Produkte aus vielen Ländern. Die Maschinenbau AG baut im von der Stadt Kehl neu erschlossenen Gewerbegebiet eine neue Produktionshalle. Die Stadt Kehl profitiert von den Gewerbesteuern ihrer ansässigen Unternehmen, baut Kindertagesstätten und stellt Sozialarbeiter ein.

Güter und Faktorleistungen sind reale Größen. Sie werden entweder zur Güterproduktion eingesetzt oder dienen als Konsumgüter der Befriedigung von Individual- und Kollektivbedürfnissen. Sie wären als geldlose Wirtschaft denkbar.

Eine geldlose Wirtschaft erschwert jedoch die gewünschten Transaktionen. Das Produktangebot der Tauschpartner muss passen und die Einigung auf Tauschpreise ist schwierig.

Geldlose Transaktionen (Kompensationsgeschäfte)

Die Stahlwerke AG stellt Spezialrohre für Öl- und Gaspipelines her. Sie verhandelt mit einem russischen Energiekonzern über die Lieferung von Röhren für eine geplante Ölpipeline durch Sibirien. Der Kunde will die Lieferung in Rohöl bezahlen. Es kommt zu einem Kompensationsgeschäft, wenn Röhren gegen Öl direkt getauscht werden. Probleme: Kann der Verkäufer das Rohöl vermarkten? Einigen sich Käufer und Verkäufer auf einen Austauschpreis in Tonnen?

Geld erleichtert Tauschvorgänge, da die Wahl der Tauschpartner einfacher wird und die Wertrelationen der Tauschobjekte einfacher zu bestimmen sind.

In der direkten Tauschwirtschaft werden Güter und Faktorleistungen ausschließlich mengenmäßig (real) getauscht. Die Geldwirtschaft gilt als indirekte Tauschwirtschaft, weil die Tauschpartner Geld als Tauschmittel akzeptieren. Die Tauschpreise werden in Geldeinheiten vereinbart.

II Wirtschaftsordnung und Wirtschaftskreislauf in der Bundesrepublik Deutschland

> Die ökonomischen Transaktionen in einer Geldwirtschaft umfassen im Regelfall sowohl reale Güter- und Faktorströme als auch monetäre Ströme.

2.3 Einfacher Wirtschaftskreislauf

Ausgangspunkt für die gesamtwirtschaftliche Analyse ist der Wirtschaftskreislauf. Kreislaufsysteme sind in sich geschlossene Systeme. Der Wirtschaftskreislauf macht deutlich, dass alle wirtschaftlichen Aktivitäten ineinandergreifen und sich gegenseitig bedingen. Der einfache Wirtschaftskreislauf ist eine Modellbetrachtung ►.

Verwendung von Modellen in der VWL
► 1 Kapitel 1.3.3

[1] Prämisse: Annahme

Modelle sind theoretische Gedankengebilde, die geeignet sind, bestimmte Erkenntnisse zu gewinnen und Gesetzmäßigkeiten abzuleiten. Sie sind ein Abbild der Realität und beruhen auf bestimmten Prämissen[1]. Der einfache Wirtschaftskreislauf geht von folgenden Prämissen aus:

- Private Haushalte und Güterproduzenten bestimmen das gesamtwirtschaftliche Geschehen (2-Sektoren-Modell).
- Die Güterproduzenten des Unternehmenssektors nutzen Faktorleistungen der Privaten Haushalte und stellen konsumreife Güter her.
- Private Haushalte stellen Faktorleistungen für den Produktionsprozess zur Verfügung und erhalten als Gegenleistung für ihren Wertschöpfungsbeitrag Faktoreinkommen.
- Das Faktoreinkommen wird von den Privaten Haushalten zu 100 % (vollständig) für den Kauf von Gütern verwendet.
- Die erforderliche Geldmenge steht zur Verfügung. Die Geldversorgung der Wirtschaft ist Auftrag staatlicher Notenbanken wie z. B. im Euroland der Europäischen Zentralbank.

Wirtschaftliche Situation in einem Modellland

Der Sektor Private Haushalte bestellt beim Sektor Güterproduzenten 100 Anzüge zum Preis von 20,00 EUR pro Anzug. Der Unternehmenssektor nimmt Faktorleistungen des Sektors Private Haushalte in Anspruch. Er stellt Arbeitskräfte ein, pachtet Grundstücke und nimmt Kredite auf, um die 100 Anzüge herzustellen (realer Faktorstrom). Der Sektor Private Haushalte erhält als Gegenleistung Faktoreinkommen (monetärer Strom) in Form von Arbeitsentgelten sowie Mieten, Pachten und Zinsen für im Produktionsprozess eingesetzte Vermögenswerte. Gewinne aus dem Verkauf der Anzüge werden an Private Haushalte ausgezahlt, die unternehmerisch tätig sind. Die Anzüge werden nach Fertigstellung an den Sektor Private Haushalte ausgeliefert (realer Güterstrom). Der Sektor Güterproduzenten erhält aus dem Verkauf der Anzüge vom Sektor Private Haushalte 2.000,00 EUR in Form von Umsätzen (monetärer Strom). Der Sektor Private Haushalte finanziert seine Konsumausgaben aus seinem Faktoreinkommen.

Das folgende Schaubild macht die Vernetzung aller Güter-, Faktor- und Geldströme auf der Basis der vorgegebenen Daten deutlich.

2 Wirtschaftssubjekte im Wirtschaftskreislauf

Schaubild Wirtschaftskreislauf mit zwei Sektoren (einfacher Wirtschaftskreislauf)

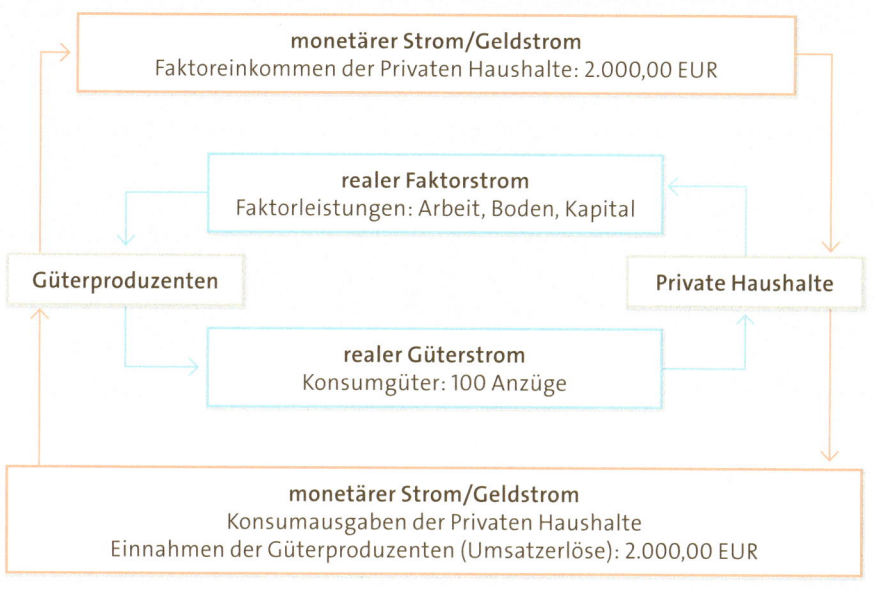

→ reale Güter-/Faktorströme
→ monetäre/Geldströme

Die drei Säulen des einfachen Wirtschaftskreislaufs

gesamtwirtschaftliche Güterproduktion durch Einsatz von Faktorleistungen		Faktoreinkommen für alle Privaten Haushalte im Produktionsprozess in Form von Löhnen, Gehältern, Mieten, Pachten, Gewinnen	Nachfrage nach konsumreifen Gütern (geeignet zur Befriedigung der Individualbedürfnisse)	
real	monetär	monetär	real	monetär
100 Anzüge	2.000,00 EUR	2.000,00 EUR	100 Anzüge	2.000,00 EUR
gesamtwirtschaftliches Güterangebot = Summe aller produzierten Güter (Konsumgüter)		Volkseinkommen = Gesamteinkommen der Privaten Haushalte	gesamtwirtschaftliche Güternachfrage = private Konsumausgaben	

Das System ist unter den gemachten Prämissen in sich geschlossen, es hat Kreislaufcharakter: Das Einkommen der Privaten Haushalte wird in voller Höhe für Konsumgüter ausgegeben und zur Finanzierung der Güterproduktion eingesetzt.

Schlussfolgerung: ohne Nachfrage keine Güterproduktion; ohne Güterproduktion kein Einkommen; ohne Einkommen keine Nachfrage

2.4 Sparen und Investieren im einfachen Wirtschaftskreislauf

Die Prämissen des einfachen Wirtschaftskreislaufs sind in verschiedener Hinsicht unrealistisch. Die Annahme, dass alle Privaten Haushalte ihr gesamtes Faktoreinkommen für Konsumgüter ausgeben, entspricht nicht der Realität. Private Haushalte treffen Sparentscheidungen. Sparen der Privaten Haushalte führt in seiner Konsequenz dazu, dass Teile des Volkseinkommens nicht unmittelbar für den Kauf von Konsumgütern verwendet werden. Allerdings können die negativen Folgen des aktuellen Konsumverzichts ausgeglichen werden, wenn die Spargelder zur Finanzierung von Investitionen seitens der Güterproduzenten verwendet werden.

Investitionen sind Voraussetzung für die Entstehung von Produktionskapazitäten einer Volkswirtschaft▶.

Investitionen
▶ Kapitel 3.5.2–3.5.4

Investitionen sind u. a.	Beispiele
Anlage-/ Ausrüstungsinvestitionen	• Investitionen in Technische Anlagen/Werkzeuge/Fuhrpark ... • Gebrauchsgüter mit begrenzter Nutzungsdauer langfristiger Planungshorizont
Vorratsinvestitionen	• Investitionen in Vorleistungen (Einkauf/Beschaffung von Stoffen, Waren, Halbfabrikaten, Produktkomponenten, ...) • Verbrauchsgüter (werden zum Endprodukt verarbeitet) • Lagerhaltung: Material-, Beschaffungs-, Eingangslager kurzfristiger Planungshorizont
Investitionen in die Faktorleistung Boden	landwirtschaftliche Nutzflächen und Flächen für industrielle Zwecke (Standorte; häufig verknüpft mit Bauinvestitionen) sehr langfristiger Planungshorizont
Investitionen in die Faktorleistung Arbeit	• Neueinstellungen • Fort- und Weiterbildung langfristiger oder kurzfristiger Planungshorizont möglich

Produktionskapazitäten machen das Produktionspotenzial des Unternehmenssektors bzw. der Gesamtwirtschaft deutlich. Sie zeigen auf, wie viel produziert werden kann.

Unter Berücksichtigung der durch Investitionen ausgelösten Kapazitätseffekte wird unabhängig von der Art der Investitionen unterschieden zwischen:
- **Bruttoinvestitionen**
  Als Bruttoinvestitionen gelten alle Investitionen, die der Unternehmenssektor während eines bestimmten Zeitraums tätigt.
- **Ersatzinvestitionen**
  Insbesondere im Bereich des technischen Produktionsapparates verlieren Maschinen und sonstige technische Anlagen im Laufe ihrer Nutzung an Wert. Sie müssen am Ende ihrer Nutzungsdauer ersetzt werden. Ansonsten werden Kapazitäten abgebaut. Der im Laufe der Produktion entstandene Wertverlust wird durch Abschreibungen▶ erfasst.

buchhalterische Erfassung von Abschreibungen
▶ Kapitel 8.2

- **Nettoinvestitionen**

> Bruttoinvestitionen
> – Ersatzinvestitionen in Höhe der Abschreibungen
> = Nettoinvestitionen

Wird auf erforderliche Ersatzinvestitionen verzichtet, kommt es zu negativen Nettoinvestitionen. Produktionskapazitäten werden abgebaut. Es wird weniger produziert und das Volkseinkommen sinkt. Ein wirtschaftlicher Abschwung droht.

Gleicht die Bruttoinvestition die erforderliche Ersatzinvestition lediglich aus, stagniert die Wirtschaft. Das Produktionspotenzial wird nicht erhöht.

Positive Nettoinvestitionen sind Erweiterungsinvestitionen, weil sie die Kapazitäten erhöhen. Sie können einen wirtschaftlichen Aufschwung auslösen.

2.5 Wertschöpfungsketten – Arbeitsteilung im Unternehmenssektor

> **Arbeitsteilung im Unternehmenssektor**
>
> Es wird unterstellt, dass im gesamten Unternehmenssektor maximal 100 Anzüge hergestellt werden können. Die Produktion läuft im Unternehmenssektor wie folgt ab:
> Der Schafzüchter Matzen verkauft Wolle für 200,00 EUR an das Unternehmen Textil GmbH.
> Die Textil GmbH stellt 100 Anzüge her, indem sie in der hauseigenen Spinnerei und Weberei die Wolle zu Stoffen verarbeitet und daraus die Anzüge fertigt. Anschließend werden die Anzüge für 1.500,00 EUR an das Modehaus Werner verkauft.
> Das Modehaus Werner ist Einzelhändler und verkauft die Anzüge für 2.000,00 EUR an seine Kunden aus dem Sektor Private Haushalte.

Die einzelnen Unternehmenssektoren teilen also den Produktionsprozess – vom Abbau der Rohstoffe bis hin zum Verkauf des fertigen Produkts – untereinander auf:
- Jedes Unternehmen leistet einen eigenen Produktionsbeitrag (Eigenfertigung) in der Produktionskette.
- Jedes Unternehmen spezialisiert sich auf Teile der Gesamtproduktion und bezieht Teilprodukte von anderen Unternehmen (Fremdbezug oder Vorleistungen).
- Die Produktionskette endet, wenn der Private Haushalt das Gut als konsumreif einschätzt und kauft.
- Die beteiligten Unternehmen „veredeln" durch ihren Produktionsbeitrag das jeweilige Vorprodukt; sie machen es für den Privaten Haushalt „wertvoller". Es findet eine Wertschöpfung statt.

II Wirtschaftsordnung und Wirtschaftskreislauf in der Bundesrepublik Deutschland

> **Wertschöpfung** des einzelnen Unternehmens
> = Eigenfertigung eines Unternehmens
> = Umsatz (Verkaufserlös) – Vorleistungen (Kosten für den Fremdbezug)

Wertschöpfung Schafzüchter Matzen		Wertschöpfung Textil GmbH		Wertschöpfung Modehaus Werner	
Umsatz 200,00 EUR	– Vorleistungen 0,00 EUR	Umsatz 1.500,00 EUR	– Vorleistungen 200,00 EUR	Umsatz 2.000,00 EUR	– Vorleistungen 1.500,00 EUR
200,00 EUR		1.300,00 EUR		500,00 EUR	

gesamte Wertschöpfung = 2.000,00 EUR
(= Summe der Wertschöpfungen der an der Produktion beteiligten Unternehmen)

Einkommen/Volkseinkommen = 2.000,00 EUR

Nachfrage der Privaten Haushalte = 2.000,00 EUR

Die Summe der Wertschöpfungen in den einzelnen an der Produktion beteiligten Unternehmen dokumentiert die Produktionsleistung des gesamten Unternehmenssektors.

Wertschöpfung und Nachfrage stehen in einem gegenseitigen Abhängigkeitsverhältnis. Unternehmen werden nur dann Wertschöpfungsprozesse organisieren und Güter herstellen, wenn sie davon ausgehen können, dass ihre Produktion auch auf eine entsprechende Nachfrage trifft. Andererseits wird die gesamtwirtschaftliche Nachfrage bestimmt von der Höhe der Wertschöpfung. Steigt die Nachfrage, wird mehr produziert. Überstunden fallen an oder es werden mehr Arbeitnehmer eingestellt. Zusätzliche Immobilien werden angemietet. Kredite werden aufgenommen. Daraus resultiert ein höheres Einkommen der an der Produktion beteiligten Privaten Haushalte: Je höher die Wertschöpfung, desto höher die Faktoreinkommen der Privaten Haushalte bzw. das Volkseinkommen. Das Volkseinkommen ist seinerseits Grundlage für die gesamtwirtschaftliche Nachfrage. Das System ist auch bei arbeitsteiliger Güterproduktion geschlossen.

Wertschöpfungsketten kennzeichnen sich durch eine Aufteilung von Produktionsprozessen auf verschiedene Unternehmen. Die Eigenfertigung von Unternehmen wird verbunden mit dem Fremdbezug von Leistungen anderer Unternehmen. Der Grad der Eigenfertigung ist abhängig vom Umfang des Fremdbezugs bzw. der in Anspruch genommenen Vorleistungen. Sie ergeben sich aus der in einer Wirtschaft festzustellenden Arbeitsteilung innerhalb des Unternehmenssektors (sektorale Arbeitsteilung).

2 Wirtschaftssubjekte im Wirtschaftskreislauf

Das Volkseinkommen ist in seiner Höhe unabhängig von der sektoralen Arbeitsteilung (siehe einfacher Wirtschaftskreislauf). Es erfasst die Summe der Faktoreinkommen des Sektors Private Haushalte und entspricht deren Wertschöpfungsbeitrag.

Gliederung des Unternehmenssektors (sektorale Arbeitsteilung)

Primärsektor

- baut Produkte an oder ab[1]
- umfasst alle Bereiche der Rohstoffgewinnung aus natürlichen Ressourcen
- liefert Vorleistungen für nachfolgende Wertschöpfungsprozesse

Land- und Forstwirtschaft, Fischerei, Bergbau, Erschließung und Abbau von Bodenschätzen

[1] Boden ist als Anbau- und Abbaufaktor notwendig.

Sekundärsektor

- verarbeitet u. a. Vorleistungen des Primärsektors
- ist produzierendes Gewerbe, produziert Sachgüter
- übernimmt häufig auch Dienstleistungen

Bau, Industrie, Handwerk

Tertiärsektor

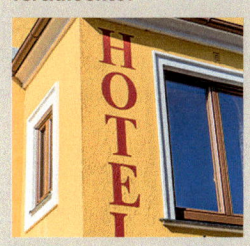

- ist Dienstleistungssektor
- umfasst öffentliche und private Dienstleistungen
- vermarktet u. a. Vorleistungen des Primär- und Sekundärsektors
- umfasst haushaltsnahe Dienstleistungen für Konsumenten und unternehmensnahe Dienstleistungen für Produzenten

Beratungsdienstleistungen (Banken, Versicherungen, Steuerberater, Rechtsanwälte); Handel; Gastgewerbe; Verkehr (Logistik); öffentliche Verwaltung

Quartärer Sektor

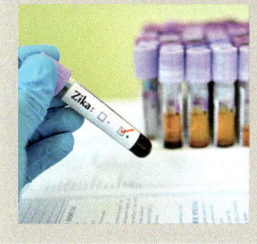

- ist wissensbasierter Dienstleistungssektor mit Schwerpunkt auf Forschung und Entwicklung
- Basis für Produkt- und Prozessinnovationen

Forschungs- und Entwicklungseinrichtungen, Gründerzentren

Arbeitsteilung im Unternehmenssektor (sektorale Arbeitsteilung)
- löst branchenspezifische Wertschöpfungsprozesse aus,
- begründet Wertschöpfungsketten,
- ist mit gesamtwirtschaftlichen Produktivitätssteigerungen verbunden,
- macht Produktion kostengünstiger,
- erhöht und verbessert das gesamtwirtschaftliche Güterangebot.

II Wirtschaftsordnung und Wirtschaftskreislauf in der Bundesrepublik Deutschland

Die arbeitsteilige Güterproduktion hat bei sonst gleichen Bedingungen weder einen Einfluss auf das Gesamtergebnis der Güterproduktion noch auf die Höhe des Gesamteinkommens noch auf die gesamtwirtschaftliche Nachfrage. Die Produktions- oder Wertschöpfungsketten teilen lediglich die Wertschöpfungsanteile auf verschiedene Unternehmen auf.

FALLSTUDIE Aus dem Geschäftsbericht der Auto AG

Die Auto AG hat im abgelaufenen Geschäftsjahr einen Umsatz von 197 Mrd. EUR erzielt. Der Materialaufwand für Stoffe, Halb- und Fertigfabrikate sowie sonstige Komponenten betrug 127 Mrd. EUR. Darüber hinaus wurden sonstige Vorleistungen wie Rechts- und Steuerberatungsleistungen, IT-Dienstleistungen, Dienstleistungen von Leiharbeitsfirmen, Transportleistungen von Spediteuren, Reparatur und Wartung durch Fremdfirmen in Höhe von 20 Mrd. EUR in Anspruch genommen. Der Wert der Eigenfertigung belief sich im abgelaufenen Geschäftsjahr auf 50 Mrd. EUR. Die Wertschöpfung wurde wie folgt verteilt: Mitarbeiterlöhne und Gehälter sowie Soziales 31.747 Mrd. EUR; Zinsaufwand für Kreditgeber 3.442 Mrd. EUR; Steuern und Abgaben an den Staat 3.865 Mrd. EUR; Gewinnausschüttungen an Gesellschafter 1.871 Mrd. EUR und einbehaltene Gewinne (Rücklagen) 7.724 Mrd. EUR.

ARBEITSAUFTRÄGE

1. Zeigen Sie die Wertschöpfungskette auf, in die die Auto AG eingebunden ist.
2. Welche Sektoren sind an der Wertschöpfung der Auto AG beteiligt?
3. Ermitteln Sie die Höhe der Wertschöpfung der Auto AG im abgelaufenen Geschäftsjahr.
4. Stellen Sie die Höhe der Arbeits-, Vermögens- und Gewinneinkommen sowie die staatlichen Einnahmen fest.
5. Welche Gründe können die Auto AG bewogen haben, bestimmte Teilbereiche der Produktion auszulagern?
6. Wie beurteilen Sie die gesamtwirtschaftliche Bedeutung der Auto AG?

2.6 Erweiterter Wirtschaftskreislauf

Die Erkenntnisse, die auf der Grundlage des einfachen Wirtschaftskreislaufs gewonnen werden, werden weiterentwickelt zu einer Kreislaufdarstellung, die im Idealfall alle Güter-, Faktor- und Geldströme zwischen allen Wirtschaftssubjekten erfasst. Im einfachen Wirtschaftskreislauf werden lediglich die wirtschaftlichen Aktivitäten des Sektors Private Haushalte und des Unternehmenssektors dargestellt und deren Auswirkungen auf gesamtwirtschaftliche Prozesse erörtert. Im erweiterten Wirtschaftskreislauf sind mit einzubeziehen:
- wirtschaftliche Aktivitäten des Staatssektors
- außenwirtschaftliche Transaktionen (Sektor Ausland)

2.6.1 Wirtschaftskreislauf mit staatlicher Aktivität

Beteiligt sich der Staat am Wirtschaftsgeschehen, so kommt es zu einer Vielzahl von zusätzlichen realen Güter- und Faktorströmen bzw. Geldströmen zwischen Privaten Haushalten und Unternehmen einerseits sowie dem Staat/den öffentlichen Haushalten andererseits. In das System mit eingebunden sind Kapitalsammelstellen, so z. B. der Bankensektor. Ihr Geschäftsmodell beruht – vereinfacht gesagt – auf dem Verwalten von Spargeldern und der Vergabe von Krediten.

staatliche Aktivitäten	realer Güter-/ Faktorstrom		Geldstrom		
	von	nach	von	nach	
Konsumausgaben/Ausgaben für Investitionen	U[1]	Staat	Staat	U	1 ▶
Subventionen an Unternehmen	kein realer Strom				
Ausgaben für Faktorleistungen (Arbeit/Boden/Kapital)	H[2]	Staat	Staat	H	2
Transferzahlungen an Private Haushalte	kein realer Strom				
Erheben von Steuern und Abgaben: direkte Steuern, Arbeitnehmeranteile zur gesetzlichen Sozialversicherung	kein realer Strom		H	Staat	3
Erheben von Steuern und Abgaben: indirekte Steuern, Gütersteuern und Produktionsabgaben	kein realer Strom		U	Staat	4
Kreditaufnahme, wenn Einnahmen < Ausgaben Defizitfinanzierung, Staatsschulden steigen	kein realer Strom		Bank	Staat	5
Spareinlagen, wenn Einnahmen > Ausgaben Rücklagen bzw. Reserven	kein realer Strom		Staat	Bank	6

[1] U = Unternehmen

▶ Zahlen für die Zuordnung der Aktivitäten im Schaubild auf der folgenden Seite

[2] H = Private Haushalte

2.6.2 Wirtschaftskreislauf in einer offenen Wirtschaft

Der Wirtschaftskreislauf in einer offenen Wirtschaft zeigt die Vernetzung der wirtschaftlichen Aktivitäten der im Inland ansässigen Wirtschaftssubjekte Unternehmen, Private Haushalte und Staat mit dem Ausland. Alle wirtschaftlichen Transaktionen zwischen In- und Ausland werden erfasst.

Aktivitäten zwischen dem Inland und dem Ausland	realer Güter-/ Faktorstrom		Geldstrom		
	aus	nach	aus	nach	
Exporte von Gütern/Faktorleistungen	D[3]	Ausland	Ausland	D	7
Importe von Gütern/Faktorleistungen	Ausland	D	D	Ausland	8
Außenbeitrag = Exporte – Importe positiver Außenbeitrag = Export > Import (positive Auswirkung auf Wertschöpfung und Einkommen) negativer Außenbetrag = Export < Import (negative Auswirkung auf Wertschöpfung und Einkommen)					

[3] D = Inland Deutschland

II Wirtschaftsordnung und Wirtschaftskreislauf in der Bundesrepublik Deutschland

Wirtschaftskreislauf in einer Wirtschaft mit staatlicher Aktivität und Einbindung des Auslands (offene Volkswirtschaft – erweiterter Wirtschaftskreislauf)

- Kauf von Investitionsgütern innerhalb des Unternehmenssektors
- Kauf von Konsumgütern (private Konsumausgaben) (Element des einfachen Wirtschaftskreislaufs)
- Faktoreinkommen: Löhne, Mieten, Pachten (Element des einfachen Wirtschaftskreislaufs)

Unternehmenssektor — **Sektor Private Haushalte**

- (4) Zwangsabgaben, u. a. indirekte Steuern
- (7) Kauf von Gütern (deutsche Exporte)
- (8) Kauf von Gütern (deutsche Importe)
- (2) Kauf von Faktorleistungen, Transferzahlungen
- (1) Kauf von Gütern (staatliche Konsumausgaben/staatliche Investitionen), Subventionen
- (3) Zwangsabgaben, u. a. direkte Steuern und Sozialabgaben

Sektor Staat — **Sektor Ausland**

- Spareinlagen
- Kredite
- (6) Spareinlagen
- (5) Kredite
- Spareinlagen
- Kredite
- Spareinlagen
- Kredite

Kapitalsammelstellen, u. a. Bankensektor

Das Schaubild vereinfacht die komplexen Wechselwirkungen im Zusammenspiel der vier Wirtschaftssektoren im Wirtschaftskreislauf, indem es lediglich die Geldströme erfasst. Es ist deshalb zu beachten, dass Geldströme
- im Zusammenhang mit dem Kauf von realen Gütern und Faktorleistungen stehen können.
  Dazu gehören private und staatliche Konsumausgaben, Exporterlöse und Importausgaben, Ausgaben für Produktionsmittel durch private und öffentliche Investoren.
- auch losgelöst von realen Güter-/Faktorkäufen sein können.
  Dazu gehören Transferzahlungen, Subventionen, Spareinlagen sowie die Aufnahme und Tilgung von Krediten.

2 Wirtschaftssubjekte im Wirtschaftskreislauf

Aufgaben zu Kapitel 2

1. Begründen Sie auf der Grundlage Ihrer persönlichen Lebenssituation Ihre Zugehörigkeit zur Gruppe der Privaten Haushalte.

2. Machen Sie an einem Beispiel eines Unternehmens aus Ihrer Nachbarschaft dessen Investitionstätigkeit deutlich.

3. Die Staatsverschuldung entsteht durch Haushaltsdefizite staatlicher Organisationen. Erklären Sie diesen Sachverhalt und suchen Sie nach Lösungsmöglichkeiten, die Staatsverschuldung abzubauen.

4. Erklären Sie die Kreislaufbeziehungen im einfachen Wirtschaftskreislauf.

5. Welche Bedeutung haben negative Nettoinvestitionen für die Gesamtwirtschaft?

6. Welcher Zusammenhang besteht zwischen der sektoralen Arbeitsteilung und existierenden Wertschöpfungsketten?

7. Was verstehen Sie unter einer offenen Volkswirtschaft?

8. Unter welchen Voraussetzungen und warum benötigen öffentliche Haushalte und das Ausland die Spargelder der Privaten Haushalte für ihre wirtschaftlichen Aktivitäten?

9. Erklären Sie anhand von fünf beliebigen Transaktionen die dadurch ausgelösten Geldströme und deren Bedeutung für die Zahler und Zahlungsempfänger.

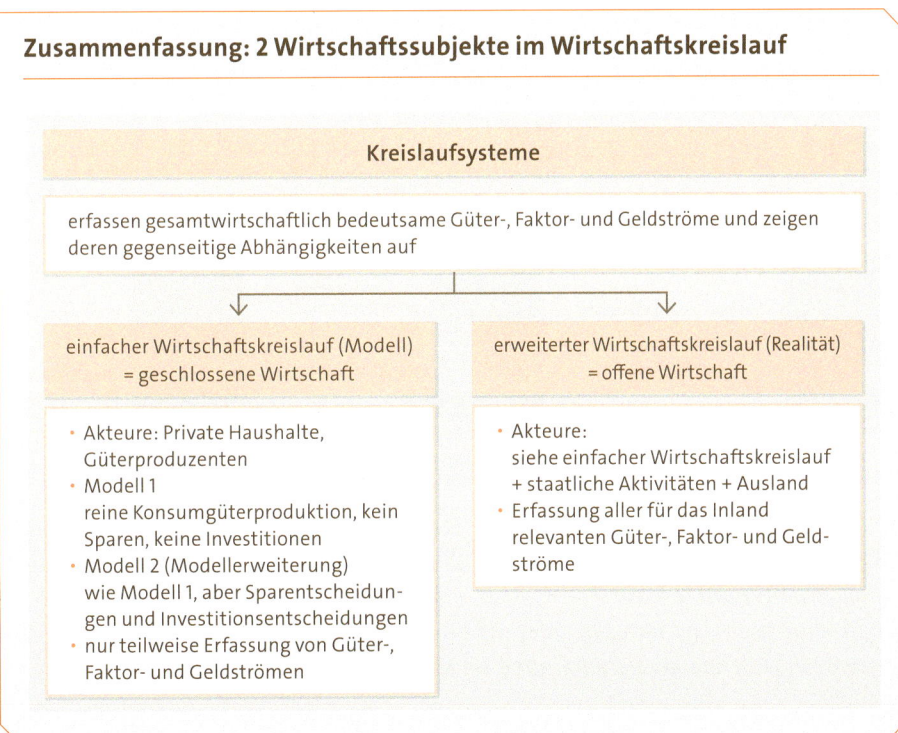

II Wirtschaftsordnung und Wirtschaftskreislauf in der Bundesrepublik Deutschland

3 Volkswirtschaftliche Gesamtrechnung und Bruttoinlandsprodukt

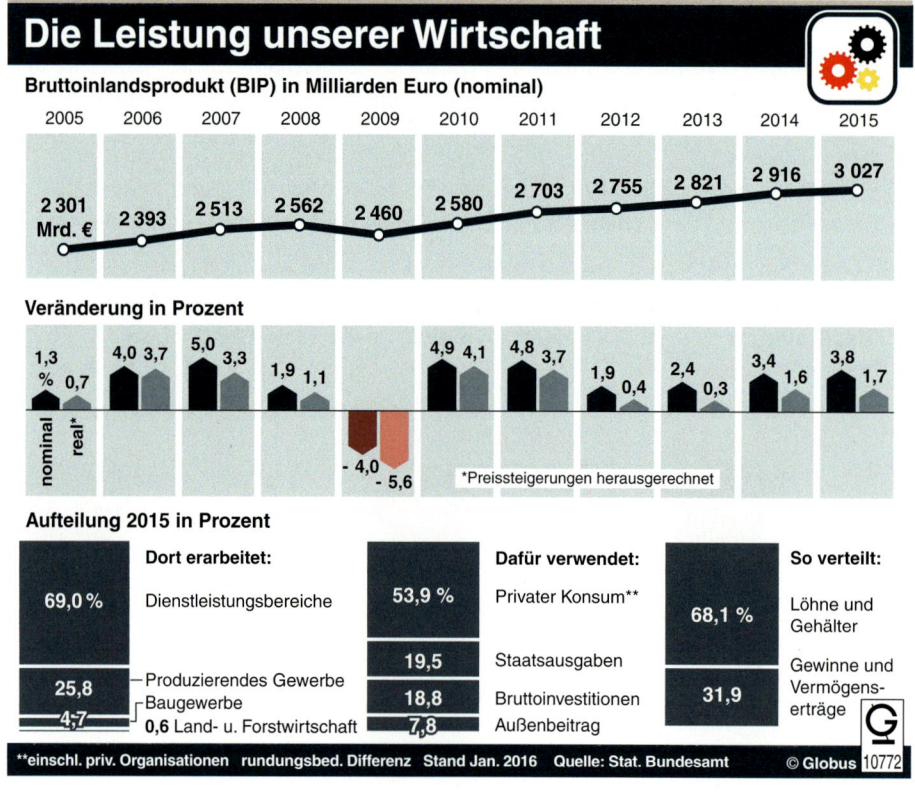

Das Statistische Bundesamt ermittelt Jahr für Jahr die Daten aller wirtschaftlichen Aktivitäten in der Bundesrepublik und bereitet diese nach unterschiedlichen Gesichtspunkten auf.
Wozu könnte Ihrer Meinung nach das aufbereitete Datenmaterial verwendet werden? In welchen Bereichen finden Sie Ihre eigenen wirtschaftlichen Aktivitäten wieder?

3 Volkswirtschaftliche Gesamtrechnung und Bruttoinlandsprodukt

3.1 Grundlagen der Volkswirtschaftlichen Gesamtrechnung

Die Aktivitäten der Wirtschaftssubjekte und die damit verbundenen Güter- und Geldströme werden im System der Volkswirtschaftlichen Gesamtrechnung (VGR) erfasst und dokumentiert.

> **Die VGR** erfasst alle Geld-, Faktor- und Güterströme zwischen den Sektoren Private Haushalte und Güterproduzenten unter Einbindung des Staatssektors sowie des Auslands, sofern die damit verbundenen Transaktionen Auswirkungen auf die inländische Wirtschaft haben.

Die Ergebnisse der VGR erleichtern das Verständnis gesamtwirtschaftlicher Prozesse und Abläufe, da sie
- die aktuelle gesamtwirtschaftliche Lage deutlich machen,
- gesamtwirtschaftliche Strukturen aufzeigen,
- die Grundlage für Prognosen zukünftiger Entwicklungen bilden,
- das Datenmaterial für wirtschaftspolitische Entscheidungen zur Verfügung stellen.

Während die betriebswirtschaftliche Betrachtungsweise auf das einzelwirtschaftliche Verhalten der Wirtschaftssubjekte zielt, machen volkswirtschaftliche Analysen deutlich, wie sich das Verhalten der Konsumenten und Produzenten auf die jeweiligen Sektoren auswirkt und welche gegenseitigen Abhängigkeiten bestehen.

Die Grafik „Die Leistung unserer Wirtschaft" entspricht in ihren Grundstrukturen dem 3-Säulen-Modell des einfachen Wirtschaftskreislaufs[1]:

[1] Die drei Säulen lassen sich in unterschiedlicher Reihenfolge darstellen, weil der Ansatz für den Kreislaufnachweis unterschiedlich sein kann.

gesamtwirtschaftliches Güterangebot	Volkseinkommen	gesamtwirtschaftliche Güternachfrage
Wertschöpfung/ Produktionsleistung des Unternehmenssektors in einem Land in einem Berichtszeitraum	= Faktoreinkommen des Sektors Private Haushalte in einem Land in einem Berichtszeitraum =	gesamtwirtschaftliche Güternachfrage des Sektors Private Haushalte in einem Land in einem Berichtszeitraum
„So entstand es."	„So wurde es verteilt."	„So wurde es verwendet."

Das Modell erfasst also die gesamten wirtschaftlichen Aktivitäten, die für das Inland im Berichtsjahr stattgefunden haben. Die ermittelten Gesamtwerte werden unter den folgenden Aspekten dargestellt:
- **So entstand es (Entstehungsrechnung)**
  zeigt die Struktur der Wertschöpfung/Produktionsleistung des im Inland tätigen privaten Unternehmenssektors und des Staates sowie die daraus resultierenden Einnahmen des Staates abzüglich der Subventionen
- **So wurde es verteilt (Verteilungsrechnung)**
  zeigt die Verteilung der Faktoreinkommen auf die Privaten Haushalte auf der Grundlage der jeweiligen Einkommensquelle sowie die daraus resltierenden Einnahmen des Staates abzüglich der Transferzahlungen

II Wirtschaftsordnung und Wirtschaftskreislauf in der Bundesrepublik Deutschland

- **So wurde es verwendet (Verwendungsrechnung)**
  zeigt die gesamtwirtschaftliche Güternachfrage des Sektors Private Haushalte, des Unternehmenssektors, des Staates sowie den Außenbeitrag (Differenz aus Export und Import)

Für das Jahr 2015 hat das Statistische Bundesamt folgende Zahlen veröffentlicht:

Entstehung, Verwendung und Verteilung des Bruttoinlandsprodukts 2015
in Mrd. EUR

Entstehung		=	Verwendung		=	Verteilung	
Bruttowertschöpfung	**2.725,0**		**Konsumausgaben**	**2.221,9**		**Volkseinkommen**	**2.265,1**
Produzierendes Gewerbe (oh. Baugew.)	702,1		Private Konsumausgaben	1.632,7		Arbeitnehmerentgelt	1.542,8
Handel, Verkehr, Gastgewerbe	421,9		Staatliche Konsumausgaben	589,2		Unternehmens- und Vermögenseinkommen	722,3
Grundstücks- und Wohnungswesen	304,3		(+)			(+)	
Öffentl. Dienstleister, Erziehung, Gesundheit	497,5		**Bruttoinvestitionen**	**567,8**		Produktions- und Importabgaben an den Staat abzügl. Subventionen vom Staat	297,6
Sonstige Dienstleister	799,2		Bruttoanlageinvestitionen	602,9			
(+)			Vorratsveränderungen	−35,2			
Gütersteuern abzügl. Gütersubventionen	301,6		(+)			(+)	
			Außenbeitrag	**236,9**		Abschreibungen	531,1
			Exporte	1.419,0		(−)	
			Importe	1.182,0		Saldo der Primäreinkommen aus der übrigen Welt	67,2

Bruttoinlandsprodukt = 3.026,6

© Statistisches Bundesamt, Wiesbaden 2016

3.2 Entstehungsrechnung und Bruttoinlandsprodukt als Produktionsindikator

Im Rahmen der Entstehungsrechnung wird das Bruttoinlandsprodukt (= BIP) ermittelt. Das BIP informiert über die Höhe des Angebots an Waren und Dienstleistungen im Berichtszeitraum. Es werden die Wertschöpfungs- bzw. Produktionsergebnisse der im Inland ansässigen Güterproduzenten des Privatsektors und des Staatssektors erfasst sowie den einzelnen Branchen zugeordnet.

● **Bruttowertschöpfung**

Das BIP enthält eine
- Mengenkomponente und eine
- Preiskomponente.

Produktionsmengen bzw. Verkaufsmengen der Fertigprodukte sowie gelagerte Fertigerzeugnisse bilden das Mengengerüst des BIP. Als Preiskomponente werden die Verkaufspreise herangezogen. Verkaufspreise der Güterproduzenten sind Bruttopreise. Verkaufspreise sollten kostendeckend sein sowie einen Gewinnanteil enthalten. Auf die kalkulierten Preise der Anbieter werden die Gütersteuern abzüglich der Gütersubventionen aufgeschlagen. Indirekte Steuern und Produktionsabgaben sind mengen- oder wertabhängig von den produzierten Gütern. Dazu gehören zum Beispiel Tabaksteuer, Energiesteuer oder Mehrwertsteuer, aber auch Gewerbesteuer sowie Vergnügungssteuer, Versicherungssteuer sowie Zölle. Während Gütersteuern die Marktpreise erhöhen, wirken sich Gütersubventionen des Staates preissenkend aus. Einen Teil der Produktionskosten finanziert also der Staat.

Um den tatsächlichen Wert der Eigenfertigung und damit die Bruttowertschöpfung zu erhalten, müssen die Vorleistungen von den Umsätzen abgezogen werden. Man sagt: Die Umsätze sind um die Vorleistungen zu bereinigen.

> BIP = Bruttowertschöpfung (Wert der Eigenfertigung) + indirekte Steuern − Subventionen

Branchenspezifische Wertschöpfung

Entstehung	
Bruttowertschöpfung	2.725,0
Produzierendes Gewerbe (oh. Baugew.)	702,1
Handel, Verkehr, Gastgewerbe	421,9
Grundstücks- und Wohnungswesen	304,3
Öffentl. Dienstleister, Erziehung, Gesundheit	497,5
Sonstige Dienstleister	799,2
Gütersteuern abzügl. Gütersubventionen	301,6
Bruttoinlandsprodukt = 3.026,6	

Die deutsche Wirtschaft ist ihrer Struktur nach eine Dienstleistungsgesellschaft mit einem nach wie vor bedeutenden Anteil des produzierenden Gewerbes sowie einem sehr geringen Anteil der Land- und Forstwirtschaft. Demnach liegt der Schwerpunkt der Güterproduktion, des Faktoreinkommens und der Beschäftigung im Dienstleistungssektor.

In einer Industriegesellschaft dominiert das produzierende Gewerbe aus Industrie und Handwerk. Eine Agrargesellschaft kennzeichnet sich durch einen hohen Wertschöpfungsanteil der Land- und Forstwirtschaft.

Aus dem Zeitvergleich der Entwicklungen des BIP und seiner Teilelemente lässt sich erkennen, wie sich das BIP insgesamt oder in seinen Strukturen verändert.

Die **Entstehungsrechnung** dient der Ermittlung des BIP und seiner Strukturen. Das **BIP** erfasst alle inländischen Wertschöpfungsprozesse auf der Basis der hergestellten Gütermengen sowie der entsprechenden Güterpreise abzüglich der Vorleistungen. Es dokumentiert die Produktionsleistung in einem Land in einem Berichtszeitraum und wird deshalb als **Produktionsindikator** bezeichnet.

3.3 Verteilungsrechnung und Volkseinkommen als Einkommensindikator

Das Bruttoinlandsprodukt ist die Verteilungsgrundlage für die Einkommen der Privaten Haushalte, die einen Wertschöpfungsbeitrag geleistet haben. Sie haben
- als Arbeitnehmer einen Anspruch auf Löhne und Gehälter,
- als Unternehmer einen Gewinnanspruch sowie
- als Kreditgeber oder Verpächter ein Recht auf Zinsen, Mieten und Pachten.

Arbeits-, Vermögens- und Gewinneinkommen gelten als Primäreinkommen, weil sie direkt an Private Haushalte als Gegenleistung für deren Wertschöpfungsbeitrag ausgezahlt werden.

Wenn in Deutschland ansässige Private Haushalte als Grenzgänger im Ausland arbeiten oder Geld im Ausland anlegen, tragen sie im Ausland zur Wertschöpfung bei. Das im Ausland erzielte Arbeits- oder Vermögenseinkommen wird den betroffenen Privaten Haushalten direkt von den im Ausland ansässigen Arbeitgebern und Unternehmen ausgezahlt und zählt damit zum inländischen Primäreinkommen.

Auch im Ausland ansässige Private Haushalte können Primäreinkommen in Deutschland erzielen. Da der Saldo der Primäreinkommen im Berichtsjahr mit 67,2 Mrd. EUR positiv ist, ist das von deutschen Privaten Haushalten erwirtschaftete Primäreinkommen höher als das an im Ausland ansässige Private Haushalte gezahlte Einkommen. Das Volkseinkommen in Deutschland steigt.

Verteilung	
Volkseinkommen	**2.265,1**
Arbeitnehmerentgelt	1.542,8
Unternehmens- und Vermögenseinkommen	722,3
(+)	
Produktions- und Importabgaben an den Staat abzügl. Subventionen vom Staat	297,6
(+)	
Abschreibungen	531,1
(−)	
Saldo der Primäreinkommen aus der übrigen Welt	67,2

Volkseinkommen ist die Summe der Primäreinkommen der im Inland ansässigen Privaten Haushalte aus ihren Beiträgen zur inländischen Wertschöpfung und dem Saldo der Primäreinkommen aus der übrigen Welt. Es handelt sich um deren Bruttoeinkommen.

Auf das Bruttoeinkommen der Privaten Haushalte bzw. das Volkseinkommen werden direkte Steuern und Sozialabgaben erhoben. Diese staatlichen Einnahmen sind genauso wenig wie die Transferzahlungen an die Privaten Haushalte in der Verteilungsrechnung besonders aufgeführt, weil sie erst nach der Verteilung der Einkommen erhoben werden. Insofern ist das verfügbare Einkommen der Privaten Haushalte genauso wenig erkennbar wie die Gesamteinnahmen des Staates und die Höhe der Transferzahlungen.

> Verfügbares Einkommen der Privaten Haushalte =
> Volkseinkommen/Bruttoeinkommen – (direkte Steuern + Sozialabgaben) + Transferzahlungen

Das Volkseinkommen entspricht insofern nicht dem Bruttoinlandsprodukt, als die in den Verkaufspreisen enthaltenen und „verdienten" Abschreibungen nicht an die Privaten Haushalte ausgezahlt, sondern von den Unternehmen zur Finanzierung ihrer Ersatzinvestitionen einbehalten werden. Darüber hat der Staat einkommensrelevante Steuern wie Grundsteuer, Kraftfahrzeugsteuer abgezweigt und Subventionen gezahlt, die nicht an der Produktionsmenge ausgerichtet sind, wie z. B. für den öffentlichen Personenverkehr oder Forschungssubventionen.

Exkurs: Funktionale Einkommensverteilung
▶ Webcode WGW_II_3

Die **Verteilungsrechnung** zeigt auf, welche Wertschöpfungsbeträge welchen Privaten Haushalten aus welchen Gründen als Faktoreinkommen aus den Sektoren privater und staatlicher inländischer und ausländischer Güterproduzenten zufließen und welchen Anteil an der Wertschöpfung der Staatssektor für seine Zwecke vereinnahmt.

3.4 Verwendungsrechnung und gesamtwirtschaftliche Nachfrageelemente

Wirtschaftssubjekte fragen Güter und Faktorleistungen nach. Die Verwendungsrechnung des Jahres 2015 zeigt, dass Güterproduktion und Wertschöpfung vorrangig zur Befriedigung der Individualbedürfnisse der Privaten Haushalte und der Kollektivbedürfnisse beitragen. Konsumausgaben machen den größten Teil der gesamtwirtschaftlichen Nachfrage aus.

Aus der Summe der Bruttoinvestitionen wird die Investitionstätigkeit der Unternehmen deutlich. Es wurde in technische Anlagen investiert. Aus der Tatsache, dass die in der Verteilungsrechnung ausgewiesenen Abschreibungen niedriger sind als die Bruttoinvestitionen, ergeben sich positive Nettoinvestitionen. Die Produktionskapazitäten sind gestiegen. Die negative Veränderung der Vorratsinvestitionen ist dadurch zu erklären, dass im Berichtsjahr auch Güter verkauft worden sind, die bereits im Vorjahr produziert und gelagert wurden.

Verwendung	
Kosumausgaben	**2.221,9**
Private Konsumausgaben	1.632,7
Staatliche Kosumausgaben	589,2
+	
Bruttoinvestitionen	**567,8**
Bruttoanlageinvestitionen	602,9
Vorratsveränderungen	−35,2
+	
Außenbeitrag	**236,9**
Exporte	1.419,0
Importe	1.182,0

Der positive Außenbeitrag aus Exporten und Importen ist ein Beleg für die hohe Wettbewerbsfähigkeit der deutschen Wirtschaft auf den Weltmärkten. Er stabilisiert Wertschöpfung, Beschäftigung und Einkommen.

> Die **Verwendungsrechnung** dokumentiert, wofür welche Wirtschaftssubjekte in welcher Höhe das in einer Volkswirtschaft in einem Berichtszeitraum zur Verfügung stehende Einkommen ausgegeben haben.

3.5 Bruttoinlandsprodukt als Wohlstandsindikator

Wird der Wohlstand eines Landes gemessen an der Verfügbarkeit von Gütern, dann ist das Güterangebot ein wichtiger Gradmesser für den materiellen Wohlstand einer Gesellschaft. Das BIP wird als Wohlstandsindikator angesehen. Dies wird damit begründet, dass Güter der Befriedigung der Individual- und Kollektivbedürfnisse dienen. Wertschöpfung sorgt dafür, dass Güter für den Konsum zur Verfügung stehen.

Da das Güterangebot nur nachgefragt wird, wenn es bedarfsgerecht ist, sind private und öffentliche Güterproduzenten gezwungen, ihr Güterangebot ständig den Vorstellungen der Nachfrager anzupassen. Bedarfsgerechte Wertschöpfung optimiert die Versorgung der Bevölkerung hinsichtlich der Güterarten sowie deren Qualitäten und Nutzungsmöglichkeiten, der Gütermengen und der Güterpreise. Je höher die Güterproduktion, desto mehr Waren und Dienstleistungen stehen für private und öffentliche Zwecke zur Verfügung und desto höher sind die Einkommen der Privaten Haushalte sowie die Einnahmen des Staates.

> **Veränderungen des BIP** wirken sich sowohl unmittelbar auf die Güterversorgung und den Lebensstandard aus als auch auf die Einkommensverhältnisse der Einwohner und die Einnahmen des Staates.

Ein zentraler Indikator für die wirtschaftliche Entwicklung ist das Wachstum des BIP. Ein negatives Wirtschaftswachstum ist mit sinkenden Faktoreinkommen und Staatseinnahmen verbunden. Der private und öffentliche Wohlstand eines Landes sinkt.

> Schränken Private Haushalte ihre Konsumausgaben ein und/oder sinkt die Nachfrage des Auslands, werden die Absatzerwartungen der Unternehmen nicht erfüllt. Die Kapazitäten werden nicht mehr wie erwartet ausgelastet. Die Unternehmen produzieren weniger, Arbeitskräfte werden entlassen und Investitionen werden unterlassen. Arbeits-, Vermögens- und Gewinneinkommen sinken. Steuereinnahmen gehen zurück und Transferzahlungen erhöhen sich. Der Lebensstandard sinkt. Es steht weniger Geld für öffentliche Güter zur Verfügung.

Ein positives Wirtschaftswachstum hat umgekehrte Effekte. Der Lebensstandard der Privaten Haushalte und das Angebot an öffentlichen Gütern erhöhen sich.
Veränderungen des BIP im Vergleich zur Vorperiode können ausgelöst werden durch Veränderungen der Produktionsmengen und/oder durch Veränderungen der Güterpreise.

3 Volkswirtschaftliche Gesamtrechnung und Bruttoinlandsprodukt

Verändern die Anbieter die Preise bei konstanten Produktionsmengen, so hat dies lediglich nominale[1] Folgen. Das nominale BIP verändert sich, d. h., das BIP verändert sich wertmäßig, ohne dass es zu einer Veränderung der Produktionsmengen kommt.

[1] nominal: monetär/geldmäßig

Das **nominale BIP** eines Berichtszeitraums (Berichtsjahres) wird ermittelt, indem alle in diesem Jahr produzierten Gütermengen mit ihren erzielten Verkaufspreisen multipliziert werden.

Verändern die Güterproduzenten ihre Produktionsmengen, so hat dies Auswirkungen auf das reale Güterangebot und auf die reale Nachfrage der Güterproduzenten nach Produktionsgütern und Faktorleistungen. Das reale[2] BIP verändert sich. Denkbar sind auch Anpassungen sowohl hinsichtlich der Produktionsmengen als auch der Güterpreise.

[2] real: tatsächlich, mengenbezogen

Zur Ermittlung des **realen BIP** wird der Preiseffekt bei der Berechnung vernächlässigt, indem die Preise des Basisjahres (des Vorjahres) für die Produktionsmengen des Berichtsjahres zugrunde gelegt werden. Das reale BIP ist preisbereinigt.

Nominales bzw. reales BIP im Zeitvergleich ist die Grundlage für die Berechnung des nominalen bzw. realen Wachstums (berechnet in Prozent).

$$\text{Wachstum} = \frac{100}{\text{BIP Vorjahr}} \cdot (\text{BIP Berichtsjahr} - \text{BIP Vorjahr})$$

Die folgende Berechnung des nominalen und realen Wachstums der Wirtschaftsleistung eines Musterlandes geht zur Vereinfachung von folgenden Annahmen aus:
Es wird ausschließlich das Produkt A hergestellt.
Das Vorjahr ist das Basisjahr. Im Basisjahr sind das reale und nominale BIP identisch, da die Preissteigerung erst im Berichtsjahr erfolgt.

Jahr	Produktions-menge	Stückpreis in EUR	BIP nominal in EUR	BIP real in EUR	Wachstum nominal in %	Wachstum real in %
Berichts-jahr	100	20,00	100 · 20,00 = 2.000,00	100 · 18,00 = 1.900,00	23	17
Vorjahr	90	18,00	90 · 18,00 = 1.620,00	90 · 18,00 = 1.620,00		

- Das nominale Wachstum ist höher als das reale Wachstum, weil sowohl die Produktion als auch die Preise erhöht wurden.
- Das reale Wachstum entspricht der Produktionssteigerung, es wurden die Preise des Vorjahres im Berichtsjahr angesetzt.

II Wirtschaftsordnung und Wirtschaftskreislauf in der Bundesrepublik Deutschland

Das reale Wirtschaftswachstum ist
- positiv, wenn mehr produziert wurde als im Vergleichsjahr (wirtschaftlicher Aufschwung);
- negativ, wenn weniger produziert wurde als im Vergleichsjahr (wirtschaftlicher Abschwung);
- gleich null, wenn die Produktion gemessen am Vergleichsjahr sich nicht verändert hat (wirtschaftliche Stagnation).

FALLSTUDIE Bedeutung des Wirtschaftswachstums

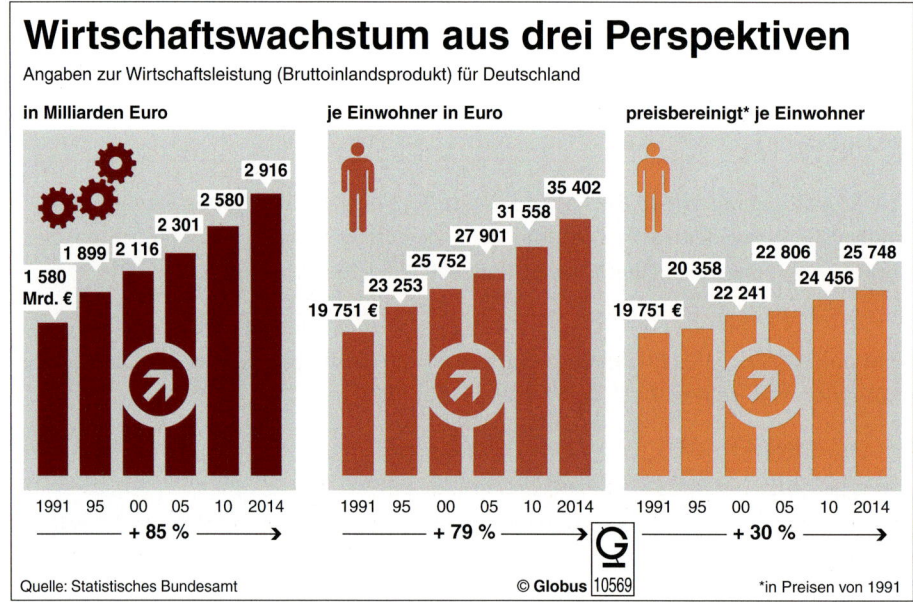

ARBEITSAUFTRÄGE

1. Warum wird das BIP mit der Wirtschaftsleistung gleichgesetzt?
2. Was verstehen Sie unter Wirtschaftswachstum und welche Schlüsse lassen sich hinsichtlich seiner Entwicklung aus der Grafik ziehen?
3. Berechnen Sie aus den angegebenen Werten die nominale Wachstumsrate für den Zeitraum 2010 bis 2014 und kommentieren Sie deren Wert im Vergleich zum realen Wachstum.
4. Welche Schlüsse lassen sich aus der Grafik für die Entwicklung der Einkommen und der Staatsfinanzen ziehen?
5. Welche Bedeutung hat die preisbereinigte Entwicklung des BIP?
6. Welcher Zusammenhang besteht zwischen der Entwicklung der Wirtschaftsleistung und dem Wohlstand einer Gesellschaft bzw. des Einzelnen?

3.6 Bruttoinlandsprodukt in der Kritik

Auch wenn das BIP in seiner realen Form geeignet ist, die Güterversorgung einer Volkswirtschaft deutlich zu machen und Wachstumsentwicklungen aufzuzeigen, so wird es doch in seiner Bedeutung als Wohlstandsindikator auch hinterfragt.

Nicht erfasste Wertschöpfungsprozesse
Die VGR erfasst nur Wertschöpfungsprozesse, die offiziell gemeldet werden. Daraus ergibt sich, dass die Wertschöpfungsprozesse, die als Schwarzarbeit in der sogenannten Schattenwirtschaft stattfinden, nicht in das BIP einfließen. Darüber hinaus sind alle Produktionsvorgänge im Haushaltssektor ausgeschlossen. Hausarbeit, Kindererziehung, Pflegeleistungen und Nachbarschaftsdienste gehören zum sozialen Leben genauso wie alle ehrenamtlichen Tätigkeiten. Haushaltsnahe Dienstleistungen werden nicht nur käuflich erworben.

Fehlende qualitative Differenzierung des Güterangebots
Da das BIP lediglich quantitative Größen enthält, wird die Art der Güter nur sehr allgemein dargestellt. Es differenziert nicht, aus welchen Gründen Güter produziert werden. Dient die Produktion der Versorgung mit militärischen oder zivilen Gütern? Liegt der Schwerpunkt der Güterproduktion in der Versorgung des Privatsektors? Geht dies zulasten der Versorgung der Gesellschaft mit öffentlichen Gütern wie Bildung, Gesundheit, Verkehrswege? Ist der Konsum von Genussmitteln mit Gesundheitsrisiken verbunden?

Keine Antworten auf beschäftigungs- und strukturpolitische Fragen
Auch Hinweise auf regionale Unterschiede oder Branchenstrukturen unterbleiben. Aussagen über die Beschäftigungssituation und Arten der Arbeitslosigkeit werden nicht gemacht. Darüber hinaus werden weder die Arbeitsbedingungen noch Sozialstandards erfasst.

Vernachlässigung der externen Kosten
Externe Kosten des Umweltverbrauchs werden häufig nicht Preisbestandteil, sodass die Marktpreise nicht den tatsächlichen Produktionskosten entsprechen. Andererseits erhöhen die Beseitigung von Umweltschäden und die Reparatur von Unfallautos genauso wie die Unterbringung in Pflegeheimen, Gefängnissen und Jugendheimen sowie die Behandlung von Krankheiten als Folge von Allergien und Unfällen das BIP.

Vernachlässigung sozialer Aspekte
Aussagen über das soziale Klima, das Glücksempfinden der Menschen und deren allgemeine Zufriedenheit mit ihren Lebensumständen sind genauso wenig möglich wie über die politische Stabilität eines Landes. Die Einkommensverteilung auf die einzelnen Bürger lässt sich aus dem BIP nicht erkennen, sodass die Trennung der Gesellschaft in Arm und Reich nicht dargestellt wird.

Aus den Schwächen des BIP-Konzepts heraus wird nach Messgrößen gesucht, die neben den quantitativen Aussagen über die materielle Güterproduktion auch sonstige Aspekte der Lebensqualität abbilden.

3.7 Alternativkonzepte in der Diskussion

Verschiedene Initiativen auf nationaler und internationaler Ebene versuchen herauszufinden, wie gesellschaftlicher Fortschritt und Wohlstand umfassender gemessen werden können als mit dem BIP. Insbesondere wird untersucht, wie Wirtschaftswachstum, Wohlstand, Lebensqualität und Wohlbefinden zusammenhängen und ob unser Wohlstand nachhaltig ist. Hierzu wurde eine Reihe von Alternativkonzepten entwickelt, z. B.:

- Umweltökonomische Gesamtrechnung
- Human Development Index
- Happy Planet Index

3.7.1 Umweltökonomische Gesamtrechnung (UGR)

Zum nachhaltigen Wirtschaften gehört vor allem der schonende Umgang mit den natürlichen Ressourcen des „Planeten Erde".

> Risiken wirtschaftlichen Handelns für den „Planeten Erde":
> - Industrieabfälle und Hausmüll, Abwässer, Abgase, Lärm und Abwärme beeinträchtigen Natur und Gesundheit.
> - Der Verbrauch von fossilen Brennstoffen in Verkehr, Haushalt und Produktion erhöht den Ausstoß von klimaschädlichen und gesundheitsgefährdenden Abgasen wie Kohlendioxid, Stickoxiden und Methan.
> - Der Klimawandel gefährdet die Lebensgrundlagen vieler Menschen in betroffenen Regionen.
> - Die Entsorgung des radioaktiven Restmülls ist weltweit nicht geklärt.

Die umweltökonomische Gesamtrechnung ist die umweltökonomische Ausrichtung der VGR. An die Stelle des Bruttoinlandsprodukts tritt das Ökosozialprodukt. Es orientiert sich an dem Prinzip des nachhaltigen Wirtschaftens und ergänzt das BIP um Aspekte des Verbrauchs natürlicher Ressourcen. Im Rahmen der Umweltökonomischen Gesamtrechnung werden insbesondere

- die Belastung der Umwelt durch den Material- und Energieverbrauch erfasst,
- die Nutzung von Fläche für Produktion und Konsum ermittelt,
- der Umweltzustand beschrieben,
- Maßnahmen des Umweltschutzes aufgezeigt,
- Umweltstandards festgeschrieben,
- Vermeidungskosten zur Einhaltung der Umweltstandards aufgezeigt.

Das Ökosozialprodukt soll insbesondere die Ausgaben erfassen, die ausschließlich dazu dienen, wachstumsbedingte Schädigungen der Lebens-, Arbeits- und Umweltsituation zu vermindern, auszugleichen oder vorbeugend zu vermeiden. Dazu gehören u. a. Umweltschutzaufwendungen des Staates/der Unternehmen, Aufwendungen zur Regulierung von Verkehrsunfällen und Ausgaben im Gesundheitswesen. Es sollen die Folgewirkungen des Wachstums dokumentiert werden.

3 Volkswirtschaftliche Gesamtrechnung und Bruttoinlandsprodukt

Das Rechenwerk der Umweltökonomischen Gesamtrechnung soll dazu beitragen, dass ökologische Rahmenbedingungen geschaffen werden, die in das Marktgeschehen eingebunden werden. Es geht um eine ökologische Marktwirtschaft, d. h. um eine Berücksichtigung des Knappheitscharakters ökologischer Ressourcen.

Die Natur ist kein freies Gut. Das Problem der Einbindung von ökologischen Größen besteht in der geldmäßigen Erfassung externer Kosten, z. B. mithilfe von Öko-Steuern und Umweltzertifikaten, die erworben werden müssen, wenn Produktion, Verbrauch und Verkehr umweltschädigende Folgen mit sich bringen.

> **Ansatzpunkte der UGR**
>
> Wer verbraucht oder belastet wie viel Luft, Wasser und Boden? Wer produziert wie viel Lärm und Abfälle? Wie verändert sich die Pflanzen- und Tierwelt? Wer belastet Wälder und Gewässer? Welche Gefahren drohen seitens der Klimabelastung durch den steigenden Ausstoß von Treibhausgasen? Wer ist verantwortlich zu machen für die daraus resultierende Klimabelastung und welche Maßnahmen müssen ergriffen werden, um die Erderwärmung auf maximal 2 % (oder weniger) zu begrenzen?

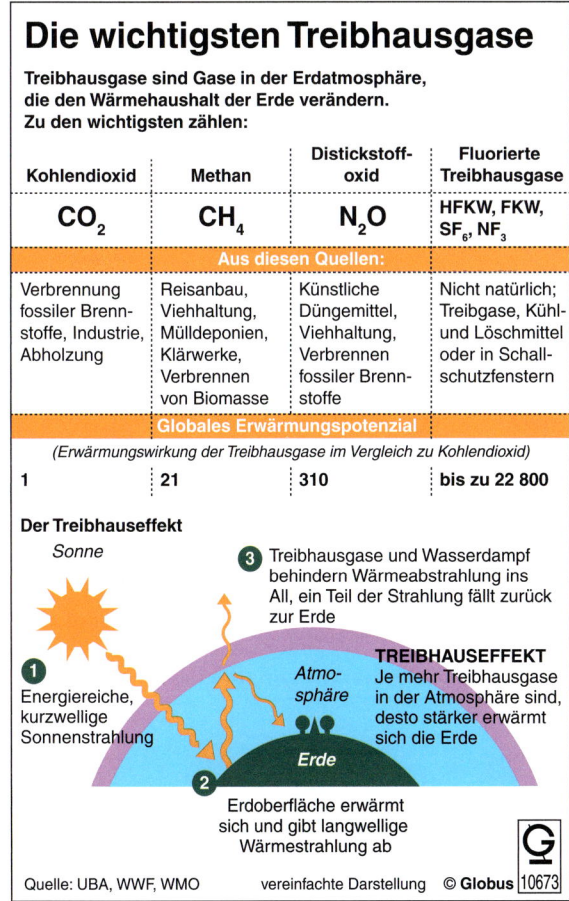

Als weitere Ansätze gelten Zufriedenheit, Gesundheit, Bildungsstand, innere Sicherheit bzw. Kriminalität und Terrorgefahr sowie Höhe und Dauer der Arbeitslosigkeit.

3.7.2 Human Development Index (HDI)

Der „Index der menschlichen Entwicklung" ist eine von der UN entwickelte Messgröße, die als Maßstab für die Lebenschancen in einem Land herangezogen wird. Es werden qualitative Faktoren wie Chancengleichheit im Zugang zu Bildungs- und Gesundheitseinrichtungen sowie die Bekämpfung von Armut und die Einkommensverteilung berücksichtigt. Als Messgrößen, die zur Berechnung des HDI herangezogen werden, dienen u. a. die Lebenserwartung Neugeborener und das Pro-Kopf-Einkommen.

Je geringer der Wert des HDI, desto „ärmer" ist ein Land und desto notwendiger ist es, in diesen Ländern neben der Steigerung des materiellen Lebensstandards u. a. das Gesundheitswesen zu verbessern und Bildungschancen für alle einzuräumen.

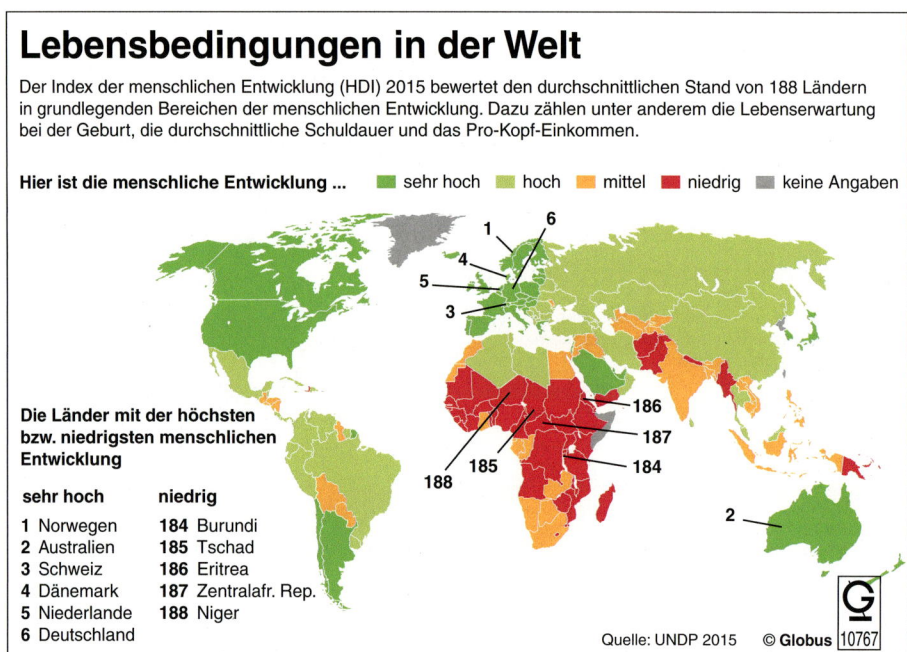

3.7.3 Happy Planet Index (HPI)

Der „Index des glücklichen Planeten" der englischen Denkfabrik „new economics foundation" (nef) verknüpft subjektives Wohlbefinden der Menschen, deren Gesundheitszustand und Lebenserwartung mit dem Aspekt der Nachhaltigkeit zu einer Messgröße. Als Indikator für die Nachhaltigkeit wird der sogenannte ökologische Fußabdruck herangezogen, in den u. a. Umweltbelastungen und der Verbrauch natürlicher Ressourcen eingehen.

$$HDI = \frac{\text{Lebenserwartung} \cdot \text{subjektives Wohlbefinden}}{\text{ökologischer Fußabdruck}}$$

Während die Größen subjektives Wohlbefinden, Gesundheit und Lebenserwartung auf die Lebenssituation der heutigen Generation abstellen, ist der ökologische Fußabdruck mit den daraus resultierenden Umweltbelastungen für die zukünftigen Generationen von Bedeutung.

> **Ergebnisse des HPI-Reports 2012**
>
> Die Ergebnisse des HPI-Reports 2012 zeigen, dass „wir noch immer nicht auf einem glücklichen Planeten leben" (nef 2012). Kein Land kann bei allen drei Faktoren (hohe Lebenserwartung, hohes Wohlbefinden bei gleichzeitigem Einhalten der ökologischen Grenzen) Erfolg verbuchen. Länder mit hohem Einkommen, wie die europäischen Staaten oder die USA, erreichen einen niedrigeren Rang, weil ihr Fußabdruck zu hoch ist (Schweiz Rang 34, Vereinigtes Königreich Rang 41, Deutschland Rang 46, Österreich Rang 48 und die USA Rang 105 von 151 Ländern). Die vorderen Plätze des HPI werden von Ländern der Karibik und Ländern nahe dem Äquator eingenommen, weil sie aufgrund der geringen Heizkosten einen niedrigen Fußabdruck haben. So stehen an den ersten drei Stellen Costa Rica, Vietnam und Kolumbien.
>
> **Werte für Deutschland**
> Gesamtwert: 47,2
> subjektives Wohlbefinden: 6,7 (Platz 27 von 151 Ländern)
> Lebenserwartung: 80,4 Jahre (Platz 19)
> ökologischer Fußabdruck: 4,6 (Platz 118)
>
> Quelle: Online-Lexikon der Nachhaltigkeit: www.nachhaltigkeit.info/artikel/happy_planet_index_1866.htm

Die Suche nach Konzepten, die den Wohlstand eines Landes auch unter qualitativen Aspekten ermitteln, gestaltet sich schwierig, zumal die Verbesserung der quantitativen Güterversorgung insbesondere in armen Ländern nach wie vor absolute Priorität genießt und auch in reichen Ländern der materielle Wohlstand einen hohen Stellenwert hat.

Aufgaben zu Kapitel 3

1. Erklären Sie die Bedeutung der Volkswirtschaftlichen Gesamtrechnung für die Beurteilung der gesamtwirtschaftlichen Situation.

2. Inwiefern ist das Volkseinkommen ein Markteinkommen und welche Folgen ergeben sich daraus für den Sektor Private Haushalte?

3. Welcher Zusammenhang besteht zwischen Staatseinnahmen, Bruttoinlandsprodukt und Volkseinkommen?

4. Wodurch unterscheiden sich Bruttoeinkommen und verfügbares Einkommen der Privaten Haushalte und welche Bedeutung haben Transferzahlungen für die jeweiligen Zahlungsempfänger?

5. Die Entstehungsrechnung ist gleichzusetzen mit der Wertschöpfungsrechnung und dokumentiert u. a. die Branchenstruktur der deutschen Volkswirtschaft als Folge der sektoralen Arbeitsteilung. Erklären Sie diesen Sachverhalt.

6. Unterscheiden Sie die einzelnen Teilelemente der gesamtwirtschaftlichen Nachfrage, begründen Sie deren Zugehörigkeit zur Verwendungsrechnung und kommentieren Sie die Bedeutung der einzelnen Größen für die wirtschaftliche Situation der Bundesrepublik Deutschland.

7. Wodurch unterscheiden sich nominales und reales Wirtschaftswachstum, wodurch werden diese Größen beeinflusst und welche Vorteile hat ein positives Wirtschaftswachstum für die Gesamtwirtschaft?

8. Beschreiben Sie beispielhaft, warum das BIP als Wohlstandsindikator angesehen wird.

9. Welche kritischen Stimmen gibt es gegen das BIP als Wohlstandsindikator und wie beurteilen Sie diese?

10. Wie beurteilen Sie aus Ihrer persönlichen Lebenssituation die dargestellten Alternativkonzepte?

3 Volkswirtschaftliche Gesamtrechnung und Bruttoinlandsprodukt

Alternative Konzepte zur Wohlstandsmessung

UGR Umweltökonomische Gesamtrechnung (Stat. Bundesamt)	HDI Human Development Index (UN)	HPI Happy Planet Index (nef)
umweltökonomische Ausrichtung der VGR unter Berücksichtigung: • Naturverbrauch • Zustand der Natur (Welt) • Maßnahmen im Umweltschutz	Messgröße für die Lebenschancen unter Berücksichtigung: • Pro-Kopf-Einkommen • Lebenserwartung • Bildungsstand	verknüpft Wohlbefinden der Menschen mit Aspekt Nachhaltigkeit unter Berücksichtigung: • Lebenszufriedenheit • Lebenserwartung • ökologischer Fußabdruck

Selbsteinschätzung – II Wirtschaftsordnung und Wirtschaftskreislauf in der Bundesrepublik Deutschland

Nr.	Ich kann ...	Noch Probleme? → Erklärungen und Aufgaben im Buch:
1	die Bedeutung der Planungsautonomie für das wirtschaftliche Handeln der Wirtschaftssubjekte des Privatsektors erklären.	Kapitel 1.1.1
2	erkennen, dass die im Grundgesetz festgelegten allgemeinen Freiheitsrechte die Grundlage für die wirtschaftlichen Freiheitsrechte bilden.	Kapitel 1.1.2, Aufgabe 1 Kapitel 1.1.3, Aufgabe 3
3	erläutern, dass das Leistungsprinzip der freien Marktwirtschaft zu ungewollten Ergebnissen führen kann.	Kapitel 1.2.2, Aufgabe 4
4	deutlich machen, aus welchen Gründen der Staat eine aktive Rolle in der sozialen Marktwirtschaft übernimmt.	Kapitel 1.3.2 und 1.3.3, Aufgaben 1 bis 3
5	das Prinzip der freien Märkte erläutern und die Notwendigkeit wettbewerbspolitischer Eingriffe auf der Grundlage des Gesetzes für Wettbewerbsbeschränkungen nachvollziehen.	Kapitel 1.4, Aufgaben 4 und 5
6	nachvollziehen, dass das kollektive Arbeitsrecht für die Arbeitnehmer Schutzfunktionen erfüllt.	Kapitel 1.5.4 und 1.5.5, Aufgaben 10 bis 13
7	die Regeln und den Ablauf von Arbeitskämpfen erläutern und Tarifverträge unterscheiden.	Kapitel 1.5.1, Aufgaben 6 bis 9
8	erkennen, dass der Staat seiner sozialen Verpflichtung durch eine Vielzahl von Regelungen gerecht wird.	Kapitel 1.6, Aufgaben 14 und 15

II Wirtschaftsordnung und Wirtschaftskreislauf in der Bundesrepublik Deutschland

Nr.	Ich kann ...	Noch Probleme? → Erklärungen und Aufgaben im Buch:
9	Prinzipien, Instrumente und Ziele einer staatlichen Sozialordnung einordnen.	Kapitel 1.6
10	erkennen, welche Gründe der Staat für seine Umverteilungsfunktion anführt.	Kapitel 1.6.3 und 1.6.4, Aufgabe 16
11	alle Wirtschaftssubjekte des Privatsektors benennen und unterscheiden.	Kapitel 2.1, Aufgaben 1 bis 3
12	Ausgaben und Einnahmen der öffentlichen Haushalte erklären und wichtige Steuerarten unterscheiden.	Kapital 2.1, Aufgabe 4
13	den Kreislaufcharakter des wirtschaftlichen Geschehens erläutern.	Kapitel 2.3, Aufgabe 5
15	den Zusammenhang zwischen Sparen und Investitionen darstellen.	Kapitel 2.4
16	die sektorale Arbeitsteilung im Unternehmenssektor und die Bedeutung von Wertschöpfungsketten erkennen.	Kapital 2.5, Aufgabe 7
17	den Unterschied zwischen dem einfachen und dem erweiterten Wirtschaftskreislauf herleiten.	Kapitel 2.3 und 2.5, Aufgabe 10
18	das System der Volkswirtschaftlichen Gesamtrechnung erklären.	Kapitel 3.1, Aufgabe 1
19	den Zusammenhang zwischen Wertschöpfung, Volkseinkommen, Einnahmen des Staates und gesamtwirtschaftlicher Nachfrage nachvollziehen.	Kapitel 3.1, Aufgaben 2 bis 5
20	die Elemente der Entstehungs-, Verteilungs- und Verwendungsrechnung auf der Grundlage des Zahlenmaterials für die Bundesrepublik Deutschland erläutern.	Kapitel 3.2 bis 3.4, Aufgaben 6 bis 8
21	das nominale vom realen Wirtschaftswachstum unterscheiden.	Kapitel 3.5, Aufgabe 7
22	das Konzept der Wohlstandsmessung eines Landes auf der Basis des BIP und die kritischen Ansätze dieses Konzeptes erläutern.	Kapitel 3.5 und 3.6, Aufgabe 9
23	die unterschiedlichen Ansätze der dargestellten Alternativkonzepte beschreiben.	Kapitel 3.7, Aufgabe 10

III

Rechtliche Grundlagen des Handelns privater Haushalte

1 Grundlagen und Begriffe

Tagtäglich wird geheiratet und geschieden, gekauft und gemietet, geleast, gebürgt, geerbt, vererbt und verpfändet. Eine unüberschaubare Menge an Handlungen von Menschen in Deutschland, jeden Tag rund um die Uhr. Als Ganzes betrachtet ein Chaos – oder folgen diese individuellen Handlungen nicht doch Mustern?

1.1 Regeln für das Zusammenleben in einer Gesellschaft

Das Zusammenleben der Menschen in einer Gesellschaft unterliegt bestimmten Regeln. Diese Regeln werden entweder von einem Großteil der Menschen einfach respektiert, ohne dass sie in irgendeiner Form niedergeschrieben wurden. Hier spricht man von Sitten und Bräuchen, also Verhaltensweisen, die sich über einen längeren Zeitraum hinweg gebildet haben.

> In deutschen Großstädten ist es ein „ungeschriebenes Gesetz", dass auf Rolltreppen in der U-Bahn rechts gestanden wird, damit links vorbeigegangen werden kann.

Es gibt dagegen Regeln, die für eine Gesellschaft so wichtig sind, dass sie festgehalten und niedergeschrieben werden. Der Fachausdruck hierfür heißt **„kodifiziert"** werden. An ein solches niedergeschriebenes Recht muss sich jeder Mensch in der Gesellschaft halten. Wer sich nicht daran hält, kann durch die Gemeinschaft (durch die staatliche Gewalt, z. B. die Polizei) dazu gezwungen und entsprechend sanktioniert werden.

1 Grundlagen und Begriffe

In der Bundesrepublik Deutschland sind die grundlegenden Regeln des Zusammenlebens im **Grundgesetz** (abgekürzt: GG) festgehalten. Hier ist beispielsweise in Artikel (Art.) 13 festgelegt, dass Wohnungen nur durch richterliche Anordnungen vom Staat, z. B. der Polizei, durchsucht werden dürfen. Das Grundgesetz regelt damit zunächst einmal das Verhältnis des Staates zum einzelnen Bürger.

Auf das Grundgesetz aufbauend erlässt der Staat Gesetze, Rechtsverordnungen und Satzungen. Jede politische Ebene (von der Bundes- über die Landes- bis hin zur Gemeindeebene) kann in Deutschland Rechtsvorschriften in bestimmtem Umfang erlassen. Der Bundestag, in manchen Fällen zusammen mit dem Bundesrat, erlässt **Bundesgesetze**, die für das gesamte Gebiet der Bundesrepublik gelten. Für die Gebiete der einzelnen Bundesländer tun dies die Landtage bzw. die Senate (**Landesgesetze**) und auf kommunaler Ebene erlassen die Gemeinderäte **Satzungen** (so nennen sich Gesetze auf dieser Ebene), die nur für die jeweilige Gemeinde Gültigkeit haben.

Politische Ebenen und zugehörige Rechtsvorschriften

Rechtsverordnungen werden nicht von demokratisch gewählten Parlamenten erlassen, sondern von den dazugehörigen Verwaltungen auf der jeweiligen Ebene.

Ein Gesetz (auch Rechtsnorm genannt) ist nur dann wirksam, wenn es einer Norm auf nächsthöherer Ebene nicht widerspricht. Da somit alle Gesetze zueinander passen und wie eine Einheit wirken, wird oft ganz abstrakt vom „**Gesetzgeber**" gesprochen als einer fiktiven Person, welche die Gesetze erlassen hat.

> Der Bundestag ändert das Strafgesetzbuch (abgekürzt: StGB) dahin gehend, dass nun Mord mit der Todesstrafe belegt werden soll. Das Gesetz verstößt aber gegen Artikel 102 des Grundgesetzes, wonach in Deutschland die Todesstrafe abgeschafft ist. Die Änderung des StGB ist also nicht möglich und wird somit nicht wirksam.

Gewaltenteilung

Parlamente agieren in einer Demokratie als Legislative und beschließen Gesetze. Die Exekutive (Verwaltung/ausführende Gewalt) kann passend zu den Gesetzen Rechtsverordnungen erlassen. Die Judikative (Gerichte) überprüft, ob die Gesetze miteinander und insbesondere mit dem Grundgesetz vereinbar sind.

1.2 Rechtsgebiete in der Bundesrepublik Deutschland

Das Recht in der Bundesrepublik Deutschland kann in zwei große Rechtsgebiete aufgeteilt werden:

- **Öffentliches Recht**
  Das öffentliche Recht ist der Teil der Rechtsordnung, der die Organisation des Staates, die Befugnisse und Aufgaben der Organe des Staates sowie das Verhältnis Staat gegenüber Bürger und Bürger gegenüber Staat regelt.
- **Privatrecht**
  Das Privatrecht (auch Zivilrecht genannt) regelt die rechtlichen Beziehungen der einzelnen Bürger auf der Stufe der Gleichordnung untereinander in Ehe, Familie, Beruf und Gesellschaft.

Im Nachfolgenden geht es allein um das Recht des täglichen Lebens: das Privatrecht. Der Staat hat das Gewaltmonopol, das heißt, nur er darf im Zweifel auch Zwang ausüben, um Recht durchzusetzen. Im Privatrecht muss der „Geschädigte" allerdings erst klagen[1]. Im Anschluss daran kann er sein Recht mithilfe des Staates (z. B. Gerichtsvollzieher) durchsetzen lassen.

[1] klagen: seine Ansprüche von einem Gericht bestätigen lassen

Untergliederung der Rechtsgebiete

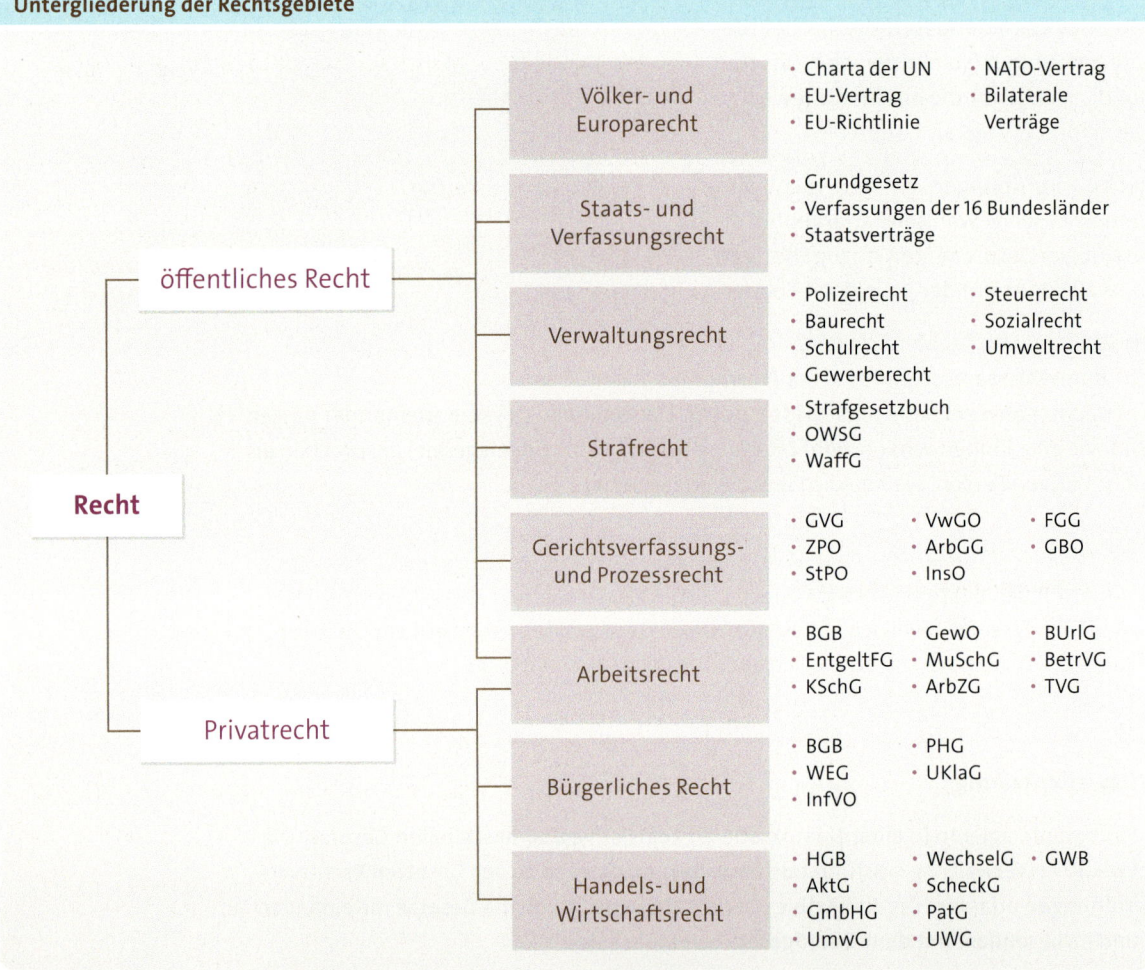

1.3 Aufbau von Gesetzen am Beispiel des BGB

In der Bundesrepublik Deutschland gilt für das rechtliche Verhältnis der Bürger untereinander das **Bürgerliche Gesetzbuch** (abgekürzt: **BGB**). Es trat am 1. Januar 1900 in Kraft und vereinheitlichte erstmals das Privatrecht im gesamten Deutschen Reich. Ein Sonderrecht für Kaufleute ist das **Handelsgesetzbuch** (abgekürzt: **HGB**). Auch dieses trat zum 1. Januar 1900 in Kraft und gilt immer dann, wenn ein Kaufmann betroffen ist.

Die Sprache im BGB scheint oft antiquiert, dafür sind die Gesetze außerordentlich scharf und genau formuliert. Es gilt also, sehr achtsam mit jedem einzelnen Wort umzugehen.

● **Formaler Aufbau**

Der gesamte Gesetzestext ist in zusammenhängende Abschnitte, sogenannte Paragrafen[1], aufgeteilt. Die Paragrafen entwickeln sich vom Allgemeinen hin zum Besonderen (= Speziellen).

[1] Für das lange Wort Paragraf verwenden Juristen das Zeichen §.

> **BGB § 90: Begriff der Sache**
> Sachen im Sinne des Gesetzes sind nur körperliche Gegenstände.

Auf diese grundlegende Definition des Begriffs „Sache" wird dann in späteren Paragrafen zurückgegriffen, z. B.:

> **BGB § 903: Befugnisse des Eigentümers**
> Der Eigentümer einer Sache kann, soweit nicht das Gesetz oder Rechte Dritter entgegenstehen, mit der Sache nach Belieben verfahren und andere von jeder Einwirkung ausschließen.

Eine erneute Definition des Begriffs „Sache" ist somit nicht mehr nötig.

● **Inhaltlicher Aufbau**

In jedem Paragrafen findet sich ein **Konditionalprogramm**[2]. Diese Bedingung kann man auch als „Wenn-Dann-Grundsatz" bezeichnen:

[2] konditional: eine Bedingung angebend

Wenn der Voraussetzungsteil (1. Teil) vorliegt,
    dann tritt der Rechtsfolgenteil (2. Teil) in Kraft.

> **BGB § 823: Schadensersatzpflicht**
> (1) Wer vorsätzlich oder fahrlässig das Leben, den Körper, die Gesundheit, die Freiheit, das Eigentum oder ein sonstiges Recht eines anderen widerrechtlich verletzt, ist dem anderen zum Ersatz des daraus entstehenden Schadens verpflichtet.

Übertragen in den „Wenn-Dann-Grundsatz" heißt dies:
Wenn eine Person rechtswidrig und schuldhaft eine andere Person schädigt, **dann** muss der Verursacher dem Geschädigten den Schaden ersetzen.

III Rechtliche Grundlagen des Handelns privater Haushalte

[1] abstrakt:
vom Dinglichen gelöst, theoretisch, ohne unmittelbaren Bezug zur Realität

Gesetze müssen möglichst alle Eventualitäten abdecken – kein Gesetzgeber der Welt könnte sämtliche Fälle, die das Leben so schreibt, vorausdenken. Also sind die Rechtsnormen sowohl auf der Voraussetzungs- als auch auf der Rechtsfolgenseite abstrakt[1] formuliert. Die Schwierigkeit besteht darin, das abstrakte Gesetz auf den konkreten Fall anzuwenden.

Juristisches Zitieren von Paragrafen

Ein Paragraf kann einen oder mehrere Absätze beinhalten. Bei mehreren Absätzen werden diese in den Gesetzen mit (1), (2) usw. markiert. In geschriebenen Texten (auch in diesem Buch) verwendet man anstatt der ( ) die Abkürzung Abs., um den Absatz genau zu benennen.

In besonders umfangreichen Absätzen werden zusätzlich die Sätze (Abkürzung: S.) durchnummeriert, in der Regel mit kleinen Hochzahlen.

BGB § 79: Einsicht in das Vereinsregister

(1) ¹Die Einsicht des Vereinsregisters sowie der von dem Verein bei dem Amtsgericht eingereichten Dokumente ist jedem gestattet. ²Von den Eintragungen kann eine Abschrift verlangt werden; die Abschrift ist auf Verlangen zu beglaubigen. ...

(2) Die Einrichtung eines automatisierten Verfahrens, das die Übermittlung von Daten aus maschinell geführten Vereinsregistern durch Abruf ermöglicht, ist zulässig, wenn sichergestellt ist, dass ...

So bezeichnet die Zitierung § 79 Abs. 1 Satz 2 BGB den Satz: „Von den Eintragungen kann eine Abschrift verlangt werden; die Abschrift ist auf Verlangen zu beglaubigen."

Möchte man zwei oder mehrere Paragrafen zitieren, die im Gesetz aufeinanderfolgen, so verwendet man die Abkürzung f. (= folgender) bzw. ff. (= folgenden) nach dem Zitat.

Möchte man die Paragrafen 1 und 2 des BGB zitieren, sieht das so aus: § 1 f. BGB.

In der Bundesrepublik Deutschland gelten fast 2 000 Gesetze und über 3 000 Verordnungen. Daher ist es besonders wichtig, bei der Zitierung immer das entsprechende Gesetz anzugeben. Ein §-Zeichen und eine Zahl ist also keine korrekte Zitierung, da niemand weiß, welches Gesetz gemeint ist.

1.4 Willenserklärung als Grundlage des rechtlichen Handelns im Privatrecht

1.4.1 Willenserklärung

Die Willenserklärung ist im Privatrecht ein wichtiger Teil des Grundgerüstes der Rechtsordnung.

Jede Willenserklärung setzt sich aus zwei Komponenten zusammen und soll schlussendlich zu einer Rechtsfolge führen:

> Ein Mann geht in ein Café und bestellt einen Cappuccino. Es ist offensichtlich der Wille und die Absicht des Mannes, ein Getränk zu bekommen, und sicherlich ist ihm auch klar, dass er für den Cappuccino bezahlen muss.
> Mit der Bestellung möchte der Mann auch die rechtliche Eigentumslage des Cappuccino verändern: Der Cappuccino soll sein Eigentum ▶ werden, damit er ihn trinken kann.

Besitz und Eigentum
▶ Kapitel 1.5

Bestandteile der Willenserklärung

Willens … erklärung

- **Wille** (subjektives, inneres Merkmal im Menschen)
- **Erklärung** (objektive, erkennbare Kundgabe des Willens)

+

gerichtet auf eine Rechtsfolge (z. B. Vertragsschluss)

Bei der **Willenserklärung** handelt es sich um eine Willensäußerung, die auf die Herbeiführung eines bestimmten rechtlichen Erfolgs gerichtet ist.

Da die Willenserklärung eine so grundlegende Bedeutung hat, nehmen die Juristen ihre Bestandteile ganz genau unter die Lupe. Die einzelnen Bestandteile werden wie folgt aufgeschlüsselt:

● **Wille**

Zu einer rechtskräftigen Willenserklärung bedarf es eines tatsächlichen Willens. Dieser Wille setzt wiederum drei Komponenten voraus:

- **Handlungswille** = der freie Wille, handeln zu wollen

  > **Gegenbeispiele** Worte im Schlaf, Handeln unter Hypnose, unkontrollierte Bewegungen eines Epileptikers

III Rechtliche Grundlagen des Handelns privater Haushalte

- **Erklärungsbewusstsein** = der Wille, überhaupt rechtsgeschäftlich tätig werden zu wollen

  > **Gegenbeispiel** Ein ahnungsloser Auktionsbesucher winkt durch Armheben einem Freund zu.

- **Geschäftswille** = der Wille, ganz bestimmte Rechtsfolgen herbeizuführen

  > **Gegenbeispiel** Ein Erklärender verschreibt sich und schreibt 1000 Stück anstatt 100 Stück.

● Erklärung

Die Erklärung ist die erkennbare Kundgabe eines rechtsgeschäftlichen Willens. Diese Kundgabe bzw. dieses Verhalten kann auf drei Arten erfolgen:

- **ausdrückliche Erklärung**
  Der Erklärende gibt mündlich oder schriftlich seinen Willen bekannt.
- **schlüssiges Handeln (konkludentes[1] Handeln)**
  Der Erklärende verhält sich so, dass es den Schluss auf einen bestimmten Willen zulässt, z. B. Nicken, Einwerfen einer Münze am Automaten, Benutzung eines Parkplatzes, Einsteigen in den Zug.
- **Schweigen**
  keine Abgabe einer Willenserklärung

[1] konkludent: eine Schlussfolgerung zulassend, schlüssig

Grundsätzlich ist das **Schweigen** das Gegenteil von Erklären und damit **keine** Willenserklärung. Wer schweigt (nicht reagiert), erklärt nichts, gibt also auch keine Willenserklärung ab.

Zu diesem Grundsatz gibt es nur wenige **Ausnahmen**, nachfolgend die für uns relevanten:

- Die Vertragsparteien haben Schweigen als eine Willenserklärung festgelegt.

  > Moritz bestellt beim Buchhändler eine regelmäßig erscheinende Zeitschrift und vereinbart, dass er die Zeitschrift annimmt, wenn er sie nicht binnen zwei Wochen zurückbringt. Das Schweigen ist damit das vereinbarte Zeichen über das Zustandekommen eines Vertrags.

- Im § 362 Abs. 1 HGB unterstellt der Gesetzgeber, dass Kaufleute, die in Geschäftsbeziehungen zueinander stehen, durch Schweigen eine Annahme formulieren.

  > Der Hauslieferant eines Einzelhändlers liefert ohne vorherige Bestellung durch den Einzelhändler 10 Kisten Rotwein. Unternimmt der Einzelhändler nichts (schweigt also), gilt dies als Annahme und der Kaufvertrag kommt zustande.

1.4.2 Wirksamwerden der Willenserklärung

Damit die Willenserklärung wirksam werden kann, sind zudem Abgabe und Zugang der Willenserklärung erforderlich.

● Abgabe

Eine Willenserklärung ist abgegeben, wenn der rechtsgeschäftliche Wille so geäußert ist, dass an der
- **Ernsthaftigkeit** und
- **Endgültigkeit** kein Zweifel besteht und
- die Erklärung mit Willen des Erklärenden in den Verkehr gebracht worden ist.

> Der Verkäufer lässt ein fertiges Angebot auf seinem Schreibtisch liegen, um sich die ganze Sache noch einmal zu überlegen. Die Sekretärin nimmt den Brief, frankiert ihn und gibt ihn zur Post. Der Erklärende (Verkäufer) meinte sein Angebot sicherlich ernst und endgültig, wollte das Angebot aber nicht in den Verkehr bringen und somit liegt keine Willenserklärung vor.

● Zugang

Üblicherweise wird eine Willenserklärung wirksam (oder rechtlich existent), wenn sie vom Empfänger (Adressat) empfangen wird. Das ist immer dann Voraussetzung, wenn es einen greifbaren Adressaten gibt.

Es gibt zwei Möglichkeiten des Zugangs einer **empfangsbedürftigen Willenserklärung**:
- Unter **Anwesenden** (mit anderen Worten: von Angesicht zu Angesicht) oder am Telefon ist eine Willenserklärung sofort wirksam. Hier spricht man auch von der „Vernehmungstheorie": Sobald der Adressat die Willenserklärung vernehmen kann, ist sie wirksam.
- Unter **Abwesenden** ist eine Willenserklärung zugegangen, wenn sie
  - in den Machtbereich des Empfängers gelangt und
  - dieser die Möglichkeit der Kenntnisnahme hat,
  unter Zugrundelegung **gewöhnlicher** Umstände (§ 130 Abs. 1 Satz 1 BGB).

Geht vor oder gleichzeitig mit der Willenserklärung beim Adressaten der Widerruf[1] dieser Erklärung ein, ist die Willenserklärung **nicht wirksam** (§ 130 Abs. 1 Satz 2 BGB).

In seltenen Fällen ist eine Willenserklärung **nicht empfangsbedürftig**. Hierbei handelt es sich meist um einseitige Rechtsgeschäfte ▶, bei denen der Erklärende sich einseitig bindet und der Adressat nicht oder noch nicht bekannt ist.

[1] Widerruf: *Rücknahme einer Willenserklärung*

Rechtsgeschäfte
▶ 🏛 Kapitel 2.2

> - Ein Testament (§ 1937 BGB) ist wirksam, auch wenn es noch im Aktenschrank lagert und die vererbende Person noch lebt.
> - Die Auslobung einer Belohnung (§ 657 BGB) ist sofort wirksam, auch wenn der verloren gegangene Hund noch gar nicht wiedergefunden wurde.

III Rechtliche Grundlagen des Handelns privater Haushalte

„Machtbereichstheorie" nach § 130 Abs. 1 Satz 1 BGB

Nach dieser juristischen Theorie geht eine Willenserklärung zu, wenn sie in vom Empfänger bereitgehaltene Einrichtungen wie Briefkästen, Postfächer, Anrufbeantworter und E-Mail-Accounts eingeht und der Adressat unter gewöhnlichen Umständen die Möglichkeit hat, von der Willenserklärung Kenntnis zu nehmen.

Inzwischen finden sich im BGB auch Regeln zum elektronischen Geschäftsverkehr. So legt § 312 i Abs. 1 Satz 2 BGB fest, dass eine E-Mail als zugegangen gilt, wenn Sie der Adressat unter gewöhnlichen Umständen in seinem E-Mail-Account abrufen könnte.

> Eine Mieterin wirft ihrem Vermieter die Kündigung ihrer Wohnung am Samstagabend um 22:00 Uhr in den Briefkasten. Damit gelangt die Kündigung zwar in den Machtbereich des Vermieters, aber dieser kann unter gewöhnlichen Umständen erst am nächsten Werktag den Brief zur Kenntnis nehmen, nämlich dann, wenn er wie gewohnt nach der Post schaut. Erst hiernach ist das Kündigungsschreiben zugegangen.
>
> Dasselbe gilt für den Fall, dass der Empfänger (Vermieter) verreist ist. Die Kündigung gilt als zugegangen, da der Vermieter unter gewöhnlichen Umständen, nämlich wenn er zu Hause gewesen wäre, die Möglichkeit gehabt hätte, davon Kenntnis zu nehmen.

1.5 Herrschaft über Sachen

1.5.1 Besitz

[1] Sachen werden auch als Rechtsobjekte oder Rechtsgegenstände bezeichnet.

Ein weiterer Eckstein im Privatrecht ist die Herrschaft über Sachen[1].

BGB § 854 Abs. 1 Erwerb des Besitzes

Der Besitz einer Sache wird durch die Erlangung der tatsächlichen Gewalt über die Sache erworben.

Das bedeutet, dem unmittelbaren Besitzer liegt das Rechtsobjekt vor und es kann von ihm genutzt werden. Umgangssprachlich kann man die Frage stellen: „Wer hat die Sache?" Mit der Antwort kennt man den Besitzer.

> Klaus mietet für seinen Umzug einen Kleintransporter beim Mietwagenunternehmer Hans Müller. Als Klaus in den Wagen steigt und vom Hof fährt, ist er Besitzer des Kleintransporters: Klaus hat die Sache und übt die tatsächliche Gewalt über die Sache aus.

Es ist beim Besitz bedeutungslos, ob der Besitzer auch das Recht hat, eine Sache zu besitzen. Auch der Dieb, der eine Sache gestohlen hat, ist Besitzer der gestohlenen Sache. Folglich kann der Besitz durch einfache Übergabe wechseln.

1.5.2 Eigentum und Eigentumsübertragung

● Eigentum

Der Eigentümer hat die rechtliche Gewalt (Verfügbarkeit) über eine Sache. Hier stellt man umgangssprachlich die Frage: „Wem gehört die Sache?", um den Eigentümer zu ermitteln.

Eigentumserwerb bei Nichtberechtigung des Veräußerers
▶ Webcode WGW_III_1

> Obwohl Klaus mit dem gemieteten Lieferwagen vom Hof gefahren ist, bleibt der Wagen Eigentum von Hans Müller. Im Sprachgebrauch würde man sagen, der Wagen gehört weiterhin Hans Müller.

Das private Eigentum wird durch das Grundgesetz Artikel 14 in der BRD gewährleistet. Der Staat hat das Eigentum für jeden einzelnen Bürger zu sichern und kann nur in Ausnahmefällen Eigentum enteignen[1]. Der Eigentümer kann mit einem Rechtsobjekt nach Belieben verfahren, z. B. es nutzen, zerstören, verändern, verwerten, belasten, wegwerfen, übereignen, verkaufen, verschenken (§ 903 BGB). Es ist jedoch zu beachten, dass dieses Recht durch das Recht Dritter beschränkt ist.

[1] Enteignung: *juristische Bezeichnung für den Entzug des Eigentums durch den Staat*

> Der Eigentümer darf einen alten Kühlschrank wegwerfen, darf ihn aber nicht beim Nachbarn auf das Grundstück werfen, da dies wiederum das Recht des Nachbarn auf Eigentumsschutz verletzt.

● Eigentumsübertragung von Mobilien

Bei der Eigentumsübertragung muss zwischen beweglichen (Mobilien) und unbeweglichen Sachen (Immobilien) unterschieden werden.

Der Normalfall der Eigentumsübertragung an beweglichen Sachen (§ 929 Satz 1 BGB) besteht aus:
- **Einigung**
  Veräußerer und Erwerber sind sich darüber einig, dass das Eigentum übergehen soll.
- **Übergabe**
  Der Eigentümer (Veräußerer) übergibt dem Erwerber die Sache.

Der § 929 Satz 1 BGB geht, genauso wie § 903 BGB, stillschweigend davon aus, dass der Eigentümer berechtigt ist, seine Sache zu übereignen. Der Veräußerer ist also vor der Übertragung Eigentümer und Besitzer der Sache. Durch Übergabe und Einigung gehen sowohl Besitz als auch Eigentum an den Erwerber über.

Eine weitere Möglichkeit besteht darin, dass der Erwerber bereits im Besitz der Sache ist und daher die Übergabe nicht mehr stattfinden muss. In diesem Fall reicht die Einigung aus, damit Eigentum übergeht (§ 929 Satz 2 BGB).

> Marc hat sich von Ben ein Videospiel geliehen. Nach zwei Wochen schlägt Marc Ben vor, ihm das Videospiel abzukaufen. Ben ist einverstanden. Mit der Einigung wird Marc vom Besitzer zum Eigentümer.

III Rechtliche Grundlagen des Handelns privater Haushalte

- **Eigentumsübertragung von Immobilien**

Das Eigentum an unbeweglichen Sachen (z. B. Grundstücken) wird übertragen durch Auflassung und Eintragung in das Grundbuch.

- **Auflassung**

Die Auflassung ist nichts anderes als die Einigung zwischen dem Veräußerer und dem Erwerber. Diese muss bei unbeweglichen Rechtsobjekten vor einem Notar[1] erklärt werden (§ 925 Abs. 1 Satz 2 BGB).

- **Eintragung ins Grundbuch**

Für jedes Grundstück in Deutschland gibt es ein Grundbuchblatt, in dem die Eigentümer dieser Landfläche eingetragen sind. Mit Eintragung in das Grundbuch beim zuständigen Grundbuchamt ist schlussendlich das Eigentum übergegangen (§ 873 Abs. 1 BGB).

[1] Notar: staatlich vereidigter Volljurist, der u. a. Rechtsgeschäfte beurkundet und beglaubigt

1.5.3 Eigentumsvorbehalt

Der Veräußerer einer Sache kann bestimmen, dass das Eigentum erst nach vollständiger Zahlung des Kaufpreises an den Käufer übergehen soll. Dieses Vorgehen schützt den Veräußerer vor dem Verlust seines Eigentums, falls die Zahlung des Käufers ausbleibt.

> Auf vielen Rechnungen findet man die Formulierung: „Die gelieferte Ware bleibt unser Eigentum, bis der Kaufpreis vollständig gezahlt ist." Die Ware wird geliefert, der Käufer ist im Besitz der Ware und beide Parteien haben sich darauf geeinigt, dass das Eigentum übergehen soll. Nun ist diese Einigung aber sozusagen auf Stand-by-Betrieb und wartet darauf, dass die Zahlung durch den Käufer erfolgt.

Dieser sogenannte einfache Eigentumsvorbehalt ist in § 929 Satz 1 BGB und § 158 Abs. 1 BGB geregelt. Das Wirksamwerden der Einigung wird bis zur Zahlung des Kaufpreises aufgeschoben.

Aufgaben zu Kapitel 1

1. Erstellen Sie eigene Definitionen zu den folgenden Begriffen:
   - a Sitten und Bräuche
   - b kodifizieren
   - c Grundgesetz
   - d Gesetz
   - e Rechtsverordnung
   - f Gesetzgeber
   - g Privatrecht = Zivilrecht
   - h Konditionalprogramm

2. Ordnen Sie die folgenden Gesetze den entsprechenden Ebenen der Gesetzgebung zu:
   - a Landesbauordnung für Baden-Württemberg (LBO)
   - b Bundessozialgesetzbuch (SGB)
   - c Handelsgesetzbuch (HGB)
   - d Bürgerliches Gesetzbuch (BGB)
   - e Straßenverkehrsordnung (StVO)
   - f Baumschutzsatzung der Stadt Konstanz am Bodensee

1 Grundlagen und Begriffe

3. Suchen Sie die Sätze der folgenden Paragrafen im BGB und notieren Sie diese:
   a § 105 Abs. 1 BGB
   b § 286 Abs. 1 Satz 2 BGB
   c § 454 Abs. 2 BGB
   d § 573 Abs. 1 Satz 2 BGB

4. Erstellen Sie jeweils das Konditionalprogramm der folgenden Paragrafen des BGB:
   a § 1 BGB
   b § 433 Abs. 1 BGB
   c § 433 Abs. 2 BGB
   d § 488 Abs. 1 Satz 2 BGB
   e § 604 Abs. 1 BGB
   f § 929 Satz 1 BGB
   g § 961 BGB
   h § 978 Abs. 1 BGB
   i § 985 BGB
   j § 1601 BGB

5. Bestimmen Sie, wie die folgenden Willenserklärungen abgegeben wurden.
   a Herr Anton bestellt an der Theke in der Bäckerei Müller ein Bauernbrot.
   b Frau Haselmann unterschreibt den Arbeitsvertrag für ihren Traumjob.
   c Die noch etwas verschlafene Schülerin Susanne wirft am Kaffeeautomaten der Berufsschule Münzen ein.
   d Carlos bestellt per E-Mail ein Buch beim örtlichen Buchhändler zur Abholung am nächsten Tag.
   e Herr Löbel hebt bei der Auktion von wertvollem Schmuck die Hand, weil er mitsteigern möchte.
   f Der Schüler Michael antwortet nicht auf das Angebot für den Erwerb eines Spiels vom Hersteller der Z-Spielekonsole.
   g Die Lehrerin Frau Epple steigt fröhlich am Morgen in den Bus und wünscht dem Busfahrer einen schönen guten Morgen.
   h Der Einzelhändler Paulus Frischemärkte GmbH bekommt wie immer ohne Bestellung frühmorgens von seinem Lieferanten zehn Kisten Salat geliefert.
   i Der langjährige Stammgast Peter betritt wie jeden Dienstagabend das „Bistro 0815". Ermüdet vom Tag setzt er sich auf seinen Stammbarhocker und sagt kein Wort. Die Bedienung hinter der Theke stellt Peter ein Glas Bier vor die Nase.
   j Max hält an einer SB-Tankstelle und füllt seinen neuen SUV bis zum Tankrand mit Super E10.
   k Aurelia geht nach einem langen Schultag in einen Supermarkt und nimmt dort aus dem Regal eine Flasche Franz-Cola. An der Kasse legt sie wortlos die Flasche auf das Förderband. Die mürrische Verkäuferin zieht die Flasche über den Scanner, sagt kein Wort und nimmt das abgezählte Geld von Aurelia an.

6. Beurteilen Sie, wann die Willenserklärungen rechtskräftig zugegangen sind:
   a Der Mieter Anton möchte seine Wohnung zum 31.10. kündigen. Das Kündigungsschreiben wirft er am Mittwochabend, 03.08., um 23:56 Uhr in den Briefkasten des Vermieters.
   b Beim mittelständischen Industriebetrieb Kobler GmbH geht um 12:31 Uhr ein Fax mit einer großen Bestellung ein. Da ab 12:00 Uhr die gesamte Belegschaft auf dem jährlichen Betriebsausflug ist, wird die Bestellung erst am folgenden Tag gelesen.
   c Frau Freitag betritt den Taschenladen in der Singener Innenstadt und sagt zur Verkäuferin: „Ich möchte gerne die neue Lederschultasche für Lehrer von Tocket XL510 kaufen."

III Rechtliche Grundlagen des Handelns privater Haushalte

7. Herr Löble kündigt sein Arbeitsverhältnis bei der Schatz OHG unter der Annahme, dass er bei der L & B GmbH für wesentlich mehr Gehalt als bisher unterkommen könnte. Sein Schreiben wirft er am 17.12. in den Briefkasten bei der Postfiliale ein. Am Abend des 17.12. erhält er jedoch einen Anruf von der L & B GmbH mit der Mitteilung, dass sich das Unternehmen nun doch für einen anderen Bewerber entschieden hat. Wie kann Herr Löble die Rechtswirksamkeit seiner Kündigung noch verhindern?

8. Bestimmen Sie in den folgenden Fällen, wer Eigentümer und wer Besitzer der Sache ist.
   a Aurelia leiht sich von Max ein Fahrrad aus.
   b Der Einzelhändler Paulus Frischemärkte GmbH bekommt Bio-Salatköpfe (1. Sache) in Mehrweg-Kisten (2. Sache) von der Salat GmbH geliefert.
   c Die Lehrerin Frau Freitag holt ihre bestellte Lederschultasche im Taschenladen ab und geht glücklich nach Hause.
   d Herr Löbl holt sich an der Hotelrezeption einen WLAN-Adapter für sein Hotelzimmer gegen ein Pfand von 15,00 EUR.

9. Erläutern Sie, wann in den folgenden Fällen das Eigentum übergeht und welche gesetzliche Regelung jeweils zutrifft.
   a Auf dem alljährlichen Nachtflohmarkt in Konstanz steht die Lehrerin Frau Freitag am Stand von Aurelia. Sie hält bewundernd das Gemälde mit dem Titel „Ralf, der röhrende Hirsch im Abendrot" in der Hand. Beide einigen sich auf den Preis von 20,00 EUR. Frau Freitag bezahlt und trägt den erworbenen „Schatz" nach Hause.
   b Im Möbelhaus Raun GmbH kauft Max einen Bürostuhl. Er bezahlt mit Kreditkarte und fährt sein Auto bei der Warenausgabe vor. Mit etwas Schwierigkeiten bekommt er den noch frisch verpackten Stuhl in sein Auto.
   c Schüler Michael ist ganz begeistert von seiner Z-Spielekonsole. Der Hersteller hat sie ihm zum kostenlosen Testen nach Hause geliefert. Nach 14 Tagen bezahlt Michael per Banküberweisung die Rechnung von 299,00 EUR.

10. Die Züchtungszentrale Deutsches Hybridschwein GmbH verkauft Schweine an Züchtungsbetriebe in ganz Deutschland. Darunter befinden sich leider immer wieder Kunden mit schlechter Zahlungsmoral. Am 07.06.20.. liefert die Züchtungszentrale Deutsches Hybridschwein GmbH 20 Hällische-Hybrid-Schweine an die Schweinezucht Eberhardt OHG in Rielasingen. Die Bezahlung erfolgt laut Kaufvertrag 30 Tage nach Rechnungseingang.
    a Wer ist ohne zusätzliche Vereinbarungen im Vertrag am 07.06.20.. Eigentümer der Schweine?
    b Die Züchtungszentrale Deutsches Hybridschwein GmbH vereinbart einen Eigentumsvorbehalt im Kaufvertrag. Wer ist Eigentümer der Schweine am 07.06.20..?
    c Begründen Sie das Vorgehen der Deutschen Hybridschwein GmbH.

1 Grundlagen und Begriffe

Zusammenfassung: 1 Grundlagen und Begriffe

Das Zivilrecht (= Privatrecht) regelt die Beziehungen der einzelnen Bürger untereinander. Als Rechtsgrundlage dient hier das Bürgerliche Gesetzbuch (BGB).

Mit der Abgabe von Willenserklärungen beabsichtigen Menschen, eine Rechtsfolge zu erwirken.

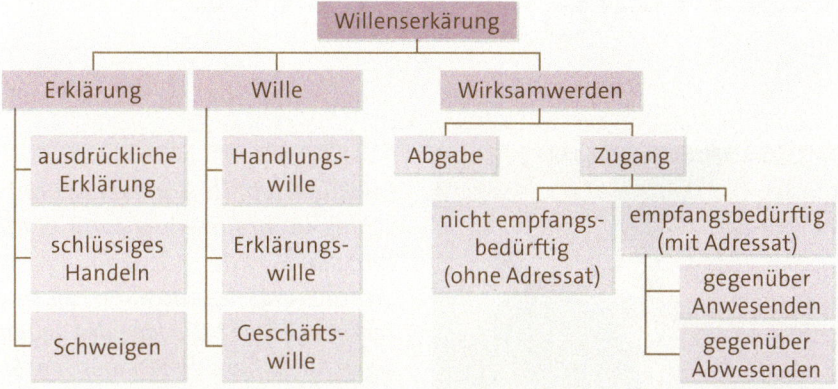

In der Bundesrepublik Deutschland wird zwischen Besitz und Eigentum unterschieden.

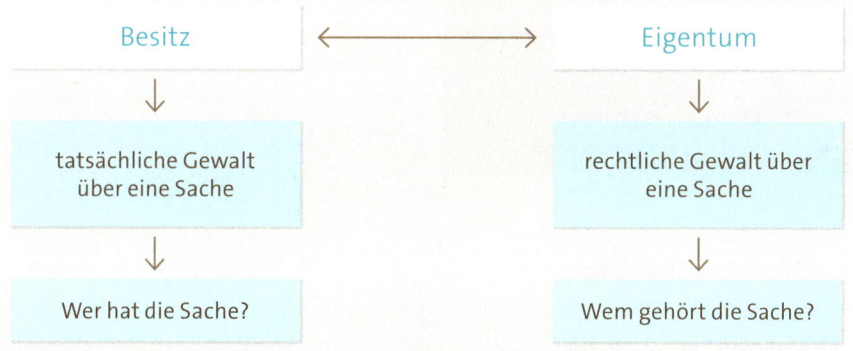

Um Eigentum an beweglichen Sachen zu übertragen, bedarf es der Einigung über den Übergang des Eigentums und die Übergabe der Sache.

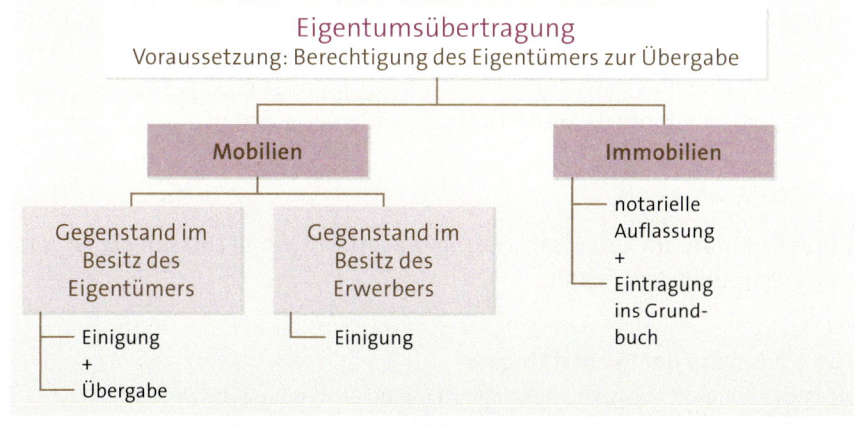

III Rechtliche Grundlagen des Handelns privater Haushalte

2 Abschluss von Rechtsgeschäften

Im Durchschnitt bohrt eine Bohrmaschine in ihrem Leben rund 13 Minuten, den Rest der Zeit verbringt sie im Schrank. Was liegt da näher, als sie weiterzuverleihen? Die Idee des gegenseitigen Ausleihens von Dingen, der Share Economy, ist nicht neu, im Augenblick jedoch ganz modern. Bei der Sharing Community „Pumpipumpe" zeigt man zum Beispiel durch Aufkleber kleiner Symbole am Briefkasten seinen Nachbarn an, was man alles zu verleihen hat. Was aber bedeutet das Verleihen von Dingen rechtlich gesehen?

2.1 Rechtssubjekte

Rechtssubjekte herrschen über Sachen und können in zwei Gruppen eingeteilt werden:
- **natürliche Personen** = alle Menschen
- **juristische Personen** (organisatorische Zusammenschlüsse)
   - des öffentlichen Rechts
     Hierzu gehören staatliche Gebilde, wie z. B. Bund, Länder, Kreise, Gemeinden.
   - des Privatrechts
     Hierbei handelt es sich um Personenvereinigungen, z. B. eingetragener Verein, Gesellschaft mit beschränkter Haftung, Aktiengesellschaft.

2.1.1 Rechtsfähigkeit

Das BGB bestimmt im Grundsatz, wer im Privatrecht ein Rechtssubjekt ist und ab welchem Zeitpunkt dies zutrifft.

[1] Vollendung der Geburt: völliger Austritt der Leibesfrucht aus dem Mutterleib

> **BGB § 1: Beginn der Rechtsfähigkeit**
> Die Rechtsfähigkeit des Menschen beginnt mit der Vollendung der Geburt.[1]

2 Abschluss von Rechtsgeschäften

Grundsätzlich können also alle Menschen im Rechtsverkehr Rechte und Pflichten wahrnehmen. Die Fähigkeit, Rechte und Pflichten zu tragen, verliert der Mensch mit dem Tod (§ 1922 Abs. 1 BGB).

Um die Rechtsfähigkeit zu erlangen, müssen juristische Personen (des Privatrechts) in der Regel in ein öffentliches Register eingetragen werden. Der Verwaltungsakt des Eintragens in das Register ist im Grunde genommen die Vollendung der Geburt, das Löschen aus dem Register ist vergleichbar mit dem Tod der natürlichen Person.

Rechtsfähig ist, wer Träger von Rechten und Pflichten sein kann.

2.1.2 Geschäftsfähigkeit

Das BGB unterstellt jeder natürlichen Person zunächst einmal eine Handlungsfähigkeit[1].

[1] Handlungsfähigkeit: die Fähigkeit, verantwortlich und rechtswirksam handeln zu können

Geschäftsfähig ist, wer durch eigene Willenserklärungen ▶ Rechtsfolgen selbstständig bewirken kann.

Willenserklärung
▶ Kapitel 1.4

Um rechtsverbindliche Willenserklärungen abgeben zu können, bedarf es eines hinreichenden Einsichts-, Entscheidungs- und Urteilsvermögens. Daher hat der Gesetzgeber je nach Alter verschiedene Stufen der Geschäftsfähigkeit eingeführt.

[2] nichtig: Die Willenserklärung hat von Anfang an keine rechtliche Wirkung.

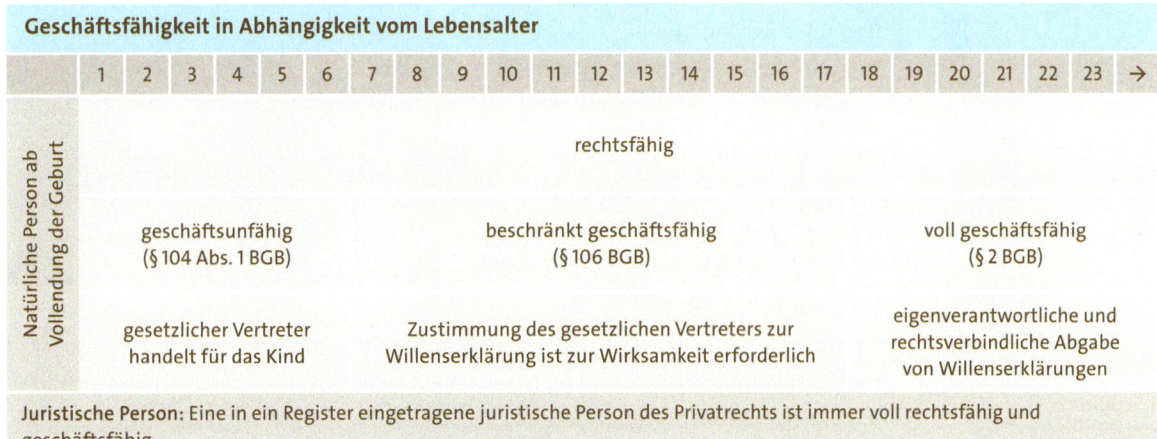

Als geschäftsunfähig gelten, altersunabhängig, Personen mit dauerhaft krankhafter Störung der Geistestätigkeit (§ 104 Abs. 2 BGB). Ihre Willenserklärungen sind nichtig[2].

Willenserklärungen von beschränkt Geschäftsfähigen werden nur nach vorheriger Einwilligung[3] oder nachträglicher Genehmigung[4] durch den gesetzlichen Vertreter rechtswirksam. Ausnahme: Falls der Minderjährige lediglich einen rechtlichen Vorteil erlangt, ist die Willenserklärung auch ohne den gesetzlichen Vertreter rechtsverbindlich (§ 107 BGB). Zu beachten sind beim rechtlichen Vorteil nur die rechtlichen und unmittelbaren Folgen einer Willenserklärung.

[3] Einwilligung: vorherige Zustimmung zur Vornahme einer Willenserklärung

[4] Genehmigung: nachträgliche Zustimmung zu einer Willenserklärung

III Rechtliche Grundlagen des Handelns privater Haushalte

Besonderheiten zu nicht geschäftsfähigen Personen
▶ Webcode WGW_III_2

> Oma Gertraud will ihrem Enkel Hans ein Moped schenken. Dieser äußert, dass er das Geschenk annehmen möchte (Willenserklärung = Annahme der Schenkung). Hans muss keine Gegenleistung für das Moped erbringen, insoweit ist dies rechtlich nur vorteilhaft. Die darauffolgende Steuerpflicht für das Moped ist zwar ein Nachteil, jedoch nur ein mittelbarer Nachteil. Damit ist die Annahme der Schenkung eine rechtskräftige Willenserklärung.

2.2 Rechtsgeschäft

Mit der Willenserklärung möchte ein Rechtssubjekt eine Rechtsfolge herbeiführen, sozusagen den Willen in Recht umwandeln. Diese Rechtsfolge wird als Rechtsgeschäft bezeichnet.

> Ein **Rechtsgeschäft** besteht aus einer oder mehreren Willenserklärungen, die eine Rechtsfolge herbeiführen sollen, die von den Rechtssubjekten gewollt ist.

2.2.1 Privatautonomie

Grundsätzlich kann jedermann frei bestimmen,
- ob bzw. mit wem (Abschlussfreiheit)
- und über welchen Inhalt (Gestaltungsfreiheit – Inhaltsfreiheit)

ein Rechtsgeschäft geschlossen wird.

Jeder einzelne Bürger soll eigenverantwortlich und in Freiheit seine Lebensverhältnisse durch Rechtsgeschäfte und deren Beendigung (z. B. Kündigung eines Mietvertrags) gestalten können.

> Unter **Privatautonomie** versteht man die Freiheit jedes Einzelnen, seine Rechtsgeschäfte nach eigenem Willen zu gestalten.

weitere Informationen
▶ www.antidiskriminierungsstelle.de

[1] Kontrahierungszwang (auch Abschlusszwang): Pflicht, ein bestimmtes Rechtsgeschäft abzuschließen

Diese Freiheiten werden hauptsächlich durch das Gleichbehandlungsgesetz (AGG) eingeschränkt, womit Diskriminierungen ausgeschlossen werden sollen ▶. Außerdem gibt es in wenigen Bereichen der Grundversorgung einen sogenannten Kontrahierungszwang[1].

> Hauseigentümer müssen den Wasseranschluss beim örtlichen Wasserversorger in Anspruch nehmen.

2.2.2 Arten von Rechtsgeschäften

Ein **einseitiges** Rechtsgeschäft wird nur von einem Rechtssubjekt durch eine Willenserklärung herbeigeführt. Die Willenserklärung muss somit vollständig den Aspekt zum Inhalt haben, welchen das Rechtsgeschäft ausmacht.

> Kündigung (§ 626 BGB), Testament (§ 2064 ff. BGB), Auslobung (§ 657 BGB), Rücktritt (§ 346 ff. BGB)

Dem gegenüber stehen die **zwei-** und **mehrseitigen** Rechtsgeschäfte[1]. Hier kommen mindestens zwei Willenserklärungen von mindestens zwei Rechtssubjekten zusammen, die inhaltlich übereinstimmen, um eine Rechtsfolge herbeizuführen.

[1] Mehrseitige Rechtsgeschäfte werden auch Verträge genannt.

- Leihvertrag zwischen zwei Personen
- Mietvertrag zwischen einem Ehepaar und einem Vermieter (= drei Personen)

Überblick über die wichtigsten Vertragsarten (mehrseitige Rechtsgeschäfte)

Art des Vertrages	Vertragsinhalt	Vertragspartner	gesetzliche Grundlagen
Kaufvertrag	Veräußerung von Sachen oder Rechten gegen Entgelt	Verkäufer – Käufer	§§ 433–480 BGB, §§ 373–382 HGB
Schenkungsvertrag	unentgeltliche Veräußerung von Sachen oder Rechten	Schenker – Beschenkter	§§ 516–534 BGB
Mietvertrag	entgeltliche Überlassung einer Sache oder eines Rechtes	Mieter – Vermieter	§§ 535–580 BGB
Leasingvertrag	Gebrauchsüberlassung eines Investitionsgutes auf Zeit gegen Entgelt	Leasinggeber – Leasingnehmer	§ 535 BGB ff. u. a. (keine einheitliche gesetzliche Regelung)
Pachtvertrag	entgeltliche Überlassung von Sachen oder Rechten zum Gebrauch und Genuss der Erträge gegen einen vereinbarten Pachtzins	Verpächter – Pächter	§§ 581–597 BGB
Leihvertrag	unentgeltliche Überlassung von Sachen zum Gebrauch	Verleiher – Leiher	§§ 598–606 BGB
Darlehensvertrag	entgeltliche oder unentgeltliche Überlassung vertretbarer Sachen	Darlehensgeber – Darlehensnehmer	§ 607 BGB
Berufsausbildungsvertrag	vergütete Ausbildung für eine Berufstätigkeit	Auszubildender – Ausbildender	Berufsbildungsgesetz; § 3 ff. BBiG
Dienstvertrag	Leistung von Diensten gegen Entgelt	Dienstberechtigter – Dienstverpflichteter	§§ 611–630 BGB, Arbeitsgesetze
Arbeitsvertrag	Leistung von Diensten als Arbeitnehmer	Arbeitgeber – Arbeitnehmer	§§ 611–630 BGB, § 59 ff. HGB, Arbeitsgesetze
Werkvertrag	Herstellen eines Werkes, Veränderung einer Sache, Herbeiführen eines bestätigten Erfolges gegen vereinbarte Vergütung	Unternehmer – Besteller	§§ 631–651 BGB
Versicherungsvertrag	Ersatz eines Vermögensschadens (Schadensversicherung) bzw. Zahlung eines vereinbarten Kapitals oder einer Rente nach Eintritt des Versicherungsfalls bei vorheriger Prämienzahlung	Versicherer – Versicherungsnehmer	§ 1 Gesetz über den Versicherungsvertrag (VVG)
Verwahrungsvertrag	Aufbewahrung einer Sache gegen Vergütung	Verwahrer – Hinterleger	§ 688 ff. BGB
Bürgschaftsvertrag	Verpflichtung des Bürgen gegenüber dem Gläubiger zur Erfüllung der Verbindlichkeiten des Dritten	Bürge – Gläubiger eines Dritten	§ 765 ff. BGB

III Rechtliche Grundlagen des Handelns privater Haushalte

Rechtsgeschäfte mit beschränkt Geschäftsfähigen

Ein Kaufvertrag mit Minderjährigen, bei dem keine Einwilligung des gesetzlichen Vertreters vorliegt, gilt gemäß § 108 Abs. 1 BGB bis zur nachträglichen Genehmigung als „schwebend unwirksam". Der Vertragspartner des Minderjährigen kann den gesetzlichen Vertreter nach § 108 Abs. 2 BGB auffordern, eine Zustimmung oder Ablehnung abzugeben. Erteilt der gesetzliche Vertreter nicht innerhalb von zwei Wochen seine Genehmigung, ist der Kaufvertrag nichtig. Bei einer Genehmigung wird der Kaufvertrag von Anfang an wirksam.

Um den Alltag etwas zu vereinfachen, hat der Gesetzgeber den sogenannten **Taschengeldparagrafen** (§ 110 BGB) erlassen. Ein Kaufvertrag ist auch „ohne Zustimmung des gesetzlichen Vertreters" wirksam, wenn die beschränkt geschäftsfähige Person den Vertrag mithilfe von Mitteln (Geld) bewirkt,

- die ihr vom gesetzlichen Vertreter zur freien Verfügung überlassen worden sind (Taschengeld) und
- die vertragsmäßige Leistung (Kaufpreis) insgesamt komplett bezahlt wird.

Kann der Geldbetrag nicht oder nur teilweise erbracht werden, so handelt es sich um einen Raten- oder Kreditvertrag; diese können von Minderjährigen nicht abgeschlossen werden.

Eine beschränkt geschäftsfähige Person, die mit Einverständnis des gesetzlichen Vertreters einen Arbeitsvertrag abgeschlossen hat, gilt für alle Rechtsgeschäfte, die zur Eingehung, Erfüllung oder Aufhebung des Arbeitsverhältnisses notwendig sind, als voll geschäftsfähig. Diese Regelung umfasst auch die Kündigung des Arbeitsverhältnisses (§ 113 Abs. 1 BGB).

Ein Ausbildungsvertrag gilt nicht als Arbeitsvertrag. Daher muss der gesetzliche Vertreter bei der Kündigung eines Ausbildungsvertrags sein Einverständnis erteilen.

Bei einseitigen Rechtsgeschäften (z. B. Kündigung) muss der gesetzliche Vertreter vorab seine Einwilligung zur Abgabe der Willenserklärung geben (§ 111 BGB).

2.2.3 Verpflichtungs- und Verfügungsgeschäft

Rechtsgeschäfte lassen sich auch nach ihrem Zweck unterscheiden:
- **Verpflichtungs(rechts)geschäft**
  Ein Rechtssubjekt verpflichtet sich zu einem bestimmten Tun, Dulden oder Unterlassen. Erst im nächsten Schritt, mit einem weiteren Rechtsgeschäft, wird diese Verpflichtung umgesetzt.
- **Verfügungs(rechts)geschäft** (auch Erfüllungs(rechts)geschäft genannt)
  Hier wird auf ein bestehendes Recht unmittelbar eingewirkt. Es soll übertragen (z. B. § 929 BGB), belastet (z. B. § 1113 BGB), inhaltlich geändert (z. B. § 877 BGB) oder aufgehoben (z. B. § 397 BGB) werden. Auslöser (auch Causa genannt) für dieses Rechtsgeschäft ist das vorausgegangene Verpflichtungsgeschäft.

Beide Rechtsgeschäfte sind unabhängig voneinander rechtswirksam, auch wenn sie aufeinander abgestimmt sind. Dieses Auseinanderfallen von Verpflichtung und Verfügung im deutschen Recht nennt sich Abstraktionsprinzip ▸.

Abstraktionsprinzip beim Verbrauchsgüterkauf mit ausführlichem Beispiel
▸ Kapitel 3.3

2.2.4 Formvorschriften

Grundsätzlich gilt, dass Rechtsgeschäfte ohne Beachtung einer besonderen äußeren Gestaltung (Form) wirksam sind. Allerdings hat der Gesetzgeber ausdrücklich Abweichungen zu dieser grundsätzlichen Formfreiheit definiert, um die Beteiligten auf die weitreichenden Folgen des Rechtsgeschäfts hinzuweisen (Warnfunktion) und meist auch eine Beweisfunktion zu gewährleisten. Meist sollen Privatpersonen (Verbraucher) durch den Formzwang[1] vor Übervorteilung geschützt werden.

[1] Weitere Funktionen des Formzwanges sind die Aufklärungs- und Beratungsfunktion.

Dem Schutzgedanken folgend sind Rechtsgeschäfte nach § 125 BGB von Anfang an nichtig, wenn die gesetzlich vorgeschriebene Form nicht eingehalten wurde.

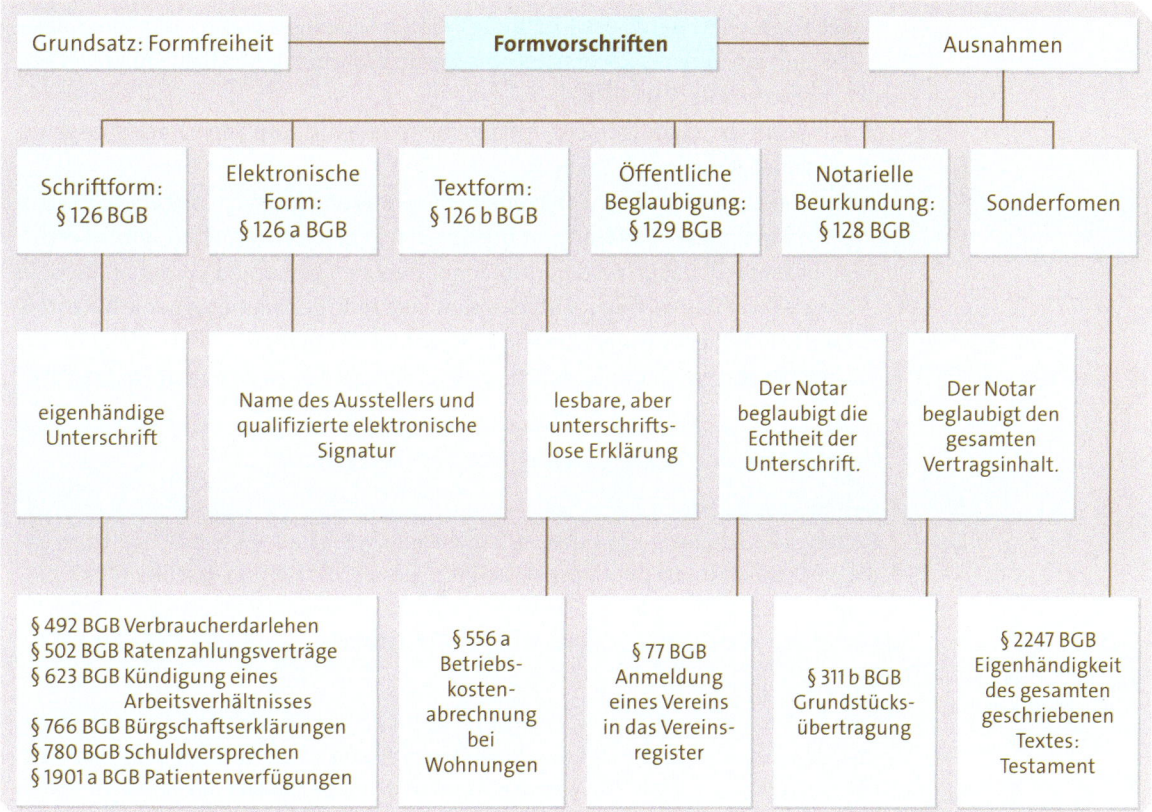

2.2.5 Fehlerhafte Rechtsgeschäfte

- **Nichtigkeit durch Gesetzeskraft**

Die weitreichende Privatautonomie wird dort eingeschränkt, wo Rechtsgeschäfte gegen wesentliche Prinzipien unserer Rechts- und Werteordnung verstoßen. In der juristischen Sprache weisen solche Rechtsgeschäfte einen Mangel (= Fehler) auf.

Nichtige Rechtsgeschäfte sind Rechtsgeschäfte, die aufgrund eines Mangels vom Gesetz von Anfang an als rechtlich unwirksam erklärt werden.

Mängel, die zur Nichtigkeit eines Rechtsgeschäfts führen, sind:
- Der Inhalt des Rechtsgeschäfts
  - verstößt gegen ein gesetzliches Verbot (§ 134 BGB);
  - ist sittenwidrig und verstößt damit gegen das Anstandsgefühl aller „billig und gerecht" Denkenden (§ 138 BGB).
- Das Rechtsgeschäft wird von einer geschäftsunfähigen oder geistig vorübergehend gestörten Personen getätigt (§ 105 BGB).
- Den am Rechtsgeschäft beteiligten Personen mangelt es am rechtsgeschäftlichen Willen:
  - Scheingeschäft, § 117 BGB
    Im beidseitigen Einverständnis der Vertragspartner wird nur zum Schein ein Rechtsgeschäft geschlossen. Häufig werden Scheingeschäfte nur abgeschlossen, um ein anderes Rechtsgeschäft, das in Wahrheit gewollt ist, zu verdecken.
  - Scherzgeschäft, § 118 BGB
    Das Rechtsgeschäft ist nicht ernst gemeint, es wird zum Scherz geschlossen.
  - geheimer Vorbehalt, § 116 BGB
    Der zuerst Erklärende will insgeheim die Erklärung gar nicht abgeben und der Empfänger dieser Erklärung ist über diesen geheimen Vorbehalt informiert.
    Zu beachten ist aber: Ist der Empfänger über den geheimen Vorbehalt nicht informiert, ist der Vertrag rechtswirksam zustande gekommen. Hier schützt das Gesetz den nichts ahnenden Vertragspartner (Empfänger).
- Die dem Rechtsgeschäft gesetzlich vorgeschriebene Form wird nicht eingehalten ►.

Formvorschriften
► Kapitel 2.2.4

Beispiele für von Anfang an nichtige Rechtsgeschäfte

Gesetzliches Verbot
Ein Drogenhändler schließt einen Vertrag mit einem Junkie über „Stoff". Eigentlich ist das ein Rechtsgeschäft, aber da es ein Verbot gegen den Handel mit Betäubungsmitteln durch Privatpersonen gibt, ist das Rechtsgeschäft von Anfang an nichtig: Der Drogenhändler hat kein Recht auf Geld und der Käufer hat keinen Anspruch auf Drogen.

Sittenwidrigkeit
Ein Musikmanager schließt mit einem jungen Musiktalent einen Managementvertrag über 50 Jahre, in dem sich das Musiktalent verpflichtet, in der Laufzeit ausschließlich über den Musikmanager alle Auftritte organisieren zu lassen und den Manager dabei mit 60 % an den Erträgen zu beteiligen. Dieser Vertrag verstößt gegen die guten Sitten, da er wegen der langen Laufzeit und der hohen Beteiligung die wirtschaftliche Handlungsfreiheit des Musiktalentes erheblich einschränkt.

Scheingeschäft
Hans hat eine seltene Sammelkarte eines Fußballnationalspielers. Peter will ihm diese unbedingt abkaufen und „nervt" Hans schon seit Wochen. Damit Peter endlich Ruhe gibt, verkauft Hans die Karte zum Schein an seine Freundin Sandra in Spanien und zeigt Peter den schriftlichen Kaufvertrag. Dieser ist nichtig, da Hans die Karte nur zum Schein an Sandra verkauft hat. Sandra hat also kein Recht auf die Übergabe der Karte und Hans hat kein Recht auf die Bezahlung des Kaufpreises durch Sandra.

2 Abschluss von Rechtsgeschäften

● **Anfechtbarkeit**

Von den Rechtsgeschäften, die von Anfang an nichtig sind, müssen solche abgegrenzt werden, die erst nach einer Anfechtung[1] nichtig werden. Hier ist es zunächst so, dass durch zwei übereinstimmende Willenserklärungen ein Rechtsgeschäft zustande gekommen ist. Im nächsten Schritt kann dann aber eine der beiden Willenserklärungen angefochten werden. Die Rechtsfolge einer Anfechtung ist die Nichtigkeit der Willenserklärung und damit die Nichtigkeit des Rechtsgeschäfts. Wegen dieser weitreichenden Folgen definiert das BGB genau die Bedingungen, die eine Anfechtung wirksam werden lassen.

[1] Anfechtung: rückwirkende Beseitigung der Erklärung (Vernichtung der Willenserklärung)

● **Anfechtungsgründe**

- **unbewusstes Auseinanderfallen von Wille und Erklärung (Irrtümer)**
    - Inhaltsirrtum (§ 119 Abs. 1, 1. Fall BGB)
    Der Erklärende gibt in seiner Willenserklärung an, was er erklären möchte, irrt sich jedoch hinsichtlich der rechtlichen Bedeutung seiner Erklärung und erklärt damit etwas anderes, als er beabsichtigt.

> Ein Tourist bestellt in einer Kölner Altstadtkneipe einen „halven Hahn" und bekommt statt des erwarteten halben Hähnchens ein Roggenbrötchen mit Käse.

  - Erklärungsirrtum (§ 119 Abs. 1, 2. Fall BGB)
    Der Erklärende sagt etwas anderes als das, was er erklären will; ihm unterläuft ein Fehler. Eselsbrücke „Ver-Fälle": Ver-schreiben, Ver-sprechen, Ver-tippen usw.
  - Eigenschaftsirrtum (§ 119 Abs. 2 BGB)
    Der Erklärende irrt sich über verkehrswesentliche Eigenschaften einer Person oder einer Sache[2].

[2] Verkehrswesentliche Eigenschaften sind alle Merkmale, die den Wert der Sache erhöhen.

> Das Bestehen eines Baurechts auf einem Grundstück ist bei Abschluss eines Kaufvertrags über das Grundstück eine verkehrswesentliche Eigenschaft. Geht der Käufer davon aus, dass ein Baurecht besteht, dies aber nicht der Fall ist, so liegt ein Eigenschaftsirrtum vor und der Käufer kann seine Willenserklärung anfechten.

  - falsche Übermittlung (§ 120 BGB)
    Durch den „Transport" der Willenserklärung kommt diese beim Empfänger anders an, als der Absender sie auf den Weg gebracht hat.

> Durch einen Softwarefehler werden auf der Website des Verkäufers Notebooks zu 250,00 EUR angeboten anstatt der beabsichtigten 2.500,00 EUR.

- **arglistige Täuschung** (§ 123 Abs. 1, 1. Fall BGB)
  Einer der Erklärenden macht bewusst falsche Angaben und täuscht damit den Empfänger der Willenserklärung. Der Täuschende muss dabei vorsätzlich[3] handeln: Er täuscht seinen Vertragspartner bewusst, damit dieser sich irrt und aufgrund des Irrtums eine Willenserklärung abgibt, die er ohne den Irrtum so nicht abgegeben hätte.

[3] vorsätzlich bedeutet rechtlich: „wissen und wollen"

175

III Rechtliche Grundlagen des Handelns privater Haushalte

> Ein Verkäufer bietet einen Gebrauchtwagen als unfallfrei an, obwohl er weiß, dass es sich um ein Unfallfahrzeug handelt.

- **widerrechtliche Drohung** (§ 123 Abs. 1, 2. Fall BGB)
  Unter Drohung (= „Inaussichtstellung eines empfindlichen Übels") wird eine Person zur Abgabe einer Willenserklärung veranlasst. Widerrechtlich ist eine Drohung dann, wenn die eingesetzten Mittel widerrechtlich oder die zulässigen Mittel nicht dem Zweck angemessen sind[1].

[1] Die Drohung mit rechtlichen Schritten ist nicht widerrechtlich.

● Kein Anfechtungsgrund: Motivirrtum

Das Motiv oder der Beweggrund, eine Willenserklärung abzugeben, muss ernsthaft und endgültig sein. Ein Motivwechsel kann niemals zum Anfechtungsgrund werden, da sonst jede Willenserklärung nachträglich für nichtig erklärt werden könnte. Dies würde das Prinzip der Rechtssicherheit völlig aushöhlen, da keiner mehr darauf vertrauen könnte, dass eine Willenserklärung bindend ist.

> Hans kauft sich bei einem Einzelhändler in der Innenstadt eine rote Hose, weil ihm die Farbe gut gefällt. Daheim angekommen, findet seine Freundin die Farbe schrecklich und Hans will die Hose nicht mehr haben. Sein Motiv (die Farbe), die Hose zu kaufen, hat sich verändert. Damit wird seine Willenserklärung zum Kauf der Hose jedoch nicht anfechtbar.

● Anfechtungserklärung

Eine Anfechtung ist eine formfreie empfangsbedürftige und unwiderrufliche Willenserklärung. Dabei genügt es, wenn der Erklärende zu erkennen gibt, dass er seine erste Willenserklärung wegen eines Anfechtungsgrundes nicht gelten lassen möchte.

● Anfechtungsfrist

Die Anfechtung muss innerhalb bestimmter Fristen erfolgen. So können Verträge nicht noch lange Zeit später unwirksam werden, damit Vertragspartner sich auf die Wirksamkeit des Rechtsgeschäfts verlassen können (Rechtssicherheit). Bei Anfechtungen, die auf § 119 und § 120 BGB (grob gesagt: Irrtümer) basieren, muss die Anfechtung unverzüglich[2] erfolgen, also sobald der Anfechtende vom Anfechtungsgrund Kenntnis genommen hat. Im Falle der arglistigen Täuschung muss die Anfechtung innerhalb eines Jahres ab Kenntniserlangung über die Täuschung erfolgen. Bei einer widerrechtlichen Drohung beginnt die Jahresfrist ab dem Zeitpunkt zu laufen, ab dem die durch die Drohung geschaffene Zwangslage entfallen ist. Eine Verjährung tritt für alle Anfechtungsmöglichkeiten nach einer Frist von zehn Jahren nach Abgabe der Willenserklärung ein.

[2] unverzüglich: ohne schuldhaftes Zögern, eine angemessene Überlegungsfrist ist erlaubt. Die heutige Rechtsprechung geht von einer maximalen Zwei-Wochen-Frist aus.

> Nach § 142 Abs. 1 BGB ist das anfechtbare Rechtsgeschäft nach wirksamer Anfechtung als von Anfang an nichtig anzusehen.

2 Abschluss von Rechtsgeschäften

FALLSTUDIE Auslegung von Gesetzen – Fallbearbeitung

Zahlreiche Gesetzestexte sind sehr einfach zu verstehen und anzuwenden, andere müssen genau untersucht werden. Die korrekte Lösung findet man meist erst nach einem mehrstufigen Verfahren. Grundsätzlich lässt sich zu Beginn immer die Frage stellen:
Wer (Anspruchssteller) kann was (Anspruchsinhalt) von wem (Anspruchsgegner) woraus (Anspruchsnorm) erwirken?

Arbeitsschritte:

1.	Sachverhalt	Möglichst genaue Erfassung des Lebensvorganges (= Sachverhalt)
2.	Tatbestand	Auffinden der passenden Rechtsnormen, man nennt dies auch „den Tatbestand ermitteln". Im Konditionalprogramm ist dies der „Wenn-Teil".
3.	Subsumtion	Prüfung, ob der festgestellte Sachverhalt den Tatbestand der Rechtsnorm erfüllt
4.	Rechtsfolge	Anwenden des Konditionalprogramms: der „Dann-Teil"

Die kleine Lisa ist 6 Jahre alt. Im Süßigkeitenladen zeigt sie auf eine Tüte Bonbons und sagt der Verkäuferin, sie möchte diese Tüte kaufen.

ARBEITSAUFTRAG

Wie ist die Willenserklärung von Lisa zu beurteilen? Verwenden Sie hierzu die vorgegebenen Arbeitsschritte.

Aufgaben zu Kapitel 2

1. Entscheiden Sie, in welcher Stufe der Geschäftsfähigkeit sich die nachfolgenden natürlichen Personen befinden:
   a Peter Tupfer, 2 Monate alt
   b Ellen Schulz, 95 Jahre, leidet an einer schweren Alzheimer-Erkrankung
   c Franz Meier, 18 Jahre alt
   d Klaus Haas, 16 Jahre alt
   e Thekla Weber, 6 Jahre alt

2. Herr Lustig ist 86 Jahre alt und eigentlich noch ganz fit. Nun hat er sich aber entschieden, seinen Führerschein bei der Führerschein- und Zulassungsstelle abzugeben. Er fühlt sich den Anforderungen im modernen Straßenverkehr nicht mehr gewachsen. Ist Herr Lustig jetzt noch rechtsfähig? Begründen Sie, in welcher Stufe der Geschäftsfähigkeit sich Herr Lustig befindet.

3. Der berühmte Schauspieler Otto Müller möchte in seinem Testament seine Aldabra-Riesenschildkröte zur alleinigen Erbin erklären. Kann die Schildkröte Esmeralda, die immerhin schon 100 Jahre alt ist, erben?

III Rechtliche Grundlagen des Handelns privater Haushalte

4. Welche der folgenden Rechtsgeschäfte sind einseitig?
   a Mietvertrag
   b Schenkungsvertrag
   c Testament
   d Auslobung eines Finderlohns
   e Kaufvertrag

5. Suchen Sie zu den nachfolgenden Sachverhalten die passende Rechtsnorm (Tatbestand) und prüfen Sie anschließend, welche Rechtsfolge eintritt.
   a Der schwer demenzkranke Albert Gruse steht im Scooter-Shop Singen und will eine Vespa für 1.500,00 EUR kaufen.
   b Peter Will geht in einen Handy-Shop, um sich von seinem Taschengeld das neueste Handy mit „Prepaid"-Vertrag zu kaufen. Peter weiß, dass seine Eltern gegen diesen Kauf sind. Er ist aber schon 16 Jahre alt und lässt sich „von denen" nichts mehr sagen.

6. Welche Formvorschriften sind für die folgenden Rechtsgeschäfte vorgeschrieben? Weisen Sie dies mit der jeweiligen Rechtsgrundlage nach.
   a Kaufvertrag über ein Brötchen
   b Aufsetzen einer Patientenverfügung
   c Bürgschaftserklärung einer Privatperson
   d Mietvertrag über eine Wohnung
   e Kaufvertrag über ein Haus samt Grundstück

7. Die jungen Eheleute Paulsen möchten eine Eigentumswohnung kaufen und schauen sich in der Innenstadt von Singen eine Wohnung von Herrn Martin an. Am Ende der Besichtigung sind sich Herr Martin und die Eheleute Paulsen einig, sie wollen die Wohnung kaufen. Mit „Handschlag" wird der Kaufvertrag „besiegelt". Einen Tag später meldet sich Herr Martin bei den Paulsens und sagt nun, dass er die Wohnung nur für 10.000,00 EUR mehr verkauft. Ist ein gültiger Kaufvertrag zustande gekommen?

8. Dieter Siever einigt sich mit Peter Wagener auf den Kaufpreis von 150.000,00 EUR für das kleine Reihenhaus. Um die Notargebühren zu sparen (diese sind ein Prozentsatz vom Kaufpreis), vereinbaren sie im notariell beurkundeten Vertrag einen Kaufpreis von 80.000,00 EUR.

9. Überprüfen Sie, ob die folgenden Rechtsgeschäfte anfechtbar sind. Geben Sie dabei auch die Paragrafen an.
   a Ein Gast bestellt in einem Speiselokal „Knurrhahn". Er weiß nicht, dass es sich dabei um ein Fischgericht handelt und nicht um Geflügel.
   b Ein Busunternehmen stellt nichts ahnend einen Fahrer ein, der Alkoholiker ist.
   c Ein vom Chef beauftragter Lehrling kauft statt eines Laptops einen „normalen" PC.
   d Ein Briefmarkensammler kauft eine Briefmarke in der Erwartung, dass deren Preis steigt. Der Preis der Briefmarke ändert sich allerdings nicht wie erwartet.
   e Der Verkäufer eines Autos will dieses für 12.000,00 EUR anbieten, schreibt in seinem schriftlichen Angebot an Gertrud jedoch nur 10.000.00 EUR. Gertrud nimmt das Angebot an.
   f Der Verkäufer eines Gebrauchtwagens erklärt beim Verkauf, dass es sich um ein „garantiert unfallfreies" Fahrzeug handelt, obwohl er selbst vor einiger Zeit damit einen schweren Unfall verursachte.

2 Abschluss von Rechtsgeschäften

Zusammenfassung: 2 Abschluss von Rechtsgeschäften

Rechtssubjekte

- **natürliche Personen**
  - alle Menschen
- **juristische Personen**
  - des öffentlichen Rechts (staatliche Gebilde)
  - des Privatrechts (Personenvereinigungen)

Rechtsfähig ist, wer Träger von Rechten und Pflichten sein kann.

Geschäftsfähigkeit
= Fähigkeit, durch eigene Willenserklärungen Rechtsfolgen selbstständig bewirken zu können

geschäftsunfähig
- Kinder bis 7 Jahre (§ 104 Abs. 1 BGB)
- dauernd geistig gestörte Personen (§ 104 Abs. 2 BGB)

✗ Willenserklärung nichtig (§ 105 Abs. 1 BGB)

beschränkte Geschäftsfähigkeit
Minderjährige zwischen 7 Jahren und 18 Jahren (§§ 2, 106 BGB)

- Willenserklärung lediglich rechtlich vorteilhaft
  ✔ Willenserklärung wirksam (§ 107 BGB)
- Willenserklärung nicht lediglich rechtlich vorteilhaft

unbeschränkte Geschäftsfähigkeit
unbeschränkte Geschäftsfähigkeit Volljährige ab 18 Jahren, sofern nicht geisteskrank (§ 2 BGB)

✔ Willenserklärung wirksam

Der gesetzliche Vertreter muss seine Einwilligung geben.
- Einwilligung liegt vor
  ✔ Willenserklärung wirksam (§ 107 BGB)
- Einwilligung liegt nicht vor
  ✗ Willenserklärung nichtig

Der gesetzliche Vertreter muss seine Genehmigung geben.
- Genehmigung wird nachträglich erteilt
  ✔ Willenserklärung wirksam (§ 108 BGB)
- Genehmigung wird nicht nachträglich erteilt
  ✗ Willenserklärung nichtig

Rechtsgeschäfte
- grundsätzlich: Formfreiheit
- bei manchen Rechtsgeschäften gesetzliche Formvorschriften zum Schutz der beteiligten Personen

einseitig
- eine Person
- eine Willenserklärung

mehrseitig = Verträge
- mehrere Personen
- mehrere Willenserklärungen

nichtig (= von Anfang an unwirksam)
Gründe:
- Verstoß gegen gesetzliches Verbot oder gute Sitten
- Geschäftsunfähigkeit oder beschränkte Geschäftsfähigkeit ohne Genehmigung des gesetzlichen Vertreters
- Schein- oder Scherzgeschäft
- Kenntnis des geheimen Vorbehalts
- Verstoß gegen Formvorschriften

anfechtbar (= nichtig erst nach Anfechtung)
Gründe:
- Irrtum in Inhalt, Erklärung, Eigenschaft oder Übermittlung
- arglistige Täuschung
- widerrechtliche Drohung

3 Verbrauchsgüterkauf

An einem heißen Sommertag kommen zwei Wanderer in einen Biergarten und bestellen zwei kalte Getränke zur Erfrischung. Als die Bedienung die Getränke auf den Tisch stellt, sind die Gläser nicht einmal bis zum Eichstrich gefüllt. Die Wanderer beschweren sich, aber die Bedienung sagt, sie hätten keinen schriftlichen Vertrag geschlossen, nur dann hätten sie auch ein Recht auf ein volles Glas. Wer ist nun im Recht? Wurde ein Vertrag geschlossen? Haben die Wanderer ein Anrecht auf ein bis zum Eichstrich gefülltes Glas?

3.1 Zustandekommen eines Verbrauchsgüterkaufs

Ein Vertrag kommt durch mindestens zwei übereinstimmende Willenserklärungen zustande. Die zeitlich erste Willenserklärung wird Angebot oder Antrag genannt, die darauffolgende zweite Willenserklärung ist die sogenannte Annahme.

> Der **Vertrag** ist ein mehrseitiges Rechtsgeschäft, das durch Angebot (Antrag) und Annahme zustande kommt.

[1] Eigentlich wäre die Bezeichnung „Verbraucherkauf" passender, aber der Gesetzgeber hat sich für den Begriff „Verbrauchsgüterkauf" entschieden.

Tagtäglich schließen Menschen Kaufverträge ab. Diese fallen meist unter eine ganz besondere Kategorie von Vertrag: Der sogenannte Verbrauchsgüterkauf[1] findet immer dann statt, wenn ein Verbraucher (§ 13 BGB) von einem Unternehmer (§ 14 BGB) eine bewegliche Sache, im Gesetz heißen diese Gegenstände verbrauchbare Sachen (§ 92 BGB), kauft. Hier werden die allgemeinen Vorschriften des BGB zum Kaufvertrag durch die den Verbraucher stark schützenden Regeln der § 474 f. BGB ergänzt.

3 Verbrauchsgüterkauf

● **Angebot**

Das Angebot muss alle wesentlichen Inhalte des zu schließenden Vertrags enthalten, beim Kaufvertrag z. B.:

- Kaufgegenstand
- Preis, Preisnachlässe
- Zahlungsbedingungen
- Lieferungsbedingungen
- Leistungsort
- Leistungszeit

Fehlen diese Inhalte, gelten die gesetzlichen Regelungen des BGB.

Häufige vertraglich vereinbarte Preisnachlässe

Mengenrabatt	bei größerer Abnahmemenge
Treuerabatt	für langjährige Kunden bei regelmäßigem Bezug
Wiederverkäuferrabatt	für Groß- und Einzelhändler bei Ausweis von Preisempfehlungen
Personalrabatt	für Angestellte und deren Angehörige
Sonderrabatt	bei Räumungsverkäufen oder Jubiläen
Bonus	nachträglich gewährter Preisnachlass, der in der Regel am Jahresende nach einem vereinbarten Mindestumsatz gewährt wird

Häufige vertraglich vereinbarte Zahlungsbedingungen

Vorauszahlung	üblich bei zahlungsschwachen Kunden, Sonderanfertigungen oder auch bei Auslandsgeschäften
Anzahlung	ein Teilbetrag wird bei Auftragserteilung, ein Teil bei Empfang der Rechnung und der Rest innerhalb einer bestimmten Frist nach der Lieferung fällig
Zielkauf, Kreditkauf	Zahlung innerhalb einer bestimmten Frist (Zahlungsziel) nach der Lieferung
Skonto	Preisnachlass für Zahlung innerhalb einer vereinbarten Skontofrist

Ein Angebot ist eine sofort wirksame ▶ Willenserklärung, es sei denn, der Abgebende hat die Bindung in seiner Erklärung ausdrücklich ausgeschlossen (§ 145 BGB). Zum Ausschluss oder zur Einschränkung der Bindung dienen sogenannte Freizeichnungsklauseln.

Wirksamwerden von Willenserklärungen
▶ 📖 Kapitel 1.4.2

> Angebot freibleibend, ohne Obligo (lateinisch für: ohne Verbindlichkeit), ohne Gewähr, nur solange der Vorrat reicht (nur der Preis, nicht aber die Menge ist verbindlich), Preis freibleibend (die Menge, nicht aber der Preis ist verbindlich)

Ein unverbindliches Angebot ist kein Antrag. Mit der Annahme stellt der Vertragspartner den Antrag (siehe Info-Box zu Anpreisung).

Das Angebot erlischt, wenn die Annahmefrist ▶ überschritten oder das Angebot vom Empfänger abgelehnt wird (§ 146 BGB).

Annahmefristen
▶ 📖 Kapitel 3.2

III Rechtliche Grundlagen des Handelns privater Haushalte

Anpreisung oder Einladung zur Abgabe eines Angebots

Eine Vorstufe zum Angebot ist die bloße „Einladung zur Abgabe eines Angebots" (der lateinische Fachbegriff heißt: invitatio ad offerendum). Sie liegt vor, wenn der Abgebende sich noch nicht rechtlich binden will, sondern vielmehr eine andere Person auffordert, ein verbindliches Angebot abzugeben.

> Beispiele für die „Einladung zur Abgabe eines Angebots" sind: Ware im Schaufenster eines Ladengeschäfts, Annoncen in der Zeitung, Kataloge und Warenpräsentationen eines Versandhändlers im Internet

Nach überwiegender Meinung in der Rechtsprechung sind Präsentationen der Waren im Internet „invitatio ad offerendum", auf deren Grundlage der Kunde das Angebot zum Kauf abgibt. Die Annahme wird anschließend durch den Internethändler erklärt, dies kann auch durch eine automatische Computererklärung geschehen.

● **Annahme**

Die Annahme ist die empfangsbedürftige Willenserklärung, die aus einem bloßen „Ja" oder „Einverstanden" besteht. Wird das Angebot zu spät angenommen oder bei der Annahme inhaltlich abgeändert[1], kommt kein Vertrag zustande. Vielmehr gilt diese Willenserklärung nach § 150 Abs. 2 BGB als Ablehnung des ersten Angebots und wird zu einem neuen Angebot, das nunmehr von der Partei, die das erste Angebot gemacht hatte, angenommen werden kann.

[1] Formulierungen wie „Ja, aber ..." sind also ein neues Angebot!

> Hans will zum Studium nach Freiburg ziehen und schaut sich vorher beim Vermieter Klausner ein Zimmer an. Dieser bietet Hans das Zimmer zur Warmmiete von 300,00 EUR an. Hans erwidert, dass er damit einverstanden sei, könne aber nur 280,00 EUR zahlen. Das erste Angebot ist das von Vermieter Klausner über 300,00 EUR. Die „abgeänderte Annahme" von Hans gilt als Ablehnung des Angebots von Herrn Klausner, verbunden mit einem neuen Angebot (diesmal von Hans) über 280,00 EUR. Dieses kann nun von Vermieter Klausner angenommen werden oder eben auch nicht.

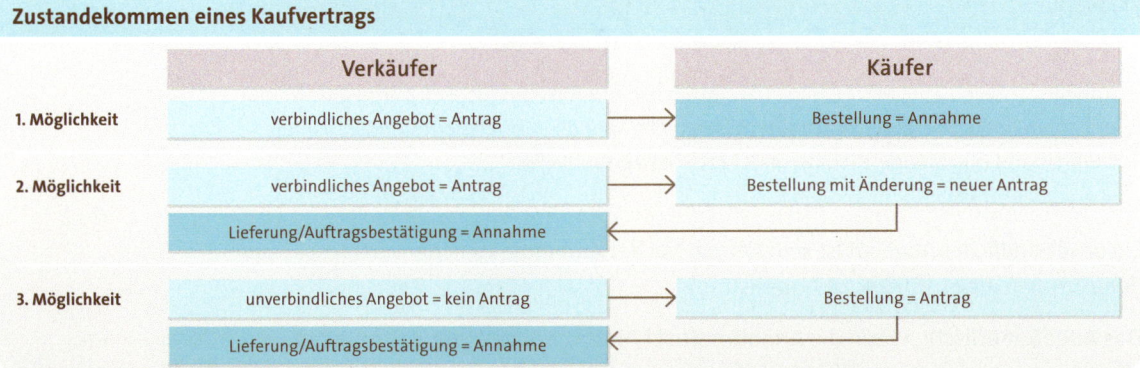

3.2 Annahmefristen

Ein Angebot, das unter Anwesenden gemacht wird, kann nur sofort angenommen werden (§ 147 Abs. 1 BGB). Ein Angebot gegenüber Abwesenden kann nur bis zu dem Zeitpunkt angenommen werden, in dem der Antragende den Eingang der Antwort (also der Annahme) unter gewöhnlichen Umständen erwarten darf (§ 147 Abs. 2 BGB).

Die Annahmefrist kann nach dieser Formel bestimmt werden:

Annahmefrist = Übermittlungszeit des Antrags zum Empfänger + Überlegungs- und Bearbeitungszeit + Übermittlungzeit der Antwort

Nach § 148 BGB kann der Antragende eine genaue Frist festsetzen, in der die Annahme des Antrags zu erfolgen hat. Es ist dabei darauf zu achten, dass die Annahmeerklärung innerhalb der gesetzten Frist bei der Person, die das Angebot gemacht hat, ankommen muss (§ 130 BGB).

> Hans verhandelt mit dem Fahrradhändler Dreher über den Kaufpreis eines Mountainbikes. Der Händler bietet 950,00 EUR an. Hans überlegt und schaut sich zunächst noch mal ein anderes Mountainbike an. Da Hans das Angebot nicht sofort angenommen hat, ist es verfallen und der Händler ist nicht länger an sein Angebot gebunden.
> Anders sieht dies aus, wenn der Händler Hans eine „Bedenkzeit" von 24 Stunden einräumt. Dann ist der Händler für die vereinbarte Zeit an sein Angebot gebunden und Hans muss innerhalb dieser Frist annehmen, damit der Vertrag zustande kommt. Kommt Hans erst nach den 24 Stunden in das Ladenlokal, dann ist seine Frage nach dem Mountainbike für 950,00 EUR ein neues Angebot an den Fahrradhändler, das dieser wieder annehmen oder ablehnen kann.

3.3 Pflichten beim Verbrauchsgüterkauf

Durch einen Kaufvertrag verpflichten sich die beiden Parteien zu dem jeweils vereinbarten Tun, Dulden oder Unterlassen. Der Gesetzgeber hat für den so wichtigen Kaufvertrag die typischen Pflichten der beiden Parteien in einem Paragrafen zusammengefasst, der auch gleichzeitig das Abstraktionsprinzip▸ verdeutlicht.

Abstraktionsprinzip
▸ Kapitel 2.2.3

> **§ 433 BGB Vertragstypische Pflichten beim Kaufvertrag**
>
> (1) Durch den Kaufvertrag wird der Verkäufer einer Sache verpflichtet, dem Käufer die Sache zu übergeben und das Eigentum an der Sache zu verschaffen. [...]
> (2) Der Käufer ist verpflichtet, dem Verkäufer den vereinbarten Kaufpreis zu zahlen und die gekaufte Sache abzunehmen.

III Rechtliche Grundlagen des Handelns privater Haushalte

Eigentumsübertragung von Mobilien
▶ 🏛 Kapitel 1.5.2

Der Kaufvertrag ist die Verpflichtung (Verpflichtungsgeschäft), die lediglich Handlungspflichten entstehen lässt (es entsteht eine „Schuld", etwas zu tun), die anschließend erfüllt werden müssen. Die Erfüllung dieser Verpflichtungen erfolgt durch zwei gesonderte weitere Rechtsgeschäfte, die Verfügungsgeschäfte (Eigentumsübertragung▶ von Kaufsache und Geld):

1. Der Verkäufer übereignet die Kaufsache an den Käufer.
2. Der Käufer bezahlt die Kaufsache.

Erst mit der Erfüllung der im Verpflichtungsgeschäft entstandenen Pflichten erlischt das gegenseitige Schuldverhältnis nach § 362 BGB.

Dieses etwas sperrige **Abstraktionsprinzip** stellt sicher, dass die einzelnen Rechtsgeschäfte unabhängig voneinander gültig bleiben. Ist das Verpflichtungsgeschäft nichtig, kann die Übereignung trotzdem gültig bleiben.

Abstraktionsprinzip		
Kaufvertrag (= Verpflichtungsgeschäft)		
Verkäufer	§ 433 Abs. 1 BGB: Pflicht, die Sache zu übereignen →	Käufer
Sache	← § 433 Abs. 2 BGB: Pflicht, das Geld zu übereignen	Geld
Erstes Verfügungsgeschäft		
Verkäufer	§ 929 BGB: Eigentumsübertrag (Einigung + Übergabe) der Sache →	Käufer
Sache	§ 362 BGB: Mit Eigentumsübertragung erlischt die Schuld des Verkäufers dem Käufer gegenüber.	Geld
Zweites Verfügungsgeschäft		
Verkäufer	← § 929 BGB: Eigentumsübertrag (Einigung + Übergabe) des Geldes	Käufer
Sache	§ 362 BGB: Mit Eigentumsübertragung erlischt die Schuld des Käufers dem Verkäufer gegenüber.	Geld

Hans bestellt beim Fotoladen Knauf eine Kamera für 300,00 EUR. Der Fotohändler bestätigt die Bestellung und kündigt die baldige Lieferung an. Zwei übereinstimmende Willenserklärungen begründen dieses Rechtsgeschäft. Damit ist der Voraussetzungsteil des § 433 BGB erfüllt, es handelt sich um einen Kaufvertrag.

Verpflichtungsgeschäft:
§ 433 Abs. 1 BGB: Der Fotoladen Knauf hat die Pflicht, die Kamera zu übereignen und zu übergeben.
§ 433 Abs. 2 BGB: Hans hat die Pflicht, die Kamera entgegenzunehmen und den Kaufpreis zu bezahlen.

Verfügungsgeschäft:
Der Fotoladen Knauf und Hans müssen jeweils noch eine Übereignung der Kamera und eine Übereignung des Geldes vornehmen.

[1] unverzügliche Handlung: ist erfüllt, wenn sie ohne schuldhaftes Zögern vorgenommen wurde

Sollten die Vertragspartner in ihrem Verbrauchsgüterkauf nichts anderes vereinbart haben, gelten die nachfolgenden gesetzlichen Regelungen:

- Den Verkäufer trifft die Hauptpflicht, dem Käufer die Sache zu übergeben und das Eigentum an dieser Sache zu verschaffen sowie den vereinbarten Kaufpreis anzunehmen (§ 433 Abs. 1 BGB). Die Leistungserbringung muss unverzüglich[1] nach Abschluss des Kaufvertrages erfolgen, aber spätestens nach 30 Tagen (§ 474 Abs. 3 BGB).

- Der Käufer ist hauptsächlich verpflichtet, den vereinbarten Kaufpreis zu zahlen und die gekaufte Sache abzunehmen. Auch hier ist der Kaufpreis mit Abschluss des Kaufvertrags unverzüglich fällig (§ 474 Abs. 3 BGB). In der kaufmännischen Praxis wird die Leistung oft Zug um Zug erbracht. Erst nach Erbringung der Warenlieferung wird der Kaufpreis bezahlt (§ 320 Abs. 1 BGB).
- Der Ort der Lieferung[1] der Ware ist der Geschäftssitz des Verkäufers (§ 269 Abs. 1 BGB). Der Käufer muss also den Transport vom Geschäftssitz des Verkäufers zum Käufer organisieren. Hierfür trägt er die Kosten und das Risiko. Bei Verbrauchsgüterkäufen wird oft ein Versand an den Käufer vereinbart. Wenn der Unternehmer den Transportdienstleister beauftragt (= Versendungskauf), trägt der Verkäufer das Risiko für den Fall, dass die Ware verloren geht oder beschädigt wird (§ 474 Abs. 4 BGB).
- Der Zahlungsort für den Käufer ist ebenfalls der Geschäftssitz des Verkäufers (§ 270 Abs. 1 BGB). Der Käufer trägt folglich die Kosten und das Risiko, dass das Geld rechtzeitig ankommt.
- Das BGB geht, ohne dies ausdrücklich zu erwähnen, davon aus, dass eine Geldschuld in bar zu bezahlen ist. Der Verkäufer kann sich aber auch mit anderen Zahlungsmodalitäten einverstanden erklären (z. B. Überweisung, Kartenzahlung).

[1] Erfüllungsort: Ort, an dem die Leistung zu erbringen ist (z. B. die Lieferung der Ware oder Zahlung des Kaufpreises)

3.4 Fernabsatzvertrag als Spezialfall eines Verbrauchsgüterkaufs

Wenn ein Verbraucher in einem Ladenlokal etwas kaufen möchte, kann er sich dort informieren, die Sache anschauen und alle möglichen Fragen zur Kaufsache und zur Abwicklung sofort klären. Bei der Verwendung von Fernkommunikationsmitteln[2] (z. B. Post, Telefon und Internet) ist dies nicht immer möglich.

Daher wurden auf europäischer Ebene Richtlinien erlassen, die in allen Mitgliedsstaaten einheitlich den Verbraucher im europäischen Binnenmarkt schützen.

[2] Fernkommunikationsmittel: Kommunikationsmittel, die ohne gleichzeitige körperliche Anwesenheit der Vertragsparteien eingesetzt werden können (§ 312 c Abs. 2 BGB)

In Deutschland wird diese besondere Vertriebsform Fernabsatzvertrag genannt und in den § 312 ff. BGB geregelt. Ein Fernabsatzvertrag liegt immer dann vor, wenn für die Vertragsverhandlungen und für seinen Abschluss zwischen Verbraucher (= Käufer) und Unternehmer (= Verkäufer) ausschließlich Fernkommunikationsmittel verwendet wurden (§ 312 c Abs. 1 BGB).

3.4.1 Informationspflicht des Unternehmers

Bei Fernabsatzverträgen ist der Unternehmer verpflichtet, dem Verbraucher die wesentlichen Eckpunkte des Vertrags vor (§ 312 d BGB) und nach Vertragsschluss (§ 312 f. BGB) zur Verfügung zu stellen. Wurde der Verbraucher nicht ausreichend über Versand- und sonstige Kosten informiert (§ 312 a, e BGB), muss er diese nicht bezahlen.

3.4.2 Widerrufsrecht des Verbrauchers

Um den Verbraucher zu schützen, wird ihm bei Fernabsatzverträgen die Möglichkeit gewährt, sich durch einen Widerruf vom Vertrag zu lösen (§ 312 g Abs. 1 BGB)[1]. Die Widerrufserklärung ist eine formlose empfangsbedürftige Willenserklärung (§ 355 Abs. 1 BGB). Der Verbraucher muss also nur seinen Entschluss eindeutig dem Unternehmer gegenüber zum Ausdruck bringen, dass er die Ware nicht mehr möchte, eine Begründung ist nicht erforderlich.

[1] Ein Widerrufsrecht gibt es also nur bei Fernabsatzverträgen.

Der Widerruf muss innerhalb von 14 Tagen nach Erhalt der Ware erfolgen. Voraussetzung für den Beginn der Widerrufsfrist ist eine ordnungsgemäße Widerrufsbelehrung durch den Unternehmer (§ 356 Abs. 3 BGB). Diese Belehrung ist, vereinfacht gesagt, eine Mitteilung an den Verbraucher, wie er sein Widerrufsrecht ausüben kann.

Das Widerrufsrecht erlischt auch ohne ordnungsgemäße Widerrufsbelehrung spätestens 12 Monate und 14 Tage, nachdem der Verbraucher die bestellte Ware erhalten hat (§ 356 Abs. 3 Satz 2 BGB).

Vom Widerrufsrecht ausgenommene Verträge
► Webcode WGW_III_3.4

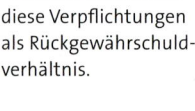

Es gibt eine Reihe von Ausnahmen, in denen trotz eines Fernabsatzvertrags kein Widerrufsrecht besteht. Diese Ausnahmen werden im § 312 g Abs. 2 BGB abschließend aufgeführt.

3.4.3 Rechtsfolgen des Widerrufs

Ein erfolgreicher Widerruf hat zur Folge, dass die jeweils empfangenen Leistungen (Ware und Kaufpreis) spätestens nach 14 Tagen zurückgegeben werden müssen (§ 357 BGB)[2]. Die Versandkosten, die der Verkäufer vom Käufer bei Lieferung der Ware verlangt hat, müssen ebenfalls zurückerstattet werden. Der Käufer muss allerdings auf Verlangen des Verkäufers die Kosten für die Rücksendung der Ware übernehmen.

[2] Juristen bezeichnen diese Verpflichtungen als Rückgewährschuldverhältnis.

Hat der Käufer die Ware an den Verkäufer zurückgeschickt und zahlt dieser nicht innerhalb von 14 Tagen nach Widerruf den Kaufpreis zurück, hat der Käufer ein Anrecht auf eine zusätzliche Pauschale in Höhe von 40,00 EUR (§ 288 Abs. 5 BGB).

> **Besonderheiten bei der Internetauktion**
>
> Juristisch gesehen stellt die Internetauktion keine Auktion im Sinne von § 156 BGB dar. Vielmehr ist sie ein ganz gewöhnlicher Kaufvertrag, der, sollte ein Unternehmer der Verkäufer und ein Verbraucher der Käufer sein, die Sonderform des Fernabsatzvertrags annimmt. In diesem Fall gelten alle verbraucherschützenden Regelungen des Fernabsatzvertrags, auch das Widerrufsrecht.
> Meist ist es so, dass die vom Online-Auktionshaus vorgegebenen Auktionsbedingungen den Anbieter verpflichten, den Gegenstand am Ende der Auktionszeit an denjenigen zu verkaufen, der das höchste Angebot abgegeben hat. Folglich ist das Einstellen eines Artikels in eine Internetauktion eine bindende Willenserklärung und die vorzeitige Beendigung der Auktion kann nur durch Anfechtung dieser Willenserklärung unter den bekannten Anfechtungsgründen erfolgen.
> Die mit Privatverkauf gekennzeichneten Internetauktionen sind keine Verbrauchsgüterkäufe, daher besteht hier auch kein Widerrufsrecht.

3.5 Allgemeine Geschäftsbedingungen (AGB)

Um die Abläufe des täglichen Geschäftsverkehrs zu vereinfachen und Zeit zu sparen, erstellen Unternehmen „allgemeine Geschäftsbedingungen" (kurz: AGB). Diese sind vorformulierte Vertragsbedingungen (Klauseln), z. B. zu Leistungsort, Leistungszeit, Eigentumsvorbehalt und Zahlung. Individuelle Absprachen zwischen Käufer und Verkäufer haben aber stets Vorrang vor den Regelungen in den AGB (§ 305 b BGB). Theoretisch könnte der Käufer die AGB ablehnen oder abändern, dann stünde es aber wiederum dem Verkäufer frei, den Vertrag nicht abzuschließen ▶.

Damit das sogenannte „Kleingedruckte" Bestandteil des Vertrags wird, müssen nach § 305 Abs. 2 BGB folgende Bedingungen erfüllt sein:
- Der Unternehmer[1] muss auf die AGB hinweisen (z. B. schriftlich auf dem Angebot oder mündlich: „Es gelten unsere AGB.").
- Der Käufer muss die Möglichkeit haben, in zumutbarer Weise die AGB bei Vertragsschluss zur Kenntnis zu nehmen (z. B. Aushang in den Geschäftsräumen in angemessenem Umfang, angemessener Länge und ausreichender Schriftgröße).
- Der Käufer muss mit der Geltung der AGB einverstanden sein. Dazu muss keine ausdrückliche Erklärung erfolgen, es reicht aus, wenn der Käufer nach Hinweis auf die AGB und der Möglichkeit der Kenntnisnahme den Vertrag abschließt.

Klauseln, die „ganz und gar ungewöhnlich" sind (Überraschungsklauseln), werden nicht Vertragsbestandteil (§ 305 c Abs. 1 BGB), auch wenn die oben genannten Bedingungen erfüllt sind.

Sollten die AGB Vertragsbestandteil geworden sein, ist zu überprüfen, ob einzelne verwendete Klauseln unwirksam sind.

Im § 309 BGB legt der Gesetzgeber eine Aufzählung mit dreizehn Klauseln vor, die (automatisch) unwirksam sind. Zum Beispiel werden Regelungen in den AGB zu kurzfristigen Preiserhöhungen ausgeschlossen.

Ergänzend gilt beim Verbrauchsgüterkauf auch § 475 BGB, wonach Klauseln, die das Recht des Verbrauchers bei einer mangelhaften Lieferung ▶ einschränken, unwirksam sind.

Oft wird in den AGB festgelegt, dass das Gericht am Sitz des Verkäufers bei Streitigkeiten zuständig ist. Auch diese Regelung ist nach § 38 Abs. 1 ZPO unwirksam. Zuständig ist immer das Gericht am Wohnsitz bzw. Geschäftssitz des jeweils Beklagten.

Im Falle des § 308 BGB sieht der Gesetzgeber eine Wertungsmöglichkeit durch ein Gericht vor. Hier muss im Einzelfall entschieden werden, ob der Verbraucher unangemessen benachteiligt wird. So werden z. B. Regelungen in den AGB zu langen Lieferzeiten nicht grundsätzlich ausgeschlossen. Hier muss ein Gericht über die unangemessene Länge der Lieferzeit je nach Kaufgegenstand entscheiden.

Der § 307 Abs. 1 BGB enthält eine Generalklausel, wonach jede Klausel überprüft werden kann, ob sie den Käufer unangemessen benachteiligt. Der Gesetzgeber spricht hier von Treu und Glauben[2], den der Unternehmer an den Tag legen sollte.

---

abgeänderte Annahme
▶ Kapitel 3.1

[1] Im Gesetzestext heißt der Unternehmer „Verwender".

AGB – unwirksame Klauseln
▶ Webcode WGW_III_3.5

mangelhafte Lieferung
▶ Kapitel 4.1

[2] Treu und Glauben: *Verhalten eines redlich und anständig handelnden Menschen*

III Rechtliche Grundlagen des Handelns privater Haushalte

Regelungen in den AGB, die mehrdeutig oder unklar sind, werden immer zulasten des Unternehmens ausgelegt. Das Unternehmen als Ersteller der AGB muss sich klar und unmissverständlich ausdrücken (§ 307 Abs. 1 Satz 2 BGB).

Sollte eine Klausel in den AGB unwirksam sein, so bleibt der Vertrag als Ganzes jedoch bestehen (§ 306 BGB).

Aufgaben zu Kapitel 3

1. Entscheiden Sie, wer von beiden Vertragspartnern das Angebot und wer die Annahme in welcher Form abgibt.
   a Nach längerem mündlichen Verhandeln bietet Leon sein Auto Hamdi für 2.500,00 EUR zum Kauf an und hält die Hand zum Einschlag hin. Hamdi schlägt ein.
   b Benart sieht sich ein WG-Zimmer an, das er gerne von Maria mieten möchte. Sie verlangt eine Warmmiete von 300,00 EUR im Monat. Benart sagt: „Ja, ich nehme das Zimmer, aber für 280,00 EUR."
   c Piedro bestellt per E-Mail beim Baustoffhandel Lauter Dachziegel für sein neues Haus. In der E-Mail schreibt er: „Ich bitte um kostenlose Lieferung bis zur Baustelle." Die Auftragsbestätigung des Baustoffhändlers kommt umgehend per E-Mail mit dem Text: „Wir bestätigen die Bestellung. Die Lieferung erfolgt gegen eine Kostenpauschale in Höhe von 0,4 % des Bestellwertes."

2. Die 15-jährige Rowina sieht in einem Shop geniale Jeans. Sie geht zu einem jungen Verkäufer und fragt ihn nach dem Preis. Er sagt: „Weil du es bist und du bestimmt umwerfend darin aussiehst: 14,99 EUR." Rowina lächelt und wird rot. Sie hat aber nicht genügend Geld dabei, daher legt sie die Jeans zurück und geht zu ihrer Bank, um sich am Automaten Geld vom Taschengeldkonto zu ziehen. Zurück im Shop ist der Verkäufer verschwunden und eine alte, schrullige Kassiererin fordert 24,99 EUR an der Kasse. Rowina will die Jeans aber nur für 14,99 EUR kaufen. Wie ist die Rechtslage?

3. Wie lange ist der Anbietende an sein Angebot gebunden? Wie kann man die Gebundenheit an sein Angebot ausschließen?

4. Welche Voraussetzungen müssen erfüllt sein, damit es sich bei einem Kaufvertrag um einen Verbrauchsgüterkauf handelt?

5. Gamze bestellt beim Onlinehändler PowerNotebook ein Tablet für 299,00 EUR zuzüglich 5,99 EUR Versandkosten. Als es bei ihr eintrifft, gefällt es ihr nun doch nicht: Das Display ist kleiner, als sie es sich vorgestellt hat. Welche rechtlichen Möglichkeiten hat sie, um das Tablet zurückzugeben?

6. Julien ist mit seiner Freundin in der Stadt unterwegs und sieht in einem Geschäft eine schicke Jacke. Nach Anprobe und gutem Zureden durch eine Verkäuferin kauft Julien die Jacke. Daheim angekommen ist seine Mutter vom Kauf nicht begeistert und will, dass Julien die Jacke zurückbringt. Kein Problem, denkt Julien, dann widerrufe ich einfach den Kaufvertrag, wie ich es in der Schule gelernt habe. Wie ist die Rechtslage?

7. Prüfen Sie für die folgenden Fälle mithilfe der entsprechenden Paragrafen, ob die AGB-Klauseln Bestandteil eines Vertrags werden.
   a In den AGB des Gebrauchtwagenhändlers Bratsch ist folgende Klausel enthalten: „Der Käufer eines Gebrauchtwagens stellt gleichzeitig den Antrag auf Mitgliedschaft im Internationalen Oldtimer Club Singen."
   b In den AGB eines Elektrogeschäfts ist folgende Klausel enthalten: „Der Käufer unserer Ware hat keinen Anspruch auf sofortige Lieferung. Der Verkäufer kommt seiner Vertragspflicht nach, wenn er die bestellte Ware innerhalb eines Kalenderjahrs liefert."
   c In den AGB eines Baustofflieferanten steht: „Der Lieferer ist berechtigt, Preiserhöhungen des Herstellers, die sich innerhalb von drei Monaten nach Abschluss des Kaufvertrags, aber noch vor der Lieferung ergeben, dem Kunden weiterzuberechnen."

8. Ann-Catrin schaut sich in einem Möbelhaus einen Schreibtisch an. Den benötigt sie nun im beruflichen Gymnasium, da sie selbstständig zu Hause arbeiten muss. Sie bestellt auf einem Formular die Luxusvariante Sorento, ohne zu bemerken, dass auf der Rückseite die AGB des Möbelhauses abgedruckt sind. Werden diese Bestandteil des Kaufvertrags? Begründen Sie Ihre Antwort.

9. Lennard hat sich das Auto von seinen Eltern ausgeliehen und muss nun nach einer etwas rauen Fahrt im Gelände schnell durch die Waschstraße fahren, bevor er wieder nach Hause fährt. An der Einfahrt zur Waschstraße hängt ein großes Hinweisschild: „Es gelten unsere AGB."
   a Durch welche Willenserklärungen und in welcher Form ist hier ein Kaufvertrag zustande gekommen?
   b Werden die AGB Vertragsbestandteil?

Zusammenfassung: 3 Verbrauchsgüterkauf

Zustandekommen eines Verbrauchsgüterkaufs

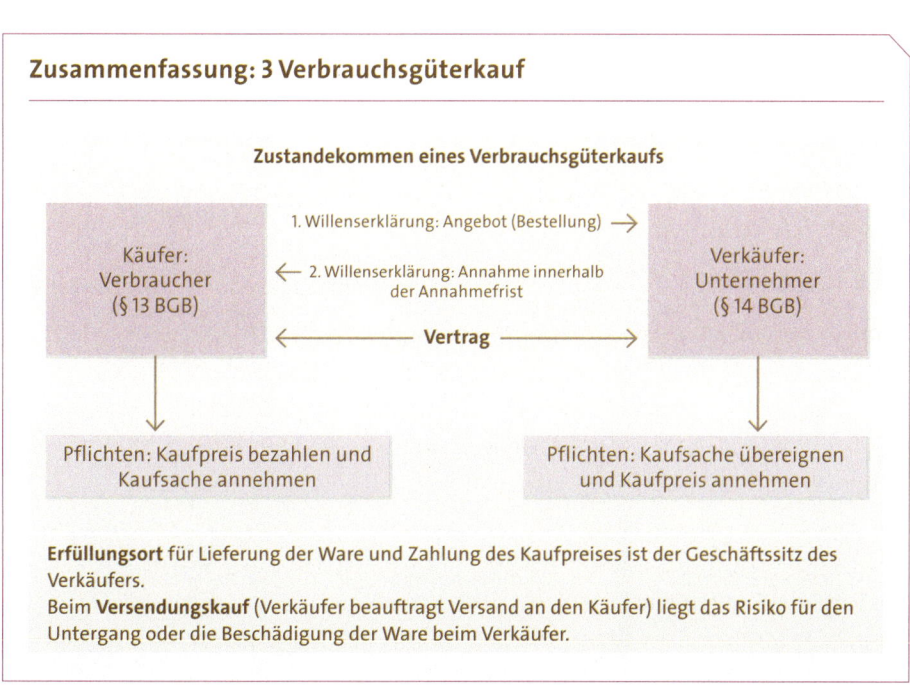

Erfüllungsort für Lieferung der Ware und Zahlung des Kaufpreises ist der Geschäftssitz des Verkäufers.
Beim **Versendungskauf** (Verkäufer beauftragt Versand an den Käufer) liegt das Risiko für den Untergang oder die Beschädigung der Ware beim Verkäufer.

III Rechtliche Grundlagen des Handelns privater Haushalte

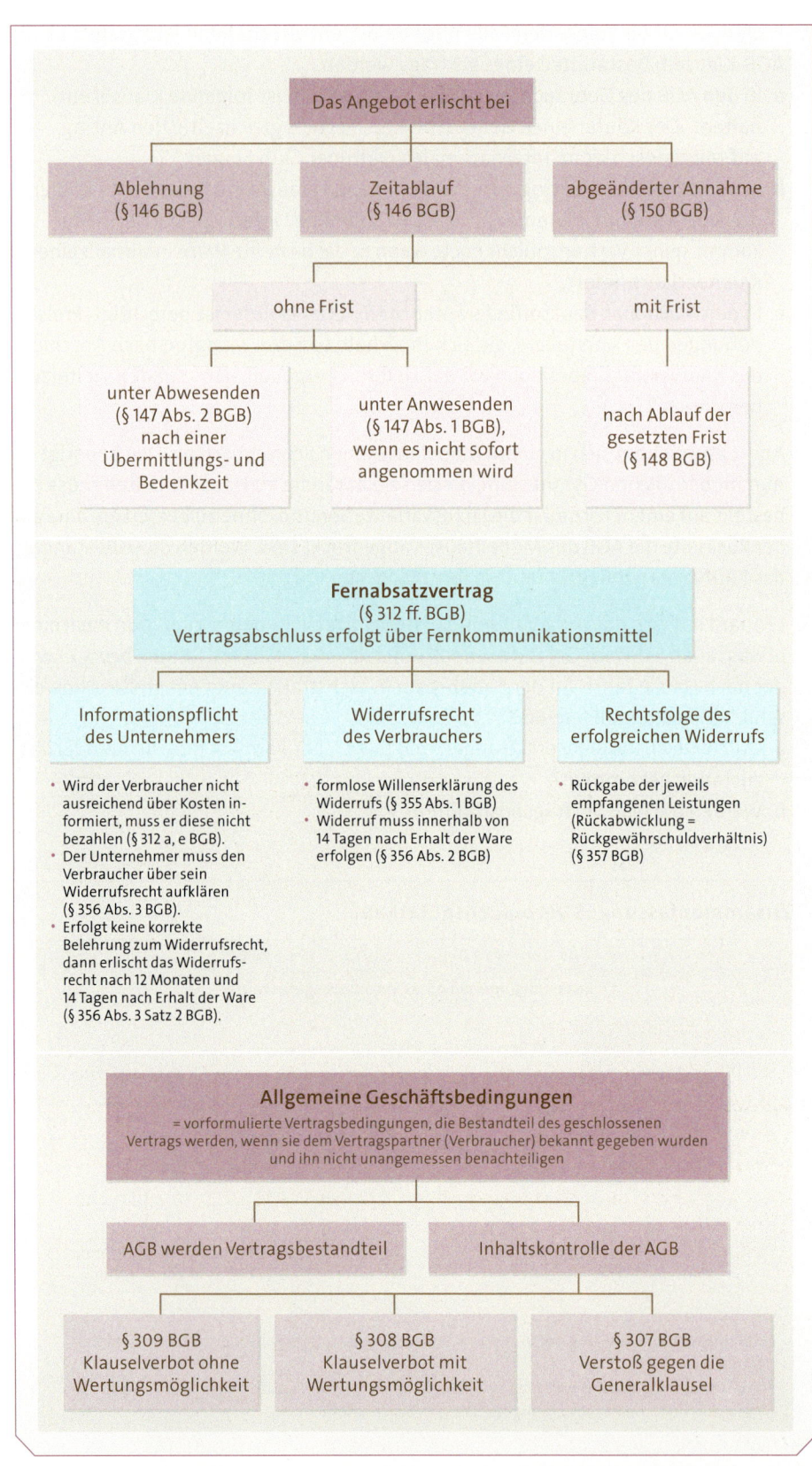

4 Störungen bei der Erfüllung von Verbrauchsgüterkaufverträgen

Familie Hanser bestellt bei einem Online-Einzelhändler einen neuen großen Gartentisch. Die Bestellung wird sofort per E-Mail bestätigt. Ein Verbrauchsgüterkauf ist also zustande gekommen. Was kann nun alles bei der Umsetzung dieses Kaufvertrags „schiefgehen"?

4.1 Schlechtleistung – Mangelhafte Lieferung

4.1.1 Sach- und Rechtsmangel

Der Käufer hat bei Übergabe[1] der Kaufsache das Recht auf eine mangelfreie Ware (§ 433 Abs. 1 Satz 2 BGB). Hat die Sache einen Mangel, so hat der Verkäufer seine Pflicht aus dem Kaufvertrag nicht erfüllt. Ob die Sache einen Mangel hat, wird nach der Reihenfolge in § 434 BGB überprüft: Eine Kaufsache hat **Sachmängel**, wenn sie
- die (vertraglich) vereinbarte Beschaffenheit (= tatsächlicher Zustand) nicht aufweist (§ 434 Abs. 1 Satz 1 BGB),
- sich für die vertraglich vorausgesetzte Verwendung nicht eignet (§ 434 Abs. 1 Satz 2 Nr. 1 BGB),
- sich für die gewöhnliche Verwendung (= der üblich zu erwartende Zustand bei einer solchen Kaufsache) nicht eignet (§ 434 Abs. 1 Satz 2 Nr. 2 BGB),
- vom Verkäufer unsachgemäß montiert wurde oder
- mit einer mangelhaften Montageanleitung[2] vom Verkäufer übergeben wurde (§ 434 Abs. 2 Satz 1 BGB).

[1] Übergabe: *Gefahrenübergang zum Käufer*

[2] Mangelhafte Montageanleitung = „IKEA-Klausel": *Sollte die Montage trotz fehlerhafter Anleitung fehlerfrei verlaufen, liegt kein Mangel mehr vor (§ 434 Abs. 2 Satz 2 BGB).*

III Rechtliche Grundlagen des Handelns privater Haushalte

Dem Sachmangel gleichgestellt sind die Fälle (§ 434 Abs. 3 BGB), bei denen
- eine **andere** Kaufsache vom Verkäufer geliefert wurde als vereinbart (Falschlieferung = Aliud-Lieferung[1]);
- eine zu **geringe Menge** vom Verkäufer geliefert wurde (Zuweniglieferung = Mankolieferung).

[1] Aliud ist der lateinische Begriff für „etwas anderes".

> **Vereinbarte Beschaffenheit:** Der Unterwasseranstrich für ein Segelboot an der Nordsee ist geeignet für Salzwasser.
> **Vertraglich vorausgesetzte Verwendung:** Im Verkaufsgespräch äußert der Käufer den Wunsch, mit dem neuen Tablet überall in Deutschland kabellos in das Internet zu kommen.
> **Gewöhnliche Verwendung:** Ein Flaschenöffner muss auch wirklich so gebaut sein, dass er Flaschen öffnen kann.
> Wenn ein Hersteller in seiner **Werbung** für eine bestimmte Verwendung wirbt (z. B. günstiger Spritverbrauch bei einem Kfz), muss sich der Käufer darauf verlassen können, dass diese Beschaffenheit vorhanden ist.[2]
> **Mangelhafte Montage bzw. mangelhafte Montageanleitung:**
> - Der Lenker an einem Fahrrad wurde falsch herum montiert.
> - Wegen der falschen Montageanleitung lassen sich die Türen an einem Schrank nicht schließen.
>
> **Falschlieferung:** Lieferung von Apfelwein statt Bier
> **Zuweniglieferung:** Lieferung von 2 statt 5 Flaschen Wein

[2] Reißerische Anpreisungen allgemeiner Art in der Werbung sind ausgeschlossen: *Deshalb ist es kein Mangel, wenn „Red Bull" keine Flügel verleiht oder „Haribo" die Kinder nicht froh macht.*

In der Praxis ist es oft so, dass ein Mangel nicht sofort beim Gefahrenübergang, also bei der Übergabe, sondern erst zu einem späteren Zeitpunkt auftritt oder entdeckt wird. Um einen Mangel geltend zu machen, reicht es beim Verbrauchsgüterkauf zum Schutz des Verbrauchers aus, dass der Mangel „im Kern" vorhanden ist und sich nicht bereits bei Gefahrenübergang „zeigen" muss. Dies ist die sogenannte Kerntheorie – die Sache ist von Anfang an nicht in Ordnung.

Ein **Rechtsmangel** nach § 435 BGB ist beim Verbrauchsgüterkauf bedeutungslos. Hier geht es hauptsächlich um rechtliche Ansprüche von Dritten an der Sache, von denen der Käufer beim Kauf nichts wusste. Zur Vollständigkeit hier ein Beispiel außerhalb des Verbrauchsgüterkaufs:

> Ein Grundstück ist mit einer Hypothek (= eine in das Grundbuch eingetragene Schuld) zugunsten eines Dritten belastet, ohne dass der Käufer etwas davon weiß.

4.1.2 Beweislast beim Verbrauchsgüterkauf

Wenn ein Mangel vorliegt, stellt sich die Frage, wer nachweisen muss, dass die Kaufsache bereits bei Gefahrenübergang diesen Mangel „im Kern" hatte. Allgemein gilt: Wer einen Anspruch erhebt, muss diesen auch begründen und nachweisen.[3]

[3] Begründung und Nachweis einer Tatsache heißt im Juristischen: *Beweislast*

Beim Verbrauchsgüterkauf hat der Gesetzgeber 2002, wieder zum Schutz der Verbraucher, eine spezielle Regelung erlassen: Zeigt eine Kaufsache in den ersten sechs Monaten nach Gefahrenübergang einen Sachmangel, dann wird **vermutet**, dass dieser Sachmangel bereits bei Gefahrenübergang vorlag (§ 476 BGB). Damit liegt die Beweislast der einwandfreien Kaufsache, abweichend von der allgemeinen Regel, beim Verkäufer (= Beweislastumkehr). Nach sechs Monaten wechselt diese Beweislast zur Seite des Käufers. Dann muss der Käufer nachweisen, dass die Sache bereits bei Gefahrenübergang den Sachmangel „im Kern" aufwies.

> Ein Verbraucher kauft einen neuen Mittelklassewagen, der nach fünf Monaten einen schweren Motorschaden hat. Hier muss der Verkäufer beweisen, dass der Mangel nicht schon bei Gefahrenübergang vorhanden war, sondern z. B. durch den Fahrstil des Käufers verursacht wurde.

Die Beweislastumkehr gilt jedoch nicht, wenn die Vermutung über den Sachmangel mit der Art der Sache oder des Mangels unvereinbar ist.

> Ein Handy wird nach zwei Monaten zum Händler gebracht, weil es nicht mehr richtig funktioniert. Beim Herausnehmen des Akkus im Ladenlokal ist offensichtlich, dass das Handy „baden" gegangen ist. Folglich hat also der Mangel „Handy funktioniert nicht" etwas mit der Handhabung zu tun.

4.1.3 Verjährung und Ausschluss von Ansprüchen

● Verjährungsfristen

Der Käufer hat zwei Jahre lang die Möglichkeit, den Mangel zu beanstanden (= Mangelrüge[1]). Bei gebrauchten Waren kann die Frist auf ein Jahr verringert werden, wenn dies vom Verkäufer in den AGB festgelegt ist und diese Bestandteil des Vertrags geworden sind (§ 475 Abs. 2 BGB). Die Frist der Verjährung der Ansprüche beginnt am Tag nach Ablieferung der Sache beim Käufer (§ 187 Abs. 1 BGB).

[1] *Mangelrüge: Der Käufer informiert den Verkäufer über den Mangel (§ 438 Abs. 1 Nr. 3 BGB).*

Verschweigt ein Verkäufer einen Sachmangel arglistig, dann tritt die regelmäßige Verjährungsfrist erst nach drei Jahren ein. Diese Frist beginnt mit dem Schluss des Jahres, in dem der Käufer vom Sachmangel an der Ware Kenntnis erlangt hat (§ 438 Abs. 3 BGB, § 195 BGB und § 199 BGB).

● Gewährleistungsausschluss

Beim Verbrauchsgüterkauf gibt es zwei Konstellationen, bei denen der Käufer keine Ansprüche auf eine Mangelbeseitigung stellen kann:
- wenn der Käufer den Mangel bei Vertragsschluss kennt, also weiß, dass die Sache einen Mangel hat (§ 422 Satz 1 BGB);
- wenn der Anspruch auf Mangelbeseitigung verjährt ist (§ 438 BGB).

Einige Unternehmen versuchen, über vertragliche Regelungen oder über die AGB einen Anspruch auf eine mangelfreie Ware auszuschließen (Ausschluss der Mangelhaftung ▶). Solche Regelungen sind gegenüber Verbrauchern immer nichtig.

▶ § 475 BGB, § 307 BGB und § 309 BGB

4.1.4 Rechte des Käufers bei Mängeln

Ist eine Kaufsache mangelhaft, hat der Käufer dem Verkäufer gegenüber nacheinander gestaffelte Rechte, um eine mangelfreie Sache zu erhalten.

● **Vorrangig: Nacherfüllung**

Vorrangig kann der Käufer eine Nacherfüllung, also die Beseitigung des Mangels durch den Verkäufer (nicht durch den Hersteller!) am Ort, an dem sich die Kaufsache befindet, verlangen (§ 437 Nr. 1 BGB). Dies kann erfolgen durch (§ 439 BGB):
- Nachbesserung = Reparatur der Sache
oder
- Neulieferung = Umtausch, Lieferung einer neuen mangelfreien Sache

Die Entscheidung, welche der beiden Formen gewählt wird, liegt beim Käufer. Der Verkäufer hat alle Kosten zu tragen, die mit der Nachbesserung oder gar Neulieferung in Verbindung stehen. Daher kann er auch die vom Käufer gewählte Nacherfüllungsform verweigern, falls diese unverhältnismäßig teuer gegenüber der anderen Alternative ist (§ 439 Abs. 3 BGB).

Der Käufer eines neuen Pkw rügt leichte Kratzer im Lack an der Fahrertür und fordert daher einen neuen Pkw. Die Beseitigung der Kratzer ist mit einer einfachen Reparatur möglich, folglich ist die Forderung nach einem neuen Pkw unverhältnismäßig teuer für den Verkäufer. Er kann die Forderung des Käufers ablehnen und die Reparatur vorschlagen bzw. durchführen.

Der Käufer muss dem Verkäufer eine angemessene Frist zur Nacherfüllung gewähren (§ 323 Abs. 1 BGB). Eine Frist ist angemessen, wenn der Verkäufer die Möglichkeit hat, unter gewöhnlichen Umständen eine Nachbesserung vorzunehmen oder eine begonnene Nachbesserung zu beenden.[1]

● **Nachrangig: Rücktritt vom Kaufvertrag und/oder Minderung des Kaufpreises**

Nachrangig hat der Käufer das Recht, vom Kaufvertrag zurückzutreten (§ 437 Nr. 2 BGB) oder eine Minderung des Kaufpreises zu verlangen (§ 441 Abs. 1 Satz 1). Hierzu müssen zwei Voraussetzungen erfüllt sein:
1. Der Mangel ist nicht unerheblich[2] (§ 323 Abs. 5 Satz 2 BGB).
2. Es trifft einer der folgenden Punkte zu:
   ○ Es erfolgt keine Nacherfüllung durch den Verkäufer innerhalb der gesetzten Frist (§ 323 Abs. 1 BGB).
   ○ Der Verkäufer lehnt beide Formen der Nacherfüllung wegen unverhältnismäßig hohen Kosten ab (§ 439 Abs. 3 BGB).
   ○ Die Nacherfüllung ist für den Käufer unzumutbar (§ 440 Satz 1 BGB).
   ○ Die Nachbesserung ist zweimal erfolglos verlaufen (§ 440 Satz 2 BGB).
   ○ Die Neulieferung ist ebenfalls mangelhaft und es ist zu befürchten, dass eine weitere Neulieferung keinen Erfolg haben wird (§ 440 BGB und Rechtsprechung).

---

[1] Eine konkrete Fristsetzung mit Datum (bestimmbarer Termin) ist nicht nötig. Es reicht aus, wenn der Käufer deutlich macht, dass der Verkäufer nur eine bestimmte Zeit zur Verfügung hat.

[2] Der Bundesgerichtshof hat entschieden, dass ein unerheblicher Mangel dann vorliegt, wenn die Kosten der Mangelbeseitigung weniger als fünf Prozent des Kaufpreises betragen.

4 Störungen bei der Erfüllung von Verbrauchsgüterkaufverträgen

Beim Rücktritt wandelt sich der Kaufvertrag um in ein „Rückgewährschuldverhältnis". Die bisher ausgetauschten Leistungen werden gemäß § 346 Abs. 1 BGB zurückgegeben. Der Käufer muss aber eine Nutzungsentschädigung an den Verkäufer zahlen.

Bei der Minderung des Kaufpreises behält der Käufer die Kaufsache, erhält jedoch einen Teil des Kaufpreises zurück.[1]

[1] Die Berechnung der Minderung erfolgt nach § 441 Abs. 3 BGB.

● **Nachrangig: Schadenersatz und Ersatz vergeblicher Aufwendungen**

Wie der Anspruch auf Rücktritt vom Kaufvertrag ist das Recht auf einen Schadenersatz[2] (§ 437 Nr. 3 BGB) oder auf den Ersatz von vergeblichen Aufwendungen (§ 284 BGB) ein nachrangiges Recht. Es gelten die Voraussetzungen wie beim Rücktritt vom Kaufvertrag. Für die Geltendmachung eines Schadenersatzes muss wirklich ein Schaden entstanden sein. Keinen Schadenersatz kann der Käufer fordern, wenn der Verkäufer nachweisen kann, dass er eine mangelfreie Ware geliefert hat.

[2] Das BGB spricht von Schadensersatz.

Beim Schadenersatz *neben* der Leistung („kleiner Schadenersatz") fordert der Käufer einen Schadenersatz, zugleich gibt er aber den Anspruch auf eine mangelfreie Kaufsache auf. Beim Schadenersatz *statt* der Leistung („großer Schadenersatz") verlangt der Käufer den gezahlten Kaufpreis sowie einen Schadenersatz vom Verkäufer.

Den Ersatz von vergeblichen Aufwendungen kann ein Käufer fordern, wenn ihm Kosten entstanden sind, die er getätigt hat im Glauben, die Kaufsache sei ohne Mangel.

> Thekla hat einen Kredit aufgenommen, um das von Louis gekaufte Auto zu bezahlen. In der Zwischenzeit hat Louis das Auto an Franka verkauft. Die für den Kredit entstehenden Zinsen wären auch im Fall einer Übergabe des Autos an Thekla entstanden und sind damit kein „Schaden". Thekla kann die Zinsen für den nun sinnlosen Kredit als Ersatz vergeblicher Aufwendungen fordern.

● **Übernahme einer Garantie durch den Verkäufer oder Hersteller**

Von der gesetzlichen Gewährleistung nach § 437 BGB ist die in der Umgangssprache so oft erwähnte Garantie (§ 443 BGB) abzugrenzen. Beides sind ganz unterschiedliche Dinge und gelten nebeneinander!

Eine **Garantie** ist eine freiwillige vertragliche Übernahme durch den Verkäufer oder den Hersteller über die Beschaffenheit der Sache bzw. die Haltbarkeit einer Sache.

Garantie und Gewährleistung

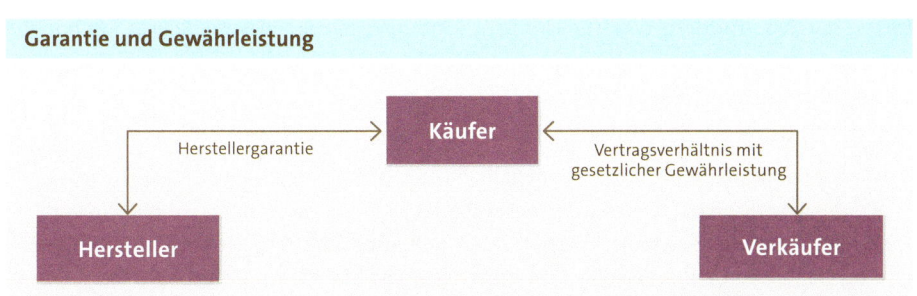

Meist wird die Garantie vom Hersteller der Sache gewährt, sodass, obwohl kein Kontakt zwischen Hersteller und Käufer besteht, ein Anspruch des Käufers an den Hersteller entsteht. Beim Verbrauchsgüterkauf muss die Garantie verständlich formuliert sein und einen Hinweis darauf enthalten, dass die gesetzlichen Gewährleistungsansprüche weiterhin uneingeschränkt bestehen. Zudem muss die Garantieerklärung in Textform vorliegen (§ 477 BGB).

Die Gewährung einer Garantie ist eine freiwillige Leistung des Herstellers, die er deshalb nach seinen eigenen Vorstellungen inhaltlich ausgestalten und auch beschränken kann. Ist die Garantie aber einmal erteilt, kann sie nicht wieder eingeschränkt oder zurückgenommen werden.

4.2 Verzug des Schuldners

4.2.1 Allgemeine gesetzliche Regelungen

Die Regelungen zum Schuldnerverzug sind im Gesetz ganz allgemein geregelt, dabei spielt es erst einmal keine Rolle, ob eine Ware oder Geld geschuldet wird. Ist ein Termin für die Leistung der Ware bzw. des Geldes bestimmt oder bestimmbar[1], kommt der Schuldner mit Fälligkeit gleichzeitig in Verzug (§ 286 Abs. 2 Nrn. 1 und 2). Der Schuldner kommt auch in Verzug, wenn er ernsthaft und endgültig die Leistung verweigert (§ 286 Abs. 2 Nr. 3 BGB) oder beide Seiten an einem sofortigen Verzugseintritt interessiert sind (§ 286 Abs. 2 Nr. 4 BGB), z. B. „eine schnellstmögliche Reparatur eines Wasserrohrbruchs".

[1] bestimmter Termin: *Es ist ein genaues Datum angegeben.*
bestimmbarer Termin: *Es kann ein Datum aufgrund eines Ereignisses nach dem Kalender berechnet werden.*

Trifft keine der genannten Voraussetzungen zu, muss der Schuldner nach Fälligkeit gemahnt werden, um in Verzug zu geraten. Mit Zugang der Mahnung beim Schuldner ist dieser im Verzug.

Eine Mahnung ist eine bestimmte und eindeutige Aufforderung des Gläubigers zur Leistung an den Schuldner.

Alternativ zur Mahnung kann der Gläubiger auch einen gerichtlichen Mahnbescheid ► oder die Erhebung einer Klage auf Leistung beim zuständigen Gericht beantragen.

gerichtliches Mahnverfahren
► **Kapitel 4.3**

Der Gesetzgeber geht davon aus, dass der Schuldner seine „Nicht-Leistung" zu vertreten hat. Mit anderen Worten: Der Schuldner ist „schuld" daran, dass er noch nicht geleistet hat (§ 286 Abs. 4 BGB). Somit muss der Schuldner beweisen, dass ihn keine Schuld trifft, um nicht in Verzug zu geraten.

Am Abend vor der Auslieferung schlägt ein Blitz in die Lagerhalle eines Papierhändlers ein. Die bestellten Hochzeitskarten von Ralf und Susanna verbrennen. Bei diesem Blitzschlag handelt sich um höhere Gewalt, der Händler konnte nicht damit rechnen. Er kann also nachweisen, dass ihn keine Schuld für die Nicht-rechtzeitig-Lieferung trifft.

4.2.2 Nicht-rechtzeitig-Lieferung

Wird eine Ware nicht rechtzeitig geliefert und befindet sich der Verkäufer im Verzug, kann der Käufer auf der Erfüllung des Kaufvertrags bestehen. Ist dem Käufer nach dem Eintritt des Verzugs ein Schaden durch die Pflichtverletzung des Verkäufers entstanden, ist der Verkäufer zum Schadenersatz verpflichtet. Auch die Kosten weiterer Mahnungen oder Kosten für einen Anwalt kann der Käufer dem Verkäufer abverlangen.

Sollte der Verkäufer die Ware auch nach einer durch den Käufer gesetzten angemessenen Frist nicht liefern oder die Lieferung ganz verweigern, hat der Käufer noch weiterreichende Rechte:

- **Schadenersatz statt der Leistung**
  Der Käufer verzichtet auf die Lieferung der Ware, verlangt aber einen Schadenersatz vom Verkäufer für entstandene Schäden (§ 280 BGB in Verbindung mit § 281 BGB).
- **Rücktritt vom Vertrag**
  Der Käufer tritt vom Kaufvertrag zurück. Damit wird das Schuldverhältnis in ein „Rückgewährschuldverhältnis" umgewandelt, d. h., alle empfangenen Leistungen müssen zurückgegeben werden (§ 323 Abs. 1 BGB).

Beide Rechte können auch miteinander kombiniert werden.

nachrangige Rechte
▶ Kapitel 4.1.4

> Tiffany hat bereits eine Anzahlung auf ein gebrauchtes Auto geleistet. Nach der Erklärung des Rücktritts hat sie keinen Anspruch mehr auf das Auto, dafür aber Anspruch auf die Rückzahlung der Anzahlung.

4.2.3 Nicht-rechtzeitig-Zahlung

Nach § 433 Abs. 2 BGB ist der Käufer verpflichtet, den Kaufpreis für die Sache zu bezahlen. Ist kein Datum bestimmt oder bestimmbar, ist die Zahlung sofort fällig. Allerdings tritt ein Verzug erst spätestens 30 Tage nach Rechnungsstellung ein (§ 286 Abs. 3 BGB). Beim Verbrauchsgüterkauf ist der Verbraucher auf diese Folge in der Rechnung hinzuweisen, ansonsten tritt kein „automatischer" Verzug ein. Um den Käufer schon vor der 30-Tage-Frist in Verzug zu setzen, muss der Verkäufer dem Käufer eine Mahnung schicken.

Bei Geldschulden gilt der Grundsatz: „Geld hat man immer zu haben." Der Käufer muss immer sein Nicht-Zahlen vertreten und kann keine Beweise für seine „Unschuld" vorlegen (Auch höhere Gewalt gilt hier nicht).

In der Praxis werden oft noch weitere (bis zu vier) Mahnungen an den Schuldner verschickt, um diesen so zu beeindrucken, schlussendlich die Zahlung zu leisten[1]. Allein die erste Mahnung ist bereits ausschlaggebend für den Zahlungsverzug.

[1] Diese Mahnungen werden zusammengefasst auch als außergerichtliches Mahnverfahren bezeichnet.

Mit Eintritt des Zahlungsverzugs hat der Verkäufer Anspruch auf:
- Zahlung von Verzugszinsen durch den Käufer (§ 288 BGB): Der Zinssatz beträgt fünf Prozentpunkte über dem von der Bundesbank veröffentlichten Basiszinssatz.
- Schadenersatz wegen Verzögerung der Leistung (§ 280 und § 286 BGB): nach der ersten Mahnung entstehende Mahn-, Anwalts- oder Gerichtskosten.

III Rechtliche Grundlagen des Handelns privater Haushalte

Einen Rücktritt vom Kaufvertrag (§ 323 BGB) oder einen Anspruch auf Schadenersatz statt der Leistung (§ 280 und § 281 BGB) kann der Verkäufer erst nach einer angemessenen Frist fordern.

nachrangige Rechte
▶ Kapitel 4.1.4

4.3 Gerichtliches Mahnverfahren und Zwangsvollstreckung

4.3.1 Gerichtliches Mahnverfahren

Neben dem außergerichtlichen Mahnverfahren gibt es das gerichtliche Mahnverfahren. Dieses ist ein standardisiertes Verfahren, mit dem ein Gläubiger mit Unterstützung des Gerichts schnell und kostengünstig an sein Geld kommen kann. Dafür muss beim Mahngericht ein Mahnbescheid beantragt werden.[1]

[1] Für Baden-Württemberg ist das Amtsgericht Stuttgart zuständig.

[2] Online-Antrag unter: www.mahngerichte.de

Der Antrag auf einen Mahnbescheid[2] wird in der Regel online gestellt. Das zuständige Mahngericht schickt dann einen Mahnbescheid an den säumigen Käufer. Die Rechtmäßigkeit des Anspruches wird durch das Gericht nicht geprüft. Ein Mahnbescheid ist nichts anderes als eine Mahnung des Gerichts, d. h. die Aufforderung des Gerichts zur Zahlung der genannten Schuld.

Der Antrag auf einen Mahnbescheid ist dann sinnvoll, wenn zu erwarten ist, dass der säumige Käufer seiner Zahlungsverpflichtung nicht nachkommen wird. Der Gläubiger kann so schneller zu seinem Geld kommen als durch einen langwierigen Prozess.

● **Ablauf des gerichtlichen Mahnverfahrens**

1. Antrag auf Erlass eines Mahnbescheids beim Mahngericht
2. Das Gericht erlässt den Mahnbescheid und stellt ihn dem Schuldner (Käufer) zu. Der Schuldner hat nun drei Möglichkeiten, auf den Mahnbescheid zu reagieren:
   a Der Schuldner zahlt an den Gläubiger und das Verfahren ist beendet.
   b Der Schuldner erhebt innerhalb von zwei Wochen Widerspruch bei Gericht. Der Gläubiger wird durch das Amtsgericht über den Widerspruch benachrichtigt und aufgefordert, seinen Anspruch zu begründen. Das Gericht setzt dann einen Termin für eine mündliche Verhandlung fest.
   c Der Schuldner unternimmt nichts. Nach zwei Wochen kann der Gläubiger innerhalb von sechs Monaten einen Antrag auf Erlass eines Vollstreckungsbescheids stellen.
3. Das Mahngericht erlässt den Vollstreckungsbescheid auf Antrag des Gläubigers. Der Vollstreckungsbescheid ist ein sogenannter „vollstreckbarer Titel", der es dem Gläubiger erlaubt, gegen den Schuldner die Zwangsvollstreckung durchzuführen. Nach der Zustellung des Vollstreckungsbescheids hat der Schuldner folgende Handlungsalternativen:
   a Der Schuldner zahlt und das Verfahren ist beendet.
   b Innerhalb von zwei Wochen kann der Schuldner Einspruch erheben. Danach kommt es zu einer Verhandlung vor Gericht.
   c Der Schuldner unternimmt nichts. Der Vollstreckungsbescheid wird rechtskräftig.
4. Nach Ablauf der zweiwöchigen Einspruchsfrist kann die Zwangsvollstreckung durch einen Gerichtsvollzieher durchgeführt werden.

4.3.2 Zwangsvollstreckung und Pfändung

Voraussetzung für eine Zwangsvollstreckung ist ein Vollstreckungsbescheid oder ein gerichtliches Urteil.

Die **Zwangsvollstreckung** ist die Ausübung staatlicher Gewalt zur Durchsetzung privater Rechte bzw. Ansprüche.

Durchgesetzt wird diese per Pfändung durch einen Gerichtsvollzieher. Hierbei nimmt der Gerichtsvollzieher Geld, Schmuck und Wertpapiere des Schuldners in Besitz. Größere verwertbare Gegenstände werden nicht sofort mitgenommen, aber durch das Aufkleben eines Pfandsiegels („Kuckuck") als gepfändet gekennzeichnet.

Unpfändbar sind lebensnotwendige Gegenstände und Gegenstände, die zur Ausübung des Berufs unabdingbar sind. Haben diese nichtpfändbaren Gegenstände aber einen außerordentlich hohen Wert, so können sie im Rahmen einer Austauschpfändung durch geringerwertige Gegenstände ersetzt werden. Das regelmäßige Arbeitseinkommen kann ebenfalls bis zur Pfändungsgrenze, die in einer immer wieder aktualisierten Pfändungstabelle ▶ festgelegt wird, gepfändet werden.

▶ www.bgbl.de
Suchbegriff: Pfändungsfreigrenzenbekanntmachung

Neben diesen beweglichen Gegenständen können auch Rechte, wie z. B. Forderungen und Gehaltsansprüche, und natürlich auch unbewegliche Gegenstände, wie z. B. Häuser und Grundstücke, gepfändet werden.

Die Pfandsachen werden zugunsten des Gläubigers verwertet, z. B. durch Zwangsversteigerung. Zum Abschluss des Verfahrens erhält der Schuldner eine Abrechnung und einen eventuellen Überschuss ausgezahlt.

Findet der Gerichtsvollzieher keine oder unzureichend verwertbare Gegenstände vor, kann er auf Antrag der Gläubiger vom Schuldner die Abgabe einer „eidesstattlichen Versicherung" verlangen. Dann erstellt der Gerichtsvollzieher durch Befragung des Schuldners ein Vermögensverzeichnis. Dieses muss vom Schuldner an Eides statt unterschrieben werden. Mit diesem Vermögensverzeichnis erhält der Gläubiger genauere Informationen über die finanzielle Situation des Schuldners und über Pfändungsmöglichkeiten. Sollte der Schuldner die Informationen oder die Unterschrift verweigern, kann er für bis zu sechs Monate in Beugehaft genommen werden. Falsche oder fehlende Angaben im Vermögensverzeichnis können zu Geld- oder Haftstrafen bis zu drei Jahren führen.

Aufgaben zu Kapitel 4

1. Geben Sie je ein Beispiel für einen Mangel:
   a in der vereinbarten Beschaffenheit
   b in der vertraglich vorausgesetzten Verwendung
   c in der gewöhnlichen Verwendung
   d in der Montage

2. Welche Art von Mangel liegt jeweils vor? Nennen Sie die Rechtsgrundlage:
   a Es wird eine rote Badehose anstatt einer blauen vom Versandhändler geliefert.
   b Der Schlafzimmerschrank lässt sich mit der finnischen Montageanleitung nicht aufbauen.
   c Im Verkaufsgespräch hatte der Käufer betont, dass er nur ein Handy mit Betriebssystem 4.0 möchte. Der Verkäufer hat ihm nun ein Handy mit Betriebssystem 3.1 verkauft.
   d Die speziell beim Hersteller bestellten Sicherungsschrauben für den Bootspropeller sind ca. 1 cm zu lang.

3. Die Fahranfängerin Dina reklamiert ihr vor einem Monat gekauftes Motorrad. Es hat einen Motorschaden. In der Werkstatt wird festgestellt, dass Dina statt „Super E10" versehentlich Dieselkraftstoff getankt hat. Liegt eine Schlechtleistung durch den Motorradhändler vor? Begründen Sie Ihre Antwort.

4. Der Student Kai kauft beim Fahrradshop in Gottmadingen ein neues City-Bike, um damit zur Uni fahren zu können. Nach nur einem Monat Nutzung bricht die Nabengangschaltung durch. Der Fahrradshop lehnt eine Reparatur mit dem Hinweis ab, bei Übergabe sei das Fahrrad voll funktionstüchtig gewesen. Der Defekt könne nur durch Kais falsche Bedienung der Gangschaltung erfolgt sein.
   a Wer trägt hier die Beweislast?
   b Welche Rechte hat Kai?

5. Theo Dietz hat sich ein neues Longboard in Mike's-Skate-Shop gekauft. Bereits nach drei Wochen hatten sich die Self-Locking-Bolzen an den Rollen gelöst. Mike hatte daraufhin die Bolzen ausgetauscht und ein anderes Mal wieder angezogen. Auf dem Weg zur Schule haben sich nun die Bolzen aufs Neue gelöst. Theo ist erbost und steht erneut im Laden von Mike. Welche Rechte hat Theo?

6. Erklären Sie mit eigenen Worten den Unterschied zwischen Gewährleistung und Garantie.

7. Klara Takovidis erhält am 2. Juni 20.. eine Rechnung für ihren Einkauf im Beautysalon. Auf der Rechnung ist kein Zahlungsdatum angegeben.
   a Wann ist die Zahlung der Rechnung fällig?
   b Zu welchem Zeitpunkt gerät die Verbraucherin Klara in Verzug?
   c Am 17. Juni 20.. erhält Klara eine Mahnung zur Zahlung der Rechnung. Welche Rechte hat nun der Beautysalon Klara gegenüber?

8. Familie Hammer fliegt über Weihnachten in die Dominikanische Republik. Für die beiden Kinder hat Frau Hammer beim örtlichen Sporteinzelhändler zwei Surfanzüge bestellt, die sie, wie zuvor vereinbart, am 22. Dezember 20.. im Ladenlokal abholen möchte. Den Surfkurs für die Kinder hat Frau Hammer bereits im Hotel bestellt und auch schon bezahlt. Die Verkäuferin im Sportladen erklärt ihr aber nun, dass wegen der zurzeit sehr großen Nachfrage keine Surfanzüge bei der Großhandlung zu beschaffen waren.
   a Um welche Art der Vertragsstörung handelt es sich in diesem Fall?
   b Welche Ansprüche kann Frau Hammer gegenüber dem Sportgeschäft geltend machen?

4 Störungen bei der Erfüllung von Verbrauchsgüterkaufverträgen

9. Entscheiden Sie, ob die folgenden Dinge pfändbar, teilweise pfändbar oder nicht pfändbar sind.
   a LED-Backlight-Fernseher mit 60 Zoll Diagonale
   b Notebook eines Facharbeiters
   c Gehalt eines kaufmännischen Angestellten
   d Goldschmuck einer Einzelhandelskauffrau
   e Computer und Drucker einer Studentin

Zusammenfassung: 4 Störungen bei der Erfüllung von Verbrauchsgüterkaufverträgen

Sachmängel

- Sache hat nicht die vereinbarte Beschaffenheit (§ 434 Abs. 1 Satz 1 BGB)
- Lieferung einer zu geringen Menge (§ 434 Abs. 3 BGB)
- Lieferung einer anderen Sache (§ 434 Abs. 3 BGB)

- Sache hat nicht die vertraglich vorausgesetzte Beschaffenheit (§ 434 Abs. 1 Satz 2 Nr. 1 BGB)
- Sache eignet sich nicht für die übliche und zu erwartende gewöhnliche Verwendung, oder entspricht nicht den von Verkäufer oder Hersteller öffentlich geäußerten Eigenschaften (§ 434 Abs. 1 Satz 2 Nr. 2 BGB)
- Sache wird mangelhaft montiert oder Montageanleitung ist mangelhaft (§ 434 Abs. 2 BGB)

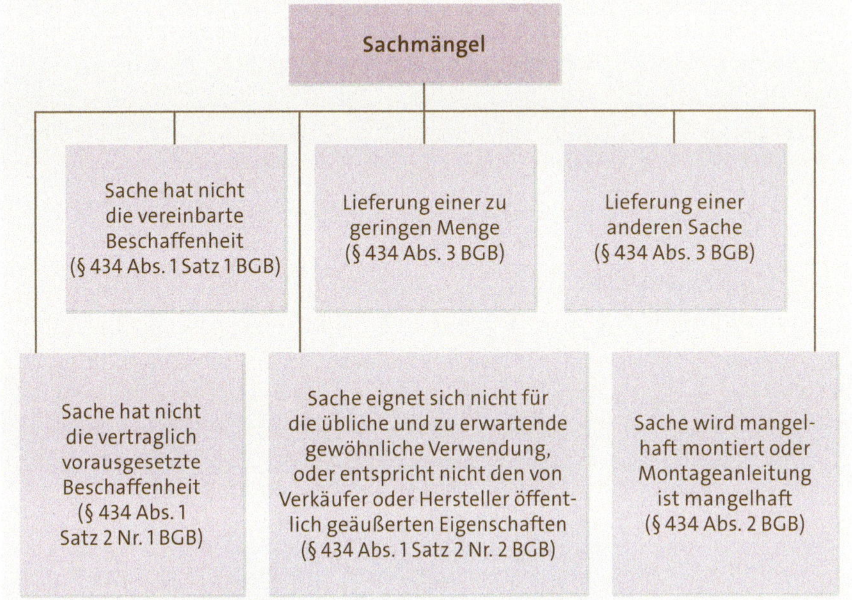

Beweislast

Begründung und Nachweis einer Tatsache beim Verbrauchsgüterkauf für Gewährleistungsansprüche:

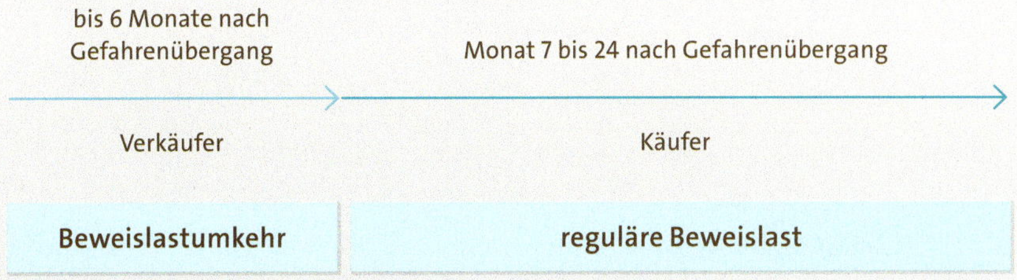

bis 6 Monate nach Gefahrenübergang	Monat 7 bis 24 nach Gefahrenübergang
Verkäufer	Käufer
Beweislastumkehr	reguläre Beweislast

III Rechtliche Grundlagen des Handelns privater Haushalte

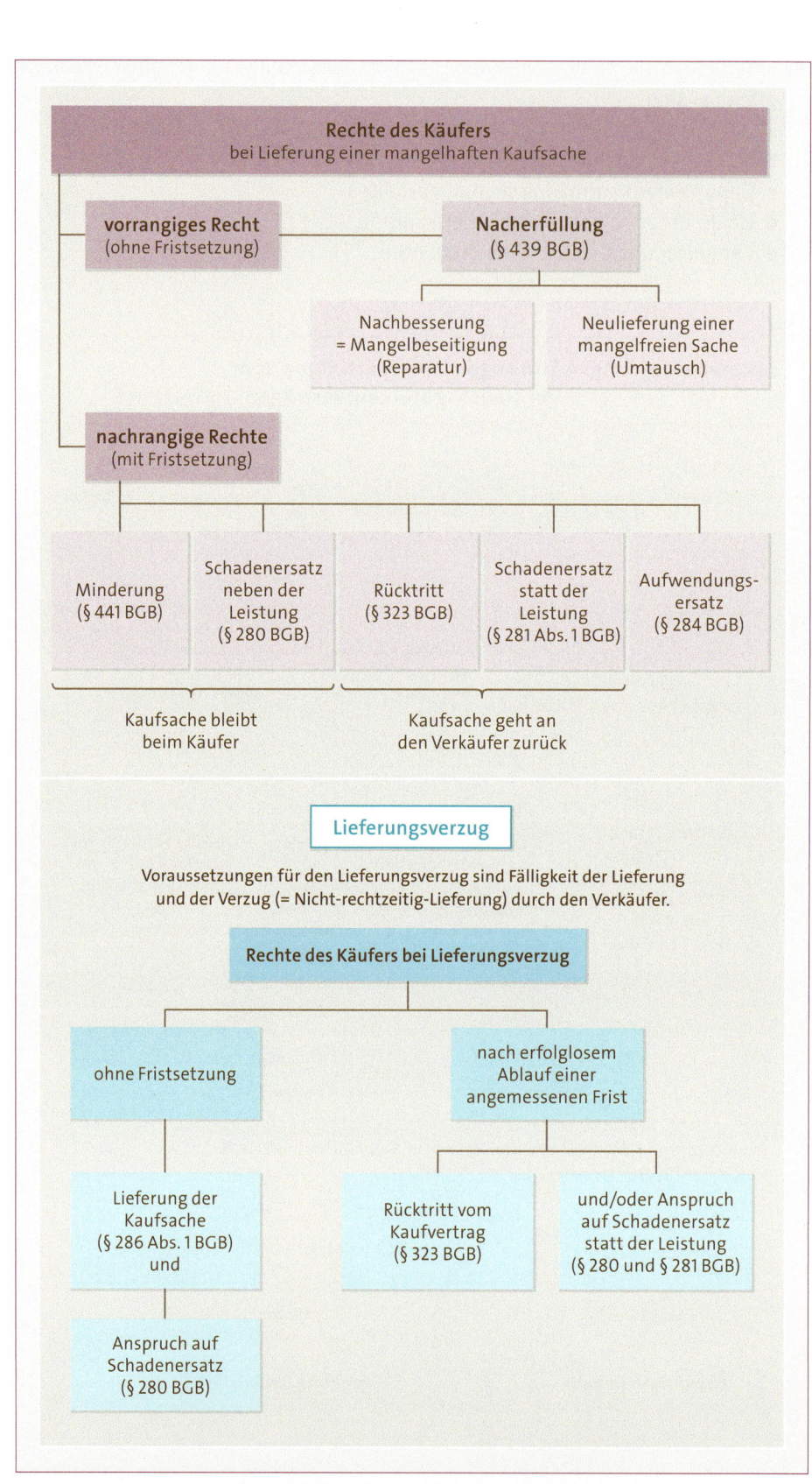

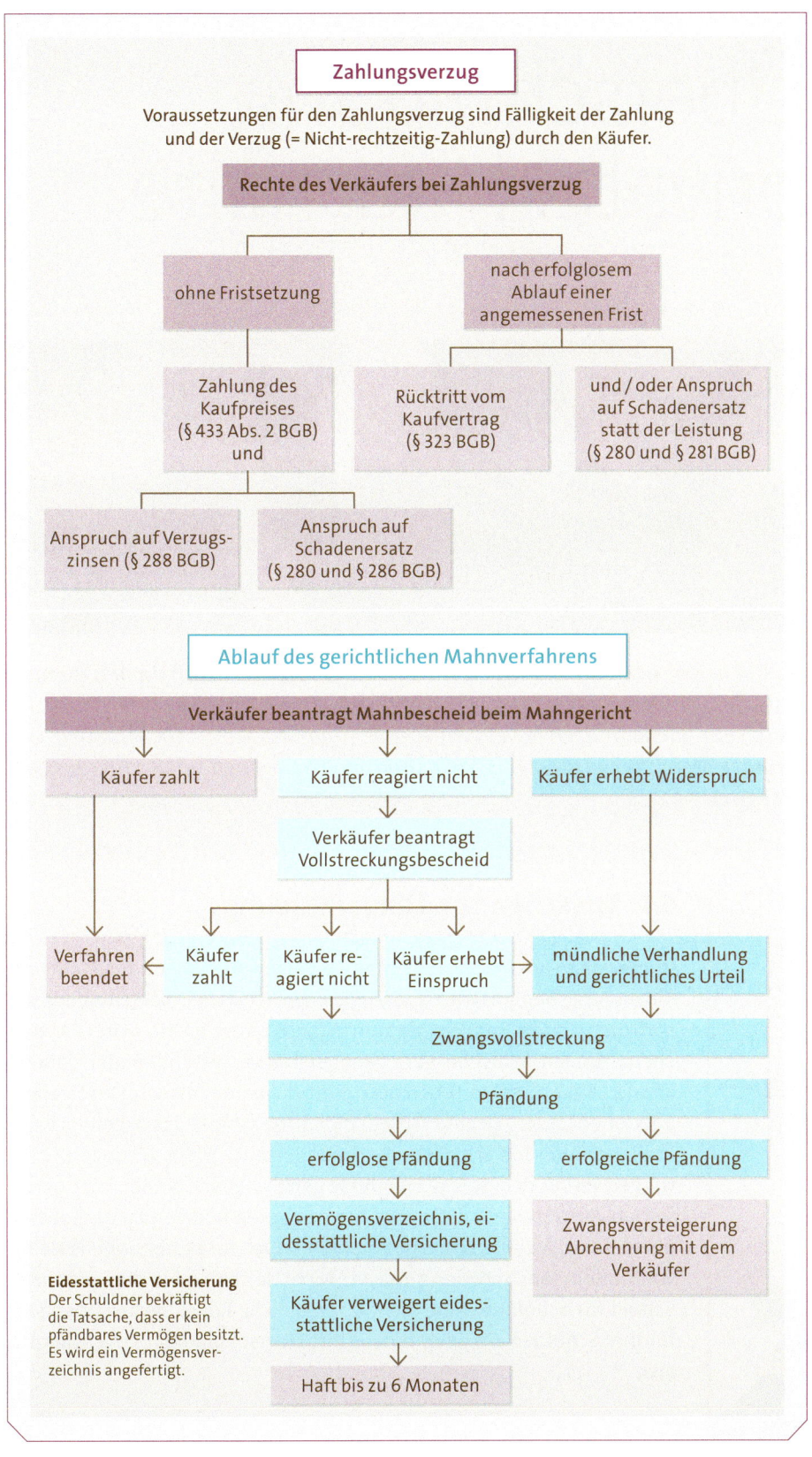

III Rechtliche Grundlagen des Handelns privater Haushalte

5 Überschuldung privater Haushalte

In 2014 ließen sich nach der Überschuldungsstatistik des Statistischen Bundesamtes 460 626 Verbraucher wegen Überschuldung bei offiziellen Stellen beraten. Diese Verbraucher hatten jeweils im Schnitt rund 34.504,00 EUR Schulden. Wie kommen Menschen in diese missliche Lage und wie können sie sich hieraus wieder befreien?

5.1 Ursachen von Überschuldung

Immer dann, wenn das regelmäßige Einkommen nicht ausreicht, um die monatlichen Ausgaben auszugleichen, wird von Überschuldung gesprochen. Ganze Familien geraten in diese Situation aus unterschiedlichen Gründen. Selbst bei ganz genauer und vorausschauender Planung können Ereignisse im Leben auftreten, die einen finanziellen Engpass entstehen lassen. So sind z. B. der plötzliche Verlust des Arbeitsplatzes, Krankheit oder Tod von nahen Angehörigen auch mit finanziellen Belastungen verbunden. Solche Ereignisse gehen vielfach einher mit Depressionen, Antriebsverlust, Orientierungslosigkeit und Verlust der Lebensperspektive, was das Lösen des Problems auch für professionelle Helfer von außen sehr schwierig macht. Nicht selten spielt die „gefühlte" Schuld für Schuldner eine nicht unerhebliche Rolle: Sie schämen sich für ihre Schulden. Darüber hinaus löst Überschuldung Existenzängste aus.

Schuldensorgen junger Erwachsener

Unter 25-Jährige, die sich im Jahr 2013 von Schuldnerberatungsstellen beraten ließen, hatten durchschnittlich 7 454 Euro Schulden. Hauptauslöser für ihre Schulden waren (in Prozent):

- Arbeitslosigkeit: 25,2 %
- Unwirtschaftliche Haushaltsführung: 20,4
- Erkrankung, Sucht, Unfall: 8,3
- Trennung, Scheidung, Tod des Partners: 3,8
- Gescheiterte Selbstständigkeit: 1,3
- Unzureichende Kredit- oder Bürgschaftsberatung: 1,0
- Sonstiges: 39,9

Quelle: Statistisches Bundesamt
© Globus 6500

Es gibt jedoch Verbraucher, die einfach Schwierigkeiten haben, maßvoll mit Geld umzugehen. Neben unwirtschaftlicher Haushaltsführung und großer Vertrauensseligkeit fehlt es am Überblick über die Finanzen. Impulskäufe treiben Menschen dazu, Sachen zu kaufen. Die Werbung, der Wunsch nach gesellschaftlichem Status und die Unübersichtlichkeit von länger laufenden Verträgen sind weitere Ursachen. Größere Investitionen, z. B. eine neue Waschmaschine oder ein neues Auto, müssen auch mit den Folgekosten geplant werden. Aus dem etwas „ins Minus gehen" beim Girokonto wird nach und nach ein echtes Problem: die Überschuldung.

> **Dispokredit**
>
> Der Dispokredit ist ein von der Bank gewährter Kreditrahmen für Privatpersonen. Seine Höhe hängt von regelmäßigen Geldeingängen ab. Die Sollzinsen sind erheblich höher als für andere Kredite. Für gewährte Überziehungen über das Dispolimit hinaus werden Überziehungszinsen fällig, die noch höher sind als Dispozinsen.

5.2 Verbraucherkredit

Um aus den „roten Zahlen" beim Girokonto zu kommen oder ein teures Konsumgut zu kaufen, bieten Banken oder Finanzdienstleister Verbraucherkredite an. Diese sind oft zinsgünstiger als der Dispokredit. Trotzdem sollten die Konditionen unbedingt genau betrachtet werden – insbesondere anfallende zusätzliche Gebühren.

Der Verbraucherkredit ist nichts anderes als ein Darlehensvertrag, bei dem sich ein Darlehensgeber verpflichtet, Geld an einen Darlehensnehmer zu zahlen. Der Darlehensnehmer verpflichtet sich, das Darlehen bei Fälligkeit wieder zurückzuzahlen und die vereinbarten Zinsen für die Laufzeit zu entrichten.

Zum Schutz der Verbraucher hat der Gesetzgeber im Falle der Kreditgewährung eines Unternehmers an einen Verbraucher ergänzende Regeln erlassen (Verbraucherdarlehensvertrag: § 491 BGB). Diese sollen den Verbraucher vor langfristiger Belastung und starker Einengung der wirtschaftlichen Bewegungsfreiheit schützen.

Vor dem Vertragsabschluss muss der Darlehensgeber den Verbraucher über die folgenden Punkte in **Textform** informieren (§ 491a BGB):

- Name und Anschrift des Darlehensgebers
- Art des Darlehens
- effektiver Jahreszins[1]
- Nettodarlehensbetrag
- Sollzinssatz
- Vertragslaufzeit
- Betrag, Zahl und Fälligkeit der einzelnen Teilzahlungen
- Gesamtbetrag
- Auszahlungsbedingungen
- alle sonstigen Kosten
- Verzugszinssatz und -kosten
- Warnhinweis zu den Folgen ausbleibender Zahlungen
- Bestehen oder Nichtbestehen eines Widerrufsrechts
- Recht des Darlehensnehmers, das Darlehen vorzeitig zurückzuzahlen
- ggf. Hinweis auf Notarkosten
- ggf. Angaben zu verlangten Sicherheiten

[1] Der effektive Jahreszins nach Preisangabenverordnung ist ein Prozentsatz des Nettodarlehensbetrags, der die Gesamtbelastung pro Jahr angibt.

III Rechtliche Grundlagen des Handelns privater Haushalte

Der Verbraucherdarlehensvertrag selbst muss dann in **Schriftform** erfolgen und ist dem Verbraucher auszuhändigen. Diese Vertragsurkunde muss unter anderem die oben genannten Mindestangaben enthalten (§ 492 BGB).

▶ Rechtsfolgen von Formmängeln im § 494 BGB

Fehlen eine oder mehrere der Angaben in der Vorabinformation oder im Vertrag, dann greifen, je nachdem welche Angabe fehlt, automatisch gesetzliche Veränderungen des Vertrags▶. Dies gilt nur, wenn der Verbraucher das Darlehen auch wirklich in Anspruch nimmt, ansonsten ist der Vertrag nichtig.

> Fehlt die Angabe des effektiven Zinssatzes, wird der Zinssatz vom Gesetz automatisch auf den gesetzlichen Zinssatz festgelegt.

Der Verbraucher hat das Recht, den Verbraucherkreditvertrag innerhalb von zwei Wochen nach Abschluss zu widerrufen. Die Zwei-Wochen-Frist beginnt mit der ordnungsgemäßen Belehrung des Verbrauchers über sein Widerrufsrecht.

Im Einzelhandel ist der **finanzierte Abzahlungskauf** weit verbreitet. Hier wird eine Ware vom Einzelhändler an den Verbraucher verkauft (Verbrauchsgüterkaufvertrag). Der Verbraucher schließt zur Bezahlung der Ware zudem einen Darlehensvertrag mit einem Darlehensgeber (meist einer Bank). Beide Verträge werden gleichzeitig im Ladenlokal des Einzelhändlers geschlossen, der Verbraucherkredit wird jedoch durch den Einzelhändler nur vermittelt. Weil der Verbraucher diese rechtliche Konstruktion schwer durchschauen kann, werden die beiden Geschäfte vom Gesetzgeber als wirtschaftliche Einheit gesehen (§ 358 BGB). Als Folge bedeutet dies: Sollte der Kaufvertrag nichtig werden, wird auch der Darlehensvertrag aufgelöst, und umgekehrt.

Eine wichtige Ausnahme zum Verbraucherkredit stellt die **0-Prozent-Finanzierung** dar. Diese ist nach einem Urteil des Bundesgerichtshofs kein Verbraucherdarlehen. Hier haben Verbraucher weniger Schutzrechte. Es gibt kein Widerrufsrecht, da der Verbraucherkredit mit dem Verbrauchsgüterkauf keine wirtschaftliche Einheit bildet. Daher müssen beim Rücktritt vom Kauf die Raten an die Bank weiter bezahlt werden, obwohl der Verbrauchsgüterkauf rückabgewickelt wurde.

FALLSTUDIE — Die Kosten, auf eigenen Beinen zu stehen

Amalie Pilgermann hat gerade ihre duale Ausbildung im Bereich BWL-Industrie abgeschlossen. Sie wurde von ihrem Ausbildungsbetrieb, einem Farbenhersteller, übernommen und arbeitet dort nun in ihrem Traumberuf als Einkäuferin in der Materialwirtschaft. Netto bekommt sie 1.800,00 EUR ausbezahlt. Damit ist sie sehr glücklich, denn im Vergleich zu ihren Studienkolleginnen verdient sie gut. Nun will sie aber endlich aus der kleinen Studenten-WG ausziehen und eine eigene 2-Zimmer-Wohnung mieten. Die perfekte Wohnung hat sie auch schon gefunden. Diese kostet mit Nebenkosten (Hausmeister, Wasser und Heizung) 600,00 EUR. Ihre Eltern haben ihr dazu geraten, neben den gesetzlichen Versicherungen eine Haftpflichtversicherung für 90,00 EUR im Jahr, eine Berufsunfähigkeitsversicherung von 65,50 EUR im Monat sowie eine jährlich zu bezahlende Hausratversicherung für 66,00 EUR bei einer regionalen Versicherung abzuschließen. Samstags hilft

Amalie ihrem Onkel immer auf dem Markt am Obststand aus und bekommt dafür 35,00 EUR für den Vormittag. In einer eigenen Wohnung muss sie nun auch den Rundfunkbeitrag von 17,50 EUR pro Monat selbst zahlen. Den Stromtarif hat sie bei einem Vergleichsportal im Internet günstig gefunden, hier zahlt sie pro Monat 25,50 EUR. Im Sportverein ist sie natürlich weiterhin aktiv, bei der Volleyballabteilung zahlt sie einen Mitgliedsbeitrag von 90,00 EUR im Jahr. Der Internetanschluss in der Wohnung kostet monatlich 19,00 EUR. Das neue Handy mit einer Flatrate hat sie sich erst vor kurzem geleistet, hierfür beträgt die monatliche Abbuchung 55,00 EUR. Gut, dass sie ihr kleines Auto von ihren Eltern geschenkt bekommen hat. Da fallen im Jahr nur die Wartung (375,00 EUR), die Kfz-Versicherung (453,00 EUR) und die Steuern (48,00 EUR) an. Monatlich zahlt sie für Super E10 ungefähr 75,00 EUR. Umweltbewusst fährt sie mit dem Zug zur Arbeit, dafür hat sie ein Monatsticket, das 69,00 EUR kostet.

ARBEITSAUFTRÄGE

1. Die Übersicht über die eigenen Finanzen zu behalten, ist nicht einfach. Wie viel Geld bleibt Amalie nach dem Abzug aller festen Ausgaben am Monatsende?
2. Welches Problem könnte auftreten, wenn Amalie beim Möbelhaus Stutz eine 0-Prozent-Finanzierung für ihre neue Einbauküche von monatlich 350,00 EUR unterschreibt?
3. Welche Ausgabenpositionen nehmen den größten Umfang bei Amalie ein?
4. Wo sehen Sie Einsparpotenziale?

5.3 Lösungsansätze zur Überschuldung

5.3.1 Überblick über die Finanzverhältnisse

Fachleute sind sich einig: In erster Linie müssen Verbraucher einen Überblick über die eigenen Finanzen haben, um der Überschuldung entgegenzuwirken. Welche Einnahmen werden monatlich erzielt, welche Ausgaben fallen an? Nach dieser Aufstellung kann überlegt werden, wo Einsparpotenzial vorhanden ist.

Die Ausgabenstruktur und das Konsumverhalten müssen meist grundlegend verändert werden. So ist z. B. zu überlegen:

- Welche Verträge sind zu kündigen?
- Kann zu einem günstigeren Anbieter gewechselt werden?
- Wie kann/muss das Einkaufsverhalten verändert werden?

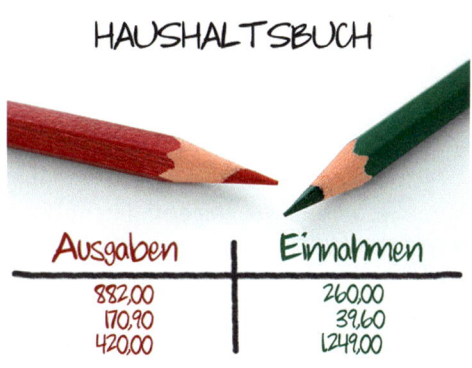

Hat ein Verbraucher das Girokonto überzogen, ist es sinnvoll mit der Bank in Kontakt zu treten, um eine Umschichtung des Dispokredits in einen meist zinsgünstigeren Verbraucherkredit zu erwirken. Gleichzeitig sollte dann mit der Bank vereinbart werden, dass das Girokonto nur auf Guthabenbasis geführt wird[1]. So vermeidet man, erneut in die „Dispofalle" zu treten.

[1] Nach einer EU-Richtlinie müssen alle Banken ab Mitte 2016 ein solches Basiskonto anbieten.

5.3.2 Schuldnerberatung

Meist sind die Finanzangelegenheiten so komplex, dass der einzelne Verbraucher nicht mehr den Überblick herstellen kann. Hier ist es sinnvoll, professionelle Hilfe in Anspruch zu nehmen. In Deutschland gibt es rund 1 400 Schuldnerberatungsstellen▶, die unter der Trägerschaft der Verbraucher- und Wohlfahrtsverbände oder der Kommunen stehen. Die Schuldnerberatungen helfen bei der Strukturierung der Ausgaben, nehmen Kontakt mit Kreditgebern und Banken auf, erstellen Tilgungspläne und geben Schulungen im Umgang mit Geld. Die Schuldnerberatungen können auch beim Verbraucherinsolvenzverfahren wichtige Unterstützung bieten.

Eine Auflistung der Beratungsstellen findet sich unter:

▶ www.meine-schulden.de

> **SCHUFA**
>
> Die Schutzgemeinschaft für allgemeine Kreditsicherung (SCHUFA) ist eine Gemeinschaftseinrichtung von Wirtschaftsunternehmen, die ihren Kunden Geld- oder Warenkredite einräumen. Ziel der SCHUFA ist es, Unternehmen vor Kreditausfällen zu schützen. Daher sammelt die SCHUFA möglichst viele wirtschaftliche Daten über den einzelnen Verbraucher. Die Mitgliedsunternehmen der SCHUFA geben Informationen über ihre Kunden an die SCHUFA weiter und fragen nach Daten von Neukunden, alles mit dem Ziel, zu erfahren, ob der Kunde finanziell vertrauenswürdig ist.

> Möchte ein Verbraucher einen neuen Handy-Vertrag abschließen, wird das Mobilfunkunternehmen bei der SCHUFA nachfragen, ob andere Unternehmen schon Erfahrungen mit dem Verbraucher gemacht haben (Pünktlichkeit der Zahlung usw.). Wird nur Positives zurückgemeldet, steht einem Vertragsabschluss sicherlich nichts entgegen.

5.3.3 Verbraucherinsolvenz

Wenn alle Stricke reißen, kann ein Verbraucher nach den sehr strengen Regeln der Insolvenzordnung (InsO) Insolvenz anmelden. Das im Juli 2014 modernisierte Verbrauchsinsolvenzrecht soll Privatpersonen nach einer gewissen Zeit (= Wohlverhaltensphase) die Möglichkeit auf einen wirtschaftlichen Neuanfang geben. Die Schulden werden am Ende des Verfahrens gelöscht, obwohl sie nicht vollständig beglichen wurden (= Restschuldbefreiung). Während des Verfahrens ist der Schuldner vor den Gläubigern[1] geschützt. Es droht also nicht der Gerichtsvollzieher oder die Abgabe einer eidesstattlichen Versicherung. Die Privatinsolvenz können Verbraucher beantragen, die nicht selbstständig tätig waren. Bei Selbstständigen kann das Verfahren nur in besonderen Fällen angestrebt werden.

[1] Gläubiger: jemand, der einem Schuldner gegenüber anspruchsberechtigt ist

● **Insolvenzverfahren (in 5 Schritten)**

1. Außergerichtliches Schuldenbereinigungsverfahren
Bevor das Insolvenzgericht bemüht wird, muss erst versucht werden, mithilfe einer Schuldnerberatungsstelle oder eines Anwalts eine Einigung mit allen Gläubigern zu erzielen. Erst wenn die Gläubiger eine Einigung verweigern, kann der Schuldner einen Insolvenzantrag stellen.

2. Gerichtliches Schuldenbereinigungsverfahren

Ist die außergerichtliche Einigung nachweislich gescheitert, kann der Verbraucher einen Antrag auf Insolvenz beim Insolvenzgericht[1] stellen. Der hierfür nötige amtliche Vordruck umfasst 45 Seiten und enthält u. a. die genaue Vermögens- und Einkommensaufstellung und ein Gläubigerverzeichnis. Mit diesen Angaben kann nun das Gericht versuchen, nochmals Verhandlungen mit den Gläubigern zu führen (= gerichtliches Schuldenbereinigungsverfahren). Stimmt nicht die Mehrheit der Gläubiger nach Schuldsumme und Köpfen für den Schuldenbereinigungsplan des Gerichts, ist er gescheitert und das Insolvenzverfahren wird eröffnet.

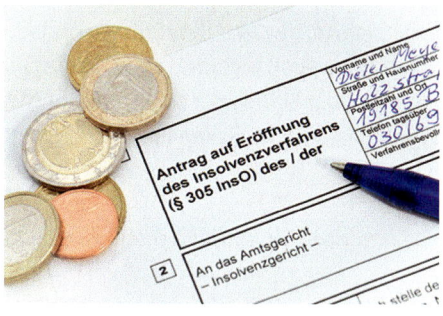

[1] Insolvenzgericht ist in der Regel das Amtsgericht in der Nähe des Schuldners, an dessen Ort sich auch ein Landgericht befindet (§ 2 InsO).

3. Gerichtliches Insolvenzverfahren

Der Beginn des Insolvenzverfahrens wird im Internet veröffentlicht. ▶ Das Gericht kündigt hier eine Restschuldbefreiung an. Damit verliert der Schuldner seine Anonymität. Die Gläubiger sollen nun ihre Forderungen anmelden. Das Gericht bestimmt einen Treuhänder, der alle finanziellen Angelegenheiten des Schuldners betreut. Das vorhandene Vermögen des Schuldners wird durch den Treuhänder verwertet (Verkauf aller pfändbaren Gegenstände). Mit dem daraus entstehenden Geld werden gleichmäßig alle Gläubiger bedient.

▶ www.insolvenz-bekanntmachungen.de

4. Wohlverhaltensphase

Nach dieser ersten Auszahlung an die Gläubiger beginnt die Wohlverhaltensphase für den Schuldner. An den Treuhänder wird nun der pfändbare Teil des Einkommens[2] abgeführt. Dieser verteilt das Geld an die Gläubiger weiter.

Der Schuldner muss zudem bestimmte Obliegenheiten nach § 295 InsO erfüllen. Zum Beispiel ist er verpflichtet, jederzeit für den Treuhänder und das Insolvenzgericht erreichbar zu sein, und er muss sich selbst, falls er keinen Arbeitsplatz hat, aktiv um eine Erwerbstätigkeit bemühen. Kommt der Schuldner zu Vermögen (z. B. Erbschaft), ist dieses teilweise an den Treuhänder abzuführen. Verstößt der Schuldner gegen seine Obliegenheiten, kann das Insolvenzgericht die Restschuldbefreiung versagen und damit das Insolvenzverfahren führzeitig beenden.

[2] Das Gehalt oder der Lohn werden nach der aktuellen Pfändungstabelle in pfändbar und nicht pfändbar eingeteilt.

5. Restschuldbefreiung

Das Insolvenzgericht entscheidet spätestens sechs Jahre nach der Eröffnung des Insolvenzverfahrens über eine mögliche Restschuldbefreiung. Diese Frist verkürzt sich auf
- drei Jahre, wenn es dem Schuldner gelingt, mindestens 35 % seiner Schulden und alle Verfahrenskosten zu bezahlen (§ 300 Abs. 1 Ziff. 2 InsO);
- fünf Jahre, wenn der Schuldner es zumindest schafft, innerhalb dieser Zeit die gesamten Verfahrenskosten zu bezahlen (§ 300 Abs. 1 Ziff. 3 InsO).

Mit der Restschuldbefreiung verfallen alle Ansprüche der Gläubiger gegenüber dem Schuldner.

III Rechtliche Grundlagen des Handelns privater Haushalte

● **Insolvenzplanverfahren**

Falls sich in der Wohlverhaltensphase etwas in den Vermögensverhältnissen des Schuldners positiv verändert oder die Gläubiger Verhandlungsbereitschaft signalisieren, kann der Schuldner zusammen mit den Gläubigern einen Insolvenzplan erstellen. Wenn das Gericht diesen Plan genehmigt, wird das Insolvenzverfahren frühzeitig eingestellt.

Verbraucherinsolvenzverfahren	
Vorteile	**Nachteile**
• Bei erfolgreicher Wohlverhaltensphase ist der Schuldner spätestens nach sechs Jahren schuldenfrei. Ohne Insolvenzverfahren können die Gläubiger 30 Jahre aus den Schuldtiteln pfänden. • In der Wohlverhaltensphase muss der Schuldner keine Angst vor Besuchen des Gerichtsvollziehers haben, da der Treuhänder nun Ansprechpartner für alle Gläubiger ist. • Das Existenzminimum ist für den Schuldner gesichert. • Neustart nach der Wohlverhaltensphase: Alle Einträge über das Verfahren werden gelöscht. Auch die SCHUFA nimmt drei Jahre nach der Restschuldbefreiung die Einträge aus ihren Unterlagen.	• lange Dauer des Verfahrens von maximal sechs Jahren • Der Arbeitgeber wird über das Verfahren informiert. Der pfändungsfreie Teil des Gehalts muss vom Arbeitgeber direkt an den Treuhänder überwiesen werden. • In der Wohlverhaltensphase dürfen keine größeren Anschaffungen auf „Pump" gemacht werden, sonst besteht die Gefahr, dass das Verfahren beendet wird. • Ein Wohnungswechsel wird kaum möglich sein. Jeder Vermieter kann sich über das bestehende Insolvenzverfahren informieren und wird eine Vermietung daher vermutlich ablehnen. • Der Wechsel zu anderen Anbietern bei Telefon, Gas, Strom und Versicherungen wird ebenfalls schwierig. Auch hier ist der negative SCHUFA-Eintrag ein Hindernis. • Das Insolvenzverfahren ist nicht billig. Es müssen das Gericht und der Treuhänder bezahlt werden.

Aufgaben zu Kapitel 5

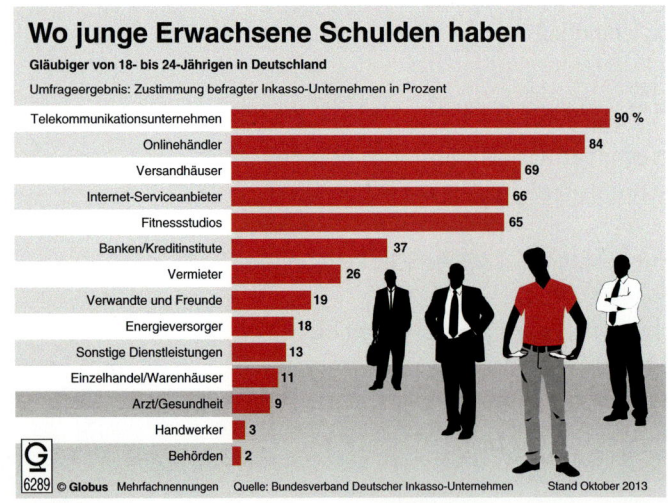

1. Die nebenstehende Grafik zeigt, wo junge Menschen Schulden haben. Überlegen Sie, wie es zu den Schulden kommt und mit welchen Maßnahmen einer Verschuldung vorgebeugt werden kann.

2. Schlagen Sie im Gesetz nach, welche wichtigen Pflichtangaben bei einem Verbraucherkredit vorgeschrieben sind. Begründen Sie, warum der Gesetzgeber diese Angaben vorschreibt.

3. Bringen Sie die folgenden Begriffe in die richtige Reihenfolge und erläutern Sie diese kurz.
   a Wohlverhaltensphase
   b außergerichtliche Schuldenbereinigung
   c gerichtliche Schuldenbereinigung
   d Eröffnung des Insolvenzverfahrens
   e Restschuldbefreiung

Zusammenfassung: 5 Überschuldung privater Haushalte

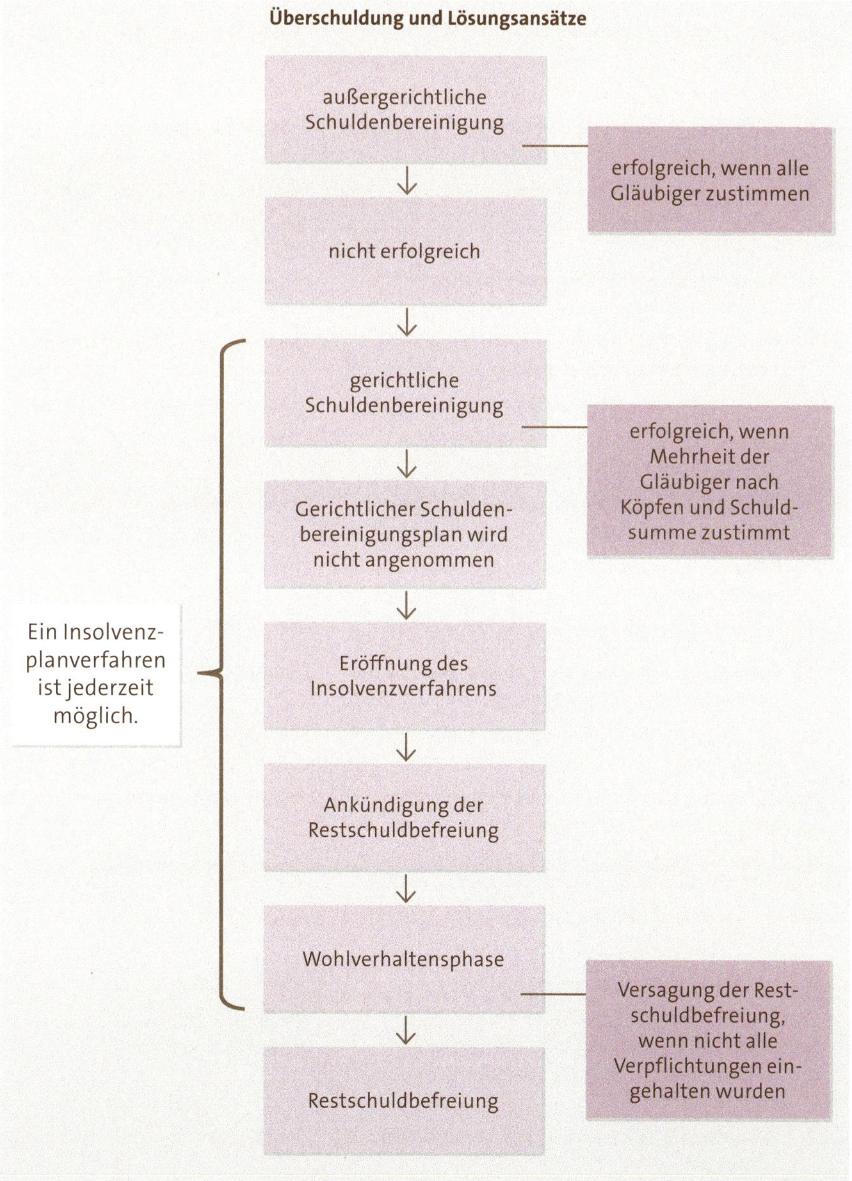

Überschuldung und Lösungsansätze

- außergerichtliche Schuldenbereinigung — erfolgreich, wenn alle Gläubiger zustimmen
- ↓
- nicht erfolgreich
- ↓
- gerichtliche Schuldenbereinigung — erfolgreich, wenn Mehrheit der Gläubiger nach Köpfen und Schuldsumme zustimmt
- ↓
- Gerichtlicher Schuldenbereinigungsplan wird nicht angenommen
- ↓
- Eröffnung des Insolvenzverfahrens
- ↓
- Ankündigung der Restschuldbefreiung
- ↓
- Wohlverhaltensphase — Versagung der Restschuldbefreiung, wenn nicht alle Verpflichtungen eingehalten wurden
- ↓
- Restschuldbefreiung

Ein Insolvenzplanverfahren ist jederzeit möglich.

III Rechtliche Grundlagen des Handelns privater Haushalte

Selbsteinschätzung – III Rechtliche Grundlagen des Handelns privater Haushalte

Nr.	Ich kann ...	Noch Probleme? → Erklärungen und Aufgaben im Buch:
1	einen Paragrafen in das Konditionalprogramm bringen.	Kapitel 1.3, Aufgabe 4
2	einzelne Bestandteile einer Willenserklärung erkennen und benennen.	Kapitel 1.4, Aufgabe 5
3	den Zeitpunkt des Zugangs einer Willenserklärung bestimmen.	Kapitel 1.4, Aufgabe 6
4	den Unterschied zwischen Besitz und Eigentum erklären.	Kapitel 1.5, Aufgabe 8
5	die Rechts- und Geschäftsfähigkeit unterscheiden.	Kapitel 2.1, Aufgaben 1 bis 3
6	erklären, wie einseitige und mehrseitige Rechtsgeschäfte zustande kommen.	Kapitel 2.2, Aufgabe 4
7	die Besonderheiten des Taschengeldparagrafen auf einen Fall anwenden.	Kapitel 2.2.2, Info-Box: Rechtsgeschäfte mit beschränkt Geschäftsfähigen
8	die Formvorschriften und jeweils dazugehörige Beispiele wiedergeben.	Kapitel 2.2.4, Aufgabe 5
9	nichtige Rechtsgeschäfte von anfechtbaren Rechtsgeschäften unterscheiden.	Kapitel 2.2.5, Aufgaben 6 bis 9
10	einen Verbrauchsgüterkauf identifizieren.	Kapitel 3.1, Aufgabe 4
11	die vertragstypischen Pflichten bei einem Verbrauchsgüterkauf unterscheiden.	Kapitel 3.3
12	den Fernabsatzvertrag mit seinen besonderen Rechtsfolgen erklären.	Kapitel 3.4, Aufgaben 5 und 6
13	nachvollziehen, ob die AGB Vertragsbestandteil werden oder nicht.	Kapitel 3.5, Aufgaben 7 bis 9
14	Sachmängel einer Kaufsache identifizieren.	Kapitel 4.1.1, Aufgaben 1 bis 3
15	vor- und nachrangige Gewährleistungsrechte von der Herstellergarantie abgrenzen.	Kapitel 4.1.3, Aufgaben 5 und 6
16	den Zeitpunkt bestimmen, zu dem ein Schuldner in Verzug gerät.	Kapitel 4.2.1, Aufgabe 7
17	die vorrangigen und die nachrangigen Rechte beim Lieferungsverzug aufzeigen.	Kapitel 4.2.2, Aufgabe 8
18	erklären, wie ein Käufer in Zahlungsverzug gerät und welche Folgen dies haben kann.	Kapitel 4.2.2, Aufgabe 7
19	das gerichtliche Mahnverfahren aufzeigen und die mögliche Zwangsvollstreckung erklären.	Kapitel 4.3, Aufgabe 9
20	die Ursachen und die Lösungsansätze von Überschuldung darlegen.	Kapitel 5.1 und 5.3, Aufgaben 1 und 3
21	die Besonderheiten des Verbraucherkredits aufzählen und ein Beispiel für einen Verbraucherkredit geben.	Kapitel 5.2, Aufgabe 2
22	die 0-Prozent-Finanzierung vom Verbraucherkredit abgrenzen.	Kapitel 5.2

IV

Betriebswirtschaftliche Grundlagen des Handelns privater Unternehmen

IV Betriebswirtschaftliche Grundlagen des Handelns privater Unternehmen

1 Unternehmen, Funktionsbereiche, Wirtschaftssektoren

Appenzeller® Käse – ein Schweizer Unternehmen
In der Schweiz entsteht seit mehr als 700 Jahren der Appenzeller® Käse. Er wird in über 60 Dorfkäsereien nach traditionellem Rezept hergestellt und weltweit vertrieben. Der Käse wird im In- und Ausland stark beworben und wurde durch seine Behandlung mit einer geheimen Kräutersulz bekannt. Was verstehen wir unter einem Unternehmen und welche Ziele verfolgen sie? Welcher Mehrwert wird durch die Produktion geschaffen und welche Funktionsbereiche benötigt ein Unternehmen, um langfristig am Markt erfolgreich zu sein?

1.1 Unternehmen

1.1.1 Begriffsabgrenzung

Im allgemeinen Sprachgebrauch wird ein Unternehmen häufig mit Betrieb und Firma gleichgesetzt. In der Betriebswirtschaftslehre müssen diese drei Begriffe aber klar voneinander unterschieden werden.
Ein **Unternehmen** ist eine eigenständige, rechtliche und wirtschaftliche Einheit, die Sachgüter und Dienstleistungen anbietet. In Abgrenzung dazu ist ein **Betrieb** eine örtliche Produktionsstätte, d. h. eine technisch-organisatorische Wirtschaftseinheit, die dem Zweck der Sachgüter- und Dienstleistungserstellung dient. Folglich kann ein Unternehmen aus mehreren Betrieben (z. B. Dorfkäsereien) bestehen. Die **Firma** ist im rechtlichen Sinne der Name des Unternehmens, unter dem die Geschäfte getätigt werden (z. B. Gruber Maschinenbau GmbH).

1 Unternehmen, Funktionsbereiche, Wirtschaftssektoren

1.1.2 Wertschöpfung

Unternehmen befriedigen die Bedürfnisse der Konsumenten, indem sie Waren und Dienstleistungen bereitstellen und anbieten. Im Prozess der Erstellung, der Weiterverarbeitung und des Handels wird der Wert der Güter gesteigert. Diese Wertzunahme wird als Wertschöpfung▶ bezeichnet. Es wird „Mehrwert" geschaffen.

Wertschöpfungsketten
▶  Kapitel 2.5

Die Differenz zwischen dem Verkaufserlös und dem Wert der eingesetzten Waren oder Dienstleistungen (Vorleistungen) ist die **Wertschöpfung des Unternehmens**.

Appenzeller® Käse – Wertschöpfung

Die Wertschöpfung findet beim Appenzeller® Käse in der Herstellung von Käse aus Milch statt. Um ein Kilo Appenzeller® Käse herzustellen, kauft ein Käser Milch vom Bauern für CHF 19 (Vorleistung), die er zu Käse verarbeitet (Leistung des Unternehmens). Den Käse verkauft er anschliessend für CHF 25 pro Kilogramm. Der Verkaufswert des Käses (CHF 25) abzüglich der Kosten für die Milch (CHF 19) ergibt eine Wertschöpfung von CHF 6.

Verkaufserlös (CHF 25) — Vorleistung (CHF 19) = Wertschöpfung (CHF 6)

Die Wertschöpfung steht als Einkommensquelle zur Verfügung, um die am Unternehmensgeschehen Beteiligten für ihre Leistungen zu entschädigen: Dazu gehören die Arbeitnehmer (Löhne), die Eigen- und Fremdkapitalgeber (Zinsen) sowie der Staat (Steuern). Reicht die Wertschöpfung nicht aus, um alle Beteiligten angemessen zu entlohnen, kann ein Unternehmen nicht bestehen.

1.1.3 Unternehmensziele

Jedes Unternehmen setzt sich Ziele (Unternehmensziele), die es erreichen möchte. Diese geben Auskunft darüber, wie sich ein Unternehmen verhalten und in welche Richtung es sich entwickeln soll. In den letzten Jahren erlangten neben den **ökonomischen Zielen** (z. B. Gewinnmaximierung, hohe Eigenkapitalrentabilität[1] oder Ausweitung des Marktanteils) auch **soziale** und **ökologische Ziele** eine größere Bedeutung. Hierzu zählen beispielsweise die Verbesserung der Vereinbarkeit von Familie und Beruf für berufstätige Mütter und Väter oder die Verringerung der durch den Betrieb von Maschinen entstehenden Emissionen. Die Bestrebung hinter diesen drei Zieldimensionen, die auch mit den Begriffen „Profit, People, Planet" umschrieben werden, liegt in der Erzielung eines nachhaltigen Unternehmenswachstums.

[1] Eigenkapitalrentabilität: *Verzinsung des eingesetzten Eigenkapitals*

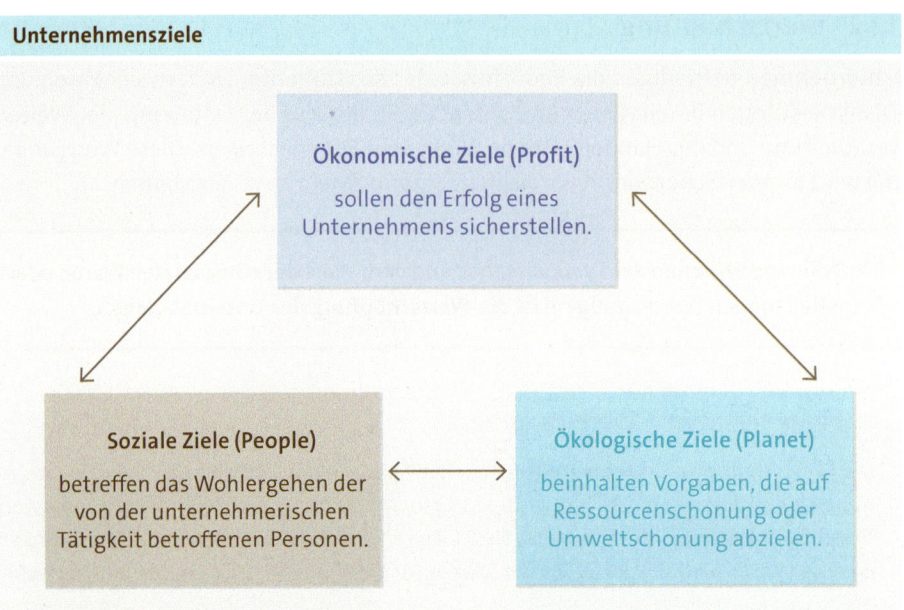

Die drei genannten Zieldimensionen können in unterschiedlicher Beziehung (Zielbeziehung) zueinander stehen, wie nachfolgende Tabelle zeigt.

Zielbeziehung	Beschreibung	Beispiel Appenzeller® Sortenorganisation
Zielharmonie	Die Verfolgung eines Ziels fördert die Erfüllung des anderen Ziels.	Die Wärmerückgewinnung aus den Produktionsanlagen zur Senkung des Energieverbrauchs (Planet) führt auch zu tieferen Heizkosten (Profit).
Zielneutralität	Die Erfüllung einer Zielsetzung hat keinen Einfluss auf die Erreichung eines anderen Ziels.	Die Senkung des Papierverbrauchs im Büro (Planet) hat keinen Einfluss auf die Zufriedenheit der Käser (People).
Zielkonflikt	Die Erfüllung einer Zielsetzung beeinträchtigt die Erreichung eines anderen Ziels.	Höhere Löhne, um die Zufriedenheit der Käser (People) zu steigern, führen zu einem kleineren Gewinn für das Unternehmen (Profit).

1.2 Funktionsbereiche der Unternehmung

Um insbesondere die ökonomischen Ziele eines Unternehmens zu erreichen, wird in den meisten Unternehmen eine innerbetriebliche Arbeitsteilung durchgeführt. Dabei erfolgt die Aufteilung der Tätigkeiten zunächst in die **primären Funktionen (Hauptaufgaben)** eines Unternehmens wie Beschaffung, Produktion (Leistungserstellung) und Absatz. Darüber hinaus wird im Unternehmen auch eine Aufteilung der **sekundären Aktivitäten,** wie z. B. Rechnungswesen, Finanzierung, Personal sowie Forschung und Entwicklung durchgeführt, welche zur Aufrechterhaltung und Unterstützung der Grundfunktionen dienen.

Primäre Funktionsbereiche und deren Aufgaben	
Grundfunktionen	Aufgaben
Beschaffung	Die Materialwirtschaft ist zuständig für die Planung und Bereitstellung (Beschaffung, Lagerung, Transport) der Materialien, die im betrieblichen Produktionsprozess benötigt werden.
Produktion/ Leistungserstellung	In der Produktion eines Industriebetriebs werden nach vorangegangener Planung und Organisation Produktionsfaktoren kombiniert ▶ und zu Halb- und Fertigfabrikaten verarbeitet. Die Hauptaufgabe der Produktionswirtschaft besteht darin, Erzeugnisse in der benötigten Art, Qualität und Menge zum richtigen Zeitpunkt am richtigen Ort zur Verfügung zu stellen.
Absatz	Der Absatz hat die Aufgabe, die hergestellten Sachgüter und Dienstleistungen gegen Entgelt zu verwerten. Diese Aufgabe wird durch die Tätigkeiten im Bereich der Öffentlichkeitsarbeit und der Werbung unterstützt.

Kombination der Produktionsfaktoren
▶ Kapitel 4

1.3 Einteilung nach Wirtschaftssektoren

An der Erstellung und Verwendung von Produkten und Dienstleistungen sind in der Regel mehrere Unternehmen beteiligt. Die Unternehmen werden nach folgenden Regeln vier Wirtschaftssektoren zugeordnet:

Wirtschaftssektor	Definition	Beispiel
Primärer	Rohstoffgewinnung	• Landwirt, der Milch produziert
Sekundärer	Fabrikation/Verarbeitung	• Käserei, welche Milch zu Käse verarbeitet • Bauunternehmung, welche Brücken und Straßen baut
Tertiärer	Dienstleistung	• Transportunternehmen, welches Käse in Supermärkte bringt, die den Käse an die Endkunden verkaufen • Computergeschäft, welches defekte Smartphones repariert
Quartärer	Informationssektor	• beratende Tätigkeit durch Ingenieure und Rechtsanwälte • Unternehmen, die im Bereich der Informationsdienstleistung und der Kommunikationstechnik tätig sind

IV Betriebswirtschaftliche Grundlagen des Handelns privater Unternehmen

Aufgaben zu Kapitel 1

1. Erläutern Sie die Begriffe Unternehmen, Betrieb und Firma.

2. Durch welche Tätigkeit entsteht bei den folgenden Beispielen ein Mehrwert?
   - a Metzger
   - b Bankberater
   - c Autohersteller
   - d Steuerberater

3. Ordnen Sie folgende Berufe und Tätigkeitsfelder den jeweiligen Wirtschaftssektoren zu: Minenarbeiter, Feuerwehrmann, Groß- und Außenhandelskauffrau, Schreiner, Atomforscher, Schuhmacher, Ingenieur, Landwirt, Mechatroniker

4. a Nennen Sie je zwei ökonomische, ökologische und soziale Ziele eines Automobilherstellers.
   b Begründen Sie, in welcher Zielbeziehung die verschiedenen Ziele zueinander stehen.

Zusammenfassung: 1 Unternehmen, Funktionsbereiche, Wirtschaftssektoren

Begriffsabgrenzung

Unternehmen	Betrieb	Firma
rechtliche und wirtschaftliche Einheit	örtliche Produktionsstätte	Name des Unternehmens

Der bei der Bereitstellung und dem Angebot von Waren und Dienstleistungen durch Unternehmen entstehende Mehrwert wird als **Wertschöpfung** bezeichnet.

Bei den **Unternehmenszielen** wird zwischen ökonomischen, sozialen und ökologischen Zielen unterschieden. Diese können in unterschiedlichen **Zielbeziehungen** zueinander stehen: Zielharmonie, Zielkonflikt, Zielneutralität.

Funktionsbereiche der Unternehmung

primäre Funktionen	sekundäre Funktionen
• Beschaffung • Produktion • Absatz	• Rechnungswesen • Finanzierung • Forschung und Entwicklung ...

Wirtschaftssektoren

Primärer Sektor	Sekundärer Sektor	Tertiärer Sektor	Quartärer Sektor
Rohstoffgewinnung	Fabrikation, Verarbeitung	Dienstleistung	Information

2 Formen der Leistungserstellung

Formen der Leistungserstellung

Rollstuhlbasketball hat sich in den letzten Jahren zum inklusiven Trendsport für behinderte und nicht behinderte Sportler entwickelt. Deshalb hat sich die passionierte Basketballerin Ramona Weber entschieden, das Unternehmen Summit GmbH zu gründen und Sportrollstühle und Handbikes zu produzieren. Durch eine besonders hochwertige Verarbeitung, beste Materialien und hohe Belastbarkeit der Produkte hat das Unternehmen schnell eine Spitzenposition im Segment der internationalen Sportartikelhersteller eingenommen. Der Vertrieb erfolgt über Sportartikelgroßhändler. Service und Wartung werden aufgrund des hohen Anspruchs an Qualität und Sicherheit in einer Dienstleistungsgesellschaft der Summit GmbH durchgeführt. Welcher Form der Leistungserstellung sind die einzelnen Unternehmen zuzuordnen? Wie vertreibt die Summit GmbH ihre Produkte? Mit welchen Dienstleistern wird das Unternehmen vermutlich zusätzlich zusammenarbeiten?

2.1 Industrieunternehmen

Industrieunternehmen stellen den größten Teil der materiellen Produkte her, die in einer Volkswirtschaft von Konsumenten und anderen Unternehmen benötigt werden, und erbringen Sachleistungen in den verschiedensten Branchen. Auch wenn sie grundsätzlich dem sekundären Wirtschaftssektor zugeordnet werden, sind Industrieunternehmen heute vermehrt entlang der gesamten Wertschöpfungskette tätig, z. B. bieten sie Finanzdienstleistungen oder Schulungen an, bauen ihre Rohstoffe selbst an und veredeln diese auch selbst. Deshalb kann man sie auch wie folgt klassifizieren:

Grundstoffindustrie	Gewinnung von Rohmaterialien für die Produktionsgüterindustrie
Zuliefererindustrie	Verarbeitung der Rohstoffe zu Halbfertigmaterialien und Belieferung der Investitions- und Konsumgüterindustrie
Investitionsgüterindustrie	Fertigung von Betriebsmitteln, die für die Produktion anderer Güter eingesetzt werden
Konsumgüterindustrie	Fertigung von Endprodukten aus Halbfertigteilen der Zuliefererindustrie für private Verbraucher

IV Betriebswirtschaftliche Grundlagen des Handelns privater Unternehmen

In Abgrenzung vom Handwerk sind Industrieunternehmen dadurch gekennzeichnet, dass sie

- Güter im großen Umfang (Massen- oder Einzelfertigung)
- für einen anonymen Markt
- ohne Produktionsarbeit des Inhabers,
- dafür mit einem hohen Einsatz von innerbetrieblicher Arbeitsteilung und unter Einsatz umfangreicher technischer Betriebsausstattung (viele Maschinen, wenig Handarbeit) produzieren,
- eine mindest mittlere Betriebsgröße ausweisen (z. B. gemessen an der Anzahl von Mitarbeitern) und
- häufig international tätig sind.

Produktionshalle

Durch die Bildung von Abteilungen wie Beschaffung, Produktion, Absatz, Personal oder Finanzwirtschaft erfolgt die Zuordnung von Teilaufgaben an die Mitarbeiter eines Industrieunternehmens. Die Einteilung erfolgt häufig nach dem **Funktionsprinzip**, d. h., es folgt die Bildung von Abteilungen für gleiche Tätigkeitsarten.

Betrieblicher Leistungsprozess im Industrieunternehmen

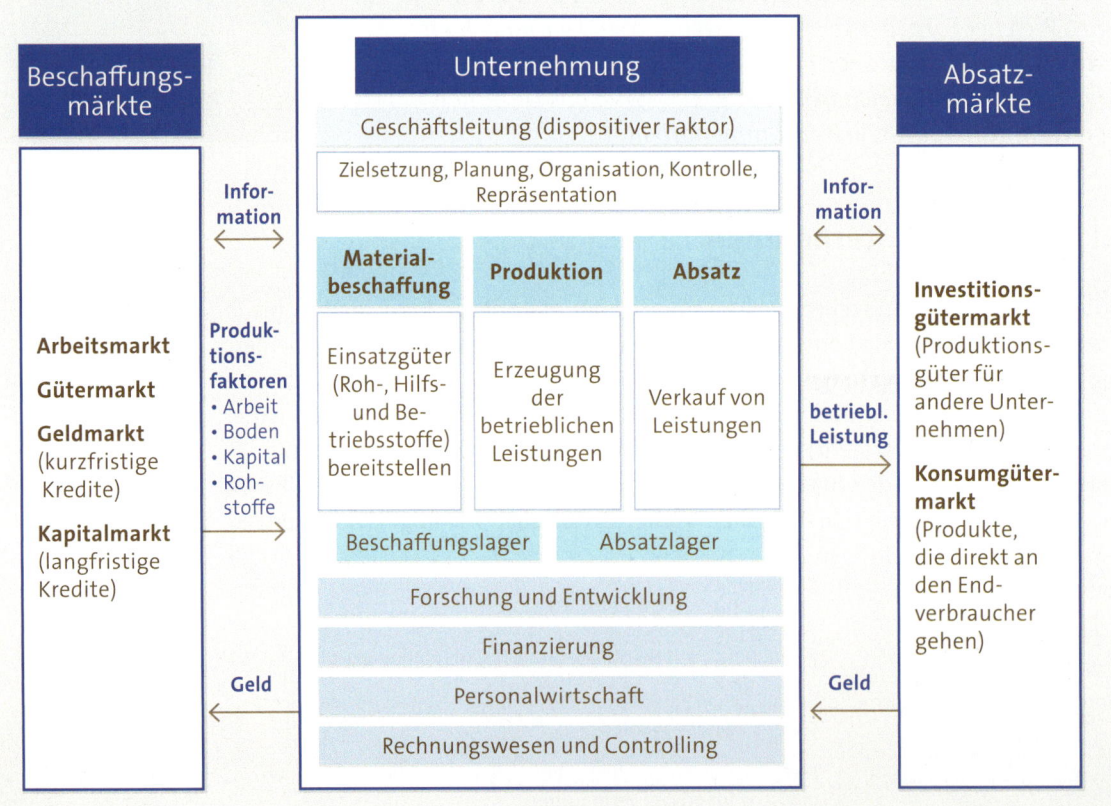

2 Formen der Leistungserstellung

> **FALLSTUDIE** — Leistungserstellung im Industrieunternehmen

Die Fly Bike Werke GmbH stellt City-Räder, Mountainbikes, Rennräder, Jugendräder und Trekkingräder her. Darüber hinaus vertreibt sie als Handelswaren Fahrradbekleidung, Fahrradzubehör und Fahrradanhänger. Als Dienstleistungsangebot ist in den letzten Jahren die Vermittlung von Fahrradreisen dazugekommen. Die jährlichen Umsatzerlöse der Fly Bike Werke GmbH liegen bei ca. 7 Mio. EUR. Sie werden von rund 40 Arbeitern und Angestellten erwirtschaftet. Die Rohstoffe – Rohre und Bleche aus Aluminium und Stahl – sowie Hilfs- und Betriebsstoffe bezieht das Unternehmen von rund 25 in- und ausländischen Lieferanten. Zur Produktion setzt man im Unternehmen Metallbearbeitungsmaschinen und zunehmend auch Roboter ein. Mit ca. 20 Kunden hat die Fly Bike Werke GmbH dauerhafte Absatzverträge geschlossen. Darüber hinaus sieht sie sich aber, insbesondere im neuen Dienstleistungsbereich, einem anonymen Markt gegenüber.

> **ARBEITSAUFTRÄGE**

1. Beweisen Sie anhand von vier Merkmalen, dass die Fly Bike Werke GmbH ein Industriebetrieb ist.
2. Klären Sie, welcher Gruppe von Industriebetrieben die Fly Bike Werke GmbH zuzuordnen ist.
3. Erläutern Sie anhand des Organigramms ▸ der Fly Bike Werke GmbH die betrieblichen Funktionsbereiche und deren Aufgaben.
4. Erläutern Sie, welchem Wirtschaftssektor die Fly Bike Werke GmbH zuzuordnen ist.
5. Nennen Sie die drei Zieldimensionen einer Unternehmung. Erläutern Sie zwei mögliche Ziele je Dimension, die die Fly Bike Werke GmbH verfolgen könnte. Erläutern Sie die Bereiche, in denen die Ziele ggf. miteinander in Konkurrenz stehen.
6. Welche Vorteile verspricht sich die Fly Bike Werke GmbH durch den Abschluss dauerhafter Absatzverträge?

Organigramm
▸ Webcode WGW_IV_2

2.2 Handelsbetriebe

Der Handel verbindet die Gütergewinnung und -herstellung mit dem Endverbraucher. Dem Produzenten (Hersteller) und dem Endverbraucher sind beim sogenannten indirekten Absatz[1] der Großhandel und der Einzelhandel zwischengeschaltet. Durch den Handel ist die flächendeckende Verteilung der Güter an den Endverbraucher gewährleistet.

Der **Einzelhändler** kauft Waren beim Industriebetrieb oder Großhändler ein und verkauft sie an den Endverbraucher weiter. Er sorgt damit für eine relative Markttransparenz für den Verbraucher. Der **Großhändler** vertreibt Waren i. d. R. nicht direkt an den Konsumenten, sondern verkauft sie an gewerbliche Abnehmer (z. B. Einzelhändler, Krankenhäuser).

[1] Direkter Absatz: *Der Produzent verkauft seine Produkte direkt an den Endverbraucher.*
Indirekter Absatz: *Der Handel ist zwischengeschaltet.*

IV Betriebswirtschaftliche Grundlagen des Handelns privater Unternehmen

Handelsbetriebe übernehmen folgende Funktionen:	
Funktion	**Erläuterung**
Raumüberbrückung	Die Ware wird von einem zum anderen Ort gebracht.
Zeitüberbrückung	Überbrückung der Zeit zwischen Ein- und Verkauf durch Lagerung
Mengenausgleich	Einkauf von Ware in großen Chargen, Umverpackung in kleinere Verkaufseinheiten
Markterschließung	Erforschung neuer Märkte und Information über neue Produkte
Sortimentsbildung	Zusammenfassung von Waren zu Sortimenten[1], damit Generierung eines besseren Überblicks für den Kunden
Service	Angebot von Beratung und Gewährleistung
Veredelung	Ware erhält einen bestimmten Reifegrad bzw. Wert

[1] Sortiment: *Auswahl der auf dem Absatzmarkt angebotenen Güter*

2.3 Dienstleistungsunternehmen

Dienstleistungsunternehmen, wie Banken, Energieversorger oder die Hotellerie, produzieren und handeln keine materiellen Waren. Ihre Aufgabe ist es, immaterielle Güter zu vertreiben (z. B. Informationen) oder Leistungen zu erbringen.

- Friseure erbringen Dienstleistungen in Form von Haarschnitten oder Kosmetikberatung.
- Wartungsfirmen sorgen für die Instandhaltung von Maschinen.
- Versicherungen beraten ihre Kunden und übernehmen Risiken.

● **Dienstleistungsunternehmen am Beispiel einer Bank**

Um das Funktionieren einer arbeitsteiligen Wirtschaft zu gewährleisten, bedarf es unter anderem Geld als einheitlichen **Tauschmittels**, **Recheneinheit** und **Wertaufbewahrungsmittel**. Hiermit wird eine schnelle und zügige Abwicklung von Geschäften ermöglicht.

Um die ständige Versorgung des Marktes mit Geld zu gewährleisten, kommt den Finanzdienstleistungsinstituten u. a. die Aufgabe zu, eine Vermittlerposition zwischen Unternehmen und privaten Haushalten einzunehmen. Sie sollen den am Markt vorhandenen Kapitalbedarf von Unternehmen oder Privatpersonen durch Kreditvergabe decken. Gleichzeitig sichern sie durch die Hereinnahme von Kundengeldern als Einlage die Liquidität ihres Instituts.

Selbstverständlich erbringen die Banken auch weitere Dienstleistungen, z. B. durch das Angebot von Zahlungsverkehrsleistungen, die Emission von Wertpapieren an Börsen, den Verkauf und die Verwaltung von Wertpapieren und die Durchführung von Devisengeschäften[2].

[2] Devisen: *Zahlungsmittel in fremder Währung*

2 Formen der Leistungserstellung

Quelle: Gogoll/Siller: Im Kreislauf der Wirtschaft, Köln 2010, Bank-Verlag S. 160

Aufgaben zu Kapitel 2

1. Handelt es sich bei der Summit GmbH um ein Industrie-, Handels- oder Dienstleistungsunternehmen? Begründen Sie Ihre Antwort.

2. Wodurch unterscheiden sich Industrie und Handwerk?

3. Welche Aufgabe erfüllt das Lager im Handelsbetrieb und im Industriebetrieb?

4. Erläutern Sie die Aufgaben des Handels anhand eines von Ihnen gewählten Modellunternehmens.

5. Erläutern Sie die verschiedenen Aufgaben einer Bank unter Nutzung der Grafik „Banken im Kreislauf der Wirtschaft".

Während Industrie und Handel **materielle Güter** produzieren bzw. verteilen, vertreibt der Dienstleistungssektor **immaterielle Güter und Leistungen.**

Funktionsbereich Beschaffung

Die in Stuttgart ansässige Abenteuerland GmbH ist ein mittelständischer Sportartikelhersteller. Seit der Gründung hat sich das Unternehmen auf die Produktion und den Vertrieb von hochwertiger und gleichzeitig ökologisch nachhaltig produzierter Bergsportausrüstung spezialisiert.

Unter dem Geschäftsführer Stefan Rehberg möchte das Unternehmen langfristig seine Marktanteile ausdehnen. Um konkurrenzfähig zu bleiben, müssen allerdings die bisher entstandenen Kosten massiv gesenkt werden. Die Abenteuerland GmbH möchte jedoch ihrem Leitbild treu bleiben und ist daher nicht gewillt, die nötigen Kostensenkungen über eine Reduktion der ökologischen und qualitativen Standards zu erzielen. Herr Rehberg sieht eine Chance in der Überprüfung der innerbetrieblichen Prozesse auf Kosteneinsparungspotenziale. In einem ersten Schritt sollen die Einkaufsabteilung und das Materiallager auf Kosteneinsparpotenziale überprüft werden.

3.1 Aufgabe und Ziele der Beschaffung

Der Einkauf (Materialbeschaffung) hat die Aufgabe, langfristig die Versorgung des Unternehmens mit Produktionsfaktoren sicherzustellen. Gemäß den Vorgaben der Funktionsbereiche Produktion und Absatz plant die Beschaffung den zukünftigen Bedarf der Produktionsfaktoren.

Um stets konkurrenzfähig zu bleiben, muss die Beschaffung im Rahmen ihrer Tätigkeit ebenfalls die Ziele der Unternehmung im Hinblick auf Wirtschaftlichkeit sowie Umwelt- und Sozialverträglichkeit berücksichtigen. Mittels interner[1] (z. B. Lieferantendatei) und externer[2] Informationsquellen werden ggf. neue, eventuell kostengünstigere Bezugsquellen erschlossen oder alte Einkaufsverträge erneuert. Hierzu schreibt die zuständige Abteilung Anfragen und holt Angebote ein. Diese Angebote werden im Anschluss unter folgenden Gesichtspunkten verglichen:

- quantitative Kriterien:
  messbare Kriterien, z. B. Preis und Transportkosten
- qualitative Kriterien:
  auch „weiche" Kriterien genannt, z. B. Produktqualität und Service

[1] interne Informationsquelle: *Rückgriff auf innerbetriebliche Daten*

[2] externe Informationsquelle: *außerbetriebliche Quellen wie Verbände, Fachzeitschriften*

Aufgabe des Funktionsbereichs Beschaffung ist die Versorgung des Unternehmens mit Produktionsfaktoren (Waren und Dienstleistungen) in der erforderlichen Art, Güte und Menge zum richtigen Zeitpunkt am richtigen Ort.

3.2 Angebotsvergleich – Lieferantenauswahl

Die Leiterin der Einkaufsabteilung, Frau Konrad, erhält den Auftrag, nach neuen Lieferanten für die fremdbezogenen Ausstattungsbestandteile der von der Abenteuerland GmbH produzierten Rucksäcke Ausschau zu halten bzw. alte Lieferverträge neu zu verhandeln. Sie beginnt mit dem Versand einer Anfrage für die in den Rucksäcken enthaltenen Trinksysteme. Nach Eingang verschiedener Angebote beauftragt sie ihre Mitarbeiter, einen Lieferantenvergleich für eine Anzahl von 2 000 Trinksystemen durchzuführen.

3.2.1 Quantitativer Angebotsvergleich – Bezugskalkulation

Beim **quantitativen Lieferantenvergleich** werden verschiedene Angebote im Hinblick auf deren **Einstandspreis** (Bezugspreis) verglichen. Hierbei handelt es sich um den Einkaufspreis abzüglich aller Abzüge wie Mengenrabatte und Skonti. Hinzu addiert werden eventuell anfallende Transport- und Bezugsnebenkosten wie beispielsweise Transportversicherungen oder Verpackungskosten. Die Einstandspreise werden unter Zuhilfenahme eines feststehenden Kalkulationsschemas berechnet.

Kalkulationsschema:

Listeneinkaufspreis
– Lieferantenrabatt

= Zieleinkaufspreis
– Lieferantenskonto

= Bareinkaufspreis
+ Bezugskosten
  (Verpackung/Transport)

= Einstandspreis

Der **quantitative Lieferantenvergleich** vergleicht die Angebote im Hinblick auf messbare Kriterien wie Listeneinkaufspreis, Preisnachlässe und Bezugskosten.

Frachtklauseln

Durch das Einfügen von Frachtklauseln wird in Angeboten geregelt, wer die Beförderungskosten zu tragen hat.

Kosten / Frachtklauseln	Vorlauf	Verladung	Frachtkosten	Entladung	Nachlauf
frei Haus, frei Lager, frei Werk	Kosten Verkäufer				
frei (Bahnhof) dort, frei, frank, frachtfrei	Kosten Verkäufer			Kosten Käufer	
frei Schiff, frei Waggon	Kosten Verkäufer		Kosten Käufer		
unfrei, ab hier, ab Bahnhof hier	Kosten Verkäufer	Kosten Käufer			
ab Werk, ab Lager	Kosten Käufer				

Zur weiteren Bearbeitung hat Frau Konrad die Daten aus den eingegangenen Angeboten übersichtlich zusammengestellt.

Lieferanten / Angebotsinhalt	Nordland Equipment GmbH	Hydration Systems Ltd.
Listenpreis (netto)	6,86 EUR pro Stück	6,60 EUR pro Stück
Lieferantenrabatt	10 %	4 %
Zahlungsbedingungen	Zahlungsfrist: 30 Tage Skonto: 14 Tage/3 %	Zahlungsfrist: 30 Tage Skonto: 7 Tage/4 %
Lieferbedingungen	Lieferfrist: 7 Tage Fracht: 22,44 EUR	Lieferfrist ca. 20 Tage Fracht: frei Werk
weitere Kriterien aus den Unterlagen	Befestigung: Öse für Klett/Haken geschmacksneutral: ja	Befestigung: Öse für Klett geschmacksneutral: ja, bis 40 Grad
Umweltverträglichkeit	Ja, Lieferant nimmt alte Systeme wieder zurück.	keine Angaben
Service; Herstellergarantie	sehr zuverlässiger Kundenservice; 8 Jahre	Hotline; 3 Jahre

Bezugskalkulation nach dem Kalkulationsschema

Angebotsinhalt	Lieferanten	Nordland Equipment GmbH	Hydration Systems Ltd.
		Angaben in EUR	
1	Listeneinkaufspreis	13.720,00	13.200,00
	– Lieferantenrabatt	1.372,00	528,00
2	= Zieleinkaufspreis	12.348,00	12.672,00
	– Lieferantenskonto	370,44	506,88
3	= Bareinkaufspreis	11.977,56	12.165,12
4	+ Bezugskosten (Verpackung/Transport)	22,44	frei Werk
5	= Einstandspreis (Bezugspreis, gesamt)	12.000,00	12.165,12
6	= Einstandspreis (Stück)	6,00	6,08

Ergebnis: Bei einer Einkaufsmenge von 2 000 Stück ist die Nordland Equipment GmbH der günstigste Anbieter für Trinksysteme. Da die Differenz sehr gering ausfällt, sollten jedoch noch weitere Kriterien zu Rate gezogen werden.

3.2.2 Qualitativer Angebotsvergleich

Das Angebot mit dem günstigsten Bezugspreis muss nicht unbedingt gleichzeitig das beste sein. Wenn z. B. der Lieferant mit dem günstigsten Bezugspreis nur minderwertige oder mangelhafte Qualität liefert, können dem Betrieb hohe Kosten durch Produktionsstockungen und Kundenreklamationen entstehen. Bei einem Angebotsvergleich müssen also neben dem Preis weitere Aspekte berücksichtigt werden, dies können z. B. sein:

- Qualität des Materials
- Umweltverträglichkeit der Ware
- Lieferbedingungen (z. B. Lieferfrist, Liefermenge, Sonderwünsche)
- Zahlungsbedingungen
- Serviceleistungen des Lieferanten (Kulanz[1], Garantieleistung, Beratung)

Um die qualitativen Aspekte verschiedener Angebote miteinander vergleichen zu können, ist es sinnvoll, eine **Nutzwertanalyse** durchzuführen. Hierbei werden ausgewählte Leistungen der Anbieter mit einem Punktesystem bewertet. Diese Bewertung erfolgt mithilfe einer Entscheidungsbewertungstabelle.

[1] Kulanz: *Entgegenkommen zwischen Vertragspartnern*

IV Betriebswirtschaftliche Grundlagen des Handelns privater Unternehmen

● **Vorgehensweise der Bewertung mithilfe einer Entscheidungstabelle**

1. unternehmensbezogene Auswahl der entscheidenden qualitativen Leistungskriterien
2. Gewichtung der Leistungskriterien je nach Wichtigkeit für das Unternehmen auf einer Skala von 1–5 (sehr wichtig 5; unwichtig 1)
3. Bewertung der individuellen Lieferantenleistungen auf einer Skala von 1–10 (sehr gute Leistung 10; schlechte Leistung 1)
4. Mulitplikation der Bewertungspunkte mit dem Gewichtungsfaktor
5. Das Gesamtergebnis der einzelnen Kreditoren[1] ergibt sich durch die Addition der gewichteten Punkte.

[1] Kreditor: *Gläubiger des Unternehmens*

Im Rahmen der qualitativen Analyse erfolgt die Entscheidung für den Lieferanten mit der **höchsten Gesamtpunktzahl.** Würde das Unternehmen Hydration Systems Ltd. hier mehr Punkte als der Konkurrent erreichen, muss die Beschaffung entscheiden, ob der Abenteuerland GmbH die quantitativen oder die qualitativen Kriterien wichtiger sind.

Frau Konrad möchte die vorliegenden Angebote zu den Trinksystemen für Rucksäcke neben dem reinen Preisvergleich zusätzlich einer qualitativen Analyse unterziehen. Dabei soll auch berücksichtigt werden, dass die Abenteuerland GmbH hohe Ansprüche an die Qualität und Umweltverträglichkeit ihrer Produkte stellt. Für den qualitativen Angebotsvergleich berücksichtigt sie weitere Rechercheergebnisse, die sie aus verschiedenen Informationsquellen wie TÜV-Prüfungen oder aus Selbstauskünften von Lieferanten bezieht.

Entscheidungsbewertungstabelle					
Kriterien	Gewichtung der Kriterien	Nordland Equipment GmbH		Hydration Systems Ltd.	
		Punkte	gewichtete Punkte	Punkte	gewichtete Punkte
Qualität der Ware	5	8	40	4	20
Umweltverträglichkeit	5	8	40	1	5
Service	3	7	21	4	21
Herstellergarantie	4	9	36	4	6
Zahlungsbedingungen	4	7	28	6	36
Lieferfrist	2	7	14	3	5
Gesamtwert			179		93

Ergebnis: Auf Basis des qualitativen Angebotsvergleichs entscheidet sich das Unternehmen ebenfalls für den Lieferanten Nordland Equipment GmbH.

3.3 Optimale Bestellmenge

Nach der Auswertung der quantitativen und qualitativen Daten hat sich die Abenteuerland GmbH für die Nordland Equipment GmbH als neuen Lieferanten der Trinksysteme entschieden.

In der gemeinsamen Sitzung der Geschäftsleitung und der Abteilungen Einkauf und Lager entbrennt im Anschluss eine lange Diskussion über die zukünftige Bestellpolitik der Abenteuerland GmbH. Die Einkaufsleiterin, Frau Konrad, besteht darauf, durch hohe Bestellmengen Mengenrabatte zu nutzen und gleichzeitig auch die in der Abteilung entstehenden betriebsseitigen Kosten der Bestellabwicklung zu reduzieren. Der Abteilungsleiter Lager und Logistik, Herr Siegle, pocht jedoch energisch darauf, dass dieses Vorgehen lediglich zu einer Erhöhung der lagerseitigen Kosten führen würde.

3.3.1 Kosten der Beschaffung

Bei der Entscheidung für eine bestimmte Bestellmenge und Bestellstrategie in einem Unternehmen müssen verschiedene Kostenarten in Betracht gezogen werden. Zunächst einmal schlagen im Einkauf die **Beschaffungskosten** der Waren zu Buche. Diese setzen sich aus den **variablen Beschaffungskosten** und den **fixen Beschaffungskosten (Bestellkosten)** zusammen.

Zu den variablen Beschaffungskosten zählen die Materialkosten, d. h. die Einstandspreise (Bezugspreise) der Ware. Die bestellfixen Kosten, auch Bestellkosten genannt, beinhalten die anteiligen Personal- und Sachkosten, die bei jedem Bestellvorgang anfallen, wie beispielsweise:
- Löhne für die Sachbearbeiter in der Einkaufsabteilung
- Kommunikationskosten
- benötigtes Büromaterial

Je **höher** die **Bestellmenge**, desto niedriger ist die Bestellhäufigkeit und desto **niedriger** sind die **Bestellkosten**.

Weiterhin müssen die durch die Beschaffung von Ware entstehenden **Lagerkosten** (z. B. Miete oder Gehälter des Lagerpersonals) einkalkuliert werden.

Zur Vereinfachung werden die Lagerkosten unter Zugrundelegung des durchschnittlichen Lagerbestands und eines auf Erfahrungswerten basierenden Lagerhaltungskostensatzes ermittelt:

> Durchschnittlicher Lagerbestand (in ME) = ½ (Anfangsbestand + Endbestand)
> Durchschnittlicher Lagerbestand (in EUR) = Ø Lagerbestand (Stück) · Einstandspreis je ME
> Lagerhaltungskosten (in EUR) = Ø Lagerbestand in EUR · Lagerhaltungskostensatz

Je höher der durchschnittliche Lagerbestand, desto höher die Lagerhaltungskosten

3.3.2 Berechnung der optimalen Bestellmenge

Unternehmen stehen bei der Planung ihrer Bestellmenge somit immer dem sogenannten Zielkonflikt der Beschaffung gegenüber. Kalkuliert der Sachbearbeiter geringe Bestellmengen pro Bestellvorgang, um die daraus resultierenden Lagerkosten zu reduzieren, verursacht er gleichzeitig hohe Bestellkosten, da der Bestellvorgang mehrmals pro Zeitraum wiederholt werden muss. Zur Lösung des Konflikts wird die Berechnung der optimalen Bestellmenge durchgeführt.

> Die Berechnung der optimalen Bestellmenge ermittelt die Menge, bei der die Summe aus Bestellkosten und Lagerhaltungskosten am geringsten ist.

● **Tabellarische Berechnung der optimalen Bestellmenge**

Beim Bezug der Trinksysteme gemäß dem vorliegenden Angebot der Nordland Equipment GmbH beträgt der Einstandspreis 6,00 EUR je Stück bei einer jährlichen Bezugsmenge von 2 000 Einheiten. Das Rechnungswesen der Abenteuerland GmbH ermittelt für die Höhe der bestellfixen Kosten einen Betrag von 60,00 EUR und einen Lagerkostensatz von 10 %, bezogen auf den durchschnittlichen Lagerbestandswert.

1 Bestell-häufigkeit	2 Bestell-menge	3 Bestell-kosten (EUR)	4 Ø Lager-bestand	5 Ø Lager-bestand (EUR)	6 Lagerkosten (EUR)	7 Gesamt-kosten (EUR)
		Sp. 1 · 60	Sp. 2/2	Sp. 4 · 6	Sp. 5 · 10 %	Sp. 3 + Sp. 6
1	2 000	60,00	1 000	6.000,00	600,00	660,00
2	1 000	120,00	500	3.000,00	300,00	420,00
3	667	180,00	333	2.000,00	200,00	380,00
4	500	240,00	250	1.500,00	150,00	390,00
5	400	300,00	200	1.200,00	120,00	420,00

(Werte gerundet)

Ergebnis: Die optimale Bestellmenge von 667 Stück ergibt sich bei einer Anzahl von 3 Bestellvorgängen pro Jahr. Hier erreichen die gesamten Beschaffungskosten, d. h. die Summe aus Bestellkosten und Lagerhaltungskosten, ihr Minimum.

Grafische Darstellung der optimalen Bestellmenge

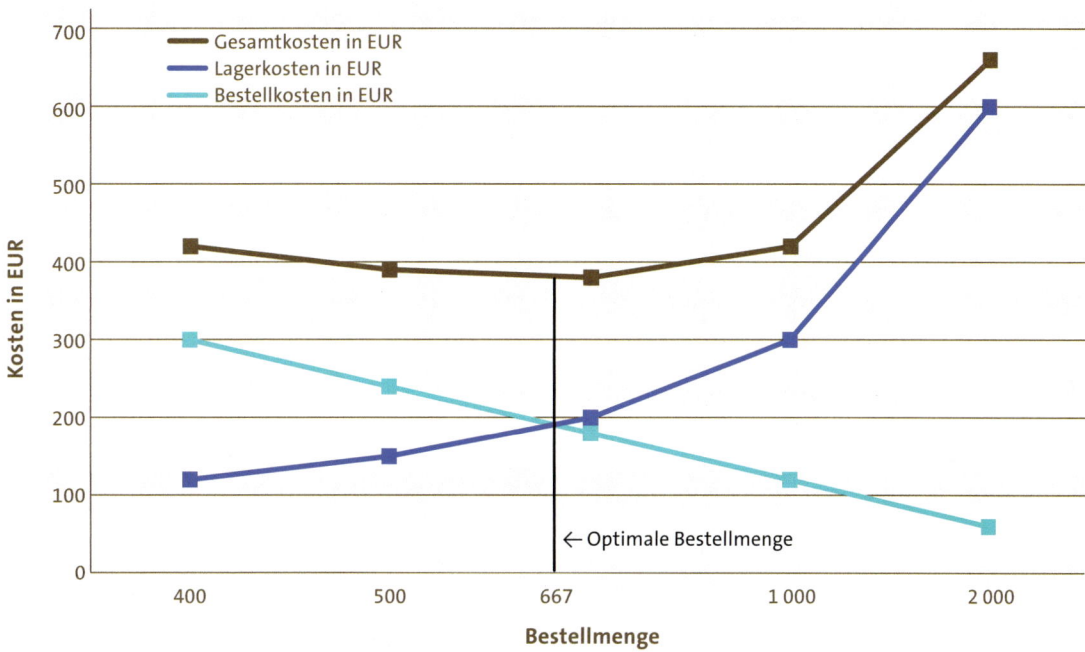

Die optimale Bestellmenge und die damit verbundene Bestellhäufigkeit liegen am **Schnittpunkt der Bestellkosten-** und der **Lagerhaltungskostenkurve**.

● **Berechnung mit der Andlerformel**

Eine weitere Berechnungsmöglichkeit der optimalen Bestellmenge ergibt sich aus der sogenannten Andlerformel:

$$\text{Optimale Bestellmenge} = \sqrt{\frac{200 \cdot \text{bestellfixe Kosten} \cdot \text{Jahresverbrauchsmenge}}{\text{Einstandspreis (Stück)} \cdot \text{Lagerkostensatz}}}$$

Rechnerische Ermittlung mit der Andlerformel

$$\text{Optimale Bestellmenge} = \sqrt{\frac{200 \cdot 60 \cdot 2\,000}{6 \cdot 10}} = 632{,}46 \text{ Stück}$$

Die rechnerisch exakt ermittelte optimale Bestellmenge beläuft sich auf 632,46 Stück.

Anzahl der Bestellungen (Bestellhäufigkeit):
= 2 000 Stück/632,46 Stück
= 3,16 Bestellungen à 632,46 Stück.

3.3.3 Grenzen des Modells der optimalen Bestellmenge

Das Modell der optimalen Bestellmenge geht davon aus, dass der Verbrauch der Waren sowie die Lagerhaltungs- und Marktzinssätze konstant sind. Diese Prämissen[1] sind in der Realität nicht gegeben. Im Unternehmensalltag kann daher die optimale Bestellmenge häufig nur als Richtwert für die tatsächlichen Bestellmengen zu Rate gezogen werden.

[1] Prämissen: Bedingungen, Voraussetzungen

Es gibt eine Reihe von Gründen, warum Unternehmer bei der Beschaffung von der im Modell berechneten Menge abweichen. Hierzu gehören:
- angekündigte Preiserhöhungen
- eingeschränkte Lagerfähigkeit der Ware (z. B. bei Lebensmitteln)
- Möglichkeit der Ausnutzung von Sonderangeboten oder Mengenrabatten
- immer wieder auftretende Lieferengpässe

Außerdem gestaltet es sich in vielen Unternehmen schwierig, exakte Kostengrößen etwa für den Bereich der Bestell- oder Lagerkosten zu ermitteln. Eine genaue Berechnung setzt hierfür den intensiven Einsatz von Instrumentarien zur Kostenplanung von einzelnen Geschäftsprozessen voraus. Bei der Beschaffungsplanung ist zudem zu bedenken, dass das Modell der optimalen Bestellmenge mögliche ökologische Auswirkungen nicht in Betracht zieht.

Dies führt häufig dazu, dass sich Unternehmen für die Bestellmenge entscheiden, die die geringsten Lagerkosten verursacht. Als Folge werden dann beispielsweise bei einer auf Just-in-time-Lieferungen ausgerichteten Produktion ortsgebundene Lager aufgelöst, somit quasi auf die Straße verlegt. Ein Unternehmen, welches sich gleichzeitig aber der umweltfreundlichen und nachhaltigen Produktion verschrieben hat, wird auch die erhöhte Umweltbelastung durch häufigere Transportfahrten in die Gesamtberechnung einfließen lassen müssen.

FALLSTUDIE Infrastruktur: Just in time über marode Brücken

Wenn jemand die Brücken hinter sich abbricht, ist gemeint, dass derjenige sich abnabelt, den Kontakt abbricht, sich loslöst von allem, was ihm lieb oder auch nicht lieb war. [...]
Das ist natürlich nur bildlich gesprochen. In der harten Realität der Logistik sieht die Sache mit den Brücken in Deutschland nämlich manches Mal ganz anders aus. Ihr Zustand ist immer häufiger leider so, dass ein Abbrechen schon vor dem Befahren zu befürchten ist. [...] Fehlende Instandhaltung und eine zurückhaltende Investitionsbereitschaft tragen einen großen Teil zum Zustand der Infrastruktur bei.
Die Zeiten des durchgängigen, unumschränkten Just-in-time scheinen dadurch zunächst einmal vorbei zu sein. Anlass genug, sich den Kopf darüber zu zerbrechen, wie Warentransporte künftig mit annähernder Aussicht auf Pünktlichkeit abgewickelt werden können. Die Lebenslüge der Lkw-Lobby vom schnellsten und unschlagbaren Transportmittel Lkw wird man einer gründlichen Überprüfung unterziehen müssen.
Ein moderner Supermarkt bietet heutzutage etwa 12 000 bis 15 000 unterschiedliche Artikel an. Die 460 Millionen Verbraucher in Europa betrachten dieses riesige Angebot als völlig normal, denn jegliche Art von Knappheit ist uns Menschen der westlichen Welt von heute fremd. Machen wir uns dies jedoch genügend bewusst? Wissen wir überhaupt noch, welche Abläufe hinter dieser einfachen, offenbar ohne jede Kapazitätseinschränkung möglichen Verfügbarkeit von Produkten in unserer heutigen Gesellschaft stecken? Kann das immer so weitergehen?
Bei möglichst niedrigen Kosten werden möglichst hohe Erträge erwirtschaftet. Die Produktion und der Transport von Gütern sind so eingerichtet. Wirtschaftliche

Gesetzmäßigkeiten haben dafür gesorgt. Kritische Verbraucher legen aber immer mehr Wert auf Nachhaltigkeit. Ihre Produkte sollen unter annehmbaren Bedingungen hergestellt und transportiert werden. Die wenigsten aber machen sich Gedanken darüber, was dafür überhaupt an Infrastruktur alles nötig ist.

Um diesem Anspruch auch in Zukunft zu genügen, ist ein Anstieg des Güterverkehrs fest mit dem wirtschaftlichen Wachstum verbunden. Aufgrund dieses Trends prognostiziert die EBU (European Barge Union) für 2020 eine Verdoppelung des europäischen Güterverkehrs! [...] Zusätzlich befeuert werden diese Gedanken durch die Hiobsbotschaften über die Straßeninfrastruktur in Deutschland. Marode Brücken, zumal bei den Rheinquerungen vor allem der Straßenverkehre, aber auch in anderen Landesteilen, Baustellen ohne Ende, schlaglochübersäte Straßen nach dem Winter und vor der Hitzewelle im Sommer machen Just-in-time zu einem reinen Vabanquespiel. Experten schlagen angesichts des schlechten Zustands Alarm. Mit gutem Grund, denn der Sanierungsstau gefährdet die Sicherheit der Verkehrsteilnehmer und belastet zugleich die Wirtschaft.

Deutschland verschleißt seine Infrastruktur [...]. Bislang war Just-in-time das „In-Wort" schlechthin. Unternehmen fanden es betriebswirtschaftlich besonders geschickt, ihre Lagerkapazitäten auf die Bundesfernstraßen outzusourcen. Endlosstaus, marode Brücken und schadhafte Straßen belehren sie nun eines Besseren. Just in time ist schlicht und ergreifend out of time.

Quelle bearbeitet nach: www.weka.de/fachbeitrag/infrastruktur-just-in-time-ueber-marode-bruecken; 15. Januar 2015

ARBEITSAUFTRÄGE

1. Welches Ziel verfolgen Unternehmen damit, „ihre Lagerkapazitäten auf die Bundesfernstraßen outzusourcen"?
2. Inwiefern beeinflusst dieses Vorgehen die Modellberechnung der optimalen Bestellmenge?
3. Welche gesamtwirtschaftlichen Nachteile entstehen durch die Just-in-time-Lieferung von Waren und wie könnten diese gemildert werden?

Aufgaben zu Kapitel 3

1. Für eine Verkaufsaktion soll das Fahrradhelmsortiment der Abenteuerland GmbH erweitert werden. Welche internen und externen Informationsquellen kann die Einkaufsabteilung nutzen, um sich über mögliche neue Lieferanten und deren Produkte zu informieren?

2. Im Randsortiment vertreibt die Abenteuerland GmbH auch Akkus für Kleinsportgeräte. Frau Konrad liegen hierfür verschiedene Angebote vor.
Welches Angebot sollte Frau Konrad bei einem Gesamtbedarf von 200 Stück wählen?

IV Betriebswirtschaftliche Grundlagen des Handelns privater Unternehmen

	Angebot 1	Angebot 2	Angebot 3
Einkaufspreis, netto	9,37 EUR	8,43 EUR	8,15 EUR
Rabatt	10 % ab 100 Stück	5 % ab 50 Stück	5 % ab 100 Stück
Zahlungsbedingung	3 % Skonto innerhalb 14 Tagen	2 % Skonto innerhalb 7 Tagen	2 % Skonto innerhalb 7 Tagen
Bezugskosten	einmalig 50,00 EUR	50,00 EUR je 100 Stück	0,50 EUR je Stück

Angebote und Hintergrundinformationen zu den Anbietern

▶ Webcode WGW_IV_3

3. Die Fly Bike Werke GmbH möchten für eine Messe ein spezielles Sommer-Sondermodell auf den Markt bringen. Für das geplante Sondermodell hat die Einkaufsleiterin Frau Nemitz-Müller je eine Anfrage über 500 Sättel bei drei potenziellen Bezugsquellen gestellt:
   - bei dem neuen Lieferanten Königsman GmbH, dessen Angebote sie auf der letzten Fahrradmesse in Hannover entdeckt hatte, mit dem also bisher keine Geschäftsbeziehung bestand
   - bei dem langjährigen Hauptlieferanten Sella SA
   - bei der von früheren Einzelkäufen bekannten Echt Leder Sattel GmbH

   Daraufhin erhält sie verschiedene Angebote und weitere Hintergrundinformationen ▶ durch ihre Mitarbeiter.

   a Führen Sie zunächst einen quantitativen Angebotsvergleich durch, d. h., berechnen Sie in der Kalkulationstabelle für jedes der drei Angebote die Einstandspreise für die Bestellmenge von 500 Stück und je Stück. Welches ist das beste Angebot?

   b Führen Sie in der nächsten Tabelle einen qualitativen Angebotsvergleich mithilfe einer Nutzwertanalyse durch. Um für den Geschäftsführer, Herrn Thüne, die Entscheidung über den Lieferantenvergleich bestens vorzubereiten, berücksichtigen Sie bitte alle verfügbaren Informationen. Herr Thüne legt besonderen Wert auf die Qualität der Sättel und deren Verpackung, auf Umweltschutzaspekte sowie die Zuverlässigkeit der Lieferanten.

4. Erläutern Sie das Grundprinzip der Berechnung der optimalen Bestellmenge.

5. Erläutern Sie den Zielkonflikt der Beschaffung im Hinblick auf das Verhältnis von Lagerkosten und fixen und variablen Beschaffungskosten.

6. Die Abenteuerland GmbH benötigt pro Jahr 30 000 Paar Handschuhe der Marke „Windbreak". Dieser besonders winddichte und widerstandsfähige Handschuh wird von einer Tochterfirma in Indien zu einem Einstandspreis von 10,00 EUR bezogen. Die vom Controlling kalkulierten bestellfixen Kosten belaufen sich auf 250,00 EUR. Für entstehende Lagerkosten wird ein Lagerzinssatz von 10 % veranschlagt. Nach Rücksprache mit dem Transportunternehmen besteht die Möglichkeit, ein bis zehn Mal pro Jahr zu liefern.

   a Berechnen Sie die optimale Bestellhäufigkeit und interpretieren Sie die vorliegenden Werte.

   b Zeichnen Sie die Lagerkosten, Bestellkosten und die Gesamtkosten in ein Achsenkreuz ein. Bestimmen Sie grafisch die optimale Bestellmenge und die optimale Bestellhäufigkeit.

   c Berechnen Sie die genaue optimale Bestellmenge mithilfe der Andlerschen Formel.

d Welche Gründe könnten den Einkaufssachbearbeiter dazu veranlassen, von der berechneten optimalen Bestellmenge abzuweichen?

7. Der Jahresbedarf für wasserdichte Reißverschlüsse für Rucksäcke wird auf ca. 60 000 pro Jahr geschätzt. Da das Material einem konstanten Verbrauch unterliegt, wurden auf Basis eines Einstandspreises von 2,00 EUR pro Stück, einem Lagerhaltungskostensatz von 3,5 % und fixen Bestellkosten von 200,00 EUR vom Sachbearbeiter bisher drei Bestellungen pro Jahr ausgelöst.
  a Erläutern Sie, warum sich der Sachbearbeiter für drei Bestellungen pro Jahr entschieden hat.
  b Aufgrund eines zunehmend schwankenden saisonalen Verbrauchs wird über alternative Bestellmengen nachgedacht. Der Sachbearbeiter bittet Sie, alternativ die Gesamtkosten für Bestellmengen von 5 000 Stück, 7 500 Stück, 10 000 Stück und 12 000 Stück pro Lieferung zu berechnen.

Zusammenfassung: 3 Funktionsbereich Beschaffung

Im Rahmen der Tätigkeit der Materialbeschaffung werden der Produktion die gewünschten Produktionsfaktoren in der **richtigen Art, Güte und Menge**, zum **richtigen Zeitpunkt**, am **richtigen Ort** zur Verfügung gestellt.

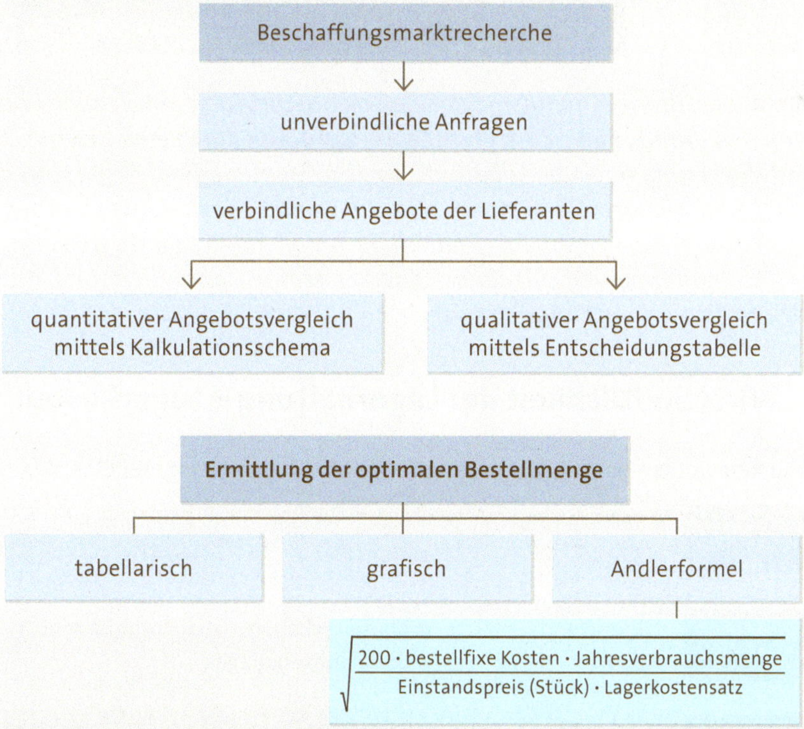

Beschaffungsmarktrecherche
↓
unverbindliche Anfragen
↓
verbindliche Angebote der Lieferanten
↓   ↓
quantitativer Angebotsvergleich   qualitativer Angebotsvergleich
mittels Kalkulationsschema   mittels Entscheidungstabelle

Ermittlung der optimalen Bestellmenge

tabellarisch   grafisch   Andlerformel

$$\sqrt{\frac{200 \cdot \text{bestellfixe Kosten} \cdot \text{Jahresverbrauchsmenge}}{\text{Einstandspreis (Stück)} \cdot \text{Lagerkostensatz}}}$$

Die **optimale Bestellmenge** liegt dort, wo die **Gesamtkosten**, d. h. die Summe aus Bestellkosten und Lagerhaltungskosten, **minimal** sind.

4 Bestandscontrolling mittels Lagerkennzahlen

Nachdem bereits die Einkaufsprozesse einer Überprüfung unterzogen wurden, soll nun im Rahmen einer Wirtschaftlichkeitsprüfung durch eine externe Unternehmensberatung auch die Lagerhaltung der Abenteuerland GmbH auf deren Kosteneffizienz überprüft werden. Hierfür werden nach Auftrag durch den Geschäftsführer Herrn Rehberg zunächst die anfallenden Lagerkosten ermittelt, unter Zuhilfenahme verschiedener Lagerkennzahlen analysiert und mit den Durchschnittswerten der Branche verglichen.

4.1 Wirtschaftlichkeit der Lagerhaltung – Lagerkosten

Lagerkosten werden nach ihrer Entstehung in drei Gruppen eingeteilt werden:

Betriebsmittel	• Versicherung • Zinsen	• Abschreibung • Transport	• Instandhaltung • Energie
Personal und Verwaltung	• Löhne und Gehälter • EDV	• Kommunikation • Sozialaufwendungen	• Büromaterial
Lagerbestände	• Kapitalbindungskosten (Zinsen für entgangene alternative Anlagemöglichkeiten) • Kosten des Bestandsrisikos (z. B. Diebstahl, Versicherung, Schwund, Verderb)		

4 Bestandscontrolling mittels Lagerkennzahlen

Ziel einer wirtschaftlichen Lagerhaltung ist es, die Kosten möglichst gering zu halten. Auch in diesem Fall sieht sich der Unternehmer einem **Zielkonflikt** ausgesetzt. Einerseits möchte er durch einen **geringen Lagerbestand** die Lagerhaltungskosten und gleichzeitig das Risiko der Überalterung der Ware so gering wie möglich halten (z. B. bei Lebensmitteln mit Mindesthaltbarkeitsdatum oder Artikeln, die schnellem technischen Wandel unterliegen). Andererseits sollte das Unternehmen gleichzeitig aber, im Sinne der Kundenbindung und des Service, durch ausreichend **hohe Lagerbestände** auch eine zeitnahe Lieferbereitschaft gewährleisten.

4.2 Lagerkennzahlen und ihre Berechnung

4.2.1 Durchschnittlicher Lagerbestand

Der durchschnittliche Lagerbestand (LB) bildet die Ausgangsgröße für die weitere Berechnung der Lagerkennzahlen. In Abhängigkeit von der Häufigkeit der im Unternehmen durchgeführten Bestandsaufnahme kann er auf verschiedene Arten berechnet werden.

- **Berechnung des durchschnittlichen Lagerbestands**

- $\varnothing$ Lagerbestand (in ME) = $\dfrac{\text{Anfangsbestand} + \text{Endbestand}}{2}$

  (ungenau, da unterjährige Schwankungen nicht berücksichtigt werden)

- $\varnothing$ Lagerbestand (in ME) = $\dfrac{\text{Anfangsbestand} + 4 \cdot \text{Quartalsendbestand}}{4}$

- $\varnothing$ Lagerbestand (in ME) = $\dfrac{\text{Anfangsbestand} + 12 \cdot \text{Monatsendbestand}}{13}$

- Lagerwert ($\varnothing$ Lagerbestand in EUR) = $\varnothing$ Lagerbestand (Stück) · Einstandspreis je ME

Der Jahresanfangsbestand an Zweimannzelten beträgt 400 Stück, der Jahresendbestand 350 Stück. Der Einstandspreis pro Zelt beträgt 150,00 EUR.

$\varnothing$ Lagerbestand = $\dfrac{400 + 350}{2}$ = 375 Stück

$\varnothing$ Lagerwert = 375 Stück · 150,00 EUR = 56.250,00 EUR

Der **durchschnittliche Lagerbestand** zeigt die Mengeneinheit an, die während eines Jahres durchschnittlich auf Lager liegt.

Der **durchschnittliche Lagerwert** weist den zu Einstandspreisen bewerteten durchschnittlichen Lagerbestand aus. Er spiegelt das im Lager gebundene Kapital wider.

4.2.2 Umschlagshäufigkeit

Die **Umschlagshäufigkeit** (UH) gibt an, wie oft der durchschnittliche Lagerbestand in einem Zeitraum umgeschlagen, d. h. geleert und wieder gefüllt wurde.

Die Berechnung kann sowohl auf Mengen- als auch auf Lagerwertbasis erfolgen.

- Berechnung der Umschlagshäufigkeit

$$\text{Umschlagshäufigkeit} = \frac{\text{Jahresverbrauch in Stück}}{\varnothing \text{ Lagerbestand in Stück}}$$

bzw.

$$\text{Umschlagshäufigkeit} = \frac{\text{Jahresverbrauch in EUR}}{\varnothing \text{ Lagerwert}}$$

Bei einem durchschnittlichen Lagerwert von Zweimannzelten in Höhe von 56.250,00 EUR wurden im Lauf des Jahres Waren im Wert von 168.750,00 EUR (bewertet zu Einstandspreisen) umgesetzt.

$$\text{Umschlagshäufigkeit} = \frac{168.750,00 \text{ EUR}}{56.250,00 \text{ EUR}} = 3$$

Ergebnis: Das Lager wurde im zugrunde gelegten Jahr 3-mal umgeschlagen. Das heißt, der Lagerbestand wurde 3-mal verbraucht und durch Neueinlagerung ersetzt.

Da das in der gelagerten Ware gebundene Kapital nicht zeitgleich zinsbringend angelegt werden kann, werden anfallende Kapitalbindungskosten für eine entgangene Alternativanlage berechnet. Durch eine höhere Umschlagshäufigkeit wird damit auch gleichzeitig das im Lager gebundene Kapital reduziert.

Je niedriger der durchschnittliche Warenbestand im Verhältnis zum Verbrauch, desto niedriger ist die Umschlagshäufigkeit.

Je höher die Umschlagshäufigkeit, desto niedriger das im Lager gebundene Kapital.

4.2.3 Durchschnittliche Lagerdauer

Unter Zugrundelegung der Umschlagshäufigkeit kann berechnet werden, wie viele Tage eingelagerte Ware oder Verbrauchsmaterial im Schnitt im Lager verbleiben, bevor sie verbraucht werden.

4 Bestandscontrolling mittels Lagerkennzahlen

- **Berechnung der durchschnittlichen Lagerdauer (LD)**

$$\varnothing \text{ Lagerdauer} = \frac{360 \text{ Tage}}{\text{Umschlagshäufigkeit}}$$

Für die bereits ermittelte Umschlagshäufigkeit in Höhe von 3 ergibt sich folgende durchschnittliche Lagerdauer:

$$\varnothing \text{ Lagerdauer} = \frac{360 \text{ Tage}}{3} = 120 \text{ Tage}$$

Ergebnis: Das Lagergut liegt im Schnitt 120 Tage auf Lager.

Je höher die Umschlagshäufigkeit, desto geringer die durchschnittliche Lagerdauer.

Je höher die durchschnittliche Lagerdauer, desto höher die Kapitalbindungsdauer.

4.2.4 Lagerzinssatz

Die Kosten, die durch das im Lager liegende Kapital entstehen, werden mithilfe des Lagerzinssatzes (LZS) ermittelt. Er spiegelt die Opportunitätskosten ▶ des in den Lagervorräten gebundenen Kapitals wider und wird in der Regel von der Geschäftsführung vorgegeben. Der zur Berechnung in der Formel verwendete Zinssatz enspricht dem marktüblichen Zinssatz für kurzfristige Geldanlagen.

Opportunitätskosten
▶ Kapitel 3.2

- **Berechnung des Lagerzinssatzes**

$$\text{Lagerzinssatz} = \frac{\text{Jahreszinssatz}}{\text{Umschlagshäufigkeit}}$$

bzw.

$$\text{Lagerzinssatz} = \frac{\text{Jahreszinssatz} \cdot \varnothing \text{ Lagerdauer}}{360}$$

Bei einem aktuellen Marktzinssatz von 10 % und einer durchschnittlichen Lagerdauer von 120 Tagen ergibt sich folgender Lagerzinssatz:

$$\text{Lagerzinssatz} = \frac{10 \cdot 120}{360} = 3{,}33\,\% \quad \text{bzw.} \quad \text{Lagerzinssatz} = \frac{10}{3} = 3{,}33\,\%$$

Je höher die Umschlagshäufigkeit, desto niedriger ist der Lagerzinssatz.

4.2.5 Lagerzinsen

Aus dem errechneten Lagerzinssatz lassen sich unter Zuhilfenahme der Zinsformel und des durchschnittlichen Lagerbestands die tatsächlich anfallenden Zinskosten in Form der Lagerzinsen (LZ) berechnen.

- **Berechnung der Lagerzinsen**

$$\text{Lagerzinsen} = \frac{\varnothing \text{ Lagerwert} \cdot \text{Lagerzinssatz}}{100}$$

Bei einem durchschnittlichen Lagerwert von 562.500,00 EUR und einem errechneten Lagerzinssatz von 3,33 % schlagen folgende Lagerzinskosten zu Buche:

$$\text{Lagerzinsen} = \frac{56250 \cdot 3{,}33}{100} = 1.873{,}13 \text{ EUR für 120 Tage}$$

Je niedriger der Lagerzinssatz, desto niedriger sind die Lagerzinsen.

Je höher der Lagerzins, desto höher ist der entgangene alternative Zinsertrag des Unternehmens.

4.3 Auswertung der Lagerkennzahlen

Auf Grundlage der berechneten Lagerkennzahlen kann ein Unternehmen brancheninterne Vergleiche durchführen. Sollte das Unternehmen eine gegenüber der Konkurrenz geringere Wirtschaftlichkeit der Lagerhaltung feststellen, kann an folgenden Stellschrauben gedreht werden:

- **Optimierung des Absatzbereiches**
  Durch intensive Marketingmaßnahmen kann es gelingen, die Umschlagshäufigkeit zu erhöhen und damit die Lagerdauer zu reduzieren. Als Folge würden sowohl die Lagerkosten in Form eines geringeren Lagerzinssatzes und die damit verbundenen Kapitalbindungskosten als auch die Lagerrisiken und die Kosten für Betriebsmittel, Personal und Verwaltung sinken.

- **Optimierung des Beschaffungsbereichs**
  Insbesondere der durchschnittliche Lagerbestand zählt zu den zentralen Kennzahlen einer wirtschaftlichen Lagerhaltung. Gelingt es, diesen über ein gutes Beschaffungsmanagement zu verringern, hat das folgende Konsequenzen:

Zusammenhänge zwischen Bestellmenge und Lagerkennzahlen

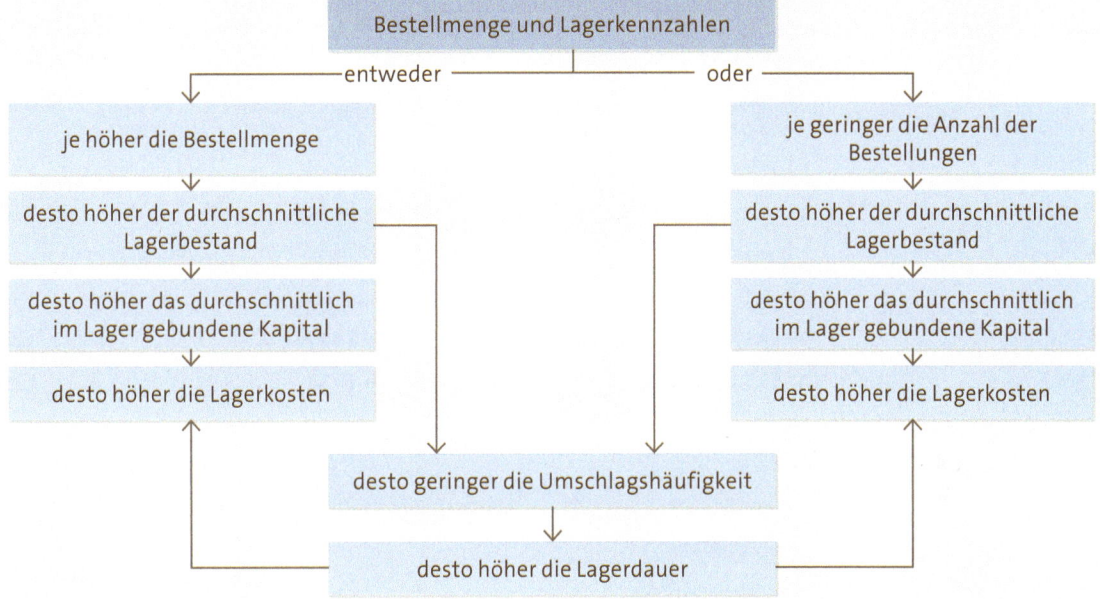

Aufgaben zu Kapitel 4

1. Die Baumann und Ebert GmbH führt eine Überprüfung ihres Beschaffungs- und Lagerbereichs durch. Nach kurzer Zeit wird klar, dass die Kosten in diesem Bereich zu hoch sind. Aufgrund dieser Bewertung soll das Bestell- und Lagerwesen umstrukturiert werden.
   a Welche Kosten entstehen durch Lagerhaltung in Unternehmen?
   b Laut Lagerbuchhaltung liegen folgende Zahlen vor:
   Anfangsbestand: 800.000,00 EUR, 12 Monatsendbestände: 6.000.000,00 EUR, Umsätze zu Einstandspreisen: 3.240.000,00 EUR.
   Berechnen Sie folgende Lagerkennziffern: durchschnittlicher Lagerbestand, Umschlagshäufigkeit, durchschnittliche Lagerdauer, Lagerzinssatz bei einem Jahreszinssatz von 12,5 %
   c Beurteilen Sie die Situation, wenn die Umschlagshäufigkeit im Branchendurchschnitt bei 7 liegt.
   d Machen Sie zwei Vorschläge, wie die Lagerkosten gesenkt werden können.

2. Die Falken GmbH stellt Feinwerkzeuge für den Handwerksbereich her. Wachsender Konkurrenzdruck aus Asien zwingt die ansonsten auf hohe Qualität und Umweltverträglichkeit setzende Geschäftsleitung, nach Rationalisierungsreserven zu suchen.
   a Ermitteln Sie aus der Lagerfachkarte für das Bauteil 1-0B123 den durchschnittlichen Lagerbestand, die Umschlagshäufigkeit, die durchschnittliche Lagerdauer und den Lagerzinssatz sowie den Lagerzins bei einem Jahreszinssatz von 7,5 % und einem Einstandspreis von 3,00 EUR.

b Für das Bauteil liegen aus dem Vorjahr die aufgeführten betriebsinternen und branchenbezogenen Kennziffern vor. Beurteilen Sie die Situation aufgrund der vorliegenden und in Aufgabe **a** berechneten Kennzahlen.

Lagerfachkarte Teil 1-OB123							
Datum	Zugang (ME)	Abgang (ME)	Bestand	Datum	Zugang (ME)	Abgang (ME)	Bestand
31.12.14			1 250	14.07.15		250	1 249
15.01.15	1 500		2 750	12.08.15	1 500		2 749
16.02.15		313	2 437	15.09.15		375	2 374
10.03.15		313	2 124	01.10.15		375	1 999
06.04.15		250	1 874	20.11.15		375	1 624
10.05.15		375	1 499	08.12.15		375	1 249

Unternehmensdaten (Vorjahr) und Branchenvergleich		
Kennzahl	Intern Vorjahr	Branche Vorjahr
Ø Lagerbestand	1902	1500
Umschlagshäufigkeit	1,4	3
Ø Lagerdauer	230	150

Zusammenfassung: 4 Bestandscontrolling mittels Lagerkennzahlen

Berechnung der Lagerkosten mittels Lagerkennzahlen

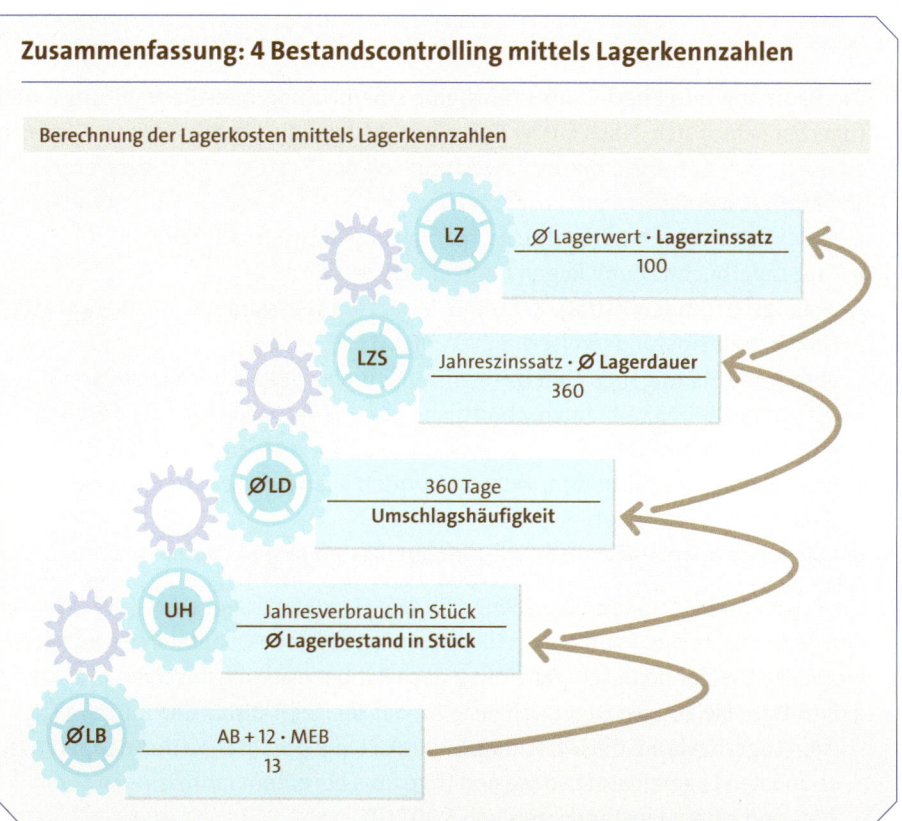

5 Funktionsbereich Absatz – Marketing

Stellen Sie sich vor, Sie haben eine geniale Idee für ein neues Produkt – die perfekte Lösung für viele Probleme ..., aber außer Ihnen weiß niemand davon!

Wie findet ein Unternehmen heraus, welches Produkt erfolgreich sein könnte?
Welches Design des Produkts wirkt am besten auf die Kunden?
Zu welchem Preis soll das Gut verkauft werden?
Wo und wie soll der Kunde das Produkt kaufen können?
Wie kann das Unternehmen die Kunden dazu bringen, seine neue Produktidee zu kaufen?

5.1 Grundlagen des Marketing

5.1.1 Was ist Marketing?

Der Begriff **Marketing** kommt von „Markt" oder „Vermarkten" und umfasst alle Aktivitäten der Verkäuferseite, um potenzielle Käufer auf das Produkt aufmerksam zu machen und den Verkauf zu fördern.

IV Betriebswirtschaftliche Grundlagen des Handelns privater Unternehmen

[1] Verkäufermarkt: Verkäufer besitzen Marktmacht.

[2] Käufermarkt: Käufer besitzen Marktmacht.

● **Märkte ändern sich**

In der Vergangenheit gab es nach Krieg und Hungersnöten immer wieder Phasen, in denen die Nachfrage nach Waren das Angebot überstieg. Diese Situation wird als **Verkäufermarkt**[1] bezeichnet, da die Verkäufer die Macht besitzen, den Preis zu bestimmen.

Derzeit ist es in den entwickelten Ländern durch Industrialisierung und durch internationalen Handel meist so, dass das Angebot der Waren die Nachfrage durch die Käufer übersteigt. Man spricht von einem **Käufermarkt**[2]. Die Käufer können entscheiden, was sie bei wem kaufen. Charakteristisch für den Käufermarkt ist der Wettbewerb der Unternehmen untereinander. Sie müssen sich um die Käufer bemühen, sie von ihren Produkten überzeugen und/oder neue Bedürfnisse wecken.

Einkaufen im Nachkriegsdeutschland 1945
Nach dem Ende des 2. Weltkriegs waren Menschenschlangen vor Lebensmittelgeschäften in Deutschland ein typisches Bild. Im Krieg waren viele Fabriken zerstört worden, Felder konnten nicht ausreichend bestellt werden. Nahrungsmittel waren knapp. Wem es gelang, etwas zu essen zu kaufen, konnte sich glücklich schätzen.

1945 in Flensburg – Schlangestehen vor einem Lebensmittelgeschäft

Einkaufen heute
Heutzutage sind die Regale in Supermärkten prall gefüllt. Es gibt attraktiv aussehendes frisches Obst und Gemüse und viele bunte Markenprodukte konkurrieren um die Gunst der Käufer. Händler versuchen mit Flyern, Radio- oder TV-Spots auf sich aufmerksam zu machen und werben mit Sonderangeboten und Schnäppchenpreisen.

● **Elemente des Marketings**

Marketing zielt darauf, den Absatz zu fördern und für die Zukunft zu sichern, und ist damit für Unternehmen überlebensnotwendig. Für ein wirkungsvolles Marketing ist eine sinnvolle strategische Ausrichtung notwendig.

Ausgehend von der **Unternehmensvision** entwickelt ein Unternehmen ein Leitbild (Mission Statement), in welchem die strategischen Ziele definiert sind.

> In den 1980er-Jahren hatte Bill Gates die Unternehmensvision, dass es eines Tages in jedem Haus einen PC geben solle. Diese Vision – zusammen mit seinem ausgeprägten Geschäftssinn – machte aus dem damals kleinen Unternehmen mit 30 Mitarbeitern den heutigen Microsoft-Giganten.

Unternehmensvision → **Leitbild** → **strategische Unternehmensziele**

Um den Markt, in dem ein Unternehmen seine Produkte verkaufen möchte, gezielt beeinflussen zu können, benötigt das Unternehmen möglichst viele Informationen. Das Unternehmen betreibt daher **Marktforschung**, indem es Markt- und Kundendaten systematisch sammelt und auswertet.

Die Unternehmensziele sowie die Ergebnisse der Marktforschung bilden die Grundlage für das Marketing im engeren Sinne. Um die Marketingziele zu erreichen, können vier verschiedene Marketinginstrumente[1] eingesetzt und kombiniert werden. Es wird ein sogenannter **Marketing-Mix** entwickelt.

[1] im Englischen bekannt als die 4 P's

- **Produktpolitik** (product)
  Hier geht es um Produktdesigns und Produkteigenschaften, die Überwachung der Verkaufszahlen des Produkts oder die Positionierung des Produkts innerhalb des Unternehmens.
- **Preispolitik** (price)
  Sie legt fest, zu welchem Preis das Produkt verkauft und welche Preisstrategie zugrunde gelegt werden soll.
- **Distributionspolitik**[2] (place)
  Sie beschäftigt sich mit den Fragen, wo der Kunde das Produkt kaufen kann und wie es dahin kommt.
- **Kommunikationspolitik** (promotion)
  Sie soll den potenziellen Kunden über das Produkt informieren und in ihm das Bedürfnis zum Kauf des Produkts wecken.

[2] Distribution: *Verteilung*

Marketing-Mix für ein bestimmtes Produkt

5.1.2 Marktforschung

Nokia war einst der Marktführer für Mobiltelefone mit einem Marktanteil von 41 %. Das damals sehr erfolgreiche Unternehmen hat aber die Zeichen der Zeit nicht richtig erkannt und die Nachfrage nach Smartphones und den dafür notwendigen Apps unterschätzt. Es begann nicht früh genug mit deren Entwicklung und übernahm auch nicht das etablierte Android-System. Heute liegt Nokias Marktanteil hinter dem von Samsung oder Apple.

IV Betriebswirtschaftliche Grundlagen des Handelns privater Unternehmen

Für ein Unternehmen kann es gefährlich sein, sich zu sehr auf den vergangenen Erfolgen auszuruhen. Es ist wichtig, Veränderungen am Markt frühzeitig zu erkennen. Dafür investieren Unternehmen in Marktforschung. Es werden Daten gesammelt, um fundierte Unternehmensentscheidungen treffen zu können. Hierbei unterscheidet man zwischen quantitativen und qualitativen Daten.

Marktforschung	Ziel	typische Fragen
quantitativ	Zahlenwerte über den Markt ermitteln	• Wie groß ist das Marktvolumen? • Wie groß ist der Marktanteil eines Unternehmens?
qualitativ	Motive für Verhaltensweisen der Konsumenten herausfinden	• Welche Erwartungen haben Kunden an bestimmte Produkte? • Warum kauft ein Kunde ein bestimmtes Produkt?

Man unterscheidet des Weiteren nach der Art der Datenerhebung zwischen Primär- und Sekundärforschung.

Erhebungsmethode	Erklärung	Beispiel
Primärmarktforschung (Feldforschung oder field research)	Ermittlung neuer, bisher noch nicht erfasster Daten	• Befragungen (mündlich oder schriftlich mittels Fragebogen) • Beobachtungen (können verdeckt oder offen durchgeführt werden) • Experimente, z. B. Wirkungsweisen von Produkten • Kundenkarten[1]
Sekundärmarktforschung (Schreibtischforschung oder desk research)	Die Auswertungen basieren auf bereits vorhandenen Daten, die ursprünglich für andere Zwecke erfasst wurden.	• innerbetriebliche Quellen wie Absatzstatistiken, Reparaturlisten oder Kundenreklamationen • externe Quellen, z. B. Forschungsergebnisse, veröffentlichte Statistiken, Geschäftsberichte anderer Unternehmen

[1] Kundenkarten erlauben dem Unternehmen, die Kaufgewohnheiten der Kunden genau zu beleuchten. Man spricht auch vom „gläsernen Kunden".

● **Marktsegmentierung**

Um Marketing möglichst effektiv zu betreiben, ist es sinnvoll, bestimmte Kundengruppen zu identifizieren und deren Bedürfnisse dann gezielt anzusprechen.
Man unterteilt den Gesamtmarkt also in einzelne Marktsegmente, indem Kundengruppen nach verschiedenen Kriterien eingeteilt werden. Aus der Kombination der Kriterien werden dann die verschiedenen Marktsegmente gebildet[2].

[2] Marktforschungsinstitute wie das Sinus Institut identifizieren verschiedene Kundenmillieus.

Kriterium	Ausprägung	Beispiel
geografisch	• Gebiet • Bevölkerungsdichte • Klima • Sprache	• Deutschland, Westeuropa • ländlich, städtisch • südlich, nördlich • Französisch, Deutsch
soziodemografisch	• Alter • Geschlecht • Einkommen • Beruf • Ausbildung	• 20- bis 30-Jährige • männlich, weiblich • Normalverdiener • Schreiner, Banker • Akademiker, Nichtakademiker
wert- und verhaltens-bezogen	• Werthaltung • Lebensstil • Art der Freizeitgestaltung • Kaufmotive	• Fleiß, Disziplin, Sparsamkeit • Freizeitorientierung, Karriereorientierung • Kinogänger, Outdoor-Sportler • Qualität, Preis, Prestige

5.2 Marketing-Mix – Produktpolitik

5.2.1 Grundlagen der Produktpolitik

Die Produktpolitik ist ein wesentlicher Bestandteil des Marketing-Mix. Das zu verkaufende Produkt stellt in der Regel den Ausgangspunkt eines erfolgreichen Marketing-Mix dar – es wird langfristig nur Käufer überzeugen, wenn die Gestaltung und Qualität den Erwartungen der Käufer entsprechen. Bei der Gestaltung der Produktpolitik hat das Unternehmen Einfluss auf:

Gestaltung des Produkts	Gestaltung des Absatzprogramms
• Produkteigenschaften • Verpackung • Zusatzleistungen wie Beratung oder Garantie	• Wann werden neue Produkte in den Markt eingeführt, bestehende Produkte verändert oder Produkte vom Markt genommen? • Welche Produkte sollen angeboten werden?

Die **Produktpolitik** umfasst alle Aktivitäten eines Unternehmens, die auf die art- und mengenmäßige Gestaltung des Absatzprogramms, der einzelnen Produkte und deren Zusatzleistungen ausgerichtet sind.

Schauen Sie sich die Symbole auf der linken Seite an.
Welche Produkte verbinden Sie mit diesen Symbolen? Welche Produkteigenschaften verbinden Sie mit den Produkten?
Erinnern Sie sich an Werbesprüche, Werbemelodien oder an ein besonderes Design der Produkte oder der Verkaufsräume?

Das Gestalten von Markennamen und Markenzeichen ist ein weiterer Aspekt der Produktpolitik. Über die Anmeldung der Marke beim Patentamt erwerben Unternehmen das Recht der ausschließlichen Nutzung. Marken erhöhen den Wiedererkennungswert von Produkten. Durch gutes Marketing bewerten Kunden ein Markenprodukt mit einem subjektiv höheren Nutzen und sind daher häufig bereit, einen höheren Preis zu bezahlen.

> Eine **Marke** ist ein rechtlich geschützter Name, ein Bild oder ein Symbol, welche Kunden mit einem bestimmten Produkt verbinden. Das Design unterscheidet das Produkt von den Konkurrenzprodukten.

Bei der Planung des Absatzprogramms stehen zwei Aspekte im Vordergrund:
- Es sollen möglichst viele gewinnbringende Produkte verkauft werden.
- Das Angebot soll die Erwartungen der potenziellen Kunden zufriedenstellen, da enttäuschte Kunden häufig zur Konkurrenz abwandern.

Bei der Absatzprogrammgestaltung unterscheidet man grundsätzlich zwischen:

Sortimentsbreite	Sortimentstiefe
beschreibt die Anzahl der vom Unternehmen geführten Produktarten	beschreibt die Anzahl der Artikel und Sorten, die innerhalb einer Produktart angeboten werden
Ein Möbelhersteller bietet Tische, Stühle und Schränke an.	Ein Möbelhersteller bietet zehn verschiedene Arten von Tischen an.

5.2.2 Produktlebenszyklus

Ähnlich wie Menschen haben Produkte eine gewisse Lebenszeit. Betrachtet man, wie sich die Verkaufszahlen neuer Produkte mit der Zeit entwickeln, stellt man häufig einen ähnlichen Verlauf fest: Sie beginnen sehr klein, wachsen langsam, erreichen irgendwann einen Höhepunkt und sinken dann langsam wieder ab.

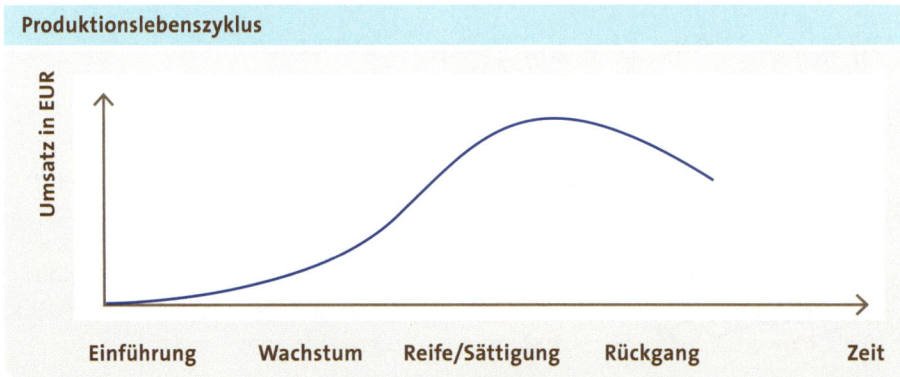

Produktionslebenszyklus — Umsatz in EUR — Einführung, Wachstum, Reife/Sättigung, Rückgang, Zeit

Phase	Einführung	Wachstum	Reife/Sättigung	Rückgang
Umsatz	niedrig, leicht steigend	steigend	hoch	fallend
Gewinn	negativ (Verlust)	leicht steigend	hoch	fallend
Kosten pro Stück	sehr hoch (Entwicklungskosten, geringe Stückzahl)	leicht fallend	stärker fallend bei steigender Auslastung	wenn Auslastung geringer wird, wieder steigend
Wettbewerber	keine	wenige	viele	viele
Marketing-aktivitäten	hohe Werbeausgaben; aggressive Werbekampagnen, um von potenziellen Kunden wahrgenommen zu werden	hohe Werbeausgaben, um steigenden Bekanntheitsgrad zu erzielen	Werbeausgaben fallen wieder; Erinnerungswerbung, um die Verkaufszahlen hoch zu halten	möglichst geringe Werbeausgaben, Umsatz wird „mitgenommen", aber das Produkt nicht mehr stark beworben

Nicht alle Produkte zeigen idealtypische Verläufe, manche werden gar nie zum Kassenschlager, andere nur für ganz kurze Zeit. Jedoch lassen sich meist die oben genannten Phasen erkennen. Wenn der Umsatz eines Produkts rückläufig ist, muss das Unternehmen reagieren. Neue Produkte sollten nachkommen, um die zu erwartenden Umsatzeinbußen aufzufangen.

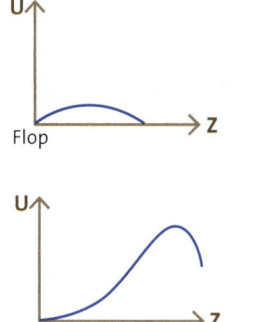

Flop

Modeprodukt (sehr kurze Reifephase)

Möglichkeiten, auf den Rückgang der Absatzzahlen zu reagieren		
Reaktion	Beschreibung	Beispiel
Innovation	Das Unternehmen entwickelt ein komplett neues Produkt und führt es – üblicherweise begleitet von einer Werbekampagne – auf dem Markt ein.	iPad
Variation	Das Produkt wird in der Aufmachung leicht verändert oder es werden die Eigenschaften, wie z. B. die Rezeptur, verändert.	iPhone 4, 5, 6, Autofacelift
Differenzierung	Das Unternehmen bietet verschiedene Varianten eines Produkts an, z. B. neue Geschmacksrichtungen, Farben oder Materialien.	besondere Schokoladensorten im Sommer
Eliminierung	Das Produkt wird vom Markt genommen und nicht mehr angeboten. Gründe: Kosten für Produktion und Absatz sind zu hoch und werden vom Umsatz nicht mehr gedeckt. Für die Vermarktung anderer Produkte kann das erwirtschaftete Kapital erfolgversprechender eingesetzt werden.	tragbarer Kassettenspieler Sony Walkman
Diversifikation	Das Unternehmen entwickelt und produziert ein Produkt für einen anderen Markt und streut so das Risiko.	Discounter bieten Reisen an.

5.3 Marketing-Mix – Preispolitik

5.3.1 Preisbildung

Ihre Klasse möchte nächstes Jahr eine Studienfahrt nach London machen. Da dies aber sehr teuer sein wird, hatte einer Ihrer Klassenkameraden eine brillante Idee – Ihre Klasse organisiert einen Cupcake-Verkauf auf dem Wochenmarkt und die Erlöse fließen in die Klassenkasse. Es muss noch geklärt werden, zu welchem Preis der Kuchen verkauft werden soll.

Die Preisbildung wird von vielen Faktoren beeinflusst:
- Kosten der Herstellung
- Preis, den die potenziellen Kunden bereit sind zu zahlen
- Preise der Konkurrenz

Unter diesen Aspekten unterscheidet man in der Regel drei Arten der Preisbildung:

● **Kostendeckungsorientierte Preispolitik**

Der Verkaufspreis muss die gesamten anfallenden Kosten decken und einen Gewinnzuschlag enthalten, der es dem Unternehmen z. B. ermöglicht, Investitionen zu tätigen.

$$\text{Verkaufspreis} = \frac{\text{Gesamtkosten}}{\text{Ausbringungsmenge}} + \text{Gewinnzuschlag}$$
$$= \text{Stückkosten} + \text{Gewinnzuschlag}$$

Diese Preisstrategie ist langfristig notwendig. Voraussetzung ist, dass das Unternehmen den errechneten Preis am Markt durchsetzen kann.

Kosten für Zutaten: 100,00 EUR; davon können 100 Cupcakes gebacken werden. Die Klasse entscheidet sich für einen Gewinnzuschlag von 100 %.

$$\text{Materialkosten}[1] = \frac{100{,}00 \text{ EUR}}{100} = 1{,}00 \text{ EUR}$$

Verkaufspreis = 1,00 EUR + 1,00 EUR = 2,00 EUR

[1] Fertigungslöhne bleiben unberücksichtigt, da es sich bei der aufgewendeten Zeit um Spenden handelt.

● **Nachfrageorientierte Preispolitik**

In Märkten, in denen es keinen nennenswerten Wettbewerb für das neue Produkt gibt, z. B. weil das Unternehmen der alleinige Anbieter ist oder es sich um eine Produktinnovation handelt, wird das Unternehmen eine nachfrageorientierte Preispolitik betreiben. Im ersten Schritt ermittelt die Marktforschung möglichst genaue Informationen über die Zahlungsbereitschaft der Kunden. Auf Basis dieser Daten setzt das Unternehmen den Preis so, dass es den größtmöglichen Gewinn erzielt.

Die Klasse verkauft als einziger Anbieter Cupcakes auf einem Schulfest. Umfragen ergaben die nebenstehenden Preis-Mengen-Kombinationen.	Preis (EUR)	Menge (Stück)	Umsatz (EUR)	Kosten (EUR)	Gewinn (EUR)
	2,50	60	150,00	100,00	50,00
Es ist sinnvoll, die Preis-Mengen-Kombination zu wählen, die am meisten Gewinn verspricht, d. h. ein Preis von 2,00 EUR.	**2,00**	**95**	**190,00**	**100,00**	**90,00**
	1,80	100	180,00	100,00	80,00

● **Wettbewerbsorientierte Preispolitik**

Das Unternehmen versucht, den Preis der Konkurrenz zu unterbieten, und nimmt kurzfristig einen geringeren Preis in Kauf. Dieser muss allerdings die anfallenden Kosten (Material, Fertigungslöhne) für das Produkt immer noch abdecken. Damit möchte das Unternehmen z. B. verhindern, dass andere Unternehmen Kunden abwerben.

Auf dem Wochenmarkt bietet eine weitere Klasse Cupcakes für nur 1,80 EUR an. Daher muss Ihre Klasse den Preis ebenfalls senken.

```
  Verkaufspreis der Konkurrenz   1,80 EUR
– Materialkosten                  1,00 EUR
= „Gewinnbeitrag"                 0,80 EUR
```

Der positive „Gewinnbeitrag" von 0,80 EUR pro Cupcake führt bei Absatz von 100 Stück immer noch zu einem Gewinn von 80,00 EUR.

5.3.2 Preisstrategien

Grundsätzlich unterscheidet man verschiedene Strategien bei der Preispolitik.

Dynamische Strategiekonzepte der Preispolitik

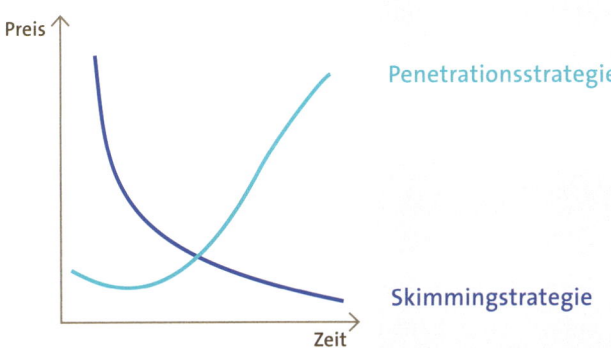

IV Betriebswirtschaftliche Grundlagen des Handelns privater Unternehmen

● **Skimmingstrategie**

Bei einer **Skimmingstrategie** (Abschöpfungsstrategie) verlangt das Unternehmen in der Einführungsphase eines Produkts einen hohen Einführungspreis. Diesen hohen Preis kann es in der Regel durchsetzen, wenn es sich um Produktneuheiten handelt. Mit zunehmender Markterschließung oder mit steigendem Wettbewerbsdruck senkt das Unternehmen den Preis und erhofft sich, dadurch neue Käuferschichten zu gewinnen.

Die Skimmingstrategie empfiehlt sich z. B. immer dann, wenn es um technische Innovationen geht, bei denen die Gefahr einer vorzeitigen Veralterung besteht (z. B. Computer), oder bei neuen Produkten, nach denen eine starke Nachfrage besteht.

> Auf dem Buchmarkt kommt zuerst die teure gebundene Ausgabe auf den Markt. Erst mit erheblicher Zeitverzögerung erscheint die günstigere Taschenbuchausgabe.

● **Penetrationsstrategie**

[1] Marktdurchdringung: Ein Unternehmen wächst mit dem vorhandenen Angebot in seinem aktuellen Marktsegment. Hierzu muss es in einem Verdrängungswettbewerb mit Konkurrenten seinen Marktanteil erhöhen.

Bei einer **Penetrationsstrategie** (Marktdurchdringungsstrategie[1]) werden Produkte zu einem besonders niedrigen Preis eingeführt. Ziel dieser Strategie ist die schnelle Marktdurchdringung mit neuen Produkten. Zusätzlich sollen die niedrigen Preise künftige Konkurrenten vor einem Markteintritt abschrecken. Der Einführungspreis wird dann vom Unternehmen mit der Zeit schrittweise erhöht. Im Idealfall geht die Preiserhöhung auch mit einer Qualitätssteigerung einher, was die Legitimität der Preiserhöhung steigert.

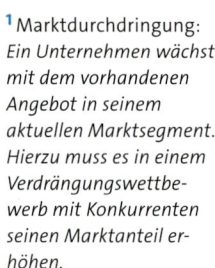

> Viele japanische Unternehmen haben die Penetrationsstrategie vor allem in den USA und in Europa verfolgt. Zunächst sind sie mit „Billigprodukten" in den Markt eingedrungen (z. B. Autos, Elektrogeräte und Kameras) und haben sich dann mit gesteigerter Qualität auf dem Markt behauptet, was ihnen eine Preiserhöhung ermöglichte.

5.4 Marketing-Mix – Distributionspolitik

5.4.1 Aufgaben der Distributionspolitik

Wenn ein Unternehmen langfristig überleben möchte, muss es seine Produkte oder Dienstleistungen verkaufen. Daher ist ein zentrales Element des Marketing-Mix die Distribution[2], also wie das Produkt zum Kunden gelangt. Es muss festgelegt werden:
- Wer übernimmt die Verteilung der Produkte?
- Auf welchem Weg soll das Produkt zum Kunden gelangen?
- Welche Transportmittel sollen eingesetzt werden?

[2] Distribution: Verteilung

> Die **Distributionspolitik** umfasst alle Entscheidungen und Handlungen, die den Weg eines Produkts oder einer Dienstleistung vom Hersteller zum Kunden betreffen.

5 Funktionsbereich Absatz – Marketing

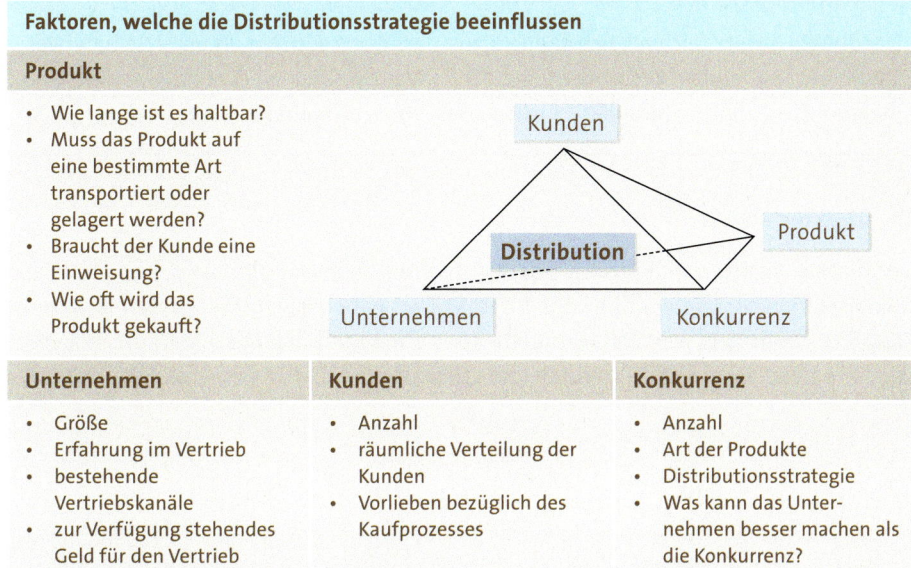

Faktoren, welche die Distributionsstrategie beeinflussen

Produkt
- Wie lange ist es haltbar?
- Muss das Produkt auf eine bestimmte Art transportiert oder gelagert werden?
- Braucht der Kunde eine Einweisung?
- Wie oft wird das Produkt gekauft?

Unternehmen	Kunden	Konkurrenz
• Größe • Erfahrung im Vertrieb • bestehende Vertriebskanäle • zur Verfügung stehendes Geld für den Vertrieb	• Anzahl • räumliche Verteilung der Kunden • Vorlieben bezüglich des Kaufprozesses	• Anzahl • Art der Produkte • Distributionsstrategie • Was kann das Unternehmen besser machen als die Konkurrenz?

5.4.2 Absatzwege – direkter und indirekter Vertrieb

Die wichtigste Frage in Bezug auf den Absatzweg ist, ob Absatzmittler[1] zwischen Unternehmen und Endverbrauchern eingeschaltet werden sollen oder ob das Unternehmen seine Produkte direkt absetzen soll. Zwischen der Wahl des Distributionsorgans und dem Entscheid über den geeigneten Absatzweg besteht demzufolge ein Zusammenhang. Wird ein Absatzmittler für den Verkauf von Waren und Dienstleistungen eingesetzt (unternehmensexternes Distributionsorgan), erfolgt die Distribution per Definition über den indirekten Absatzweg.

[1] Absatzmittler: jemand, der teilweise die Distribution für den Hersteller übernimmt, z. B. Großhändler, Einzelhändler, Vertreter

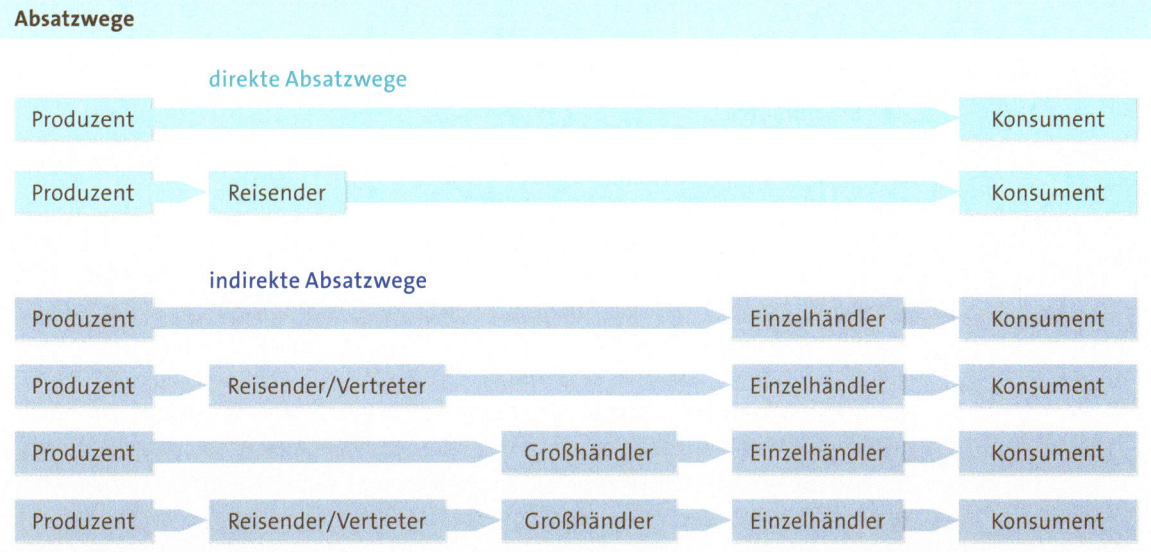

> Der **direkte Absatz** zeichnet sich dadurch aus, dass der Produzent als unmittelbarer Verkäufer gegenüber dem Konsumenten auftritt. Werden für den Verkauf jedoch ein oder mehrere Absatzmittler (Händler) eingeschaltet, wird von **indirektem Absatz** gesprochen.

- **Direkter Absatz**

Der direkte Vertrieb ist sinnvoll bei leicht verderblichen Produkten, bei denen ein schneller Transport notwendig ist (z. B. Fisch). Dies gilt ebenso für nicht standardisierte Produkte, besonders wertvolle Produkte, die hohe Lagerhaltungskosten mit sich bringen, und neue, innovative Produkte, die erklärungsbedürftig sind (z. B. EDV-Anlage).

Factory-Outlets

Zu den bedeutendsten Direktvertrieben gehören heutzutage die Factory-Outlets. Hier werden oft hochwertige Markenprodukte, die aus Überschussproduktionen oder Retouren von Kunden stammen, mit erheblichen Preisnachlässen verkauft. Die Ladenausstattung der Factory-Outlets ist häufig sehr einfach und sie befinden sich meist an verkehrsgünstigen Standorten unweit der Fabrik des Herstellers.

Nicht nur in Deutschland gibt es inzwischen auch zahlreiche sogenannte Factory-Outlet-Center (FOC). Dabei handelt es sich um sehr große Einkaufszentren in verkehrsgünstiger Lage (z. B. am Stadtrand oder in Gewerbegebieten), in denen sich zahlreiche Ladenlokale verschiedener Hersteller befinden.

- **Indirekter Absatz**

Der indirekte Vertrieb ist immer dann sinnvoll, wenn es um eine sehr große Anzahl von Kunden in einem großen Einzugsgebiet geht oder die Kunden das Produkt sehr häufig kaufen. In diesem Fall wäre ein eigenes Vertriebsnetz zu teuer. Stattdessen werden über indirekte Absatzwege Einzelhändler beliefert, die aufgrund ihrer großen Produktpalette sowieso regelmäßige Anlaufpunkte für Kunden sind.

- **E-Commerce**

Findet der Einkaufsvorgang virtuell via Datenübertragung statt, spricht man vom elektronischen Handel bzw. **E-Commerce**. Bei dieser Art der Distribution wird vom Bestellvorgang bis zur Bezahlung alles über das Internet abgewickelt. Im Vergleich zu den traditionellen Vertriebskanälen weist der elektronische Handel den Vorteil sehr geringer Transaktionskosten auf, weil der Verkäufer neben dem Lager keine Verkaufsräumlichkeiten mehr benötigt.

Häufig wird der Verkauf über das Internet auch zusätzlich zum klassischen Vertriebsweg genutzt, um so neue Käufergruppen anzusprechen. Dies geschieht entweder im markeneigenen Onlineshop oder über etablierte Internetwarenhäuser wie Amazon oder eBay. Bestimmte Warengruppen wie Kleidung und Elektronikgeräte werden häufiger online gekauft als z. B. Lebensmittel. E-Commerce ist für viele Unternehmen besonders interessant, da die Kosten für Werbekampagnen im Internet deutlich niedriger sind als vergleichbare Kampagnen in anderen Medien. Allerdings fallen in der Regel höhere Transportkosten für die Unternehmen an und der Versand der steigenden Anzahl von Paketen führt zu mehr Verkehr und Luftverschmutzung und belastet somit die Umwelt.

5.5 Marketing-Mix – Kommunikationspolitik

5.5.1 Aufgaben der Kommunikationspolitik

Das beste Produkt bringt einem Unternehmen wenig, wenn die Kunden davon noch nichts wissen. Die Aufgabe der Kommunikationspolitik ist die Kommunikation mit den Kunden und anderen Anspruchsgruppen (Stakeholders)[1] eines Unternehmens, um potenzielle Kunden dazu zu bringen, das Produkt zu kaufen, oder zumindest um die Wahrnehmung der Marke in der Öffentlichkeit zu verbessern.

In jedem Fall muss ein Unternehmen seine Kommunikationsaktivitäten genau planen:
- Was sind die Werbeziele?
- Welche Produkte/Dienstleistungen sollen vermarktet werden?
- Wie hoch ist das Werbebudget[2]?
- In welcher Region soll das Produkt beworben werden?
- Welche Werbebotschaft soll kommuniziert werden?
- Welche Instrumente sollen dafür genutzt werden?
- Wie kann der Erfolg der Werbeaktivitäten gemessen werden?

[1] Anspruchsgruppen (Stakeholders): Gruppen, die ein berechtigtes Interesse an dem Unternehmen haben (Mitarbeiter, Kunden, aber auch die Öffentlichkeit im Allgemeinen)

[2] Werbebudget: wie viel Geld für Werbung ausgegeben werden darf

> Die Kommunikationspolitik zielt darauf ab, das Unternehmen, seine Produkte, Dienstleistungen und Marken bekannt zu machen, indem es den Zielgruppen entscheidungsrelevante Informationen übermittelt. Der Aufbau eines positiven Unternehmensimages ist ebenfalls Ziel der Kommunikationspolitik.

5.5.2 Above-the-line-Kommunikation

Das am häufigsten angewandte Kommunikationsinstrument ist die Above-the-line-Kommunikation[3]. Sie kennzeichnet sich dadurch, dass sie von den Konsumenten sofort als Werbung erkannt wird. Dazu gehört alles, was landläufig als klassische Werbung in Massenmedien bezeichnet wird.

[3] Above-the-line-Kommunikation: Werbemaßnahmen, die als solche klar erkennbar sind, „die Spitze des Eisbergs"

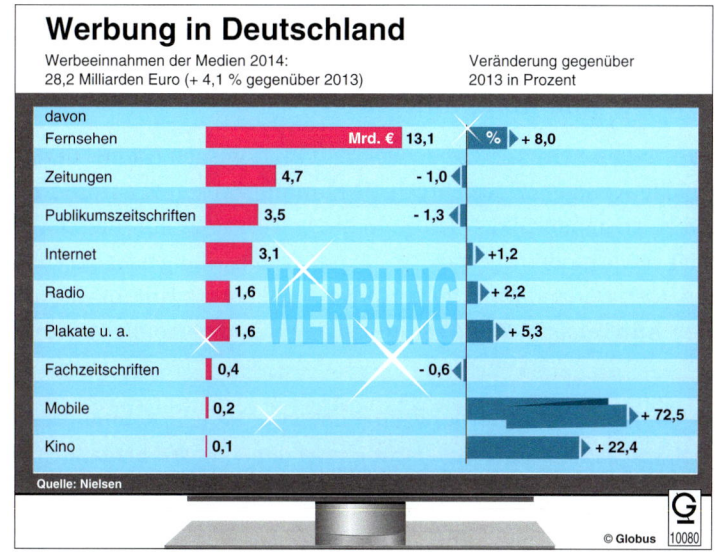

Typische Massenmedien sind Fernsehen, Zeitungen, Zeitschriften, Internet, Plakate oder Radio. Durch Anzeigen, Flyer oder Spots versucht das Unternehmen, auf sich und seine Produkte oder deren besondere Eigenschaften aufmerksam zu machen. Die Kosten können je nach Auswahl der Medien sehr hoch sein. Durch die große Anzahl an Beworbenen (Streukreis) dieser Massenmedien ist es jedoch häufig schwer, eine bestimmte Zielgruppe anzusprechen oder den Erfolg dieser Maßnahmen zu messen.

Gestaltung von Werbebotschaften – AIDA-Formel

Bei der Planung von Werbeaktivitäten ist es wichtig zu wissen, wie eine gewisse Werbebotschaft auf tatsächliche und potenzielle Kunden wirkt. Die AIDA-Formel ist ein grobes Orientierungsraster für die Ausarbeitung von Werbebotschaften. In der Praxis existieren jedoch weitere, differenziertere Ansätze, um eine möglichst hohe Werbewirksamkeit zu erzielen.

AIDA-Formel	Erklärung
Attention	Die Werbebotschaft soll die Aufmerksamkeit der potenziellen Käufer wecken.
Interest	Die Werbebotschaft soll bei den potenziellen Käufern Interesse für das Produkt wecken.
Desire	Die Werbebotschaft soll bei den potenziellen Käufern einen Kaufwunsch auslösen.
Action	Die Werbebotschaft soll bei den potenziellen Käufern eine Handlung – nämlich den Kauf des Produkts – auslösen.

Above-the-line-Kommunikation beschreibt Kommunikationsmaßnahmen, die klar als solche erkennbar sind. Sie erfolgt in der Regel mithilfe klassischer Kommunikationsmittel wie Massenmedien, die zu einer gestreuten und eher unpersönlichen Zielgruppenansprache verwendet werden.

5.5.3 Below-the-line-Kommunikation

[1] Below-the-line-Kommunikation: Maßnahmen, welche der Kunde nicht sofort als Werbung identifiziert

Unter Below-the-line-Kommunikation[1] versteht man, wie der Name schon sagt, Maßnahmen, welche weniger offensichtlich als Kommunikation des Unternehmens mit dem Kunden zu erkennen sind. Dazu gehören die Verkaufsförderung und die Öffentlichkeitsarbeit sowie moderne Formen wie Produktplatzierung oder der subtile Einsatz von sozialen Netzwerken. Mithilfe unkonventioneller Kommunikationswege und -maßnahmen wird versucht, die Zielgruppen direkt und persönlich anzusprechen.

Below-the-line-Kommunikation verwendet unkonventionelle Kommunikationswege mit dem Ziel, von den Konsumenten nicht immer direkt als Werbemaßnahmen wahrgenommen zu werden.

Below-the-line-Kommunikation

Kommunikations-instrument	Erklärung	Beispiele
Public Relations (PR)	Schaffung eines guten Unternehmensimages bei den relevanten Anspruchsgruppen durch die Vermittlung von unternehmerischen Tätigkeiten und deren Resultaten	• Unternehmensleitbild • Betriebsbesichtigungen • Jahresberichte • Spenden • Medienkontakte
Sponsoring	Förderung einzelner Personen, Vereine oder Veranstaltungen durch Geld-, Sach- oder Dienstleistungen, die mit einer Gegenleistung (z. B. Aufdruck des Logos auf Spielertrikots) verknüpft sind	• Sportsponsoring • Wissenschaftssponsoring • Kunst- und Kultursponsoring • Sozial- und Umweltsponsoring • Medien- und Programmsponsoring
Verkaufsförderung (Sales promotion)	kurzfristige Anreize, die den Verkauf zusätzlich unterstützen und stimulieren sollen. Es wird zwischen Handels-, Händler- und Verbraucherpromotions unterschieden.	• Prämien (Handel) • Zweitplatzierung (Händler) • Warenproben (Verbraucher) • Gewinnspiele (Verbraucher)
persönlicher Verkauf	Präsentation im Gespräch mit der Absicht, das Produkt zu verkaufen	• Verkaufsstellen • Ausstellungen und Messen
Produktplatzierung (Product Placement) 	gezieltes Einbauen von Markenprodukten in die Handlung von Spielfilmen oder Fernsehsendungen	• James Bond trägt eine Omega-Uhr. • Die Hauptdarstellerin kauft bei H&M ein.
soziale Netzwerke  Ice Bucket Challenge	gezielter Einsatz von sozialen Netzwerken, um Produkte bekannt zu machen oder auf neue Werbeaktionen aufmerksam zu machen. Die erfolgreiche Nutzung kann zu viralem Marketing führen, d. h., Webcontents wie Filme o. Ä. werden extrem häufig geteilt und weiterempfohlen.	• Facebook-Auftritt • verlinkte Werbefilme • Youtubechannels • Internetspiele des Unternehmens • Guerilla-Marketing

5.6 Marketing-Mix – Fallstudie

FALLSTUDIE Marketing-Mix

Sie machen ein Praktikum bei der „All Natural GmbH", einem jungen deutschen Unternehmen, das Bio-Pflegeprodukte für Frauen produziert. Im Bereich Erwachsenenpflegeprodukte konnte das Unternehmen stetig seinen Marktanteil erhöhen, indem es gezielt umweltbewusste Kundengruppen anspricht. Das Unternehmen plant nun, eine neue Gesichtscreme speziell für weibliche Teenager auf den Markt zu bringen.
Ihnen liegen folgende Daten vor:

Ziele der All Natural GmbH
- zertifizierte Bio-Rohstoffe zu verwenden, um den Kunden mit innovativen Produkten glücklich zu machen
- möglichst nachhaltig und umweltfreundlich zu produzieren

Zielgruppe
Die Creme wurde speziell für junge Haut entwickelt. Weibliche Teenager in der angesprochenen Altersgruppe von 14–19 Jahren benutzen meist regelmäßig Hautpflegeprodukte. Einige Teenager benötigen keine medizinische Hautpflege, sondern wünschen sich einfach eine Pflege für ihre normale Haut. Die Marke All Natural ist der Zielgruppe meist bekannt. Für die Zielgruppe spielen Smartphones und soziale Medien eine große Rolle.

Marktforschungsergebnisse zu Wettbewerbern
Die Teenager verwenden in der Regel verschiedene Hautpflegeprodukte. Es gibt einen Marktführer, der einen großen Marktanteil von fast 40 % hat. Es gibt einige Marken, die sich auf die Nische der Pflege von unreiner Haut spezialisiert haben; diese Marken haben je etwa einen Marktanteil von 10–15 %. Es gibt zwei meist in Apotheken vertriebene Marken, die je einen Anteil von fast 10 % haben. Ein großer Anteil der Teenager verwendet entweder Eigenmarken oder kleinere Marken.

Relevante Aspekte für die Produktpolitik
Die neue Produktlinie hat nur wenige direkte Konkurrenten. Die Marktforschung hat herausgefunden, dass in diesem Bereich in der Zukunft höhere Umsätze erzielt werden können. Produkttests haben gezeigt, dass Alkohol in Gesichtspflegecremes zu Hautirritationen führen kann. Mädchen, die in einem Fragebogen befragt wurden, sagten, die Verwendung natürlicher Produkte in der Hautpflege sei ihnen wichtig. Außerdem zeigte

sich, dass es potenziellen Kundinnen wichtig ist, dass ihre Hautpflegeprodukte nicht die Umwelt verschmutzen. Auch mögen sie keine unnötig großen Verpackungen. Die Mütter der Zielgruppe sollten ebenfalls in die Marketingüberlegungen einbezogen werden, da meist diese das Produkt kaufen. Die Marktforschung ergab, dass Mütter gerne größere Packungen kaufen und ein vernünftiges Preis-Leistungs-Verhältnis für wichtig halten.

Relevante Aspekte für die Preispolitik

All Natural ist zwar nicht der Preisführer im Marktsegment, ist aber einer der wenigen Hersteller, die sich auf Produkte mit natürlichen Inhaltsstoffen spezialisieren. Da der Markt für diese Produkte jedoch immer noch wächst, droht die Gefahr, dass Wettbewerber an Marktanteil gewinnen. Umfragen zeigten, dass Müttern zwar ein gutes Preis-Leistungs-Verhältnis wichtig ist, das Produkt aber auch nicht zu billig sein sollte, da der Preis für viele Mütter immer noch ein Indikator für die Qualität ist. Die Preise der Konkurrenzprodukte liegen zwischen 2,00 EUR (Eigenmarken) und 20,00 EUR (medizinische Produkte) pro 100 ml. Die Stückkosten für die Herstellung des neuen Produktes von All Natural belaufen sich auf ca. 5,00 EUR pro 100 ml.

Relevante Aspekte für die Distributionspolitik

Die neue Produktlinie kann von den bereits bestehenden Vertriebswegen profitieren. In Deutschland gibt es ein zentrales Verteilungslager und von dort aus werden Produkte an Großhändler weiterverteilt. All Natural hat es geschafft, sich als Bio-Marke zu etablieren, und wird in fast allen Geschäften vertrieben, die Drogerie-Bioartikel verkaufen. Außerdem hat es All Natural geschafft, in das Sortiment von zwei bekannten Drogeriemärkten aufgenommen zu werden.

Relevante Aspekte für die Kommunikationspolitik

Die Marktforschung hat ergeben, dass die Zielgruppe der junger Mädchen, die dieses Produkt ansprechen soll, immer mehr Zeit im Internet und ganz besonders in sozialen Netzwerken wie Facebook, Instagram oder ähnlichen Plattformen verbringt. Fast jedes Mädchen der Zielgruppe besitzt ein Smartphone. Der Kontakt mit traditionellen Medien wie Zeitung oder Radio ist jedoch rückläufig. In Umfragen wurden Kundinnen befragt, warum sie sich für das gekaufte Hautpflegeprodukt entschieden hatten, und in den meisten Fällen antworteten sie, dass sie es bereits einmal ausprobiert hatten oder es ihnen von Freundinnen empfohlen worden war. Nur wenige führten den Kauf bewusst auf eine TV-Werbung zurück.

ARBEITSAUFTRÄGE

1. Analysieren Sie die Ihnen zur Verfügung stehenden Informationen.
2. Entwickeln Sie einen für das Unternehmen passenden Marketing-Mix. Legen Sie für jedes der vier Marketing-Mix-Elemente (Produktpolitik, Preispolitik, Distributionspolitik und Kommunikationspolitik) passende Maßnahmen fest. Achten Sie darauf, dass Ihr Marketing-Mix konsistent ist, d. h., dass die verschiedenen Maßnahmen zueinander passen.
3. Stellen Sie Ihr Ergebnis der Klasse vor.

IV Betriebswirtschaftliche Grundlagen des Handelns privater Unternehmen

Aufgaben zu Kapitel 5

1. a Erläutern Sie kurz die veränderte Rolle des Marketing im Laufe der Zeit.
   b Denken Sie über Marketing in Ihrem täglichen Leben nach. Welche Aspekte von Marketing mögen Sie/mögen Sie nicht/versuchen Sie zu vermeiden?

2. a Erläutern Sie die Vor- und Nachteile von Primär- und Sekundärforschung.
   b Nehmen Sie zu folgenden Aussagen Stellung und berücksichtigen Sie dabei die Aufgabe der Marktforschung.

   > „Marketing ohne Daten ist wie Autofahren mit geschlossenen Augen."
   >
   > Dan Zorella (Experte für soziale Medien)

   > „Man kann Kunden nicht einfach fragen, was sie wollen, und dann versuchen, es ihnen zu geben. Bis dieses Produkt fertig ist, wollen sie längst etwas anderes."
   >
   > Steve Jobs (damals CEO von Apple)

3. a Ein Hersteller von Mund- und Zahnpflegeprodukten möchte den aktuellen Marktanteil im Zahnpastamarkt ermitteln. Welche Marktforschungsart (quantitativ, qualitativ) und welche Erhebungsmethode (Primär-, Sekundärmarktforschung) empfehlen Sie dem Unternehmen? Begründen Sie.
   b Welche Marktforschungsart und welche Erhebungsmethode empfehlen Sie einem großen deutschen Kartoffelchipshersteller, wenn das Unternehmen herausfinden möchte, ob ein verändertes Design der Chipsverpackung die Kunden mehr anspricht als das aktuelle Design? Diskutieren Sie die verschiedenen Möglichkeiten.

4. Ein Lebensmittelproduzent möchte zwei neue Produkte auf den Markt bringen:
   - einen völlig neuen, so noch nicht existierenden Brotbelag aus einem Salami-Käse-Verbund,
   - einen normalen Streichkäse mit besonders milder Geschmacksnote.

   Entscheiden Sie begründet für beide Fälle, ob sich zur Markterforschung eine Primär- oder besser eine Sekundärforschung empfiehlt.

5. a Welche zwei Segmentierungskriterien sind für einen Mobiltelefonhersteller am zweckmässigsten? Nennen Sie die Kundengruppen und beschreiben Sie danach, wie das Unternehmen die dadurch erreichten einzelnen Kundensegmente gezielt ansprechen könnte (Leistung, Preis, Werbung).
   b Erarbeiten Sie ein zweidimensionales Positionierungsmodell (zwei Segmentierungskriterien) und stellen Sie dieses mithilfe einer Matrix dar. Überlegen Sie, welche Kriterien (Achsen der Matrix) sinnvoll sind.

6. Vergleichen Sie die Preisstrategien von Rewe und Edeka mit jenen von Aldi und Lidl: Inwiefern unterscheiden sich diese voneinander?

7. a Erläutern Sie die folgenden Begriffe:
   Innovation, Diversifikation, Eliminierung, Variation, Differenzierung

b Ordnen Sie die Begriffe den folgenden Vorhaben eines Getränkeherstellers zu:

> *1* Der Hersteller bietet neben seinen klassischen Geschmacksrichtungen zusätzlich eine „light"-Variante an.
> *2* Der Hersteller plant, einen Partyservice zu kaufen.
> *3* Der Hersteller führt eine neue Energy-Limonade auf Basis von Matcha, einem belebenden Grünteeextrakt, ein.
> *4* Die Sorte „Pfirsich mit Himbeer" verkauft sich nicht besonders gut und daher beschließt das Unternehmen, die Produktion einzustellen.
> *5* Die Flasche sowie das Etikett des Limonadenklassikers „Cola and Orange" wurde neu gestaltet und wird derzeit mit einer großen Kampagne beworben.

c Finden Sie ein eigenes Beispiel für jeden Begriff aus Aufgabe 7 a).

8. Produkte können sich auch abweichend vom idealtypischen Produktlebenszyklus entwickeln. Nachfolgend sehen Sie abweichende Produktlebenszyklen. Beschreiben Sie die Abweichung und nennen Sie jeweils Produkte, die zu den verschiedenen Verläufen passen.

a
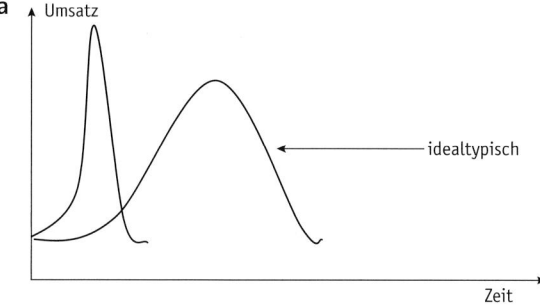

b
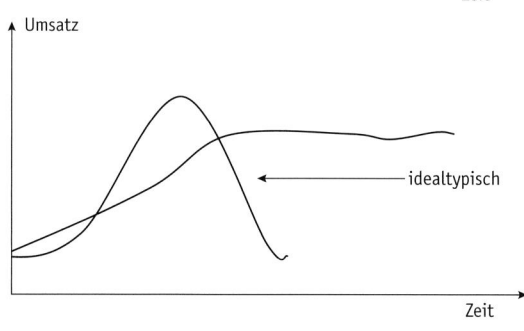

c
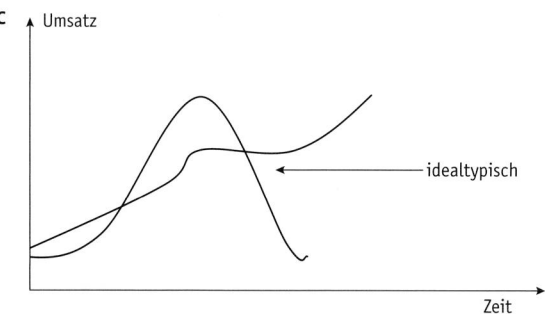

9. Sie arbeiten im Eventmanagement. Ihr Arbeitgeber plant ein Charity-Konzert mit lokalen Berühmtheiten. Es soll im örtlichen Sportstadium mit 10 000 Sitzen stattfinden. Für die Miete des Stadions fallen Kosten in Höhe von 30.000,00 EUR an. Für jedes verkaufte Ticket rechnet das Unternehmen mit 3,00 EUR für Security und Reinigung. Die Marktforschung ermittelte folgende Nachfragedaten:

Preis (EUR)	20	18	16	14	12	10	8
Menge	3 000	4 000	5 000	6 000	7 000	8 000	9 000

   a Berechen Sie, bei welchem Preis für die Tickets der Gewinn des Unternehmens am größten ist.
   b Beurteilen Sie, ob Ihr errechneter Preis mit Blick auf die Stimmung in dem Stadion sinnvoll ist.

10. Neben den klassischen Arten der Preisbildung wird häufig auch die Psychologie bei der Preisbildung berücksichtigt.
    a Besuchen Sie verschiedene Geschäfte in Ihrer Umgebung. Finden Sie Beispiele, bei denen Unternehmen bewusst versuchen, mit der psychologischen Wirkung von Preisen zu spielen.
    b Suchen Sie Produkte, bei denen die psychologische Wirkung von Preisen Ihr persönliches Einkaufsverhalten beeinflusst.

11. Vergleichen Sie für den Verkauf von Kleidern den Versandhandel mit dem stationären Einzelhandel (Verkaufslokal). Verwenden Sie dazu folgende Kriterien: Zeit, Kosten, Umwelt, Auswahl und Beratung. Benennen Sie die Vor- und Nachteile aus Sicht eines kundenorientierten Unternehmens.

12. Sie sind Leiter bzw. Leiterin der Marketingabteilung des Unternehmens „SoupExpress". Das Unternehmen bringt demnächst ein neues Produkt auf den Markt: Eine besonders gesunde Instantsuppe.
    Beschreiben Sie zu jedem Kommunikationsinstrument eine mögliche Maßnahme zur Unterstützung einer erfolgreichen Produkteinführung auf dem Markt.

13. Einigen Sie sich zu zweit auf eine Werbung, die Ihnen besonders gefällt und Ihnen beiden bekannt ist. Beurteilen Sie die Wirkung dieser Werbung anhand der AIDA-Formel.

14. Im Zusammenhang mit neuen Medien (insbesondere Internet-Videoportale, Smartphones und soziale Netzwerke) wird oftmals der Begriff „virales Marketing" verwendet. Was bedeutet „virales Marketing"? Recherchieren Sie die Bedeutung des Begriffs und suchen Sie ein Beispiel einer gelungenen viralen Werbekampagne.

15. Lesen Sie folgenden Text und halten Sie mithilfe der kurzen Unternehmensbeschreibung von Dell, eigener Beobachtungen sowie Internetrecherchen die wesentlichen Elemente des Marketing-Mix („4 Ps") in einer Tabelle fest.

> Das Unternehmen Dell▶ wurde 1984 von Michael Dell gegründet und hat seinen Hauptsitz in Round Rock, Texas. Gemäß einem Ranking von iSuppli▶ hat Dell im Jahr 2011 einen weltweiten PC-Marktanteil von 12,5 % und ist damit weltweit der drittgrößte Computerhersteller (HP 18,0 %, Lenovo 13,9 %, Acer 10,5 %, Asus 6,6 %). Im Jahr 2011 erzielte das Unternehmen einen Umsatz von 61,5 Milliarden US-Dollar und beschäftigt weltweit 103 000 Mitarbeiter.
> Die Produktpalette von Dell umfasst u. a. PCs, Notebooks, Ultrabooks, Monitore, Drucker und Server. Der Computerhersteller verwendet vorwiegend Komponenten von Drittproduzenten. Dell wählt für seine Produkte den direkten Absatzweg. Der Kunde hat demnach die Möglichkeit, per Internet, Telefon oder Fax eine Bestellung aufzugeben.

▶ www.dell.de
▶ www.isuppli.com

IV Betriebswirtschaftliche Grundlagen des Handelns privater Unternehmen

Gestaltung des Marketing-Mix

Produktpolitik

Gestaltung des Produkts
- Eigenschaften
- Verpackung
- Zusatzleistungen
- Schaffung von „**Marken**"

Gestaltung des Absatzprogramms
- Sortimentsbreite/-tiefe
- Produktlebenszyklus
  - Einführung
  - Wachstum
  - Reife/Sättigung
  - Rückgang
- Maßnahmen
  - Innovation
  - Variation
  - Differenzierung
  - Eliminierung
  - Diversifikation

Preispolitik

Kostendeckungsorientierte Preispolitik
→ mindestens Deckung der gesamten Stückkosten

Nachfrageorientierte Preispolitik
(möglich, falls keine Konkurrenz)
- Ermittlung der Zahlungsbereitschaft der Kunden
- Unternehmen setzt gewinnmaximalen Preis

Wettbewerbsorientierte Preispolitik
Ziel: Preis der Konkurrenz zu unterbieten
- Zusätzlich anfallende Kosten (Material, Löhne) müssen gedeckt sein.
- Es kann zeitweise auf einen Teil der sowieso anfallenden Kosten verzichtet werden.

Marketing-Mix

Distributionspolitik

Wahl des Absatzweges:
Direkter Vertrieb
Produzent
↓
Endverbraucher
(ohne Absatzmittler)

Indirekter Vertrieb
Produzent
↓
Absatzmittler:
(Reisender/Vertreter)
(Großhändler)
(Einzelhändler)
↓
Endverbraucher

E-Commerce
→ Vertrieb über Internet

Kommunikationspolitik

Above-the-line-Kommunikation
Werbung über klassische Massenmedien (z. B. TV, Radio, Zeitung, Internet), breite Streuung
↓
klar als Werbung erkennbar

Below-the-line-Kommunikation
Nutzung unkonventioneller Kommunikationswege, i. d. R. nicht direkt als Werbung erkennbar, z. B.:
- Public Relations
- Sponsoring
- Verkaufsförderung
- Persönlicher Verkauf
- Produktplatzierung
- Soziale Netzwerke

Personalwirtschaft

Die Drill GmbH ist ein mittelständisches Familienunternehmen, das sich seit über 70 Jahren auf den Bau von qualitativ hochwertigen Werkzeugen für Privat- und Geschäftskunden spezialisiert. Nach einem sehr erfolgreichen Geschäftsjahr 2015 und anhaltend guten Absatzprognosen für die kommenden Jahre meldet die Einkaufsabteilung bei der Geschäftsleitung und der Personalabteilung einen erhöhten Personalbedarf an. Nach einer durchgeführten Personalbedarfsrechnung erhält die Personalabteilung den Auftrag, für das kommende Quartal einen weiteren Mitarbeiter im Bereich Einkauf einzustellen.

Welche Aufgaben erfüllt der Bereich der Personalwirtschaft in einem Unternehmen? Welche Tätigkeiten müssen bis zur Einstellung eines Mitarbeiters durchgeführt werden und welche Anforderungen stellt das Gesetz an einen Arbeitsvertrag?

6.1 Aufgaben der Personalwirtschaft

> Die Hauptaufgabe des Personalmanagements ist die Bereitstellung geeigneter Arbeitskräfte zur richtigen Zeit, am richtigen Ort und in ausreichender Anzahl.

Um diese Aufgabe in die Tat umzusetzen, müssen nicht nur der Personalbedarf geplant und neue Mitarbeiter eingestellt, verwaltet und entlohnt werden. Vielmehr muss das Personalmanagement bei seinen Entscheidungen im Hinblick auf die Bereitstellung von Arbeitskräften immer gemäß dem ökonomischen Prinzip auf ein ausgewogenes Verhältnis zwischen Personalkosten und Personaloutput achten. Darüber hinaus gilt es, die vorhandene Mitarbeiterschaft durch gezielte Fördermaßnahmen weiterzuentwickeln und zu beurteilen.

Auch das Arbeitsumfeld muss weiterentwickelt werden. So können einzelne Bausteine, wie z. B. eine gerechte Entlohnung, ein gutes Betriebsklima, der Ausbau ergonomischer Arbeitsplätze oder andere Mittel der betrieblichen Gesundheitsprävention, dazu dienen, die Arbeitskraft der Beschäftigten zu erhalten und zu fördern.

Besteht Personalüberschuss im Unternehmen, muss ggf. auch der Personalbestand durch Personalfreisetzung reduziert werden.

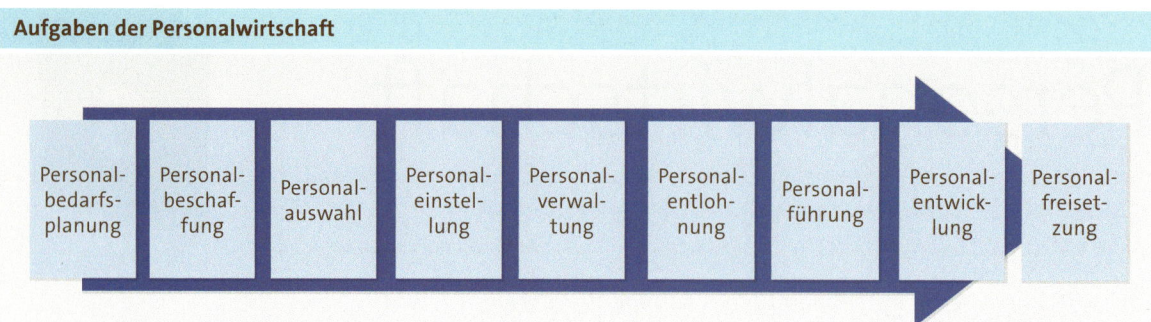

6.2 Personalauswahl

6.2.1 Ablauf der Personalauswahl

Wird in einem Unternehmen ein Personalbedarf festgestellt, so wird die Stelle i. d. R. über verschiedene Kommunikationskanäle, wie z. B. Stellenanzeigen in Fachzeitschriften, bei der Arbeitsvermittlung der Bundesagentur für Arbeit, auf Jobbörsen im Internet, Karrieremessen, oder über betriebsinterne Ausschreibungen im Firmenintranet ausgeschrieben. Hierauf erfolgt die Bewerbung der Interessenten über ein Onlineportal, per E-Mail oder mittels der klassischen Papierbewerbung.

Soll die Stellenbesetzung durch Beförderung oder Personalverschiebung zwischen einzelnen Abteilungen bereits angestellter Mitarbeiter erfolgen, nennt man dies **interne Personalbeschaffung**. Werden neue, bislang betriebsfremde Mitarbeiter akquiriert, spricht man von **externer Personalbeschaffung**.

Um hohe Folgekosten durch Fehlbesetzungen zu vermeiden, soll nun im Rahmen der Personalauswahl der am besten geeignete Bewerber für die zu besetzende Stelle gefunden werden. Mögliche Bewerber werden im Auswahlprozess auf folgende Kriterien überprüft:

Kriterien bei der Personalauswahl

Leistungsfähigkeit	Leistungswille	Entwicklungsmöglichkeiten	Leistungspotenzial
Wie weit stimmt die Arbeitsanforderung mit den Fähigkeiten des Bewerbers überein?	Ist der potenzielle Stelleninhaber bereit, seinen Fähigkeiten entsprechende Leistungen zu erbringen und den Erwartungen des Unternehmens gerecht zu werden?	Meist stimmen die Anforderungen und die Qualifikationen nicht hundertprozentig überein. Liegen die Qualifikationen unter den Anforderungen, stellt sich die Frage, inwieweit der Bewerber durch geeignete Ausbildungsmaßnahmen für die entsprechende Stelle in genügender Weise ausgebildet werden kann.	Inwieweit kommt der Bewerber zu einem späteren Zeitpunkt für höherwertige Aufgaben infrage?

Bei der Personalauswahl wird häufig in den folgenden vier Schritten vorgegangen:

- **Analyse der Bewerbungsunterlagen**

In einem ersten Schritt werden die eingegangenen Bewerbungsunterlagen, i. d. R. bestehend aus Anschreiben, Lebenslauf, Zeugnisse und Referenzen, auf Inhalt und Form überprüft. Dieser Schritt dient der Vorselektion und liefert Informationen über den bisherigen Werdegang und die künftigen Entwicklungsvorstellungen der Bewerber. Eine elegante Variante der Auswertung von Bewerbungen ergibt sich unter Nutzung einer im Folgenden dargestellten Entscheidungsbewertungstabelle ▶.

Vorgehen bei der Auswertung
▶ **IV** Kapitel 3.2.2

Entscheidungsbewertungstabelle							
Kriterien	Gewichtung der Kriterien	Bewerber 1		Bewerber 2		Bewerber 3	
		Punkte	gewichtete Punkte	Punkte	gewichtete Punkte	Punkte	gewichtete Punkte
Aussagekräftigkeit Anschreiben	10	12	120	9	90	14	140
Lebenslauf	8	10	80	8	64	12	96
Arbeitszeugnisse und Referenzen	10	8	80	7	70	11	110
Form und Darstellung Bewerbungsmappe	5	10	50	8	49	14	70
Ausbildung	10	11	110	9	90	12	120
Berufserfahrung	8	7	56	6	48	15	120
Teamfähigkeit	7	7	49	4	28	10	70
Mobilität	8	4	32	6	48	8	64
Weiterbildungsbereitschaft	8	9	72	3	24	12	96
Führungserfahrung	3	1	3	4	12	13	39
Gesamtwert			652		523		925
Rang			2		3		1

Bewertung der Kriterien: 1 Pkt. = schwach ausgeprägt; 15 Pkt. = vollumfänglich erfüllt

- **Testen der Bewerber mithilfe von Auswahlverfahren**

Darüber hinaus werden insbesondere bei großen Unternehmen weitere Tests und Auswahlverfahren, wie z. B. Assessment-Center, durchgeführt. Hierbei handelt es sich um standardisierte Verfahren zur Messung des Verhaltens oder der Eigenschaften von Personen. In diesen werden insbesondere die Leistungsfähigkeit und Schlüsselqualifikationen, wie z. B. Kommunikationsfähigkeit, Teamfähigkeit, Führungs- und Durchsetzungsfähigkeit, sowie Belastbarkeit der einzelnen Bewerber genauer unter die Lupe genommen.

Methoden zur Beurteilung von Bewerbungspersonen

Testverfahren

Psychologischen Einstellungstests liegt die Annahme zugrunde, dass sich die Bewerber durch eine Reihe relativ stabiler Persönlichkeitsmerkmale unterscheiden. Diese lassen Schlüsse auf die zukünftige Leistungsfähigkeit der getesteten Personen zu. Man unterscheidet Intelligenz-, Leistungs- und Persönlichkeitstests.

Job-Interview

Kann in verschiedenen Phasen eingesetzt werden. Es wird unterschieden zwischen:
- Einführungsinterview: Es dient einem ersten Informationsaustausch und einer Vorselektion. Ziel: Der Bewerber soll einen ersten Einblick ins Unternehmen erhalten und die Anforderungen an ihn und seine Aufgabenbereiche werden präzisiert.
- Einstellungsinterview: Es findet in einer späteren Phase statt und ergänzt die bisherigen Informationen. Man tritt in einen ersten Verhandlungsprozess. Es geht dabei z. B. um den Lohn oder die Arbeitszeiten.

Beurteilungsmethoden

Assessment-Verfahren

Dies ist ein komplexes und standardisiertes Verfahren, das zur Beurteilung von bewerbenden Personen dient. Mehrere Bewerber und mehrere Beurteiler nehmen gleichzeitig daran teil. Meist werden mehrere Beurteilungsverfahren eingesetzt, z. B. Fallstudie, Gruppendiskussion oder Rollenspiele. Deshalb dauert ein solches Verfahren in der Regel zwei bis drei Tage.

● **Vorstellungsgespräch**

Im Anschluss an die Auswahlverfahren erfolgt das persönliche Kennenlernen im Rahmen eines Vorstellungsgesprächs. Dies ermöglicht den Personalverantwortlichen die Klärung von Lücken oder Ungereimtheiten in den Bewerbungsunterlagen. Viel wichtiger ist jedoch, dass sich die Unternehmensvertreter ein persönliches Bild von dem Auftreten, der Kommunikationsfähigkeit und der persönlichen Motivation des Bewerbers machen können. Häufig nimmt an diesem Gespräch neben dem Vertreter der Personalabteilung auch ein Mitglied des Betriebsrats, der zukünftig direkte Vorgesetzte oder je nach Relevanz der zu besetzenden Stelle auch ein Mitglied der Geschäftsleitung teil.

● **Einstellung, Abschluss des Arbeitsvertrags**

Sollte das Vorstellungsgespräch für alle Seiten erfolgreich verlaufen sein, erfolgt in einem vierten Schritt die Einstellung des Bewerbers und die Aushändigung des Arbeitsvertrags.

6.2.2 Arbeitsrechtliche Bestimmungen der Personalauswahl

Die Tätigkeiten Personalplanung und -auswahl liegen klassischerweise in der Entscheidungsbefugnis des Unternehmers. Beschäftigt ein Unternehmen mehr als zwanzig Arbeitnehmer, so hat der Unternehmer jedoch den Betriebsrat über Entscheidungen im Rahmen der Personalauswahl zu unterrichten und mit einzubeziehen.

> **BetrVG § 99: Mitbestimmung bei personellen Einzelmaßnahmen**
>
> (1) In Unternehmen mit in der Regel mehr als zwanzig wahlberechtigten Arbeitnehmern hat der Arbeitgeber den Betriebsrat vor jeder Einstellung, Eingruppierung, Umgruppierung und Versetzung zu unterrichten, ihm die erforderlichen Bewerbungsunterlagen vorzulegen und Auskunft über die Person der Beteiligten zu geben [...] und die Zustimmung des Betriebsrats zu der geplanten Maßnahme einzuholen. Bei Einstellungen und Versetzungen hat der Arbeitgeber insbesondere den in Aussicht genommenen Arbeitsplatz und die vorgesehene Eingruppierung mitzuteilen. [...]

Sollten bei der Personalauswahl, -versetzung oder -kündigung feststehende Personalauswahlrichtlinien zum Einsatz kommen (z. B. standardisierte Interviewfragen oder Checklisten für Auswahlprozesse), bedürfen diese gem. § 95 BetrVG ebenfalls der Zustimmung durch den Betriebsrat.

Zusätzliche rechtliche Anforderungen an den Personalauswahlprozess werden durch das Allgemeine Gleichbehandlungsgesetz (AGG) gestellt. Ziel des Gesetzes ist es, Benachteiligungen aus Gründen der Rasse oder wegen der ethnischen Herkunft, des Geschlechts, der Religion oder Weltanschauung, einer Behinderung, des Alters oder der sexuellen Identität zu verhindern oder zu beseitigen (§ 1 AGG). Hierdurch sollen alle bereits Beschäftigten und neue Bewerber vor Benachteiligungen ohne Rechtfertigungsgrund geschützt werden.

> Es darf z. B. grundsätzlich keine Stelle gezielt nur für männliche Bewerber ausgeschrieben werden.

6.3 Arbeitsvertrag

Ein Arbeitsverhältnis wird in der Regel durch den Abschluss eines Arbeitsvertrags zwischen dem Arbeitgeber und dem Arbeitnehmer begründet. Beim Arbeitsvertrag handelt es sich um eine Unterkategorie des **Dienstvertrags**. Durch den Abschluss des Dienstvertrags wird der Arbeitnehmer zur Erbringung seines versprochenen Dienstes im Austausch gegen die vereinbarte Vergütung verpflichtet▶. Im Gegensatz zum **Werkvertrag**▶ schuldet der Arbeitnehmer nur die bloße Leistung und nicht den Erfolg bzw. die Herstellung eines Werkes. Aus Sicht des Arbeitnehmers ist der Vertrag gekennzeichnet durch abhängige und fremdbestimmte Arbeit.

▶ § 611 ff. BGB
▶ § 631 Abs. 1 BGB

IV Betriebswirtschaftliche Grundlagen des Handelns privater Unternehmen

▸ § 105 GWO

Ein Arbeitsvertrag unterliegt grundsätzlich keiner Formvorschrift. Dennoch wird die Form und Gestaltungsfreiheit durch bestehende tarifvertragliche oder gesetzliche Regelungen begrenzt▸.

Beispielweise muss der Arbeitgeber gem. § 2 NachwG spätestens einen Monat nach dem vereinbarten Beginn eines Arbeitsverhältnisses die wesentlichen Vertragsbedingungen des Arbeitsverhältnisses schriftlich niederlegen, diese Niederschrift unterzeichnen und dem Arbeitnehmer aushändigen. Ein Nachweis der wichtigsten Punkte in elektronischer Form ist ausgeschlossen. In die Niederschrift sind folgende Punkte aufzunehmen:

> **NachwG § 2: Nachweispflicht**
>
> (1) [...]
> 1. der Name und die Anschrift der Vertragsparteien,
> 2. der Zeitpunkt des Beginns des Arbeitsverhältnisses,
> 3. bei befristeten Arbeitsverhältnissen: die vorhersehbare Dauer des Arbeitsverhältnisses,
> 4. der Arbeitsort [...],
> 5. [...] Beschreibung der vom Arbeitnehmer zu leistenden Tätigkeit,
> 6. die Zusammensetzung und die Höhe des Arbeitsentgelts einschließlich der Zuschläge, der Zulagen, Prämien und Sonderzahlungen sowie anderer Bestandteile des Arbeitsentgelts und deren Fälligkeit,
> 7. die vereinbarte Arbeitszeit,
> 8. die Dauer des jährlichen Erholungsurlaubs,
> 9. die Fristen für die Kündigung des Arbeitsverhältnisses,
> 10. ein in allgemeiner Form gehaltener Hinweis auf die Tarifverträge, Betriebs- oder Dienstvereinbarungen, die auf das Arbeitsverhältnis anzuwenden sind.
>
> Der Nachweis der wesentlichen Vertragsbedingungen in elektronischer Form ist ausgeschlossen.

Neben den Regeln zur Form und Gestaltung ergeben sich aus dem Gesetz weitere Regeln, die die Rechte und Pflichten von Arbeitnehmer und Arbeitgeber näher bestimmen:

Rechte des Arbeitnehmers (= Pflichten des Arbeitgebers)	Pflichten des Arbeitnehmers (= Rechte des Arbeitgebers)
• Recht auf Beschäftigung • Entlohnung (§ 611 Abs. 1 BGB, § 64 HGB) • Fürsorge, Schutz der Person (§ 617 ff. BGB, § 62 HGB) • Recht auf Urlaub §§ 1, 3 BUrlG) • Recht auf Ausstellung eines Arbeitszeugnisses (§ 630 BGB, § 109 GWO, § 73 HGB) • Recht auf Gleichbehandlung (§ 7 AGG)	• Erbringung der Arbeitsleistung (§§ 611, 613 BGB) • Treuepflicht (§ 17 UWG) • Gehorsamspflicht • Verschwiegenheitspflicht (§ 17 UWG) • Bestechlichkeitsverbot (§ 17 UWG) • Sorgfaltspflicht; Schadensabwendungspflicht • Einhaltung des gesetzlichen und vertraglichen Wettbewerbsverbots (§ 60 HGB, §§ 74. 74 a, 75 HGB) • Schadensersatzpflicht (§ 276 BGB)

FALLSTUDIE Der Arbeitsvertrag

Drill GmbH

Zwischen der Firma Drill GmbH, Falkenstr. 8, 70597 Stuttgart und Mona Albert, Mainstr. 11, 72622 Nürtingen (im folgenden Arbeitnehmerin genannt) wird der folgende Arbeitsvertrag geschlossen:

§ 1 Beginn des Arbeitsverhältnisses
Das Arbeitsverhältnis beginnt am 1. Oktober 2015.

§ 2 Probezeit
Das Arbeitsverhältnis wird auf unbestimmte Zeit geschlossen. Die ersten drei Monate gelten als Probezeit. Während der Probezeit kann das Arbeitsverhältnis beiderseits mit einer Frist von zwei Wochen gekündigt werden.

§ 3 Tätigkeit
Die Arbeitnehmerin wird als Industriekauffrau eingestellt.

§ 4 Wöchentliche Arbeitszeit
Die regelmäßige wöchentliche Arbeitszeit in der Firma beträgt 40 Stunden. Im Falle dringender betrieblicher Bedürfnisse ist der Arbeitgeber berechtigt, Überstunden anzuordnen. Monatlich können bis zu 8 Überstunden in Freizeit ausgeglichen werden. Weiter anfallende Stunden werden in Entgelt ausgeglichen.

§ 5 Vergütung
Die Vergütung der Arbeitnehmerin beträgt 2.800,00 EUR monatlich. Die Vergütung wird spätestens am letzten Arbeitstag des Monats ausgezahlt.

§ 6 Urlaub
Die Arbeitnehmerin hat Anspruch auf Urlaub in Höhe von 30 Arbeitstagen im Kalenderjahr.

§ 7 Betriebsvereinbarungen/Tarifverträge
Die Tarifverträge für das Industriegewerbe sowie die Betriebsordnung und die Betriebsvereinbarung in ihren jeweils geltenden Fassungen sind Bestandteil dieses Arbeitsvertrags.

§ 8 Verschwiegenheitspflicht
Die Arbeitnehmerin ist zur absoluten Verschwiegenheit über alle ihr zur Kenntnis gelangten Tatsachen und Vorgänge, auch nach ihrem Ausscheiden, verpflichtet.

§ 9 Nebentätigkeit
Jede entgeltliche oder das Arbeitsverhältnis beeinträchtigende Nebenbeschäftigung ist nur mit Zustimmung des Arbeitgebers zulässig.

§ 10 Nebenabreden
Nebenabreden und Änderungen des Vertrags bedürfen zu ihrer Rechtsgültigkeit der Schriftform.

§ 11 Kündigung
Nach Ablauf der Probezeit beträgt die Kündigungsfrist vier Wochen zum 15. oder Ende eines Kalendermonats. Die Kündigung bedarf der Schriftform.

IV Betriebswirtschaftliche Grundlagen des Handelns privater Unternehmen

--- **ARBEITSAUFTRÄGE**

1. Lesen Sie den neuen Arbeitsvertrag von Frau Albert genau durch. Vergleichen Sie die Vertragsinhalte mit den Anforderungen des § 2 NachwG und begründen Sie, ob der Arbeitsvertrag alle gesetzlich geforderten Bestandteile enthält.

2. Bis wann muss nach den gesetzlichen Vorschriften der schriftliche Vertrag Frau Albert spätestens vorliegen?

3. Welche Pflichten geht Frau Albert mit der Unterschrift des Arbeitsvertrags ein?

4. Welche Rechte erlangt Frau Albert durch Unterschrift des Arbeitsvertrags?

5. Anfang Dezember erfährt Frau Albert, dass ihr früherer Arbeitgeber zum 01.01.2016 eine neue Stelle im Bereich Außenhandel ausgeschrieben hat. Obwohl sie sich bei der Drill GmbH sehr wohlfühlt, überlegt sie sich, wieder zu ihrem alten Arbeitgeber zurückzukehren. Wann muss Frau Albert spätestens kündigen, um einen Wechsel zum 01.01.2016 zu ermöglichen?

6. Aus welchem Grund vereinbaren Arbeitgeber und Arbeitnehmer eine Probezeit?

7. Wie würde sich die Regelung der Probezeit verändern, wenn es sich statt um einen Arbeitsvertrag um einen Ausbildungsvertrag handeln würde? § 20 BBiG

8. Wie verändert sich ihre Kündigungsfrist, wenn sie die Informationen über eine freie Stelle bei ihrem alten Arbeitgeber am 16.01.2016 erhält? Wann kann sie die Drill GmbH frühestens verlassen?

9. Frau Albert reicht die Kündigung in elektronischer Form ein. Der Arbeitgeber streitet die Rechtmäßigkeit dieser Kündigung ab. Wer ist im Recht? § 623 BGB

Aufgaben zu Kapitel 6

1. Erläutern Sie die Phasen des Verfahrens zur Personalauswahl.

2. Welche Rechte kann der Betriebsrat bei der Personalauswahl und -einstellung geltend machen?

3. Welche Kommunikationskanäle kann ein Unternehmen nutzen, um eine offene Stelle auszuschreiben.

4. Worin liegen Ihrer Meinung nach Vor- und Nachteile der Personalsuche über das Internet im Vergleich zu einer herkömmlichen Stellenanzeige einer Tageszeitung?

5. Erläutern Sie den Unterschied zwischen interner und externer Personalbeschaffung.

6. Die Geschäftsleitung der Drill GmbH hat sich entschieden, die Zahl ihrer Mitarbeiter im Bereich Einkauf aufzustocken. Auf eine Stellenannonce hin gingen viele Bewerbungen bei der Personalabteilung ein, die Ihnen nach einer Vorauswahl die Bewerbungen ► für eine weitere Entscheidung überlässt.

    a Recherchieren Sie im Internet zum Thema „Kriterien zur Bewerberauswahl". Erstellen Sie eine Übersicht, aus der sowohl die formalen Anforderungen an Bewerbungsunterlagen (Lebenslauf, Anschreiben, Zeugnisse und Referenzen) als auch Anforderungskriterien in Bezug auf die Person des Bewerbers selbst in übersichtlicher Form ersichtlich werden.

Bewerbungsunterlagen
► Webcode WGW_IV_6

b Erstellen Sie in Excel eine Entscheidungsbewertungstabelle (s. Beispieltabellenkopf), in der Sie im Anschluss die ausgewählten Bewerber einer Analyse unterziehen können.

Kriterien	Gewichtungsfaktor	Bewerber 1		Bewerber 2		Bewerber 3	
		Punkte	gewichtete Punkte	Punkte	gewichtete Punkte	Punkte	gewichtete Punkte
Summe gewichtete Punkte							

c Definieren Sie acht Kriterien, die Sie der Bewerberauswahl zugrunde legen möchten, und tragen Sie diese in der Exceltabelle in der Spalte Kriterien ein. Gewichten Sie im Anschluss die Kriterien auf einer Skala von 1 (unwichtig) bis 5 (sehr wichtig).

d Lesen Sie die Ihnen vorliegenden Bewerbungsunterlagen genau durch und bewerten Sie die Unterlagen anhand ihrer Kriterien mit einer Punktzahl von 1 (schlecht) bis 6 (sehr gut).

e Berechnen Sie mithilfe der Excelfunktionen die gewichtete Punktzahl und die Gesamtpunktzahl eines jeden Bewerbers.

f Entscheiden Sie begründet, welche beiden Bewerber zum anschließenden Vorstellungsgespräch eingeladen werden sollen. Verfassen Sie hierzu eine kurze Begründung, die Sie als Notiz für Ihre Präsentation vor der Geschäftsleitung verwenden können.

7. Die Geschäftsleitung hat sich entschieden, die zwei von Ihnen vorgeschlagenen Bewerber zum Vorstellungsgespräch einzuladen, und bittet Sie, das Gespräch vorzubereiten.

   a Informieren Sie sich im Internet (z. B. im Existenzgründerforum des Bundesministeriums für Wirtschaft und Energie, www.existenzgruender.de) über die Zulässigkeit von Fragen im Bewerbungsgespräch.

   b Teilen Sie sich in 4 Gruppen auf. Gruppe 1 übernimmt die Rolle der Personalleitung, Gruppe 2 die Rolle des am Gespräch beteiligten Betriebsrats, Gruppe 3 die Rolle des Bewerbers 1, Gruppe 4 die Rolle des Bewerbers 2. Bereiten Sie sich im Anschluss rollenspezifisch auf Ihre Teilnahme am Vorstellungsgespräch vor. Erarbeiten Sie hierfür Fragen an den Bewerber bzw. die Personalleitung und den Betriebsrat.

   c Führen Sie im Anschluss das Vorstellungsgespräch durch.

8. a Unterscheiden Sie die Begriffe Dienstvertrag und Werkvertrag.

   b Ordnen Sie die folgenden Tätigkeiten den Begriffen Dienstvertrag bzw. Werkvertrag zu.
   - Bau eines Fertighauses
   - Ein Rechtsanwalt verteidigt einen Angeklagten vor Gericht.
   - Vertrag über die Auslieferung einer Hochzeitstorte
   - Reparatur des Autos der Familie Schmitz
   - Emma lässt sich beim Zahnarzt behandeln.
   - Luisa tritt ihre neue Stelle als Groß- und Außenhandelskauffrau bei der Lupir GmbH an.

IV Betriebswirtschaftliche Grundlagen des Handelns privater Unternehmen

9. Erläutern Sie, ob die vorliegenden Textpassagen aus dem Arbeitsvertrag des Industriekaufmanns und Beschaffungsspezialisten Peter Weber die arbeitsrechtlichen Voraussetzungen erfüllen. Begründen Sie Ihre Antwort:

1. Die tägliche Arbeitszeit beträgt 10 Stunden (§ 3 ArbZG).
2. Die wöchentliche Arbeitszeit verteilt sich auf die Tage Montag bis Samstag.
3. An 10 Sonntagen im Jahr hat der Arbeitnehmer ebenfalls am Arbeitsplatz zu erscheinen (§§ 9, 10, 11 ArbZG).
4. Der Arbeitnehmer erhält eine tägliche Ruhepause von 30 Minuten bei einer Arbeitszeit von 6 Stunden (§ 4 ArbZG).
5. Der seit dem 01.01.2015 in Vollzeit angestellte Mitarbeiter Peter Weber hat einen jährlichen Urlaubsanspruch von 15 Werktagen (§ 3 BUrlG).
6. Erkrankt der Mitarbeiter während des Urlaubs, gilt dieser als abgegolten (§ 9 BUrlG).
7. Tritt Absatz 6 in Kraft, erhält der Arbeitnehmer ab dem ersten Krankheitstag kein Arbeitsentgelt (§ 3 EntgFZ).
8. Der Unternehmer untersagt dem Arbeitnehmer eine Nebentätigkeit im Handelszweig des Arbeitgebers (§ 60 HGB).
9. Verlässt der Mitarbeiter das Unternehmen, so ist es ihm für eine Dauer von 6 Monaten untersagt, eine gleiche oder ähnliche Tätigkeit bei der Konkurrenz zu übernehmen.

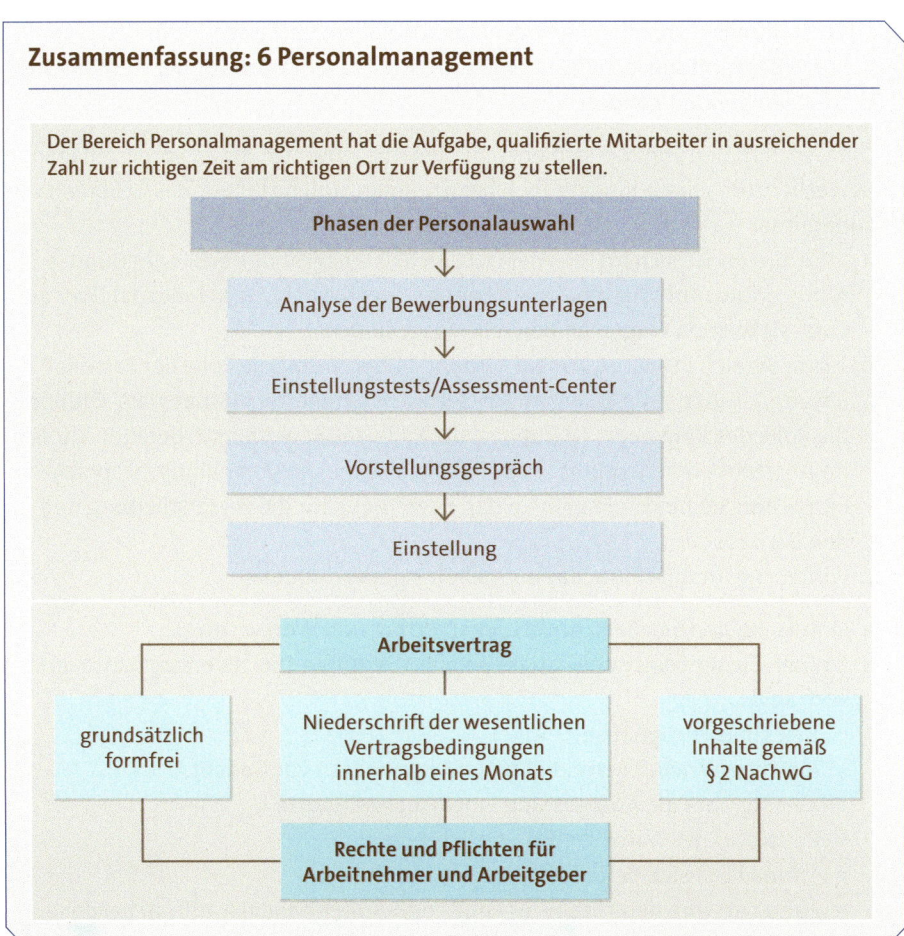

6 Personalwirtschaft

Selbsteinschätzung – IV Betriebswirtschaftliche Grundlagen des Handelns privater Unternehmen

Nr.	Ich kann …	Noch Probleme? → Erklärungen und Aufgaben im Buch:
1	die Begriffe Unternehmen, Betrieb und Firma erklären und voneinander abgrenzen.	Kapitel 1.1
2	primäre und sekundäre Funktionsbereiche der Unternehmen nennen und die Aufgaben des Beschaffungs-, Produktions- und des Absatzbereiches erläutern.	Kapitel 1.2
3	den Prozess der Leistungserstellung im Industrieunternehmen erläutern.	Kapitel 2.1
4	die Funktionen von Handelsbetrieben und den Unterschied zwischen Einzelhandel und Großhandel erläutern.	Kapitel 2.2
5	die verschiedenen Aufgaben einer Bank in eigenen Worten erläutern.	Kapitel 2.3
6	den Unterschied zwischen Industrie-, Handels- und Dienstleistungsunternehmen in eigenen Worten erläutern.	Kapitel 2.1–2.3
7	den Einstandspreis eines Produktes berechnen und damit einen quantitativen Angebotsvergleich durchführen.	Kapitel 3.2.1, Aufgaben 2 und 3
8	qualitative Aspekte eines Lieferantenvergleichs nennen und mit einer Entscheidungsbewertungstabelle einen qualitativen Angebotsvergleich durchführen.	Kapitel 3.2.2, Aufgabe 3
9	die Begriffe variable und fixe Beschaffungskosten und Lagerhaltungskosten erläutern und Beispiele dafür nennen.	Kapitel 3.3.1, Aufgabe 4
10	den Zielkonflikt der Beschaffung erläutern.	Kapitel 3.3.2, Aufgabe 5
11	die optimale Bestellmenge mit einer Tabelle und der Andlerformel berechnen und mich begründet für eine Lösung entscheiden.	Kapitel 3.3.2, Aufgaben 6 und 7
12	die Daten der optimalen Bestellmenge grafisch darstellen und interpretieren.	Kapitel 3.3.2, Aufgabe 6
13	das Modell der optimalen Bestellmenge und dessen Nutzungsgrenzen kritisch bewerten.	Kapitel 3.3.3, Aufgaben 6 und 7
14	die Lagerkennzahlen eines Unternehmens berechnen und interpretieren.	Kapitel 4.2.1–4.3, Aufgaben 1 und 2
15	Lagerkennzahlen kritisch bewerten und eigene Vorschläge zur Verbesserung der Kennziffern machen.	Kapitel 4.3, Aufgaben 1 und 2
16	die Auswirkung von Veränderungen der Bestellmenge auf die einzelnen Lagerkennzahlen in eigenen Worten erläutern.	Kapitel 4.4.3, Aufgaben 1 und 2
17	die Bedeutung von Marketing in einem Käufermarkt erläutern.	Kapitel 5.1.1, Aufgabe 1

IV Betriebswirtschaftliche Grundlagen des Handelns privater Unternehmen

Nr.	Ich kann …	Noch Probleme? → Erklärungen und Aufgaben im Buch:
18	die verschiedenen Arten der Marktforschung unterscheiden.	Kapitel 5.1.2, Aufgaben 2 bis 4
19	erläutern, was man unter Marktsegmentierung versteht, und das Prinzip anwenden.	Kapitel 5.1.2, Aufgabe 5
20	die Aufgaben der Produktpolitik erläutern.	Kapitel 5.2.1
21	das Produktlebenszykluskonzept erläutern und anwenden.	Kapitel 5.2.2, Aufgabe 7
22	Maßnahmen der Produktpolitik erläutern und anwenden.	Kapitel 5.2.2, Aufgabe 6
23	die Arten der Preisbildung auf Beispiele anwenden.	Kapitel 5.3.1, Aufgaben 8 und 9
24	verschiedene Preisstrategien erläutern.	Kapitel 5.3.2
25	die Einflussfaktoren auf die Distributionspolitik erläutern und den direkten vom indirekten Absatz unterscheiden.	Kapitel 5.4.1–5.4.2, Aufgabe 10
26	Above-the-line- von Below-the-line-Kommunikation unterscheiden und auf Beispiele anwenden.	Kapitel 5.5, Aufgaben 11 bis 13
27	die Instrumente des Marketing-Mix sinnvoll kombinieren.	Kapitel 5.6, Aufgaben 14 und 15
28	die Aufgaben der Personalabteilung in eigenen Worten erläutern.	Kapitel 6.1
29	qualitative Kriterien zur Personalauswahl nennen und eine Personalauswahl unter Nutzung einer Entscheidungsbewertungstabelle durchführen.	Kapitel 6.2.1, Aufgabe 6
30	arbeitsrechtliche Bestimmungen der Personalauswahl und Pflichten und Rechte von Arbeitgebern und Arbeitnehmern erläutern.	Kapitel 6.2.2–6.3, Aufgabe 9
31	die Pflichtbestandteile eines Arbeitsvertrags nennen und einen vorgegebenen Arbeitsvertrag dahingehend analysieren.	Kapitel 6.3, Fallstudie, Aufgabe 9

Einführung in das externe Rechnungswesen

1 Rechnungswesen als Teil der BWL

Ein Unternehmen hat täglich mit Eingangsrechnungen, Ausgangsrechnungen, Kontoauszügen, Quittungen, Mahnungen, Materialentnahmescheinen oder Lohn- und Gehaltsabrechnungen zu tun. Wie kann das Unternehmen dabei den Überblick behalten?

1.1 Das Rechnungswesen als Informationssystem in der BWL

Ein Unternehmen ist eine Organisationseinheit, die das Ziel verfolgt, für seine Eigentümer einen Gewinn zu erwirtschaften. Dabei ist es wichtig, das gesamte Unternehmensgeschehen, insbesondere
- die **Beschaffung** von Produktionsfaktoren (Boden, Arbeit, Kapital, Wissen/Bildung),
- die **Produktion** und den **Absatz** von betrieblichen Leistungen und
- das **Finanzwesen**,

zu **erfassen**, zu **überwachen** und **auszuwerten**.

Die Aufzeichnung der Güter- und Finanzbewegungen (Geschäftsfälle) eines Unternehmens gilt als Aufgabe des betrieblichen Rechnungswesens. Die Aufzeichnungen (Buchführung) dienen einerseits der Unternehmensleitung (interne Verwendung) und andererseits Außenstehenden, z. B. Lieferanten, Banken oder dem Finanzamt.

Teilaufgaben des betrieblichen Rechnungswesens	
Dokumentationsfunktion	Jeder Vorgang, der eine Veränderung des Vermögens oder der Schulden nach sich zieht, ist lückenlos, sachlogisch und chronologisch festzuhalten.
Kontrolle des Unternehmenserfolgs	Die Unternehmensleitung möchte nach einer Periode (Monat, Jahr) den Erfolg[1] des Handelns feststellen.
Rechenschaftslegung und Informationsfunktion	Das Unternehmen muss jährlich unter gesetzlichen Bestimmungen sämtliche Vermögens-, Schulden- und Erfolgswerte festhalten (Jahresabschluss).
Dispositionsfunktion	Die Unternehmenszahlen dienen als Grundlage zur Planung und Entscheidung, z. B. über Investitionen.

[1] Der Erfolg teilt sich in Gewinn und Verlust auf.

1 Rechnungswesen als Teil der BWL

Die unterschiedlichen Aufgaben werden durch vier Hauptgebiete des betrieblichen Rechnungswesens abgedeckt:

Finanzbuchhaltung (externes Rechnungswesen)	Kosten- und Leistungsrechnung (internes Rechnungswesen)	Statistik (Vergleichsrechnung)	Planung (Vorschaurechnung)
Erstellen der Bilanz sowie der Gewinn- und Verlustrechnung	Schwerpunkt: Daten, die dem Betriebszweck dienen, z. B. Kalkulation	Aufbereitung und Auswertung der Zahlen des Rechnungswesens	Erstellen von Finanzplänen, Investitionsplänen usw.

1.2 Buchführung

1.2.1 Gesetzliche Rahmenbedingungen der Buchführung

Die ordnungsgemäße Buchführung dient nicht nur den unternehmenseigenen Interessen, sondern muss auch zahlreichen Außeninteressen gerecht werden. Die grundsätzlichen Bestimmungen der Buchführung sind in Gesetzen und Verordnungen festgelegt. Die handelsrechtlichen Vorschriften finden sich im Handelsgesetzbuch (HGB) wieder.

> **HGB § 238 Buchführungspflicht**
>
> Abs. 1 Jeder Kaufmann ist verpflichtet, Bücher zu führen und in diesen seine Handelsgeschäfte und die Lage seines Vermögens nach den Grundsätzen ordnungsmäßiger Buchführung ersichtlich zu machen.

Neben den handelsrechtlichen Bestimmungen gibt es eine Reihe von Gesetzen und Verordnungen, die u. a. die Besteuerung des Unternehmens regeln. Hierzu zählen u. a.:
- Abgabenordnung (AO)
- Umsatzsteuergesetz (UStG)
- Einkommensteuergesetz (EStG)
- Körperschaftssteuergesetz (KStG)

Je nach Wahl der Unternehmensrechtsform regeln weiterführende Gesetze, wie z. B. das GmbH-Gesetz (GmbHG) oder das Aktiengesetz (AktG), über die handelsrechtlichen Bestimmungen hinaus Besonderheiten der einzelnen Unternehmensform.

1.2.2 Grundregeln der Buchführung am Beispiel von Kassenbuch und Kassenkonto

Der Staat hat den Finanzminister, das Unternehmen beschäftigt einen Buchhalter, der Verein beauftragt einen Schatzmeister und einige private Haushalte besitzen ein Haushaltsbuch. So verschieden die angeführten Bereiche auch sein mögen, so einig sind sie sich doch in einer Sache – alle benötigen einen Überblick über ihre Einnahmen und ihre Ausgaben.

Im Unternehmen ereignet sich regelmäßig eine Vielzahl von Geschäftsfällen[1], bei denen sich u. a. der Bargeldstand verändert.

[1] Ein Geschäftsfall beeinflusst und verändert die Zusammensetzung des Vermögens bzw. des Kapitals eines Unternehmens.

V Einführung in das externe Rechnungswesen

Beispiele für Geschäftsfälle und die entsprechenden Belege:

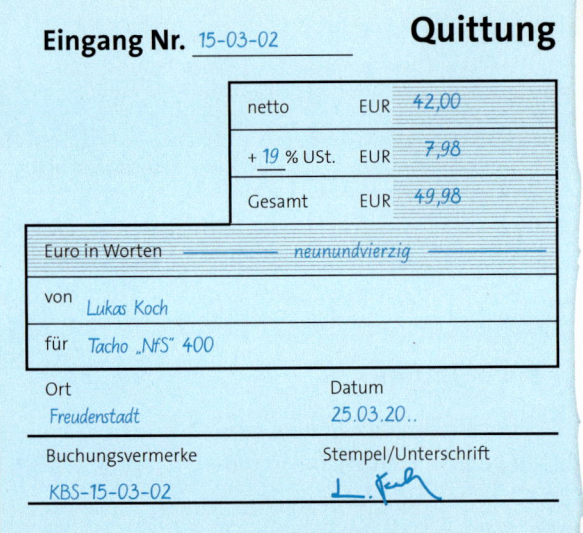

Die Veränderungen des Bargeldbestands werden im Kassenbuch chronologisch festgehalten. Der buchhalterische Kassenbestand kann damit jederzeit ermittelt werden.

Ein Beispiel für ein Kassenbuch in Staffelform:

Datum	Art der Einnahme/Ausgabe	Beleg-Nr.	Einnahmen	Ausgaben
	Anfangsbestand		297,24 EUR	
09.03.20..	Verkauf Kinderfahrrad „Pegasus" 16"	04224921	157,08 EUR	
12.03.20..	Kauf von Postwertzeichen	Quittung		34,30 EUR
23.03.20..	Benzin (Reisekostenabrechnung)	Quittung		80,00 EUR
25.03.20..	Verkauf Tacho „NfS" 400	KB-15-03-02	49,98 EUR	
			504,30 EUR	114,30 EUR
		Neuer Kassenstand	390,00 EUR	

▶ weiterführend vgl. HGB

Schon bei diesem kurzen Auszug aus einem Kassenbuch werden einige Grundregeln der Buchführung deutlich:

1 Rechnungswesen als Teil der BWL

Grundregeln der Buchführung:
- keine Buchung (hier: Eintrag ins Kassenbuch) ohne Beleg
- chronologische Erfassung der Geschäftsfälle
- Aufteilung zwischen Einnahmen und Ausgaben
- Anfangsbestand bezeichnet einen Wert zum Beginn einer Periode, z. B.: Der Kassenschlussbestand des Vormonats ist der Kassenanfangsbestand des aktuellen Monats.

Darstellung der Bestandsveränderungen als T-Konto

Bei der Darstellung des Kassenkontos müssen folgende Aspekte berücksichtigt werden:
- Auf der Sollseite (linke Seite) stehen der Anfangsbestand und die Einnahmen.
- Auf der Habenseite (rechte Seite) stehen die Ausgaben und der gezählte Schlussbestand (Istbestand).

Ermittlung des Schlussbestands:
wertmäßig größere Seite	502,70 EUR
./. wertmäßig kleinere Seite	112,70 EUR
= Differenz (Saldo)	390,00 EUR

Der berechnete Saldo (lt. Buch) muss mit dem tatsächlichen Betrag übereinstimmen (Istbestand)! Hier: 390,00 EUR

Aufgaben zu Kapitel 1

1. Welche Aufgaben werden vom Rechnungswesen übernommen?
2. Nennen und erläutern Sie die unterschiedlichen Gebiete des Rechnungswesens.
3. Wer hat Interesse am externen Rechnungswesen eines Unternehmens?
4. Erklären Sie den Begriff Istbestand.

Zusammenfassung: 1 Rechnungswesen als Teil der BWL

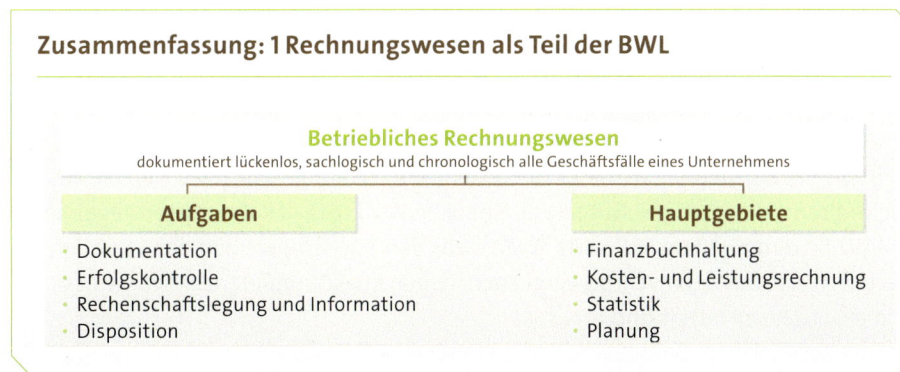

281

V Einführung in das externe Rechnungswesen

2 Inventur, Inventar und Bilanz

Wie alle Unternehmen muss auch der Fahrradladen einmal im Jahr seine Vermögens- und Schuldenpositionen erfassen.

Wie geht ein Unternehmen dabei vor? Welche gesetzlichen Vorschriften gilt es dabei für die Unternehmen zu berücksichtigen?

2.1 Inventur

2.1.1 Gesetzliche Grundlagen

Nach § 240 HGB ist jeder Kaufmann verpflichtet, zum Ende eines Geschäftsjahres ein Verzeichnis über die gesamten Vermögenspositionen und Schulden des Unternehmens zu erstellen, das sogenannte **Inventar**▸.

Inventar
▸ Kapitel 2.2

Die tatsächliche Bestandsaufnahme des Vermögens und der Schulden wird **Inventur** genannt. Zur Durchführung der Inventur gibt es keine gesetzlichen Vorschriften.

> **HGB § 240 Inventar**
>
> Abs. 1 Jeder Kaufmann hat zu Beginn seines Handelsgewerbes seine Grundstücke, seine Forderungen und Schulden, den Betrag seines baren Geldes sowie seine sonstigen Vermögensgegenstände genau zu verzeichnen und dabei den Wert der einzelnen Vermögensgegenstände und Schulden anzugeben.
> Abs. 2 Er hat demnächst für den Schluss eines jeden Geschäftsjahres ein solches Inventar aufzustellen. Die Dauer des Geschäftsjahres darf zwölf Monate nicht überschreiten. Die Aufstellung des Inventars ist innerhalb der einem ordnungsmäßigen Geschäftsgang entsprechenden Zeit zu bewirken.

[1] Gläubiger:
jemand, der durch ein Schuldverhältnis berechtigt ist, an einen anderen finanzielle Forderungen zu stellen

[2] Inventurdifferenzen:
Abweichungen zwischen den Sollwerten der Buchführung und den Istwerten der Inventur

Buchung von Inventurdifferenzen
▸ Kapitel 9.2

Warum schreibt der Gesetzgeber mindestens einmal im Geschäftsjahr die Durchführung der Inventur vor? Dies dient einerseits dem Schutz der Gläubiger[1] und andererseits der Kontrolle des eigenen Handelns. Es soll sichergestellt werden, dass die Sollwerte aus der Buchführung, die sämtliche Güter- und Finanzbewegungen dokumentieren, regelmäßig überprüft werden. Diese Sollwerte (Werte aus den Büchern) werden dazu mit den Istwerten (Werte aus der Inventur) verglichen. Liegen Inventurdifferenzen[2] vor, muss
- die Ursache ermittelt und
- eine Korrektur der Buchführung▸ vorgenommen werden.

Laut den Unterlagen in der Einkaufsabteilung des Unternehmens sollten 500 Fahrradrahmen (Sollwerte) auf Lager liegen. Bei der körperlichen Inventur wurden tatsächlich nur 480 Stück (Istwerte) gezählt. Die Recherche hat ergeben, dass 20 Rahmen bei der letzten Lieferung mangelhaft waren und an den Lieferanten zurückgeschickt wurden. Die Buchhaltung muss nun mit einer Korrekturbuchung ihre Werte auf 480 Stück berichtigen.

2.1.2 Durchführung der Inventur

Bei der Durchführung der Inventur unterscheidet man:

- **körperliche Inventur**
  Gegenstände werden gezählt, gemessen, gewogen und geschätzt.
- **buchhalterische Inventur**
  Hierbei findet eine Überprüfung der Werte anhand von Belegen statt.

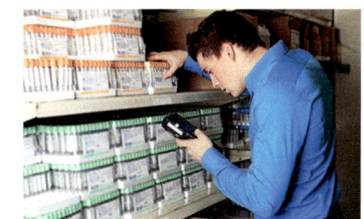

Die Inventurlisten werden anhand der körperlichen Inventur erstellt. Auf diesen sogenannten Einzelnachweisen sind die genaue Warenbezeichnung, die Anzahl und der Einzelpreis festzuhalten. Bei der buchhalterischen Erfassung müssen Nachweise (z. B. Kopie von Kontoauszügen oder Saldenlisten) an die Inventurliste angehängt werden.

Beispiel zur Erfassung der Inventur durch einen Inventurbogen:

Tag der Aufnahme				Jahr		Lager		Gruppe	
Ort der Aufnahme (Tisch, Regal, Fach-Nr.)									
Aufnahme					Im Büro auszufüllen				
Warenbezeich-nung / Inventur-Nr.	Eingangs-datum	Anzahl, Stück, Paar	Einzelpreis		Gesamt-preis	Ermittlung des Bilanzwertes			
						Einzelbewertung		Gesamtbewertung	
angesagt	geschrieben		abgenommen		vorgerechnet	nachgerechnet		geprüft	

Die gesetzlichen Vorschriften erlauben mehrere Inventurverfahren:

- **zeitnahe Stichtagsinventur nach § 240 Abs. 1 HGB**
  Die körperliche Bestandsaufnahme muss zum Bilanzstichtag, also am Schluss des Geschäftsjahres, erbracht werden. Sie muss aber nicht unmittelbar am Bilanzstichtag erfolgen, sondern kann zeitnah, innerhalb von zehn Tagen vorher oder danach, durchgeführt werden.
- **zeitlich verlegte Inventur nach § 241 Abs. 3 HGB**
  Ab drei Monate vor und bis zu zwei Monate nach dem Bilanzstichtag kann eine zeitlich verlegte Inventur durchgeführt werden. Der zum Inventurstichtag ermittelte Bestand wird wertmäßig auf den Abschluss-Stichtag fortgeschrieben[1] bzw. zurückgerechnet (Wertnachweisverfahren).

[1] *fortschreiben: ständige Ergänzung von Zu- und Abgängen*

```
  altes Geschäftsjahr        Stichtag         neues Geschäftsjahr
       01.10.                 31.12.                28.02.
          ←———— – 3 Monate ————→ ←———— + 2 Monate ————→
          + Neuzugänge  – Entnahmen    – Neuzugänge  + Entnahmen
```

V Einführung in das externe Rechnungswesen

- **permanente Inventur nach § 241 Abs. 2 HGB**
  Die permanente Inventur ermöglicht es, die sonst stoßweise zum Abschlussstichtag anfallenden Inventurarbeiten über das ganze Jahr zu verteilen. Es findet eine ständige, meist EDV-gestützte Bestandsfortschreibung aller Bestände nach Art und Menge anhand der Lagerkartei statt.

2.2 Von der Inventur zum Inventar

Am Ende der Inventur werden die Inventurlisten gesammelt und zusammengefasst. Das Unternehmen hat bei einer Inventur nicht nur die zu verkaufende Ware festzustellen, es müssen auch Gegenstände aufgenommen werden, die das Vermögen bzw. die Schulden des Unternehmens ausmachen, z. B. der Kassenbestand, offene Rechnungen von einem Kunden (Forderungen[1]) oder offene Rechnungen gegenüber einem Lieferanten (Verbindlichkeiten[2]). Im nächsten Schritt müssen die erfassten Positionen zu sinnvollen Gruppen zusammengefasst und in einer Reihenfolge notiert werden. Obwohl es keinen gesetzlichen Rahmen für die Erstellung eines Inventars gibt, werden in der Praxis die Reihenfolge und die Begriffe der Bilanz übernommen.

[1] offene Rechnungen (Ansprüche) an einen Kunden:
Forderungen aus Lieferungen und Leistungen (kurz: Forderungen aus LuL)

[2] offene Rechnungen gegenüber einem Lieferanten:
Verbindlichkeiten aus Lieferungen und Leistungen (kurz: Verbindlichkeiten aus LuL)

Inventar ist die strukturierte und zusammengefasste Liste der Einzelnachweise aus der Inventur. Die Reihenfolge lehnt sich an die Gliederung einer Bilanz an.

● **Erstellung eines Inventars**

Das Inventar gliedert sich in drei Bereiche: das Vermögen, die Schulden und das zu errechnende Reinvermögen (Eigenkapital).

A Vermögen

Beim Vermögen wird zwischen dem Anlagevermögen und dem Umlaufvermögen unterschieden.

Gesamtvermögen	
Anlagevermögen	**Umlaufvermögen**
Hierzu gehören Gegenstände, die dem Unternehmen langfristig zur Verfügung stehen.	Hierzu zählen Positionen, die sich gewöhnlich innerhalb kurzer Zeit verändern.
Grundstücke, Maschinen, Fuhrpark, Betriebs- und Geschäftsausstattung, langfristige Kapitalanlagen	Rohstoffe, Waren, Forderungen aus Lieferung und Leistung, Bank, kurzfristige Kapitalanlagen

B Schulden (Fremdkapital)

Die Schulden (Verbindlichkeiten gegenüber Dritten) werden in langfristige und kurzfristige (in dieser Reihenfolge) Schulden aufgegliedert.

Beispiel für langfristige Schulden: Verbindlichkeiten gegenüber Kreditinstituten (Darlehen)
Beispiel für kurzfristige Schulden: Verbindlichkeiten aus Lieferungen und Leistungen

C Ermittlung des Reinvermögens

Das Reinvermögen, auch Eigenkapital genannt, ergibt sich aus der Differenz zwischen dem Gesamtvermögen und den Schulden.

Gesamtvermögen ./. Schulden = Eigenkapital (Reinvermögen)

Beispiel für ein Inventar

Inventar zum 31. Dezember 20.., in EUR
Der Fahrradladen, Gewerbepark Ost 5, 72250 Freudenstadt

A. Anlagevermögen		
I. SACHANLAGEN		
1. Grundstücke		
Gewerbepark Ost 5	98.000,00	
Stadionstraße 25 a	75.000,00	173.000,00
2. Bauten auf eigenen Grundstücken		
Werkstatt und Lager, Gewerbepark Ost 5	135.000,00	
Verkaufsladen und Verwaltung, Stadionstraße 25a	105.000,00	240.000,00
3. Maschinen lt. Inventurliste 10		75.000,00
4. Fuhrpark		
Sprinter: FDS - ST 555	34.000,00	
Anhänger: FDS - ST 556	7.000,00	41.000,00
5. Betriebs- und Geschäftsausstattung		
Lagereinrichtung lt. Inventurliste 2	3.800,00	
Verkaufs- und Verwaltungseinrichtung lt. Inventurliste 3	4.700,00	
EDV-Anlagen lt. Inventurliste 4	3.500,00	12.000,00
B. Umlaufvermögen		
I. VORRÄTE		
1. Rohstoffe lt. Inventurliste 5		17.500,00
2. Hilfsstoffe lt. Inventurliste 6		3.500,00
3. Betriebsstoffe lt. Inventurliste 7		6.500,00
4. Unfertige Erzeugnisse lt. Inventurliste 8		1.500,00
5. Fertigerzeugnisse		
Trekkingräder	23.500,00	
Mountainbikes	32.800,00	
Rennräder	23.000,00	
Kinderräder	2.700,00	82.000,00
II. FORDERUNGEN und sonstige VERMÖGENSGEGENSTÄNDE		
1. Forderungen aus Lieferungen und Leistungen		
Maier, Manfred, Baiersbronn	1.259,00	
Schmid, Lisa, Tübingen	1.500,00	
Fahrradcouriercenter, Stuttgart	5.250,00	8.009,00
III. KASSENBESTAND und GUTHABEN bei KREDITINSTITUTEN		
1. Kassenbestand lt. Inventurliste 9		756,00
2. Guthaben bei Banken		
Guthaben Sparkasse Freudenstadt	17.420,00	
Guthaben Volksbank Freudenstadt	6.200,00	23.620,00
Summe des Vermögens (Rohvermögen)		**684.385,00**
C. Verbindlichkeiten (Fremdkapital)		
1. Verbindlichkeiten gegenüber Kreditinstituten		
Darlehen bei Sparkasse Freudenstadt		261.750,00
2. Verbindlichkeiten aus Lieferungen und Leistungen		
Fahrradteilegroßhandel GmbH, Freiburg	13.250,00	
Fahrrad-Anhänger OHG, Tübingen	10.800,00	
Spezialanfertigungen Hus, Stuttgart	2.400,00	
Schraubenfabrik, Wolfach	560,00	27.010,00
Summe der Schulden		**288.760,00**
D. Ermittlung des Reinvermögens (Eigenkapital)		
Summe des Vermögens		684.385,00
./. Summe der Schulden		288.760,00
= Reinvermögen (Eigenkapital)		**395.625,00**

2.3 Vom Inventar zur Bilanz

Das Inventar ist eine sehr ausführliche Zusammenfassung der Inventur. Für größere Unternehmen kann diese Aufstellung mehrere Seiten umfassen. Möchte man jedoch eine Übersicht über das Gesamtvermögen und die Schulden eines Unternehmens haben, so ist das Inventar zu unübersichtlich. Aus diesem Grund werden die Angaben in der Bilanz zusammengefasst. Nach § 242 Abs. 1 HGB hat jeder Kaufmann eine Bilanz zu erstellen. Dabei werden die Vermögenspositionen (Aktiva) den Schulden und dem Eigenkapital (Passiva) gegenübergestellt. Diese Darstellung nennt man Kontenform.

Aktiva		Bilanz		Passiva
Gesamt-vermögen	A. Anlagevermögen		A. Eigenkapital	Schulden
	B. Umlaufvermögen		B. Verbindlichkeiten	
			1. Langfristiges Fremdkapital	
			2. Kurzfristiges Fremdkapital	

HGB § 242 Pflicht zur Aufstellung

Abs. 1 Der Kaufmann hat zu Beginn seines Handelsgewerbes und für den Schluss eines jeden Geschäftsjahres einen das Verhältnis seines Vermögens und seiner Schulden darstellenden Abschluss (Eröffnungsbilanz, Bilanz) aufzustellen. Auf die Eröffnungsbilanz sind die für den Jahresabschluss geltenden Vorschriften entsprechend anzuwenden, soweit sie sich auf die Bilanz beziehen.

Die **Aktivseite** gibt Auskunft über die sogenannte Mittelverwendung (Investition). Hier geht es darum, wofür das Unternehmen das Geld ausgegeben hat. Bei der Erstellung der Bilanz ist darauf zu achten, dass die Vermögensgegenstände in Anlagevermögen und Umlaufvermögen aufzuteilen sind. Das Anlagevermögen steht dem Unternehmen langfristig zur Verfügung. Das Umlaufvermögen dient dem Betriebsprozess kurzfristig. Die Gliederung der Aktivseite orientiert sich an der steigenden Liquidierbarkeit[1] der Vermögensgegenstände.

[1] Liquidierbarkeit: sagt aus, wie leicht ein Vermögensgegenstand in Bargeld umgesetzt werden kann

Auf der **Passivseite** werden die Positionen aufgeführt, die darüber Auskunft geben, woher die Mittel stammen, wenn das Unternehmen etwas kauft. Man spricht hier auch von der Mittelherkunft (Finanzierung). Die Gliederung der Passivseite orientiert sich an der Fälligkeit der Bilanzpositionen.

Das Unternehmen kauft ein Grundstück über 100.000,00 EUR und nimmt dafür bei der Bank ein Darlehen auf. Auf der Aktivseite wird im Anlagevermögen unter *Grundstücke und Bauten* das Grundstück mit dem Wert von 100.000,00 EUR geführt. Auf der Passivseite muss jetzt die Mittelherkunft belegt werden, also woher das Geld für den Kauf des Grundstücks stammt. In diesem Fall *Verbindlichkeiten gegenüber Kreditinstituten* (Verb. ggü. KI) mit 100.000,00 EUR.

Aktiva		Auszug aus einer Bilanz		Passiva
Grundstück	100.000,00 EUR	Verb. ggü. KI		100.000,00 EUR

Aus dem Inventar ▶ ergibt sich nach den gesetzlichen Bestimmungen aus dem § 266 HGB folgende Bilanz:

Inventar
▶  Kapitel 2.2

Bilanz zum 31. Dezember 20.., in EUR
Der Fahrradladen, Gewerbepark Ost 5, 72250 Freudenstadt

Aktiva		Passiva	
A. Anlagevermögen		A. Eigenkapital	395.625,00
I. SACHANLAGEN			
1. Grundstücke	173.000,00	B. Verbindlichkeiten	
2. Bauten auf eigenen Grundstücken	240.000,00	1. Verbindlichkeiten gegenüber Kreditinstituten	261.750,00
3. Maschinen	75.000,00		
4. Fuhrpark	41.000,00	2. Verbindlichkeiten aus Lieferungen und Leistungen	27.010,00
5. Betriebs- und Geschäftsausstattung	12.000,00		
B. Umlaufvermögen			
I. VORRÄTE			
1. Rohstoffe	17.500,00		
2. Hilfsstoffe	3.500,00		
3. Betriebsstoffe	6.500,00		
4. Unfertige Erzeugnisse	1.500,00		
5. Fertigerzeugnisse	82.000,00		
II. FORDERUNGEN und sonstige VERMÖGENSGEGENSTÄNDE			
1. Forderungen aus Lieferungen und Leistungen	8.009,00		
III. KASSENBESTAND und GUTHABEN bei KREDITINSTITUTEN			
1. Kassenbestand	756,00		
2. Guthaben bei Banken	23.620,00		
	684.385,00		**684.385,00**

Freudenstadt, 31. Dezember 20..   *Klara Weitsicht*

Aus der obigen Bilanz sind zwei gesetzliche Vorschriften ersichtlich:
- Eine Bilanz muss vom Kaufmann unterzeichnet werden (§ 245 Abs. 1 HGB).
- Leerer Raum muss durch die sogenannte Buchhalternase entwertet werden (§ 239 HGB).
  Diese Entwertung schützt das Unternehmen davor, dass nachträgliche Änderungen vorgenommen werden könnten. Falsche Eintragungen oder spätere Eintragungen in den Büchern gelten als Urkundenfälschung und können gerichtlich verfolgt werden.

Des Weiteren können einige Gleichungen festgehalten werden:

Summe der Aktiva ≙ Summe der Passiva
Aktiva ≙ Anlagevermögen + Umlaufvermögen
Passiva ≙ Eigenkapital + Fremdkapital
Eigenkapital ≙ Vermögen (Aktiva) ./. Fremdkapital
Fremdkapital ≙ Vermögen ./. Eigenkapital

Aufgaben zu Kapitel 2

1. Wann muss ein Kaufmann eine Inventur erstellen?

2. Grenzen Sie Inventur und Inventar voneinander ab.

3. Unterscheiden Sie zwischen der körperlichen und der buchhalterischen Bestandsaufnahme.

4. Begründen Sie, welche Werte bei einer möglichen Inventurdifferenz korrigiert werden (Soll- oder Istwerte).

5. Stellen Sie in einer Tabelle Inventar und Bilanz anhand folgender Kriterien gegenüber: Darstellung, Inhalt, gesetzliche Vorschriften, Rolle des Reinvermögens bzw. Eigenkapitals und zugänglich für Dritte.

6. Die Firma Sankabamö GmbH hat folgende Vermögens- und Schuldenwerte durch eine Inventur ermittelt:

Position	Betrag
Lkw	80.000,00 EUR
Betriebsstoffe lt. Inventurliste 6	8.500,00 EUR
Guthaben Sparkasse Freudenstadt	67.800,00 EUR
EDV-Anlagen lt. Inventurliste 3	25.000,00 EUR
Hilfsstoffe lt. Inventurliste 5	12.000,00 EUR
Fertigerzeugnisse Sanitärkeramik	62.000,00 EUR
Pkw	14.000,00 EUR
Kassenbestand lt. Inventurliste 8	1.400,00 EUR
Verwaltungsgebäude	342.000,00 EUR
Forderungen aus Lieferungen und Leistungen Baumarkt Müller, Stuttgart	17.100,00 EUR
Fertigerzeugnisse Küchenspülen	13.000,00 EUR
Verbindlichkeiten aus Lieferungen und Leistungen Sägewerk Black-Forest, Baiersbronn	13.250,00 EUR
Verbindlichkeiten aus Lieferungen und Leistungen BASA Farben und Lacke, Ulm	26.800,00 EUR
Grundstücke: Industriepark, In der Aue 7	178.000,00 EUR
Sprinter	43.000,00 EUR
Forderungen aus Lieferungen und Leistungen Flaschnerei Baum, Tübingen	5.800,00 EUR
Darlehen bei Sparkasse Freudenstadt	346.000,00 EUR
Verbindlichkeiten aus Lieferungen und Leistungen Kieswerke Südbaden	62.100,00 EUR
Guthaben Volksbank Freudenstadt	45.300,00 EUR
Maschinen lt. Inventurliste 9	233.000,00 EUR
Lagereinrichtung lt. Inventurliste 1	120.000,00 EUR
Verkauf- und Verwaltungseinrichtung lt. Inventurliste 2	55.000,00 EUR
Forderungen aus Lieferungen und Leistungen Sanitärgroßhandel, VS-Villingen	22.600,00 EUR
Verbindlichkeiten aus Lieferungen und Leistungen Glaswerke Karlsruhe	29.350,00 EUR
Produktionshalle I	467.000,00 EUR
Rohstoffe lt. Inventurliste 4	45.000,00 EUR
Fertigerzeugnisse Badmöbel	48.000,00 EUR
Unfertige Erzeugnisse lt. Inventurliste 7	18.000,00 EUR

a Erstellen Sie das Inventar. Achten Sie dabei auf die Gliederung der Vermögensteile nach steigender Flüssigkeit und der Schulden nach Fälligkeit.
b Berechnen Sie das Reinvermögen.
c Erstellen Sie eine Bilanz.

Zusammenfassung: 2 Inventur, Inventar und Bilanz

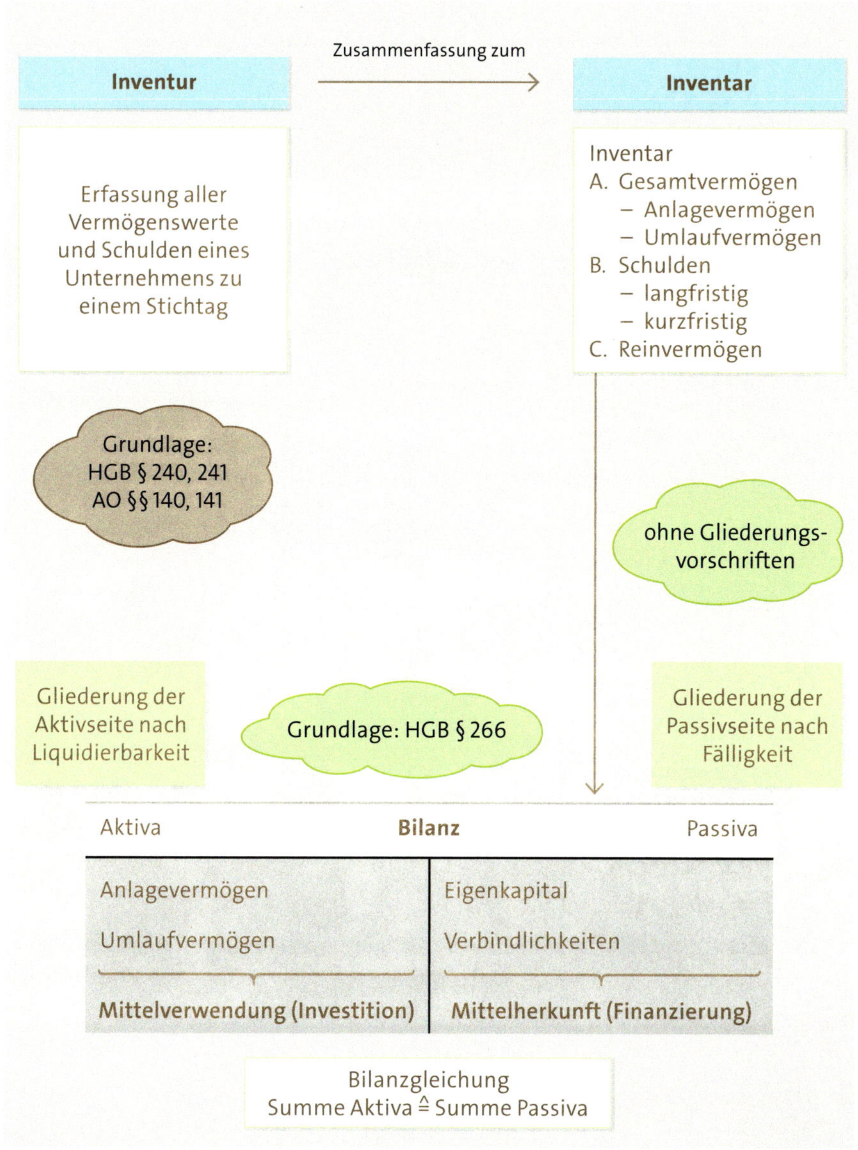

Inventur — Zusammenfassung zum → **Inventar**

Inventur: Erfassung aller Vermögenswerte und Schulden eines Unternehmens zu einem Stichtag

Inventar
A. Gesamtvermögen
  – Anlagevermögen
  – Umlaufvermögen
B. Schulden
  – langfristig
  – kurzfristig
C. Reinvermögen

Grundlage:
HGB § 240, 241
AO §§ 140, 141

ohne Gliederungsvorschriften

Gliederung der Aktivseite nach Liquidierbarkeit

Grundlage: HGB § 266

Gliederung der Passivseite nach Fälligkeit

Aktiva	Bilanz	Passiva
Anlagevermögen		Eigenkapital
Umlaufvermögen		Verbindlichkeiten
Mittelverwendung (Investition)		**Mittelherkunft (Finanzierung)**

Bilanzgleichung
Summe Aktiva ≙ Summe Passiva

3 Aufzeichnung von Geschäftsfällen auf Bestandskonten

Während eines Geschäftsjahres fallen im Unternehmen verschiedene Geschäftsfälle an:

- Eine Verbindlichkeit gegenüber einem Lieferanten wird in ein langfristiges Bankdarlehen umgewandelt.
- Ein Kunde begleicht seine offene Rechnung.
- Das Unternehmen begleicht eine offene Rechnung durch Banküberweisung.
- Es werden Rohstoffe auf Rechnung eingekauft.

Wie verändern Geschäftsfälle die Vermögens- und Schuldenstruktur eines Unternehmens?

3.1 Werteveränderungen von Bilanzpositionen

Die Bilanz beinhaltet Vermögens-, Schulden- und Eigenkapitalwerte, die zu einem bestimmten Zeitpunkt (Stichtag) festgestellt wurden – vergleichbar mit einem Foto, das einen Moment zu einem bestimmten Zeitpunkt festhält. Ereignet sich ein

3 Aufzeichnung von Geschäftsfällen auf Bestandskonten

Geschäftsfall nach dem Stichtag, so verändert sich die Bilanz und es muss eine neue Bestandsaufnahme erfolgen, um darauf aufbauend eine neue Bilanz zu erstellen.

Jeder Geschäftsfall, z. B. Kauf von Rohstoffen auf Rechnung, verändert mindestens zwei Bilanzpositionen. Dabei werden vier Möglichkeiten unterschieden:

Aktivtausch   Passivtausch   Aktiv-Passiv-Mehrung   Aktiv-Passiv-Minderung

Um Geschäftsfälle bearbeiten zu können, ist bei jedem Einzelnen zu prüfen:
1. Welche Bilanzpositionen werden von diesem Geschäftsfall berührt?
2. Befinden sich diese Positionen auf der Aktiv- oder Passivseite der Bilanz?
3. Nehmen diese Positionen wertmäßig zu oder ab?
4. Um welche Art der Bilanzveränderung handelt es sich?

● **Ausgangsbilanz**

Bilanz zum 31. Dezember 20.., in EUR
Der Fahrradladen, Gewerbepark Ost 5, 72250 Freudenstadt

Aktiva		Passiva	
A. Anlagevermögen		**A. Eigenkapital**	395.625,00
I. SACHANLAGEN			
1. Grundstücke	173.000,00	**B. Verbindlichkeiten**	
2. Bauten auf eigenen Grundstücken	240.000,00	1. Verbindlichkeiten gegenüber Kreditinstituten	261.750,00
3. Maschinen	75.000,00		
4. Fuhrpark	41.000,00	2. Verbindlichkeiten aus Lieferungen und Leistungen	27.010,00
5. Betriebs- und Geschäftsausstattung	12.000,00		
B. Umlaufvermögen			
I. VORRÄTE			
1. Rohstoffe	17.500,00		
2. Hilfsstoffe	3.500,00		
3. Betriebsstoffe	6.500,00		
4. Unfertige Erzeugnisse	1.500,00		
5. Fertigerzeugnisse	82.000,00		
II. FORDERUNGEN und sonstige VERMÖGENSGEGENSTÄNDE			
1. Forderungen aus Lieferungen und Leistungen	8.009,00		
III. KASSENBESTAND und GUTHABEN bei KREDITINSTITUTEN			
1. Kassenbestand	756,00		
2. Guthaben bei Banken	23.620,00		
	684.385,00		**684.385,00**

Freudenstadt, 31. Dezember 20..   *Klara Weitsicht*

V Einführung in das externe Rechnungswesen

● Aktivtausch

Ein Geschäftsfall berührt zwei Positionen auf der Aktivseite. Eine Position nimmt dabei wertmäßig zu, eine andere ab. Die Bilanzsumme bleibt unverändert.

Aktiva	Bilanz	Passiva
Mehrung einer Position	⊕	
Minderung einer Position	⊖	

Geschäftsfall 1

Ein Kunde begleicht seine Rechnung über 5.250,00 EUR per Banküberweisung.

1. Welche Bilanzpositionen werden von diesem Geschäftsfall berührt?
   - Forderungen aus LuL
   - Bank
2. Befinden sich diese Positionen auf der Aktiv- oder Passivseite der Bilanz?
   beide Positionen = Aktivseite
3. Nehmen diese Positionen wertmäßig zu oder ab?
   - Forderungen aus LuL nehmen ab
   - Bank nimmt zu
4. Um welche Art der Bilanzveränderung handelt es sich?
   Aktivtausch

● Bilanz nach dem 1. Geschäftsfall:

Bilanz zum 31. Dezember 20.., in EUR
Der Fahrradladen, Gewerbepark Ost 5, 72250 Freudenstadt

Aktiva		Passiva	
A. Anlagevermögen		**A. Eigenkapital**	395.625,00
I. SACHANLAGEN			
1. Grundstücke	173.000,00	**B. Verbindlichkeiten**	
2. Bauten auf eigenen Grundstücken	240.000,00	1. Verbindlichkeiten gegenüber Kreditinstituten	261.750,00
3. Maschinen	75.000,00		
4. Fuhrpark	41.000,00	2. Verbindlichkeiten aus Lieferungen und Leistungen	27.010,00
5. Betriebs- und Geschäftsausstattung	12.000,00		
B. Umlaufvermögen			
I. VORRÄTE			
1. Rohstoffe	17.500,00		
2. Hilfsstoffe	3.500,00		
3. Betriebsstoffe	6.500,00		
4. Unfertige Erzeugnisse	1.500,00		
5. Fertigerzeugnisse	82.000,00		
II. FORDERUNGEN und sonstige VERMÖGENSGEGENSTÄNDE			
1. Forderungen aus Lieferungen und Leistungen	2.759,00		
III. KASSENBESTAND und GUTHABEN bei KREDITINSTITUTEN			
1. Kassenbestand	756,00		
2. Guthaben bei Banken	28.870,00		
	684.385,00		**684.385,00**

Freudenstadt, 31. Dezember 20..   *Klara Weitsicht*

3 Aufzeichnung von Geschäftsfällen auf Bestandskonten

● **Passivtausch**

Ein Geschäftsfall berührt zwei Positionen auf der Passivseite. Die eine Position nimmt dabei wertmäßig zu und die andere ab. Die Bilanzsumme bleibt unverändert.

Aktiva	Bilanz	Passiva
	Mehrung einer Position	⊕
	Minderung einer Position	⊖

Geschäftsfall 2

Eine Verbindlichkeit aus LuL über 10.800,00 EUR wird durch eine Kreditaufnahme in ein Bankdarlehen umgewandelt.

1. Welche Bilanzpositionen werden von diesem Geschäftsfall berührt?
   - Darlehen
   - Verbindlichkeiten aus LuL
2. Befinden sich diese Positionen auf der Aktiv- oder Passivseite der Bilanz?
   beide Positionen = Passivseite
3. Nehmen diese Positionen wertmäßig zu oder ab?
   - Darlehen nimmt zu
   - Verbindlichkeiten aus LuL nehmen ab
4. Um welche Art der Bilanzveränderung handelt es sich?
   Passivtausch

● **Bilanz nach dem 2. Geschäftsfall:**

Bilanz zum 31. Dezember 20.., in EUR
Der Fahrradladen, Gewerbepark Ost 5, 72250 Freudenstadt

Aktiva		Passiva	
A. Anlagevermögen		A. Eigenkapital	395.625,00
I. SACHANLAGEN			
1. Grundstücke	173.000,00	B. Verbindlichkeiten	
2. Bauten auf eigenen Grundstücken	240.000,00	1. Verbindlichkeiten gegenüber Kreditinstituten	272.550,00
3. Maschinen	75.000,00		
4. Fuhrpark	41.000,00	2. Verbindlichkeiten aus Lieferungen und Leistungen	16.210,00
5. Betriebs- und Geschäftsausstattung	12.000,00		
B. Umlaufvermögen			
I. VORRÄTE			
1. Rohstoffe	17.500,00		
2. Hilfsstoffe	3.500,00		
3. Betriebsstoffe	6.500,00		
4. Unfertige Erzeugnisse	1.500,00		
5. Fertigerzeugnisse	82.000,00		
II. FORDERUNGEN und sonstige VERMÖGENSGEGENSTÄNDE			
1. Forderungen aus Lieferungen und Leistungen	2.759,00		
III. KASSENBESTAND und GUTHABEN bei KREDITINSTITUTEN			
1. Kassenbestand	756,00		
2. Guthaben bei Banken	28.870,00		
	684.385,00		**684.385,00**

Freudenstadt, 31. Dezember 20.. *Klara Weitsicht*

V Einführung in das externe Rechnungswesen

● **Aktiv-Passiv-Mehrung**

Ein Geschäftsfall berührt je eine Position auf der Aktiv- bzw. Passivseite. Beide Positionen nehmen dabei wertmäßig zu. Die Bilanzsumme wird erhöht (Bilanzverlängerung).

Aktiva	Bilanz	Passiva
Mehrung einer Position (+)		Mehrung einer Position (+)

Geschäftsfall 3

Das Unternehmen kauft Rohstoffe auf Rechnung in Höhe von 7.500,00 EUR.

1. Welche Bilanzpositionen werden von diesem Geschäftsfall berührt?
   - Rohstoffe
   - Verbindlichkeiten aus LuL
2. Befinden sich diese Positionen auf der Aktiv- oder Passivseite der Bilanz?
   - Rohstoffe = Aktivseite
   - Verbindlichkeiten aus LuL = Passivseite
3. Nehmen diese Positionen wertmäßig zu oder ab?
   - Rohstoffe nehmen zu
   - Verbindlichkeiten aus LuL nehmen zu
4. Um welche Art der Bilanzveränderung handelt es sich?
   Aktiv-Passiv-Mehrung (→ Bilanzverlängerung)

● **Bilanz nach dem 3. Geschäftsfall:**

Bilanz zum 31. Dezember 20.., in EUR
Der Fahrradladen, Gewerbepark Ost 5, 72250 Freudenstadt

Aktiva		Passiva	
A. Anlagevermögen		A. Eigenkapital	395.625,00
I. SACHANLAGEN			
1. Grundstücke	173.000,00	B. Verbindlichkeiten	
2. Bauten auf eigenen Grundstücken	240.000,00	1. Verbindlichkeiten gegenüber Kreditinstituten	272.550,00
3. Maschinen	75.000,00		
4. Fuhrpark	41.000,00	2. Verbindlichkeiten aus Lieferungen und Leistungen	23.710,00
5. Betriebs- und Geschäftsausstattung	12.000,00		
B. Umlaufvermögen			
I. VORRÄTE			
1. Rohstoffe	25.000,00		
2. Hilfsstoffe	3.500,00		
3. Betriebsstoffe	6.500,00		
4. Unfertige Erzeugnisse	1.500,00		
5. Fertigerzeugnisse	82.000,00		
II. FORDERUNGEN und sonstige VERMÖGENSGEGENSTÄNDE			
1. Forderungen aus Lieferungen und Leistungen	2.759,00		
III. KASSENBESTAND und GUTHABEN bei KREDITINSTITUTEN			
1. Kassenbestand	756,00		
2. Guthaben bei Banken	28.870,00		
	691.885,00		**691.885,00**

Freudenstadt, 31. Dezember 20.. *Klara Weitsicht*

3 Aufzeichnung von Geschäftsfällen auf Bestandskonten

● Aktiv-Passiv-Minderung

Ein Geschäftsfall berührt je eine Position auf der Aktiv- bzw. Passivseite. Beide Positionen nehmen dabei wertmäßig ab. Die Bilanzsumme wird vermindert (Bilanzverkürzung).

Aktiva	Bilanz	Passiva
Minderung einer Position ⊖	Minderung einer Position	⊖

Geschäftsfall 4

Das Unternehmen begleicht eine offene Rechnung über 2.400,00 EUR per Banküberweisung.

1. Welche Bilanzpositionen werden von diesem Geschäftsfall berührt?
   - Bank
   - Verbindlichkeiten aus LuL
2. Befinden sich diese Positionen auf der Aktiv- oder Passivseite der Bilanz?
   - Bank = Aktivseite
   - Verbindlichkeiten aus LuL = Passivseite
3. Nehmen diese Positionen wertmäßig zu oder ab?
   - Bank nimmt ab
   - Verbindlichkeiten aus LuL nehmen ab
4. Um welche Art der Bilanzveränderung handelt es sich?
   Aktiv-Passiv-Minderung (→ Bilanzverkürzung)

● Bilanz nach dem 4. Geschäftsfall:

Bilanz zum 31. Dezember 20.., in EUR
Der Fahrradladen, Gewerbepark Ost 5, 72250 Freudenstadt

Aktiva		Passiva	
A. Anlagevermögen		A. Eigenkapital	395.625,00
I. SACHANLAGEN			
1. Grundstücke	173.000,00	B. Verbindlichkeiten	
2. Bauten auf eigenen Grundstücken	240.000,00	1. Verbindlichkeiten gegenüber Kreditinstituten	272.550,00
3. Maschinen	75.000,00		
4. Fuhrpark	41.000,00	2. Verbindlichkeiten aus Lieferungen und Leistungen	21.310,00
5. Betriebs- und Geschäftsausstattung	12.000,00		
B. Umlaufvermögen			
I. VORRÄTE			
1. Rohstoffe	25.000,00		
2. Hilfsstoffe	3.500,00		
3. Betriebsstoffe	6.500,00		
4. Unfertige Erzeugnisse	1.500,00		
5. Fertigerzeugnisse	82.000,00		
II. FORDERUNGEN und sonstige VERMÖGENSGEGENSTÄNDE			
1. Forderungen aus Lieferungen und Leistungen	2.759,00		
III. KASSENBESTAND und GUTHABEN bei KREDITINSTITUTEN			
1. Kassenbestand	756,00		
2. Guthaben bei Banken	26.470,00		
	689.485,00		**689.485,00**

Freudenstadt, 31. Dezember 20.. *Klara Weitsicht*

V Einführung in das externe Rechnungswesen

Eine Wertveränderung der Bilanzposten beeinträchtigt nicht die Gleichheit von Aktiva (Vermögen) und Passiva (Kapital). Das Eigenkapital bleibt bei allen vier Geschäftsfällen unverändert. Diese Geschäftsfälle nennt man erfolgsunwirksame **(erfolgsneutrale)** Geschäftsfälle.

3.2 Von der Bilanz zu den Bestandskonten

Die Erstellung einer Bilanz nach jedem Geschäftsfall ist in der Praxis nicht durchführbar, da es im Alltagsgeschäft überhaupt keine Zeit dafür gibt. Durch einen Geschäftsfall werden zwar mindestens zwei Bilanzpositionen verändert, jedoch ist es nicht notwendig, alle Bilanzpositionen durch eine Inventur erneut zu prüfen und festzuhalten. Zur Erleichterung der Arbeit (keine erneute Aufstellung einer Bilanz) und zwecks der Übersichtlichkeit (bei umfangreichen Bilanzen ist die Veränderung durch einen Geschäftsfall nicht sofort ersichtlich) wird für jede Bilanzposition ein eigenes Konto geführt.

Die Konten werden von der Bilanz abgeleitet und führen die Bestände, die durch die Inventur ermittelt wurden, als sogenannte Anfangsbestände. Diese Konten werden Bestandskonten genannt. Die Bestandskonten lassen sich in zwei Gruppen aufteilen:

- **aktive Bestandskonten**
  alle Bilanzpositionen auf der Aktivseite der Bilanz
- **passive Bestandskonten**
  alle Bilanzpositionen auf der Passivseite der Bilanz

● **Übertragung der Anfangsbestände am Geschäftsjahresanfang**

Die Inventurwerte sind die Anfangsbestände der Bestandskonten. Bei aktiven Bestandskonten werden die Anfangsbestände auf die linke Kontenseite, die sogenannte Sollseite (S), vorgetragen. Bei passiven Bestandskonten werden die Anfangsbestände auf die rechte Kontenseite, Habenseite (H), eingetragen.

Systematik

Soll	Aktives Bestandskonto	Haben		Soll	Passives Bestandskonto	Haben
Anfangsbestand						Anfangsbestand

Bilanz nach dem Geschäftsfall 4
▶ V Kapitel 3.1

Aus der Bilanz ▶ ergeben sich nachstehende Bestandskonten:

Soll	BGA[1]	Haben		Soll	Verb. aus LuL	Haben
Anfangsbestand	12.000,00				Anfangsbestand	21.310,00

[1] BGA: Betriebs- und Geschäftsausstattung

● **Buchung der Geschäftsfälle im laufenden Geschäftsjahr**

Ein Geschäftsfall mehrt oder mindert den Anfangsbestand des Bestandskontos. Aktive Bestandskonten nehmen auf der Sollseite und passive Bestandskonten nehmen auf der Habenseite zu (**Bestandsmehrung**).

3 Aufzeichnung von Geschäftsfällen auf Bestandskonten

Eine **Bestandsminderung** wird auf einem aktiven Bestandskonto auf der Habenseite und auf einem passiven Bestandskonto auf der Sollseite gebucht.

Systematik

Soll	Aktives Bestandskonto	Haben
Anfangsbestand (+) Bestandsmehrung		(−) Bestandsminderung

Soll	Passives Bestandskonto	Haben
(−) Bestandsminderung		Anfangsbestand (+) Bestandsmehrung

Geschäftsfall 1

„Wir"[1] kaufen eine Werkbank für die Reparaturwerkstatt in Höhe von 5.300,00 EUR auf Rechnung (= auf Ziel).

betroffene Konten	Betriebs- und Geschäftsausstattung (BGA)	Verbindlichkeiten aus LuL
Kontenart	aktives Bestandskonto	passives Bestandskonto
Mehrung oder Minderung	Mehrung (+ 5.300,00 EUR)	Mehrung (+ 5.300,00 EUR)
Buchung auf der	Sollseite	Habenseite

Soll	BGA		Haben
Anfangsbestand	12.000,00		
① Verb. aus LuL	5.300,00		

Soll	Verb. aus LuL		Haben
		Anfangsbestand	21.310,00
		① BGA	5.300,00

Jeder Geschäftsfall berührt mindestens zwei Konten ▶. Als Hilfestellung werden bei der Verbuchung in T-Konten das sogenannte Gegenkonto und eine Nummerierung mit angegeben.

[1] Die Buchhalter betrachten jeden Geschäftsfall aus Sicht des Unternehmens. Im Allgemeinen spricht man hier auch von „wir" bzw. „uns".

Im obigen Geschäftsfall sind die Konten *BGA* und *Verbindlichkeiten aus LuL* betroffen. Das Konto *BGA* nimmt um 5.300,00 EUR zu (Buchung auf der Sollseite) und das Gegenkonto *Verbindlichkeiten aus LuL* wird davor vermerkt.

„Prinzip der Doppik"
▶ V Kapitel 4.1

Geschäftsfall 2

Unser Kunde begleicht seine offene Rechnung über 1.500,00 EUR auf unser Bankkonto.

betroffene Konten	Bank	Forderungen aus LuL
Kontenart	aktives Bestandskonto	aktives Bestandskonto
Mehrung oder Minderung	Mehrung (+ 1.500,00 EUR)	Minderung (− 1.500,00 EUR)
Buchung auf der	Sollseite	Habenseite

Soll	Bank		Haben
Anfangsbestand	26.470,00		
② Ford. aus LuL	1.500,00		

Soll	Ford. aus LuL		Haben
Anfangsbestand	2.759,00	② Bank	1.500,00

● **Abschluss der Bestandskonten mit Ermittlung der Schlussbestände am Geschäftsjahresende**

Am Geschäftsjahresende ergeben sich aus den Anfangsbeständen, den Bestandsmehrungen und -minderungen die Schlussbestände (Salden).

Bei aktiven Bestandskonten stehen die Schlussbestände auf der Habenseite, bei passiven Bestandskonten auf der Sollseite des Kontos.

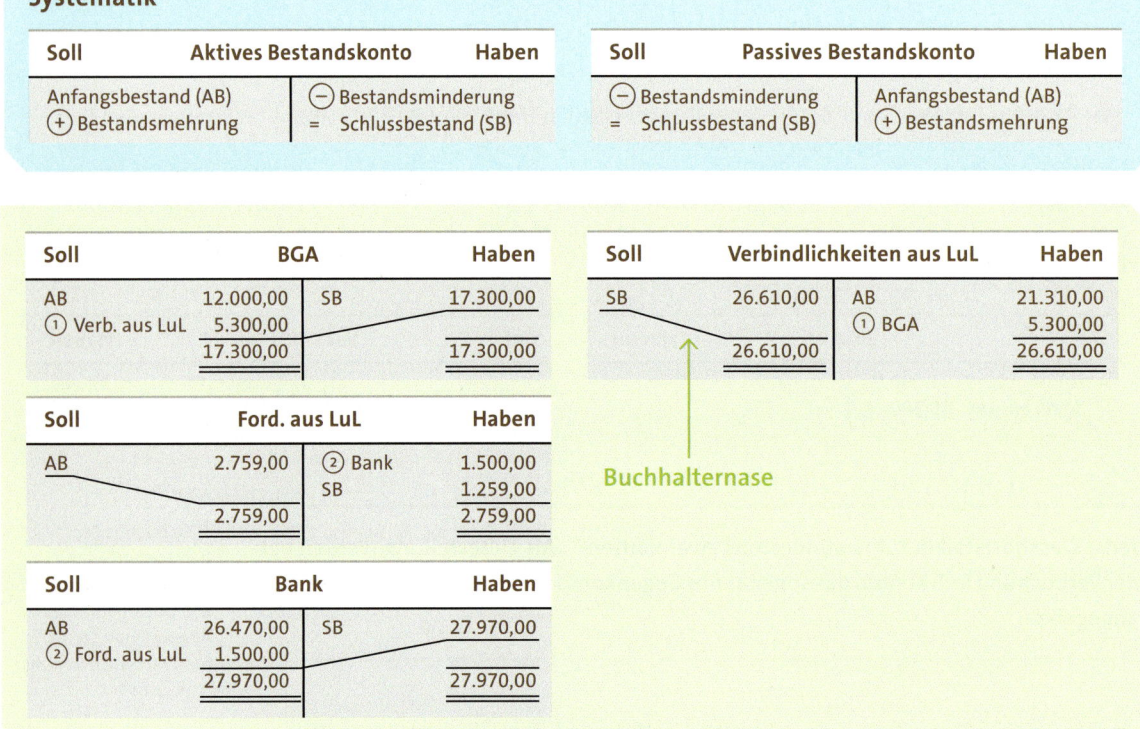

Beim Kontenabschluss wird in folgender Reihenfolge vorgegangen:
1. Um die Kontensumme zu ermitteln, wird die wertmäßig stärkere Kontoseite addiert.
2. Die Kontensumme wird auf die andere Kontenseite übertragen.
3. Der Schlussbestand wird als Differenz (= Saldo) auf der wertmäßig schwächeren Kontoseite ermittelt.
4. Falls sich ein Leerraum auf einer Kontoseite ergibt, wird dieser durch die Buchhalternase entwertet.

● **Erstellung der Bilanz am Geschäftsjahresende**

Mit den ermittelten Schlussbeständen der Bestandskonten wird am Geschäftsjahresende die Bilanz erstellt. Ausnahme: Ergab die Inventur Abweichungen▶, so müssen die Bestandskonten vorab korrigiert werden. Beide Seiten der Bilanz müssen in der Summe identisch sein, da Vermögen (Aktiva) und Kapital (Passiva) gleich groß sind.

Inventurdifferenzen
▶ V Kapitel 9.2

3 Aufzeichnung von Geschäftsfällen auf Bestandskonten

3.3 Buchungssatz

Wie oben schon erwähnt, verändert jeder Beleg (Geschäftsfall) den Wert von mindestens zwei Konten ▶. Die Überlegungen im Hintergrund können auf zwei Angaben reduziert werden:

Wertveränderungen der Bilanz
▶  Kapitel 3.1

1. Welche Konten sind betroffen?
2. Auf welcher Kontenseite ist der Betrag zu buchen?

Diese reduzierte Angabe wird im sogenannten Buchungssatz zusammengefasst.

Für die Reihenfolge, in der ein Buchungssatz formuliert wird, gilt folgende Regel: erst das auf der Sollseite betroffene Konto mit dem zugehörigen Betrag, dann das Wort „an" und schließlich das auf der Habenseite betroffene Konto.

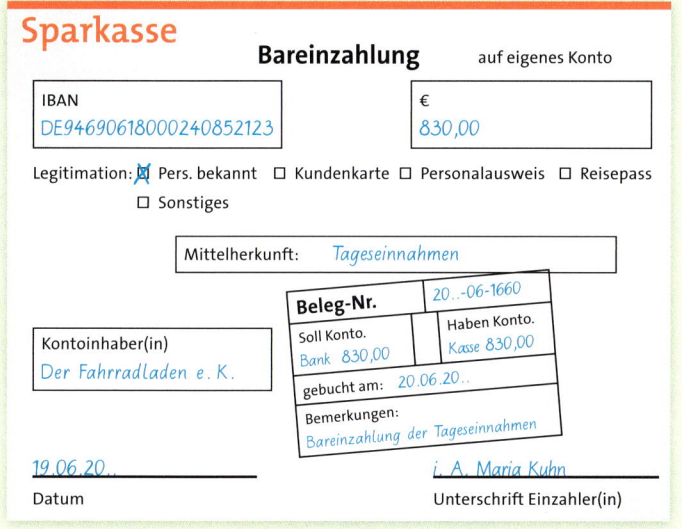

Überlegungen im Hintergrund:
- Der Geschäftsfall berührt die beiden Konten *Bank* und *Kasse*.
- *Bank* und *Kasse* sind zwei aktive Bestandskonten.
- *Bank* nimmt zu (Buchung auf der Sollseite).
- *Kasse* nimmt ab (Buchung auf der Habenseite).

Darstellung des Geschäftsfalls in T-Konten:

Soll	Bank	Haben		Soll	Kasse	Haben
Kasse	830,00				Bank	830,00

Buchungssatz

Geschäftsfall	Konten	Soll	Haben
Wir zahlen von unserer Kasse auf das Bankkonto ein.	Bank an Kasse	830,00	830,00

Gelesen wird der Buchungssatz:
Bank   830,00 EUR   an   Kasse   830,00 EUR

V Einführung in das externe Rechnungswesen

▶ Beleg „Bareinzahlung" auf der Vorseite

Nach der erfolgreichen Prüfung ist jeder Beleg mit einem **Kontierungsstempel**▶ zu versehen und sind die entsprechenden Felder auszufüllen. Im Kontierungsstempel werden Angaben wie die interne Belegnummer und die Buchungsanweisung vorab vermerkt, um so die spätere Buchungsdurchführung zu erleichtern.

Bei dem **einfachen Buchungssatz** werden nur zwei Konten von einem Geschäftsfall berührt. Sind durch einen Geschäftsfall mehrere Konten auf einer Seite betroffen, so spricht man von einem **zusammengesetzten Buchungssatz**.

Der Fahrradladen hat eine alte Verbindlichkeit aus LuL über 1.250,00 EUR. Bei einem Besuch beim Lieferanten bezahlen wir 250,00 EUR in bar und den Rest per Banküberweisung.

Überlegungen im Hintergrund:
- Der Geschäftsfall berührt die Konten *Bank*, *Kasse* und *Verbindlichkeiten aus LuL*.
- *Verb. aus LuL* ist ein passives Bestandskonto.
- *Bank* und *Kasse* sind aktive Bestandskonten.
- *Verbindlichkeiten aus LuL* nimmt ab (Buchung auf der Sollseite).
- *Bank* nimmt ab (Buchung auf der Habenseite).
- *Kasse* nimmt ab (Buchung auf der Habenseite).

Buchungssatz

Geschäftsfall	Konten	Soll	Haben
Wir begleichen eine alte Rechnung über 1.250,00 EUR, davon 250,00 EUR bar und den Rest per Überweisung.	Verb. aus LuL an Bank Kasse	1.250,00	1.000,00 250,00

Gelesen wird der zusammengesetzte Buchungssatz:
Verb. aus LuL   1.250,00 EUR   an   Bank   1.000,00
                                        Kasse   250,00

Darstellung in T-Konten:

Soll	Verb. aus LuL	Haben
Bank/Kasse	1.250,00	

Soll	Bank	Haben
	Verb. aus LuL	1.000,00

Soll	Kasse	Haben
	Verb. aus LuL	250,00

Bei jedem Buchungssatz gilt: ∑ Betrag im Soll ≙ ∑ Betrag im Haben

3.4 Vom Eröffnungsbilanzkonto zum Schlussbilanzkonto

Bei der Bildung der Bestandskonten werden sämtliche Vermögenspositionen einer Eröffnungsbilanz in Aktivkonten und alle Kapitalpositionen in Passivkonten gebucht. Hierbei entsteht buchhalterisch eine Schwierigkeit. Die Anfangsbestände bei Aktivkonten stehen auf der Sollseite und bei Passivkonten auf der Habenseite. Bucht man die Anfangsbestände aus der Eröffnungsbilanz direkt in die entsprechenden Bestandskonten, so ergibt sich das Problem, dass bei jeder Eröffnungsbuchung beide Konten auf der Sollseite bzw. auf der Habenseite betroffen sind. Ein Grundsatz der doppelten

3 Aufzeichnung von Geschäftsfällen auf Bestandskonten

Buchführung – *bei einer Buchung ist immer mindestens ein Konto im Soll und ein Konto im Haben betroffen* – wird an dieser Stelle nicht eingehalten. Damit die doppelte Buchführung ▶ weiterhin bestehen bleibt, bedient man sich eines einfachen Hilfsmittels und führt ein neues Konto ein – das **Eröffnungsbilanzkonto**. Das Eröffnungsbilanzkonto (EBK) steht zwischen einer Eröffnungsbilanz und den Bestandskonten und hat nur einen formalen Charakter (damit die Doppik durchgehend verläuft).

Ausführliches zur doppelten Buchführung (Doppik)
▶ **v** Kapitel 4.1

Das Eröffnungsbilanzkonto ist, wie der Name schon sagt, ein Konto und die Kontenseiten werden mit Soll und Haben bezeichnet. Auf der Sollseite werden die Passivposten der Bilanz ausgewiesen und auf der Habenseite die Aktivposten. Das Eröffnungsbilanzkonto ist somit das **Spiegelbild der Eröffnungsbilanz.**

Buchungssatz zur Eröffnung eines Bestandskontos:
Aktives Bestandskonto an Eröffnungsbilanzkonto
Eröffnungsbilanzkonto an Passives Bestandskonto

Aktiva	Eröffnungsbilanz	Passiva
Aktive Bestandskonten	Passive Bestandskonten	

Soll	Eröffnungsbilanzkonto	Haben
Passive Bestandskonten	Aktive Bestandskonten	

Soll	Aktives Bestandskonto	Haben	Soll	Passives Bestandskonto	Haben
Anfangsbestand					Anfangsbestand

Am Geschäftsjahresende werden sämtliche Bestandskonten über das **Schlussbilanzkonto** (SBK) abgeschlossen. Bei diesem Konto werden die Schlussbestände der aktiven Konten auf die Sollseite und der passiven Konten auf die Habenseite gebucht. Somit stellt es nicht wie das Eröffnungsbilanzkonto ein Spiegelbild dar, sondern kann, wenn die ermittelten Schlussbestände mit den Inventurbeständen übereinstimmen, **gleich als Schlussbilanz** verwendet werden.

Buchungssatz zum Abschluss eines Bestandskontos:
Schlussbilanzkonto an Aktivkonten
Passivkonten an Schlussbilanzkonto

Soll	Aktives Bestandskonto	Haben	Soll	Passives Bestandskonto	Haben
	Schlussbestand		Schlussbestand		

Soll	Schlussbilanzkonto	Haben
Aktives Bestandskonto	Passives Bestandskonto	

Aktiva	Schlussbilanz	Passiva
Aktive Bestandskonten	Passive Bestandskonten	

V Einführung in das externe Rechnungswesen

Vorlagen:
- Grundbuch (Journal)
- Hauptbuch (T-Konten)

▸ Webcode WGW_V_3

Aufgaben zu Kapitel 3

1. Worin unterscheiden sich die Bereiche Anlage- und Umlaufvermögen?

2. Ordnen Sie folgende Positionen den Bereichen Anlagevermögen (I) und Umlaufvermögen (II) nach ihrer Liquidierbarkeit zu:
Grundstücke; Betriebs- und Geschäftsausstattung; Fertige Erzeugnisse; Bankguthaben; Technische Anlagen; Forderungen aus Lieferungen und Leistungen; Kassenbestand; Geschäfts- oder Firmenwert; Wertpapiere des Umlaufvermögens; Rohstoffe

3. Erklären Sie anhand von geeigneten Beispielen die Begriffe Aktivtausch, Passivtausch, Aktiv-Passiv-Mehrung und Aktiv-Passiv-Minderung. Gehen Sie darüber hinaus auf die Begriffe der Bilanzverlängerung bzw. -verkürzung ein.

4. Welche Gleichungen könnten aus der Bilanz abgelesen werden?

5. Erklären Sie, was unter Fremd- und Eigenbelegen zu verstehen ist. Nennen Sie je drei Beispiele.

Hinweis:
Die Umsatzsteuer bleibt in Aufgabe 6 noch unberücksichtigt.

6. Erstellen Sie zu den gegebenen Geschäftsfällen die Buchungssätze:

 1 Wir kaufen ein Grundstück und nehmen dazu ein Bankdarlehen über 200.000,00 EUR auf.
 2 Ein Kunde kauft Ware für 5.000,00 EUR und bezahlt per Bankkarte.
 3 Wir begleichen eine offene Rechnung eines Lieferanten in Höhe von 1.750,00 EUR per Banküberweisung.
 4 Wir kaufen Rohstoffe für die Produktion im Wert von 4.900,00 EUR auf Ziel.
 5 Die Ladeneinrichtung wird erneuert. Dafür wird ein Regal für 7.000,00 EUR gegen Rechnung gekauft.
 6 Der neue Transporter kostet 23.500,00 EUR und wird mit einer Anzahlung von 3.500,00 EUR und der Rest per Bankdarlehen bezahlt.
 7 Ein Kunde kauft Handelswaren in Höhe von 3.300,00 EUR und Fertigerzeugnisse für 6.700,00 EUR auf Rechnung.
 8 Eine Lieferantenschuld über 14.000,00 EUR wird in ein langfristiges Darlehen umgewandelt.
 9 Ein Kunde kauft Handelsware und begleicht 700,00 EUR bar und den Rest der 1.800,00 EUR per Banküberweisung.
 10 Beim Bankengang werden 1.650,00 EUR auf das Bankkonto einbezahlt.
 11 Die Rechnung aus Geschäftsfall 4 wird beglichen.
 12 Die erste Tilgungsrate für das Bankdarlehen aus Geschäftsfall 1 in Höhe von 3.000,00 EUR wird fällig.
 13 Ein Kunde schickt defekt gelieferte Handelsware an uns zurück und es werden ihm 350,00 EUR zurücküberwiesen.
 14 Die Verbindlichkeit aus Fall 5 wird per Banküberweisung beglichen.
 15 Der Kunde von Geschäftsfall 7 begleicht den Teilbetrag von 6.700,00 EUR mit einer Anzahlung von 30 % und den Rest per Banküberweisung.

3 Aufzeichnung von Geschäftsfällen auf Bestandskonten

7. Führen Sie das Konto *Bank* (AB 6.900,00 EUR) und das Konto *Verbindlichkeiten aus LuL* (AB 14.400,00 EUR).

   a Buchen Sie die folgenden Geschäftsfälle, ohne die betroffenen Gegenkonten zu führen:

   > 1 Kauf einer Empfangstheke für den Empfangsbereich auf Rechnung, 17.500,00 EUR
   > 2 Umwandlung einer Lieferantenschuld in eine Darlehensschuld, 16.000,00 EUR
   > 3 Ausgleich einer Lieferantenrechnung in bar, 3.200,00 EUR
   > 4 Gutschrift auf das Bankkonto von einem Lieferanten. Grund: Rücksendung mangelhafter Rohstoffe, 800,00 EUR
   > 5 Einkauf von Rohstoffen durch Banküberweisung, 4.600,00 EUR
   > 6 Bareinzahlung auf das Bankkonto, 520,00 EUR
   > 7 Kunde begleicht Rechnung durch Banküberweisung, 13.700,00 EUR
   > 8 Zieleinkauf von Handelswaren, 8.400,00 EUR

   b Begründen Sie, warum es sich bei allen vorliegenden Geschäftsfällen um erfolgsneutrale Fälle handelt.

8. Die Armbruster Ofenbauer OHG hat zum vergangenen Geschäftsjahr folgende Bilanz erstellt:

   Bilanz zum 31. Dezember 20.., in EUR
   Armbruster Ofenbauer OHG

Aktiva		Passiva	
A. Anlagevermögen		A. Eigenkapital	1.578.000,00
I. SACHANLAGEN			
1. Grundstücke mit Gebäude	720.000,00	B. Verbindlichkeiten	
2. Technische Anlagen/Maschinen	360.000,00	1. Verbindlichkeiten gegenüber Kreditinstituten	480.000,00
3. Betriebs- und Geschäftsausstattung	144.000,00		
B. Umlaufvermögen		2. Verbindlichkeiten aus Lieferungen und Leistungen	240.000,00
I. VORRÄTE			
1. Vorräte (RHB-Stoffe)	240.000,00	3. Sonstige Verbindlichkeiten	60.000,00
2. Fertigerzeugnisse	96.000,00		
3. Unfertige Erzeugnisse	24.000,00		
II. FORDERUNGEN und sonstige VERMÖGENSGEGENSTÄNDE			
1. Forderungen aus Lieferungen und Leistungen	540.000,00		
III. KASSENBESTAND und GUTHABEN bei KREDITINSTITUTEN			
1. Kasse	6.000,00		
2. Bank	228.000,00		
	2.358.000,00		2.358.000,00

   a Erstellen Sie anhand der Bilanz die Bestandskonten. Buchen Sie die jeweiligen Anfangsbestände in die Konten.

b Buchen Sie die folgenden Geschäftsfälle auf die betreffenden Konten. Entscheiden Sie selbst, ob Sie gleich auf die Bestandskonten buchen oder einen Zwischenschritt benötigen. Für den Zwischenschritt wenden Sie bitte nachfolgendes Schema für jeden Geschäftsfall an.

Lfd. Nr.	Geschäftsfall	Betroffene Konten	Kontenart	Mehrung oder Minderung	Höhe der Buchung im Soll	Haben

1 Die OHG kauft eine Steintrennmaschine „Klopfer 20 000 Turbo" für 16.500,00 EUR auf Rechnung.
2 Hugo Ehrlich kauft bei der Armbruster Ofenbauer OHG für sein Eigenheim zwei Kaminöfen (Fertige Erzeugnisse) für insgesamt 9.500,00 EUR auf Rechnung.
3 Das Unternehmen bestellt auf Ziel Kacheln (Vorräte) für die Herstellung von Kachelöfen von der Kachelmanufaktur Schneider in Höhe von 12.000,00 EUR.
4 Ein guter Kunde begleicht seine offene Rechnung von 22.000,00 EUR per Überweisung.
5 Die Armbruster Ofenbauer OHG installiert im Verkaufsraum ein neues Kassenabrechnungssystem (BGA) für 3.500,00 EUR und zahlt per Banküberweisung.
6 Die fällige monatliche Tilgungsrate für ein Bankdarlehen beläuft sich auf 15.000,00 EUR und wird per Banküberweisung getilgt.
7 Die Eingangsrechnung aus Fall 3 wird per Banküberweisung beglichen.
8 Ein nicht mehr benötigter Brennofen (Technische Anlage) für die Herstellung von Schamottesteinen wird bei einer Auktion für 11.900,00 EUR von einem Käufer bar bezahlt.
9 Bareinzahlung auf das Bankkonto von 10.000,00 EUR

c Schließen Sie die Bestandskonten ab und ermitteln Sie die Schlussbestände.
d Erstellen Sie eine Schlussbilanz. Achten Sie dabei auf die geltenden Vorschriften.

9. Formulieren Sie mögliche Geschäftsfälle anhand der Buchungssätze.

Geschäftsfall	Konten	Soll	Haben
1	BGA	4.000,00	
	an Verbindlichkeiten aus LuL		4.000,00
2	Bank	7.500,00	
	Kasse	2.500,00	
	an Technische Anlagen		10.000,00
3	Forderungen aus LuL	2.100,00	
	an Umsatzerlöse für fertige Erzeugnisse		2.100,00
4	Bankdarlehen	5.500,00	
	an Bank		5.500,00
5	Kasse	3.100,00	
	an Fuhrpark		3.100,00
6	Rohstoffe	5.600,00	
	an Verbindlichkeiten aus LuL		5.000,00
	Bank		600,00
7	Bank	50.000,00	
	an Bankdarlehen		50.000,00
8	Bank	800,00	
	an Forderungen aus LuL		800,00

Zusammenfassung: 3 Aufzeichnung von Geschäftsfällen auf Bestandskonten

Werteveränderungen von Bilanzpositionen

- Aktivtausch
- Passivtausch
- Aktiv-Passiv-Mehrung
- Aktiv-Passiv-Minderung

Bestandskonten

Aktiva	Bilanz	Passiva
A. Anlagevermögen B. Umlaufvermögen		A. Eigenkapital B. Verbindlichkeiten
Positionen der Aktivseite ↓ Aktive Bestandskonten		Positionen der Passivseite ↓ Passive Bestandskonten

- Auf den Bestandskonten werden erfolgsneutrale Geschäftsfälle gebucht.
- Die ermittelten Schlussbestände der Bestandskonten werden beim Jahresabschluss in die Bilanz verbucht.

Aktives Bestandskonto		Passives Bestandskonto	
Soll	Haben	Soll	Haben
Anfangsbestand (+) Bestandsmehrung	(−) Bestandsminderung = Schlussbestand	(−) Bestandsminderung = Schlussbestand	Anfangsbestand (+) Bestandsmehrung

Buchungssatz

- Einfacher Buchungssatz: Nur zwei Konten werden durch einen Geschäftsfall betroffen.
- Zusammengesetzter Buchungssatz: Mehrere Konten werden gleichzeitig von einem Geschäftsfall betroffen.
- $\sum$ Betrag im Soll ≙ $\sum$ Betrag im Haben

Allgemeiner Aufbau:

Geschäftsfall	Konten	Soll	Haben
	Konto, das auf der Sollseite betroffen ist	Betrag	
	an Konto, das auf der Habenseite betroffen ist		Betrag

Vom Eröffnungsbilanzkonto zum Schlussbilanzkonto

Aktiva	Eröffnungsbilanz	Passiva
Aktive Bestandskonten		Passive Bestandskonten

Soll	Eröffnungsbilanzkonto	Haben
Passive Bestandskonten		Aktive Bestandskonten

Aktives Bestandskonto		Passives Bestandskonto	
Soll	Haben	Soll	Haben
Anfangsbestand	Schlussbestand	Schlussbestand	Anfangsbestand

Aktiva	Schlussbilanz	Passiva
Aktive Bestandskonten		Passive Bestandskonten

Die Schlussbilanz eines Geschäftsjahres ist die Eröffnungsbilanz des nächsten Geschäftsjahres. Beide müssen inhaltlich übereinstimmen.

4 Organisatorische Rahmenbedingungen der doppelten Buchführung

Jeder Kaufmann ist nach § 238 HGB verpflichtet, Bücher zu führen. Der Ausdruck „Bücher führen" stammt noch aus einer Zeit, in der tatsächlich gebundene Bücher dazu dienten, die unternehmerischen Tätigkeiten festzuhalten. In der heutigen Zeit werden die gebundenen Bücher in der Regel durch Verwaltungsprogramme am PC ersetzt. Die Kernaufgabe eines Buchhalters – jeden Geschäftsfall des Unternehmens zu erfassen – hat sich über die Jahrhunderte hinweg nicht verändert, wenn auch der Vorgang der Erfassung eines Geschäftsfalls sich stark verändert hat.

4.1 System der doppelten Buchführung

Die Hauptaufgabe der Buchführung ist die lückenlose Erfassung aller Geschäftsfälle in einer Rechnungsperiode. Spricht man von der Buchführung, so wird häufig auch von der „doppelten Buchführung" gesprochen. Die doppelte Buchführung erfasst einen Geschäftsfall immer auf zwei Konten (doppelte Verbuchung). Dieses System führt dazu, dass das Unternehmensergebnis (Gewinn oder Verlust) auf zwei verschiedene Methoden (Eigenkapitalvergleich und Vergleich von Aufwendungen und Erträgen) ermittelt werden kann. Die doppelte Buchführung spiegelt sich auch in der doppelten Erfassung von Geschäftsfällen im Grund- und Hauptbuch wider.

Die doppelte Buchführung wird in der Literatur häufig auch Doppik[1] genannt.

[1] Doppik: ist ein Kunstwort und setzt sich zusammen aus „**Dopp**elte Buchführung **i**n **K**onten".

4.2 Bücher der Buchführung

4.2.1 Grundbuch

Im Grundbuch (Journal) werden sämtliche Geschäftsfälle **chronologisch**[1] erfasst. Die Fragen, welche Konten sind durch den Geschäftsfall betroffen und wie verändern sich die Konten, helfen dabei, jeden Geschäftsfall im Unternehmen mit Buchungsdatum, Beleg-Nr. und einer Beschreibung des Geschäftsfalls kurz und aussagekräftig in einer Tabelle (Grundbuch) festzuhalten.

Somit ermöglicht das Grundbuch,
- grundlegend jeden einzelnen Geschäftsfall nachzuweisen und
- jede Buchung schnell bis zum Beleg zurückzuverfolgen.

[1] chronologisch: *geordnet nach der zeitlichen Reihenfolge*

Vorlage Grundbuch (Journal)
▶ Webcode WGW_V_3

Kauf eines Geschäftswagens, Bezahlung erfolgt durch Banküberweisung

Datum: 15.03.20..
Rechnung Nr. 20../00579

Pos.	Art.-Nr.	Bezeichnung	Menge	Einzelpreis EUR	Rabatt %	Betrag €
1	M-338	Mirado 2.0 TDI	1	36.900,00	23	30.000,00
Summe Positionen						30.000,00
Lieferkosten						-,-
Rechnungsbetrag (exkl. USt.)						30.000,00
Umsatzsteuer 19 % ▶						5.700,00
Rechnungsbetrag (inkl. USt.)						35.700,00

Rechnungsbetrag ist ohne Abzug fällig.

zur Buchung der Umsatzsteuer
▶ V Kapitel 6.5.3

Systematik für ein Grundbuch

Grundbuch		Monat:	März		Seite 1/2
Datum	Beleg	Geschäftsfall	Buchungssatz	Soll	Haben
15.03.20..	20../00579	Kauf eines Geschäftswagens	Fuhrpark USt. an Bank	30.000,00 5.700,00	35.700,00

4.2.2 Hauptbuch

Im Gegensatz zur chronologischen Erfassung im Grundbuch wird im Hauptbuch ein Geschäftsfall in den betreffenden **Sachkonten** (T-Konten) aufgezeichnet. Dabei wird eine **sachliche** Auswirkung schneller erkennbar. Alle Bewegungen, z. B. für den Bereich Fuhrpark, werden auf einem Konto im Hauptbuch gebucht.

Vorlage Hauptbuch (T-Konten)
▶ Webcode WGW_V_3

Darstellung des Geschäftsfalls im Hauptbuch

Soll	Fuhrpark	Haben
Bank	30.000,00	

Soll	Bank	Haben
		Fuhrpark 35.700,00

Soll	USt	Haben
Bank	5.700,00	

V Einführung in das externe Rechnungswesen

4.2.3 Nebenbücher

[1] Debitor (lateinisch debitor: Schuldner): *Ein Kunde schuldet dem Unternehmen etwas.*

Neben dem Grundbuch und Hauptbuch werden noch zahlreiche andere Bücher wie z. B. Debitorenbücher[1], Kreditorenbücher[2], Anlagenbücher oder Lohn- und Gehaltsbücher geführt. Die Nebenbücher dienen dazu, das Hauptbuch zu entlasten und Geschäftsfälle detaillierter zu erfassen.

Beim Kauf eines Geschäftsautos müssen in der Buchhaltung noch einige Daten erfasst werden, z. B. die Abschreibungsmethode▶, der Beginn der Abschreibung, die Nutzungsdauer und der Buchwert. Diese Angaben werden weder im Grundbuch noch im Hauptbuch ersichtlich.

Anlagen-buchungsgruppe	AfA-Methode	Startdatum AfA	Nutzungsdauer (Jahre)	Nutzungsdauer Ende	Buchwert
Fuhrpark	linear	01.03.20..	6	28.02.20..	30.000,00 EUR

[2] Kreditor (lateinisch creditor: Gläubiger): *Das Unternehmen schuldet einem Lieferanten etwas.*

Abschreibung auf Anlagegüter
▶ V Kapitel 8.2

4.3 Kontenrahmenplan

● **Kontenrahmen und Kontenplan**

Ein Unternehmen benötigt im Geschäftsbetrieb täglich viele verschiedene Konten. Damit dabei ein Kaufmann nicht den Überblick verliert, wurde 1971 ein Organisations- und Gliederungsplan vom Bundesverband der Deutschen Industrie (BDI) für die Industriebranche herausgegeben – der Industrie-**Kontenrahmen**. Dieser Plan ist lediglich eine Empfehlung. Um den individuellen Bedürfnissen der jeweiligen Branche gerecht zu werden, entwickelten weitere Wirtschaftszweige, wie z. B. Einzelhandel, Banken und Versicherungen, ihren eigenen Kontenrahmen.

▶ Faltplan im Buch
▶ Webcode WGW_V_4

● **Industrie-Kontenrahmen**▶

Konten-klasse	Inhalt der Kontenklasse	Kontenzuordnung	Bereich des Rechnungswesens
0	Immaterielle Vermögensgegenstände und Sachanlagen	Aktivkonten (Anlagevermögen)	
1	Finanzanlagen	Aktivkonten (Anlagevermögen)	
2	Umlaufvermögen und aktive Rechnungsabgrenzung	Aktivkonten (Umlaufvermögen)	
3	Eigenkapital, Wertberichtigungen und Rückstellungen	Passivkonten	Finanzbuchhaltung
4	Verbindlichkeiten und passive Rechnungsabgrenzung	Passivkonten	
5	Erträge	Ertragskonten (Erfolgskonten)	
6	Betriebliche Aufwendungen	Aufwandskonten (Erfolgskonten)	
7	Weitere Aufwendungen	Aufwandskonten (Erfolgskonten)	
8	Ergebnisrechnung	Abschlusskonten	
9	Kosten- und Leistungsrechnung		KLR

Der Kontenrahmen, der in diesem Lehrbuch verwendet wird, ist wie alle anderen Kontenrahmen nach dem Zehnersystem (dekadischen System) in 10 Kontenklassen (von 0 bis 9) aufgeteilt, die Klassen wiederum in 10 Kontengruppen, die Kontengruppen wiederum in 10 Kontenarten und die Kontenarten schließlich in 10 Kontenunterarten.

Aus dieser Gliederung ergeben sich für die einzelnen Konten die Kontennummern.

Gliederung des Kontenrahmens und Aufbau der Kontennummern

Kontenklasse	Umlaufvermögen	2	
↓ enthält			
10 Kontengruppen	z. B. Flüssige Mittel	28	Kontenrahmen
↓ enthält je			
10 Kontenarten	z. B. Guthaben bei Kreditinstituten	280	
↓ enthält je			
10 Kontenunterarten	z. B. Kreissparkasse	2801	
	z. B. Volksbank	2802	Kontenplan
	z. B. Deutsche Bank	2803	

Die Empfehlungen aus dem Kontenrahmen werden betriebsspezifisch in jedem Unternehmen weiterentwickelt und es entsteht der **Kontenplan**. Dabei muss nicht jedes Unternehmen alle Kontenarten des Kontenrahmens enthalten und es können beliebige betriebsspezifische Kontenarten bzw. Kontenunterarten ergänzt werden.

Vorteile dieser vorgegebenen Ordnungsstruktur:
- Die Unternehmen innerhalb einer Branche lassen sich leichter vergleichen **(Branchenvergleich)**.
- Ein Unternehmen kann über Geschäftsperioden hinweg seine Entwicklung feststellen **(Zeitvergleich)**.
- Die Buchung mit Nummern und der damit verbundene Wegfall der Kontenbezeichnungen ermöglicht ein **effizienteres Arbeiten** mit der EDV.

Buchung mit Angaben der Kontennummern

Geschäftsfall

Ein Kunde begleicht eine Rechnung über 750,00 EUR per Banküberweisung.

Soll	280 Bank	Haben	Soll	240 Ford. aus LuL	Haben
240 Ford. aus LuL	750,00			280 Bank	750,00

Buchungssatz

bisher:	Bank	750,00	an	Ford. aus LuL	750,00
jetzt:	280 Bank	750,00	an	240 Ford. aus LuL	750,00
verkürzt:	280	750,00	an	240	750,00

V Einführung in das externe Rechnungswesen

Aufgabe zu Kapitel 4

Im Grundbuch der Baden-Ökostrom OHG sind folgende Buchungen vorgenommen.

070	an	44	05	an	280
221	an	44	44	an	280
282	an	280	280	an	282
280	an	05	280	an	42
240	an	084	280	an	240

a Welche Geschäftsfälle liegen den Buchungen zugrunde?
b Buchen Sie die Geschäftsfälle auf Konten.
c Worin unterscheiden sich Kontenrahmen und Kontenplan? Begründen Sie darüber hinaus die Notwendigkeit eines Kontenrahmens.
d Erläutern Sie die Aufgabe von folgenden Büchern in einem Unternehmen: Grundbuch, Hauptbuch und Nebenbücher.

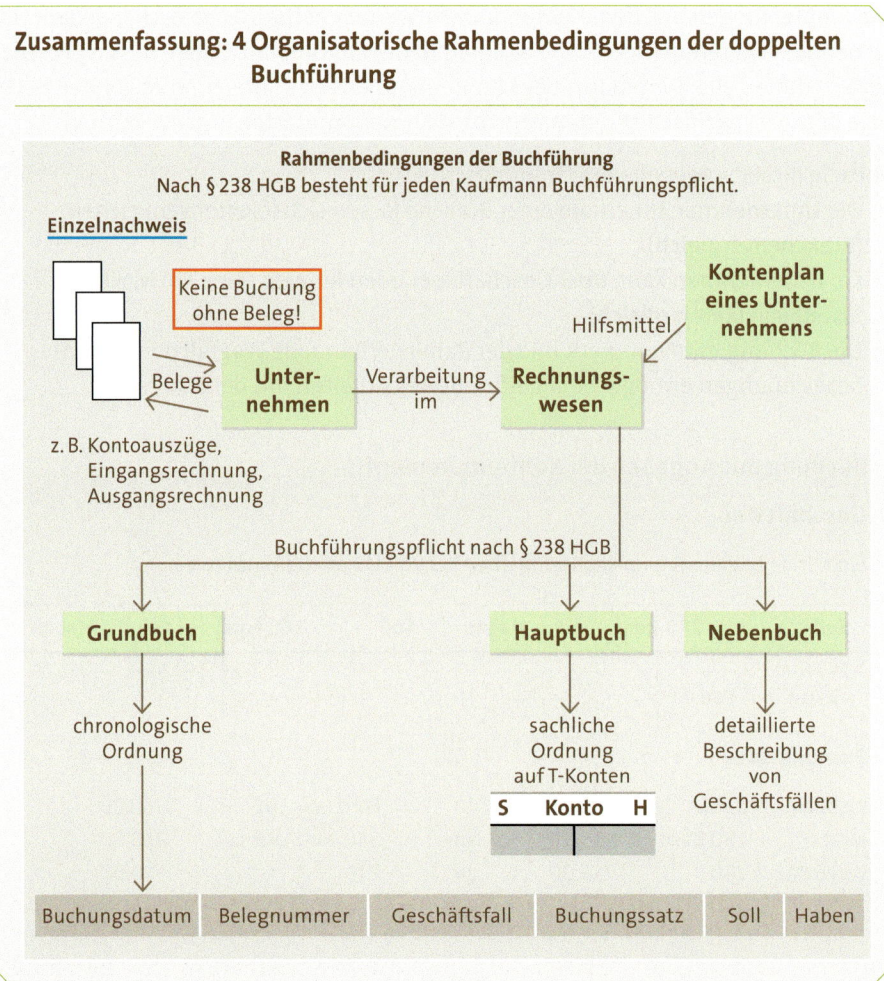

Veränderungen des Eigenkapitals

Nach dem ersten Geschäftsjahr möchte der Inhaber von „Der Fahrradladen" unbedingt wissen, ob sich die Arbeit auch gelohnt hat. Benötigt ein Unternehmen für die Ermittlung des Erfolgs wirklich eine Kristallkugel?

"How do the year end numbers look?"

5.1 Aufwendungen und Erträge

Verändern Geschäftsfälle den Erfolg (Wertzuwachs oder Wertminderung) eines Unternehmens, so spricht man von **erfolgswirksamen Geschäftsfällen**. Ein Wertzuwachs (Gewinn) erhöht das Eigenkapital und eine Wertminderung (Verlust) verringert das Eigenkapital. **Erfolgswirksame Geschäftsfälle verändern das Eigenkapital** ▶.

Erfolgsneutrale Geschäftsfälle berühren das Eigenkapital nicht.

▶ **V** Kapitel 3.1 Wertveränderungen von Bilanzpositionen

Aufwendungen	Erträge
Nimmt der Wert des **Eigenkapitalkontos** durch einen Geschäftsfall **ab**, so ist es ein **Aufwand**.	Nimmt der Wert des **Eigenkapitalkontos** durch einen Geschäftsfall **zu**, so ist es ein **Ertrag**.
Beispiel Ein Unternehmen begleicht eine Rechnung für eine Werbeanzeige in der Tagespresse.	**Beispiel** Ein Unternehmen erhält Zinsen gutgeschrieben.
Weitere Beispiele • Aufwand für Rohstoffe • Aufwand für Handelsware • Löhne • Abschreibungen • Steuern	**Weitere Beispiele** • Umsatzerlöse für fertige Erzeugnisse • Umsatzerlöse für Handelswaren • Erträge aus Vermietung und Verpachtung • Erträge aus Beteiligungen • Zinserträge

5.2 Buchen auf Erfolgskonten[1]

[1] Erfolgskonten werden in der Literatur häufig auch Ergebniskonten genannt.

Betrachtet man die obigen Beispiele, so würden bei den Buchungen der beiden Geschäftsfälle die Bewegungen auf den jeweiligen Konten (*Bank* und *Eigenkapital*) zu sehen sein, jedoch bleibt die Ursache (hier Aufwand für eine Anzeige in der Presse und Zinsertrag), die der jeweiligen Buchung zugrunde liegt, verborgen. Eine solche Führung der Bücher würde bedeuten, dass viele Geschäftsfälle nicht richtig nachvollzogen werden könnten. Um den Grund für die Buchung sichtbar zu machen, wird **für jede**

Art von Aufwand und für jede Art von Ertrag ein eigenes Konto – als Unterkonto des Eigenkapitals – geführt. Die sogenannten Erfolgskonten haben **keinen Anfangsbestand und Schlussbestand**. Es werden keine Zugänge oder Abgänge gebucht, es gibt lediglich Aufwendungen und Erträge, die gebucht werden.

- **Buchungen auf einem Aufwandskonto**

Aufwendungen werden im betreffenden Aufwandskonto im Soll gebucht. In einem Unternehmen wird für jeden Aufwand ein separates Konto geführt. Nur für geringe Aufwendungen wie beispielsweise Bürobedarf (Stifte, Taschenrechner, Ordner usw.) wird ein Sammelkonto *Büromaterial* geführt.

Geschäftsfall

Wir begleichen die Rechnung für eine Werbeanzeige über 1.000,00 EUR per Banküberweisung.

Soll	280 Bank	Haben		Soll	687 Werbung	Haben
	687 Werbung	1.000,00		280 Bank	1.000,00	

Geschäftsfall	Konten	Soll	Haben
Werbeanzeige 1.000,00 EUR durch Banküberweisung	687 Werbung an 280 Bank	1.000,00	1.000,00

- **Buchungen auf einem Ertragskonto**

Erträge werden im betreffenden Ertragskonto im Haben gebucht. In einem Unternehmen wird für jeden Ertrag ein eigenes Konto geführt.

Geschäftsfall

Die Bank schreibt uns Zinsen für das 1. Quartal auf unserem Bankkonto über 150,00 EUR gut.

Soll	280 Bank	Haben		Soll	571 Zinsertrag	Haben
571 Zinserträge	150,00				280 Bank	150,00

Geschäftsfall	Konten	Soll	Haben
Gutschrift Zinserträge 150,00 EUR auf Bankkonto	280 Bank an 571 Zinserträge	150,00	150,00

5.3 Gewinn- und Verlustkonto als Abschlusskonto der Erfolgskonten

Das Hauptziel eines Unternehmens ist es, Gewinn zu erzielen. Damit überhaupt ein Gewinn ermittelt werden kann, müssen am Geschäftsjahresende die Aufwendungen den Erträgen gegenübergestellt werden. Aus Gründen der Übersichtlichkeit erfolgt diese Gegenüberstellung nicht direkt auf dem Eigenkapitalkonto, sondern auf einem eigenen Konto, dem sogenannten **Gewinn- und Verlustkonto (GuV)**. Das GuV ist also ein Konto zwischen den Erfolgskonten und dem Eigenkapitalkonto. Nur der ermittelte Saldo des GuV (Differenz zwischen der Summe der Aufwendungen und Summe der Erträge) wird an das Eigenkapital gebucht.

Das GuV-Konto weist alle Aufwendungen auf der Sollseite und alle Erträge auf der Habenseite aus.

Abschlussbuchungssätze für die Erfolgskonten:

GuV-Konto   an   Aufwandskonto   Ertragskonto   an   GuV-Konto

---

Weist das Unternehmen am Geschäftsjahresende einen höheren Ertrag als Aufwand aus, so wurde ein Gewinn erzielt. Fielen die Erträge jedoch geringer als die Aufwendungen aus, so ist ein Verlust zu verbuchen.

Fall: Ertrag > Aufwand = Gewinn

Soll	802 GuV	Haben
Aufwendungen	Erträge	
Gewinn		

2. Fall: Ertrag < Aufwand = Verlust

Soll	802 GuV	Haben
Aufwendungen	Erträge	
	Verlust	

Gewinn = Erträge > Aufwendungen   Verlust = Erträge < Aufwendungen

---

Der ermittelte Saldo wird in das Eigenkapitalkonto umgebucht. Dabei werden Gewinne im Eigenkapitalkonto auf der Habenseite gebucht (Wertzuwachs) und Verluste auf der Sollseite, sie stellen eine Wertminderung dar.

Abfolge der Abschlussarbeiten für die Erfolgskonten:
1. sämtliche Aufwands- und Ertragskonten über das GuV-Konto abschließen
2. Gewinn bzw. Verlust (Saldo) im GuV-Konto ermitteln
3. GuV-Konto ins Eigenkapitalkonto abschließen

V Einführung in das externe Rechnungswesen

Auf die Darstellung der Bestandskonten wird in diesem Beispiel bewusst verzichtet, da der Abschluss der Erfolgskonten im Zentrum der Betrachtung steht.

Anfangsbestand auf dem Eigenkapital: 40.000,00 EUR

Geschäftsfälle:

1 Wir zahlen Löhne 7.000,00 EUR und Gehälter 6.000,00 EUR durch Banküberweisung.
2 Zur Herstellung der Erzeugnisse werden Rohstoffe lt. Materialentnahmeschein im Wert von 24.000,00 EUR verbraucht.
3 Eine Reparaturrechnung für eine Produktionsanlage über 1.250,00 EUR wird durch Banküberweisung bezahlt.
4 Die Miete für eine angemietete Lagerhalle über 750,00 EUR wird per Lastschriftverfahren beglichen.
5 Alle selbst erstellten Erzeugnisse werden auf Rechnung für insgesamt 45.000,00 EUR verkauft.

Grundbuch: Buchungssätze der Geschäftsfälle

Geschäftsfall		Konten	Soll	Haben
Löhne 7.000,00 EUR und Gehälter 6.000,00 EUR durch Banküberweisung	①	62 Löhne 63 Gehälter an 280 Bank	7.000,00 6.000,00	13.000,00
Rohstoffe lt. Materialentnahmeschein für 24.000,00 EUR	②	600 Aufwendungen für Rohstoffe an 200 Rohstoffe	24.000,00	24.000,00
Reparaturrechnung über 1.250,00 EUR durch Banküberweisung	③	613 Weitere Fremdleistungen an 280 Bank	1.250,00	1.250,00
Miete für eine Lagerhalle über 750,00 EUR	④	670 Mieten, Pachten an 280 Bank	750,00	750,00
Verkauf von Erzeugnissen auf Rechnung für insgesamt 45.000,00 EUR	⑤	240 Forderungen aus LuL an 500 Umsatzerlöse für Erzeugnisse und Leistungen	45.000,00	45.000,00

Hauptbuch: Abschluss der Erfolgskonten bis zum Eigenkapital

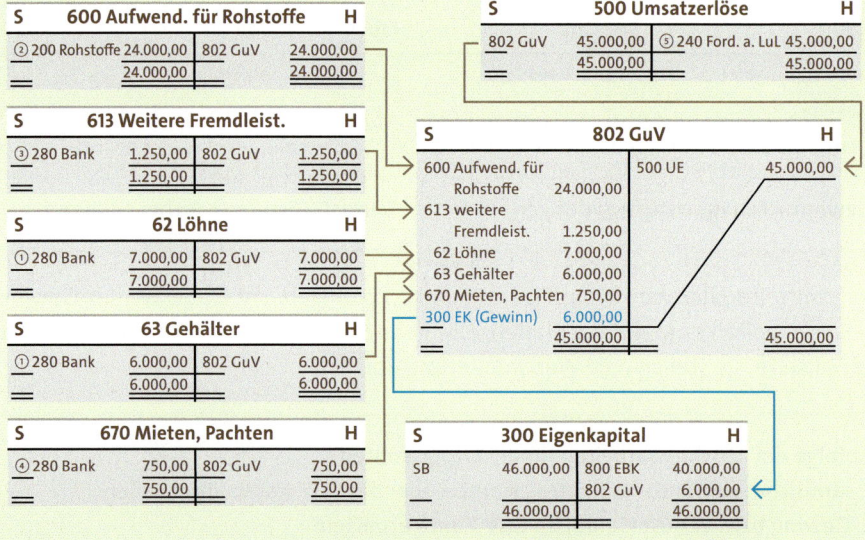

Ergebnis: Das Unternehmen erwirtschaftet einen Gewinn von 6.000,00 EUR.

5.4 Privatentnahmen und -einlagen

Entnimmt ein Unternehmer für seinen Lebensunterhalt, also für private Zwecke, aus dem eigenen Unternehmen während des Geschäftsjahres Geld oder Sachwerte, so verringert dies das Eigenkapital des Unternehmens. Eine Privatentnahme gilt als Vorgriff auf den zu erwartenden Gewinn. Eine Privateinlage des Inhabers, z. B. Geldeinlage, erhöht hingegen das Eigenkapital und steigert damit den Wert des Unternehmens.

Aus Gründen der Übersicht werden Privatentnahmen und -einlagen nicht direkt auf das Eigenkapitalkonto gebucht, sondern auf das Konto **3001 Privat**[1]. Das Privatkonto ist ein Unterkonto des Eigenkapitals. Im Privatkonto werden auf der Sollseite die Entnahmen und auf der Habenseite die Einlagen verbucht. Das Konto *Privat* wird am Ende des Geschäftsjahres **über das Eigenkapitalkonto abgeschlossen**. Die Privatentnahmen bzw. -einlagen verändern zwar das Eigenkapital, sie haben jedoch keine Auswirkung auf den Unternehmenserfolg.

[1] Das Konto *Privat* dürfen nur Einzelunternehmen und Personengesellschaften (OHG und KG) führen.

Beispiel für Privatentnahmen

Der Inhaber der Hot-Wood-Smoker OHG entnimmt dem Geschäftskonto 6.500,00 EUR für den anstehenden Italienurlaub.

Geschäftsfall	Konten	Soll	Haben
Privatentnahme vom Bankkonto von 6.500,00 EUR	3001 Privat an 280 Bank	6.500,00	6.500,00

Soll	280 Bank		Haben		Soll	3001 Privat		Haben
800 EBK	37.000,00	3001 Privat	6.500,00		280 Bank	6.500,00	300 EK	6.500,00
		801 SBK	30.500,00					

Soll	801 SBK		Haben		Soll	300 Eigenkapital		Haben
280 Bank	30.500,00	300 EK	30.500,00		3001 Privat	6.500,00	800 EBK	37.000,00
					801 SBK	30.500,00		

Beispiel für Privateinlagen

Um das Produktionsgebäude zu erweitern, muss der Inhaber der Hot-Wood-Smoker OHG einen Teil seines angrenzenden Privatgrundstücks zur Verfügung stellen. Die 400 m² gehen mit einem Quadratmeterpreis von 50,00 EUR in die OHG über.

Geschäftsfall	Konten	Soll	Haben
Privateinlage: Grundstück in Höhe von 20.000,00 EUR	05 Grundstücke an 3001 Privat	20.000,00	20.000,00

Soll	05 Grundstücke		Haben		Soll	3001 Privat		Haben
800 EBK	30.500,00	801 SBK	50.500,00		300 EK	20.000,00	05 Grundstücke	20.000,00
3001 Privat	20.000,00							

Soll	801 SBK		Haben		Soll	300 Eigenkapital		Haben
05 Grundstücke	50.500,00	300 EK	50.500,00		801 SBK	50.500,00	800 EBK	30.500,00
							3001 Privat	20.000,00

V Einführung in das externe Rechnungswesen

Aufgaben zu Kapitel 5

1. Von der Hot-Wood-Smoker OHG liegt folgende Eröffnungsbilanz vor:

Aktiva	Eröffnungsbilanz zum 31. Dezember 20.., in EUR Hot-Wood-Smoker OHG		Passiva
A. Anlagevermögen		**A. Eigenkapital**	97.280,00
I. SACHANLAGEN			
1. Grundstücke und Gebäude	72.000,00	**B. Verbindlichkeiten**	
2. Maschinen	64.000,00	1. Verbindlichkeiten gegenüber Kreditinstituten	128.000,00
B. Umlaufvermögen			
I. VORRÄTE		2. Verbindlichkeiten aus LuL	56.000,00
1. Rohstoffe	48.000,00		
II. FORDERUNGEN und sonstige VERMÖGENSGEGENSTÄNDE			
1. Forderungen aus LuL	32.000,00		
III. KASSENBESTAND und GUTHABEN bei KREDITINSTITUTEN			
1. Kassenbestand	64.000,00		
2. Guthaben bei Banken	1.280,00		
	281.280,00		**281.280,00**

Während des Geschäftsjahres sind bei der Hot-Wood-Smoker OHG folgende Geschäftsfälle zu verzeichnen:

1. Einkauf von Rohstoffen zum sofortigen Verbrauch mit einem Wert von 42.000,00 EUR auf Ziel (Hinweis: Konto Aufwendungen für Rohstoffe)
2. Löhne werden am Monatsende in Höhe von 30.000,00 EUR per Banküberweisung bezahlt.
3. Ein Kunde kauft Ware im Wert von 88.000,00 EUR auf Rechnung.
4. Die Monatsmiete für die angemieteten Büroräume in Höhe von 7.200,00 EUR wird durch Dauerauftrag beglichen.
5. Ein Kunde begleicht eine offene Rechnung von 16.000,00 EUR per Banküberweisung.
6. Die Bank schreibt Zinsen für ein Festgeld in Höhe von 2.400,00 EUR zu.

   a Eröffnen Sie die Konten der Hot-Wood-Smoker OHG und buchen Sie die Geschäftsfälle auf die entsprechenden Konten.
   b Erstellen Sie das Grundbuch und bilden Sie die Buchungssätze zur Eröffnung der Konten, zu den Geschäftsfällen und zum Abschluss der Konten.
   c Schließen Sie die Konten ab. Ermitteln Sie das Ergebnis und erstellen Sie das Schlussbilanzkonto.
   d Begründen Sie, warum Aufwendungen und Erträge nicht direkt auf das Konto Eigenkapital gebucht werden.

2. Richten Sie für den Fahrradladen e. K. folgende Konten ein: *Grundstücke und Gebäude* (AB: 50.000,00 EUR), *BGA* (AB: 26.400,00 EUR), *Bank* (AB: 45.000,00 EUR), *Eigenkapital* (AB: 74.000,00 EUR), *Privat*. Buchen Sie im Grund- und im Hauptbuch folgende Geschäftsfälle und schließen Sie die Konten ab.

5 Veränderungen des Eigenkapitals

1. Herr Groß überweist für seinen anstehenden Kuba-Rad-Wanderurlaub 7.000,00 EUR vom Geschäftskonto.
2. Die angrenzende Lagerhalle im Wert von 24.000,00 EUR wird vom Privatbesitz in Firmenbesitz umgewandelt.
3. Damit die Lagerhalle in eine Werkstatt umgebaut werden kann, muss Herr Groß 35.000,00 EUR von seinem privaten Bankkonto einlegen.
4. Einen nicht mehr benötigten Aktenschrank übernimmt Herr Groß für seinen Hobbyraum. Der Buchwert beträgt 180,00 EUR.

Zusammenfassung: 5 Veränderungen des Eigenkapitals erfassen und buchen

Erfolgskonten (Ergebniskonten)

Aufwendungen mindern das Eigenkapital | Erträge mehren das Eigenkapital

S	Aufwandskonten	H		S	Ertragskonten	H
Aufwandsmehrung	Aufwandsminderung			Ertragsminderung	Ertragsmehrung	

Sammelkonto für alle Aufwendungen und Erträge

S	802 GuV	H
→ Aufwendungen	Erträge ←	

1. Fall: Gewinnfall
Aufwendungen < Erträge → **Gewinn**
(Mehrung des Eigenkapitals)

S	802 GuV	H
Aufwendungen	Erträge	
Gewinn		

2. Fall: Verlustfall
Aufwendungen > Erträge → **Verlust**
(Minderung des Eigenkapitals)

S	802 GuV	H
Aufwendungen	Erträge	
	Verlust	

S	300 Eigenkapital	H
→ Verlust (Bestandsminderung)	Anfangsbestand	
Schlussbestand	Gewinn (Bestandsmehrung)	

Privatentnahmen und -einlagen

- Das Privatkonto ist ein Unterkonto des Eigenkapitalkontos.
- Entnahmen mindern, Einlagen erhöhen das Eigenkapital.

1. Fall: Entnahme > Einlage
(Minderung des Eigenkapitals)

S	3001 Privat	H
Privatentnahmen	Privateinlagen	
	Saldo	

S	300 EK	H
3001 Privat	800 EBK	
801 SBK		

Buchung: 300 Eigenkapital
an 3001 Privat

1. Fall: Entnahme < Einlage
(Erhöhung des Eigenkapitals)

S	3001 Privat	H
Privatentnahmen	Privateinlagen	
Saldo		

S	300 EK	H
801 SBK	800 EBK	
	3001 Privat	

Buchung: 3001 Privat
an 300 Eigenkapital

6 Buchungen von Umsatzprozessen

Die Grill- und Smokerbauer Hot-Wood-Smoker OHG möchte zur Erweiterung und Abrundung ihres Sortiments Grillaccessoires wie Grillbürste, Pizzastein und Grillschürze in ihre Produktpalette aufnehmen. Sind alle Einkäufe (Grillaccessoires und Werkstoffe) und Verkäufe des Unternehmens buchhalterisch gleich zu behandeln oder gibt es Unterschiede? Welche Kriterien müssen beim Einkaufs- bzw. Verkaufsprozess berücksichtigt werden?

6.1 Differenzierung von Werkstoffen und Handelswaren

Ein Industriebetrieb erstellt Waren dadurch, dass Werkstoffe eingekauft werden und durch die Be- und Verarbeitung ein Produkt entsteht. Diese Produkte werden dann zu einem höheren Preis als die Summe aller eingesetzten Werkstoffe verkauft. Die eingesetzten Materialien können in drei Kategorien eingeteilt werden: Roh-, Hilfs- und Betriebsstoffe. Um die Produktpalette zu erweitern, kann ein Industriebetrieb zusätzlich Waren einkaufen und diese **unverändert mit einem Handelszuschlag** weiterverkaufen. Diese Produkte werden als **Handelswaren** bezeichnet.

	Werkstoffe			Handelsware
	Rohstoffe	**Hilfsstoffe**	**Betriebsstoffe**	
Bestandskonto	200 Rohstoffe	202 Hilfsstoffe	203 Betriebsstoffe	221 Handelswaren
Erklärung	Materialien, die den wesentlichen Bestandteil des fertigen Erzeugnisses ausmachen	gehen als Nebenbestandteil in das fertige Erzeugnis ein	dienen zur Durchführung der Produktion und gehen nicht in das Erzeugnis ein	Waren, die ein Unternehmen von anderen Unternehmen bezieht und unverändert weiterverkauft
das dazugehörige Aufwandskonto	600 Aufwendungen für Rohstoffe	602 Aufwendungen für Hilfsstoffe	603 Aufwendungen für Betriebsstoffe	608 Aufwendungen für Handelswaren
Beispiele	Edelstahl für den Grill	Lack oder Schrauben für den Grill	Strom, Kühlflüssigkeit für die Maschinen, Öl	Grillschürzen

6 Buchungen von Umsatzprozessen

Methoden zur Ermittlung des Verbrauchs

Es gibt zwei Methoden, um den tatsächlichen Verbrauch von Werkstoffen bzw. Handelswaren zu ermitteln.

Inventurunabhängige Methode (Skontrationsmethode[1])	Inventurabhängige Methode
Jede aus dem Lager entnommene Menge wird durch einen Materialentnahmeschein festgehalten und verbucht (Fortschreibungsmethode).	Der Wareneinsatz wird durch die Inventur ermittelt. Der Anfangsbestand und die Zugänge werden im Bestandskonto gebucht. Der Schlussbestand wird durch die Inventur ermittelt und der errechnete Saldo stellt den Wareneinsatz (Aufwand) in dieser Abrechnungsperiode dar.
Berechnung des Schlussbestands: Anfangsbestand lt. Inventur + Zugänge ./. Verbrauch lt. Materialentnahmescheine ───────────────── = Schlussbestand	**Berechnung des Wareneinsatzes:** Anfangsbestand lt. Inventur + Zugänge ./. Schlussbestand lt. Inventur ───────────────── = Saldo (Warenaufwand)
Vorteil Vergleich von Soll- und Istwerten (Feststellung von außerordentlichem Verbrauch, z. B. Schwund oder Diebstahl)	**Vorteil** keine laufende Materialbuchhaltung erforderlich
Nachteil aufwendiges Verfahren, da jeder Materialentnahmeschein bearbeitet werden muss	**Nachteil** • Feststellung von außerordentlichem Verbrauch ist nicht möglich, da Vergleichswerte aus der Materialbuchhaltung fehlen. • Bei mehreren Produkten ist die Zurechnung zu den einzelnen Kostenträgern[2] (Erzeugnissen) schwierig nachvollziehbar.

[1] Skontrationsmethode: *lateinisch für Fortschreibung, Bestandsermittlung durch Zu- und Abschreibungen der Zu- und Abgänge*

[2] Kostenträger: *das hergestellte Erzeugnis (Produkt)*

Kostenträgerrechnung
▶ Jahrgangsstufe 1

6.2 Bestandsorientierte Buchung bei Ein- und Verkauf von Handelswaren

Handelswaren werden zu einem Einstandspreis▶ eingekauft. Der Einstandspreis stellt für das Unternehmen einen Aufwand dar. Dem gegenüber steht der Verkaufspreis (Umsatzerlöse), der in der Regel höher als der Einstandspreis liegt, da jedes Unternehmen auch an den Handelswaren verdienen will. Die Differenz aus den Umsatzerlösen für den Verkauf von Handelswaren und dem Wareneinsatz (Einstandspreis) wird als Rohgewinn bezeichnet.

Berechnung des Einstandspreises
▶ **IV** Kapitel 3.2.1

Rohgewinn = Verkaufspreis ./. Einstandspreis

Entscheidet sich ein Unternehmen für die Verbuchung mittels der **bestandsorientierten Buchung,** wird der Einkauf der Handelsware auf dem Bestandskonto *221 Handelswaren* verbucht. Das bedeutet zunächst nichts anderes, als dass das Unternehmen Handelswaren – bewertet zum Einstandspreis – einkauft und diese jetzt einlagert.

V Einführung in das externe Rechnungswesen

Verkauft das Unternehmen die Handelswaren, so verringert sich der Bestand im Lager. Die Minderung des Bestandes stellt für das Unternehmen einen Aufwand dar, der auf dem Konto *608 Aufwendungen für Handelswaren* gebucht wird.

Der Verkaufsprozess wird durch das Konto *501 Umsatzerlöse für Handelswaren* abgebildet. Die Handelsware wird hier mit dem Verkaufspreis bewertet. Beide Erfolgskonten werden über das GuV-Konto abgeschlossen.

Bei der Verbuchung der Handelsware ist darauf zu achten, dass der Einkaufs- und Verkaufsprozess buchhalterisch getrennt voneinander gebucht werden. Der Grund ist einfach nachzuvollziehen: Der Gewinn eines Unternehmens wird im GuV-Konto ausgewiesen. Durch den Kauf bzw. Verkauf von Handelswaren wird ein Gewinn erzielt, indem man die Ware günstiger einkauft, als sie verkauft wird. Das bedeutet, dass die **mengenmäßig** gleiche Ware zu **unterschiedlichen Preisen** bewertet wird (Einstandspreis und Verkaufspreis). Gibt es keine weiteren Aufwendungen und Erträge (was in der Praxis sehr unwahrscheinlich ist, in der Theorie aber denkbar), so wäre der ermittelte Gewinn der sogenannte Rohgewinn.

Aufwendungen für Handelswaren ⟶ bewertet zum Einstandspreis
Umsatzerlöse für Handelswaren ⟶ bewertet zum Verkaufspreis

Geschäftsfall

Die Hot-Wood-Smoker OHG kauft Handelsware in Höhe von 750,00 EUR per Banküberweisung ein und verkauft sie an einen Kunden für 1.000,00 EUR auf Rechnung. Laut Inventur gibt es keine Lagerbestände von Handelswaren.

Buchungssätze

Geschäftsfall		Konten	Soll	Haben
Einkauf	①	221 Handelswaren an 280 Bank	750,00	750,00
interne Umbuchung	②	608 Aufw. für HW an 221 Handelswaren	750,00	750,00
Verkauf	③	240 Ford. aus LuL an 501 UE für HW	1.000,00	1.000,00
Erfolgsermittlung	④	802 GuV an 608 Aufw. für HW	750,00	750,00
	⑤	501 UE für HW an 802 GuV	1.000,00	1.000,00

Soll	221 Handelswaren	Haben		Soll	280 Bank	Haben
① 280 Bank	750,00	② 608 Aufw. f. HW 750,00				① 221 Handelswaren. 750,00

Soll	608 Aufwendungen für HW	Haben		Soll	501 UE für HW	Haben
② 221 Handelswaren 750,00		④ 802 GuV 750,00		⑤ 802 GuV 1.000,00		③ 240 Ford. aus LuL 1.000,00

Soll	240 Ford. aus LuL	Haben		Soll	802 GuV	Haben
③ 501 UE für HW 1.000,00				④ 608 Aufw. f. HW 750,00 300 EK (Gewinn) 250,00		⑤ 501 UE für HW 1.000,00

Ergebnis: Durch den Verkauf von Handelswaren erzielt das Unternehmen einen Rohgewinn von 250,00 EUR.

6.3 Buchung des Fertigungs- und Absatzprozesses von Erzeugnissen

Ermittlung des Verbrauchs
▶ Kapitel 6.1

Werden Roh-, Hilfs- und Betriebsstoffe eingekauft, müssen sie zum Einstandspreis bewertet auf die entsprechenden Bestandskonten gebucht werden. Bei der Entnahme ▶ aus dem Lager mittels Materialentnahmeschein wird der Aufwand im entsprechenden Konto gebucht. Der spätere Ertrag durch den Verkauf der fertigen Erzeugnisse wird im Konto *500 Umsatzerlöse für Erzeugnisse* sichtbar.

Geschäftsfall

Die Hot-Wood-Smoker OHG kauft Rohstoffe zur Herstellung von Holzkohlegrills in Höhe von 10.000,00 EUR auf Ziel ein. Die 150 Holzkohlegrills werden zu einem Einzelpreis von 140,00 EUR an ein Möbelhaus auf Rechnung verkauft. Laut Inventur lagern keine fertigen Erzeugnisse.

Buchungssätze

Geschäftsfall		Konten	Soll	Haben
Einkauf	①	200 Rohstoffe an 44 Verb. aus LuL	10.000,00	10.000,00
Entnahme mittels Materialentnahmeschein	②	600 Aufw. für Rohstoffe an 200 Rohstoffe	10.000,00	10.000,00
Verkauf	③	240 Ford. aus LuL an 500 UE für fertige Erzeugnisse	21.000,00	21.000,00
Erfolgsermittlung	④	802 GuV an 600 Aufw. für Rohstoffe	10.000,00	10.000,00
	⑤	500 UE für Erzeugnisse an 802 GuV	21.000,00	21.000,00

Soll	200 Rohstoffe	Haben		Soll	500 UE für Erzeugnisse	Haben
① 44 Verb. aus LuL 10.000,00		② 600 Aufw. für RS 10.000,00		⑤ 802 GuV 21.000,00		③ 240 Ford. aus LuL 21.000,00

Soll	44 Verb. aus LuL	Haben		Soll	600 Aufw. für RS	Haben
		① 200 Rohstoffe 10.000,00		② 200 Rohstoffe 10.000,00		④ 802 GuV 21.000,00

Soll	240 Ford. aus LuL	Haben		Soll	802 GuV	Haben
③ 500 UE für Erzeugn. 21.000,00				④ 600 Aufw. für RS 10.000,00 300 EK (Gewinn) 11.000,00		⑤ 500 UE für Erzeugn. 21.000,00

Ergebnis: Durch die Herstellung und den Verkauf von fertigen Erzeugnissen erzielt das Unternehmen einen Rohgewinn von 11.000,00 EUR.

V Einführung in das externe Rechnungswesen

Aufwandsorientierte (verbrauchsorientierte) Buchung

Moderne Unternehmen produzieren „just-in-time". Die Werkstoffe werden bedarfssynchron direkt an die Produktionsstandorte geliefert. Dadurch spart das Unternehmen Lagerkosten und verringert die Kapitalbindung der eingelagerten Waren.
Diesem Produktionsverfahren muss auch in der Finanzbuchhaltung Rechnung getragen werden. Die angelieferten Werkstoffe werden sofort als Aufwand verbucht, da sie zeitnah verbraucht werden und nicht – im Vergleich zur bestandsorientierten Buchung – eingelagert werden. Dieses Vorgehen wird **aufwandsorientierte** oder verbrauchsorientierte Buchung genannt.
Wie auch beim bestandsorientierten Verfahren gilt wieder die Trennung der beiden Prozesse (Einkaufs- und Verkaufsprozesse). Erst bei der Gegenüberstellung im GuV-Konto wird der Gewinn ermittelt.

Geschäftsfall Modifikation des obigen Beispiels:

Die Hot-Wood-Smoker OHG kauft Rohstoffe zur Herstellung von Holzkohlegrills in Höhe von 10.000,00 EUR just-in-time auf Ziel ein. Die daraus hergestellten 150 Holzkohlegrills werden zu einem Einzelpreis von 140,00 EUR an ein Möbelhaus auf Rechnung verkauft. Laut Inventur lagern keine fertigen Erzeugnisse.

Buchungssätze

Geschäftsfall		Konten	Soll	Haben
Einkauf	①	600 Aufw. für Rohstoffe an 44 Verb. aus LuL	10.000,00	10.000,00
Verkauf	②	240 Ford. aus LuL an 500 UE für Erzeugnisse	21.000,00	21.000,00
Erfolgsermittlung:	③	802 GuV an 600 Aufw. für Rohstoffe	10.000,00	10.000,00
	④	500 UE für Erzeugnisse an 802 GuV	21.000,00	21.000,00

Soll	600 Aufw. für RS	Haben
① 44 Verb. aus LuL 10.000,00	③ 802 GuV 10.000,00	

Soll	500 UE für Erzeugnisse	Haben
④ 802 GuV 21.000,00	② 240 Ford. aus LuL 21.000,00	

Soll	44 Verb. aus LuL	Haben
	① 600 Aufw. für RS 10.000,00	

Soll	802 GuV	Haben
③ 600 Aufw. f. RS 10.000,00 300 EK (Gewinn) 11.000,00	④ 802 GuV 21.000,00	

Soll	240 Ford. aus LuL	Haben
② 500 UE für Erzeugn. 21.000,00		

Ergebnis: Durch die Herstellung und den Verkauf von fertigen Erzeugnissen erzielt das Unternehmen einen Rohgewinn von 11.000,00 EUR.

6 Buchungen von Umsatzprozessen

Es muss bei beiden Verfahren (bestandsorientiert und aufwandsorientiert) der identische Erfolg ermittelt werden!
Beide Verfahren – bestandsorientierte und aufwandsorientierte Buchung – können für Handelswaren, Roh-, Hilfs- und Betriebsstoffe angewandt werden.

FALLSTUDIE Bestands- und verbrauchsorientiertes Buchungsverfahren

Die Saurs´ Shoes GmbH stellt hochwertige Herrenschuhe her und es liegen folgende Daten über die Werkstoffbestände vor:

	Anfangsbestände	Schlussbestände
Rohstoffe	217.000,00 EUR	220.500,00 EUR
Hilfsstoffe	34.000,00 EUR	31.500,00 EUR
Betriebsstoffe	45.000,00 EUR	41.800,00 EUR

Im Laufe des Geschäftsjahres sind folgende Geschäftsfälle angefallen:

1	Kauf von Rohstoffen auf Ziel	78.800,00 EUR
2	Kauf von Hilfsstoffen gegen Banküberweisung	23.300,00 EUR
3	Kauf von Betriebsstoffen auf Rechnung	29.500,00 EUR
4	Verkauf von den hergestellten Erzeugnissen auf Rechnung	336.000,00 EUR

Hinweis 1: Die Konten Bank, Ford. aus LuL, Verb. aus LuL sind nicht zu führen.

Hinweis 2:

ARBEITSAUFTRÄGE

1. Stellen Sie den Sachverhalt nach der **bestands**orientierten Methode in Konten dar, bilden Sie für die Geschäftsfälle und für den Abschluss die Buchungssätze und ermitteln Sie den Rohgewinn für die Schuhe.

2. Stellen Sie den Sachverhalt nach der **aufwands**orientierten Methode in Konten dar, bilden Sie für die Geschäftsfälle und für den Abschluss die Buchungssätze und ermitteln Sie den Rohgewinn für die Schuhe.

3. Welche betriebswirtschaftlichen Vorteile und Nachteile hat das „Just-in-time-Verfahren" in einem Unternehmen?

V Einführung in das externe Rechnungswesen

6.4 Bestandsveränderungen

Bislang wurde angenommen, dass die hergestellte bzw. bezogene Ware innerhalb der gleichen Rechnungsperiode auch wieder komplett verkauft wurde (siehe unten Fall 1). Dadurch wurde kein Lagerbestand erzeugt.

In der Realität kann es jedoch sein, dass zum Bilanzstichtag mehr produziert als verkauft wird (Lageraufbau). Das bedeutet, es steht dem erfassten Aufwand durch den Verbrauch von Materialien noch nicht der vollständige Ertrag gegenüber. Damit es nicht zu einer Verzerrung der Ergebnissituation kommt, muss der erzeugte Mehrbestand an fertigen bzw. unfertigen Erzeugnissen[1] berücksichtigt werden (siehe unten Fall 2).

Umgekehrt kann es sein, dass zum Bilanzstichtag weniger produziert als verkauft wird (Lagerabbau). Dann steht den erfassten Umsatzerlösen in einem Geschäftsjahr nicht der tatsächliche Aufwand für die Erzeugnisse gegenüber (siehe unten Fall 3).

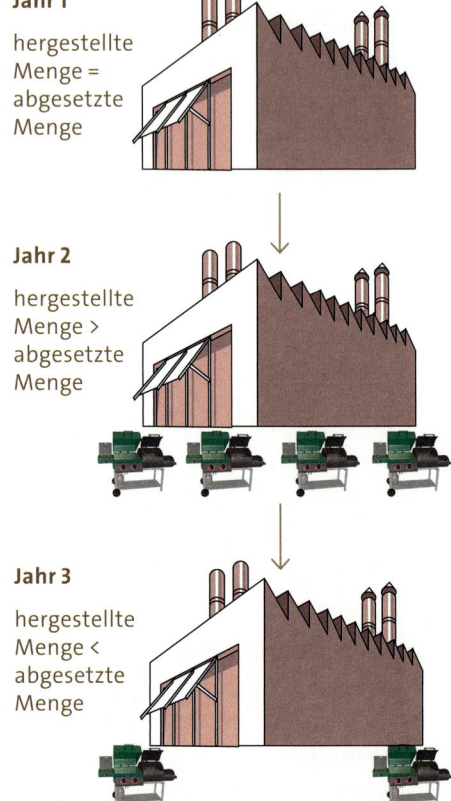

Jahr 1
hergestellte Menge = abgesetzte Menge

Jahr 2
hergestellte Menge > abgesetzte Menge

Jahr 3
hergestellte Menge < abgesetzte Menge

[1] Unfertige Erzeugnisse: Produkte, die am Bilanzstichtag noch im Herstellungsprozess sind und noch nicht verkauft werden konnten

Die Bestandsveränderungen bei fertigen und unfertigen Erzeugnissen werden aus Vereinfachungsgründen buchungstechnisch auf das Konto *52 Bestandsveränderungen* gebucht.

---

hergestellte Menge > abgesetzte Menge → Lageraufbau → Bestandsmehrung
hergestellte Menge < abgesetzte Menge → Lagerabbau → Bestandsminderung

---

● **1. Fall: Hergestellte Menge = abgesetzte Menge (in der Praxis eher unwahrscheinlich)**

Die Hot-Wood-Smoker OHG produziert jährlich 2 000 Luxus-Smoker „Black Forest". Die Herstellungskosten betragen 500,00 EUR für jeden Smoker. Die hergestellte Menge wird im Geschäftsjahr 01 komplett verkauft, dabei bringt ein Smoker 1.300,00 EUR Erlös ein.

Darstellung im GuV-Konto:

Soll		802 GuV		Haben
600 Aufw. für RS (2 000 St.)	1.000.000,00	500 UE (2 000 St.)		2.600.000,00
300 EK (Gewinn)	1.300.000,00			

2. Fall: Hergestellte Menge > abgesetzte Menge (absatzschwache Konjunktur)

Stellt ein Industriebetrieb mehr her, als er tatsächlich verkauft, so wird die nicht abgesetzte Menge auf Lager gelegt. Durch die Inventur am Bilanzstichtag wird die genaue Menge ermittelt und mit den **Herstellungskosten**▸ **bewertet**. Der Grund für die Bewertung zu den Herstellungskosten ist denkbar einfach: Das Unternehmen hat durch die Einlagerung noch keinen tatsächlichen Umsatz erzielt, muss aber für die noch nicht verkauften Artikel für das Geschäftsjahr einen Gegenwert auf der Habenseite der GuV ausweisen. Das Unternehmen „verkauft" die Erzeugnisse an das eigene Lager bewertet zu den Herstellungskosten. Baut sich durch einen geringeren Absatz das Lager auf, so stellt das im Unternehmen eine **Bestandsmehrung** dar. Die Bestandsmehrung wird im Konto *52 Bestandsveränderungen* verbucht.

Berechnung der Herstellungskosten
▸ Jahrgangsstufe 1

Der Absatz vom Smoker „Black Forest" bricht im Jahr 02 leicht ein und es können lediglich 80 % der hergestellten Menge verkauft werden. Die restlichen Smoker werden eingelagert.

Soll	220 Fertige Erzeugnisse		Haben		Soll	52 Bestandsveränderungen		Haben
800 EBK	0,00	③ 801 SBK			② 802 GuV	200.000,00	① 220 Fert. Erzeugnisse	200.000,00
① 52 BV	200.000,00	(400 St.)	200.000,00					

Soll	801 SBK		Haben		Soll	802 GuV		Haben
③ 220 Fertige Erzeugnisse	200.000,00				600 Aufw. f. RS (2 000 St.)	1.000.000,00	500 UE für Erzeugn. (1 600 St.)	2.080.000,00
					300 EK (Gewinn)	1.280.000,00	② 52 BV (400 St.)	200.000,00

Geschäftsfall		Konten	Soll	Haben
Vorbereitende Abschlussbuchung	①	220 Fertige Erzeugnisse an 52 Bestandsveränderungen	200.000,00	200.000,00
Abschlussbuchungen	②	52 Bestandsveränderungen an 802 GuV	200.000,00	200.000,00
	③	801 SBK an 220 Fertige Erzeugnisse	200.000,00	200.000,00

Erläuterung:
- Zu Beginn des Geschäftsjahres waren keine Lagerbestände an fertigen Erzeugnissen vorhanden, das erklärt den Anfangsbestand von Null im Konto *220 Fertige Erzeugnisse*. Am Ende des Jahres wurden 400 Smoker eingelagert, der Bestand erhöht sich um 400 Stück bewertet mit den Herstellungskosten von je 500,00 EUR = 200.000,00 EUR.
- Die Bestandsveränderung muss in der Ergebnisrechnung verbucht werden. Da in diesem Fall eine Bestandsmehrung vorliegt, wird das Konto *52 Bestandsveränderungen* auf der Habenseite des GuV-Kontos gebucht.
- Den Aufwendungen für die hergestellte Menge von 2 000 Stück stehen im GuV-Konto auf der Habenseite die Erlöse für die 2 000 Stück gegenüber. Dabei werden jedoch 1 600 Stück bewertet mit dem Verkaufspreis und 400 Stück bewertet mit den Herstellungskosten.

V Einführung in das externe Rechnungswesen

● **3. Fall: Hergestellte Menge < abgesetzte Menge (Boom)**

Gelingt es einem Industriebetrieb, in einem Geschäftsjahr mehr abzusetzen als zu produzieren, so muss der Bestand im Lager abnehmen. Buchhalterisch wird die **Bestandsminderung** im Konto Bestandsveränderungen auf der Sollseite sichtbar. Im GuV-Konto stehen auf der Habenseite die Erlöse für alle verkauften fertigen Erzeugnisse und auf der Sollseite zum einen die Aufwendungen, die durch die Produktion während des laufenden Geschäftsjahres angefallen sind, und zusätzlich die Aufwendungen für die aus dem Lager entnommenen Erzeugnisse. Das bedeutet, dass der Menge an verkauften Erzeugnissen die Aufwendungen für die gleiche Menge gegenüberstehen müssen.

Im Jahr 03 erlebt die Branche einen unerwarteten Aufschwung. Der Absatz von Smokern liegt bei 115 % der hergestellten Menge.

Soll	220 Fertige Erzeugnisse		Haben
800 EBK	200.000,00	① 52 BV	150.000,00
		③ 801 SBK (100 St.)	50.000,00

Soll	52 Bestandsveränderungen		Haben
① 220 Fert. Erzeugnisse	150.000,00	② 802 GuV	150.000,00

Soll	801 SBK		Haben
③ 220 Fertige Erzeugnisse	50.000,00		

Soll	802 GuV		Haben
600 Aufw. für RS (2 000 St.)	1.000.000,00	500 UE für Erzeugn. (2 300 St.)	2.990.000,00
② 52 BV (300 St.)	150.000,00		
300 EK (Gewinn)	1.840.000,00		

Geschäftsfall		Konten	Soll	Haben
Vorbereitende Abschlussbuchung	①	52 Bestandsveränderungen an 220 Fertige Erzeugnisse	150.000,00	150.000,00
Abschlussbuchungen	②	802 GuV an 52 Bestandsveränderungen	150.000,00	150.000,00
	③	801 SBK an 220 Fertige Erzeugnisse	50.000,00	50.000,00

Erläuterung:
- Zu Beginn des Geschäftsjahres waren Lagerbestände aus dem Jahr 02 im Wert von 200.000,00 EUR an fertigen Erzeugnissen vorhanden. Am Ende des Jahres 03 wurden nur noch 100 Smoker eingelagert, der Bestand verminderte sich um 300 Stück, die mit den Herstellungskosten von je 500,00 EUR = 150.000,00 EUR bewertet werden.
- Die Bestandsveränderung muss in der Ergebnisrechnung verbucht werden. Da in diesem Fall eine Bestandsminderung vorliegt, wird das Konto *52 Bestandsveränderungen* auf der Sollseite des GuV-Kontos gebucht.
- Den Erlösen für 2 300 Stück stehen im GuV-Konto auf der Sollseite zum einen die Aufwendungen für die im Jahr 03 hergestellten 2 000 Smoker und zusätzlich die 300 Smoker aus dem Lager, die im Jahr 02 hergestellt wurden, gegenüber.

6.5 Umsatzsteuer

6.5.1 Gesetzliche Grundlagen der Erhebung

Am 1. Januar 1968 wurde in der BRD die Umsatzsteuer eingeführt. Sie wird durch das Umsatzsteuergesetz (UStG) geregelt und bringt dem Staat jährlich weit über 100 Mrd. Euro ein. Die Umsätze zur Besteuerung lassen sich in drei Kategorien einteilen:

regulärer Umsatzsteuersatz	ermäßigter Umsatzsteuersatz	steuerfreie Umsätze
19 %	7 %	
§ 12 Abs. 1 UStG	§ 12 Abs. 2 UStG i. V. m. Anlage 2 im UStG	§ 4 UStG
alle Lieferungen und sonstige Leistungen in einem Unternehmen, die gegen Entgelt im Inland ausgeliefert werden	z. B. die meisten Lebensmittel, Wasser, Bücher, Zeitungen, Rollstühle, Kunstgegenstände, Übernachtung	z. B. Gebühren einer Behörde, Auslandslieferungen, innergemeinschaftliche Lieferung, Umsätze für die Seeschifffahrt und Luftfahrt, spezifische Leistungen wie Kreditgeschäfte, Wertpapiergeschäfte, Versicherungen

Der Gesetzgeber fordert den Ausweis des Steuersatzes und des Umsatzsteuerbetrags auf jeder Rechnung. Die **Bemessungsgrundlage** für die Umsatzsteuer ist das Entgelt, das der Empfänger der Leistung bezahlen muss, der sogenannte Nettowert.
Die Umsatzsteuer[1] muss vom Unternehmen, das eine Rechnung erstellt, an das Finanzamt abgeführt werden. Träger der Steuer ist aber der Endverbraucher, da er dem Unternehmen die im Rechnungsbetrag enthaltene Umsatzsteuer bezahlt.

Bei der Berechnung der an das Finanzamt abzuführenden Zahllast darf das Unternehmen die Umsatzsteuer, die es an seinen Lieferanten gezahlt hat, als sog. Vorsteuer[2] abziehen. Die **Zahllast** des Unternehmens ist somit die Differenz zwischen der erhaltenen Umsatzsteuer und der gezahlten Vorsteuer.

[1] Umsatzsteuer: *Ein Unternehmen erhält die auf der Rechnung ausgestellte Umsatzsteuer vom Kunden.*

[2] Vorsteuer: *Ein Unternehmen bezahlt an den Lieferanten die auf der Rechnung ausgestellte Umsatzsteuer.*

Zahllast = Umsatzsteuer − Vorsteuer

In der Regel muss ein Unternehmen die zu entrichtende Zahllast bis zum 10. Kalendertag des Folgemonats für den abgelaufenen Monat an das Finanzamt überweisen. Diese Umsatzsteuervoranmeldung stellt lediglich eine Vorauszahlung der Umsatzsteuer dar. Am Jahresende müssen Unternehmen eine **Umsatzsteuerjahreserklärung** erstellen und beim Finanzamt einreichen. Dabei kann es durchaus zu Nachzahlungen oder Rückzahlungen, z. B. durch noch nicht berücksichtigte Preisnachlässe (Skonti), kommen.

Die Umsatzsteuer kann unter verschiedenen Aspekten in das Steuersystem eingeordnet werden:
- Die Umsatzsteuer gehört zur Verkehrssteuer, da die Übertragung von Vermögenswerten oder Rechten besteuert wird.
- Der Wirkung nach gehört sie zur Verbrauchssteuer, da der Endverbraucher die Belastung trägt.
- Sie ist eine indirekte Steuer, da der Staat die Steuer nicht direkt vom Verbraucher (Steuerträger), sondern von den Unternehmen (Steuerschuldner) erhält.

Damit ein Unternehmen die bezahlte Umsatzsteuer als Vorsteuer geltend machen kann, muss eine Rechnung gesetzlich vorgeschriebene Pflichtbestandteile ▸ enthalten.

Pflichtbestandteile von Rechnungen
▸ Webcode WGW_V_6

6.5.2 Berechnung der Zahllast auf verschiedenen Wertschöpfungsstufen

Wertschöpfung
▶ II Kapitel 2.5
▶ IV Kapitel 1.1.2

Jede Wirtschaftsstufe schafft einen Mehrwert▶, der an der entstandenen Stelle steuerpflichtig ist. Die Umsatzsteuer wird daher auch Mehrwertsteuer genannt.

Eine Tonhütte verkauft Ziegelrohstoff für netto 700,00 EUR. Das Ziegelwerk verkauft die gebrannten Tonziegel für netto 1.800,00 EUR an einen Handwerker. Mit den Ziegeln deckt dieser einem Privatkunden ein Dach zum Nettowarenwert von 5.100,00 EUR.

Auf jeder Stufe ist mit einer Umsatzsteuer in Höhe von 19 % zu rechnen. Für die einzelnen Wirtschaftsstufen berechnet sich die an das Finanzamt abzuführende Zahllast wie folgt:

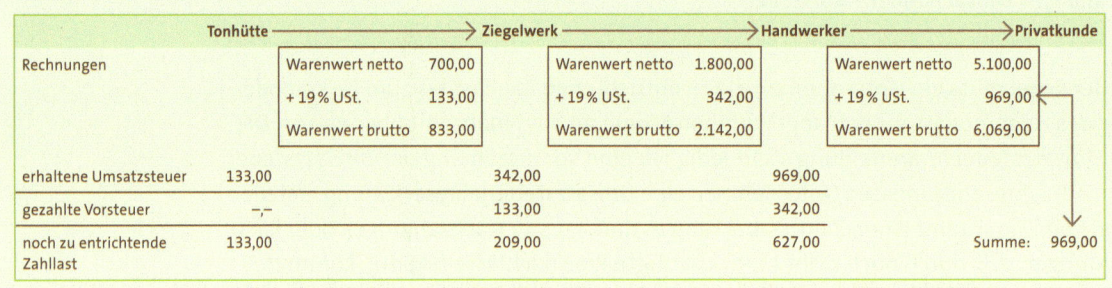

Bildet man die Summe über die Zahllast der einzelnen Wirtschaftsstufen, so muss die Summe identisch mit der zu entrichtenden Umsatzsteuer des Endverbrauchers sein. Für jedes Unternehmen stellt somit die Umsatzsteuer einen **durchlaufenden Posten** dar. Das Unternehmen bezahlt Vorsteuer an den Lieferanten, erhält Umsatzsteuer vom Kunden und führt die Differenz als Zahllast an das Finanzamt ab. Die Steuer verändert den Gewinn bzw. Verlust eines Unternehmens nicht (erfolgsneutrale Wirkung).

Eine Erhöhung der Steuer durch den Staat wirkt sich nicht direkt auf den Wertschöpfungsprozess aus. Jedoch führt eine Erhöhung der Umsatzsteuer zu einer Erhöhung der Bruttopreise und somit zu einer Verminderung der Kaufkraft der Endverbraucher.

6.5.3 Buchen der Umsatzsteuer

● **Einkauf und Verkauf von Waren und Erzeugnissen**

Die buchhalterische Erfassung von Einkauf bzw. Verkauf von Handelswaren oder Rohstoffen wurde bereits schon behandelt. Für die Erfassung der Umsatzsteuer müssen weitere Konten geführt werden.

> Das Ziegelwerk kauft von der Tonhütte Rohstoffe mit einem Warenwert von 700,00 EUR netto ein. Die auf der Rechnung ausgewiesene Umsatzsteuer – hier Vorsteuer, da es sich um einen Einkauf handelt – stellt eine Forderung gegenüber dem Finanzamt dar. Diese Forderung wird auf dem Aktivkonto *260 Vorsteuer* gebucht[1].
>
> Der Buchungssatz für den Einkauf von Rohstoffen lautet:
>
> | Geschäftsfall | | Konten | Soll | Haben |
> |---|---|---|---|---|
> | Einkauf von Rohstoffen für 700,00 EUR auf Ziel | ① | 200 Rohstoffe | 700,00 | |
> | | | 260 Vorsteuer | 133,00 | |
> | | | an 44 Verb. aus LuL | | 833,00 |
>
> Das Ziegelwerk verkauft die gebrannten Ziegel zu einem Warenwert netto von 1.800,00 EUR auf Rechnung an einen Handwerker. Der Warenwert auf der Rechnung stellt eine Forderung gegenüber dem Kunden (hier Handwerker) dar und die ausgewiesene Umsatzsteuer ist eine Verbindlichkeit gegenüber dem Finanzamt. Daher wird bei einem Verkauf die erhaltene Umsatzsteuer auf dem Passivkonto *480 Umsatzsteuer* gebucht.
>
> Der Buchungssatz für den Verkauf der Waren lautet:
>
> | Geschäftsfall | | Konten | Soll | Haben |
> |---|---|---|---|---|
> | Verkauf von fertigen Erzeugnissen für 1.800,00 EUR auf Ziel | ② | 240 Ford. aus LuL | 2.142,00 | |
> | | | an 500 UE fertige Erzeugnisse | | 1.800,00 |
> | | | 480 Umsatzsteuer | | 342,00 |

[1] Verbuchung erfolgt nach der bestandsorientierten Methode

● **Ermittlung der Zahllast und des Vorsteuerüberhangs durch Abschluss der Konten**

Beim Abschluss der Konten *260 Vorsteuer* und *480 Umsatzsteuer* muss man zwischen zwei Fällen unterscheiden:

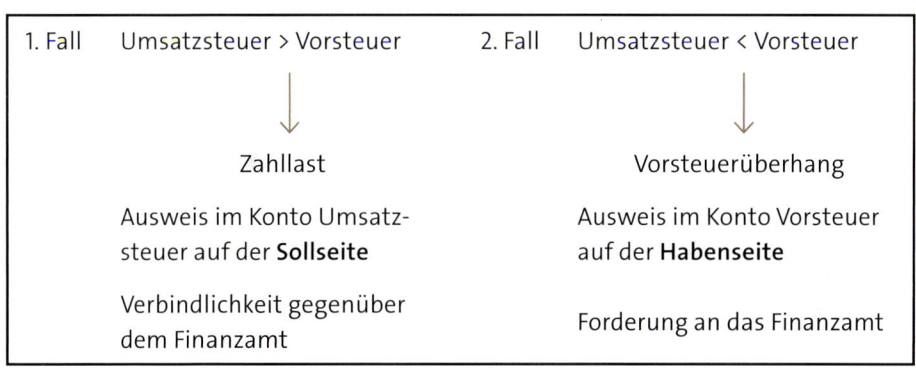

Zu Fall 1:

Um die entstandene Steuerschuld zu ermitteln, wird das Konto *260 Vorsteuer* über das Konto *480 Umsatzsteuer* abgeschlossen ③. Der ermittelte Saldo im Konto *480 Umsatzsteuer* stellt die Zahllast dar ④.

Soll	200 Rohstoffe	Haben
① 44 Verb. aus LuL 700,00		

Soll	44 Verb. aus LuL	Haben
	① 200 RS/ 260 Vorsteuer	833,00

Soll	240 Ford. aus LuL	Haben
② 500 UE/ 480 USt. 2.142,00		

Soll	500 UE f. Erzeugnisse	Haben
	② 240 Ford. aus LuL	1.800,00

Soll	260 Vorsteuer	Haben
① 44 Verb. aus LuL 133,00	③ 480 USt.	133,00

Soll	480 Umsatzsteuer	Haben
③ 260 VSt. 133,00 ④ 280 Bank 209,00	② 240 Ford. aus LuL	342,00

Soll	280 Bank	Haben
	④ 480 USt.	209,00

Die ermittelte Zahllast ist bis zum 10. Kalendertag des Folgemonats an das Finanzamt zu überweisen.

Die Buchungssätze lauten:

Erläuterung		Konten	Soll	Haben
Ermittlung der Zahllast	③	480 Umsatzsteuer an 260 Vorsteuer	133,00	133,00
Überweisung der Zahllast	④	480 Umsatzsteuer an 280 Bank	209,00	209,00

Zu Fall 2:

Ist der Saldo auf dem Vorsteuerkonto größer als auf dem Umsatzsteuerkonto, so wird das Umsatzsteuerkonto über das Konto *260 Vorsteuer* abgeschlossen ③. Das Unternehmen bezahlte im Abrechnungszeitraum mehr Vorsteuer, als es Umsatzsteuer eingenommen hat. Das passiert, wenn ein Unternehmen viel Waren oder Rohstoffe in einem Monat einkauft und im gleichen Zeitraum nicht so viel verkauft. Der hier ermittelte Saldo wird **Vorsteuerüberhang** genannt und auf der Habenseite des Kontos *260 Vorsteuer* ausgewiesen. Das Unternehmen hat eine Forderung an das Finanzamt, d. h., es hat eine Rückerstattung durch das Finanzamt zu erfolgen ④.

Modifikation des obigen Beispiels:

Geschäftsfall		Konten	Soll	Haben
Einkauf von Rohstoffen für 700,00 EUR auf Ziel	①	200 Rohstoffe 260 Vorsteuer an 44 Verb. aus LuL	700,00 133,00	833,00
Verkauf von fertigen Erzeugnissen für 500,00 EUR zzgl. USt. auf Ziel	②	240 Ford. aus LuL an 500 UE fertige Erzeugnisse 480 Umsatzsteuer	595,00	500,00 95,00

Soll	200 Rohstoffe	Haben		Soll	44 Verb. aus LuL	Haben
① 44 Verb. aus LuL	700,00				① 200 RS/260 VSt.	833,00

Soll	240 Ford. aus LuL	Haben		Soll	500 UE f. Erzeugnisse	Haben
② 500 UE/480 USt.	595,00				② 240 Ford. aus LuL	500,00

Soll	260 Vorsteuer	Haben		Soll	480 Umsatzsteuer	Haben
① 44 Verb. aus LuL	133,00	③ 480 USt.	95,00	③ 260 VSt.	95,00	② 240 Ford. aus LuL	95,00
		④ 263 so. Forderungen an Finanzbehörden	38,00			

Soll	263 Sonst. Ford. an Finanzbehörden	Haben
④ 260 VSt.	38,00	

Die Buchungssätze lauten:

Erläuterung		Konten	Soll	Haben
Ermittlung des Vorsteuerüberhangs	③	480 Umsatzsteuer an 260 Vorsteuer	95,00	95,00
Forderungen ggü. FA	④	263 Sonst. Ford. an Finanzbehörden an 260 Vorsteuer	38,00	38,00

● **Bilanzierung der Zahllast bzw. des Vorsteuerüberhangs**

Die Konten *260 Vorsteuer* und *480 Umsatzsteuer* sind Bestandskonten und am Geschäftsjahresende über die Bilanz abzuschließen.

Dabei gilt es zu unterscheiden:

Umsatzsteuer > Vorsteuer → Zahllast	Umsatzsteuer < Vorsteuer → Vorsteuerüberhang
Verbindlichkeiten gegenüber dem Finanzamt	Forderungen gegenüber dem Finanzamt
Buchung auf der Passivseite der Bilanz	Buchung auf der Aktivseite der Bilanz
Abschlussbuchungssatz: Umsatzsteuer an Schlussbilanzkonto	Abschlussbuchungssatz: Schlussbilanzkonto an Vorsteuer
Eröffnungsbuchungssatz im neuen Geschäftsjahr: Eröffnungsbilanzkonto an Umsatzsteuer	Eröffnungsbuchungssatz im neuen Geschäftsjahr: Vorsteuer an Eröffnungsbilanzkonto

Aufgaben zu Kapitel 6

1. Die Sunny OHG handelt mit Sonnenschirmen. Zu Beginn des Jahres liegen Sonnenschirme im Wert von 30.000,00 EUR auf Lager (Einkaufspreis pro Sonnenschirm: 200,00 EUR). Während der heißen Sommersaison muss die Sunny OHG immer wieder neue Ware ordern. Die Bestände werden durch die Bestellungen von insgesamt

470 Schirmen zu einem Stückeinkaufspreis von 200,00 EUR auf Ziel aufgefüllt (alle Preise netto). Laut Inventur sind am Jahresende noch Sonnenschirme im Wert von 10.000,00 EUR im Lager. Während der Saison wurden die Schirme zu einem Preis von 350,00 EUR je Stück bar verkauft.

    a Buchen Sie die Einkäufe und Verkäufe im Grund- und Hauptbuch. Beachten Sie dabei, dass das Unternehmen die bestandsorientierte Buchung anwendet.

    b Ermitteln Sie den Rohgewinn für die Sonnenschirme und buchen Sie sämtliche Abschlussbuchungssätze auch im Grundbuch.

    c Erklären Sie, warum der Einkaufs- und der Verkaufsprozess in der Buchhaltung getrennt geführt werden müssen.

2. Die Knatter-Laub GmbH, ein Hersteller für selbstfahrende Laubbläser, hat folgende Geschäftsfälle zu verbuchen:

> 1 Einkauf von Rohstoffen im Wert von 34.000,00 EUR auf Ziel
> 2 Einkauf von Hilfsstoffen im Wert von 6.500,00 EUR per Banküberweisung
> 3 Wegen qualitativer Mängel werden Hilfsstoffe im Wert von 3.000,00 EUR wieder zurückgesandt, der Lieferant erstattet den Betrag auf das Bankkonto.
> 4 Verkauf von Erzeugnissen im Wert von 84.000,00 EUR auf Rechnung

Hinweis: Die Knatter-Laub GmbH bucht bestandsorientiert.

    a Bilden Sie für die GmbH die Geschäftsfälle als Buchungssätze und in T-Konten ab. Berücksichtigen Sie folgende Angaben:

	Anfangsbestände	Schlussbestände
Rohstoffe	29.000,00 EUR	25.000,00 EUR
Hilfsstoffe	11.800,00 EUR	7.400,00 EUR

    b Ermitteln Sie den Gewinn der Knatter-Laub GmbH.

    c Erläutern Sie die Auswirkungen von Fall 3 auf das Ergebnis.

3. Die Schwitzler Bruchsal OHG stellt Saunakabinen für den Heimbedarf her. Folgende Informationen aus der Buchhaltung liegen vor:

	Anfangsbestände	Schlussbestände
210 Unfertige Erzeugnisse	45.600,00 EUR	60.800,00 EUR
220 Fertige Erzeugnisse	68.400,00 EUR	98.800,00 EUR

Im GuV-Konto sind zusätzlich Aufwendungen im Gesamtwert von 323.000,00 EUR und Umsatzerlöse im Gesamtwert von 456.000,00 EUR verbucht.

    a Buchen und erläutern Sie die Bestandsveränderungen an fertigen und unfertigen Erzeugnissen.

    b Ermitteln Sie den Erfolg der OHG.

    c Wie hoch wäre der Erfolg ohne die Berücksichtigung der Bestandsveränderungen?

    d Welche Auswirkung haben folgende Fälle auf den Schlussbestand von Rohstoffen?
- Einkaufsmenge < Verbrauchsmenge
- Einkaufsmenge > Verbrauchsmenge
- Einkaufsmenge = Verbrauchsmenge

6 Buchungen von Umsatzprozessen

4. Die Rentschler Sägewerke GmbH stellt exklusive Design-Gartenhäuser aus Holz her. Aus dem vergangenen Geschäftsjahr liegen folgende Daten vor:

	Anfangsbestände	Schlussbestände
210 Unfertige Erzeugnisse	182.000,00 EUR	143.000,00 EUR
220 Fertige Erzeugnisse	138.000,00 EUR	160.400,00 EUR

Im GuV-Konto sind zusätzlich Aufwendungen im Gesamtwert von 1.251.100,00 EUR und Umsatzerlöse im Gesamtwert von 1.931.700,00 EUR verbucht.
   a Buchen und erläutern Sie die Bestandsveränderungen an fertigen und unfertigen Erzeugnissen.
   b Ermitteln Sie den Erfolg der GmbH.
   c Wie hoch wäre der Erfolg ohne die Berücksichtigung der Bestandsveränderungen?
   d Begründen Sie, warum ein Mehrbestand auf der Habenseite und ein Minderbestand auf der Sollseite im GuV-Konto ausgewiesen werden.

5. Bei der Rentschler Sägewerke GmbH sind folgende Einkäufe und Verkäufe angefallen:

   1 Rohstoffeinkauf auf Ziel zzgl. 19 % USt.   112.000,00 EUR
   2 Verkauf von fertigen Erzeugnissen auf Ziel zzgl. 19 % USt.   144.000,00 EUR

   a Buchen Sie die Geschäftsfälle auf die entsprechenden Konten.
   b Ermitteln Sie buchhalterisch die Zahllast.
   c Nennen Sie den Buchungssatz für die Überweisung der Zahllast am 10. des Folgemonats.
   d Erläutern Sie, warum die Umsatzsteuer für die Unternehmen grundsätzlich einen „durchlaufenden Posten" darstellt.

6. Die Möbelwerke KG aus Sindelfingen hat am Monatsende Verkäufe von eigenen Erzeugnissen im Wert von 80.500,00 EUR zzgl. 19 % USt. bar getätigt und Rohstoffe im Wert von netto 120.000,00 EUR auf Rechnung eingekauft.
   a Buchen Sie die Geschäftsfälle auf die entsprechenden Konten.
   b Nennen Sie sämtliche anfallenden Buchungssätze.
   c Warum stellt die Vorsteuer eine Forderung gegenüber dem Finanzamt dar?
   d Begründen Sie, wohin ein Vorsteuerüberhang beim Jahresabschluss gebucht wird.

7. Buchen Sie die Belege im Grund- und Hauptbuch mit dem bestandsorientierten Verfahren und ermitteln Sie das Ergebnis der Hot-Wood-Smoker OHG.
   Zusätzliche Angaben:

	Anfangsbestände	Schlussbestände
200 Rohstoffe	38.750,00 EUR	45.000,00 EUR
221 Handelswaren	7.500,00 EUR	4.300,00 EUR
240 Ford. aus LuL	69.350,00 EUR	
44 Verb. aus LuL	102.730,00 EUR	

V Einführung in das externe Rechnungswesen

Rechnung 1

Hot-Wood-Smoker OHG
Lindenallee 315
88662 Überlingen

Schick & Schön
Industriepark Ost 7 b
88045 Friedrichshafen

Bitte bei Zahlung immer angeben:

Ihre Kundennummer: 44268
Rechnungsnummer: 35214-95

Name: Niklas Pfennig
Telefon: 07551 66295
Telefax: 07551 66280
E-Mail: niklas.pfennig@hws-ohg-cbb.de

Datum: 04.03.20..

Rechnung zum Auftrag Nummer 752896
Leistungsmonat: März 20..

Pos.	Art.-Nr.	Bezeichnung	Menge	Einzelpreis EUR	Rabatt %	Betrag EUR
1	07-XL	Smoker XL - Edelstahl	350	280,00	10	88.200,00

Summe Positionen	88.200,00
Rechnungsbetrag (exkl. USt.)	88.200,00
Umsatzsteuer 19 %	16.758,00
Rechnungsbetrag (inkl. USt.)	**104.958,00**

Zahlbar innerhalb 14 Tagen mit 3 % Skonto, 30 Tage netto

Rechnung 2

Eisen & Stahl Handel GmbH & Co. KG
Berliner Str. 55
78628 Rottweil

Hot Wood Smoker OHG
Lindenallee 315
88662 Überlingen

Bitte bei Zahlung immer angeben:

Ihre Kundennummer: 66622
Rechnungsnummer: 2266489

Name: Birgit Lindner
Telefon: 0741 89376
Telefax: 0741 89375
E-Mail: birgit.lindner@eisenundstahl-cbb.de

Datum: 27.02.20..

Rechnung zum Auftrag Nummer 3146852
Leistungsmonat: Februar 20..

Pos.	Art.-Nr.	Bezeichnung	Menge	Einzelpreis EUR	Rabatt %	Betrag EUR
1	SB05	Stahlblech 2 400 × 900 × 5 mm	500	125,00		62.500,00

Summe Positionen	62.500,00
Rechnungsbetrag (exkl. USt.)	62.500,00
Umsatzsteuer 19 %	11.875,00
Rechnungsbetrag (inkl. USt.)	**74.375,00**

Zahlbar innerhalb 10 Tagen mit 2 % Skonto, 30 Tage netto

Gutschrift

Eisen & Stahl Handel GmbH & Co. KG
Berliner Str. 55
78628 Rottweil

Hot Wood Smoker OHG
Lindenallee 315
88662 Überlingen

Bitte bei Zahlung immer angeben:

Ihre Kundennummer: 66622
Rechnungsnummer: 2266489

Name: Birgit Lindner
Telefon: 0741 89376
Telefax: 0741 89375
E-Mail: birgit.lindner@eisenundstahl-cbb.de

Datum: 05.03.20..

Gutschrift zur Rechnung Nummer 2266489
Leistungsmonat: Februar 20..

Wir haben die Warenrücksendung erhalten und schreiben Ihnen hiermit den folgenden Betrag gut:

Pos.	Art.-Nr.	Bezeichnung	Menge	Einzelpreis EUR	Rabatt %	Betrag EUR
1	SB05	Stahlblech 2 400 × 900 × 5 mm	50	125,00		6.250,00

Betrag Gutschrift (exkl. USt.)	6.250,00
Umsatzsteuer 19 %	1.187,50
Betrag Gutschrift (inkl. USt.)	**7.437,50**

Rechnung 4

Schutzbekleidung Mayr GmbH
Alfons Mayr Schutzbekleidung GmbH
Reutlinger Str. 69
72393 Burladingen

Hot-Wood-Smoker OHG
Lindenallee 315
88662 Überlingen

Bitte bei Zahlung immer angeben:

Ihre Kundennummer: 34496
Rechnungsnummer: 627109

Name: Ina Schmidt
Telefon: 07475 81007
Telefax: 07475 81030
E-Mail: ina.schmidt@bekleidung.mayr-cbb.de

Datum: 15.02.20..

Rechnung zum Auftrag Nummer 302168
Leistungsmonat: Februar 20..

Pos.	Art.-Nr.	Bezeichnung	Menge	Einzelpreis EUR	Rabatt %	Betrag EUR
1	GS05	Grillschürze für Hipster	200	15,00		3.000,00

Summe Positionen	3.000,00
Rechnungsbetrag (exkl. USt.)	3.000,00
Umsatzsteuer 19 %	570,00
Rechnungsbetrag (inkl. USt.)	**3.570,00**

Zahlbar innerhalb 20 Tagen mit 2 % Skonto, 45 Tage netto

6 Buchungen von Umsatzprozessen

Volksbank eG		Auszug 9	Girokonto DE94690618000240852123	
BIC GENODE61UBE				
	Alter Kontostand vom 18.03.20..		EUR	284.146,62 +
Datum	**Erläuterungen**	**Wert**	**Betrag**	
25.03.	Mayr-Schutzbekleidung	25.03.	3.570,00 –	
	Rg-Nr. 627109 Kd-Nr. 34496			
28.03.	Schick & Schön, Friedrichshafen	28.03.	104.958,00 +	
	Rg-Nr. 35214-95 Kd-Nr. 44268			
29.03.	Eisen & Stahl Handel GmbH & Co. KG	02.04.	66.937,50 –	
	Rg-Nr. 2266489 – abzgl. Gutschrift GS-2266489			
	Kd-Nr. 66622			
	Kontostand in EUR am 03.04.20..		**318.597,12**	

*** neuer Zinssatz seit 01.03.20.. 12,25 %

Zusammenfassung: 6 Buchungen von Umsatzprozessen

Bestandsorientiertes und **aufwandsorientiertes** Verbuchen von

Handelswaren	Rohstoffe	Hilfsstoffe	Betriebsstoffe
eingekaufte und unverändert weiterverkaufte Güter	wesentlicher Bestandteil	Nebenbestandteil	dienen der Produktion

Eingangsbuchung erfolgt auf dem entsprechenden Aufwandskonto (Material wir sofort benötigt)

Eingangsbuchung erfolgt auf dem entsprechenden Bestandskonto (Material wird zunächst eingelagert)

S	RHB-Stoffe/HW	H		S	Aufwand	H		S	Aufwand	H
800 EBK	Saldo		→	Verbuchung des	802 GuV			Zugang	802 GuV	
Zugang	SB lt. Inventur			Verbrauchs						

Abschluss über GuV-Konto

S	802 GuV	H
Aufwendungen	Erträge	
300 EK (Gewinn)		

S	300 EK	H
801 SBK	800 EBK	
	802 GuV (Gewinn)	

S	801 SBK	H
200/202/203 RHB-Stoffe	300 EK	
221 HW		

- Aufwand für RHB-Stoffe und Handelswaren bewertet zu Einstandspreisen
- Umsatzerlöse bewertet zu Verkaufspreisen

Dem Aufwand für RHW-Stoffe und Handelswaren stehen die Umsatzerlöse durch den Verkauf im GuV-Konto gegenüber.

V Einführung in das externe Rechnungswesen

Bestandsveränderung
ergibt sich dadurch, dass in einer Rechnungsperiode nicht exakt die hergestellte Ware verkauft wird

1. Fall:
hergestellte Menge < abgesetzte Menge
(Bestandsminderung)

2. Fall:
hergestellte Menge > abgesetzte Menge
(Bestandsmehrung)

Minderung des Lagerbestands →

S	52 Bestandsveränderungen	H
Bestandsminderung		Bestandsmehrung

← Erhöhung des Lagerbestands

Buchung:
52 Bestandsveränderungen
an 220 Fertige Erzeugnisse
  bzw.
  210 Unfertige Erzeugnisse

220 Fertige Erzeugnisse
  bzw.
210 Unfertige Erzeugnisse
an 52 Bestandsveränderungen

Abschluss des 52 Bestandsveränderungskontos über 802 GuV-Konto

Buchung:
802 GuV
an 52 Bestandsveränderung

52 Bestandsveränderung
an 802 GuV

S	802 GuV	H
52 Bestandsveränderungen (Bestandsminderung)		52 Bestandsveränderungen (Bestandsmehrung)

Umsatzsteuer

Die Umsatzsteuer stellt für ein Unternehmen einen **durchlaufenden Posten** dar.

Steuersätze:
- regulär 19 %
- ermäßigt 7 %
- steuerfreie Umsätze

Umsatzsteuer

Bemessungsgrundlage = Nettoentgelt der Leistung

erhaltene Umsatzsteuer < bezahlte Vorsteuer
= Vorsteuerüberhang
= Forderungen gegenüber dem Finanzamt

erhaltene Umsatzsteuer > bezahlte Vorsteuer
= Zahllast
= Verbindlichkeit gegenüber dem Finanzamt

7 Personaleinsatz buchhalterisch erfassen

Der 25-jährige Patrick Bundschuh arbeitet seit vergangenem Monat als Ingenieur bei der Hot-Wood-Smoker OHG. Auf seine erste Gehaltsrechnung freute er sich schon. Doch leider waren viel zu viele Informationen und Zahlen enthalten, von denen er bislang dachte, dass sie ihn gar nichts angingen. Was muss bei der Erfassung von Löhnen und Gehältern in einem Unternehmen alles berücksichtigt werden?

7.1 Grundlagen der Lohn- und Gehaltsabrechnung

Für die erbrachte Arbeitsleistung in einem Unternehmen erhalten die Arbeitnehmer für einen gewissen Zeitraum (i. d. R. für einen Monat) Löhne bzw. Gehälter. Aus Sicht der Arbeitnehmer stellen Löhne und Gehälter Einnahmen, für ein Unternehmen stellen sie Aufwendungen dar.

Gehälter[1] beziehen i. d. R. Angestellte, da die Vergütung vertraglich geregelt wird bzw. sie das Gehalt für eine feste Tätigkeit erhalten.

Die Ermittlung des **Lohns**[2] hängt davon ab, ob der Arbeitnehmer nach einer erbrachten Leistung oder nach Zeit entlohnt (bezahlt) wird.
Hierbei lassen sich verschiedene Lohnformen unterscheiden:

[1] Gehalt: gleichbleibendes Einkommen eines Angestellten

[2] Lohn: variables Einkommen eines Arbeiters, abhängig von der erbrachten Leistung bzw. der Zeit

Lohnformen		
Lohn nach erbrachter Leistung		**Lohn nach Zeit**
Akkordlohn	Prämienlohn	
Entgelt berechnet sich nach einer mengenmäßigen Arbeitsleistung	erfolgsabhängige Entgeltberechnung für Leistungen, die über der Vorgabe liegen	Entgelt bezieht sich auf die geleistete Arbeitszeit
Ein Arbeiter erhält 3,50 EUR für jedes Stück und kann bei Normalleistung 5 in der Stunde herstellen. Seine wöchentliche Arbeitszeit beträgt 40 Stunden. Wochenlohn: 3,50 EUR · 5 · 40 = 700,00 EUR	Vorgabe: In einem Monat sind 1 000 Stück zu fertigen. Erreicht: 1 100 Stück in einem Monat → Prämie für 100 Stück	Stundenlohn

Die Bezüge von Arbeitnehmern lassen sich darüber hinaus in laufende Bezüge und Einmalbezüge unterteilen.

Laufende Bezüge
- Gehalt
- Lohn
- Zuschläge (z. B. Nachtarbeit, Überstunden)
- Zulagen (z. B. Erschwernis-, Funktionszulage)
- Arbeitgeberzuschuss zu vermögenswirksamen Leistungen

Einmalbezüge
- Urlaubsgeld
- Weihnachtsgeld
- Prämien
- Boni
- Abfindungen

Für die Erfassung des Personalaufwands in einem Unternehmen sind folgende Schritte notwendig:

1. **Ermittlung des Bruttoverdienstes**[1]
   Der Verdienst setzt sich aus unterschiedlichen Bezügen zusammen. Dieser ist als Erstes zu ermitteln.
2. **Ermittlung der Abzüge**
   Der Arbeitgeber ist gesetzlich verpflichtet, die Lohnsteuer, den Solidaritätszuschlag, die Kirchensteuer sowie den Arbeitnehmeranteil an den Sozialversicherungen einzubehalten und an die entsprechenden Stellen abzuführen.
3. **Ermittlung des Nettoverdienstes**[2]
   Der Auszahlungsbetrag an den Arbeitnehmer ergibt sich durch den Bruttoverdienst abzüglich der Abgaben (Steuer und Arbeitnehmeranteil zur Sozialversicherung).
4. **Verbuchung der ermittelten Beträge auf die jeweiligen Konten**

[1] Bruttoverdienst: enthält den Verdienst sowie die Steuer und Abgaben zur SV

[2] Nettoverdienst: Auszahlungsbetrag an den Arbeitnehmer

7.2 Ermittlung der Abzüge vom Bruttolohn

Einkommensteuersystem
▶ Kapitel 1.6.4

7.2.1 Lohnsteuer

Dreimal Lohn
Monatliche Durchschnittsbeträge je Arbeitnehmer in Deutschland in Euro

Arbeitnehmerentgelt
Diesen Betrag wendet der Betrieb auf
3 232 €

abzgl. Arbeitgeberanteil an den Sozialabgaben =

Bruttoverdienst
Dieser Betrag steht auf der Verdienstabrechnung
2 641 €

abzgl. Lohnsteuer und Arbeitnehmeranteil an den Sozialabgaben =

Nettoverdienst
Dieser Betrag wird überwiesen
1 756 €

Quelle: Statistisches Bundesamt   Stand 2014   © Globus 10252

Das Einkommen eines Steuerpflichtigen unterliegt der Einkommensteuer▶. § 2 EStG definiert die Einkünfte, die zum Einkommen zählen und somit steuerpflichtig sind. Darunter fallen „Einkünfte aus nichtselbständiger Arbeit". Die Besteuerung erfolgt mit der **Lohnsteuer**. Die Lohnsteuer stellt keine eigene Steuerart dar, sie ist vielmehr eine besondere Art der Einkommensteuer.

Zur Ermittlung der Lohnsteuer müssen folgende Punkte beachtet werden:
- Höhe des Bruttolohns
- Steuerklasse
- evtl. Freibeträge (z. B. Kinderfreibeträge, Freibeträge für Behinderte)

Der Gesetzgeber sieht einen lohnsteuerfreien Grundfreibetrag vor. Dieser stellt sicher, dass das Einkommen zum Bestreiten des Existenzminimums nicht besteuert wird. Der Grundfreibetrag für 2016 liegt bei 8.652,00 EUR für Ledige bzw. 17.304,00 EUR für Verheiratete.

Die Arbeitnehmer werden unter Berücksichtigung von persönlichen Verhältnissen Steuerklassen zugeordnet.

Steuer-klassen	Zuordnungskriterien der Arbeitnehmer
I	Arbeitnehmer, die ledig sind, oder Verheiratete, die verwitwet oder geschieden sind
II	Arbeitnehmer der Steuerklasse I, in deren Haushalt mindestens ein Kind gemeldet ist
III	Arbeitnehmer, die verheiratet sind und deren Partner keinen Arbeitslohn bezieht oder in Steuerklasse V eingeordnet wird
IV	Arbeitnehmer, die verheiratet sind und beide Arbeitslohn beziehen
V	Arbeitnehmer, die verheiratet sind und der Partner in Steuerklasse III eingeordnet wird
VI	Arbeitnehmer, die aus mehr als einem Arbeitsverhältnis Arbeitslohn beziehen

7.2.2 Solidaritätszuschlag

1991 wurde in der Bundesrepublik Deutschland der Solidaritätszuschlag (kurz: Soli) eingeführt. Der Zuschlag stellt eine Ergänzungsabgabe zur Einkommensteuer und Körperschaftssteuer dar (§ 1 SolzG) und berechnet sich von der Lohnsteuer. Der Zuschlag beträgt aktuell 5,5 % der Bemessungsgrundlage.

FALLSTUDIE Soli für alle

Die Union diskutiert die Abschaffung des Solidaritätszuschlages. Doch Ökonomen warnen davor: Deutschland sei auf die Einnahmen angewiesen.
Von Kuwait bis Märkisch Oderbruch – so weit reicht die Geschichte des Solidaritätszuschlages. 1991 wurde er unter Bundeskanzler Helmut Kohl auch eingeführt, um Gelder zur Unterstützung der USA und ihrer Alliierten zu sammeln, die gerade an der Seite Kuwaits im ersten Golfkrieg kämpften. Deutschland hatte sich bereit erklärt, einen Teil der Kriegskosten zu übernehmen.
Erst ab Mitte der 1990er-Jahre, als es Helmut Kohl dämmerte, dass die Wiedervereinigung wohl doch nicht ohne Steuererhöhungen zu bezahlen sei, wurde der Soli flugs zu einer Abgabe zur Finanzierung der Deutschen Einheit, genauer: des Solidarpakts zwischen dem Bund und den neuen Bundesländern. Und im Laufe der Jahre wurde immer wieder betont: Die Abgabe wird irgendwann wieder abgeschafft, sie ist nicht von Dauer.

Heute, mehr als 25 Jahre nach der Wiedervereinigung, gibt es den Soli immer noch. Die Union soll sich nun aber darauf geeinigt haben, ihn ab 2020 schrittweise zu senken – und möglicherweise bis 2030 ganz zu streichen. Für den Bund Deutscher Steuerzahler ist der Vorstoß der Unionsführung längst überfällig, denn seinem politischen Zweck, der Finanzierung des Solidarpakts, diene der Soli kaum mehr: Seit 2011 würden die Einnahmen, die aus dem Soli in den Bundesetat flössen, die Zuweisungen des Bundes an die neuen Länder deutlich übersteigen. Für 2014 stünden gar 15 Milliarden an Steuereinnahmen lediglich knapp acht Milliarden Ausgaben im Rahmen des Solidarpakts gegenüber. Der Bund habe sich so schlicht über die Jahre eine neue Einnahmequelle erschlichen und die eigentliche Abgabe zweckentfremdet.

Quelle: Pausch, Robert; Likas Zdrzalek, Likas: Soli für alle, ZEIT ONLINE, 6. März 2015

▶ „Gesetzentwurf zur Einführung eines befristeten Solidaritätszuschlags" BT DS 12/220, 11. März 1991

ARBEITSAUFTRAG

Halten Sie es für sinnvoll, den Solidaritätszuschlag abzuschaffen? Begründen Sie Ihre Meinung mit mindestens zwei Argumenten.

7.2.3 Kirchensteuer

Die Kirchensteuer ist im Bundesgebiet nicht einheitlich. So erheben die Länder Baden-Württemberg und Bayern **9 %** und die restlichen Bundesländer **8 %** auf die Lohnsteuer. Bei der Berechnung der Kirchensteuer gilt das Betriebsstättenprinzip – der Wohnort des Arbeitnehmers ist außer Acht zu lassen, d. h., dass bei einem in Baden-Württemberg lebenden und in Hessen arbeitenden Arbeitnehmer der Kirchensteuersatz von Hessen zählt.

Der Arbeitgeber ist verpflichtet, den Arbeitnehmeranteil an der Lohnsteuer, den Solidaritätszuschlag und die Kirchensteuer einzubehalten und an das Finanzamt abzuführen.

> Patrick Bundschuh, der neu eingestellte Ingenieur der Hot-Wood-Smoker OHG in Baden-Württemberg, ist ledig, gehört der katholischen Kirche an, hat keine Kinder und ist bei der AOK Baden-Württemberg versichert. Sein monatliches Bruttogehalt beläuft sich im ersten Jahr nach seinem DH-Studium auf 2.510,00 EUR.
>
> Lohn- und Kirchensteuer sowie der Solidaritätszuschlag können über die Lohnsteuertabelle ▶ ermittelt werden:
>
> | | |
> |---|---:|
> | Bruttogehalt | 2.510,00 EUR |
> | Steuerklasse | I |
> | Kinderfreibetrag | 0,00 EUR |
> | Lohnsteuer | 317,66 EUR |
> | SolZ | 17,47 EUR |
> | Kirchensteuer 9 % | 28,58 EUR |
> | gesamte Steuerbelastung | 363,71 EUR |

Lohnsteuertabelle
▶ Seite 344

7.2.4 Sozialversicherungsbeiträge

Die Sozialversicherung ▶ ist eine gesetzliche Versicherung und setzt sich zusammen aus

- Krankenversicherung
- Pflegeversicherung
- Rentenversicherung
- Arbeitslosenversicherung
- Unfallversicherung[1]

Sozialversicherung
▶ Kapitel 1.6.2

[1] Die Unfallversicherung trägt der Arbeitgeber alleine. Sie wird jährlich berechnet.

Die Sozialversicherungsbeiträge werden prozentual nach festgelegten Beitragssätzen vom Arbeitsentgelt berechnet. Bei der Berechnung wird eine Beitragsbemessungsgrenze berücksichtigt. Auf den Verdienst darüber hinaus werden keine Beiträge erhoben.

Aktuell gelten nachstehende monatliche Beitragsbemessungsgrenzen (Stand: 2016):

Kranken- und Pflegeversicherung	Renten- und Arbeitslosenversicherung	
Alte und neue Länder (einheitliche Grenze)	Alte Länder und West-Berlin	Neue Länder und Ost-Berlin
4.237,50 EUR	6.200,00 EUR	5.400,00 EUR

Die Beiträge splitten sich zwischen Arbeitgeber und -nehmer auf. Lediglich die Unfallversicherung trägt der Arbeitgeber vollständig.

7 Personaleinsatz buchhalterisch erfassen

Sozialversicherungsbeiträge 2016

Sozialversicherung	Beitragssatz	AN-Anteil	AG-Anteil
Krankenversicherung	14,60 % + x %	7,30 % + x %*	7,30 %
Pflegeversicherung	2,35 % (+ 0,25 %)	1,175 % (+ 0,25 %**)	1,175 %
Rentenversicherung	18,70 %	9,35 %	9,35 %
Arbeitslosenversicherung	3,00 %	1,5 %	1,5 %

* Besonderheit: Seit 2015 können die Krankenkassen einen Zusatzbeitrag selbst festlegen. Den Zuschlag trägt der Arbeitnehmer allein. Die Krankenkassen haben damit wieder unterschiedliche Beitragssätze.

** Besonderheit: Beitragszuschlag von 0,25 % bei kinderlosen Versicherten, die das 23. Lebensjahr vollendet haben. Den Zuschlag trägt der Arbeitnehmer allein. Beitragssatz: 1,175 % + 0,25 % = 1,425 %.

Fortsetzung des Beispiels:

Die Sozialversicherungsbeiträge für Patrick Bundschuh können der nachstehenden Tabelle entnommen werden:

Sozialversicherung	AN-Anteil		AG-Anteil	
	%	EUR	%	EUR
Krankenversicherung	7,30 % + 1,0 %*[1]	208,33	7,30 %	183,23
Pflegeversicherung	1,425 %	35,77	1,175 %	29,49
Rentenversicherung	9,35 %	234,69	9,35 %	234,69
Arbeitslosenversicherung	1,5 %	37,65	1,5 %	37,65
Summe SV-Beiträge		516,43		485,06
Gesamtversicherungsbeiträge		516,43 + 485,06 = 1.001,49		

[1] Die AOK Baden-Württemberg erhebt einen Zusatzbeitragssatz von 1,0 %.

Die Gesamtversicherungsbeiträge, Summe der Beiträge von Arbeitgeber und Arbeitnehmer, werden durch die gesetzlichen Krankenkassen spätestens am drittletzten Bankarbeitstag des laufenden Monats durch Bankeinzug vereinnahmt.

7.3 Buchungen des Personalaufwands

Buchhalterisch betrachtet erfolgt die Buchung des Personalaufwands in vier Schritten:
1. Buchung des Bankeinzugs der Sozialversicherungsbeiträge
2. Buchung der Lohn- bzw. Gehaltszahlung
3. Buchung des Arbeitgeberanteils zur Sozialversicherung
4. Buchung der noch abzuführenden Abzüge

● 1. Schritt: Buchung des Bankeinzugs der Sozialversicherungsbeiträge

Die Sozialversicherungsbeiträge werden, wie oben beschrieben, von der Krankenkasse schon im Voraus eingezogen. Dieser Vorschuss an die Krankenkassen wird im Unternehmen auf dem Konto *264 Sozialversicherungs-Vorauszahlung* verbucht.

Zum Zeitpunkt, an dem die Vorauszahlung zu leisten ist, können die Sozialversicherungsbeiträge nur näherungsweise geschätzt werden.

Nach der Gehaltsbuchung am Monatsende ergeben sich drei Möglichkeiten für das Konto *264 SV-Vorauszahlungen*:

1. Der geschätzte Betrag entspricht dem errechneten Betrag der Lohn- und Gehaltsbuchung.
2. Der geschätzte Betrag liegt über dem errechneten Betrag der Lohn- und Gehaltsbuchung. Diese Forderung an den SV-Träger bleibt bestehen und wird im nächsten Monat verrechnet.
3. Der geschätzte Betrag liegt unter dem errechneten Betrag der Lohn- und Gehaltsbuchung. Diese Verbindlichkeit gegenüber dem SV-Träger bleibt bestehen und wird im nächsten Monat verrechnet.

Annahme: Die Hot-Wood-Smoker OHG schätzt die Sozialversicherungsbeiträge für den Monat auf 1.050,00 EUR.

Geschäftsfall		Konten	Soll	Haben
Buchung Bankeinzug der SV-Beiträge	①	264 SV-Vorauszahlung an 280 Bank	1.050,00	1.050,00

● **2. Schritt: Buchung der Lohn- bzw. Gehaltszahlung**

Der Bruttolohn bzw. das Bruttogehalt werden auf den Aufwandskonten *62 Löhne* bzw. *63 Gehälter* gebucht. Der Arbeitnehmeranteil der SV-Beiträge, der im ersten Schritt im Voraus bezahlt wurde, ist mit der Gehaltszahlung eine Beitragspflicht geworden und muss entsprechend verbucht werden. Die einbehaltenen Steuerbeträge stellen bis zur Überweisung Verbindlichkeiten dar und werden auf dem Konto *483 Sonstige Verbindlichkeiten gegenüber Finanzbehörden* verbucht. Die Belastung des Bankkontos entspricht dem berechneten Nettoentgelt des Arbeitnehmers.

Geschäftsfall		Konten	Soll	Haben
Buchung Gehaltszahlung	②	63 Gehälter an 264 SV-Vorauszahlung 483 Sonst. Verb. ggü. Finanzbehörden 280 Bank	2.510,00	516,43 363,71 1.629,86

● **3. Schritt: Buchung des Arbeitgeberanteils zur Sozialversicherung**

Der Arbeitgeberanteil zu den SV-Beiträgen wird auf dem Konto *640 Arbeitgeberanteil zur SV (Lohnbereich)* bzw. *641 Arbeitgeberanteil zur SV (Gehaltsbereich)* gebucht.

Geschäftsfall		Konten	Soll	Haben
Buchung Arbeitgeberanteil zur SV	③	641 AG-Anteil zur SV an 264 SV-Vorauszahlung	485,06	485,06

7 Personaleinsatz buchhalterisch erfassen

4. Schritt: Buchung der noch abzuführenden Abzüge

Die einbehaltenen Steuerbeträge werden per Banküberweisung beglichen.

Geschäftsfall		Konten	Soll	Haben
Buchung der einbehaltenen Steuerabzüge	④	483 Sonst. Verb. ggü. Finanzbehörden an 280 Bank	363,71	363,71

Darstellung in Kontenform

Soll	63 Gehälter	Haben
② 264 SV-Vorauszahlung/ 2.510,00 483 Sonst. Verb. ggü. FB/ 280 Bank		

Soll	264 SV-Vorauszahlung	Haben
① 280 Bank 1.050,00	② 63 Gehälter 516,43 ③ 641 AG-Anteil 485,06	

Soll	280 Bank	Haben
	① 264 SV-Vorauszahlung 1.050,00 ② 63 Gehälter 1.629,86 ④ 483 Sonst. Verb. ggü. FB 363,71	

Soll	483 Sonst. Verb. ggü. Finanzbehörden	Haben
④ 280 Bank 363,71	② 63 Gehälter 363,71	

Soll	641 Arbeitgeberanteil zur SV	Haben
③ 264 SV-Vorauszahlung 485,06		

Die Beiträge zur gesetzlichen Unfallversicherung, die der Arbeitgeber vollständig alleine trägt, werden i. d. R. jährlich direkt an den Versicherungsträger überwiesen. Dieser Aufwand wird im Konto *642 Beiträge zur Berufsgenossenschaft* gebucht.

FALLSTUDIE — Lohnnebenkosten

Der Faktor Arbeit wird für die Unternehmen durch die Lohnnebenkosten verteuert.

Zu den Lohnnebenkosten zählen nicht nur die Beiträge der Arbeitgeber zur Sozialversicherung, sondern z. B. auch Sonderzahlungen wie Weihnachtsgeld, Jubiläumsgeld oder Urlaubsgeld.

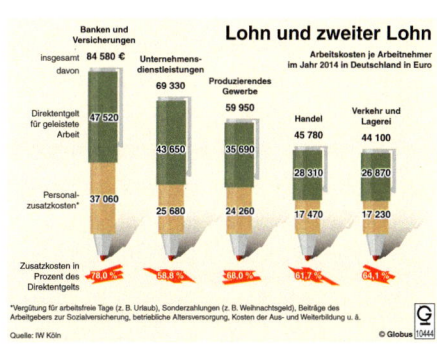

ARBEITSAUFTRÄGE

1. Erläutern Sie die Vor- und Nachteile einer Senkung der Lohnnebenkosten.
2. Erarbeiten Sie mögliche Alternativen, um die Arbeitgeber bei den Personalzusatzkosten zu entlasten, und stellen Sie diese im Plenum vor.

V Einführung in das externe Rechnungswesen

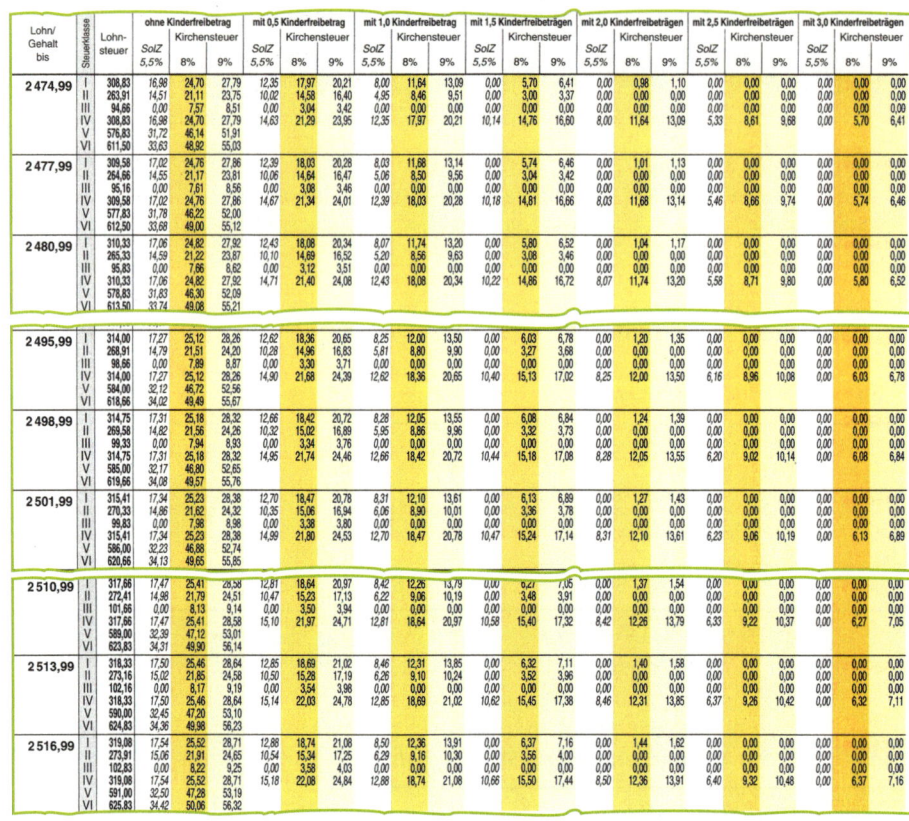

Auszug: Rehm Monats-Lohnsteuertabelle 2016, Verlagsgruppe Hüthig Jehle Rehm GmbH, Heidelberg

Aufgaben zu Kapitel 7

1. Der Landschaftsgärtner Kurz Gartengestaltung e. K. aus Ravensburg beschäftigt drei Angestellte:

   - Hans Schuster (43 Jahre), verheiratet, 1 Kind, Steuerklasse III, röm.-kath., Bruttomonatsverdienst im Mai (inkl. Überstunden) 2.512,64 EUR
   - Gabi Buschbaum (36 Jahre), verheiratet, 2 Kinder, Steuerklasse IV, keine Kirchenzugehörigkeit, Bruttomonatsverdienst im Mai (inkl. Überstunden) 2.479,25 EUR
   - Lukas Günter (24 Jahre), ledig, kein Kind, Steuerklasse I, ev.-luth., Bruttoverdienst (inkl. Überstunden) 2.499,50 EUR

   a Erstellen Sie für den Monat Mai eine Gehaltsliste für die Angestellten. Alle Arbeitnehmer sind bei der AOK Baden-Württemberg krankenversichert. Verwenden Sie die oben abgebildete Lohnsteuertabelle.
   b Bilden Sie den Buchungssatz für die Banküberweisung der prognostizierten SV-Vorauszahlung in Höhe von 3.000,00 EUR.

7 Personaleinsatz buchhalterisch erfassen

c Buchen Sie den Personalaufwand je Mitarbeiter am Monatsende im Grund- und Hauptbuch. Die Gehälter werden per Banküberweisung gezahlt.
d Nehmen Sie die Buchungen zum AG-Anteil zur Sozialversicherung vor.
e Buchen Sie die abzuführenden Steuern.

2.

Unter-nehmen	Brutto-gehälter (in EUR)	SV-Voraus-leistung	Abzüge		Gesamtüber-weisung an AN (in EUR)	AG-Anteil (SV) (in EUR)
			Steuern (in EUR)	AN-Anteil (SV) (in EUR)		
1	81.540,00	34.800,00	14.670,00	17.440,00	49.430,00	16.710,00
2	109.920,00	43.000,00	20.800,00	23.500,00	65.620,00	22.530,00

Bilden Sie für die Unternehmen die Buchungssätze:
a die Buchung des Bankeinzugs der SV-Beiträge
b die Buchung der Lohn- und Gehaltszahlungen
c die Buchung des AG-Anteils der SV
d die Buchung der Steuern

Zusammenfassung: 7 Personaleinsatz buchhalterisch erfassen

Ermittlung des Nettoentgelts

Bruttoentgelt

./. Abzüge

- Steuern
  - Lohnsteuer
  - Solidaritätszuschlag
  - Kirchensteuer
- Sozialversicherungen
  - Krankenversicherung
  - Pflegeversicherung
  - Rentenversicherung
  - Arbeitslosenversicherung

= Nettoentgelt (Auszahlungsbetrag)

Buchungen zum Personaleinsatz

Bankeinzug der Gesamtversicherungs-beiträge durch die Krankenkasse	Buchung der Lohn- bzw. Gehaltszahlung und Buchung des Arbeit-geberanteils zur Sozialversicherung	Buchung der Lohnsteuer, des Solidaritäts-zuschlags, der Kirchensteuer
Drittletzter Bankarbeitstag	Monatsende	10. des Folgemonats

Buchungen:

264 SV-Vorauszahlung
an 280 Bank

- 63 Gehälter
  an 264 SV-Vorauszahlungen
      483 Sonst. Verb. ggü. Finanzbehörden
      280 Bank
- 641 AG-Anteil zur SV
  an 264 SV-Vorauszahlung

483 Sonst. Verb. ggü. Finanzbehörden
an 280 Bank

345

8 Erfassung des Anlagevermögens

Schmidt & Söhne Maschinen GmbH
Hauptstr. 70
77652 Offenburg

Karton KX GmbH
Frau Tilde Dieterle
Henkel Str. 64
73728 Esslingen a. N.

Bitte bei Zahlung immer angeben:

Ihre Kundennummer: 3300192
Rechnungsnummer: 947328-1

Name: Karl Harmann
Telefon: 0781 44286-0
Telefax: 0781 44285
E-Mail: Karl.Harmann@schmid-maschinen-cbb.de

Datum: 21.01.20..

Rechnung zum Auftrag Nummer 64927
Leistungsmonat: Januar 20..

Pos.	Art.-Nr.	Bezeichnung	Menge	Einzelpreis EUR	Rabatt %	Betrag EUR
1	PAS-2490	Produktionsanlage	1	114.000,00	10	102.600,00
2	Transport	Transport	1	2.500,00		2.500,00
3	EM-01	Endmontage – Standard	1	3.500,00		3.500,00
Summe Positionen						108.600,00
Umsatzsteuer 19 %						20.634,00
Rechnungsbetrag (inkl. USt.)						129.234,00

Die Karton KX GmbH kauft eine neue Produktionsanlage auf Ziel. Folgender Beleg liegt der Buchhaltung vor.

Wie ist der Geschäftsfall buchhaltungstechnisch zu erfassen?

8.1 Anschaffungskosten von Anlagegütern

Die Aktiva-Seite einer Bilanz unterscheidet zwischen Anlage- und Umlaufvermögen ▶. Das Umlaufvermögen weist Positionen auf, die kurzfristig im Unternehmen sind. Im **Anlagevermögen** werden Vermögensgegenstände ausgewiesen, die dauerhaft dem Unternehmen dienen, z. B. Technische Anlagen, Fuhrpark oder Grundstücke und Gebäude.

Diese Anlagegüter sind zum **Zeitpunkt des Erwerbs** mit ihren **Anschaffungskosten** zu **aktivieren**. Zur Ermittlung des Wertansatzes für die Gegenstände des Anlagevermögens schreibt der Gesetzgeber Folgendes:

Aufbau einer Bilanz
▶ V Kapitel 2.3

> **HGB § 255 Abs. 1 Anschaffungs- und Herstellungskosten**
>
> ¹Anschaffungskosten sind die Aufwendungen, die geleistet werden, um einen Vermögensgegenstand zu **erwerben** und ihn in einen **betriebsbereiten Zustand** zu versetzen, soweit sie dem Vermögensgegenstand **einzeln zugeordnet** werden können. ²Zu den Anschaffungskosten gehören auch die **Nebenkosten** sowie die nachträglichen Anschaffungskosten. ³**Anschaffungspreisminderungen** sind abzusetzen.

8 Erfassung des Anlagevermögens

Berechnung der Anschaffungskosten	
Anschaffungspreis	i. d. R. Listenpreis lt. Rechnung (**netto**)
+ Anschaffungsnebenkosten	fallen **einmalig** bei der Anschaffung an und können dem Anschaffungsgegenstand **genau zugeordnet** werden Beispiele: Transportkosten, Zölle, Montage, Zulassungskosten, Notariatskosten, Grunderwerbssteuer Nicht dazu zählen: Zinsen für Fremdkapital, Gebühren (§ 255 Abs. 3 S. 1 HGB)
./. Anschaffungspreisminderungen	können im **Vorfeld** oder auch **nachträglich** den Preis mindern Beispiele: Rabatte, Skonti, Boni, sonstige Minderungen
= Anschaffungskosten	

Die Berechnung der Anschaffungskosten erfolgt immer ohne die Berücksichtigung der Umsatzsteuer!

Die Karton KX GmbH ist Spezialist für Verpackungen jeglicher Art. Die gute Auftragslage lässt die Anschaffung einer neuen Produktionsanlage zu. Die Maschine wird zu einem Listenpreis von 114.000,00 EUR netto auf Ziel gekauft. Die Rechnung weist zusätzlich Transportkosten über 2.500,00 EUR und die Endmontage zu 3.500,00 EUR aus. Die Karton KX GmbH pflegt seit Jahren eine gute Geschäftsbeziehung mit dem Lieferanten und erhält 10 % Rabatt auf den Listenpreis der Maschine.

Berechnung der Anschaffungskosten:

Anschaffungspreis (Listenpreis)		114.000,00 EUR
+ Anschaffungsnebenkosten	Transportkosten	2.500,00 EUR
	Montagekosten	3.500,00 EUR
= Zwischensumme		120.000,00 EUR
./. Anschaffungspreisminderung	10 % Rabatt auf den Listenpreis	11.400,00 EUR
= aktivierungspflichtige Anschaffungskosten		108.600,00 EUR
+ 19 % Umsatzsteuer		20.634,00 EUR
= Überweisungsbetrag		129.234,00 EUR

Buchung der Geschäftsfälle

Erläuterung		Konten	Soll	Haben
Kauf der Maschine	①	071 Maschinen 260 Vorsteuer an 44 Verb. aus LuL	108.600,00 20.634,00	 129.234,00
Überweisung Verbindlichkeit	②	44 Verb. aus LuL an 280 Bank	129.234,00	 129.234,00

Soll	071 Maschinen	Haben		Soll	260 Vorsteuer	Haben
① 44 Verb. aus LuL	108.600,00			① 44 Verb. aus LuL	20.634,00	

Soll	44 Verb. aus LuL	Haben		Soll	280 Bank	Haben
② 280 Bank 129.234,00	① 071 Maschinen/ 260 VSt 129.234,00				② 44 Verb. aus LuL 129.234,00	

Die Karton KX GmbH benötigt für die Produktion einen neuen Gabelstapler. Der Verkaufspreis liegt netto bei 13.300,00 EUR. Die Transportkosten belaufen sich lt. Rechnung auf 860,00 EUR zzgl. Umsatzsteuer. Der Verkäufer gewährt einen Sonderrabatt von 7 % auf den Gabelstapler und Skonto von 3 % auf den Rechnungsbetrag.

Berechnung der Anschaffungskosten:

Anschaffungspreis (Listenpreis)		13.300,00 EUR
+ Anschaffungsnebenkosten	Transportkosten	860,00 EUR
= Zwischensumme		14.160,00 EUR
./. Anschaffungspreisminderung	7 % Rabatt auf den Listenpreis	931,00 EUR
= vorläufige Anschaffungskosten (Netto-Rechnungsbetrag)		15.091,00 EUR
./. Anschaffungspreisminderung	3 % Skonto vom Netto-Rechnungsbetrag	452,73 EUR
= aktivierungspflichtige Anschaffungskosten		14.638,27 EUR

Besonderheiten bei der Berechnung von Anschaffungskosten	
Angefallene Transportkosten werden auf **einer Rechnung** mit dem Anlagegegenstand ausgewiesen:	**Mehrere Belege** liegen für die Berechnung der Anschaffungskosten vor:
• Berechnung des Rabatts lt. Rechnungsstellung	• Berechnung des Rabatts lt. Rechnungsstellung
• Berechnung des Skontos auf den Netto-Rechnungsbetrag	• Berechnung des Skontos nur auf den Netto-Rechnungsbetrag des Anlagegegenstandes
Die Transportkosten werden vom Lieferanten mit in Rechnung gestellt.	Eine Spedition wird mit dem Transport beauftragt. Diese stellt eine Rechnung an den Käufer.

8.2 Abschreibungen auf Anlagegüter

8.2.1 Grundlagen

Güter des Anlagevermögens dienen einem Unternehmen langfristig. Nutzung, technischer Fortschritt, wirtschaftliche Überholung, natürlicher Verschleiß oder unerwartete Ereignisse mindern den Wert der Sachanlagen. Um den zeitgemäßen und richtigen Wert in der Bilanz auszuweisen, muss der Wertminderung durch Abschreibungen in der Bilanz und im GuV-Konto Rechnung getragen werden. Abschreibungen

- stellen für ein Unternehmen Aufwendungen dar,
- werden über das GuV-Konto abgeschlossen und
- mindern folglich das Betriebsergebnis und den Buchwert im aktiven Bestandskonto.

Bei den Abschreibungen gilt zunächst zu unterscheiden in:

abnutzbare Gegenstände des Anlagevermögens	nicht abnutzbare Gegenstände des Anlagevermögens
Beispiele Gebäude, Fuhrpark, Technische Anlagen, Betriebs- und Geschäftsausstattung	**Beispiel** Grundstück und Finanzanlagen
planmäßige **und** außerplanmäßige Abschreibung möglich	nur außerplanmäßige Abschreibung möglich

8 Erfassung des Anlagevermögens

> **HGB § 253 Wertansätze der Vermögensgegenstände und Schulden**
>
> Abs. 1 ¹Vermögensgegenstände sind höchstens mit den Anschaffungs- oder Herstellungskosten, vermindert um Abschreibungen nach den Absätzen 2 und 3, anzusetzen. [...]
>
> Abs. 2 ¹Bei Vermögensgegenständen des Anlagevermögens, deren Nutzung zeitlich begrenzt ist, sind die Anschaffungs- oder Herstellungskosten um planmäßige Abschreibungen zu vermindern. ²Der Plan muss die Anschaffungs- oder Herstellungskosten auf die Geschäftsjahre verteilen, in denen der Vermögensgegenstand voraussichtlich genutzt werden kann. [...]

Anschaffungskosten ./. Abschreibung = Buchwert¹

¹ Buchwert: Wert, mit dem ein Anlagegut in den Büchern aufgeführt wird

Ursachen der Wertminderung von abnutzbaren Gegenständen des Anlagevermögens

Nutzung		planmäßige Abschreibung
Durch den Gebrauch verringert sich die Lebensdauer der Sachanlage. Je intensiver die Nutzung eines Gegenstandes ist, desto höher der Verschleiß.	**Beispiel** Abnutzung eines Lkws	
technischer Fortschritt		
Hierunter fallen alle Neuerungen, die dazu führen, dass mit gegebenen Mitteln jetzt eine größere Menge als zuvor hergestellt werden kann, um das Bruttoinlandsprodukt ▶ zu steigern und somit den Lebensstandard einer Volkswirtschaft zu erhöhen.	**Beispiel** von der Handarbeit zur Manufaktur und weiter zur Fabrikarbeit	
wirtschaftliche Überholung		
Veränderungen von Strukturen durch eine Änderung der Nachfrage	**Beispiele** • Viele Reisende steigen von Zügen auf Fernbusse um. In strukturschwachen Gebieten hat dies eine Gleisstilllegung zur Folge. • Umstieg von Handy auf Smartphone	
natürlicher Verschleiß		
Auch wenn Gegenstände nicht in Gebrauch sind, weisen sie einen natürlichen Verschleiß auf.	**Beispiel** Nicht gebrauchte Maschine verrostet.	
unerwartete Ereignisse		außerplanmäßige Abschreibung
führen zu einer zusätzlichen Abschreibung	**Beispiele** Unfall, Unwetter	

Der Gesetzgeber sieht für das Anlagevermögen einen Bilanzansatz vor, der die Wertminderung jährlich berücksichtigt. Die Berechnung der planmäßigen Wertminderung erfolgt durch folgende Abschreibungsmethoden:

- **lineare** Abschreibung
- **degressive** Abschreibung
- Abschreibung nach **Leistungseinheiten** ▶

Steuerrechtlich sind für die **A**bsetzung **f**ür **A**bnutzung (AfA) nur die lineare und die leistungsabhängige Methode erlaubt.

Bruttoinlandsprodukt
▶ Kapitel 3.2

Exkurse:
• Abschreibung nach Leistungseinheiten
• Geringwertige Wirtschaftsgüter

▶ Webcode WGW_V_8

V Einführung in das externe Rechnungswesen

[1] Die Nutzungsdauer beruht auf Schätzwerten für die Gegenstände des Anlagevermögens.

komplette Liste der Afa-Tabellen
▶ www.bundesfinanz ministerium.de

Für die Berechnung des Abschreibungsbetrags schreibt der Gesetzgeber eine sogenannte betriebsgewöhnliche Nutzungsdauer[1] (ND) vor. Diese wird von der Finanzverwaltung in den AfA-Tabellen für fast jeden erdenklichen Sachwert aufgelistet ▶.

Beispiele für die vorgeschriebene Nutzungsdauer (AfA-Tabelle)

Anlagegüter	Nutzungsdauer	Anlagegüter	Nutzungsdauer
Lagerhalle in Leichtbauweise	14 Jahre	Pkw	6 Jahre
Solaranlagen	10 Jahre	Lkw	9 Jahre
Ladeneinrichtungen	8 Jahre	Büromöbel	13 Jahre

8.2.2 Lineare Abschreibung

Lineare Abschreibung bedeutet, dass der Abschreibungsbetrag über die voraussichtliche Nutzungsdauer gleich hoch bleibt und somit die Anschaffungskosten jährlich um einen gleichbleibenden Betrag mindert.

$$\text{Linearer Abschreibungssatz} = \frac{100\,\%}{\text{Nutzungsdauer}}$$

$$\text{Linearer Abschreibungsbetrag} = \frac{\text{Anschaffungskosten oder Herstellungskosten}}{\text{Nutzungsdauer}}$$

Am Ende der Nutzungsdauer beträgt der Buchwert null Euro. Steht das Anlagegut dem Unternehmen danach weiterhin zur Verfügung, erfasst die Buchhaltung das Anlagegut mit **einem Euro** als **Erinnerungswert**, mit dem das Anlagegut in den Büchern weitergeführt wird.

[2] Abschreibungsplan: tabellarische Aufstellung der gesamten geplanten Abschreibung. Hieraus leitet sich auch der Begriff „planmäßige" Abschreibung ab.

Ein Maschinenbauunternehmen benötigt eine neue Laser-Schweißanlage für 250.000,00 EUR. Die betriebsgewöhnliche Nutzungsdauer lt. AfA-Tabelle beträgt 5 Jahre.

Berechnung der jährlichen Abschreibungsbeträge:

$$\text{Abschreibungssatz} = \frac{100\,\%}{\text{Nutzungsdauer}} = \frac{100\,\%}{5\,\text{Jahre}} = 20\,\%$$

$$\text{Abschreibungsbetrag} = \frac{\text{Anschaffungskosten}}{\text{Nutzungsdauer}} = \frac{250.000{,}00\,\text{EUR}}{5\,\text{Jahre}} = 50.000{,}00\,\text{EUR}$$

Abschreibungsplan[2] für die Laser-Schweißanlage:

Anschaffungswert	250.000,00 EUR
./. Abschreibung im 1. Jahr	50.000,00 EUR
Buchwert Ende 1. Jahr	200.000,00 EUR
./. Abschreibung im 2. Jahr	50.000,00 EUR
Buchwert Ende 2. Jahr	150.000,00 EUR
./. Abschreibung im 3. Jahr	50.000,00 EUR
Buchwert Ende 3. Jahr	100.000,00 EUR
./. Abschreibung im 4. Jahr	50.000,00 EUR
Buchwert Ende 4. Jahr	50.000,00 EUR
./. Abschreibung im 5. Jahr	50.000,00 EUR
Buchwert im 5. Jahr	0,00 (1,00) EUR

Vorteile der linearen Abschreibung:
- Die gleichbleibenden Abschreibungsbeträge ermöglichen bei der Aufstellung des Abschreibungsplans eine einfachere und nur einmalige Berechnung der Beträge.
- Die Aufwendungen durch die Abschreibung sind über die Nutzungsdauer hinaus vergleichbar.
- Sie ist sowohl handelsrechtlich als auch steuerrechtlich zugelassen.

8.2.3 Degressive Abschreibung

Die degressive Abschreibungsmethode berücksichtigt die Tatsache, dass ein Anlagegut über die Nutzungsdauer hinweg keinen gleichbleibenden Abschreibungsbetrag aufweist. Beispielsweise ist der Wertverlust bei einem neuen Auto im ersten Jahr vergleichsweise höher als im 5. Jahr der Nutzungsdauer. Das bedeutet, dass die Abschreibungsbeträge mit zunehmender Nutzungsdauer fallen. Ein gleichbleibender Abschreibungsprozentsatz wird jedes Jahr vom Buchwert der Eröffnungsbilanz abgezogen ▶.

Innerhalb der Nutzungsdauer kann so aber keine vollständige Abschreibung erfolgen. Daher ist ein Wechsel auf die lineare Abschreibung zulässig.

▶ Kapitel 8.2.4

$$\text{Degressiver Abschreibungsbetrag} = \frac{\text{Buchwert des Vorjahres} \cdot \text{Abschreibungssatz}}{100}$$

Für die Berechnung des Abschreibungssatzes gab es in den letzten Jahren laufende gesetzliche Anpassungen an die aktuelle Wirtschaftslage. Die Änderungen der Abschreibungssätze führen zu einer genauen Prüfung des Anschaffungszeitpunkts des Anlagegutes.

Abschreibungssätze für die degressive Abschreibung bei beweglichen Anlagegütern		
Anschaffungszeitpunkt	Abschreibungssatz	Rechtsgrundlage
bis 31.12.2005	2 x linearer Abschreibungssatz (AfA-Satz), max. 20 %	
Übergangsregelung von 01.01.2006 – 31.12.2007	3 x linearer Abschreibungssatz (AfA-Satz), max. 30 %	zur Belebung von Investitionstätigkeiten
im Kalenderjahr 2008	degressive Abschreibung nicht erlaubt	Unternehmenssteuerreformgesetz von 2008
in den Kalenderjahren 2009 und 2010	2,5 x linearer Abschreibungssatz (AfA-Satz), max. 25 %	kurzzeitige Aufhebung des Verbots aus dem Jahr 2008 durch das Konjunkturpaket I (zur Konjunkturbelebung)
ab 2011	degressive Abschreibung nicht erlaubt	Unternehmenssteuerreformgesetz von 2008

Das Maschinenbauunternehmen kauft im Januar 2005 eine neue Lackieranlage für 80.000,00 EUR. Die betriebsgewöhnliche Nutzungsdauer lt. AfA-Tabelle beträgt 6 Jahre.

$$\text{linearer Abschreibungssatz} = \frac{100\,\%}{6} = 16\,^2/_3\,\%$$

Berechnung der jährlichen degressiven Abschreibungsbeträge:

2-facher linearer Abschreibungssatz = 33 $^1/_3$ % ⇒ Es dürfen maximal 20 % abgeschrieben werden.

Abschreibungsplan für die Lackieranlage:

Abschreibungssatz: 20 %

Anschaffungswert	80.000,00 EUR
./. Abschreibung im 1. Jahr	16.000,00 EUR
Buchwert Ende 1. Jahr	64.000,00 EUR
./. Abschreibung im 2. Jahr	12.800,00 EUR
Buchwert Ende 2. Jahr	51.200,00 EUR
./. Abschreibung im 3. Jahr	10.240,00 EUR
Buchwert Ende 3. Jahr	40.960,00 EUR
./. Abschreibung im 4. Jahr	8.192,00 EUR
Buchwert Ende 4. Jahr	32.768,00 EUR
./. Abschreibung im 5. Jahr	6.553,60 EUR
Buchwert im 5. Jahr	26.214,40 EUR
./. Abschreibung im 6. Jahr	26.214,40 EUR
Buchwert im 6. Jahr	0,00 (1,00) EUR

Bei der degressiven Abschreibung erfolgt im letzten Jahr der Nutzungsdauer eine Restwertabschreibung. Grund: Das Anlagegut erreicht bei der degressiven Abschreibung innerhalb der vorgeschriebenen Nutzungsdauer nicht den Buchwert von null bzw. den Erinnerungswert von 1,00 EUR.

- **Vorteile der degressiven Abschreibung:**

- Höhere Abschreibungsbeträge zu Beginn der Anschaffung führen zu einer Steuerersparnis.
- Sie berücksichtigt stärker als die lineare Abschreibung die tatsächliche Wertminderung des Anlageguts.

8.2.4 Wechsel der Abschreibungsmethode

Der Gesetzgeber erlaubt einen **Wechsel von der degressiven zur linearen Abschreibung**, damit das Anlagegut am Ende der Nutzungsdauer voll abgeschrieben ist. **Sonst** ist ein Wechsel der Abschreibungsmethode **nicht erlaubt**. Am ökonomisch sinnvollsten ist der Wechsel von der degressiven zur linearen Abschreibung, wenn der Abschreibungsbetrag der linearen Abschreibung gleich oder höher ist als bei der degressiven Abschreibung.

Beim Wechsel von der degressiven zur linearen Abschreibungsmethode ist zu beachten, dass sich der lineare Abschreibungsbetrag aus dem Buchwert (des letzten Jahres vor dem Wechsel der Methode) und den Restnutzungsjahren berechnet.

$$\text{Abschreibungsbetrag} = \frac{\text{Buchwert am Ende des Vorjahres}}{\text{Restnutzungsjahre}}$$

$$\text{Faustformel: Wechseljahr} = \text{Nutzungsdauer} - \frac{100}{\text{AfA-Satz (degressiv)}} + 1$$

Das Maschinenbauunternehmen kauft im Januar 2005 eine neue Lackieranlage für 80.000,00 EUR. Die betriebsgewöhnliche Nutzungsdauer lt. AfA-Tabelle beträgt 6 Jahre.

2-facher linearer Abschreibungssatz = 33 $\frac{1}{3}$ % ⇒ Es dürfen maximal 20 % abgeschrieben werden.

Berechnung der jährlichen Abschreibungsbeträge:

	Degressive Abschreibung 20 %	Lineare Abschreibung auf Restlaufzeit	Begründung	Abschreibungsplan
Anschaffungswert	80.000,00 EUR			80.000,00 EUR
./. Abschreibung im 1. Jahr	16.000,00 EUR	80.000,00 EUR/6 Jahre = 13.333,33 EUR	degressiv höher	16.000,00 EUR
Buchwert Ende 1. Jahr	64.000,00 EUR			64.000,00 EUR
./. Abschreibung im 2. Jahr	12.800,00 EUR	64.000,00 EUR/5 Jahre = 12.800,00 EUR	degressiv = linear	12.800,00 EUR
Buchwert Ende 2. Jahr	51.200,00 EUR			51.200,00 EUR
./. Abschreibung im 3. Jahr	10.240,00 EUR	51.200,00 EUR/4 Jahre = 12.800,00 EUR	degressiv < linear	12.800,00 EUR
Buchwert Ende 3. Jahr	40.960,00 EUR	**Berechnung des Wechseljahres**		38.400,00 EUR
./. Abschreibung im 4. Jahr	8.192,00 EUR	**(Faustformel):**		12.800,00 EUR
Buchwert Ende 4. Jahr	32.768,00 EUR	Wechseljahr = 6 − $\frac{100}{20}$ + 1 = 2		25.600,00 EUR
./. Abschreibung im 5. Jahr	6.553,60 EUR			12.800,00 EUR
Buchwert im 5. Jahr	26.214,40 EUR	Der Wechsel zur linearen Abschreibung erfolgt somit im 2. Jahr.		12.800,00 EUR
./. Abschreibung im 6. Jahr	26.214,40 EUR			12.800,00 EUR
Buchwert im 6. Jahr	0,00 EUR			0,00 EUR

8.2.5 Beginn der Abschreibung bei Anschaffung während des Geschäftsjahres

Der **Erwerb** eines Anlagegutes erfolgt nicht nur zu Beginn eines Geschäftsjahres. Kauft ein Unternehmen ein Anlagegut **während des Geschäftsjahres**, so müssen die Abschreibungen im ersten Jahr **zeitanteilsmäßig** berücksichtigt werden. In der Praxis erfolgt die Abschreibung im ersten Abschreibungsjahr monatsgenau. Dabei ist zu beachten, dass der Monat der Anschaffung mitberücksichtigt wird und der letzte Monat der Abschreibung im letzten Geschäftsjahr nicht gezählt wird. Somit ergeben sich 12 Monate als Summe der Monate für ein Geschäftsjahr.

Die Beton Bau Bucher GmbH schafft im Mai ein neues Förderband für 1.470.000,00 EUR an; ND: 14 Jahre.

Berechnung des Abschreibungsbetrags bei linearer Abschreibung im ersten Geschäftsjahr:

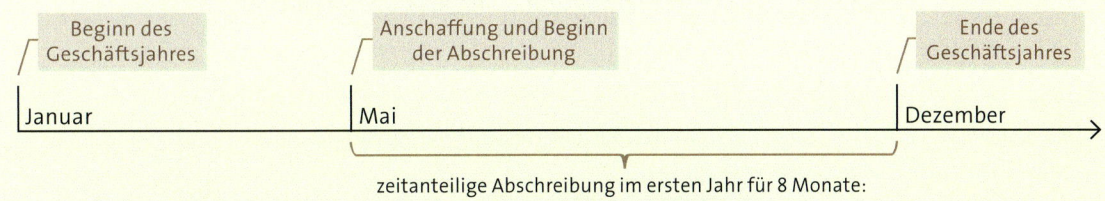

jährliche Abschreibung: 1.470.000,00 EUR/14 Jahre = 105.000,00 EUR

Abschreibung im ersten Jahr: 105.000,00 EUR/12 Monate · 8 Monate = 70.000,00 EUR

V Einführung in das externe Rechnungswesen

8.2.6 Buchhalterische Erfassung der Abschreibung

Die Abschreibung von Anlagevermögen stellt für das Unternehmen einen Aufwand dar. Diese Wertminderung wird auf dem Konto *652 Abschreibungen auf Sachanlagen* erfasst.

Beispiel in
▶  Kapitel 8.2.2

Allgemeiner Buchungssatz: Abschreibungen auf Sachanlagen an Anlagekonto

---

Kauf einer Laser-Schweißanlage im Januar für 250.000,00 EUR netto auf Ziel ▶
Die betriebsgewöhnliche Nutzungsdauer lt. AfA-Tabelle beträgt 5 Jahre.
linearer Abschreibungssatz: 20 %
jährlicher Abschreibungsbetrag: 50.000,00 EUR

Hinweis: Bei den Abschlussarbeiten werden aus Gründen der verständlicheren Darstellung nur die betroffenen Konten durch die Abschreibung berücksichtigt.

Buchung der Geschäftsfälle im ersten Nutzungsjahr

Geschäftsfall		Konten	Soll	Haben
Kauf der Maschine	①	071 Maschinen 260 Vorsteuer an 44 Verb. aus LuL	250.000,00 47.500,00	 297.500,00
Abschreibung am Geschäftsjahresende	②	652 Abschreib. auf SA an 071 Maschinen	50.000,00	 50.000,00
Abschlussbuchungen	③	802 GuV an 652 Abschreib. auf SA	50.000,00	 50.000,00
	④	801 SBK an 071 Maschinen	200.000,00	 200.000,00

Soll	071 Maschinen	Haben		Soll	260 Vorsteuer	Haben
① 44 Verb. aus LuL 250.000,00	② 652 Abschreib. auf SA 50.000,00 ④ 801 SBK 200.000,00			① 44 Verb. aus LuL 47.500,00		

Soll	652 Abschreib. auf SA	Haben		Soll	44 Verb. aus LuL	Haben
② 071 Maschinen 50.000,00	③ 802 GuV 50.000,00				① 071 Maschinen/ 260 VSt 297.500,00	

Soll	801 SBK	Haben		Soll	802 GuV	Haben
④ 071 Maschinen 200.000,00				③ 652 Abschreib. auf SA 50.000,00		

Erklärung:

- Auf dem Bestandskonto (*071 Maschinen*) wird durch die Erfassung der Wertminderung das Anlagegut mit dem richtigen Wert in der Bilanz ausgewiesen.
- Der Schlussbestand weist hier den Restbuchwert der Anlage aus und wird im Folgejahr erneut um die Abschreibung gemindert.
- Die Erfassung der Abschreibung im GuV-Konto mindert den Gewinn.

Aufgaben zu Kapitel 8

1. Die Grind Maschinenbau GmbH kauft im Januar eine neue Produktionsanlage für 950.000,00 EUR (netto) zzgl. USt. auf Rechnung. Die Transportkosten belaufen sich auf 4.700,00 EUR (netto) zzgl. USt., die mit einem Zahlungsziel von 14 Tagen in Rechnung gestellt werden. Um die Maschine am vorgesehenen Standort aufstellen zu können, musste das Fundament verbessert werden. Für diese Umbaumaßnahmen wurden 13.700,00 EUR (netto) zzgl. USt. in Rechnung gestellt. Der Lieferant stellt für die Aufstellung, Inbetriebnahme und Einweisung 6.600,00 EUR (netto) zzgl. USt. in Rechnung. Die TÜV-Abnahmestelle stellte einen Gebührenbescheid über 500,00 EUR (netto) zzgl. USt. aus, der bar bezahlt wurde. Auf den Listenpreis bekommt die Grind Maschinenbau GmbH 10 % Rabatt.
   a Berechnen Sie die Anschaffungskosten.
   b Berechnen Sie den Überweisungsbetrag.
   c Bilden Sie den Buchungssatz für die Anschaffung.

2. Die Beton Bau Bucher GmbH benötigt einen neuen Lkw. Der Preis laut Liste beträgt 200.000,00 EUR auf Ziel. Die Ziegelwerk-Bucher GmbH erhält 15 % Rabatt auf den Listenpreis. Für die Überführungskosten berechnet das Autohaus 3.094,00 EUR inkl. USt. ebenfalls auf Ziel. Die Zulassungsgebühren belaufen sich auf 80,00 EUR und die Kosten für die Kennzeichen auf 58,31 EUR inkl. USt. und werden bei der Anmeldung des Lkws sofort bezahlt. Die jährlichen Versicherungsbeiträge von 3.150,00 EUR und die Kfz- Steuer von 600,00 EUR werden per Bankeinzug beglichen. Der Einbau einer zum Einsatz benötigten Werkzeugkiste auf die Zugmaschine kostet die Beton Bau Bucher GmbH brutto 1.071,00 EUR auf Ziel. Für den Sitzbezug des Fahrersitzes werden sofort 160,65 EUR inkl. USt. fällig.
   a Berechnen Sie die Anschaffungskosten.
   b Bilden Sie die Buchungssätze für die Anschaffungen und die jährlichen Kosten.
   c Begründen Sie die Buchungsweise von Rabatten bei Anlagegütern.

3. Die Grind Maschinenbau GmbH steht am Ende des Geschäftsjahres und muss für die Produktionsanlage einen Abschreibungsplan aufstellen (Fortsetzung von Aufgabe 1).
   a Erstellen Sie den Abschreibungsplan. Die Abschreibung erfolgt linear über 7 Jahre.
   b Erklären Sie, was unter der linearen Abschreibungsmethode zu verstehen ist, und erläutern Sie je zwei Vor- und Nachteile dieser Methode.
   c Welche Auswirkungen hat die Abschreibung (im Allgemeinen und im Speziellen die lineare Methode) auf das Ergebnis eines Unternehmens?

4. Eine Abfüllanlage für Mineralwasser, Anschaffungskosten 560.000,00 EUR, hat eine Nutzungsdauer von 10 Jahren. Für die im Januar 2010 angeschaffte Anlage wählt das Unternehmen die degressive Methode.
   a Erstellen Sie einen Abschreibungsplan für die Anlage bei degressiver Abschreibung.
   b Erklären Sie, was unter der degressiven Abschreibungsmethode zu verstehen ist, und erläutern Sie je zwei Vor- und Nachteile dieser Methode.

5. Das Sägewerk kauft im Januar 2009 eine mobile Säge im Wert von 80.000,00 EUR. Die Nutzungsdauer ist laut AfA-Tabelle auf 8 Jahre festgelegt.
   a Erstellen Sie einen Abschreibungsplan für eine degressive Abschreibung der mobilen Säge für das Sägewerk.
   b Führen Sie einen Wechsel der Abschreibungsmethode durch.
   c Welche Gründe kann ein Unternehmen haben, um einen Wechsel der Abschreibungsmethode durchzuführen?
   d Skizzieren Sie die lineare, die degressive und die Abschreibung mit Wechsel in einem Schaubild (x-Achse: Nutzungsjahre; y-Achse: Abschreibungsbeträge in EUR).

6. Ihnen liegt folgender Beleg zur Buchung vor:

May Büromöbel GmbH
Marburgerweg 10
78628 Rottweil

Grind Maschinenbau GmbH
Robert-Bosch-Straße 7–9
89079 Ulm

Bitte bei Zahlung immer angeben:

Ihre Kundennummer: 428635
Rechnungsnummer: 924865

Name: Bea Schmider
Telefon: 07551 80102
Telefax: 07551 801015
E-Mail: bea.schmider@buema-cbb.de

Datum: 19. Juni 20..

Rechnung zum Auftrag Nummer 4268 vom 14. Mai 20..
Leistungsmonat: Juni 20..

Pos.	Art.-Nr.	Bezeichnung	Menge	Einzelpreis EUR	Rabatt %	Betrag EUR
1	St357	Schreibtisch, Kirsche 90 cm × 40 cm	1	2.340,00		2.340,00
1	Co159	Tonpapier 130 g/m²	150	5,00		750,00
1	BS483	Druckertoner – spezial	5	60,00		300,00
		Summe Positionen (exkl. USt.)				3.390,00
		Umsatzsteuer 19 %				644,10
		Rechnungsbetrag (inkl. USt.)				4.034,10

Der Rechnungsbetrag ist 14 Tage nach Rechnungsdatum fällig.

> **Buchungsanweisung**
> Die Abschreibung des Schreibtisches erfolgt über 13 Jahre linear. Der Druckertoner und das Papier werden als Sofortaufwand auf das Konto *680 Büromaterial* verbucht.

a Welcher Geschäftsfall liegt hier vor?
b Buchen Sie die Anschaffung im Grund- und Hauptbuch.
c Die Rechnung wird am 15. Juli per Banküberweisung beglichen. Bilden Sie den Buchungssatz.
d Erstellen Sie einen Abschreibungsplan. Annahme: Kalenderjahr entspricht dem Geschäftsjahr.
e Buchen Sie die Abschreibung am Ende des 1. Geschäftsjahres.
f Was ist bei der Anschaffung von Anlagevermögen im laufenden Geschäftsjahr zu berücksichtigen?

8 Erfassung des Anlagevermögens

Zusammenfassung: 8 Erfassung des Anlagevermögens

Anschaffungskosten

Der Erwerb von Vermögensgegenständen wird mit ihren Anschaffungskosten auf den passenden Anlagekonten bewertet.

Die Berechnung erfolgt immer ohne Vorsteuer!

Berechnung Anschaffungskosten nach § 255 HGB

  Anschaffungspreis
+ Anschaffungsnebenkosten
./. Anschaffungspreisminderungen
= aktivierungspflichtige Anschaffungskosten

- Nachträgliche Preisminderungen werden direkt auf das Anlagekonto gebucht und eine Vorsteuerkorrektur ist vorzunehmen.
- Finanzierungskosten gehören nicht zu den Anschaffungskosten.

Abschreibungen

Abschreibung ist die buchhalterische Erfassung von Wertminderungen (§ 253 HGB).

Abschreibungsmethoden		
	Lineare Abschreibung	**Degressive Abschreibung**
Abschreibungsbeträge im Überblick		
	gleichmäßige Verteilung der Anschaffungs- bzw. Herstellungskosten über die Nutzungsdauer	jährlich fallende Abschreibungsbeträge
Entwicklung des Buchwertes		

- Berechnungsgrundlage: Anschaffungs- bzw. Herstellungskosten
- Anschaffungskosten ./. Abschreibung = Buchwert
- Anschaffung bzw. Veräußerung erfolgt während des laufenden Geschäftsjahres:
  - Der Anschaffungsmonat wird im ersten Nutzungsjahr voll berücksichtigt.
  - Der Veräußerungsmonat wird beim Verkauf nicht berücksichtigt.
- Abschreibungen sind Aufwendungen und mindern den Gewinn.

Formel für den Abschreibungssatz

$$\text{Abschreibungssatz} = \frac{100\,\%}{\text{Nutzungsdauer}}$$

Berechnung des jährlichen Abschreibungsbetrags bei der linearen Abschreibung

$$\text{Abschreibungsbetrag} = \frac{\text{Anschaffungskosten oder Herstellungskosten}}{\text{Nutzungsdauer}}$$

Berechnung des jährlichen Abschreibungsbetrags bei der degressiven Abschreibung

$$\text{Abschreibungsbetrag} = \frac{\text{Buchwert des Vorjahres} \cdot \text{Abschreibungssatz}}{100}$$

Berechnung des Abschreibungsbetrags bei Wechsel der Abschreibungsmethode

$$\text{Abschreibungsbetrag} = \frac{\text{Buchwert am Ende des Vorjahres}}{\text{Restnutzungsjahre}}$$

$$\text{Faustformel: Wechseljahr} = \text{Nutzungsdauer} - \frac{100}{\text{AfA-Satz (degressiv)}} + 1$$

V Einführung in das externe Rechnungswesen

9 Jahresabschluss

Am Wochenende vor Weihnachten schlägt der Blitz in eine Lagerhalle der Firma Grind Maschinenbau GmbH ein. Ein Sachverständiger schätzt den Schaden auf 15.000,00 EUR. Die Reparaturarbeiten können leider erst im kommenden Jahr durchgeführt werden.

Die gewissenhafte Sonja Sonnenschein arbeitet in der Bilanzbuchhaltung. Über das Geschäftsjahr hinweg bearbeitete sie sorgfältig sämtliche Geschäftsfälle. Am Jahresende steht nun der Abschluss des Geschäftsjahres an. Was muss Frau Sonnenschein im Allgemeinen für die Erstellung des Jahresabschlusses der Grind Maschinenbau GmbH beachten? Was muss sie im Besonderen durch die entstandenen Unwetterschäden beachten?

9.1 Jahresabschlussarbeiten im Überblick

Um einen Einblick in die tatsächliche und **aktuelle Vermögens-, Finanz- und Ertragslage** eines Unternehmens zu erhalten, muss jeder Kaufmann am **Geschäftsjahresende** einen Jahresabschluss erstellen. Dabei werden die Vermögens- und Finanzwerte in der **Bilanz** und die Ertragslage in der **Gewinn- und Verlust-Rechnung** ersichtlich. Das Erstellen einer Bilanz und der GuV-Rechnung reicht bei Einzelunternehmen und Personengesellschaften (OHG und KG) nach § 242 HGB ▶ aus. Lediglich bei Kapitalgesellschaften wird für einen Jahresabschluss nach § 264 HGB ein Anhang und evtl. ein Lagebericht erforderlich. Die Offenlegung von Bilanz und GuV-Rechnung regelt handelsrechtlich der § 325 HGB in Verbindung mit § 267 HGB.

▶  Kapitel 2.3

Verschiedene Adressatengruppen – Eigentümer, Arbeitnehmer, Gläubiger, Kunden, Lieferanten oder Fiskus[1], um nur einige zu nennen – haben an einer Bilanz und einer GuV-Rechnung eines Unternehmens Interesse.

[1] Fiskus: Hierunter wird im allgemeinen Sprachgebrauch die Finanzverwaltung des Staates verstanden.

9 Jahresabschluss

Aufgaben des Jahresabschlusses	
Dokumentation	• Erfassung sämtlicher Geschäftsfälle einer Rechnungsperiode (§ 238–256 HGB) • Pflicht zur Aufbewahrung (§ 257–261 HGB)
Information	Information über die aktuelle Vermögens-, Finanz- und Ertragslage • intern: Eigentümer/Geschäftsführung/Kontrollinstanzen • extern: Lieferanten/Kunden/Banken/Öffentlichkeit
Gewinnermittlung	• Feststellung des Gewinns nach Handels- und Steuerrecht • Grundlage für die Gewinnverwendung
Grundlage für die Besteuerung	Ermittlung der Steuerbeträge durch den Fiskus

Die wichtigsten Aktivitäten zum Jahresabschluss im Überblick:
1. Durchführen einer Inventur der Vermögens- und Schuldenwerte des Unternehmens, Berücksichtigung von Wertminderungen im Anlagevermögen (Abschreibungen) und Verbuchen von Inventurdifferenzen
2. periodengerechte Erfassung von Erträgen und Aufwendungen in den entsprechenden Erfolgskonten (zeitliche Abgrenzung, Rückstellungen und Rechnungsabgrenzungsposten)
3. Abschluss aller Unterkonten über die dazugehörenden Hauptkonten
4. Ermittlung des Unternehmenserfolgs (Gewinn oder Verlust) durch Erstellung der GuV-Rechnung nach den gesetzlichen Vorschriften
5. Aufstellung der Jahresbilanz nach den gesetzlichen Vorschriften

9.2 Inventurdifferenzen und ihre Korrekturen

Ein Geschäftsjahr wird in der Buchhaltung durch einen Jahresabschluss abgeschlossen. Dabei muss jedes Unternehmen eine Inventur ▶ seiner Vermögens- und Schuldenwerte durchführen. Vergleicht man die ermittelten **Istwerte**[1] mit den **Sollwerten**[2] aus der Buchhaltung, so können **Differenzen** sichtbar werden. Die Ursachen der Inventurdifferenzen müssen entdeckt und gegebenenfalls muss eine Korrektur vorgenommen werden.

Inventur
▶  Kapitel 2

[1] Istwert:
der tatsächlich vorhandene Bestand

[2] Sollwert:
der laut den Büchern vorhandene Bestand

Inventurdifferenzen entstehen durch	
Buchungsfehler	Wertveränderungen
• falsche Buchung • mehrfach vorgenommene Buchungen • unterlassene Buchung	• Verderb oder Bruch der Ware (Schwund) • Diebstahl • fehlende Erfassung von Warenzugängen bzw. -abgängen • noch nicht erfasste Wertminderung im Anlagevermögen (Abschreibungen)

Die Sollwerte der Buchhaltung sind immer den Istwerten mittels einer Korrekturbuchung anzupassen, da die Inventur für den Jahresabschluss maßgebend ist.

Weichen die ermittelten Schlussbestände durch die Inventur (Istwerte) von den Buchwerten (Sollwerten) ab, so ist eine Korrektur der Sollwerte auf den entsprechenden Bestands- und Erfolgskonten vorzunehmen.

Die Korrektur der Inventurdifferenzen erfolgt auf zwei Möglichkeiten:
- **Umbuchung** – z. B. bei einer Buchung auf einem falschen Konto oder
- **Nachbuchung** – z. B. Buchung des Fehlbestands aufgrund eines Diebstahls

		Schlussbestände lt. Buchführung (Soll-Bestände)	Bestandswerte lt. Inventur (Ist-Bestände)	Inventurdifferenzen (= Soll-Bestände ./. Ist-Bestände)
1. Fall	Rohstoffe	164.500,00 EUR	150.000,00 EUR	– 14.500,00 EUR
2. Fall	Büromöbel	90.500,00 EUR	76.000,00 EUR	+ 14.500,00 EUR
3. Fall	Kassenbestand	4.387,00 EUR	4.337,00 EUR	– 50,00 EUR

1. und 2. Fall:
Ursache: Eine Materiallieferung von Rohstoffen wurde fälschlicherweise auf das Konto für Betriebs- und Geschäftsausstattung gebucht.
⇒ Die Korrektur erfolgt durch Umbuchung.

Geschäftsfall	Konten	Soll	Haben
Storno im BGA-Konto	44 Verb. aus LuL an 087 BGA	14.500,00	14.500,00
korrekte Buchung	200 Rohstoffe an 44 Verb. aus LuL	14.500,00	14.500,00

3. Fall:
Ursache: In der Kasse fehlen aufgrund eines unaufgeklärten Diebstahls 50,00 EUR.
⇒ Die Korrektur erfolgt durch Nachbuchung.

Geschäftsfall	Konten	Soll	Haben
Diebstahl aus der Kasse	694 Sonstige Aufwendungen an 282 Kasse	50,00	50,00

9.3 Zeitlich abgrenzende Abschlussarbeiten

9.3.1 Notwendigkeit der zeitlichen Abgrenzung

Bisher erfolgten alle Geschäftsfälle und ein daraus resultierender Geldfluss in einem Geschäftsjahr. Was passiert jedoch buchhalterisch, wenn der Zeitpunkt, zu dem sich der Geschäftsfall ereignet, im laufenden Geschäftsjahr liegt, die Zahlung (Ausgabe) oder Bezahlung (Einnahme) aber erst im nächsten Geschäftsjahr erfolgt?

Würden diese Aufwendungen und Erträge so verbucht, wie sie zeitlich anfallen, würden die Jahreserfolge beider Geschäftsjahre falsch ausgewiesen. Um den Erfolg richtig zu ermitteln, müssen Aufwendungen und Erträge jedem Geschäftsjahr genau zugeordnet werden, unabhängig davon, wann die Einnahme bzw. Ausgabe erfolgt (§ 252 Abs. 1 HGB).

Allgemein gilt: Aufwendungen und Erträge, die in einem Jahr entstehen und in einem anderen Jahr eine Ausgabe bzw. eine Einnahme erwirken, müssen dem Geschäftsjahr der Entstehung zugerechnet werden.

Zeitliche Rechnungsabgrenzung

1. Möglichkeit Antizipative[1] Rechnungsabgrenzung	2. Möglichkeit Transitorische[2] Rechnungsabgrenzung
Aufwendungen und Erträge sind im laufenden Geschäftsjahr entstanden, ihre Ausgabe bzw. Einnahme erfolgt aber erst im **kommenden** Geschäftsjahr.	Ausgabe bzw. Einnahme von Aufwendungen und Erträgen, die erst im kommenden Geschäftsjahr entstehen, erfolgt bereits im **laufenden** Geschäftsjahr.

[1] antizipativ (lateinisch): *vorwegnehmend*
[2] transitorisch (lateinisch): *hinüberreichend*

9.3.2 Antizipative Rechnungsabgrenzung

● **Sonstige Forderungen**

Entsteht eine Forderung in einem Jahr und die Zahlung erfolgt im Folgejahr, so muss bei den Jahresabschlussarbeiten die offene Forderung auf das Konto *269 Sonstige Forderungen* umgebucht werden.

Der Buchungssatz zur Abgrenzung am Jahresende lautet:
269 Sonstige Forderungen (Jahresabgrenzung) an Ertragskonto

Durch die Umbuchung wird im GuV-Konto tatsächlich nur das gebucht, was auch im Geschäftsjahr anfiel. Das bedeutet für das aktuelle Geschäftsjahr, dass zwar ein Ertrag zu verzeichnen ist, diesem jedoch noch keine Einnahme gegenübersteht (Sonstige Forderungen). Der Ertrag muss aber im laufenden Geschäftsjahr berücksichtigt werden, damit das Ergebnis periodengerecht berechnet werden kann. Würde der Ertrag erst im Folgejahr (zum Zeitpunkt des Zahlungseinganges) verbucht werden, so wäre das eine Erfolgsverbesserung im Folgejahr, die nicht zulässig ist.

Unser Mieter überweist die Miete für Dezember in Höhe von 1.250,00 EUR erst im Januar:

Geschäftsfall		Konten	Soll	Haben
Buchung des Mietertrags	①	269 Sonstige Forderungen an 540 Erträge aus Vermietung	1.250,00	1.250,00
Abschlussbuchungen	②	540 Erträge aus Vermietung an 802 GuV	1.250,00	1.250,00
	③	801 SBK an 269 Sonstige Forderungen	1.250,00	1.250,00
Eröffnungsbuchung im neuen Jahr	④	269 Sonstige Forderungen an 800 EBK	1.250,00	1.250,00
Überweisung des Mietertrages	⑤	280 Bank an 269 Sonstige Forderungen	1.250,00	1.250,00

V Einführung in das externe Rechnungswesen

Buchungen im alten Geschäftsjahr:

Soll	269 Sonstige Forderungen		Haben
① 540 Ertr. aus Verm.	1.250,00	③ 801 SBK	1.250,00

Soll	801 SBK		Haben
③ 269 Sonst. Ford.	1.250,00		

Soll	540 Erträge aus Vermietung		Haben
② 802 GuV	1.250,00	① 269 Sonst. Ford.	1.250,00

Soll	802 GuV		Haben
		② 540 Ertr. aus Verm.	1.250,00

Buchungen im neuen Geschäftsjahr:

Soll	800 EBK		Haben
		④ 269 Sonst. Ford.	1.250,00

Soll	280 Bank		Haben
⑤ 269 Sonst. Ford.	1.250,00		

Soll	269 Sonstige Forderungen		Haben
④ 800 EBK	1.250,00	⑤ 280 Bank	1.250,00

● **Sonstige Verbindlichkeiten**

Entsteht eine Verbindlichkeit in einem Jahr und die Zahlung erfolgt im Folgejahr, so muss bei den Jahresabschlussarbeiten die offene Verbindlichkeit auf das Konto *489 Sonstige Verbindlichkeiten* umgebucht werden.

Der Buchungssatz zur Abgrenzung am Jahresende lautet:
Aufwandskonto an 489 Sonstige Verbindlichkeiten (Jahresabgrenzung)

Durch die Umbuchung wird im GuV-Konto tatsächlich nur das gebucht, was auch im Geschäftsjahr anfiel. Das bedeutet für das aktuelle Geschäftsjahr, dass zwar ein Aufwand zu verzeichnen ist, diesem jedoch noch keine Ausgaben gegenüberstehen (Sonstige Verbindlichkeiten). Der Aufwand muss aber im laufenden Geschäftsjahr im GuV-Konto berücksichtigt werden, damit das Ergebnis periodengerecht berechnet werden kann. Würde der Aufwand erst im Folgejahr (zum Zeitpunkt des Zahlungsausgangs) verbucht werden, so wäre das eine Erfolgsschmälerung im Folgejahr, die nicht zulässig ist.

Ein Unternehmen überweist die Lagermiete für Dezember von 3.500,00 EUR erst im Januar:

Geschäftsfall		Konten	Soll	Haben
Buchung des Mietaufwands	①	670 Mieten an 489 Sonstige Verbindlichkeiten	3.500,00	3.500,00
Abschlussbuchungen	②	802 GuV an 670 Mieten	3.500,00	3.500,00
	③	489 Sonstige Verbindlichkeiten an 801 SBK	3.500,00	3.500,00
Eröffnungsbuchung im neuen Jahr	④	800 EBK an 489 Sonstige Verbindlichkeiten	3.500,00	3.500,00
Überweisung des Mietaufwands	⑤	489 Sonstige Verbindlichkeiten an 280 Bank	3.500,00	3.500,00

Buchungen im alten Geschäftsjahr:

Soll	489 Sonstige Verbindlichkeiten		Haben		Soll	670 Mieten		Haben
③ 801 SBK	3.500,00	① 670 Mieten	3.500,00		① 489 Sonst. Verb.	3.500,00	② 802 GuV	3.500,00

Soll	801 SBK		Haben		Soll	802 GuV		Haben
		③ 489 Sonst. Verb	3.500,00		② 670 Mieten	3.500,00		

Buchungen im neuen Geschäftsjahr:

Soll	800 EBK		Haben		Soll	489 Sonstige Verbindlichkeiten		Haben
④ 489 Sonst. Verb.	3.500,00				⑤ 280 Bank	3.500,00	④ 800 EBK	3.500,00

Soll	280 Bank		Haben
		⑤ 489 Sonst. Verb.	3.500,00

Entsteht eine Forderung (Verbindlichkeit) in einem Jahr und die Zahlung erfolgt im Folgejahr, so muss beim Jahresabschluss die offene Forderung (Verbindlichkeit) auf das Konto *269 Sonstige Forderungen (489 Sonstige Verbindlichkeiten)* umgebucht werden.

9.3.3 Transitorische Rechnungsabgrenzung

Ebenso wie die antizipative Rechnungsabgrenzung dient die transitorische Rechnungsabgrenzung dazu, Aufwendungen und Erträge dem Geschäftsjahr zuzuordnen, in dem sie entstanden sind. Dabei wird zwischen den **A**ktiven **R**echnungs**a**bgrenzungen (**ARA**) und den **P**assiven **R**echnungs**a**bgrenzungen (**PRA**) unterschieden.

- **Aktive Rechnungsabgrenzung (ARA)**

Aktive Rechnungsabgrenzungsposten werden gebildet, wenn im alten Geschäftsjahr bereits Ausgaben getätigt wurden, die verursachungsgerecht ins neue Geschäftsjahr gehören, z. B. im Voraus bezahlte Miete oder Gebühren. Die Ausgaben werden im alten Jahr auf dem Konto *290 Aktive Rechnungsabgrenzung* (ARA) erfasst und im neuen Geschäftsjahr als Aufwand gebucht.

Der Buchungssatz zur Abgrenzung am Jahresende lautet:
290 Aktive Rechnungsabgrenzung (ARA) an Aufwandskonto

Auf diese Weise erscheint in der GuV nur der Aufwand, der für dieses Geschäftsjahr relevant ist. Findet hier keine Umbuchung statt, so würde das Ergebnis für das aktuelle Geschäftsjahr geringer ausgewiesen werden, als es tatsächlich ist.

Die Bilanz weist die aktive Rechnungsabgrenzung aus. Die Berücksichtigung der aktiven Rechnungsabgrenzung erfolgt im Folgejahr durch Umbuchung auf das Aufwandskonto. So ergibt sich die periodengerechte Zuweisung.

V Einführung in das externe Rechnungswesen

> Ein **aktiver Rechnungsabgrenzungsposten** beinhaltet Ausgaben für Aufwendungen, die das kommende Geschäftsjahr betreffen.

Das Unternehmen zahlt seine Miete für eine Lagerhalle nicht wie üblich jeden Monat, sondern nur jedes Quartal. Es überweist also im Dezember die Miete für Januar, Februar und März in Höhe von zusammen 15.000,00 EUR. Da die Leistung durch die Nutzung der gemieteten Halle erst im kommenden Jahr erfolgt, muss eine Abgrenzung vorgenommen werden. Im Januar wird der Rechnungsabgrenzungsposten wieder aufgelöst und somit erfolgt eine periodengerechte Zurechnung der Aufwendungen.

| Dezember | Januar | Februar | März |

Jahreswechsel

Geschäftsfall		Konten	Soll	Haben
Buchung der Überweisung im Dezember	①	670 Mieten an 280 Bank	15.000,00	15.000,00
Abschlussbuchung	②	290 Aktive Rechnungsabgrenzung an 670 Mieten	15.000,00	15.000,00
	③	801 SBK an 290 Aktive Rechnungsabgrenzung	15.000,00	15.000,00
Buchungen im neuen Jahr	④	290 Aktive Rechnungsabgrenzung an 800 EBK	15.000,00	15.000,00
	⑤	670 Mieten an 290 Aktive Rechnungsabgrenzung	15.000,00	15.000,00

Buchungen im alten Geschäftsjahr

Soll	670 Mieten		Haben
① 280 Bank	15.000,00	② 290 ARA	15.000,00

Soll	290 Aktive Rechnungsabgrenzung		Haben
② 670 Mieten	15.000,00	③ 801 SBK	15.000,00

Soll	280 Bank		Haben
		① 670 Mieten	15.000,00

Soll	801 SBK		Haben
③ 290 ARA	15.000,00		

Buchungen im neuen Geschäftsjahr

Soll	800 EBK		Haben
		④ 290 ARA	15.000,00

Soll	290 Aktive Rechnungsabgrenzung		Haben
④ 800 EBK	15.000,00	⑤ 670 Mieten	15.000,00

Soll	670 Mieten		Haben
⑤ 290 ARA	15.000,00		

● **Passive Rechnungsabgrenzung (PRA)**

Passive Rechnungsabgrenzungsposten werden gebildet, wenn im alten Geschäftsjahr bereits Einnahmen erfolgt sind, die verursachungsgerecht ins neue Geschäftsjahr gehören, z. B. im Voraus erhaltene Mieterträge. Die Einnahmen werden im alten Jahr auf dem Konto *49 Passive Rechnungsabgrenzung* (PRA) erfasst und im neuen Geschäftsjahr als Ertrag gebucht.

Der Buchungssatz zur Abgrenzung am Jahresende lautet:
Ertragskonto an 49 Passive Rechnungsabgrenzung (PRA)

Auf diese Weise erscheint in der GuV nur der Ertrag, der für dieses Geschäftsjahr relevant ist. Erfolgt hier keine Umbuchung, so würde das Ergebnis für das aktuelle Geschäftsjahr besser ausgewiesen werden, als es tatsächlich ist.

Die Bilanz weist die passive Rechnungsabgrenzung aus. Im Folgejahr wird das Ergebnis um die in diesem Geschäftsjahr angefallenen und im Vorjahr schon erhaltenen Erträge dadurch erhöht, dass die passive Rechnungsabgrenzung auf das Ertragskonto umgebucht wird.

Ein **passiver Rechnungsabgrenzungsposten** beinhaltet Einnahmen von Erträgen, die erst im nächsten Jahr erbracht werden.

Das Unternehmen erhält vierteljährlich Miete für ein Bürogebäude. Dabei werden also im Voraus die Mieten für November, Dezember und Januar in Höhe von zusammen 9.000,00 EUR überwiesen. Da ein Teil der Leistung durch die Nutzung der vermieteten Räumlichkeiten erst im kommenden Jahr erfolgt, muss dafür eine Abgrenzung vorgenommen werden. Im Januar wird der Rechnungsabgrenzungsposten wieder aufgelöst und somit erfolgt eine periodengerechte Zurechnung der Erträge.

Geschäftsfall		Konten	Soll	Haben
Buchung des Zahlungseingangs im November	①	280 Bank an 540 Erträge aus Vermietung	9.000,00	9.000,00
Abschlussbuchung	②	540 Erträge aus Vermietung an 49 Passive Rechnungsabgrenzung	3.000,00	3.000,00
	③	540 Erträge aus Vermietung an 802 GuV-Konto	6.000,00	6.000,00
	④	49 Passive Rechnungsabgrenzung an 801 SBK	3.000,00	3.000,00
Buchungen im neuen Jahr	⑤	800 EBK an 49 Passive Rechnungsabgrenzung	3.000,00	3.000,00
	⑥	49 Passive Rechnungsabgrenzung an 540 Erträge aus Vermietung	3.000,00	3.000,00

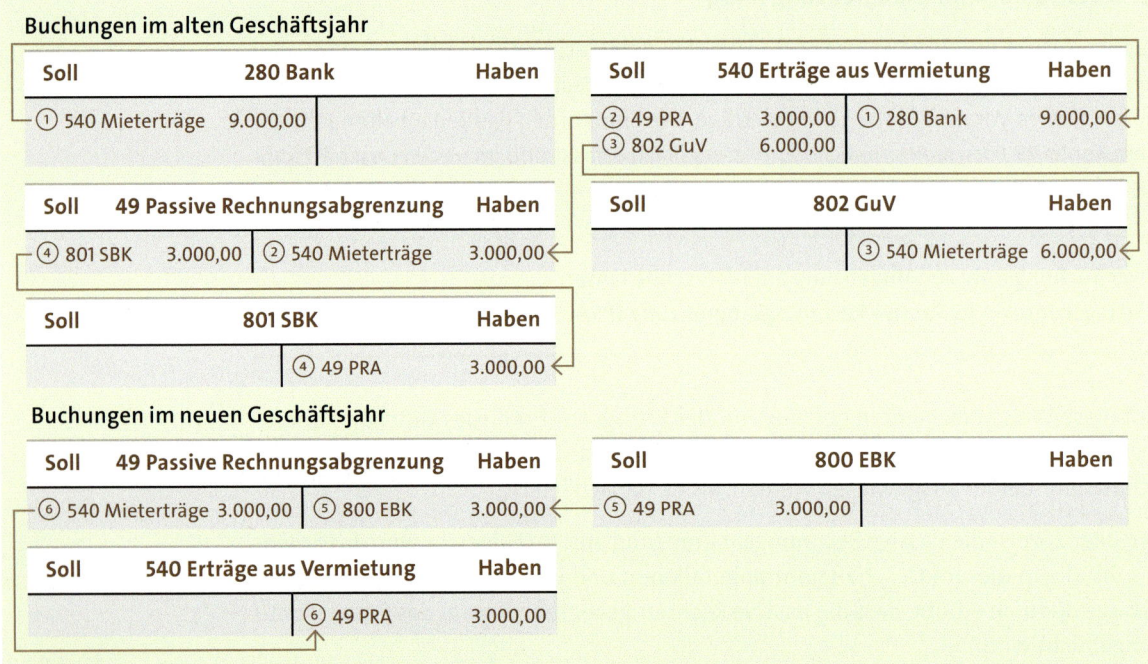

Erklärung:
Es muss nur für den Anteil der Mieterträge, der das nächste Geschäftsjahr betrifft, ein Rechnungsabgrenzungsposten gebildet werden. Die restlichen Mieterträge werden wie üblich über das GuV-Konto im aktuellen Geschäftsjahr abgeschlossen und erhöhen den Gewinn.

Bei Buchungen der Abgrenzung ist auch zu beachten:
- Abgegrenzt wird nur der Nettobetrag (ohne Umsatzsteuer), da bei Unternehmen die Umsatzsteuer keinen Aufwand oder Ertrag darstellt und somit nicht abgegrenzt werden muss.
- Die Buchung zur Jahresabgrenzung darf entfallen, wenn der Geschäftsfall keinen Einfluss auf die Gewinnausweisung hat.

9.4 Rückstellungen

9.4.1 Gesetzliche Grundlagen

Bestehen zum Bilanzstichtag Aufwendungen, deren Höhe und Fälligkeit noch unbekannt sind, müssen diese dennoch wirtschaftlich dem alten Geschäftsjahr zugerechnet werden. Da sich die Höhe und Fälligkeit der Aufwendungen noch nicht genau bestimmen lassen, können diese am Ende des Geschäftsjahres nicht als sonstige Verbindlichkeiten verbucht werden. Es müssen sogenannte Rückstellungen gebildet werden, deren Höhe zum Zeitpunkt der Passivierung geschätzt werden muss.

Rückstellungen sind Verbindlichkeiten für Aufwendungen, die am Bilanzstichtag dem Anlass nach bekannt sind, jedoch mit unbekannter Höhe und Fälligkeit.

Die Höhe des Erfüllungsbetrags ist nach vernünftiger kaufmännischer Beurteilung anzusetzen (§ 253 Abs. 1 HGB).

Nach § 249 HGB erlaubt der Gesetzgeber die Bildung von Rückstellungen nur für:

ungewisse Verbindlichkeiten	drohende Verluste aus schwebenden Geschäften	unterlassene Aufwendungen für Instandhaltung	Gewährleistungen
Beispiel: Pensionszusagen, Steuernachzahlungen, Prozesskosten	Preisänderungen bei Rohstoffen	Beispiel: müssen in den ersten drei Monaten des folgenden Geschäftsjahres erfolgen	Beispiel: Kulanzleistungen

In der Buchhaltung werden Pensionsrückstellungen auf dem Konto *37 Rückstellungen für Pensionen*, Steuernachzahlungen auf *38 Steuerrückstellungen* und alle anderen Rückstellungen auf *39 Sonstige Rückstellungen* gebucht.

Rückstellungen bewirken den Ausweis von Aufwendungen in der GuV-Rechnung im Jahr der Entstehung. Folglich erhöhen sich die Aufwendungen. Dies schmälert einen möglichen Gewinnausweis und führt dadurch zu einer geringeren Steuerbelastung.

9.4.2 Buchung bei der Bildung der Rückstellung

Bei der Bildung von Rückstellungen wird immer auf dem entsprechenden Aufwandskonto gebucht, z. B. für Prozesskosten auf dem Konto *677 Rechts- und Beratungskosten* oder Pensionszusagen an die Mitarbeiter auf dem Konto *37 Rückstellungen für Pensionen*.

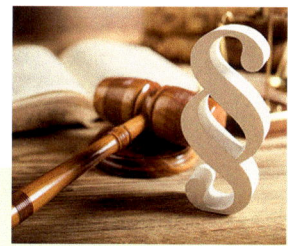

Für einen schwebenden Prozess, der im nächsten Geschäftsjahr abgeschlossen wird, ist am Geschäftsjahresende eine Rückstellung über 6.000,00 EUR zu bilden.

Geschäftsfall		Konten	Soll	Haben
Bildung der Rückstellung	①	677 Rechts- und Beratungskosten an 39 Sonstige Rückstellungen	6.000,00	6.000,00
Abschlussbuchung am Bilanzstichtag	②	802 GuV an 677 Rechts- und Beratungskosten	6.000,00	6.000,00
	③	39 Sonstige Rückstellungen an 801 SBK	6.000,00	6.000,00

Soll	39 Sonstige Rückstellungen	Haben		Soll	677 Rechts- und Beratungskosten	Haben
③ 801 SBK	6.000,00	① 677 Rechts- und Beratungskosten 6.000,00		① 39 Sonstige Rückstellungen 6.000,00		② 802 GuV 6.000,00

Soll	801 SBK	Haben		Soll	802 GuV	Haben
	③ 39 Sonstige Rückstellungen 6.000,00			② 677 Rechts- und Beratungskosten 6.000,00		

9.4.3 Buchung bei der Auflösung der Rückstellung

Rückstellungen dürfen erst aufgelöst werden, wenn der Grund der Bildung der Rückstellung nicht mehr besteht. Das bedeutet, dass der Geschäftsfall buchhalterisch abgeschlossen ist. Handelt es sich dabei um einen umsatzsteuerpflichtigen Vorgang, wird erst bei der Auflösung der Rückstellung die Umsatzsteuer buchungstechnisch erfasst, da umsatzsteuerpflichtige Vorgänge erst steuerpflichtig werden, wenn eine Rechnung vorliegt.

Bei der Auflösung von Rückstellungen können drei Fälle auftreten:

1. Fall	2. Fall	3. Fall
Der geschätzte Betrag entspricht der Zahlung.	Der geschätzte Betrag war zu hoch angesetzt.	Der geschätzte Betrag war zu niedrig angesetzt.
Schätzung = Zahlung	Schätzung > Zahlung	Schätzung < Zahlung
⇒ Sonstige Rückstellungen an Aktivkonto	⇒ Sonstige Rückstellungen an Aktivkonto	⇒ Sonstige Rückstellungen an Aktivkonto
	Sonstige Rückstellungen an Erträge aus der Herabsetzung von Rückstellungen	Aufwand an Aktivkonto

● **1. Fall: Der geschätzte Betrag entspricht der Zahlung.**

Die Kosten eines Prozesses werden auf 6.000,00 EUR im alten Geschäftsjahr geschätzt. Als der Prozess im Folgegeschäftsjahr abgeschlossen wird, stellt der Rechtsanwalt 6.000,00 EUR zzgl. USt. in Rechnung.

Geschäftsfall	Konten	Soll	Haben
Auflösung und Überweisung der Prozesskosten	39 Sonstige Rückstellungen 260 Vorsteuer an 280 Bank	6.000,00 1.140,00	7.140,00

Soll	39 Sonstige Rückstellungen		Haben
280 Bank	6.000,00	800 EBK	6.000,00

Soll	280 Bank		Haben
		39 Sonst. Rückst./ 260 VSt.	7.140,00

Soll	260 Vorsteuer		Haben
280 Bank	1.140,00		

Erklärung:
- Die Rückstellungen sind im neuen Jahr mit 6.000,00 EUR zu eröffnen.
- Bei der Zahlung im neuen Jahr ist die Rückstellung vollständig aufzulösen.
- Prozesskosten unterliegen der Umsatzsteuer. Steuerpflichtig wird der Aufwand erst, wenn eine Rechnung vorliegt – dient als Grundlage zur Berechnung der Steuerpflicht.

9 Jahresabschluss

● **2. Fall: Der geschätzte Betrag war zu hoch angesetzt.**

Die Prozesskosten belaufen sich im Folgejahr nur auf netto 4.500,00 EUR statt der veranschlagten 6.000,00 EUR.

Geschäftsfall	Konten	Soll	Haben
Auflösung und Überweisung der Prozesskosten	39 Sonstige Rückstellungen 260 Vorsteuer an 280 Bank 548 Erträge aus der Auflösung von Rückstellungen	6.000,00 855,00	 5.355,00 1.500,00

Soll	39 Sonstige Rückstellungen		Haben
280 Bank/ 548 EadAvR	6.000,00	800 EBK	6.000,00

Soll	280 Bank		Haben
		39 Sonst. Rückst./ 260 Vorsteuer	5.355,00

Soll	548 Erträge aus der Auflösung von Rückstellungen		Haben
		39 Sonst. Rückst.	1.500,00

Soll	260 Vorsteuer		Haben
280 Bank	855,00		

Erklärung:
- Besteht der Grund für die gebildete Rückstellung nicht mehr, so muss die gesamte Rückstellung aufgelöst werden. Übersteigt die Rückstellung den zu zahlenden Nettobetrag, ergibt sich durch die Auflösung der Rückstellung ein Ertrag über das Konto *548 Erträge aus der Auflösung von Rückstellungen*.
- Für die Berechnung der Vorsteuer dient der Rechnungsbetrag.

● **3. Fall: Der geschätzte Betrag war zu niedrig angesetzt.**

Die Prozesskosten belaufen sich auf 7.000,00 EUR zzgl. 19 % USt. statt der veranschlagten 6.000,00 EUR.

Geschäftsfall	Konten	Soll	Haben
Auflösung und Überweisung der Prozesskosten	39 Sonstige Rückstellungen 677 Rechts- und Beratungskosten 260 Vorsteuer an 280 Bank	6.000,00 1.000,00 1.330,00	 8.330,00

Soll	39 Sonstige Rückstellungen		Haben
280 Bank	6.000,00	800 EBK	6.000,00

Soll	280 Bank		Haben
		39 Sonst. Rückst./ 677 Rechts- und Beratungskosten/ 260 VSt	8.330,00

Soll	677 Rechts- und Beratungskosten		Haben
280 Bank	1.000,00		

Soll	260 Vorsteuer		Haben
280 Bank	1.330,00		

Erklärung:
- Bei der Bezahlung der Rechts- und Beratungskosten sind die *Sonstigen Rückstellungen* aufzulösen.
- Der zusätzliche Aufwand ist auf das entsprechende Aufwandskonto (*677 Rechts- und Beratungskosten*) zu buchen.

FALLSTUDIE: AKW-Konzerne halten Atom-Rückstellungen für ausreichend

Die Versorger müssen die Kosten für den Rückbau ihrer Atommeiler selbst tragen – das hat die Bundesregierung erneut klargestellt. […]

„Sowohl bei Eon als auch bei RWE ist festzustellen, dass die vorhandene materielle Substanz derzeit höchstens annähernd ausreicht, um die Gesamtheit langfristiger Verpflichtungen decken zu können", zitierte die SZ aus einer Studie […].

Nur Eon wäre in der Lage, mit Vermögenswerten und Beteiligungen in Höhe von 56 Mrd. Euro Langfrist-Verpflichtungen von 55 Mrd. Euro zu bedienen. Die RWE-Vermögenswerte dagegen lägen mit 41 Mrd. Euro derzeit zehn Mrd. Euro unter Verpflichtungen von 51 Mrd. Euro. In den nächsten Jahren könne die Lage der Unternehmen noch kritischer werden. Zu den Verpflichtungen zählten neben den Atomrückstellungen und Rückstellungen für die Braunkohletagebaue sowie finanzielle Verbindlichkeiten etwa durch Kredite.

Die durch die Energiewende unter Druck geratenen AKW-Betreiber haben nach eigenen Angaben ausreichende Rückstellungen für die Verschrottung ihrer Meiler gebildet. Eon, RWE, und Co. wiesen […] einmal mehr Zweifel zurück, dass sie sich den Abriss und die Müllbeseitigung wegen ihrer schwindenden Gewinne nicht mehr leisten könnten.

„Die Angemessenheit unserer Rückstellungen für Verpflichtungen aus der Kernenergie wird regelmäßig von unabhängigen Wirtschaftsprüfern bestätigt", betont Eon. […] Die Bundesregierung betonte, dass die Versorger selbstverständlich für alle Kosten des Rückbaus ihrer Atomkraftwerke aufkommen müssten.

Die vier AKW-Betreiber in Deutschland Eon, RWE, EnBW und Vattenfall haben insgesamt für den Abriss ihrer Meiler und die Lagerung des Atommülls Rückstellungen in Höhe von 38,5 Mrd. Euro gebildet. Bei Eon sind es 16,6 Mrd. Euro und bei RWE 10,3 Mrd Euro.

Die Summen liegen aber nicht auf dem Tagesgeldkonto, sondern sind teilweise in Sachwerte wie Kraftwerke und Stromnetze gebunden, deren Wert sich in den vergangenen Jahren verringert hat. Im europäischen Vergleich seien die AKW-Rückstellungen in Deutschland am höchsten, betonen die Betreiber. „Wir gehen davon aus, dass die Rückstellungen korrekt und angemessen sind", bekräftigte RWE […].

Quelle (gekürzt): www.handelsblatt.com/unternehmen/industrie/eon-rwe-und-co-akw-konzerne-halten-atom-rueckstellungen-fuer-ausreichend/12121468.html, 29. Juli 2015

ARBEITSAUFTRAG

Nach der Reaktorkatastrophe in Fukushima hat die Bundesregierung den schrittweisen Ausstieg aus der Atomkernkraft bis 2022 beschlossen. Die Energieversorger stellt das nicht nur vor eine technische Herausforderung (weg von Kernkraft hin zu erneuerbaren Energien), sondern auch vor eine wirtschaftliche Herausforderung. Erklären Sie, was die Energieversorger unternehmen, damit sie der finanziellen Herausforderung in einigen Jahren gewachsen sind. Nehmen Sie Stellung, ob diese Vorbereitungen ausreichend sind. Welche Folgen könnte der Rückbau der AKWs für die Unternehmen haben?

Aufgaben zu Kapitel 9

1. Die Hot-Wood-Smoker OHG hat nach der Inventur ziemliches Chaos in der Buchhaltung. Leider stimmen einige ermittelte Istwerte nicht mit den Sollwerten überein. Buchen Sie für die folgenden Fälle auf den entsprechenden Konten die Korrekturbuchung.

	Istwert lt. Inventur (EUR)	Sollwert lt. Buchführung (EUR)	Inventurdifferenz (Sollbestand – Istbestand) (EUR)
1. Fall: Ford. aus LuL	14.000,00	12.000,00	– 2.000,00

Grund: Die Ausgangsrechnung wurde versehentlich doppelt gebucht.

2. Fall: Handelswaren	4.000,00	3.000,00	– 1.000,00

Grund: Die Barzahlung der Waren wurde nicht gebucht.

3. Fall: a) Rohstoffe	45.000,00	49.000,00	+ 4.000,00
b) Hilfsstoffe	14.000,00	10.000,00	– 4.000,00

Grund: Der Kauf der Hilfsstoffe auf Rechnung wurde versehentlich auf das Konto Rohstoffe gebucht.

4. Fall: Bank	23.480,00	23.270,00	– 210,00

Grund: Zinserträge wurden als Zinsaufwendungen gebucht.

2. Begründen Sie, warum ein Unternehmen eine zeitliche Abgrenzung zum Jahresabschluss durchführen muss.

3. Erklären Sie die vier Möglichkeiten einer zeitlichen Abgrenzung.

4. Sie sind Mitarbeiter der Hot-Wood-Smoker OHG.
   Erstellen Sie für die vorliegenden Geschäftsfälle die Buchungssätze das Grund- und Hauptbuch (zum Zeitpunkt des Entstehens – Abgrenzung am Jahresende – Buchung im Folgejahr).

   1. Unser Mieter überweist erst am 5. Januar die Monatsmiete für den Dezember, 1.800,00 EUR.
   2. Die Monatsmiete für Januar für die Lagerhalle überweist uns unser Mieter am 28. Dezember, 750,00 EUR.
   3. Die Kfz-Haftpflichtversicherung wird halbjährlich zum 30.09. und 30.03. fällig. Der Halbjahresbetrag von 480,00 EUR wird am 30.09. für das folgende Halbjahr überwiesen.
   4. Die Vertriebsprovision für Dezember von 1.500,00 EUR wird vom Unternehmen erst im Januar überwiesen.

5. Erklären Sie den Begriff Rückstellungen.

6. Warum bilden Unternehmen Rückstellungen?

7. Das Dach des Verwaltungsgebäudes der Beton Bau Bucher GmbH hat beim letzten Herbststurm Schaden durch herumfliegende Gegenstände erlitten. Die Reparatur des Dachs konnte von einem Sachverständigen im laufenden Geschäftsjahr auf 2.500,00 EUR geschätzt werden. Die Reparaturen werden erst nach der Winterpause durchgeführt.
   a Bilden Sie den Buchungssatz im alten Geschäftsjahr.
   b Die Durchführung der Reparatur erfolgte im März. Der Rechnungsbetrag belief sich auf 3.300,00 EUR netto und wurde per Banküberweisung bezahlt. Bilden Sie alle anfallenden Buchungssätze.

8. Die Grind Maschinenbau GmbH rechnet für das laufende Geschäftsjahr mit einer Steuernachzahlung von 7.000,00 EUR.
   a Bilden Sie den Buchungssatz zum Jahresabschluss am 31. Dezember.
   b Der Bescheid über die Steuernachzahlung wird am 10. April vom Unternehmen überwiesen. Nehmen Sie die Buchungen vor, wenn der Bescheid über
      ◦ 4.500,00 EUR
      ◦ 7.000,00 EUR
      ◦ 9.000,00 EUR
      ausgestellt ist.

9. Begründen Sie, welche Auswirkungen Rückstellungen auf den Gewinn bzw. Verlust eines Unternehmens haben.

9 Jahresabschluss

Zusammenfassung: 9 Jahresabschluss

Inventurdifferenzen
= Differenzen zwischen den ermittelten Istwerten auf der Grundlage der durchgeführten Inventur und den Sollwerten anhand der Buchhaltung

Gründe

- **Buchungsfehler** → Korrektur durch Umbuchung
- **Werteveränderung** → Korrektur durch Nachbuchung

Antizipative Rechnungsabgrenzung

	Sonstige Forderungen	Sonstige Verbindlichkeiten	Rückstellungen
	Die Höhe und Fälligkeit des Betrages sind *bekannt*.		Die Höhe und Fälligkeit des Betrages sind *nicht bekannt*.
Beschreibung	Die Einnahmen im neuen Geschäftsjahr gehören wirtschaftlich in das alte Geschäftsjahr und müssen dort als Ertrag gebucht werden.	Die Ausgaben im neuen Geschäftsjahr gehören wirtschaftlich in das alte Geschäftsjahr und müssen dort als Aufwand gebucht werden.	
Erfassung im alten Jahr auf den Konten	269 Sonstige Forderung	489 Sonstige Verbindlichkeiten	37 Pensionsrückstellungen 38 Steuerrückstellungen 39 Sonstige Rückstellungen
Buchungssatz bei Abgrenzung am Jahresende	269 Sonstige Forderung an Ertragskonto	Aufwandskonto an 489 Sonst. Verbindl.	Aufwandskonto an 37 Pensionsrückstellungen oder 38 Steuerrückstellungen oder 39 Sonstige Rückstellungen

altes Jahr	neues Jahr		altes Jahr	neues Jahr
Ertrag	Einnahmen		Aufwand	Ausgaben
←			←	

Transitorische Rechnungsabgrenzung

	Aktive Rechnungsabgrenzung	Passive Rechnungsabgrenzung
Beschreibung	Die Ausgaben im alten Geschäftsjahr gehören wirtschaftlich in das neue Geschäftsjahr und müssen dort als Aufwand gebucht werden.	Die Einnahmen im alten Geschäftsjahr gehören wirtschaftlich in das neue Geschäftsjahr und müssen dort als Ertrag gebucht werden.
Erfassung im alten Jahr auf den Konten	Aktive Rechnungsabgrenzung (ARA)	Passive Rechnungsabgrenzung (PRA)
Buchungssatz bei Abgrenzung am Jahresende	290 ARA an Aufwandskonto	Ertragskonto an 49 PRA

altes Jahr	neues Jahr		altes Jahr	neues Jahr
Ausgaben	Aufwand		Einnahmen	Ertrag
→			→	

V   Einführung in das externe Rechnungswesen

Beleggeschäftsgang

FALLSTUDIE

Die Hot-Wood-Smoker OHG stellt hochwertige Smoker für private Haushalte her. Die OHG verkauft ausschließlich an den Einzelhandel. Um das Sortiment abzurunden, bietet die OHG neben den eigenen Erzeugnissen an Smokern auch Handelsware wie Grillschürzen, Pizzasteine oder Grillkohle an. Die Auftragslage für dieses Geschäftsjahr war außerordentlich gut. Leider ist dabei die Buchhaltung etwas zu kurz gekommen. Am Jahresende muss jetzt die Buchführung auf den aktuellen Stand gebracht werden.

Folgende Belege sind im Dezember 20.. liegen geblieben:

Beleg-Nr. 2

Materialentnahmeschein vom Dezember 20..

Material-Nr.	Bezeichnung	Einheit	Menge	Gesamtwert in EUR	Zuordnung Werkstoffart
549	Stahl	Kilo	10 600	24.900,00	
12	Schmieröl	Liter	25	750,00	
345	Holzgriff	Stück	1120	1.400,00	Hilfsstoffe
339	Gummireifen	Stück	2 240	825,00	Hilfsstoffe
510	Schrauben Nr. X1	Stück	17 920	175,00	
707	Stoffgrillschürzen	Stück	100	1.250,00	

Beleg-Nr. 3

Hot-Wood-Smoker OHG
Lindenallee 315
88662 Überlingen

Wohndesign Spissinger GmbH
Breite Str. 134
76530 Baden-Baden

Bitte bei Zahlung immer angeben:

Ihre Kundennummer: 2408113
Rechnungsnummer: 35701-05

Name: Niklas Pfennig
Telefon: 07551 66295
Telefax: 07551 66280
E-Mail: niklas.pfennig@hws-ohg-cbb.de

18.12.20..

Rechnung zum Auftrag Nummer 752930
Leistungsmonat: Dezember 20..

Pos.	Art.-Nr.	Bezeichnung	Menge	Einzelpreis EUR	Rabatt %	Betrag EUR
1	07-XL	Smoker XL – Edelstahl	13	280,00	–	3.640,00
2	05-M	Holzkohlegrill – M – Edelstahl	10	130,00	–	1.300,00
3	HW01	Pizzastein für den Grill	7	20,00	–	140,00
		Summe Positionen (exkl. USt.)				5.080,00
		Umsatzsteuer 19 %				965,20
		Rechnungsbetrag (inkl. USt.)				6.045,20

Zahlbar innerhalb 10 Tagen netto

Hinweis
Die Hot-Wood-Smoker OHG bucht alle Verkäufe auf das Konto 500 Umsatzerlöse.

Beleg-Nr. 4

Hot-Wood-Smoker OHG
Lindenallee 315
88662 Überlingen

May Büromöbel GmbH
Marburger Alle 10
78628 Rottweil

Bitte bei Zahlung immer angeben:

Ihre Kundennummer: 428635
Rechnungsnummer: 924865

Name: Bea Schmider
Telefon: 0741 80102
Telefax: 0741 801015
E-Mail: bea.schmider@buema-cbb.de

Datum: 2. Dezember 20..

Rechnung zum Auftrag Nummer 54692 vom 08. September 20..
Leistungsmonat: Dezember 20..

Pos.	Art.-Nr.	Bezeichnung	Menge	Einzelpreis EUR	Rabatt %	Betrag EUR
1	PKR-plus	Kassensystem Business medium	1	2.160,00		2.160,00
		Summe Positionen (exkl. USt.)				2.160,00
		Umsatzsteuer 19 %				410,40
		Rechnungsbetrag (inkl. USt.)				2.570,40

Der Rechnungsbetrag ist innerhalb 14 Tagen nach Erhalt der Rechnung fällig.

Hinweis
Die Abschreibung des Kassensystems erfolgt über 6 Jahre linear.

V Einführung in das externe Rechnungswesen

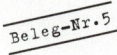

Hot-Wood-Smoker OHG
Lindenallee 315
88662 Überlingen

Wohntrend Hoffmann e. K.
Am Stadttor 8
72760 Reutlingen

Bitte bei Zahlung immer angeben:

Ihre Kundennummer: 2408159
Rechnungsnummer: 35657-16

Name: Niklas Pfennig
Telefon: 07551 66295
Telefax: 07551 66280
E-Mail: niklas.pfennig@hws-ohg-cbb.de

Datum: 14.12.20..

Rechnung zum Auftrag Nummer 752941
Leistungsmonat: Dezember 20..

Pos.	Art.-Nr.	Bezeichnung	Menge	Einzelpreis EUR	Rabatt %	Betrag EUR
1	07-XL	Smoker XL - Edelstahl	25	280,00	–	7.000,00
2	05-M	Holzkohlegrill – M – Edelstahl	35	130,00	–	4.550,00
3	GS05	Grillschürzen für Hipster	11	30,00	–	330,00
4	HW01	Pizzastein für den Grill	5	20,00	–	100,00
Summe Positionen (exkl. USt.)						11.980,00
Umsatzsteuer 19 %						2.276,20
Rechnungsbetrag (inkl. USt.)						14.256,20

Zahlbar innerhalb 14 Tagen netto

Hot-Wood-Smoker OHG
Lindenallee 315
88662 Überlingen

Möbel und mehr Peter OHG
An der Steige 24
70173 Stuttgart

Bitte bei Zahlung immer angeben:

Ihre Kundennummer: 2408168
Rechnungsnummer: 35668-07

Name: Niklas Pfennig
Telefon: 07551 66295
Telefax: 07551 66280
E-Mail: niklas.pfennig@hws-ohg-cbb.de

Datum: 15.12.20..

Rechnung zum Auftrag Nummer 00153689
Leistungsmonat: Dezember 20..

Pos.	Art.-Nr.	Bezeichnung	Menge	Einzelpreis EUR	Rabatt %	Betrag EUR
1	07-XL	Smoker XL - Edelstahl	65	280,00	–	18.200,00
2	05-M	Holzkohlegrill – M – Edelstahl	55	130,00	–	7.150,00
3	GS05	Grillschürzen für Hipster	153	30,00	–	4.590,00
4	HW01	Pizzastein für den Grill	51	20,00	–	1.020,00
Summe Positionen (exkl. USt.)						30.960,00
Umsatzsteuer 19 %						5.882,40
Rechnungsbetrag (inkl. USt.)						36.842,40

Zahlbar innerhalb 30 Tagen netto

Eisen & Stahl Handel GmbH & Co. KG
Berliner Str. 55
78628 Rottweil

Hot-Wood-Smoker OHG
Lindenallee 315
88662 Überlingen

Bitte bei Zahlung immer angeben:

Ihre Kundennummer: 66622
Rechnungsnummer: 2268513

Name: Birgit Lindner
Telefon: 0741 89376
Telefax: 0741 89375
E-Mail: birgit.lindner@eisenundstahl-cbb.de

Datum: 10.12.20..

Rechnung zum Auftrag Nummer 31494621
Leistungsmonat: Dezember 20..

Pos.	Art.-Nr.	Bezeichnung	Menge	Einzelpreis EUR	Rabatt %	Betrag EUR
1	EB03	Edelstahl 1200 x 8000 x 3 mm	170	160,00	–	27.200,00
Rechnungsbetrag (exkl. USt.)						27.200,00
Umsatzsteuer 19 %						5.168,00
Rechnungsbetrag (inkl. USt.)						32.368,00

Zahlbar innerhalb 30 Tagen netto

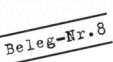

Schutzbekleidung Mayr GmbH

Alfons Mayr Schutzbekleidung GmbH
Reutlinger Str. 69
72393 Burladingen

Hot-Wood-Smoker OHG
Lindenallee 315
88662 Überlingen

Bitte bei Zahlung immer angeben:

Ihre Kundennummer: 34496
Rechnungsnummer: 627877

Name: Ina Schmidt
Telefon: 07475 81007
Telefax: 07475 81030
E-Mail: ina.schmidt@bekleidung.mayr-cbb.de

Datum: 6. Dezember 20..

Rechnung zum Auftrag Nummer 303642
Leistungsmonat: Dezember 20..

Pos.	Art.-Nr.	Bezeichnung	Menge	Einzelpreis EUR	Rabatt %	Betrag EUR
1	GS05	Grillschürze für Hipster	600	12,50		7.500,00
Rechnungsbetrag (exkl. USt.)						7.500,00
Umsatzsteuer 19 %						1.425,00
Rechnungsbetrag (inkl. USt.)						**8.925,00**

Zahlbar innerhalb 30 Tagen netto

10 Beleggeschäftsgang

Unter den liegen gebliebenen Belegen befinden sich auch einige Barbelege, hierzu der passende Auszug aus dem Kassenbuch für den Monat Dezember 20..:

Kassenbuch der Hot-Wood-Smoker OHG

Datum	Art der Einnahme/Ausgabe	Kassenbuch-beleg-Nr.	Einnahmen	Ausgaben
	Anfangsbestand		1.845,00 EUR	
03.12.20..	Barverkauf	1201	124,95 EUR	
04.12.20..	Tanken	1202		75,00 EUR
04.12.20..	Privatentnahme	1203		350,00 EUR
12.12.20..	Kfz-Reparatur	1204		53,99 EUR
15.12.20..	Postwertzeichen	1205		133,56 EUR
16.12.20..	Barverkauf	1206	1.350,00 EUR	
17.12.20..	Umbuchung auf das Bankkonto	1207		1.800,00 EUR
	Summe		3.319,95 EUR	2.412,55 EUR
	Neuer Kassenstand		907,40 EUR	

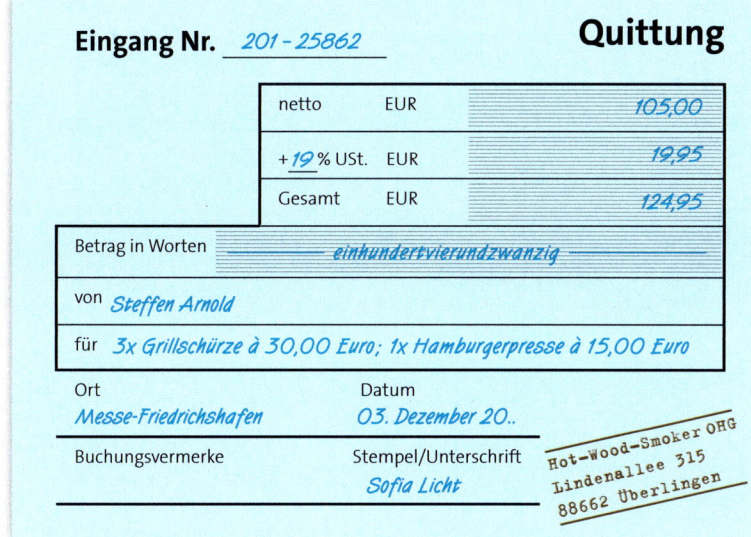

Kassenbuchbeleg-Nr. 1201

Kassenbuchbeleg-Nr. 1202

Kassenbuchbeleg-Nr. 1203

V Einführung in das externe Rechnungswesen

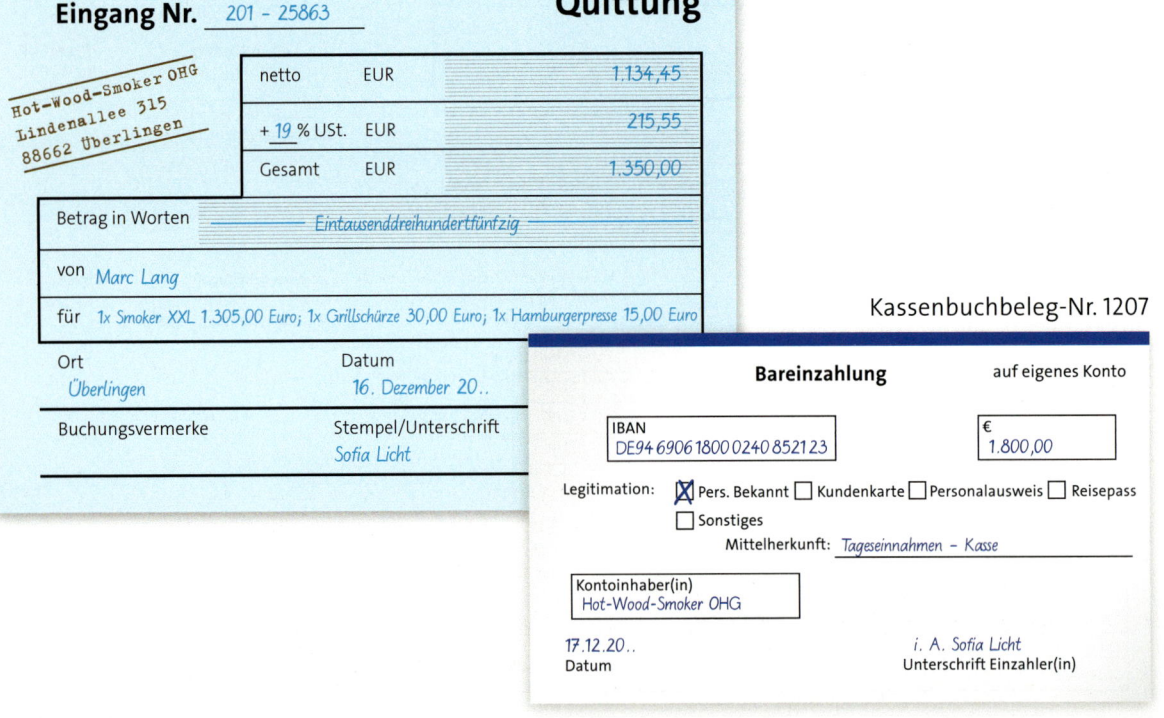

10 Beleggeschäftsgang

Beleg-Nr. 9

Hot-Wood-Smoker OHG
Lindenallee 315
88662 Überlingen

Schick & Schön GmbH & Co. KG
Eriskircherstraße 123 a
88045 Friedrichshafen

Bitte bei Zahlung immer angeben:

Ihre Kundennummer: **44268**
Rechnungsnummer: **35763-96**

Name: Niklas Pfennig
Telefon: 07551 66295
Telefax: 07551 66280
E-Mail: niklas.pfennig@hws-ohg-cbb.de

Datum: 19.12.20..

Rechnung zum Auftrag Nummer 00153007
Leistungsmonat: Dezember 20..

Pos.	Art.-Nr.	Bezeichnung	Menge	Einzelpreis EUR	Rabatt %	Betrag EUR
1	07-XL	Smoker XL - Edelstahl	55	280,00		15.400,00
2	05-M	Holzkohlegrill – M – Edelstahl	20	130,00		2.600,00
3	GS05	Grillschürze für Hipster	50	30,00		1.500,00
4	HK	Holzkohle Buche 5 kg	15	4,93		73,95
5	HW01	Pizzastein für den Grill	15	20,00		300,00
Summe Positionen (exkl. USt.)						19.873,95
Umsatzsteuer 19 %						3.776,05
Rechnungsbetrag (inkl. USt.)						23.650,00

Rechnungsbetrag ist sofort ohne Abzug fällig.

Beleg-Nr. 10

Konstanzer Bote

Konstanzer Bote GmbH
Südstraße 10
78462 Konstanz

Hot-Wood-Smoker OHG
Lindenallee 315
88662 Überlingen

Bitte bei Zahlung immer angeben:

Ihre Kundennummer: **88250-3246**
Rechnungsnummer: **3146.223**

Name: Carla Kleeblatt
Telefon: 07531 920-1493
Telefax: 07531 920-6486
E-Mail: Carla.Kleeblatt@konstanzerbote-cbb.de

Datum: 12. Dezember 20..

Rechnung zum Auftrag Nummer 53.4468
Leistungsmonat: Dezember 20..

Pos.	Art.-Nr.	Bezeichnung	Menge	Einzelpreis EUR	Rabatt %	Betrag EUR
1	WA-15	Werbeanzeige bunt 15 x 11,5 mm	1	113,44		113,44
Rechnungsbetrag (exkl. USt.)						113,44
Umsatzsteuer 19 %						21,56
Rechnungsbetrag (inkl. USt.)						**135,00**

Rechnungsbetrag zahlbar innerhalb 10 Tage netto

Beleg-Nr. 11

West-Mineralöl

West-Mineralöl KG
Güterbahnhof 19e
88662 Überlingen

Hot-Wood-Smoker OHG
Lindenallee 315
88662 Überlingen

Bitte bei Zahlung immer angeben:

Ihre Kundennummer: **346825**
Rechnungsnummer: **15-66622-08**

Name: Walter Kugel
Telefon: 07551 5764
Telefax: 07551 5703
E-Mail: w.kugel@West-Mineraloel.cbb.de

Datum: 12. Dezember 20..

Rechnung zum Auftrag Lieferung 08
Leistungsmonat: Dezember 20..

Pos.	Art.-Nr.	Bezeichnung	Menge in Liter	Einzelpreis EUR	Rabatt %	Betrag EUR
1	HÖ-01	Heizöl	4252	0,56444		2.400,00
Rechnungsbetrag (exkl. USt.)						2.400,00
Umsatzsteuer 19 %						456,00
Rechnungsbetrag (inkl. USt.)						**2.856,00**

Rechnungsbetrag zahlbar innerhalb 14 Tage netto

Beleg-Nr. 12

Signaller AG
Isaruferstraße 53
85737 Ismaning

Hot-Wood-Smoker OHG
Lindenallee 315
88662 Überlingen

Bitte bei Zahlung immer angeben:

Ihre Kundennummer: **02021206**
Rechnungsnummer: **6287941**

Name: Judith Haller
Telefon: 089 690 3482
Telefax: 089 690 3404
E-Mail: Judith.Haller@signaller-ag.cbb.de

Datum: 01. Dezember 20..

SBV-Gebäudeversicherung für das Folgejahr
Beitragsinformation zum Vertrag 19564520

Sehr geehrte Damen und Herren,

heute erhalten Sie die Rechnung für die Gebäudeversicherung für das 1. Halbjahr des kommenden Kalenderjahres.
Vereinbarungsgemäß wird der Gesamtbetrag im Lastschriftverfahren abgerufen.

Versicherungsschutz	Betrag
Gebäudeversicherung für Gewerbetreibende im Mittelstand	4.125,00 €

Alle Prämien enthalten die Versicherungssteuer und sind nach § 4 Nr. 10 b UStG von der Umsatzsteuer befreit.

Den Gesamtbetrag ziehen wir mit der Lastschrift zum Mandat 262015124001 von dem Konto IBAN DE52 0690 6180 0240 8521 23, BIC GENODE61UBE zum 20.12.20.. ein.

Sollten Sie noch Fragen haben, wenden Sie sich bitte direkt an Ihren persönlichen Betreuer. Falls Sie ihn einmal nicht erreichen, so stehen wir Ihnen selbstverständlich gerne zur Verfügung.

Freundliche Grüße

Judith Haller   *K-Uwe Heinzen*
ppa. Judith Haller   ppa. Kai-Uwe Heinzen

Auszug aus dem Kontoauszug für den Monat Dezember 20..

Volksbank eG		Beleg-Nr. 13	Auszug 43	Girokonto DE94 6906 1800 0240 8521 23	
BIC	GENODE61UBE				
	Alter Kontostand vom 30.11.20..			EUR	58.605,00 +
Datum	**Erläuterungen**		**Wert**		**Betrag**
15.12.	Überweisung: May Büromöbel GmbH Rg-Nr. 924865, Kd-Nr. 428635		15.12.		2.570,40 –
17.12.	Gutschrift: Bareinzahlung der Tageseinnahmen		17.12.		1.800,00 +
20.12.	Überweisung: Schmid & Söhne Maschinen GmbH Rg-Nr. 947579-1, Kd-Nr. 3300192		20.12.		10.281,60 –
20.12	Lastschrift: Signaller AG SBV-Gebäudeversicherung für das Folgejahr Vertragsnummer: 19564520		20.12.		4.125,00 –
21.12.	Überweisung: Konstanzer Bote GmbH Rechnungsnummer 3146.223 Kundennummer 88250-3246		21.12.		135,00 –
23.12.	Gutschrift: Schick & Schön GmbH & Co. KG Rg-Nr. 35763-96, Kunde 44268		23.12.		23.650,00 +
23.12	Lastschrift: Stadt Überlingen am Bodensee Abfallgebühren für Dezember – Mai		23.12.		750,00 –
26.12	Überweisung: West-Mineralöl KG Rechnung – Heizöllieferung Rg-Nr. 15-66622-08, Kd-Nr. 346825		27.12.		2.856,00 –
27.12	Gutschrift: Wohndesign Spissinger GmbH Rg-Nr. 35701-05, Kd-Nr. 2408113		27.12.		6.045,20 +
27.12.	Lastschrift: Volksbank eG Zinszahlung für Geschäftsdarlehen 4. Quartal 20..		27.12.		5.400,00 –
29.12.	Gutschrift: Wohntrend Hoffmann e. K. Kunde 2408159 Rg-Nr. 35657-16		29.12.		14.256,20 +
29.12.	Überweisung: Schutzbekleidung Mayr GmbH Rg-Nr. 627877 Kd-Nr. 34496		29.12.		8.925,00 –
	Kontostand in EUR am 30.12.20..				**69.313,40**

*** neuer Kontokorrentzinssatz seit 01.12.20..: 12,50 %

10 Beleggeschäftsgang

ARBEITSAUFTRÄGE

Wenden Sie nun Ihr erlerntes Wissen an und führen Sie für die Hot-Wood-Smoker OHG den Abschluss für den Monat Dezember anhand der obenstehenden Belege ▶ durch. Bitte beachten Sie dabei, dass sich die Belege und der Abschluss auf den Monat Dezember beziehen.

1. Eröffnen Sie die Bestandskonten im Hauptbuch mit den Kontoständen zum 30. November 20..:

	Betrag in EUR	
	Soll	Haben
05 Grundstücke und Gebäude	93.600,00	
071 Maschinen	83.200,00	
084 Fuhrpark	36.800,00	
087 Betriebs- und Geschäftsausstattung (BGA)	24.700,00	
200 Rohstoffe	36.500,00	
202 Hilfsstoffe	6.900,00	
203 Betriebsstoffe	8.600,00	
220 Fertige Erzeugnisse	17.700,00	
221 Handelswaren	9.700,00	
240 Forderungen aus LuL	54.750,00	
280 Bank	58.605,00	
282 Kasse	1.845,00	
300 Eigenkapital		201.189,00
42 Verbindlichkeiten gegenüber Kreditinstituten		166.400,00
44 Verbindlichkeiten aus LuL		65.311,00

Für die Bearbeitung der Arbeitsaufträge stehen Ihnen die Belege sowie speziell auf diese Arbeitsaufträge angepasste Vorlagen (Grund- und Hauptbuch) zur Verfügung.

▶ Webcode WGW_V_10

2. Bilden Sie die Buchungssätze für die Geschäftsfälle und tragen Sie diese in das Hauptbuch und das Grundbuch ein. Hinweis: Achten Sie beim Materialentnahmeschein darauf, dass Sie zuerst die Werkstoffe der entsprechenden Werkstoffart zuordnen und im Anschluss den Verbrauch auf den entsprechenden Konten verbuchen.

3. Folgende Abschreibungen sind zusätzlich für den Monat Dezember 20.. zu berücksichtigen und im Grundbuch sowie Hauptbuch zu buchen:
05 Grundstücke und Gebäude	195,00 EUR
071 Maschinen	695,00 EUR
084 Fuhrpark	380,00 EUR
087 Betriebs- und Geschäftsausstattung (BGA)	205,00 EUR

4. Am Jahresende ist die Umsatzsteuer zu passivieren und die Abgrenzung vorzunehmen. Führen Sie den Abschluss der Konten durch und ermitteln Sie das Unternehmensergebnis. Erstellen Sie die Schlussbilanz.
   Berücksichtigen Sie den Auszug aus der Inventarliste:
200 Rohstoffe	38.800,00 EUR
202 Hilfsstoffe	4.500,00 EUR
203 Betriebsstoffe	7.850,00 EUR
220 Fertige Erzeugnisse	17.700,00 EUR
221 Handelswaren	15.950,00 EUR

V Einführung in das externe Rechnungswesen

Selbsteinschätzung – V Einführung in das externe Rechnungswesen

Nr.	Ich kann …	Noch Probleme? → Erklärungen und Aufgaben im Buch:
1	die Aufgaben und Bereiche der Buchführung erklären.	Kapitel 1.1, Aufgaben 1 bis 4
2	anhand der gesetzlichen Grundlagen erklären, warum ein Kaufmann eine Inventur durchführen muss, was man unter einer Inventur versteht und welche Inventurverfahren der Gesetzgeber zulässt.	Kapitel 2, Aufgaben 1 bis 5
3	die Begriffe Inventur, Inventar und Bilanz voneinander abgrenzen und die Unterschiede erläutern.	Kapitel 2
4	aus gegebenen Inventurwerten ein Inventar erstellen, das Reinvermögen berechnen und darauf aufbauend eine Bilanz erstellen.	Kapitel 2, Aufgabe 6
5	das Führen eines T-Kontos anhand des Kassenkontos erklären.	Kapitel 1.2.2
6	Wertveränderungen auf Bestandskonten buchen und verstehe, dass diese Veränderungen ergebnisneutral sind.	Kapitel 3.1, Aufgabe 7
7	anhand von Belegen erkennen, welcher Geschäftsfall vorliegt, und diesen entsprechend auf den betreffenden Konten verbuchen.	Kapitel 3.2
8	einfache und zusammengesetzte Buchungssätze anhand von Geschäftsfällen im Grundbuch erstellen.	Kapitel 3.3, Aufgaben 6 und 9
9	Bestandskonten führen, Geschäftsfälle entsprechend verbuchen und am Geschäftsjahresende eine Schlussbilanz erstellen.	Kapitel 3.2, Aufgabe 8
10	ein Eröffnungs- und Schlussbilanzkonto erstellen. Das Abschließen von Konten ist kein Problem für mich.	Kapitel 3.4
11	den Kontenrahmen lesen und mich darauf schnell zurechtfinden.	Kapitel 4.3, Aufgabe 4
12	die Bedeutung eines Kontenrahmenplans für ein Unternehmen erklären.	Kapitel 4.3
13	die Aufwands- und Ertragskosten abschließen und über das Gewinn- und Verlustkonto den Jahresabschluss ermitteln.	Kapitel 5.2, Aufgabe 1
14	Bestands- und Aufwandskonten unterscheiden und Buchungen darauf vornehmen.	Kapitel 5.2, Aufgabe 1
15	Privateinlagen und Privatentnahmen auf die entsprechenden Konten buchen und verstehe, dass diese ergebnisneutral sind.	Kapitel 5.4, Aufgabe 2
16	Gründe für das Führen eines Privatkontos im Unternehmen erläutern.	Kapitel 5.4, Aufgabe 2
17	die unterschiedlichen Werkstoffe und Handelswaren voneinander abgrenzen.	Kapitel 6.1

Nr.	Ich kann ...	Noch Probleme? → Erklärungen und Aufgaben im Buch:
18	den Beschaffungsprozess von Handelswaren erklären und buchen.	Kapitel 6.2, Aufgabe 1
19	den Einkauf von Werkstoffen und den Verkauf von fertigen Erzeugnissen abbilden.	Kapitel 6.3, Aufgabe 2
20	den Verbrauch von Roh-, Hilfs- und Betriebsstoffen mithilfe der zwei unterschiedlichen Methoden ermitteln.	Kapitel 6.1
21	bestands- und aufwandsorientierte Buchung voneinander abgrenzen.	Kapitel 6.3
22	die Auswirkungen von Bestandsveränderungen auf die GuV erklären und darstellen.	Kapitel 6.4, Aufgaben 3 und 4
23	erklären, welche Bedeutung die Umsatzsteuer in einem Unternehmen hat und wie sie buchhalterisch bei einem Einkaufs- bzw. Verkaufsprozess zu erfassen ist.	Kapitel 6.5, Aufgabe 5
24	eine Eingangsrechnung von einer Ausgangsrechnung unterscheiden und weiß, wie diese zu buchen sind.	Kapitel 6.5.3, Aufgabe 6
25	eine Zahllast bzw. einen Vorsteuerüberhang ermitteln und die entsprechenden Buchungen vornehmen.	Kapitel 6.5.3, Aufgabe 7
26	die unterschiedlichen Lohnformen abgrenzen.	Kapitel 7.1
27	die einfache Lohn- und Gehaltsabrechnung erstellen und diese buchen.	Kapitel 7.3
28	die unterschiedlichen Abzüge (Lohnsteuer, Solidaritätszuschlag, Kirchensteuer und SV-Beiträge) erklären, berechnen und verbuchen.	Kapitel 7.2, Aufgaben 1 und 2
29	erläutern, was unter der Bemessungsgrundlage zu verstehen ist.	Kapitel 7.2
30	aus einer Lohnsteuertabelle die notwendigen Beiträge ablesen.	Kapitel 7.2, Aufgabe 1
31	zwischen den jeweiligen Arbeitnehmer- und Arbeitgeberanteilen zur Sozialversicherung unterscheiden.	Kapitel 7.2, Aufgabe 1
32	den Personalaufwand in einem Unternehmen buchhalterisch abbilden.	Kapitel 7.3, Aufgabe 1
33	die Anschaffungskosten von Anlagegütern berechnen und dabei erläutern, was unter Anschaffungsnebenkosten und Anschaffungspreisminderungen zu verstehen ist.	Kapitel 8.1, Aufgaben 1 und 2
34	Anschaffungskosten buchhalterisch erfassen.	Kapitel 8.1, Aufgaben 1 und 2
35	Gründe für Abschreibungen nennen und dabei zwischen planmäßiger und außerplanmäßiger Abschreibung unterscheiden.	Kapitel 8.2, Aufgabe 3
36	die unterschiedlichen Abschreibungsmethoden nennen und unterscheiden.	Kapitel 8.2
37	Vorteile der Abschreibungsmethoden erläutern.	Kapitel 8.2

V Einführung in das externe Rechnungswesen

Nr.	Ich kann …	Noch Probleme? → Erklärungen und Aufgaben im Buch:
38	für Güter des Anlagevermögens einen Abschreibungsplan erstellen.	Kapitel 8.2, Aufgaben 3 bis 5
39	die Abschreibung für ein Anlagegut, das während des Geschäftsjahres gekauft wurde, berechnen.	Kapitel 8.2.5, Aufgabe 6
40	die Abschreibung im Grund- und Hauptbuch erfassen.	Kapitel 8.2.6, Aufgaben 3 bis 6
41	die Aufgaben eines Jahresabschlusses erläutern.	Kapitel 9.1
42	Inventurdifferenzen erläutern und die entsprechenden Korrekturbuchungen vornehmen.	Kapitel 9.2, Aufgabe 1
43	die Notwendigkeit der zeitlichen Abgrenzung anhand der vier Möglichkeiten erläutern.	Kapitel 9.3, Aufgaben 2 und 3
44	die antizipative und transitorische Rechnungsabgrenzung erklären.	Kapitel 9.3, Aufgabe 4
45	für die antizipative Rechnungsabgrenzung anfallende Geschäftsfälle buchen.	Kapitel 9.3, Aufgabe 4
46	für die transitorische Rechnungsabgrenzung anfallende Geschäftsfälle buchen.	Kapitel 9.3, Aufgabe 4
47	erklären, warum ein Unternehmen Rückstellungen bildet, und die Auswirkungen auf das Unternehmensergebnis erläutern.	Kapitel 9.4, Aufgaben 5 bis 9
48	sämtliche Buchungen bei der Bildung und Auflösung von Rückstellungen vornehmen.	Kapitel 9.4, Aufgaben 5 bis 9

Stichwortverzeichnis

0-Prozent-Finanzierung 206

A

Abgabe, Willenserklärung 161
Abgrenzung, zeitliche (Jahresabschluss) 360
Above-the-line-Kommunikation 255
Absatz 217
Abschreibung 141, 348
- buchhalterische Erfassung 354
- degressive 351
- lineare 350
- Wechsel der Methode 352

Abschwung, wirtschaftlicher 129, 144
absoluter Kostenvorteil 47
Abstraktionsprinzip 172, 184
Abwesender, Willenserklärung 161
Abzahlungskauf 206
AGB (allgemeine Geschäftsbedingungen) 187
AGG (allgemeines Gleichbehandlungsgesetz) 269
Agrargesellschaft 139
AIDA-Formel 256
Akkordlohn 337
Aktiv-Passiv-Mehrung 294
Aktiv-Passiv-Minderung 295
aktive Rechnungsabgrenzung (ARA) 363
aktives Bestandskonto 296
Aktivität, sekundäre 216
Aktivseite 286
Aktivtausch 292
Aliud-Lieferung (Falschlieferung) 192
allgemeine Geschäftsbedingungen (AGB) 187
allgemeines Gleichbehandlungsgesetz (269)
Allgemeinverbindlichkeit 109
Allmendegut 30, 39
Allokation 35
Allokation, Produktionsfaktor 40
Alternativ- oder Verzichtskosten 35
Analyse, volkswirtschaftliche 137
Andlerformel 231
Anfechtbarkeit 175
Anfechtung 175

Anfechtungsfrist 176
Anfechtungsgrund 175
Angebot
- Annahme 182
- Annahmefrist 183
- Anpreisung 182
- Gesetz 79
- Verbrauchsgüterkauf 181

Angebotskurve, Verschiebung 82
Angebotsvergleich 225
- qualitativer 227

Anlageinvestition 128
Anlagevermögen 284
Annahme, Angebot 182
Annahmefrist, Angebot 183
Anpreisung
- Angebot 182
- reißerische 192

Anschaffungskosten 346
Anschaffungskosten, während des Geschäftsjahres 353
Anwesender, Willenserklärung 161
ARA (aktive Rechnungsabgrenzung) 363
Arbeit, Produktionsfaktor 35, 44, 45
Arbeitnehmer 107
Arbeitskampf 109
Arbeitslosenquote 74
Arbeitslosenunterstützung 74
Arbeitslosenversicherung 115, 340
Arbeitslosigkeit 74
Arbeitsordnung 108
Arbeitsproduktivität 52
Arbeitsrecht 108
- individuelles 108
- kollektives 108

arbeitsrechtliche Bestimmungen 269
Arbeitsteilung 50, 129
- sektorale 130

Arbeitsvertrag 269
Assessment-Verfahren 268
Auflassung 164
Aufschwung, wirtschaftlicher 129, 144
Aufsichtsrat 111
Aufwandskonto 312
aufwandsorientierte Buchung 322
Aufwendung 311

Ausbeutung 37, 44
ausdrückliche Erklärung 160
Ausrüstungsinvestition 128
Ausschließbarkeit 29
Aussperrung 110
Auswahlprozess, Personalauswahl 266
Auswahlverfahren 267
Außenbeitrag 124, 141

B

Basisjahr 143
Bedarf 12, 13
Bedarfsgerechtigkeit 117
Bedürfnis 12, 14, 15
- latentes 14
- offenes 14
- verdecktes 14

Bedürfnispyramide 14
Beitragsbemessungsgrenze 115, 340
Below-the-line-Kommunikation 256
Bemessungsgrundlage 327, 339
Beschaffung 217
- Aufgabe 224
- Zielkonflikt 230

Beschaffungskosten 229
- fixe 229
- variable 229

beschränkte Geschäftsfähigkeit 172
Besitz 162
Bestandscontrolling 236, 242
Bestandskonto 296
- aktives 296
- passives 296

Bestandsmehrung 296, 325
Bestandsminderung 297, 326
bestandsorientierte Buchung 319
Bestandsveränderung 324
Bestellhäufigkeit 229
Bestellkosten 229
Bestellmenge, optimale 229
Bestimmungen, arbeitsrechtliche 269
Beteiligungsrecht, Betriebsrat 112
Betrieb 111, 214
betriebliche Mitbestimmung 112
Betriebsrat 112
Betriebsstoff 318

Stichwortverzeichnis

Betriebsvereinbarungen 112
Betriebsverfassungsgesetz 112
Betriebswirtschaftslehre 8
- allgemeine 9
- spezielle 9

Beweislast 192
Beweislastumkehr 193
Bewerbungsunterlagen 267
Bezüge, laufende 338
Bezugskalkulation 225, 227
Bezugsnebenkosten 225
BGB (bürgerliches Gesetzbuch) 157
Bilanz 286
Bilanzierung 331
Bildung 35
BIP (Bruttoinlandsprodukt)
 139, 142, 143, 145
Boden, Produktionsfaktor 36, 44
Bruttoeinkommen 140
Bruttoinlandsprodukt (BIP)
 139, 142, 143, 145
Bruttoinvestition 128, 141
Bruttopreis 138
Bruttoverdienst 338
Bruttowertschöpfung 138
Buchführung 279
- doppelte 306

Buchung
- aufwandsorientierte
   (verbrauchsorientierte) 322
- bestandsorientierte 319
- Personalaufwand 341

Buchungssatz 299
- zusammengesetzter 300

Buchwert 349
bürgerliches Gesetzbuch (BGB) 157
Bundesgesetz 155
Bundessteuer 124

C

‚creative destruction' („schöpferische Zerstörung") 72

D

Daseinsvorsorge 104, 123
derivater Produktionsfaktor 35
Dienstleistungsgesellschaft 139
Dienstleistungsunternehmen 222

Dienstvertrag 269
Differenzierung, qualitative
 (Güterangebot) 145
Dilemmasituation 37, 38, 44
direkter Vertrieb 253, 254
Dispokredit 205
Distributionspolitik 252
Diversifikation 249
doppelte Buchführung 306
Doppik 306
Drohung, widerrechtliche 176
dualistische Wirtschaftsordnung 104

E

E-Commerce 254
effektiver Jahreszins 205
eidesstattliche Versicherung 199
Eigenfertigung 129
Eigenkapitalkonto 315
Eigenschaftsirrtum 175
Eigentum 163
Eigentumsrecht 40
Eigentumsübertragung 163
- Immobilie 164

Eigentumsvorbehalt 164
Einigung, Eigentumsübertragung 163
Einkauf, Ware und Erzeugnis 329
Einkommen
- verfügbares 140
- Verteilung 87

Einkommensteuer 118
Einmalbezüge 338
Einstandspreis 225, 319, 320
Einzelhändler 221
Empfangsbedürftigkeit, Willenserklärung 161
Endverbraucher 327
Entgelttarifvertrag 109
Entscheidungsbewertungstabelle 228
Entstehungsrechnung 137, 138
Entwicklung, nachhaltige 41, 44
Entwicklungsland- und Schwellenland 40
Erfolgskonto 311
Erfolgsneutralität 296

Erfüllungsort 185
Erinnerungswert 350
Erklärung, ausdrückliche 159
Erklärungsbewusstsein 160
Erklärungsirrtum 175
Eröffnungsbilanzkonto 300
Ersatzinvestition 128, 141
Ertrag 311
Ertragskonto 312
Erzeugnis 329
- unfertiges 324

Export 124

F

Faktoreinkommen 126
Faktorleistung 118
Faktorkombination, optimale 69
Faktorstrom, realer 126
Faktorsubstitution 71
Falschlieferung (Aliud-Lieferung) 192
Fernabsatzvertrag 185
Fernkommunikationsmittel 185
Firma 214
Firmentarifvertrag 109
fixe Beschaffungskosten 229
Flächenstreik 110
Folge, ökologische 39
Forderung, sonstige 361
Formvorschrift 173, 270
Formzwang 173
Fortschritt, technischer 35, 44
Fortschritt, technologischer 19
Frachtklausel 226
freiheitliche Gesellschaftsordnung 100
Freiheitsrechte 101
Freizeichnungsklausel 181
Fremdbezug 129
Friedenspflicht 109
Funktion, primäre 216
Funktionsbereich, Unternehmung 216
Fürsorgeprinzip 114
Fußabdruck, ökologischer 148

G

Garantie 195
Gefangenendilemma 24
Gehalt 337
geheimer Vorbehalt 174
Geld 57
- Tausch- und Zahlungsmittel 57
- Wertaufbewahrungsmittel 57
- Wertmaßstab 57

geldlose Wirtschaft 125
Gemeindesteuer 124
Gemeinschaftssteuer 124
Gemeinwohl 123
Generalklausel 188
gerichtliches Insolvenzverfahren 209
gerichtliches Mahnverfahren 198
Gesamtrechnung, volkswirtschaftliche (VGR) 136
gesamtwirtschaftliche Güternachfrage 137
gesamtwirtschaftliches Güterangebot 137
Geschäftsbedingungen, allgemeine (AGB) 187
Geschäftsfähigkeit 168
- beschränkte 172

Geschäftsfall
- erfolgsneutral 311
- erfolgswirksam 311

Geschäftswille 160
Gesellschaftsordnung, freiheitliche 100
Gesetzbuch, bürgerliches (BGB) 157
Gesetzgeber 155
Gewährleistungsausschluss 193
Gewaltenteilung 155
Gewaltmonopol 156
Gewinn 313
Gewinn- und Verlustkonto (GuV) 313
GG (Grundgesetz) 155
Gleichbehandlungsgesetz, allgemeines (AGG) 269
Gleichgewichtspreis 79
Gleichheit 88
Gleichheitsgrundsatz 118
Grenzgänger 140
Großhändler 221

Grundbedürfnis 13
Grundbuch 307
- Eintragung 164

Grundgesetz (GG) 155
Grundrecht, subjektives (individuelles) 100
Grundsicherung, soziale 114
Grundstruktur
- rechtliche 103
- wirtschaftliche 103

Gut
- öffentliches 29, 39, 104
- privates 29

Güterangebot
- gesamtwirtschaftliches 137
- reales 143

Güterart 29
Güternachfrage, gesamtwirtschaftliche 137
Güterproduzent 99
Gütersteuer 124
GuV (Gewinn- und Verlustkonto) 313

H

Handeln, schlüssiges (konkludentes) 160
Handelsbetrieb 221
Handelsgesetzbuch (HGB) 157
Handelsware 318
Handlungsfähigkeit 168
Handlungswille 159
Happy Planet Index (HPI) 148
Hauptbuch 307
Hauptpflicht, Kaufvertrag 184
Haushalt, privater 99, 117
Haushaltsdefizit 123
Haushaltsplan, staatlicher 123
Haushaltsüberschuss 123
Herstellungskosten 325
HGB (Handelsgesetzbuch) 157
Hilfsstoff 318
Homo oeconomicus 23
Human Development Index (HDI) 148
Humankapital 35, 44, 62
- allgemeines 63
- spezifisches 63

I

Immobilie, Eigentumsübertragung 163
Import 124
„Index der menschlichen Entwicklung" 148
„Index des glücklichen Planeten" 148
indirekter Vertrieb 253, 254
Individualbedürfnis 14
Individualismus 99
individuelles Arbeitsrecht 108
Industriegesellschaft 139
Industrieunternehmen 219
Information 35, 44
Informationspflicht, Unternehmer 185
Informationsquelle
- externe 225
- interne 225

Informationssystem, Rechnungswesen 278
Infrastruktur 62, 104
Inhaltsirrtum 175
Innovation 41, 249
Input 34
Insolvenzplanverfahren 210
Insolvenzverfahren 208
- gerichtliches 209

Inventar 284
Inventur 282
- Durchführung 283
- Grundlagen 282

Inventurabhängigkeit, Werkstoffverbrauch 319
Inventurdifferenz 359
- Korrektur 360
- Ursache 359

Inventurunabhängigkeit, Werkstoffverbrauch 319
Investition 58, 128
- Bestimmungsgrößen 59
- in Faktorleistung Arbeit 128
- in Faktorleistung Boden 128

Irrtum, Rechtsgeschäft 175

J

Jahresabschluss 358
Jahreszins, effektiver 205

K

Kapital 44, 58
- Produktionsfaktor 35

Kapitalbindungskosten 238
Kapitalmarkt 62
Kartellabsprache 106
Kartellverbot 107
Kassenbuch, Grundregel 279
Kassenkonto 281
Kaufkraft 13
Kaufpreis, Minderung 194
Kaufvertrag 184
- Rücktritt 194

Kerntheorie, Kaufvertrag 192
Kirchensteuer 340
„Kleingedrucktes" 187
Klimawandel 39
Klubgut 29
Knappheit 16
Kodifizierung 154
Kollektivbedürfnis 14, 104
kollektives Arbeitsrecht 108
Kommunikationspolitik 255
komparativer Kostenvorteil 48
Kompensationsgeschäft 125
Konditionalprogramm 157
Konflikt, sozialer 102
Konsum, Rivalität 29
Konsumausgabe 141
Kontenplan 308
Kontenrahmen 308
Kontrahierungszwang 170
Kosten
- externe 40, 44, 145
- soziale 40

Kostenbegriff 70
Kostenvorteil
- absoluter 47
- komparativer 48

Krankenversicherung 115, 340
Kreislaufsystem 126

Kriterium
- qualitatives 225
- quantitatives 225

Kulturbedürfnis 13
Kurve, Bewegung 82

L

Lagerabbau 324
Lagerbestand, durchschnittlicher 237
Lagerdauer, durchschnittliche 238
Lagerhaltung 236
Lagerhaltungskostensatz 229
Lagerkennzahl 236
Lagerkosten 229
Lagerwert, durchschnittlicher 237
Lagerzinsen 240
Lagerzinssatz 239
Laissez-faire 88
Landesgesetz 155
Landessteuer 124
latentes Bedürfnis 14
laufende Bezüge 338
Lebensqualität 145
Lebensstandard 102
Leistungserstellung 217
Leistungsgerechtigkeit 117
Leistungswettbewerb 99, 106
Lieferantenauswahl 225
Lieferantenvergleich, quantitativer 225
Lieferung, mangelhafte 191
Lohn 337
Lohn- und Gehaltsabrechung 337
Lohnform 337
Lohnnebenkosten 343
Lohnsteuer 38
Luxusbedürfnis 13

M

„Machtbereichstheorie" 162
Machtmissbrauch 106
Mahnbescheid 198
Mahnung 196, 197
Mahnverfahren, gerichtliches 198
Makroökonomie 9
mangelhafte Lieferung 191

Mangelrüge 193
Mängelrüge, siehe Mangelrüge 193
Mankolieferung (Zuweniglieferung) 192
Manteltarif 109
Marke 248
Marketing-Mix 245, 258
Marketing
- Element 244
- Funktionsbereich 243

Markt 78
- vollkommener 79, 102

Marktform 84
Marktforschung 15, 245
- qualitative 246
- quantitative 246

Marktmacht 106
Marktsegmentierung 246
Marktversagen 40, 102
Marktwirtschaft, ökologische 147
Maßnahme, steuerpolitische 40
Maslow 14
Materialentnahmeschein 321
Maximalprinzip 21
Mehrwert 215, 328
Mengengerüst, BIP 138
Mikroökonomie 9
Minderung, Kaufpreis 194
Minimalprinzip 21
Mitbestimmung, betriebliche 112
Mitbestimmungsrecht, Aufsichtsrat 111
Mitwirkungsbefugnisse 112
Modell, VWL 22
monetärer Strom 126
Monopol 85
Motivirrtum 176

N

Nachbesserung 194
Nacherfüllung 194
Nachfrage 12
- Gesetz 79
- reale 143

Nachfragekurve, Verschiebung 83
nachhaltige Entwicklung 41, 44
nachhaltige Produktion 41
„Nachtwächterstaat" 99

Natur 34
- Produktionsfaktor 36, 44

natürliche Person 168
Nebenbuch 308
Nebenkosten, Anschaffungskosten 347
Nettoinvestition 129
- positive 141

Nettoverdienst 338
Neulieferung 194
Nicht-rechtzeitig-Lieferung 197
Nicht-rechtzeitig-Zahlung 197
Nichtigkeit
- Rechtsgeschäft 173
- Willenserklärung 168

nominales BIP 143
Notar 164
Nutzenmaximierung 122
Nutzwertanalyse 227

O

öffentliches Gut 29, 39, 104
offenes Bedürfnis 14
ökologische/r
- Folge 39
- Fußabdruck 148
- Marktwirtschaft 147
- Ziel 215

ökonomische/s
- Prinzip 20
- Transaktion 125
- Ziel 215

Öko-Steuer 147
Ökosozialprodukt 146
Oligopol 84
Opportunitätskosten 35, 44, 46, 239
optimale Bestellmenge 229
optimale Faktorkombination 69
originärer Produktionsfaktor 35
Ort, Lieferung 185
Output 34

P

Paragraf 157
- Zitierung 158

passive Rechnungsabgrenzung 365
passives Bestandskonto 296
Passivseite 286

Passivtausch 293
Person, natürliche 168
Personalaufwand, Buchung 341
Personalauswahl 266
Personalbedarf 265
Personalbeschaffung
- externe 266
- interne 266

Personalwirtschaft, Aufgabe 265
Personensteuer 124
Pfändung 199
Pflegeversicherung 115, 340
Pflichtversicherung 115
Planungsautonomie 99
Planwirtschaft 85
PMK (Produktionsmöglichkeitenkurve) 46
Polypol 84
Posten, durchlaufender 328
PR (Public Relations) 257
PRA (passive Rechnungsabgrenzung) 365
Präferenz 20
Prämienlohn 337
Preis 17
- Funktion 84

Preisbildung
- Preispolitik 250
- Wettbewerbsmarkt 77

Preisminderung, Anschaffungskosten 347
Preisnachlass 181
Preispolitik 250
- kostendeckungsorientierte 250
- nachfrageorientierte 250
- wettbewerbsorientierte 251

Preisstrategie 251
primäre Funktion 216
Primäreinkommen 117, 140
Primärmarktforschung 246
Prinzip, ökonomisches 20
Privatautonomie 170
Privateinlage 315
Privatentnahme 315
privater Haushalt 99, 117
privates Gut 29
Privatkonto 315
Privatrecht 156

Privatsektor 99
Produktion 217
- nachhaltige 41

Produktionsabgabe 124
Produktionsfaktor 34, 44
- Allokation 40
- derivativer 35
- originärer 35

Produktionsindikator 139
Produktionslücke 67
Produktionsmöglichkeitenkurve (PMK) 46
Produktionspotential 67, 128
Produktionstechnologie 36
Produktionsverfahren 36
Produktlebenszyklus 248
Produktplatzierung 257
Produktpolitik 247
Public Relations (PR) 257

R

Rahmentarifvertrag 109
Rationalität
- individuelle 24
- kollektive 24

realer Faktorstrom 126
reales BIP 143
reales Güterangebot 143
Rechnungsabgrenzung
- aktive (ARA) 363
- passive (PRA) 365
- transitorische 363

Rechnungswesen 278
Recht, öffentliches 156
rechtliche Grundstruktur 103
Rechtsfähigkeit 168
Rechtsgeschäft 170
- Art 171
- zwei- und mehrseitiges 171

Rechtsmangel 192
Rechtsverordnung 155
Regelwerk
- sozialpolitisches 105
- wettbewerbspolitisches 106

Regulierung, staatliche 40
Reinvermögen 285
Rentenversicherung 115, 340

Stichwortverzeichnis

Ressource 34
- erneuerbare 37, 44
- natürliche 34, 36, 37
- nicht-erneuerbare 37, 44
- Verteilung 17

Ressourcenerschöpfung 37, 44
Restschuldbefreiung 208, 209
Ricardo, David 50
Rivalität, Konsum 29
Rohgewinn 319
Rohstoff 318
Rückgewährschuldverhältnis 195, 197
Rückstellung 366
- Auflösung 368
- Bildung 367

Rücktritt, Kaufvertrag 197, 198

S

Sachmangel 191
Satzung 155
Schadenersatz 195, 197, 198
Schattenwirtschaft 145
Scheingeschäft 174
Scherzgeschäft 174
Schlechtleistung 191
„Schleier des Nichtwissens" 89
Schlussbilanz 301
Schlussbilanzkonto 300
„schöpferische Zerstörung" („creative destruction') 72
SCHUFA (Schutzgemeinschaft für allgemeine Kreditsicherung) 208
Schulden 284
Schuldenbereinigungsverfahren
- außergerichtliches 209
- gerichtliches 209

Schuldner 196
Schuldnerberatung 208
Schweigen 160
Schwerpunktstreik 110
sekundäre Aktivität 216
Sekundärmarktforschung 246
Sekundärverteilung 117
SGB (Sozialgesetzbuch) 115
Smith, Adam 21, 53
Solidargemeinschaft, beitragsfinanzierte 116

Solidaritätsprinzip 114
Solidaritätszuschlag 339
Sortimentsbreite 248
Sortimentstiefe 248
soziale Grundsicherung 114
soziale Kosten 40
sozialer Konflikt 102
soziales Ziel 215
Sozialgesetzbuch (SGB) 115
Sozialordnung 114
Sozialpolitik 114
sozialpolitisches Regelwerk 105
Sozialversicherung 115
Sozialversicherungsbeitrag 340
Spekulationsblase 81
Spezialisierung 73
Spezialisierungsgrad 125
Sponsoring 257
staatliche Regulierung 40
Staatsverschuldung 123
Stagnation, wirtschaftliche 144
Steuer 123
- direkte 124
- indirekte 124, 139, 327

Steuerart 124
Steuerklasse 339
steuerpolitische Maßnahme 40
Steuerschuldner 327
Steuertarif 118
Steuerträger 327
Streik 110
Strom, monetärer 126
Strukturwandel 73
subjektives Grundrecht 100
Subsidiaritätsprinzip 114
Subvention 40, 61

T

Tarifautonomie 109
Tarifbindung 109
Tarifvertragspartei 109
Tarifvertragsrecht 108
„Taschengeldparagraf" 172
Täuschung, arglistige 175
Tauschwirtschaft
- direkte 125
- indirekte 125

technischer Fortschritt 35, 44
technologischer Fortschritt 19
„Tragik der Allmende" 38
„Tragödie der Allmende" 39, 44
Transaktion
- grenzüberschreitende 124
- ökonomische 125

Transferleistung, staatliche 116
transitorische Rechnungsabgrenzung 363
„Treu und Glauben" 188
Trittbrettfahrerproblem 31

U

Übergabe, Eigentumsübertragung 163
Übermittlung, falsche 175
Überraschungsklausel 187
Überschuldung
- Lösungsansatz 207
- Ursache 204

Umlagenfinanzierung 114
Umlaufvermögen 284
Umsatzerlös 321
Umsatzsteuer 327
Umsatzsteuerjahreserklärung 327
Umsatzsteuersatz 327
Umschlagshäufigkeit 238
Umverteilung 88
Umweltauflage 40
Umweltökonomische Gesamtrechnung (UGR) 146
Umweltschutzaufwendungen 146
Umweltverschmutzung 39, 40, 41, 44
Umweltzertifikat 147
Unfallversicherung 115, 340
unfertiges Erzeugnis 324
Ungleichheit 89
Unternehmen 99, 111, 214
Unternehmensziel 215
Unternehmertum 35, 44
Utilitarismus 88

V

variable Beschaffungskosten 229
Verbandstarifvertrag 109
Verbindlichkeit, sonstige 362

Verbraucherdarlehensvertrag 205
Verbraucherinsolvenz 208
Verbraucherinsolvenzverfahren 208
Verbraucherkredit 205
Verbrauchsgüterkauf 180
- Pflicht 183
- Zustandekommen 180
Verbrauchssteuer 124
verdecktes Bedürfnis 14
Verelendung, soziale 116
Verfügungsgeschäft 184
- erstes 184
- zweites 184
Verfügungsrechtsgeschäft 172
Verjährungsfrist 193
Verkauf, Ware und Erzeugnis 329
Verkaufsförderung 257
Verkaufspreis 320
Verkehrssteuer 124
Verlust 313
Vermögen, Verteilung 87
Vermögensverzeichnis 199
Verpflichtungsgeschäft 184
Verpflichtungsrechtsgeschäft 172
Verschleiß 59
Versendungskauf 185
Versicherung, eidesstattliche 199
Versicherungspflicht 115
Versicherungspflichtgrenze 115
Verteilungsnorm 117
Verteilungsrechnung 137, 141
Vertrag 180
Vertrieb
- direkter 253
- indirekter 253
Verwendungsrechnung 137, 141, 142
Verzichts- oder Alternativkosten 35
Verzug, Schuldner 196
VGR (volkswirtschaftliche Gesamtrechnung) 136
Volkseinkommen 127, 130, 137, 140
volkswirtschaftliche Analyse 137
volkswirtschaftliche Gesamtrechnung (VGR) 136
Volkswirtschaftslehre 9
vollkommener Markt 79, 102
Vollstreckungsbescheid 198
Vorbehalt, geheimer 174

Vorleistung 129
Vorratsinvestition 128, 141
Vorstellungsgespräch 268
Vorsteuer 327
Vorsteuerüberhang 329, 330
Vorsteuerüberhang, Bilanzierung 331

W

Wachstum 142
Warnstreik 110
„Wenn-dann-Grundsatz" 157
Werbung 15
Werkstoff 318
Werkvertrag 269
Wertminderung, Ursache 349
Wertschöpfung 129, 137, 215
- bedarfsgerechte 142
Wertschöpfungsstufe 328
Wettbewerbsintensität 106
Wettbewerbsmarkt 77
Wettbewerbsordnung 106
wettbewerbspolitisches Regelwerk 106
Widerrufsbelehrung 186
Widerrufsfrist 186
Widerrufsrecht, Verbraucher 186
Wille 159
- Erklärung 160
Willenserklärung 159, 161
Wirtschaft, geldlose 125
Wirtschaften, nachhaltiges 146
wirtschaftliche Grundstruktur 103
wirtschaftliche Stagnation 144
wirtschaftlicher Auf-/Abschwung 129, 144
Wirtschaftskreislauf
- einfacher 126
- erweiterter 132
Wirtschaftsordnung
- dualistische 104
- idealtypische 94
Wirtschaftssektor 217
Wirtschaftsstufe 328
Wirtschaftssubjekt 99, 121
Wirtschaftswachstum, langfristiges 19
Wohlstand 142

Wohlstandsindikator 142
Wohlverhaltensphase 208, 209

Z

Zahllast 327, 328, 329
- Bilanzierung 331
Zahlungsbedingung 181
Zahlungsort 185
Zahlungsverzug 197
zeitliche Abgrenzung (Jahresabschluss) 360
Ziel
- ökologisches 215
- ökonomisches 215
- soziales 215
Zielharmonie 216
Zielkonflikt 216
- Beschaffung 230
Zielneutralität 216
Zinsen 59
Zugang, Willenserklärung 161
Zuweniglieferung (Mankolieferung) 192
Zwangsvollstreckung 199

Bildquellenverzeichnis

S. 8 o. Shutterstock/My Life Graphic; S. 8 u. Fotolia/Industrieblick; S. 12 Fotolia/Varina Patel; S. 14 Fotolia/Maciej Bledowski; S. 15 o. Shutterstock/featureflash; S. 15 u. Shutterstock/AGIFAGIF; S. 17 Shutterstock/ssuaphotos; S. 18 u. Fotolia/Michael Wilkens; S. 20 li. Shutterstock/Anna Omelchenko; S. 20 o.Mi. Shutterstock/file404; S. 20 re. Shutterstock/Iryna Tiumentseva; S. 20 u.Mi. Fotolia/Bernd Leitner; S. 21 Fotolia/Georgios Kollidas; S. 22 Shutterstock/Peter Bernik; S. 23 © 2000–2006 Adobe Systems, Inc. All Rights; S. 24 o./u.1+3 Shutterstock/photo.ua; S. 24 o./u.2+4 Shutterstock/photo.ua; S. 28 o.li. Fotolia/Floydine; S. 28 o.re. Fotolia/Christian Müller; S. 28 u.li. Fotolia/chungking; S. 28 u.re. Fotolia/tinadefortunata; S. 30 Fotolia/WavebreakMediaMicro; S. 32 Fotolia/filipefrazao; S. 36 li. Joscha Belling, Berlin; S. 36 re. action press/XINHUA; S. 38 o.re. Shutterstock/majeczka; S. 38 li.1 Shutterstock/Beneda Miroslav; S. 38 li.2 Shutterstock/Anna Moskvina; S. 38 li.3 Shutterstock/Rudy Umans; S. 38 li.4 Shutterstock/XXLPhoto; S. 39 o. Shutterstock/M. Shcherbyna; S. 39 u. laif/The New York Times/Redux/laif; S. 41 Bergmoser+Höller AG/Zahlenbild 126 496; S. 45 Shutterstock/wizdata1; S. 50 li.o. Fotolia/Juulijs; S. 50 u.1 Shutterstock/THPStock; S. 50 u.2 Shutterstock/Daniele Pietrobelli; S. 50 u.3 Shutterstock/Erlo Brown; S. 50 u.4 Shutterstock/Adam J; S. 52 li. dpa Picture-Alliance/picture-alliance/dpa-infografik 10287; S. 52 re. dpa Picture-Alliance/picture-alliance/dpa-infografik 10233; S. 53 Shutterstock/AdrianFinlay; S. 54 dpa Picture-Alliance/Icon SMI; S. 56 o. Joscha Belling, Berlin; S. 57 u.li. Fotolia/M. Schuppich; S. 57 u.re. akg-images/Francois Guénet; S. 58 Fotolia / Henry Czauderna; S. 60 Shutterstock/Elena Elisseeva; S. 62 Fotolia/drubig-photo; S. 66 Corbis RM/Corbis; S. 77.2 Shutterstock/Nowik Sylwia S. 72 Shutterstock/supergenijalac; S. 77.1 Shutterstock/DutchScenery; S. 80 Shutterstock/racorn; S. 81 aus: Dutch catalogue from 1637; S. 87 Fotolia/purplequeue; S. 90 Joscha Belling, Berlin; S. 98 li.1 Shutterstock/Dmitry Kalinovsky; S. 98 re.2 Shutterstock/Sergey Novikov; S. 98 li.3 Shutterstock/Syda Productions; S. 98 re.4 Shutterstock/Phase4Studios; S. 100 dpa Picture-Alliance/Associated PR; S. 102 Fotolia/Uli-B; S. 108 Fotolia/jonasginter; S. 109 Fotolia/stockWERK; S. 110 dpa Picture-Alliance/dpa-infografik 3247; S. 112 Fotolia/eccolo; S. 114 dpa Picture-Alliance/dpa-infografik 10390; S. 118 dpa Picture-Alliance/dpa-infografik 10764; S. 121 li. Shutterstock/Marian Weyo; S. 121 Mi. Shutterstock/Kaesler Media; S. 121 re. Shutterstock/Tunedin by Westend61; S. 122 o.li. Shutterstock/View Apart; S. 122 u.re. Fotolia/© industrieblick; S. 123 Fotolia/schulzfoto; S. 124 Fotolia/M. Johannsen; S. 125 o.re. Fotolia/industrieblick; S. 125 u.re. Shutterstock/strannik72; S. 128 Fotolia/K.-U. Häßler; S. 131 li.1 Fotolia/doris oberfrank-list; S. 131 li.2 Fotolia/Photographee.eu; S. 131 li.3 Fotolia/Gina Sanders; S. 131 li.4 Fotolia/jarun011; S. 132 Fotolia/AnastasiiaUsoltceva; S. 136 dpa Picture-Alliance/picture-alliance/dpa-infografik 10772; S. 144 dpa Picture-Alliance/picture-alliance/dpa-infografik 10569; S. 146 Fotolia/stockpics; S. 147 dpa Picture-Alliance/picture-alliance/dpa-infografik 10673; S. 148 o. dpa Picture-Alliance/picture-alliance/dpa-infografik 10767; S. 148 u.re. Fotolia/psdesign1; S. 154 li.1 Shutterstock/hightoernrw; S. 154 Mi.2 Shutterstock/Pressmaster; S. 154 re.3 Fotolia/mimon; S. 161 Shutterstock/Andrey_Popov; S. 163 Shutterstock/oneinchpunch; S. 168 Verein Pumpipumpe, CH-Bern/bonjour@pumpipumpe.ch; S. 170 Shutterstock/AFPics; S. 175 Shutterstock/www.BillionPhotos.com; S. 177 Shutterstock/gemphoto; S. 180 Shutterstock/Jaromir Chalabala; S. 183 Shuttersstock/totojang1977; S. 185 Shutterstock/Oleksiy Mark; S. 187 Reinhard Löffler, Dinkelsbühl; S. 191 Shutterstock/Tyler Olson; S. 193 Shutterstock/BLACKDAY; S. 194 Fotolia/ViewApart; S. 196 Shutterstock/pixelnest; S. 199 Fotolia/B. Wylezich; S. 204 li.1 Shutterstock/Champion studio; S. 204 Mi.2 Shutterstock/Ken Tannenbaum; S. 204 re.3 Shutterstock/Dean Drobot; S. 204 u.li. dpa Picture-Alliance/picture-alliance/dpa-infografik 6500; S. 205 Fotolia/Dan Race; S. 207 Fotolia/stockpics; S. 208 Fotolia/Gina Sanders; S. 209 Fotolia/Marco2811; S. 210 dpa Picture-Alliance/picture-alliance/dpa-infografik 6289; S. 214 Shutterstock/Alexander Chaikin; S. 219 Glow Images/Glow Images; S. 220 Shutterstock/dotshock; S. 221 Shutterstock/MOLPIX; S. 222 Fotolia/gemenacom; S. 224 li.1 Shutterstock/dolomite-summits; S. 224 Mi.2 Shutterstock/Mikadun; S. 224 re.3 Fotolia/AndreasP; S. 226.1+5 Shutterstock/Anthonycz; S. 226.2–4 Fotolia/Atlantis; S. 229 Shutterstock/Pressmaster; S. 233 Fotolia/PRILL Mediendesign; S. 236 Shutterstock/Dmitry Kalinovsky; S. 243 o.li. Shutterstock/iConcept; S. 243 o.re. Shutterstock/Arthimedes; S. 243 u.re. Shutterstock/alphaspirit; S. 244 o.re. SZ Photo/Rue des Archives/Tallandier/Süddeutsche Zeitung Photo; S. 244 u.re. Shutterstock/Lisa S.; S. 247 Shutterstock/Bloomua; S. 248 Shutterstock/arbit; S. 250 Shutterstock/Dragon Images; S. 252 Shutterstock/Comaniciu Dan; S. 255 u.li. dpa Picture-Alliance/picture-alliance/dpa-infografik 10080; S. 257.1 Shutterstock/Deyan Georgie; S. 257.2 Fotolia/sp4764; S. 257.3 Shutterstock/racorn; S. 257.4 Shutterstock/kadmy; S. 257.5 dpa Picture-Aliance/Francis Dean; S. 257.6 Reuters/Reuters (mecom); S. 255 u.re. Shutterstock/Sergey Nivens; S. 258 Mi.re. Fotolia/Subbotina Anna; S. 265 Shutterstock/Yanas; S. 267 o. Fotolia/B. Wylezich; S. 267 u. Shutterstock/Robert Kneschke; S. 268 u.li. Shutterstock/Kzenon; S. 268 u.re. Shutterstock/Micolas; S. 278 Fotolia/Nicola_Del_Mutolo; S. 280 Shutterstock/Matthew Cole; S. 282 Fotolia/babimu; S. 283 Shutterstock/Lopolo; S. 290 Shutterstock/Blablo101; S. 306 Shutterstock/Still AB; S. 311 Fotolia/cartoonresource; S. 313 Fotolia/Trueffelpix; S. 318 Shutterstock/sellingpix; S. 321 Shutterstock/wavebreakmedia; S. 324 Shutterstock/molcay (3x); S. 324 Shutterstock/I. Barnwell (6x); S. 334 o.li. Shuttrstock/squarelogo; S. 334 o.re. und u.li. Fotolia/Kybele; S. 337 Shutterstock/Bernd Leitner Fotodesign; S. 338 dpa Picture-Alliance/picture-alliance/dpa-infografik 10252; S. 343 dpa Picture-Alliance/picture-alliance/dpa-infografik; S. 358 Fotolia/psdesign1; S. 364 Fotolia/hansenn; S. 367 Fotolia/Sebastian Duda; S. 370 Fotolia/Thorsten Schier; S. 375 o.re. Shutterstock/squarelogo; S. 376 o. re.+li. Shutterstock/squarelogo; S. 376 Mi. Fotolia/Kybele; S. 379 o. Shutterstock/squarelogo